Karl Heinrich Rau

Grundsätze der volkswirthschaftslehre ..

Karl Heinrich Rau

Grundsätze der volkswirthschaftslehre ..

ISBN/EAN: 9783741168352

Hergestellt in Europa, USA, Kanada, Australien, Japan

Cover: Foto ©Andreas Hilbeck / pixelio.de

Manufactured and distributed by brebook publishing software (www.brebook.com)

Karl Heinrich Rau

Grundsätze der volkswirthschaftslehre ..

Lehrbuch
der
politischen Oekonomie

von

Dr. **Karl Heinrich Rau**,

großh. bad. geh. Rath und Professor zu Heidelberg, Commthur des badischen Zähringer Löwenordens und dem Stern, Ritter des preuß. rothen Adlerordens II. Classe und des russischen St. Annenordens II. Cl., Ehrenmitglied der Universitäten St. Petersburg und Kasan, der kais. Akademie der Wissenschaften in Wien, correspondirendes Mitglied des k. Instituts in Paris, der Akademien der Wissenschaften in Brüssel und Paris, der statistischen Commission in Brüssel, von wissenschaftlichen Abtheilungen bei f. russischen Domänenministerium, der Gallischen Gesellschaft in Paris, Mitglied der k. Leopoldinisch-Carolinischen Akademie der Naturforscher, der k. öconomischen Gesellschaft in St. Petersburg, der landwirthschaftlichen Vereine in Bayern, Würtemberg, Großh. Hessen und Galizien, der Academie für Georgofili in Florenz ꝛc.

Erster Band.

Volkswirthschaftslehre.

Erste Abtheilung.

Achte vermehrte und verbesserte Ausgabe.

Leipzig und Heidelberg.

C. F. Winter'sche Verlagshandlung.

1868.

Grundsätze
der
Volkswirthschaftslehre

von

Dr. **Karl Heinrich Rau,**

großh. bad. geh. Rath und Professor zu Heidelberg, Commtur des badischen Zähringer Löwenordens mit dem Stern, Ritter des preuß. rothen Adlerordens II. Classe und des russischen St. Annenordens II. Cl., Ehrenmitglied der Universitäten St. Petersburg und Kasan, der kaiserl. Akademie der Wissenschaften in Wien, correspondirendem Mitgliede des k. Instituts in Paris, der Akademien der Wissenschaften in Brüssel und Turin, der statistischen Commission in Brüssel, der wissenschaftlichen Abtheilung des k. russischen Domainenministeriums, der statistischen Gesellschaft in Paris, Mitglied der k. Provinzialisch-Caroliniscben Akademie der Naturforscher, der k. öconomischen Gesellschaft in St. Petersburg, der landwirthschaftlichen Vereine in Baiern, Würtemberg, Hessen und Galizien, der academia de' georgofili in Florenz ec.

Erste Abtheilung.

Achte vermehrte und verbesserte Ausgabe.

Leipzig und Heidelberg.
C. F. Winter'sche Verlagshandlung.
1868.

Aus der Vorrede
zur fünften Ausgabe.

Bei dieser neuen Ausgabe des ersten Bandes habe ich zuvörderst Einiges zu wiederholen, was in den Vorreben zu den früheren Ausgaben — der ersten 1826, der zweiten 1833, der dritten 1837, der vierten 1841 — über Bestimmung und Einrichtung des Werkes bemerkt worden war. Ich hatte bei der Ausarbeitung desselben nicht blos das Bedürfniß des akademischen Unterrichts, sondern auch solche Leser im Auge, welche sich ohne Beihülfe eines Lehrers mit dem Gegenstande bekannt zu machen wünschen. Beide Zwecke lassen sich gewiß einigermaßen durch ein und dasselbe Werk erreichen, wenn es, ohne den Umfang eines gewöhnlichen Lehrbuches beträchtlich zu überschreiten, doch leicht verständlich und ausführlich genug ist, um den Leser über die Anfangsgründe hinaus, und in die schwierigeren Untersuchungen einzuführen. Die Hoffnung, daß ein gedrängter, bestimmter Ausdruck der Lehrsätze auch denkenden Geschäftsmännern zusagen werde, scheint nicht unbegründet gewesen zu sein, obschon die gebotene Kürze keine solche Lebendigkeit und Manchfaltigkeit der Darstellung zuließ, wie sie bei minder eng abgesteckten Gränzen möglich ist. Die Erläuterungen (Noten) hinter den §§. boten ein gutes Mittel dar, viele statistische, geschichtliche und gewerbliche Angaben, literarische Hinweisungen, verschiedene Andeutungen und dergl. zusammenzudrängen. Hätten diese Zugaben in den Text verwebt werden

sollen, um die Darstellung gefälliger zu machen, so wäre eine
Menge von Verbindungssätzen einzuschalten gewesen und der
Umfang des Ganzen viel größer geworden, und überdieß wäre
dann der Vortheil verloren gegangen, daß man auch die §§.
ohne die Noten lesen kann, wenn man den Gedankengang überblicken will.

Die häufige Hinweisung auf andere Schriften schien mir
aus mehreren Gründen rathsam. Bei einzelnen wissenschaftlichen Sätzen hielt ich es für billig, diejenigen Gelehrten bemerklich zu machen, von denen jene zuerst ausgesprochen oder
weiter entwickelt, oder auch bestritten worden sind, auch mag
es dem Anfänger zur Erleichterung dienen, zu erfahren, wo er
sich weitere Belehrung verschaffen könne. Kein Kenner des
Fachs wird übrigens von den vielen Citaten auf den Wahn
geleitet werden, als könne durch ein bloßes Zusammentragen
(Compilation), ohne Durcharbeitung und neue Gestaltung des
Stoffes ein brauchbares Lehrgebäude zu Stande gebracht werden, oder als hätte ich mich bei streitigen Meinungen durch
die meisten und gewichtigsten Autoritäten leiten lassen. Viele
solche Hinweisungen sind sogar erst in den späteren Ausgaben
hinzugefügt worden*). Widerlegungen Anderer wurden spar-
sam aufgenommen, nur bei wichtigen Gegenständen, oder wo
es sonst in Kürze geschehen konnte, denn eine weitläufige Po-
lemik, die ohnehin oft nur als ein für die Wissenschaft un-

---

*) Ein Beispiel ist in §. 213 (a) erwähnt worden. Ich bezweifle nicht,
daß Frh. von Thünen seine Untersuchungen schon angestellt und nieder-
geschrieben hatte, als die I. Ausgabe des Lehrbuchs erschien; aber sie wurden mir erst bekannt, als er mir mit Bezug auf dasselbe sein Buch zusandte.
— Misdeutungen der zahlreichen Citate sind ungeachtet der obigen Bemerkung noch späterhin vorgekommen. Viele Neuere nennen grundsätzlich keinen ihrer Vorgänger, außer wo sie dieselben widerlegen. Wer aber hieraus
schließen wollte, daß solche Bücher ganz aus der eigenen Schöpfung der
Verfasser beständen, würde, wenn er sich einigermaßen umsäht, bald seinen
Irrthum gewahr werden. Auch gehört es nothwendig zu den Fortschritten
einer Wissenschaft, daß jeder Mitarbeiter seine Forschungen an das anknüpft,
was schon vor ihm geleistet worden ist. Zusatz von 1857.

fruchtbares Zwiegespräch erscheint, wäre hier nicht an ihrer Stelle gewesen. Wo Thatsachen angeführt werden, da ist es zweckmäßig, die Quellen zu nennen, damit der Leser selbst prüfen könne, ob die Angaben richtig mitgetheilt und benutzt sind. Mit dem Wort „vergl." habe ich anzeigen wollen, daß in einer genannten Schrift nur überhaupt etwas die Sache Betreffendes, nicht gerade eine Bestätigung meiner Ansicht gefunden wird. Das Zeichen — brauchte schon Beckmann, um anzudeuten, daß eine Stelle auch in einem andern Buche, ganz oder im Auszuge, anzutreffen ist.

Junius 1847.

Zu der achten Ausgabe.

Die sechste Ausgabe dieses Bandes, 1855 erschienen, war wie die vorhergehenden sorgfältig durchgesehen und vermehrt worden, wobei mehrere §§. ganz umgearbeitet wurden. Die kurze Vorrede enthielt unter anderen den billigen Wunsch, daß andere Schriftsteller, wenn sie Sätze meines Lehrbuchs bestreiten zu sollen glauben, zuvor die neuesten Ausgaben desselben vergleichen möchten, weil sie darin Vieles verändert und vielleicht verbessert finden würden.*)

Im J. 1860 wurde ein neuer Abdruck nöthig, der als unveränderter bezeichnet wurde, weil ich wegen der gleichzeitigen neuen Ausgabe des 3. Bandes nur Druckfehler berichtigen und hie und da kleine Aenderungen und Zusätze beifügen konnte. Aus einem ähnlichen Grunde erhielt die 7. Ausgabe von 1863 nur wenige Veränderungen, hauptsächlich in der Lehre von dem Papiergelde und den Bankscheinen insbesondere (§. 282, ferner §. 293 u. flg.), um diese Sätze mit Rücksicht auf neuere Untersuchungen und Erfahrungen mit §. 247 ff. des 2. Bandes (5. Ausgabe) in Uebereinstimmung zu bringen. Dagegen ist der gegenwärtigen Ausgabe desto größere Sorgfalt gewidmet worden. Die Fülle neuer Thatsachen sowie der erfreuliche Wetteifer, mit dem die Volkswirthschaftslehre im Ganzen und in einzelnen Abschnitten in den letzten 12 Jahren bearbeitet worden

---

*) Ein Kritiker von 1867 konnte freilich diesen Wunsch nicht kennen lernen, weil er erklärt, daß ihm nur die erste Ausgabe von 1826 „vorliege."

ist, bildete eine Aufforderung, nicht allein viele beweisende oder erläuternde Erfahrungssätze hinzuzusetzen, sondern auch den ganzen Inhalt wiederholt durchzudenken, Bereicherungen der Wissenschaft aufzunehmen und abweichende Ansichten zu prüfen. Wo mir dieselben nicht haltbar schienen, da war ich bemüht dieß nachzuweisen, auch die von mir aufgestellten Sätze deutlicher zu entwickeln und mehr zu begründen, indeß würde eine vollständige Berücksichtigung aller neueren Schriften, selbst wenn sie nicht zu mühsam gewesen wäre, den Leser belästigt, ja bisweilen verwirrt haben. Diese Umarbeitung machte, ungeachtet mancher Abkürzungen, eine Vermehrung der Bogenzahl unvermeidlich. Daß nunmehr auch der erste Band in zwei Abtheilungen erscheint, ist eine Folge sowohl dieser Erweiterung, als meines Wunsches, die vollendete erste Hälfte nicht bis zur Beendigung des Ganzen zurück halten zu müssen.

Daß ich manche Ueberzeugungen auch bei fortgesetztem Nachdenken nicht aufzugeben vermochte, wird von Manchem vielleicht als ein überwundener Standpunct bezeichnet werden, ich halte aber diese Beurtheilung nicht für endgültig. Dahin gehört das Hervorheben des Gebrauchswerthes neben dem Preise und das Bekämpfen des Uebersetzungsfehlers, daß value, valeur durch Werth schlechthin wiedergegeben wird, ferner das seit Sismondi von Vielen bestrittene Beschränken der Volkswirthschaftslehre auf dasjenige Gebiet, welches ihr eigenthümlich ist und in dem sie ihre wissenschaftliche Ausbildung, die Bestimmtheit ihrer Begriffe, die logische Schärfe ihrer Schlußfolgen erlangt und rasch ihren mächtigen Einfluß gewonnen hat. Diese Begränzung verhindert nicht, daß die wechselseitigen Beziehungen der persönlichen und Sachgüter zu einander dargestellt werden und ohnehin ist es schon längst üblich, auch das Eintreten der Arbeiten (also insbesondere der persönlichen Dienste) in den Verkehr, d. i. die Lehre vom Lohne, in die Wissenschaft aufzunehmen. Weder die Kenntnisse und Geschicklichkeiten, noch die Thätigkeiten der Aerzte, Naturforscher, Fabrikherren ꝛc. sind Theile des Volksvermögens, wohl aber mitwirkende Ursachen seiner Vergrößerung, und ihre Arbeiten erhalten ihre Vergütung in Theilen des jährlichen Erzeugnisses von Sachgütern. — In den Abschnitten von dem Arbeitslohn und von der Grundrente war am meisten hinzuzusetzen. Bei dem letztgenannten Gegenstande kann man sich freilich, wie es längst dargethan worden ist, nicht mehr mit Ricardo's Standpunct begnügen, allein Diejenigen, welche diese Rente lediglich aus dem angewendeten Capitale ableiten wollen, gerathen mit sehr vielen Thatsachen in Widerspruch. Obgleich Grund- und Capitalrente Manches mit einander gemein haben, so sind sie doch auch in wesentlichen Puncten von einander verschieden und das Grundeigenthum sowie das aus ihm fließende Einkommen hat so wichtige Eigenthümlichkeiten, daß selbst die Gegner schwerlich umhin können, auf die Erforschung derselben, die für praktische Zwecke ohnehin unentbehrlich ist, auch in der Wissenschaft Werth zu legen. J. G. Hofmann, den man bisweilen als Vorläufer von Bastiat u. A. betrachtet, giebt doch zu (Kleine Schriften S. 577), daß die Unbeweglichkeit und Beweglichkeit einen bedeutenden Unterschied mache und zeigt die Verschiedenheit in der ganzen gesellschaftlichen Stellung der Grundeigenthümer und Capitalisten. Wenn aber von Einigen die Grundstücke selbst als Capitale aufgeführt werden, so ist dieß nur eine neue Terminologie, die wohl kaum allgemeine Nachahmung finden wird.

Der erste Band ist 1840 von Prof. de Kemmeter in Gent ins Französische, später von Prof. Conticini (Genua 1852) ins Italienische übersetzt worden. Die schwedische Uebersetzung, mit einer Vorrede von Prof. Bergfalk in Upsala, habe ich nicht zu Gesicht bekommen.

September 1867.

K. H. Rau.

Inhalt.

Einleitung.
I. Wesen und Theile der politischen Oekonomie, §. 1. 1
II. Aeußere Verhältnisse der politischen Oekonomie, §. 21. . . . 23
III. Geschichte der politischen Oekonomie, §. 28. 31

Volkswirthschaftslehre.

Erstes Buch. Wesen des Volksvermögens.
1. Abschnitt. Bestandtheile des Volksvermögens, §. 46. . . 69
2. " Schätzung des Volksvermögens, §. 55. . . . 84
3. " Veränderungen im Volksvermögen, §. 68. . . 106
4. " Zustände der Volkswirthschaft, §. 73. . . . 113

Zweites Buch. Entstehung der Vermögenstheile.
1. Abschnitt. Bedingungen der Gütererzeugung im Allgemeinen, §. 82. 120
2. " Naturkräfte als Güterquellen, §. 86. 134
3. " Die Arbeit als Güterquelle.
   I. Einleitung, §. 92. 93. 136
   II. Zweige der Arbeit, §. 94. 137
   III. Bedingungen einer großen hervorbringenden Wirkung der Arbeit, §. 110. 151
4. Abschnitt. Grundstücke als Güterquellen, §. 119. . . . 162
5. " Das Capital.
   I. Einleitung. §. 121. 167
   II. Bestandtheile und Arten des Capitales, §. 123. . . 168
   III. Entstehung des Capitales, §. 133. 183
6. Abschnitt. Zusammenwirken der Güterquellen, §. 135. . . 187

Drittes Buch. Vertheilung des Vermögens.
1. Abschnitt. Die Vertheilung im Allgemeinen betrachtet, §. 140. 191
2. " Preis beim Tausche.
   1. Abtheilung. Bestimmungsgründe des Preises, §. 146. . . 195
   2. " Veränderungen der Preise und Ermessung derselben, §. 158. 221

3. **Abschnitt.** Zweige des Einkommens.
   1. **Abtheilung.** Der Arbeitslohn.
      1. Hauptstück. Bestimmgründe des Lohnes im Allgemeinen, §. 187. 252
      2.   ,   Größe des Lohnes in verschiedenen Zeiten und Ländern, §. 199. 280
   2. **Abtheilung.** Die Grundrente, §. 206. 299
   3.   ,   Die Zinsrente, §. 232 332
   4.   ,   Der Gewerbsgewinn, §. 237. 346
   5.   ,   Das Volkseinkommen im Ganzen, §. 245. 359

Anhang zu §§. 154. 164 (a). 216 (g). 368
Nachträge und Berichtigungen. 373

Einleitung.

I. Wesen und Theile der politischen Oekonomie.

§. 1.

Der Mensch steht durch seinen Körper mit der ihn umgebenden Sinnenwelt in fortdauernder Berührung und erkennt, daß in jener viele Bedingungen seines Lebens und Wohlbefindens liegen. Die Atmosphäre mit ihren wechselnden Erscheinungen des Lichtes, der Wärme, macht es ihm möglich, zu athmen und sich frei zu bewegen. Die Erde gewährt ihm den Raum zum Aufenthaltsort und zur Thätigkeit sowie die Gelegenheit, mancherlei Stoffe zu erlangen, die ihm in ihrem natürlichen oder künstlich veränderten Zustande als Mittel für seine Zwecke dienen können. Alle Bestandtheile der Sinnenwelt, die den menschlichen Absichten entsprechen und daher wünschens- und begehrenswerth erscheinen, werden deßhalb körperliche, materielle, stoffliche, äußere (a) oder sachliche Güter genannt. Unter ihnen bilden diejenigen, welche eine dauernde Aneignung und beliebige Benutzung durch den Menschen gestatten und daher diesen zu vielfacher Thätigkeit anregen, eine große, durch viele Eigenthümlichkeiten ausgezeichnete und für die wissenschaftliche Betrachtung vorzüglich wichtige Classe von Gütern, die man die besitzbaren nennen kann (b). Den Sach- oder Stoffgütern werden zunächst die persönlichen Güter (c) entgegengesetzt, welche in Zuständen oder Eigenschaften des Menschen bestehen

(z. B. Gesundheit, Stärke, geistige Fähigkeiten, Kenntnisse), und theils ihrer selbst willen (als Zwecke), theils als Mittel zur Erlangung anderer Güter begehrt und geschätzt werden (d). Viele besitzbare Sachgüter sind für die Zwecke des Menschen so nothwendig, daß dieser in Beziehung auf sein Wohlbefinden in einer gewissen Abhängigkeit von ihrem Besitze und Gebrauche steht, d. h. sie sind ihm Bedürfniß, andere erweisen sich wenigstens als nützlich oder angenehm und sind auch Mittel, sich den Beistand anderer Menschen zu verschaffen.

(a) Storch (Handb. der Nationalw. I. 50.) nennt ausdrücklich die körperlichen Güter äußere. — Hermann (Staatswirthsch. Unters., S. 1.) versteht unter äußeren Gütern für jeden einzelnen Menschen diejenigen, welche er durch den Beistand der Außenwelt erhält, wohin also auch die inneren Güter anderer Menschen gerechnet werden.

(b) Besitzgüter nach v. Mangoldt. Die Musik, aus Luftschwingungen bestehend, die Lichterscheinungen (Aetherschwingungen), welche ein Feuerwerk bilden, die elektrischen Strömungen, die Wärme, als eine äußerst schnelle Bewegung der Urtheilchen, sind in diesem engeren Sinne keine besitzbaren Sachgüter, sondern nützliche Erscheinungen in denselben. — Die Engländer nennen die Sachgüter, besonders die beweglichen, commodities, goods, in Frankreich ist das Wort biens neuerlich wenig mehr üblich und man behilft sich mit den Ausdrücken richesses oder valeurs.

(c) Hagen (Von der Staatslehre, S. 63) unterscheidet 1) persönliche Güter, und zwar a) rein persönliche, b) wissenschaftliche, — 2) dingliche Güter. — Bei Platon findet sich eine Unterscheidung göttlicher und menschlicher (sinnlicher) Güter, zu denen Gesundheit, Schönheit, Stärke und Reichthum gezählt werden.

(d) Z. B. Geschicklichkeit in Gewerbsgeschäften. Ueber eine dritte Sonderung von Gütern s. §. 46 (b).

§. 2.

Um Sachgüter beliebig als Mittel zu gebrauchen, muß man über dieselben ungehindert verfügen können. Die Menge von Sachgütern, auf welche sich in einem gewissen Zeitpuncte die Verfügungsgewalt (a) einer Person erstreckt, bildet das Vermögen derselben (b). Die Erwerbung, Erhaltung und Anwendung des Vermögens erfordert eine fortgesetzte Thätigkeit der Menschen und ist eine der allgemeinsten und wichtigsten Angelegenheiten derselben. Den Inbegriff von Verrichtungen, welche zur Versorgung einer Person oder einer Verbindung mehrerer Personen mit Sachgütern bestimmt sind, oder welche sich auf die Erlangung und Benutzung von Vermögen für dieselben beziehen, nennt man Wirthschaft (c), jede einzelne dazu gehörige Thätigkeit ist eine wirthschaftliche, ökonomische. Die älteste Wirthschaft ist die, welche in der Familie oder dem Hause und für dieselbe geführt wird, die Haushaltung, Hauswirthschaft. Die in einer Wirthschaft mit Sachgütern zu versorgenden und die mit der Versorgung derselben beschäftigten Personen sind meistens nicht ganz die nämlichen (d). Die wirthschaftlichen Thätigkeiten sind ein eigenthümliches Gebiet des menschlichen Wirkens, welches auf die Aneignung und Beherrschung der äußeren Natur gerichtet ist und mit den Fortschritten der Naturkenntniß immer größeren Erfolg erringt (e). Der geordnete Inbegriff aller diesen Gegenstand betreffenden Lehren ist die Wirthschaftslehre, Oekonomie oder besser Oekonomik (f).

(a) Ursprünglich konnte der Mensch nur das zu seinem Vermögen zählen, worüber er die physische Gewalt besaß; im Staate aber, bei einer wohlgeordneten Rechtsordnung, genügt die rechtliche Gewalt ohne Besitz; aber nur die einer Person eigenthümlich zustehende, nicht schon die übertragene Gewalt, z. B. eines Verwalters, begründet den Begriff des Vermögens.

(b) In einem subjectiven Sinne versteht man auch unter dem Vermögen die Gewalt über Sachgüter selbst, wenn z. B. dieselbe dem Besitze persönlicher Güter, wie Schönheit, Bildung, oder der Ehre entgegengesetzt wird (vgl. §. 49), oder wenn man verschiedene Grade der Gewalt unterscheidet; Eigenthum mit oder ohne Besitz, — Rechte, die erst zur Erlangung von Sachgütern führen ꝛc. — Für den Begriff von Vermögen fehlt in den meisten Sprachen ein guter Ausdruck. Die Franzosen müssen sich dazu des Wortes Reichthum, richesse, bedienen, welches aber eigentlich ein großes Maaß von Vermögen bedeutet, sowie das englische wealth. Das englische property ist zweideutig, es bezeichnet sowohl Vermögen als Eigenthum, oft sogar nur Grundeigenthum, wie propriété in Frankreich. Bei den Griechen finden sich schon sehr bestimmte Namen; Sachgut ist κτῆμα, ein zum Leben tüchtiges Werkzeug (ὄργανον πρὸς ζωὴν, Aristoteles, Politik, I. 3), Vermögen οὐσία.

(c) Dieses Wort wird in verschiedenen Bedeutungen gebraucht. In einem objectiven Sinne werden alle vorhandenen Mittel, nämlich Vermögenstheile und Einrichtungen, z. B. Gebäude, Geräthschaften, welche dazu dienen, die Zwecke eines Menschen oder eines gewissen Verbandes mit Hülfe von Sachgütern zu erreichen, zur Wirthschaft desselben gerechnet, wie man z. B. von der Wirthschaft und dem Oekonomen (Verwalter) einer Stiftung, eines Zuchthauses spricht. In einer anderen Bedeutung wendet man den Ausdruck Wirthschaft auf die Gewinnung organischer Naturerzeugnisse an, Landwirthschaft und manche einzelne Zweige derselben, z. B. Felder-, Koppel-, Gras-, Milch-, Forst-, Planter-Wirthschaft. — Bewirthen bezeichnet eine kurzdauernde Versorgung mit Nahrmitteln im Hause. Vorzugsweise wird die Beherbergung und Bewirthung von Fremden gegen Bezahlung Wirthschaft genannt (nämlich Gast- und Schenkwirthschaft).

(d) Die z. B. die Zöglinge, die Kranken und die schwächlichen Armen eines Erziehungs-, Kranken- und Armenhauses an den Wirthschaftsgeschäften nicht theilnehmen.

(e) Die menschliche Thätigkeit wird auch noch aus einem andern Grunde gegen die Natur gerichtet, nämlich um ihren schädlichen Einflüssen auf unseren Körper zu widerstehen. Rau, Ueber die Kameralwiss. S. 18. (Heidelb. 1825).

(f) Im Griechischen heißt die Familie οἶκος, οἰκία, die Haushaltung οἰκονομία, die Wirthschaftslehre οἰκονομική. Daher sollte man eigentlich nur die Wirthschaft Oekonomie, die Wirthschaftslehre aber Oekonomik nennen. Darum wird neuerlich von Thör (1849) und Roscher (1854) das Wort National-Oekonomik gebraucht.

§. 3.

Achtet man darauf, wie die Verfolgung der wirthschaftlichen Zwecke sich in den verschiedenen Arten menschlicher Verbindungen gestaltet, so muß man unterscheiden

1) die abgesondert neben einander stehenden einzelnen Menschen, Familien und anderen größeren oder kleineren Vereine, in denen wirthschaftliche Gemeinschaft unter einem einheitlichen Willen besteht, — bürgerliche oder Privatwirthschaften (a). Die Regeln, nach welchen in solchen Kreisen des Privatlebens die Befriedigung der Bedürfnisse durch sachliche Güter am vortheilhaftesten vorgenommen wird, bilden den Inhalt der bürgerlichen Wirthschaftslehre oder Privatökonomie, einer sehr ausgedehnten Wissenschaft, deren Theile gewöhnlich abgesondert, ohne Beachtung ihres Zusammengehörens, behandelt werden(b);

2) die Verbindung der in einem Lande beisammenwohnenden Menschen zu einem nach außen selbständigen Ganzen, zu einem Staate. In diesem muß sich die nämliche Abhängigkeit von sachlichen Gütern zeigen, wie bei den Einzelnen, das Wohl des Staates ist ebenfalls von dem Besitze eines die Befriedigung der Bedürfnisse sichernden Vermögens bedingt, und die den Sachgütern gewidmete Thätigkeit erscheint daher als eine Seite des Staatslebens. Die Wissenschaft von den wirthschaftlichen Angelegenheiten des Staats oder von der Versorgung desselben vermittelst sachlicher Güter ist die politische Oekonomie, öffentliche Wirthschaftslehre, Staatswirthschaftslehre im weiteren Wortverstande, französisch économie politique, englisch political economy (c).

(a) Zu diesen sind zu zählen a) häusliche Wirthschaften, und zwar natürliche (der Familie) oder künstliche, meistens in vergrößertem Umfang,

Kranken-, Irren-, Krumm-Haus, Erziehanstalt, Closter ꝛc., b) Verbindungen ohne häusliche Gemeinschaft für einzelne Zwecke mit Hülfe von Sachgütern. Ausgaben, Einnahmen, Casse, Rechnungsführung geben gewöhnlich zu erkennen, daß ein Verein auch eine Wirthschaft hat. Erwerbs-, Versicherungs-, Renten-, Spargesellschaften, kirchliche, künstlerische, wohlthätige Vereine ꝛc.

(b) Dieß gilt hauptsächlich von den Haupt- und Unterabtheilungen der bürgerlichen Erwerbslehre.

(c) Den Namen *économie politique* soll Montchrétien 1615 zuerst gebraucht haben. Aristoteles spricht zwar schon von einer διχονομία ὕλνικη (Privatwirthschaft), καλιτική, εντρανική und βασιλική (Stadt-, Provincial- und Reichswirthschaft), aber hierunter versteht er die Arten der Wirthschaft, nicht die Theile der Wirthschaftslehre.

§. 4.

Um die Aufgaben, welche die politische Oekonomie zu lösen hat, deutlich zu erkennen, muß man die Zusammensetzung des Staates betrachten. Dieser besteht nämlich

1) aus einer Anzahl beisammenlebender Menschen, welche als Genossen der Staatsverbindung gewisse Rechte genießen und gewisse Pflichten zu erfüllen haben und Staatsbürger heißen; ihre Gesammtheit, als eine Vielheit gedacht, ist das Volk, die Nation im staatswissenschaftlichen Sinne des Wortes (a) oder die bürgerliche Gesellschaft;

2) aus einer höhern Gewalt, welche zur Beförderung derjenigen Zwecke, die in der Bestimmung des Staates liegen, mit einem einheitlichen Willen und einer entsprechenden Macht ausgerüstet ist, also Gesetze giebt und in Gemäßheit derselben handelt. Das mit ihr bekleidete Subject ist das Staatsoberhaupt. Die höhere Gewalt als solche, ohne Rücksicht auf die Beschaffenheit des Oberhauptes, blos in Bezug auf ihre Bestimmung gedacht, wird Regierung (b) genannt, mit welchem Ausdrucke man zugleich die Thätigkeit des Oberhauptes und seiner obersten Beamten zur Leitung der öffentlichen Angelegenheiten bezeichnet.

(a) Wo noch kein Staat bestünde, da gäbe es kein Volk in diesem Sinne, sondern nur im historisch-genealogischen, in Beziehung auf Abstammung und Absonderung, wobei aber keine Begränzung eines wirthschaftlichen Ganzen stattfände. Vgl. Dahlmann, Politik, I, 2.

(b) Neuerlich öfter Staatsregierung, zur Unterscheidung von den Regierungscollegien einzelner Landestheile.

§. 5.

Da sowohl von der Regierung im Staate als von den Mitgliedern des Volkes Bedürfnisse sachlicher Güter empfunden und wirthschaftliche Zwecke erstrebt werden, so muß sich die politische Oekonomie auch mit den Wirthschaftsangelegenheiten beider beschäftigen, die aber wesentlich von einander unterschieden sind. Während die Regierung zur Beförderung der Staatszwecke eine einheitliche Wirthschaft führt, werden dagegen die Bedürfnisse des Volkes zunächst durch die wirthschaftliche Thätigkeit aller Mitglieder desselben, also durch die Wirthschaften der einzelnen Familien und Vereine befriedigt. Der Inbegriff dieser wirthschaftlichen Thätigkeiten aller einem Staate angehörenden Personen ist die Volkswirthschaft (a). Diese ist keine einfache, von einem einzelnen Willen gelenkte Wirthschaft, sondern eine Vielheit selbständig neben einander stehender und zum Theile in einander greifender Wirthschaften, die im Begriff als ein höheres Ganzes zusammengefaßt und als solches zum Gegenstand einer wissenschaftlichen Betrachtung gemacht werden, wie dies auch von der Gesammtheit der Wirthschaften in einem engern oder weitern Raume, z. B. einer Ortschaft, eines Amts oder Landesbezirkes ꝛc. geschehen kann, Vergl. § 20 (b).

(a) Dieser Ausdruck kömmt zuerst vor bei Husland, Neue Grundlg. der Staatsw. 1, 14. Entwicklung des Wesens der Volkswirthschaft und ihrer verschiedenen Gestaltungen in Rau, Ansichten der Volksw. Leipz. 1821.

(b) Das freiwillige Beisammenleben der Menschen mit vielfachen Berührungen zwischen denselben, die Gesellschaft, ist eine nothwendige Bedingung der menschlichen Entwicklung, und wurde lange, ehe es als Vernunftgebot erkannt war, durch mächtige Antriebe hervorgerufen. Unter den Bedürfnissen, Neigungen und Absichten, welche bald gemeinsame Bestrebungen vieler Einzelner veranlassen, bald auch zur Erreichung entgegengesetzter Zwecke zu einem Uebereinkommen Mehrerer auffordern, sind die wirthschaftlichen Angelegenheiten vorzüglich wichtig. Die Volkswirthschaft ist eine Seite des gesellschaftlichen Lebens und hängt mit vielen anderen Seiten desselben zusammen, weil die Sachgüter als Mittel zu den verschiedensten Zwecken dienen. Ueber die von einander abweichenden Ansichten von der Gesellschaft vergl. u. a. Stein, Geschichte der socialen Bewegung in Frankreich, 1, S. XXXIX. — v. Mohl, Geschichte u. Literatur d. Staatswiss. I, 69. — Riehl, Ueber den Begriff der bürgerl. Gesellschaft, 1864. — Einige Neuere suchen die politische Oekonomie zur Gesellschafts- oder Socialwissenschaft zu erweitern, z. B. Carey, Principles of social science, 1858. G. Bruno, La scienza dell' ordinamento sociale, 1865, — ein Bestreben, dessen vollständige Ausführung das Eigenthümliche jener Wissenschaft weniger deutlich erkennen lassen würde.

§. 6.

Zu jeder Wirthschaft gehört ein zu verwaltendes Vermögen, welches in unaufhörlichem Wechsel durch neue Erwerbungen vermehrt, durch Ausgaben und Verzehrungen vermindert wird. Wie nun der Gegenstand der bürgerlichen Wirthschaft das Vermögen einzelner Personen, so ist der Gegenstand der Volkswirthschaft das Volks- oder Nationalvermögen, d. h. der Inbegriff aller im Vermögen der Staatsbürger befindlichen sachlichen Güter (a). Privat- und Volksvermögen sind daher nicht einander entgegengesetzt, sondern das zweite ist die Gesammtheit des ersten innerhalb eines Staates. Von dem Volksvermögen ist die Masse derjenigen Güter verschieden, welche dem Staate im Ganzen angehören und sich unter der Verfügung der Staatsgewalt befinden, das Staatsvermögen.

(a) Das Volksvermögen besteht demnach nicht blos aus solchen Gütern, deren Eigenthum und Gebrauch allen Staatsbürgern gemein sind, wie etwa die res publicae der Römer.

§. 7.

Wo die Volkswirthschaft einige Ausbildung erlangt hat, da sind die in ihr enthaltenen bürgerlichen Wirthschaften nicht vereinzelt neben einander, sondern unterstützen und ergänzen sich wechselseitig durch freies Einverständniß in unzähligen Fällen, sie schließen sich aneinander zu einem aus vielen Thätigkeiten zusammengesetzten Ganzen, welches man mit einem Organismus vergleichen könnte (a). Dieser Zusammenhang der Volkswirthschaft ist auf folgende Weise zu erklären:
1) Der Zweck, nach dem die Menschen in wirthschaftlichen Angelegenheiten zu handeln pflegen, ist die Erlangung des größten durch Sachgüter vermittelten Vortheils mit der geringsten Beschwerde und dem geringsten Aufwande von Vermögenstheilen (b).
2) Die Erfahrung lehrt bald, daß hiebei für Alle ein größerer Erfolg erreicht wird, wenn die Menschen sich in die wirthschaftlichen Verrichtungen theilen und die Früchte derselben untereinander austauschen. Jeder leistet Andern irgend einen Vortheil und empfängt von ihnen eine ausbedungene Vergütung, wobei Sachgüter auf beiden Seiten oder wenigstens auf der einen den Gegenstand der Uebereinkunft ausmachen (c).

— 8 —

(a) Rau. Ansichten der Volksw. S. 22. Roscher, Grundlagen der Nat.-Oek. S. 18. Ungeachtet mancher Aehnlichkeiten ist jedoch die Verschiedenheit gegen einen natürlichen Organismus einleuchtend. — Bei dieser Betrachtung wird das Dasein und die Nothwendigkeit des Privateigenthums vorausgesetzt.

(b) Dies ist nicht allein eine auf unzweifelhafter allgemeiner Erfahrung beruhende Thatsache, sondern der genannte Zweck ist auch mit Nothwendigkeit in der Stellung des menschlichen Geschlechts gegen die Sinnenwelt begründet; er ist nicht allein sittlich zulässig, sondern selbst geboten. „Die Begierde nach Vermögenserwerb (ricchezza) ist in uns eben so natürlich als die Liebe zum Leben selbst. Denn die Natur hat die unvernünftigen Thiere mit allem dem versorgt, was zu ihrem Leben erforderlich ist, aber dem Menschen, den sie arm, nackt und vielen Bedürfnissen unterworfen schuf, pflanzte sie jene Begierde nach Sachgütern ein und verlieh ihm Scharfsinn und Kunstgeschick, dieselben zu erlangen." Paolo Paruta (venezianischer Politiker, † 1599), Della perfettione della vita politica, S. 269. Aehnlich J. St. Mill, Essays, S. 144. Der öfter ausgesprochene Vorwurf, daß die Volkswirthschaftslehre nach obiger Darstellung auf Eigennutz oder Selbstsucht (Egoismus) gegründet werde, entspringt aus einer Verwechslung der wirthschaftlichen Bestrebungen im Allgemeinen mit der tadelnswürdigen Verfolgung derselben über ihre vernunftmäßigen Gränzen hinaus. Menschen- und Vaterlandsliebe, Empfänglichkeit für die Idee des Guten, Wahren und Schönen, Pflicht der Mäßigkeit und andere höhere Antriebe verpflichten den Menschen, sich in dem Erwerbe, der Erhaltung und dem Genuß der Sachgüter Schranken zu setzen. Werden diese durch die Selbstsucht überschritten, so entsteht die Ausartung der wirthschaftlichen Handlungsweise in Habsucht, Geiz, Schwelgerei und dergl. Vergl. Schäffle, Nationalök. 2. A. S. 186. — Nicht allein die Vorschriften der wirthschaftlichen Klugheit, sondern alle Regeln für die verschiedenen Berufszweige, z. B. des Arztes, Rechtsanwaltes, Lehrers ec. müssen den Grundsätzen der Sittenlehre untergeordnet werden. Schon in dem Familienleben treibt die Liebe zu den Angehörigen den Einzelnen an, sich Manches zu versagen. Aristoteles erkannte dies schon, Politik II. Cap. 2: die Liebe des Menschen gegen sich selbst ist naturgemäß; geht sie aber in das Uebermaaß, so wird der Mensch selbstsüchtig (φίλαυτος), und dies ist tadelnswerth, sowie wenn man habgierig wird (φιλοχρήματος). — Das Eingreifen moralischer Gesichtspunkte in die Beurtheilung der wirthschaftlichen Vorgänge und der Regierungsmaaßregeln sucht nachzuweisen A. Roudolot, Du spiritualisme en économie politique, P. 1859 (gekrönte Preisschrift über das Verhältniß der Moral zur polit. Oekon.).

(c) Diese erhält schon dann ein wirthschaftliches Gepräge, wenn nur die beiderseitigen Leistungen nach einem Sachgute gemessen, namentlich zum Behufe der Abrechnung in Geldpreisen angeschlagen werden.

§. 8.

3) Durch diese Einrichtung geräth Jeder in eine Abhängigkeit von Anderen, die ihn an das gesellige Leben fesselt und ihm die durch sachliche Güter bedingte Erreichung seiner Absichten um Vieles erleichtert. Dieses Band, welches die menschliche Gesellschaft zusammen zu halten beiträgt, ist darum ein festes, weil

es von Antrieben ausgeht, die in der Natur des Menschen liegen und sich unfehlbar auf die Dauer geltend machen.

4) Da man für Arbeiten und andere Leistungen, welche Anderen nicht nützen, auch von ihnen keine Vergütung erhält, und Jeder darauf bedacht sein muß, sich mit dem zu beschäftigen, welches die reichlichste und sicherste Belohnung findet, so geschieht es von selbst, daß die Einzelnen, wenn sie auch nur ihren eigenen Vortheil im Auge haben, doch zu einem gemeinnützigen Erfolge zusammenwirken und daß hiedurch die Bedürfnisse des Volkes befriedigt werden.

5) Wenn eine Arbeit oder eine andere Leistung von Mehreren nebeneinander angeboten wird, so bringt das Streben nach Gewinn einen Wetteifer unter ihnen hervor, der für die Gesammtheit höchst nützlich wird. Daher steigt und fällt der dem Einzelnen zufallende wirthschaftliche Vortheil meistens zugleich mit der Größe seiner Leistung für Andere.

6) Jede nähere Berührung von Menschen, die hierin irgend einen Vortheil erwarten, er sei dauernd oder vorübergehend, wird Verkehr genannt. Man braucht dieß Wort vorzugsweise von dem wirthschaftlichen oder Sachgüter-Verkehr (§. 7 (c)), wohin z. B. der Tausch, das Vermiethen, Darleihen, Dingen von Arbeitern ɾc. gehören. Der Verkehr ist das Verbindungsmittel in der Volkswirthschaft.

7) Die Gemeinschaft besonderer wirthschaftlicher Zwecke veranlaßt Annäherungen und Verbindungen Einzelner, die eine übereinstimmende Handlungsweise annehmen und einander beistehen. Diese auf einem wirthschaftlichen Grunde ruhenden Gruppen bilden einen Theil der gesellschaftlichen Verbindungen, und gehören, soweit sie in die Gränzen eines Staats fallen, der Volkswirthschaft an, vgl. §. 5 (b).

(a) Schon der alte griechische Dichter Hesiodos schildert den wohlthätigen Streit (Wettstreit) unter den Menschen, ἀγαϑὴ ἔρις. S. dessen Werke und Tage, B. 10 f.
(b) Es giebt auch einen geselligen, wissenschaftlichen, kirchlichen, einen Geschäftsverkehr, z. B. der Staatsbehörden u. dgl.

§. 9.

Die Wissenschaft, welche die Wirthschaft der Völker nach ihrem Wesen vollständig entwickelt, oder welche zeigt, wie ein

Volk durch die wirthschaftlichen Bestrebungen seiner Mitglieder fortwährend mit Sachgütern versorgt wird, ist die **Volkswirthschaftslehre** oder **Nationalökonomie** (a) und bildet den ersten, theoretischen Haupttheil der politischen Oekonomie. Sie soll hauptsächlich die Vorgänge darstellen, welche bei den Sachgütern stattfinden und aus denen sich die Wirthschaft eines ganzen Volkes zusammensetzt, indem nämlich die Güter

1) **erzeugt** (hervorgebracht) und **herbeigeschafft** werden und in jedem Zeitabschnitte eine Masse neuer Vermögenstheile in den Besitz des Volkes tritt,

2) von den Erzeugern durch den Verkehr in andere Hände übergehen und sich unter die verschiedenen Stände und einzelnen Mitglieder der Gesellschaft vertheilen, so daß sich hieraus das Maaß von Befriedigung der Bedürfnisse und der wirthschaftliche Zustand aller Einzelnen bestimmt,

3) für menschliche Zwecke **angewendet** und dabei früher oder später **aufgebraucht** (verzehrt) werden (b).

Diese Wirkungen bilden sich von selbst, indem die Einzelnen ihren wirthschaftlichen Vortheil (§. 7. Nr. 1.) verfolgen, sie werden nicht erst durch die Staatsgewalt hervorgerufen und sie entstanden, wenn auch in unvollkommenem Maaße, lange vor aller Einmischung der Regierung. Die Volkswirthschaftslehre hat daher die Wirthschaftsverhältnisse der Völker ganz abgesehen von den darauf einwirkenden Gesetzen und Einrichtungen des Staats darzustellen (c).

(a) Andere Namen: Theorie des Nationalreichthums (Volksvermögens), Nationalwirthschaftslehre, Metaphysik der Betriebsamkeit, Güterlehre, Volksgüterlehre (Schmitthenner), Katallaktik von καταλλαγη, Tausch (Whately), Plutologie von πλοῦτος, Reichthum (Hearne), — wirthschaftliche Psychologie (Brückner). Vergl. Steinlein, Volkswirthschaftslehre, I, XV.

(b) Die Betrachtung der unter 2) fallenden Vorgänge des Verkehrs und der Vertheilung bieten den meisten Stoff zu den Untersuchungen der Volkswirthschaftslehre dar, bilden jedoch nur die Vermittlung für die Erzeugung und den Gebrauch der Sachgüter, und der letztere ist Endziel und Zweck des ganzen Verlaufs. — Es ist neuerlich der Volkswirthschaftslehre oft der Vorwurf gemacht worden, sie beschäftige sich nur mit dem Volksvermögen im Ganzen, nicht mit den Antheilen, welche den Volksclassen und den Familien zufallen und diese in mehr oder weniger günstige Lage versetzen. Allein die letztere Betrachtung, die schon durch den Ausdruck: Versorgung des Volkes — gefordert wird, und zu welcher der Abschnitt von den Zweigen des Einkommens gehört, ist, besonders bei den Untersuchungen über den Lohn, schwerlich von

(c) Ungefähr wie in der Medicin, der Anatomie und Physiologie keine Regeln der Therapie und Chirurgie eingemengt werden dürfen. Indeß soll nicht etwa das Wirthschaftswesen von Menschen außerhalb des Staates dargestellt werden, und es kommt der Volkswirthschaftslehre zu, darüber zu urtheilen, ob gewisse volkswirthschaftliche Erscheinungen in Beziehung auf die Staatszwecke günstig oder ungünstig seien.

§. 10.

Die in der Volkswirthschaft wahrzunehmenden, den in §. 9 genannten drei Hauptvorgängen angehörenden Erscheinungen sind theils wechselnde (Ereignisse), theils dauernde (Zustände). Faßt man die gleichartigen Erscheinungen in einem ganzen Volke oder in einem Theile des Landes und in einem bestimmten Zeitpuncte zusammen, so zeigt sich, daß gewisse thatsächliche Umstände im Großen und Ganzen gleichförmig die Ursachen anderer sind, die folglich als Wirkungen von jenen anzusehen sind. Es lassen sich also volkswirthschaftliche Gesetze erkennen (a). Diese bilden eine eigene Gattung von Gesetzen, haben jedoch mit anderen gesellschaftlichen Gesetzen das gemein, daß sie das Gesammtergebniß einer Menge von einzelnen Fällen aussprechen, während in jedem von diesen die Wirkungen verschieden sein können (b). Wenn aber die Erfahrung zeigt, daß aus der Ursache A die Wirkung B mit Nothwendigkeit entsteht, so läßt sich nicht mit gleicher Gewißheit aus der Erscheinung B auf die Ursache A schließen, weil B auch von einer andern Ursache C oder D herrühren kann. Eine gewisse Ursache tritt nur dann in vollständige Wirksamkeit, wenn keine andere hinzukommt. Oft aber treffen mehrere Ursachen, es sei nun sich widerstrebend oder unterstützend, zusammen, weshalb bald die schwächere Ursache von der stärkeren überwältigt wird, bald eine Wirkung zusammengesetzter Art entsteht, in der man den Einfluß mehrerer sich beschränkender Kräfte erkennt. Daher gilt jedes volkswirthschaftliche Gesetz nur unter der Voraussetzung, daß keine Störung durch andere Ursachen eintrete. Oft kann man nicht voraussehen, welche Folge unter gewissen Umständen zum Vorschein kommen werde, weil die Stärke der verschiedenen zusammenwirkenden Antriebe und Ursachen nicht äußerlich zu erkennen ist (d). Die meisten volkswirthschaftlichen Gesetze beziehen sich auf den Verkehr und die Vertheilung, doch giebt es auch Gesetze der Gütererzeugung.

(a) З. B. daß die Ver'rnbung einer Waare die Kosten und deßhalb auch den Preis derselben erhöht. — daß die Capitale sich der einträglichsten Anlegung zuwenden, — daß eine reiche Ernte den Preis der Frucht erniedrigt, — daß der Ersolg der Arbeit durch Theilung und gute Benutzung von Naturkräften und Maschinen befördert wird u. — Manche Gesetze, die sich auf zählbare Dinge beziehen, können vermittelst einfacher Formeln anschaulicher und kürzer ausgedrückt werden, als in der Schriftsprache, während für diesen Behuf sehr zusammengesetzte Formeln minder nützlich sind, weil es bei ihnen schwer wird, die Bedeutung aller Buchstaben im Gedächtnisse zu behalten. Der Gebrauch algebraischer Formeln in der Volkswirthschaftslehre ist von Canard angefangen, von Lang, Kröncke, Gr. Buquoy u. A. nachgeahmt, von Say u. A. getadelt worden. Indeß geben manche Gegenstände der politischen Oekonomie auch zu mathematischen Untersuchungen Anlaß, die sich ohne arithmetische Zeichen nicht wohl mittheilen lassen, z. B. bei A. Cournot, s. §. 15 (d). — Auch Scialoja (Principj S. 357) erwartet noch großen Nutzen aus einer mathematischen Behandlung volkswirthschaftlicher Gegenstände. — Mit obiger Darstellung stimmt J. St. Mill, Essays on some unsettled questions of polit. ec. 1844. S. 144 überein. — Begründete Erinnerungen gegen das zu weit getriebene Bestreben, die volkswirthschaftlichen Lehren zu vereinfachen, woraus nothwendig Einseitigkeit, Entfernung von den Ergebnissen reifer Erfahrung und die Gefahr, zu unpraktischen Regeln verleitet zu werden, entspringen, bei Malthus, Principles of polit. econ., introduct. S. 1. 5.

(b) Die gesellschaftlichen Gesetze sind sowohl von denjenigen, welche Gebote für den Willen enthalten (sittliche, rechtliche, Staats- und Kirchengesetze), als von den mit ausnahmsloser Nothwendigkeit bei jedem einzelnen Falle waltenden Naturgesetzen zu unterscheiden. Die gesellschaftlichen Gesetze beruhen zum Theil ganz auf natürlichen Ursachen, deren manche noch unbekannt sind, z. B. im Zahlenverhältniß der beiden Geschlechter bei den Geborenen, in der Zahl der Zwillingsgeburten, in der Sterblichkeit der verschiedenen Lebensalter, in dem Wachsthum und der Körpergröße u. dgl., — zum Theil auf den gleichförmigen Entschließungen der Menschen, z. B. Zahl der Heirathen, der Verbrechen und Selbstmorde. In den volkswirthschaftlichen Gesetzen treten beide Arten von Ursachen zusammen. Sie sind daher von eigenthümlicher Art. Man hat versucht, sie psychologische zu nennen (Hildebrand, Minghetti, der die polit. Oekon. eine psychologische Wissenschaft nennt), oder anthropologische (Schäffle). Vgl. Quetelet, Ueber den Menschen, d. von Riecke, Stuttg. 1838. Doß Du Systême social, Paris 1848. (Der Verf. lehrt, der freie Wille erscheine nur wie eine den zufälligen oder Nebenursachen, die sich im Großen gegenseitig aufheben und die daher wirkungslos sind, da syst. soc. S. 7.) — Buckle, Geschichte der Civilisation in England, d. von Ruge, L. 17. Leipzig 1860. (Der Verf. bestreitet die Willensfreiheit und leitet die Handlungen der Menschen aus ihrer Vergangenheit ab.) — Gerstner in Zeitschr. f. die g. Staatswiss. 1861. S. 703 (über das Naturgesetzliche in der Volksw.). — A. Wagner, Die Gesetzmäßigkeit in den scheinbar willkürlichen Handlungen, 2 Theile. Hamburg 1864.

(c) Z. B. in dem zweiten und dritten der oben (a) angegebenen Gesetze kann die Ergreifung des einträglichsten Gewerbes durch äußere Um-

ßänke, — das Sinken der Fruchtpreise von Speculationsklüsten, Kriegs-
gefahr ꝛc. verhindert werden.

(d) In einem reichen Weinjahre z. B. haben die Rebbesitzer die Wahl, mit
ihrem Gewinn Schulden abzuzahlen, mehr Rebland zu kaufen oder neu
anzulegen, Geld auszuleihen, sich mehr Lebensgenuß zu verschaffen und
dergl. m. — Je nach den von Vielen vorgezogenen Verwendungen
wird sich die Wirkung richten.

§. 11.

Es entsteht hierbei die Frage, wie solche volkswirthschaftliche
Gesetze möglich seien, während doch der Wille der Menschen frei
ist, ihre Vorstellungen, Neigungen und Absichten vielfach von
einander abweichen, sowie auch von der verschiedenen Beschaffenheit der Länder und den wechselnden Zeit- und Naturereignissen
die größte Manchfaltigkeit in den einzelnen volkswirthschaftlichen
Erscheinungen bewirkt wird. Bei näherer Betrachtung lassen
sich allgemeine Ursachen erkennen, welche die Menschen zu einer
gewissen Gleichförmigkeit der Handlungsweise bestimmen (a).
Diese Ursachen liegen:

1) in dem unwandelbaren Verhältnisse des Menschen zu den
sachlichen Gütern, die als Hülfsmittel für seine meisten Zwecke
Gegenstand eines gleichmäßigen allgemeinen Bestrebens sind, §. 7.
Nr. 1. Die hieraus fließenden Regeln (b) machen sich im
Großen geltend, obschon in einzelnen Fällen Abweichungen von
denselben aus anderen Beweggründen vorkommen;

2) in den Gesetzen der Körperwelt, nach denen die verschiedenen Arten sachlicher Güter entstehen, sich verändern und zerstört werden. Die wirthschaftlichen Thätigkeiten erhalten durch
diese Naturgesetze eine gleichförmige Richtung, welche so lange
fortdauert, als nicht Fortschritte in der Naturkenntniß oder in
der Anwendung derselben gemacht werden (c).

Nach den vorstehenden Sätzen ist es die Aufgabe der Volkswirthschaftslehre, die Gestaltung der Volkswirthschaft unter der
Herrschaft der in ihr waltenden Gesetze darzustellen; sie kann
am kürzesten als eine Naturlehre der Volkswirthschaft bezeichnet
werden (d).

(a) Die Menschen haben z. B. die Freiheit, zu verhungern oder zu erfrie-
ren, aber Naturtrieb und verständige Ueberlegung bewegen sie, die zur
Erhaltung des Lebens dienlichen Mittel aufzusuchen. So wählt der
Mensch überhaupt mit freiem Willen das, was er als das Beste er-

sensal, und hierin steht er unter dem Einfluß der im §. angegebenen Ursachen.

(b) 3. B. der Lohnarbeiter verlangt einen Lohn, der seinen Unterhaltsbedarf deckt, der Gewerbsmann will seine Unternehmung mit Erfolg betreiben, der Verkäufer sucht den besten Preis; Mittel für Nahrung, Kleidung, Obdach werden allgemein vor allen andern Sachgütern begehrt ꝛc.

(c) 3. B. das Aufwachsen nutzbarer Pflanzen mit Hülfe des Nahrungsstoffes im Boden und in der Atmosphäre, die Entstehung von Milch, Fleisch und Fett aus der Nahrung der Hausthiere, der Bedarf an Brennstoffen zum Schmelzen des Glases und Eisens ꝛc.

(d) Carey (Princ. of social science I, 60) glaubt, daß die Gesetze für allen Stoff, er sei Kohle, Eisen, Pflanze, Thier oder Mensch, die nämlichen seien. Er vergleicht mit der Wärme, als Bedingung der Bewegung in der Natur, die gesellschaftliche Wärme (social heat) als Ursache der Regsamkeit, des Fortschritts und leitet dieselbe aus der Verbindung der Menschen (association) ab. Der Mensch strebt, sich die höchste Individualität und zugleich die größte Macht der gesellschaftlichen Verbindung zu sichern. (Jene Vergleichung ist wohl nur als poetisches Bild anzusehen.)

§. 12.

Die volkswirthschaftlichen Lehrsätze können auf doppelte Weise aus der Erfahrung abgeleitet werden,

1) indem man von den nach §. 11 sich gleich bleibenden wirthschaftlichen Zwecken der Menschen sowie von den Naturgesetzen der Stoffe im Allgemeinen ausgeht und untersucht, welche Handlungsweise und welche Folgen unter gewissen Umständen hieraus zu erwarten sind;

2) indem man sich an besondere geschichtliche und statistische Thatsachen hält, ihre Ursachen erforscht und hieraus allgemeine Gesetze zu bilden sucht (Induction). Viele Sätze sind auf diesem Wege zuerst aufgefunden worden. Man muß indeß bei der Benutzung desselben vorsichtig zu Werke gehen, um nicht voreilig auf falsche Folgerungen zu gerathen (a). Weil nämlich in jedem gegebenen Falle eine eigenthümliche Verknüpfung mannichfaltiger Umstände obwaltet, so kann man mit Sicherheit aus einer einzelnen Thatsache noch keine Regel bilden, sondern nur aus mehreren mit einander übereinstimmenden Erfahrungen gleicher Art, wenn zugleich die Richtigkeit der Thatumstände außer Zweifel gesetzt ist und dieselben so vollständig bekannt sind, daß man den Einfluß der verschiedenen gleichzeitig einwirkenden Ursachen zu unterscheiden vermag. Was auf diese Weise bei sorgfältiger Untersuchung als Gesetz erscheint, muß dann erst

mit jenen allgemeinen Erfahrungssätzen (1) verglichen und nach ihnen geprüft werden (b).

(a) Die politische Oekonomie bietet viele Beispiele solcher einseitiger Folgerungen, indem man sich, um gewisse Erscheinungen zu erklären, nur an eine oder die andere Ursache hielt und andere gleich einflußreiche übersah. Dieß zeigen u. a. die vielen Versuche, die Wohlfeilheit des Getreides im Decennium von 1820—1830, oder die Blüthe des britischen Gewerbfleißes zu erklären.

(b) Es findet eine Meinungsverschiedenheit darüber statt, ob in der Volkswirthschaftslehre die deductive (intuitive) (Mill), oder die inductive Methode herrsche (Mac Leod, Dictionary 1, 40 ff.). Aber in der That kommen beide in Anwendung und unterstützen sich wechselseitig. Man kann z. B. von der Verschiedenheit des Zinsfußes in mehreren Ländern und Zeiten ausgehen, um daraus die Ursachen zu ermitteln, welche auf jenen wirken, oder aus den Absichten der Borgenden und Leihenden bei einem gewissen Begehr und Angebot von Leihsummen auf den Erfolg schließen. Bei jedem dieser Wege sind Irrthümer möglich, welche die Verbindung beider zu berichtigen dient.

§. 13.

Unter den Zwecken, welche in der Vernunftbestimmung des Staates enthalten sind und daher von der Regierung verfolgt werden müssen, befinden sich auch solche, die aus dem Verhältniß der Menschen zu den Sachgütern entspringen, d. h. **wirthschaftliche**. Der wissenschaftliche Inbegriff der Grundsätze für das Verfahren der Regierung in wirthschaftlichen Angelegenheiten ist die **wirthschaftliche oder ökonomische Politik** (a) und kann als der zweite, **praktische** Haupttheil der politischen Oekonomie betrachtet werden. Das Verhältniß dieses Theiles zu dem ersten, der Volkswirthschaftslehre, ergiebt sich daraus, daß die Volkswirthschaft von der Regierung als etwas vor ihrer Einwirkung Bestehendes vorausgesetzt werden muß, §. 9. Dieselbe beruht auf den selbständigen Bestrebungen der Bürger (§. 7.), die, wenn sie von der Regierung gelähmt würden, durch nichts Anderes ersetzt werden könnten. Daher haben die in der Volkswirthschaft wirkenden Kräfte auf die sorgfältigste Schonung von Seite der Regierung Anspruch, und weil hiezu die Kenntniß der Volkswirthschaftslehre nothwendig ist, so müssen die Regeln für die wirthschaftlichen Bestrebungen der Regierung auf jene Wissenschaft gegründet werden.

(a) von Rotteck begreift unter dem letzteren Namen auch die Volkswirthschaftslehre.

§. 13a.

Die wirthschaftliche Politik ist der Volkswirthschaftslehre in vielen Hinsichten ganz unähnlich; während diese die mannichfaltigen Gestaltungen der wirthschaftlichen Verhältnisse auf unwandelbare Gesetze zurückzuführen sucht und das Besondere hauptsächlich wegen des in ihm sich kundgebenden Allgemeinen beachtet, soll jene für jede Besonderheit von Umständen das zweckmäßigste Verfahren zur Erreichung gewisser Zwecke angeben. Ihr Ziel ist nicht die Wahrheit, sondern die Erkenntniß der besten Mittel für den beabsichtigten nützlichen Erfolg. Sie hat neben den allgemeinen Grundsätzen wegen der nothwendigen Berücksichtigung verschiedener gegebener Fälle viele nur in gegebenen Verhältnissen anwendbare Regeln und erhält durch neue Bedürfnisse und Erfahrungen einen unaufhörlichen und reichlichen Zuwachs (a). Doch dürfte man auch die Volkswirthschaftslehre nicht als eine geschlossene und vollendete Wissenschaft ansehen, weil sie berufen ist, die wirthschaftlichen Erscheinungen jedes Zeitalters zu begreifen und zu erklären, weshalb ihr im Fortgange der geselligen Entwickelung stets neue Aufgaben zur Lösung vorgelegt werden, aus denen sie manche Erweiterung und Berichtigung ihrer Lehrsätze gewinnt.

(a) Mehrere ausländische Schriftsteller geben von der politischen Oekonomie eine so enge Erklärung, daß nur die Volkswirthschaftslehre in dieselbe paßt, und sie wollen auch wirklich die wirthschaftliche Politik in andere Wissenschaften verweisen. Say (Handb. VI. 290.) tadelt, daß man, namentlich in Deutschland, die politische Oekonomie in das Gebiet der Politik habe übergreifen lassen und erklärt die Staatsverwaltungslehre (science de l'administration) mehr für eine Kunst, als für eine Wissenschaft. Coquelin (im Dictionn. de l'écon. pol. I, 648) bemerkt, das Wort écon. pol. habe einen Doppelsinn, indem es bald eine exacte Wissenschaft, bald eine Kunst (art) bedeute, welche eine praktische Anwendung der ersten sei. — Mc Mac-Culloch, so sieht auch Senior in der politischen Oekonomie nur die Wissenschaft von dem Wesen, der Hervorbringung und Vertheilung des Vermögens, und scheidet wirklich alle praktischen Lehren, als in das Gebiet der Gesetzgebungswissenschaft gehörig, von jener Wissenschaft aus, was Andere, ihrer Erklärung von derselben zuwider, nicht streng beobachtet haben. Es muß jedoch gestattet sein, solche Regierungsmaaßregeln, bei denen wirthschaftliche Zwecke vorwalten, in der Beachtung zusammenzufassen und der Volkswirthschaftslehre als angewandten Theil zur Seite zu stellen. — Die englische Schriftstellerin Marcet nimmt zwar obige engere Erklärung ebenfalls an, räumt aber doch ein, daß die politische Oekonomie einen theoretischen und einen praktischen Theil habe, eine Wissenschaft und eine Kunst. Conversations, S. 15. 17. der 7. Ausg. —

(a) Die Geschichte der politischen Oekonomie ist erst in der neueren Zeit ausführlich behandelt worden und es ist hierin noch viel zu leisten. Blanqui, Histoire de l'économie politique en Europe, P. 1837. II B. 2. Ausg. 1845. Deutsch von Buß, 1840. II B. — Villeneuve de Bargemont, Histoire de l'écon. polit. P. 1841. II B. - Lodov. Bianchini, Della scienza del ben vivere sociale e della economia degli stati. I. Palermo, 1845. (Dieser erste Band ist ganz vor geschichtlichem Inhalte. Er schildert die Staatseinrichtungen vom Anfang des Mittelalters an, die allgemeinen wissenschaftlichen Richtungen und die besonderen schriftstellerischen Arbeiten im staatswissenschaftlichen und staatswirthschaftlichen Fache.) — Kautz, Geschichtliche Entwicklung der Nationalökonomie, Wien 1860, II B (sehr fleißig gearbeitet, und reichhaltig). — In der Einleitung zu einem Lehrgebäude der politischen Oekonomie kann die Geschichte derselben nur im Umriß, nach den Hauptrichtungen des Gedankenganges, abgehandelt werden; die Geschichte der einzelnen Lehren ist bei der Entwicklung derselben einzuschalten.

(b) Kautz a. a. O. über Inder, Chinesen, Hebräer ic.

(c) Intessen fehlt es in der Staatsverwaltung des Alterthums, soweit sie uns bekannt geworden ist, nicht an wohlberechneten, den Urvberhältnissen angemessenen Einrichtungen, obgleich die vielen großen Anstalten, die den Gewerbsfleiß der neueren Völker unterstützen, jenem Zeitalter unbekannt blieben. Hauptschriften hierüber: Heeren, Ideen über die Politik, den Verkehr und den Handel der vornehmsten Völker der alten Welt. Dritte Ausg. Göttingen, 1815. III B — L. Reynier († 1824), De l'économie publique et rurale des Perses et des Phéniciens. Genève et Paris, 1819. (Der Verfasser handelt unter diesem Titel die Staatseinrichtungen und das Gewerbswesen ab.) — De l'écon. publ. et rur. des Arabes et des Juifs. Ebend. 1820 — De l'écon. publ. et rur. des Egyptiens et Carthaginois. Ebend 1822. — De l'écon. publ. et rur. des Grecs. Ebend 1825. — Böckh, Die Staatshaushaltung der Athener. Berlin 1817. II.

(d) Simonde de Sismondi, Nouveaux principes d'écon. pol. I. 15. — Rau, Ansichten der Volkswirthschaft I Abh. — Leß, Handb der Staatswirthsch. I, 75. — Say, Handb. VI, 266. — Blanqui, am angeführten Ort. — Baumstark, Volkswirthschaftliche Erläuterungen, 1838. I. Abh. — Schäffarr Beiträge bei Uhre a. a. O. — Stein in der Zeitschrift für die ges. Staatswiss. 1853, S. 115. — Kautz I, 102. — Glaser, Die Entwicklung der Wirthschaftsverhältnisse bei den Griechen, Berlin 1865. — Auffallend ist die geringe Meinung, die Say in wirthschaftlicher Beziehung von den Griechen und Römern äußert, Cours d'éc. pol. VI, 351.

§. 29.

Bei den Griechen waren es vorzüglich die philosophischen Schriftsteller, die über wirthschaftliche Verhältnisse Untersuchungen anstellten. Platons Lehren aus diesem Gebiete, obgleich geistvoll, müssen im Zusammenhange mit seinem ganzen ideal-philosophischen Systeme aufgefaßt werden, aus dem manche unseren Ansichten widerstreitende Vorschläge ihre Erklärung finden. Xenophon (a) und Aristoteles (b) lassen mehr die zu ihrer

Zeit herrschenden Meinungen erkennen. Die griechischen Philosophen betrachteten den Gütererwerb eben sowohl als alle Staatsangelegenheiten von der moralischen Seite. Das Vermögen erschien ihnen daher nur schätzenswerth als Mittel zu einem edlen und wohlthätigen Leben; das unbegränzte, aus Genußsucht hervorgehende Streben nach Reichthum galt für unsittlich, indem das wahrhafte Bedürfniß äußerer Güter seine Gränzen habe. Deßhalb, und weil man bei den Gewerben zugleich den Einfluß beachtete, den sie auf geistige und körperliche Bildung des Menschen zu haben schienen, auch auf das Grundeigenthum vorzüglichen Werth legte, wurde der Landbau für den einzigen Nahrungszweig gehalten, welcher eines freien, feingesitteten Mannes würdig sei; die anderen Gewerbe und die Lohnarbeiten erschienen als unanständig (banausisch) aus Ursache schimpflicher Abhängigkeit von Anderen, und durch den gewohnten Gebrauch von Sklaven wurde man abgehalten, die volkswirthschaftliche Wichtigkeit der gesammten Arbeit gehörig zu würdigen (d). Auch der Handel, obschon als nützlich anerkannt in Ansehung der Güter, die er herbeiführt, wurde doch den wucherlichen Erwerbskünsten beigesellt und das Wesen des Capitals nicht geahnt, während man über die Natur des Geldes richtig dachte (e).

(a) Vorzüglich das Gespräch, welches οἰκονομικὸς λόγος, oeconomicus, überschrieben ist. Hildebrand. Xenophontis et Aristotelis de Oecon. publica doctrinae illustrantur, Marburger Prorectoratsprogramm, 1845.

(b) Hauptsächlich im ersten Buche seiner Politik. Ueber beide Schriften f. insbesondere Olau, Ansichten a. a. O. — Mac Lend. Dictionary of pol. æc. Art. Aristoteles. — A. theilt die Erwerbsarten so ein: 1) eigene Gewinnung der Nahrungsmittel (τροφῆς ἐπιμέλεια, Einnahrungssorge oder natürliche Erwerbart, κτητικὴ κατὰ φύσιν), 2) Erwerb im Verkehr mit Hülfe des Geldes; die hierauf sich beziehenden Regeln bilden die Chrematistik. a) Gewinnung nöglicher Stoffe für den Bedarf, ökonomische Chrematistik, der Ernährungssorge (1) verwendet. b) unedler Gewinn aus dem bloßen Tausche, Metabletik oder Kapelik, z. B. Geldwucher. — A. hält die Ethik, Politik und Oekonomik nebeneinander. — Von der Oekonomik des A. soll das erste Buch nach Einigen den Theophrast zum Verfasser haben, auch die Rechtheit des 2ten ist zweifelhaft. Hildebrand, S. 7.

(c) Stein a. a. O.

(d) Aristoteles glaubt (Polit I. 3) ein Theil der Menschen sei durch ihre Leibes- und Geistesbeschaffenheit zum Dienen in der Knechtschaft bestimmt.

(e) Aristot. Politic. I, 9. Ethicor. ad Nicom. lib. V. und auf ähnliche Weise Paulus L. 1. Pandect. de contrah. emt. (XVIII, 1.).

§. 30.

Die römischen Philosophen (a) gingen in diesem Gegenstande im Allgemeinen nicht weiter, als ihre Lehrer, die Griechen. Vielseitig gebildete und im Denken geübte Männer, wie namentlich Cicero, fanden zwar häufig eine Aufforderung, einzelne Gegenstände der öffentlichen Wirthschaftslehre, besonders die Stammbegriffe und Grundsätze derselben, zu berühren und richtig zu erklären (b), aber sie blieben bei den Aufgangsgründen stehen, ohne Folgen aus ihnen abzuleiten und dieselben mit anderen Sätzen zu verbinden. Das häufig ausgesprochene Lob der Sparsamkeit und Genügsamkeit hängt mit einem subjectiven Begriffe des Reichthums zusammen, nach welchem dieser sich hauptsächlich aus dem Maaße der Bedürfnisse bestimmen sollte (c), indeß läßt sich deutlich bemerken, daß auch von der anderen Seite der Reiz und Vortheil des reichlichen Gütergenusses, die gemeinnützigen Wirkungen des Reichthums Einzelner und das Gebot der Staatsklugheit, den Volkswohlstand zu erhöhen, nicht ganz verkannt wurden (d). Das Urtheil über Werth und Nutzen der verschiedenen Gewerbszweige stimmt mit der Meinung der Griechen ziemlich überein (e), vermochte jedoch nicht, die für unsittlich gehaltenen Erwerbsmittel zu verdrängen (f). Die römischen Rechtsgelehrten, indem sie die Rechtsbegriffe und Rechtslehren scharfsinnig erforschten, wurden hierbei auch veranlaßt, das Wesen vieler wirthschaftlicher Verhältnisse zu besprechen, soweit diese das Rechtsgebiet berühren (g).

(a) Hermann, Diss. exhibens sententias Romanorum ad oeconomiam universam a. nationalem pertinentes. Erlangae, 1823. Die hier mit großer Fleiße zusammengesuchten Stellen aus römischen Schriftstellern machen es sehr deutlich, wie viel diesen unbekannt war. — Die ebenfalls verdienstliche Abhandlung von N. C. Calkoen (Over eenige staatshoishoudkundige gevoelens en stellingen in de geschriften der Ouden en vooral in die van Cicero vorkommende), nach des Verf. frühem Tode von Prof. den Tex in den Bydragen tot Regtsgeleerheit en Wetgeving, VI, 3. St. S. 413, 1832, bekannt gemacht, stellt Aeußerungen Cicero's mit den Lehren neuerer Schriftsteller zusammen. — Ueber die römische Staatsverwaltung in staatsökonomischer Beziehung s. Dureau de la Malle, Économie politique des Romains, P. 1840. II. (verbreitet sich auch über andere Staatseinrichtungen). — Ueber die Gewerbe bei den Römern Weislig, Industria Romanorum digestorum et codicum locis nonnullis donnullis explanata. Erlang. 1846 Partic. I. und II.

(b) Z. B. die verschiedenen Zweige der Gewerbsarbeit, die hohe Wichtigkeit der Arbeit, den Einfluß der Wissenschaften auf die Production, das Zusammentreten der Menschen in Dörfern. In hoc potuerum debemus ducem sequi et communes utilitates in medium afferre, mutationes officiorum, dando, accipiendo, tum artibus, tum opera, tum facultatibus devincire hominum inter homines societatem. (Cic. offic. I, 7. — Die römische Sprache hat für viele Begriffe gute Bezeichnungen, aber manche Ausdrücke fehlen, z. B. Wirthschaft, Haushaltung, wofür man res familiaris brauchen mußte, welches auch Vermögen bedeutet. Ueberhaupt war man vielfältig genöthigt, res mit einem Zusatze anzuwenden, z. B. res rustica.

(c) Stellen in Calkoen a. a. O. §. 1.
(d) Cic. de rep. III, 12. betrachtet die Erwerbung des Reichthums als Forderung der sapientia, die freilich von der justitia unterschieden wird; f. ferner Calkoen, §. 3, 4, 16.
(e) Die Hauptstelle ist Cicero offic. I, 42. Illiberales autem et sordidi quaestus mercenariorum...., sordidi etiam putandi, qui mercantur a mercatoribus, quod statim vendant.... opificesque omnes in sordida arte versantur, nec vero quidquam ingenuum potest habere officina... Mercatura autem, si tenuis est, sordida putanda est, sin magna et copiosa multa undique apportans,..... non est admodum vituperanda, atque etiam, si satiata quaestu rei contenta potius, ... videtur jure optimo posse laudari. Omnium autem rerum, quibus aliquid acquiritur, nihil est agricultura melius, nihil uberius, nihil dulcius, nihil homine libero dignius.
(f) Hermann a. a. O. S. 29.
(g) v. Schrel in Hildebrand, Jahrbücher, 1866. VI, 344, De corporis joris civilis principiis oeconomicis, Halae 1867. Der Verf. bemerkt, daß die Römer, da sie weniger auf Production als auf Geldzufluß von außen bedacht waren, sich auch bei volkswirthschaftlichen Betrachtungen vorzüglich mit den Verkehrsangelegenheiten beschäftigten.

§. 31.

Während des Mittelalters ruhten die Untersuchungen über Wirthschaftsangelegenheiten (a); erst gegen das Ende dieses Zeitraumes entstand die äußere Veranlassung, welche ihre Wiedererweckung herbeiführte, nachdem bei der neuen Belebung des wissenschaftlichen Eifers auch die Staatswissenschaft wieder Pflege und Bearbeitung in mannichfaltiger Weise gefunden hatte. Die Befestigung der landesherrlichen Gewalt brachte eine kraftvollere Wirksamkeit in allen Verwaltungszweigen hervor, dieß vergrößerte aber nothwendig die Staatsausgaben, und in den Schwierigkeiten, welche mit der Aufbringung der erforderlichen Staatseinkünfte verknüpft waren, lag eine Aufforderung, nicht nur mehr Ordnung in das Finanzwesen zu bringen, sondern auch mehr Aufmerksamkeit als bisher auf den Gewerbfleiß der Bürger zu verwenden und auf die Erhöhung des Volkswohlstandes hinzuwirken. Hiezu fehlte es aber an sicheren leitenden Grundsätzen, man vermochte sich noch nicht zu einem Ueberblick der ganzen

Volkswirthschaft und zur Einsicht in den inneren Zusammenhang ihrer Theile zu erheben, man hielt sich daher mehr an einzelne Erscheinungen, suchte einzelnen auffallenden Uebelständen zu begegnen und einzelne Gewerbszweige zu befördern (*b*). Eine Volkswirthschaftspflege, die der Volkswirthschaftslehre vorausgieng, konnte nicht frei von Einseitigkeiten und Mißgriffen sein. In den Städten, besonders in den freien Handelsstädten, hatte sich im Mittelalter der meiste Wohlstand, die größte Regsamkeit und Kenntniß gewerblicher Angelegenheiten entwickelt, hier waren Handwerke, Fabriken, Handelsgeschäfte blühend geworden und verschiedene Hülfsanstalten für den Verkehr entstanden, die Bündnisse der deutschen Handelsstädte im 13. Jahrhundert gaben dem Handel Schutz und trugen zu der Ausdehnung desselben bei, daher war man geneigt, von hier Regeln für die Leitung des Gewerbewesens aufzunehmen, ohne zu bedenken, daß dieselben für größere Länder nicht ganz passend sein konnten.

(*a*) Ueber Thomas von Aquino († 1274) s. Rau, Primae lineae historiae politices S. 24. — Schön, Neue Unters. S. 10. — Rauh I, 212. In dem staatswissenschaftlichen Werke De rebus publicis et principum institutione (u. a. Lyoner 1602) verbindet Thomas de Aquino Aristotelische und biblische, vorzüglich christliche Lehren mit einander und bespricht theilweise staatswirthschaftliche Dinge, z. B. die Gütergemeinschaft, die er verwirft, die Sorge für Münz- und Maaßwesen, die Nothwendigkeit eines Geldvorraths für den Fürsten, damit dieser die Ausgaben bestreiten könne ohne zu borgen — turpe est enim et multum regali reverentiae derogat, a suis subditis mutuare pecuniis regis vel regni — u. dgl. — Ueber die Volkswirthschaft und öconomische Politik im Mittelalter, vorzüglich in Oberitalien, enthält lehrreiche Nachrichten L. Cibrario, Della economia politica del medio evo, Torino 1839.

(*b*) Ein einzelner Lichtpunkt im Mittelalter ist die neuerlich von Fr. von Raumer (Geschichte der Hohenstaufen) ausführlich geschilderte Verwaltung Friedrichs II. in Neapel zu Anfang des 13. Jahrhunderts.

§. 32.

In der Geschichte der politischen Oekonomie der drei letzten Jahrhunderte (*a*) treten drei verschiedene Lehrgebäude hervor, welche man unter dem Namen der drei staatswirthschaftlichen Systeme aufführt. Dieselben bilden auch wirklich die denkwürdigsten und einflußreichsten Richtungen der Gedanken in diesem Gebiete und stehen neben einander in einem gewissen Zusammenhange als Ausbildungsstufen der Wissenschaft, indem die Mangelhaftigkeit des ersten Versuches eine zweite bessere

Bearbeitung, und diese wieder den heutigen herrschenden Lehrbegriff hervorrief. Doch läßt sich nicht das ganze Schriftenthum unter die Reihenfolge dieser drei Systeme ordnen, weil nicht alle jedesmaligen Zeitgenossen in die eigenthümlichen Lehren derselben eingingen. Dieß wird sehr leicht begreiflich, wenn man bedenkt, wie Vieles in dem Zustande der bürgerlichen Gesellschaft noch während dieses Zeitraums der Entstehung und Verbreitung des Wohlstandes unter den Staatsbürgern im Wege stand, wie viele Verbesserungen folglich zu empfehlen waren, deren Nützlichkeit bei einer unbefangenen Erwägung nicht zu verkennen war, z. B. der Druck der Feudallasten auf die Landleute, das erstarrte selbstsüchtige Zunftwesen, die Privilegien in mancherlei Gewerben, die schlechten Straßen, das schlechte Münzwesen, die hohen Zölle im Innern der Länder, die Willkür in der Erhebung verschiedener Abgaben, das mangelhafte Steuerwesen, die Verschwendung in den Staatsausgaben, die Veruntreuung öffentlicher Gelder und dergl. Es lassen sich ausgezeichnete Staatsmänner nachweisen, wie Sully (b) und Andere (c), deren Strebeziel in der Heilung dieser Gebrechen bestand und welche den verschiedenen Zweigen des Gewerbfleißes gleiche Sorgfalt widmeten, wie denn auch manche Schriftsteller sich durch ein richtiges Gefühl von den Abwegen der früheren Systeme frei erhielten, oder, wenn sie dieß nicht ganz vermochten, doch zugleich durch andere wohlbegründete Lehren sich bleibende Verdienste erwarben (d).

(a) Travers Twiss, View of the progress of politic. econ. in Europe since the 16. century Lond. 1847.
(b) Maximilian von Bethune, Marquis von Rosny, Herzog von Sully (geb. 1560, gest. 1641), leitete von 1598 bis 1610 unter Heinrich IV. die französische Staatswirthschaft. Der Hauptgegenstand seiner Bemühungen war, die unglaubliche Zerrüttung im Finanzwesen, die Zersplitterung und Veruntreuung der Staatseinkünfte, die Bedrückungen der Finanzpachter zu beseitigen. Dieß gelang ihm auf das Vollständigste, auch legte er den Grund zu einer Verbesserung des Staatsrechnungswesens. Weil er die Landwirthschaft als die Hauptquelle des Volkswohlstandes ansah, bemühte er sich, dieses Gewerbe emporzubringen, was bei der bedrängten Lage der von vieljährigem Kriegsleiden niedergebeugten französischen Landwirthe doppelt nöthig war. Auch hierin war sein Bestreben erfolgreich, er befreite den Landbau von manchen Lasten, gab dem Getreidehandel Freiheit, und erhöhte dadurch die Betriebsamkeit im ganzen Lande. Die Getreideausfuhr wurde anfänglich mit einem besonderen Zoll, nachher 1601 ohne denselben freigegeben. (Das I. Edict hierüber vom 20. Febr. 1601 in des Bazaris, Dictionnaire universel de Police, IV, 429. Paris 1737).

Indeß kam Sully, der mit vielen Schwierigkeiten zu kämpfen hatte, nicht dazu, seine Ueberzeugungen vielseitig zu entwickeln und in Ausführung zu bringen, sowie er auch von manchem Irrthümern nicht frei zu sprechen ist, z. B. übermäßiger Abneigung gegen den Luxus, gegen die Seidenproduction und theilweise sogar einer Hinneigung zum Handelssystem ꝛc. Sein Leben und seine Grundsätze hat er in seinem Memoiren für die Nachwelt aufgezeichnet. Auszug daraus, nur die Staatsgeschäfte betreffend: Esprit de Sully, Dresde 1765. Vgl. auch Krüger über Sully und Colbert, in Schreber's Neuen Kameralschriften, VIII, 1, aus dem Schwedischen übers. — Parrot, Versuch einer allgem. Entwickelung der staatswirthschaftl. Grundsätze und Verordnungen Sully's. Stuttg. 1799. 4°. — Blanqui, Hist. 1, 392.

(c) Ein deutscher Fürst, Kurfürst August von Sachsen (gest. 1586), übertraf Sully an vielfacher Wirksamkeit für alle Zweige der Betriebsamkeit. Bülau, Jahrb. d. Gesch. u. Staatskunst. 1828. 1, 130 — Masse, De jure pecullari, quam Saxoniae principes iepsimisque Augustus Elector rei familiari impenderunt Lips. 1828.

(d) Beiträge zur Kenntniß solcher Schriftsteller geben u A.: W. Roscher, Die deutsche Nationalökonomik an der Gränzscheide des 16. und 17 Jahrh. Leipz. 1862. — H Wiskemann, Darstellung der in Deutschland zur Zeit der Reformation herrschenden Nationalökon. Ansichten. Preisschrift. Leipz. 1861. — Eine Darstellung vieler im Zeitalter der Reformation ausgesprochenen, zum Theile richtiger volkswirthschaftlicher Sätze, die jedoch kein zusammenhangendes Ganzes bildeten, giebt Schmoller, Zeitschr. f. die g. Staatswiss. 1860. S. 461. — Gründlicher Einblick in das Wesen des Geldes zeigt schon der französ. Bischof Nic. Oresmius († 1382), s. Roscher in der genannten Zeitschr. 1863 S. 306.

§. 33.

Das Zeitalter Sully's hatte nicht genug Empfänglichkeit für seine Grundsätze, weil es nach einer andern Richtung hingelenkt wurde. Die Entdeckung des Wasserweges nach Ostindien hatte den Portugiesen den überaus einträglichen ostindischen Handel, die Entdeckung Amerika's den Spaniern die reichen Gold- und Silberbergwerke von Mexico, Peru und Chili eröffnet. Die Holländer traten gegen Ende des sechzehnten Jahrhunderts als Nebenbuhler der Portugiesen auf, verdrängten dieselben gänzlich und erreichten durch den Colonialhandel einen erstaunlichen Grad von Reichthum und Macht (a). Auch die Engländer nahmen, seitdem Elisabeth und Cromwell den Seehandel zu heben begonnen hatten, an diesen Gewinnsten Theil. Die edlen Metalle strömten aus Amerika nach Europa und erhöhten die Preise aller Dinge, wodurch die Gewerbsunternehmer gewannen und zur Erweiterung ihrer Geschäfte ermuntert wurden. Hatte man schon früher oft Gold und Silber als das vorzüglichste fachliche Gut angesehen, durch dessen Besitz man unfehlbar reich und mächtig werde, so fand diese Meinung jetzt noch mehr Anhänger (b). Im Zusammenhang hiermit lenkte sich der Sinn der Regierungen allgemein auf den auswärtigen Handel; auch die meisten Schriftsteller theilten die Ansicht, daß er das Hauptmittel sei, um Reichthum zu erlangen. So bildeten sich allmählig die Vorstellungen und Regeln aus, die man jetzt in ihrem Zusammenhange das Handels- (Mercantil-) System nennt.

(a) Indeß waren die Holländer schon vorher wohlhabend zufolge des Handels mit dem nördlichen Europa, s. Lueder. Geschichte des holländ. Handels. Nach Luzac's Hollands Reichtum bearbeitet. S. 81. (Leipz. 1788.)

(b) Man übersah, daß die damalige Steigerung des Gewerbfleißes und Wohlstandes hauptsächlich dem gewinnvollen Handel mit Colonialwaaren, dem regeren Unternehmungsgeiste, den vermehrten Handelsverbindungen und dem, durch neue Genüsse und Bedürfnisse verstärkten Erwerbseifer zuzuschreiben war.

§. 34.

Die Grundsätze des Handelssystems waren im 16. und 17. Jahrhundert sehr verbreitet, und ihr Ursprung ist zum Theile noch älter. Keine einzelne Person kann als Urheber dieses Lehrgebäudes bezeichnet werden, wohl aber gilt Joh. Bapt. Colbert, französischer Finanzminister unter Ludwig XIV., als derjenige Staatsmann, der das Handelssystem zuerst beharrlich und vollständig ausführte, weßhalb man dasselbe späterhin bisweilen nach ihm benannte (a) und ihn wie ein Vorbild betrachtete (b). Während die Anerkennung der Nützlichkeit des Handels und die Beförderung desselben im Allgemeinen gute Früchte bringen mußte, erscheint das starke Eingreifen in den Gang der Gewerbe, wie es Colbert in seinen Verordnungen vornahm, als eine Uebertreibung, die aber zu jener Zeit überhaupt üblich war. Die Unbekanntschaft mit dem Wesen der Volkswirthschaft hatte sich schon lange darin gezeigt, daß man sich nicht scheute, irgend einen für nützlich erachteten Erfolg mit Zwangsmitteln, z. B. Verboten der Aus- und Einfuhr, zu befördern (c) und die Gewerbsleute mancherlei willkürlichen Beschränkungen zu unterwerfen, wodurch man begreiflich dem Aufschwunge der Erwerbsgeschäfte im Ganzen schadete. Hatte der eine Staat in solchen gewaltsamen Anordnungen ein übles Beispiel gegeben, so fanden sich andere Regierungen aufgefordert, dasselbe nachzuahmen und gegen den ersten Urheber zu erwidern, besonders wenn ihre eigenen Unterthanen von den Maaßregeln desselben litten. Erst durch die späteren Fortschritte der Wissenschaft lernte man, den Gang der Volkswirthschaft zu beachten und zu schonen (d).

(a) Colbertismus. Colbert'sches System.

(b) Colbert war geb. 1619, wurde 1661 Contrôleur général des finances, starb 1683. Wie Sully fand auch er große Verwirrung im Finanzwesen vor, deren Hebung ihm so gut gelang, daß er das reine Staatseinkommen von 89 auf 105 Mill. Liv. erhöhte. Da die Verschwendungen des Hofes und mehrere Kriege die Staatscasse in hohem Grade in Anspruch nahmen, so suchte er ihr durch Beförderung von Fabriken und Ausdehnung des Handels neue Hülfsquellen zu eröffnen. Entmunterungen und Prämien zogen geschickte Künstler herbei, die Seidenfabriken zu Lyon und Tours, deren Grund schon von Heinrich IV. gelegt war, die Tuchfabriken zu Sedan, Abbeville ꝛc., die Strumpf- und Tapetenwirkereien, die Spiegelfabriken und andere mehr hoben sich auf überraschende Weise. Mit Hülfe der Begünstigungen der inländischen Schifffahrt vermehrte sich die Zahl der Handelsschiffe und die Lebhaftigkeit des Seehandels; Handelsverträge beförderten den Absatz französischer Waaren in anderen Ländern, große Handelsgesellschaften kamen zufolge ertheilter Privilegien zu Stande. Doch war letztere Wirkung von geringem Nutzen; die westindische Handelscompagnie ging schon 1669 nach 5 Jahren wieder ein. Zu diesen Maaßregeln, für die ihm noch jetzt Frankreich dankbar ist, gesellten sich noch andere, z. B. Gründung der compagnie française 1663, der académie des sciences 1666, Anlegung des Canals von Languedoc 1661 ff. Manches Andere gelang ihm nicht, besonders die beabsichtigte Aufhebung der innern Zölle und die Verbesserung des Steuerwesens. Zu seinen wichtigsten Unternehmungen gehören 1) die Anordnung der auf die Beschützung des inländischen Fabrikwesens hinzielenden Stanzoile, hauptsächlich durch die Verordnungen von 1664 und 1667, welche vorzüglich gegen die Holländer gerichtet waren. Die beiden Tarife, deren zweiter höhere Zollsätze enthielt, aber in Folge des Nymwegischen Friedens 1678 wieder zurückgenommen werden mußte, waren von Savary entworfen. Das Zolledict von 1664 zählt alle unter Ludwig XIV. getroffenen Beschränkungsmaaßregeln des Gewerbewesens auf und spricht das namhaftige Einlangen aus, d'attirer l'abondance, wozu der auswärtige Handel dienen sollte. — 2) Die vielen Verordnungen, vermittelst deren man die pünktlichste Beobachtung des bei den verschiedenen Gewerbszweigen damals üblichen Verfahrens erzwingen wollte, eine Maaßregel, die von Colbert's Nachfolgern noch viel weiter getrieben wurde und den Gewerbfleiß nicht wenig beengte. Chaptal, De l'industrie franc. I, LXII. — Ueber Colbert s. Necker, Éloge de C., P. 1780. — (De Monthion) Particularités et observations sur les ministres des finances de la France les plus célèbres, S. 20, Paris 1812. — Lemontey in Revue encyclopédique, Juin 1822, T. XIV. — Blanqui, Hist. I, III, II, 5, — Bianchini, I, 139. — Clément, Histoire de la vie et de l'administration de Colbert, Paris 1840. Deff. Histoire du système protecteur en France, 1848. — Cochut in Revue des deux mondes, XV, 462 (1846) — Rau, I, 257.

(c) Belege bei C. Moreau, Ueber Wollhandel und Wollmanufactur in Großbritanien, deutsch Berl., 1829. 4°. Im J. 1337 Verbot der Wollausfuhr bei Todesstrafe, Verbot der Tucheinfuhr. In Venedig und in Spanien unter Karl V. wurden solche Handelsverbote und Zollmaaßregeln ebenfalls früher getroffen, als in Frankreich, und Colbert übte im Grunde eine Erwiderung aus, wie sie seitdem oft vorgekommen ist.
(d) Rau, Zur Kritik über List's nationales System der politischen Oekon. S. 90.

§. 35.

Das Handelssystem (a) ging von dem Schlusse aus, daß wie der einzelne Bürger sich durch Geldgewinn bereichert, so auch in einem ganzen Volke die Vermehrung des Metallgeldes das beste Mittel zur Erhöhung des Wohlstandes sei. Von dieser Ueberschätzung des Metallgeldes vermochte man sich nicht loszureißen, ob man gleich auch nicht verkennen konnte, daß dasselbe für sich gar kein menschliches Bedürfniß befriedige (b). Für Länder, die nicht aus eigenen Bergwerken Gold und Silber erhalten können, bot sich kein anderes dauerndes Mittel zur Vermehrung dieser Stoffe im Lande dar, als sie im Handel vom Auslande herbeizuziehen. Zu diesem Zwecke sollten viele im Lande erzeugte Waaren hinausgeführt, aber nur wenige fremde hereingebracht werden, und man nahm an, daß dann der ganze Ueberschuß der Ausfuhr über die Einfuhr vom Auslande in Geld bezahlt werden müsse. Der Unterschied zwischen der Größe der Aus- und Einfuhr wurde Handelsbilanz (balance du commerce) genannt und dann als günstig angesehen, wenn die Ausfuhr größer war als die Einfuhr. Dagegen hielt man das Hinausgehen von Münze oder Münzmetall für gemeinschädlich. Die statistische Erforschung der Handelsbilanz jedes Staates ward zu einer wichtigen Aufgabe, der innere Handel aber, da er keine Vermehrung der Geldmenge bewirkte, erschien als gleichgültig oder doch unbedeutend (c).

(a) Ueber dasselbe s. Adam Smith, Unters. II. 233—541. — Storch, Handb. I, 57. III, 260.
(b) Die Schriftsteller versuchten allerlei Wendungen, um dem Widerspruche auszuweichen, der nothwendig zwischen diesen beiden Sätzen liegt; sie nahmen z. B., wie von Bielfeld und Steuart, die Bemerkung zu Hülfe, das Geld sei wenigstens das unzerstörbarste Gut und daher zur Ansammlung von Vermögen am brauchbarsten, s. Rau, Ansichten der Volkswirthschaft, S. 146. — Forbonnais und Ferrier betrachten das Geld als das Mittel, die Production zu erhalten und zu beför-

tern, und legen darum auf seinen Anwachs großen Werth. — Du
Menil-Marigny (Les libres échangistes et les protectionistes con-
ciliés, 2. A. 1861) schätzt eine Geldeinfuhr darum hoch, weil sie bei
Zahlungen, die von der Regierung im Auslande gemacht werden müssen,
gute Dienste leistet. Sonst ist der Verf. bemüht, sich von den Irrthümern des Handelssystems frei zu halten.

(c) Obgleich die Beleuchtung und Berichtigung der obigen Sätze nicht an
diese Stelle des Lehrbuches gehört, so wird es doch dienlich sein, einige
Andeutungen beizufügen. 1) Es ist unrichtig, daß die Zufuhr oder
Abfuhr des Geldes in einem Lande immer mit der Beschaffenheit der
Handelsbilanz zusammenhänge, weil z. B. der Ueberschuß der Ausfuhr
im Auslande werbend angelegt oder zur Zahlung von Schulden und
Zinsen gebraucht werden kann. 2) Die Ausfuhr kann zu einem vortheilhaften Austausche dienen, ohne daß der Gewinn sich gerade in
einer Geldeinfuhr zeigt. 3) Es ist mißlig, eine große Gütererzeugung
für inneren Absatz und Verbrauch gering zu schätzen. 4) Eine fortdauernde Geldvermehrung in einem Lande würde die Geldpreise der
Waaren erhöhen und hiermit gienge der erwartete Vortheil verloren.

§. 36.

Die zur Erreichung dieses Zieles empfohlenen und auch wirklich angewendeten Mittel waren folgende:

1) Da man zur Gewinnung einer günstigen Handelsbilanz
eine große Ausdehnung der Fabrikarbeit im eigenen Lande für vorzüglich nützlich hielt, damit nicht bloß keine Kunstwaaren eingeführt zu werden brauchten, sondern noch große Vorräthe derselben
zur Ausfuhr kämen, so suchte man durch Verbote oder wenigstens
durch ansehnliche Zölle die Einfuhr fremder Kunstwaaren und
die Ausfuhr roher inländischer Stoffe zu verhindern. Letztere
Maaßregel beabsichtigte theils, daß die Ausländer genöthigt
würden, statt des rohen Stoffes vielmehr die daraus verfertigte
Waare zu kaufen, theils aber, daß die inländischen Fabricanten
die Stoffe und Lebensmittel wohlfeil einkaufen könnten. Das
Handelssystem wird deßhalb häufig mit dem Namen des Pro-
hibitiv- oder Zollschutz- (Protections-)systems bezeichnet.
Die Ein- und Ausfuhrzölle machten jene künstlichen Einrichtungen an den Landesgränzen nothwendig, die sich noch heutiges
Tages in den meisten Ländern erhalten haben, jedoch zum Theile
auch dazu dienen, eine Staatseinnahme zu geben.

2) Dagegen wurde die Ausfuhr von Fabrikwaaren, sowie
die Einfuhr roher Stoffe freigegeben oder noch besonders mit
Prämien begünstiget.

3) Das Ausführen von Gold und Silber wurde nachdrücklich
verboten (a).

4) Zur Erreichung neuer Gewerbszweige wendete man Belohnungen, Vorschüsse und mancherlei andere Ermunterungsmittel an.

5) Es wurden Handelsverträge mit anderen Staaten geschlossen, um den Landeserzeugnissen besseren Absatz im Auslande zu verschaffen.

6) Große Handelsgesellschaften wurden mit Privilegien ausgestattet, damit sie schwierige Zweige des auswärtigen Handels unternähmen.

7) Man strebte nach dem Besitze von Colonieen in anderen Erdtheilen, die man dann lediglich als Mittel behandelte, sowohl um den Fabriken des Mutterlandes größeren Absatz zu verschaffen, als um zu einem einträglichen Handel mit Colonialwaaren Gelegenheit zu geben.

(a) Dies geschah schon im alten Rom (Cic. pro Placco c. 26) und 1393 in Florenz. Hüllmann, Städtewesen IV, 90. Die venezianische Handelspolitik war aufgeklärter, sie verbot sogar den Kaufleuten, aus Ländern, auf deren Erzeugnisse man besonderen Werth legte, z. B. aus Frankreich und Flandern, baares Geld nach Venedig zu bringen, Depping, Histoire du commerce entre le Levant et l'Europa. P. 1830 — Minerva, Aug. 1830. S. 233. — In England wurden schon im 14. Jahrhundert Anordnungen getroffen, um das Geld im Lande zu erhalten und zu mehren. Die Handelsoperationen in gewissen Stapeln mußten darauf achten, daß ein Theil des Erlöses aus der Wollausfuhr in fremder Münze oder Waren einging. Fremde Kaufleute, welche Waaren einführten, wurden angehalten, ihren Geldlös zum Ankauf englischer Waaren für die Ausfuhr zu verwenden und man stellte sie zur Ueberwachung dieses Gebotes unter die Aufsicht angesehener Bürger (1440). Pilger, die ins Ausland reisten, durften nur Wechsel mitnehmen und der Ausseller, wenn er ein Fremder war, mußte sich verpflichten, englische Waaren dafür auszuführen. Edinb. Rev. Nr. 172. S. 426. (April 1517). Später suchte man den nämlichen Zweck durch Einfuhrzölle zu erreichen.

§. 37.

Das Handelssystem läßt schon darin die Kindheit der Wissenschaft erkennen, daß seine Lehren nicht in methodischem Zusammenhang gebracht, nicht auf tiefere Forschungen gegründet, sondern nur oberflächlich aufgefaßt wurden (a). Man trifft die einzelnen diesem Systeme angehörenden Sätze schon bei Schriftstellern des sechzehnten Jahrhunderts (b), noch häufiger im siebenzehnten und in der ersten Hälfte des achtzehnten Jahrhunderts (c). Unter den italienischen Schriftstellern, die vom sechzehnten Jahrhundert an einzelne Abschnitte der politischen

Oekonomie mit Scharfsinn bearbeiteten, sind mehrere dem Handelssysteme ganz ergeben, andere wenigstens einigermaßen von demselben befangen (d). Indeß findet sich keineswegs eine vollständige Uebereinstimmung in Ansehung der obigen Sätze (§. 35. 36.); manche Schriftsteller neigten sich in Hauptpuncten, z. B. in der Würdigung des inneren Verkehrs und der Bestimmung des Geldes, schon zu richtigeren Vorstellungen und geben sich nur noch durch den allzu hohen Werth, den sie auf die günstige Handelsbilanz legen, als Anhänger des Handelssystems kund (e). Einzelne blickten tiefer in die Bedingungen des Wohlstandes der Völker, dachten richtiger über die Handelsbilanz und erkannten den Nutzen der Handelsfreiheit (f). Im jetzigen Jahrhundert hat Fr. List sich eifrig bemüht, die größere volkswirthschaftliche Nützlichkeit des Fabrikwesens im Vergleich mit dem Landbau und in Folge hievon die Nothwendigkeit von Zollschutzmaaßregeln darzuthun. Er stimmt also hierin mit dem älteren Handelssystem überein, ohne die durch spätere Untersuchungen unhaltbar gewordene Lehre von der Handelsbilanz wieder aufzunehmen (g). In den Einrichtungen der meisten, besonders der größeren Staaten hat sich der Zollschutz bis auf die Gegenwart erhalten, jedoch ist unter dem Einfluß der heutigen wissenschaftlichen Erkenntniß ein Streben der Regierungen nach Milderung und gänzlicher Beseitigung dieser Schutzmaaßregeln zu erkennen.

(a) Literatur des Handelssystems bei Steinlein, I, 16. — Kaup, I, 152. — Ueber die englischen Schriftsteller des 16. u. 17. Jahrh. hat Roscher Licht verbreitet: Zur Geschichte der englischen Volkswirthschaftslehre, Leipz. 1851. — Nachträge 1852.

(b) Vorzüglich Jean Bodin oder Bodinus († 1500), La république, Liv. VI. ch. 2. Par. 1580 fol. und öfter; lateinisch: De republica, Par. 1586 fol. und öfter, älteste Octavausgabe ebd. 1591. 8. (S. 655 der Ausg. v. 1586, S. 964 von 1591.) Vgl. Bau, Primae lineae historiae politicae. S. 33, Roß, Handb. der Staatsw. I, 59, Bluntschli, I, 152 — Baudrillard, J. Bodin et son temps. P. 1853. — Wie Roscher nachweist (Berichte der k. sächs. Gesellschaft d. Wissensch., philolog. hist. Classe 12. Dec. 1861 S. 151), findet sich bei Bodin der Grundgedanke schon in einer sächs. Flugschrift von 1530: Die Münz belangende Antwort und Bericht... ausgesprochen, während in 2 anderen Streitschriften über Münzwesen 1530 u. 31 richtige Ansichten angetroffen werden.

(c) J. Dornitz, De nummis in rep. percutiendis et conservandis. Han. 1608. Ueber diesen Schriftsteller, dessen Tractatus politicus de rerum rusticarum in rep. et civitate conservanda, 1625, eine Art von Volkswirthschaftspolitik ist, s. Roscher, Die deutsche Nationalökonomie an der Gränzscheide des 16. u. 17. Jahrh. 1862. S. 300.

— 46 —

A. de **Montchrétien**, Traité d'économie politique. Rouen 1615. 4°.

Th. Mun, Treasure by foreign trade, London, 1664, vermuthlich zwischen 1635 und 1640 geschrieben. Roscher, B. 44.

J. Child, A new discourse of trade, London, 1668. Französ. 1753.

J. F. Melon, Essai politique sur le commerce, Avant. 1734. Neuerlich abgedruckt in Collection des principaux économistes, I. Deutsch: Jena, 1740. Dessen gesammelte kleine Schriften, Leyden, 1756.

C. Klock, De aerario. Nürnb. 1651, 2. ed. cura Chr. Peller, 1671 fol. Lib. II. cap. 24. 25. 66—70. 73.

J. J. Becher, Politische Discurs von den eigentlichen Ursachen des Auf- und Abnehmens der Städte, Länder u. Republiken. Frankf. 1672. Die Ausg. 1759. S. 103 ff. der 3. Ausg. v. 1688.

W. v. Schröder, Fürstliche Schatz- und Rentkammer, Leipz. 1686. und öfter. Cap. 23, S. 109 der Ausg. v. 1721.

Ch. Davenant († 1714), Political and commercial works. Lond. 1771. V B., einzeln erschienen 1799 ff.

J. Law († 1729), Considérations sur le commerce et sur l'argent, à la Haye (1720; das englische Original schon 1705. (Es wird von Schön, Neue Unters. S. 15, als der wahre Repräsentant des Handelsystems angesehen.)

Ph. W. v. S. (Joh. v. Hornick): Oesterreich über alles, wenn es nur will, d. i. wohlmeinender Fürschlag, wie mittelst einer wohlbestellten Landes-Oekonomie rc. Leipz. 1684 u. ö. (Dieses Buch war in mehreren Auflagen verbreitet und blieb nicht ohne Einfluß auf die österreichische Regierung.) Neue Bearbeitung: J. v. Hornek Oesterreich über alles österreich. Staatsplanung, umgearb. von A. F. Herrmann, 1784.

J. H. G. v. Justi († 1770), Staatswirthschaft, Leipzig 1755. 2. Ausg. 1758. II Bde. 4. — etc.

J. F. de Bielfeld, Institutions politiques, à la Haye, 1760. II B. 4. u. öfter, I Th. 10—14. Deutsch: Lehrbegriff der Staatskunst, 3. W. 1727. III Ueber ihn, s. Schlözer u. v. Justi vgl. Bau, München. S. 146—148.

Joh. v. Sonnenfels († 1817), Grundsätze der Polizei, Handlungs- u. Finanzwiss. III B. 1765. 8. Ausg. 1819. 1822.

J. Stewart († 1780), Inquiry into the principles of political economy, London 1767. II B. 4. Neu abgedruckt in des Verf. Works. Lond. 1805. VI B. Deutsch: Untersuchung der Grundsätze d. Staatswirthschaft, a. d. E. Hamb. 1769. 1770. II B. 4. Tübingen, 1769—1772. VI B. 8. neue Ausg. ebenda 1786. IV B. — (Neben den zum Handelsystem gehörenden Sätzen enthält dies Werk viele schätzbare Lehren, so daß St. zum Theile als Vorländer von Smith angesehen ist. Vgl. Meßberg, Ehrenr. Schriften IV, 220, 1820.)

J. G. Büsch († 1800), Abhandlung von dem Geldumlauf, Hamb. 1780. II B. 2. Ausg. 1800.

F. L. A. Ferrier, Du gouvernement considéré dans ses rapports avec le commerce. Par. 1805, n. A. 1821, widerlegt von du Bois-Aymé, Examen de quelques questions d'éc. polit. et notamment de l'ouvrage de M. F. P. 1823. f. auch Storch, Handb. I, 77.

Ad Canaux, Bases fondamentales de l'écon. polit. d'après la nature des choses. P. 1826, f. le Producteur III, 570.

F. G. Protin, Les économistes appréciés ou nécessité de la protection. II B. Paris, 1862, 03.

(d) Die große Anzahl der zum Theile sehr gehaltreichen, im übrigen Europa zu wenig beachteten Schriften der italienischen Staatsökonomen ist von

Cuſtodi in folgender Sammlung neu herausgegeben worden. Scrittori classici Italiani di Economia politica, Milano bei Destefanis, 1803—1604, Parte antica, VII B., Parte moderna XXXXII B. Der 50ſte Band, 1816, enthält die Regiſter. Ueber den Inhalt dieſer Sammlung und die einzelnen Verf. ſ. Müller, Chronologiſche Darſtellung der italieniſchen Klaſſiker über Nationalökonomie, Peſth, 1620 Anzichrad und geiſtreich ſchildern dieſe Schriftſteller (Gial) G. Pecchio († 1836), Storia della economia publica in Italia. Lugano, 1829. franzöſ. v. Gallois, P. 1830. (Ueber den Verf. ſ. C. Ugoni, Vita e scritti di Giuſ. Pecchio, Parigi, 1836.) — Man ging in Italien von der privatwirthſchaftlichen Betrachtung des Handels aus (Scaruffi, 1679, Davanzati, 1088, Turbolo u A.). Stellte mit beſonderer Vorliebe Unterſuchungen über das Geldweſen an und gerieth ſo auf die Abwege des Handelsſyſtems. Demſelben ſind vollkommen ergeben:

A. Serra, Trattato delle cause, che possono far abbondare li regni d'oro e d'argento, dove non sono miniere. Napoli, 1613. — Classici, Part. 1. (Die älteſte geordnete Entwickelung des Handelsſyſtems, die ſich jedoch hauptſächlich mit den Urſachen des verſchiedenen Geldreichthums der Länder beſchäftigt und über die anzuwendenden Maasregeln nur Andeutungen giebt. Galiani, Cuſtodi und Pecchio betrachten Serra als den frühſten Schriftſteller über die polit. Oekonomie in ganz Europa, und Bianchini ſucht zu zeigen, daß derſelbe ſein Mercantiliſt ſei (Scienza del ben vivere ec. I, 156). Dieſer Vorwurf gelingt jedoch nicht, denn Serra bezieht Alles auf den Zweck, den Geldvorrath eines Landes zu vermehren. Nur in Anſehung der Geldausfuhr weicht er von Anderen ab, indem er ſie nicht verholen ſchelten will.)

G. Belloni, Diss. sopra il commercio. Roma, 1750. — Class. P. mod. II. D. v. Schumann: Vom Commercien- und Münzweſen, Leipz. 1752.

(e) 3. B. der Neapolitaner B. Genovesi († 1768), Lezioni di commercio ossia d'economia civile. Bassano, 1769, II. — Classici P. mod. T. VII.—X. Deutſch: Grundſätze der bürgerl. Oekonomie, überſ. v. Biſmann, Leipz. 1776. II. (Dieſes Werk enthält manche werthenvolle Unterſuchungen, z. B. über den Preis der Dinge, erkennt auch die Wichtigkeit des Landbaus vollkommen an (I, 139 der d. Ueberſ.), geht jedoch auch in die Ueberſchätzung der Handelsbilanz und die daraus abgeleiteten Regeln ein, I, 330, II, 193. 205.) Einige Hinweigung zu dieſem Syſteme zeigt auch C. A. Broggia (del tributi und delle monete, Nap. 1743. = Ser. cl. P. a IV.) u. A — Richtiger urtheilt Will. Petty († 1687) über das Geld, doch ſteht er in demſelben ein Gut höherer Art. Roſcher, S. 81.

(f) Dahin gehört P. Paruta, Della perfettione della vita politica. Venet. 1579. fol. S. 205. — Der Spanier Diego Saavedra Faxardo († 1648) in dem Buche: Idea d'un principe Christiano, representada in clen empresas; latein. Idea principis Christiano-Politici 101 symbolis expressa. Amstel. 1661. S. 580 sq. „Potissimae divitiae ac opes terrae fructus sunt, nec ditiores in regnis fodinae, quam agricultura. Plus emolumenti ecclivia montis Vesuvii latera adferunt, quam Potosus mons cum intimis sulis visceribus licet argentiferis." (Das 1640 zuerſt erſchienene Buch wurde zu Antwerpen, Amſterdam, Brüſſel, Venedig, Mailand, Valencia ꝛc. nachgedruckt.) — Rath, die Bandwirthſchaft emporzuheben, bei Lope de Deza, Gobierno politico de la agricultura, de su dignidad, necesitad e utilitad &c. Madrid 1618. — Aehnlich die anonyme Schrift Virginius Verger aus dem Anfang des 17. Jahrhund., Th. Hobbes († 1679), B. Petty († 1687).

Ch. Davenant († 1714) u. A., f. Roscher a. a. O. — Giftig für die Handelsfreiheit spricht der tiefdenkende Dudley North, Discourses on trade Lond. 1691, u. A. Ebend. 1822. 1840, f. Mac Culloch, Grundsätze. S. 30, Roscher. S. 85. — In den Niederlanden wirkte Pieter de la Court († 1685) in dem nämlichen Sinne, f. Laspeyres, Geschichte der volkswirthschaftl. Anschauungen der Niederländer, S. 165. 1862. — de Boisguillebert († 1714), Factum de la France, 1707, neu herausgegeben von Daire in Économistes financiers du XVIII. siècle, 1843, u. a. Schriften. Auch Child (s. oben) äußerte schon Zweifel gegen einzelne Lehren. Jehn Locke aber († 1704) entwickelte besser begründete Lehrsätze: Détail de la France sous le régime présent, 1697.

(v) List († 1846), Das nationale System der politischen Oekonomie, 1. B. 1841 (unvollendet). Der Versuch, die Grundlagen des Smith'schen Systems zu erschüttern, ist mißlungen, inzwischen haben die praktischen Lehren des Werks viele Anhänger gefunden, und in gewissen Gränzen, sowie unter gewissen Voraussetzungen, läßt sich auch einige Beschützung der inländischen Gewerbe wissenschaftlich vertheidigen. List setzt dem nationalen das kosmopolitische System der Staatswirthschaftslehre entgegen: dieses soll die Wohlfahrt der ganzen menschlichen Gesellschaft, jenes aber die der einzelnen Staaten zum Gegenstande haben. Dieser Unterschied ist nicht begründet, denn alle Bearbeiter der politischen Oekonomie haben ihre Vorschläge und Rathschläge auf das Wohl einzelner Staaten gerichtet und wenn sie sich für Handelsfreiheit aussprachen, so geschah es aus der letzteren Einsicht. — Das mit Talent und Feuer, aber auch mit Leidenschaft und Einseitigkeit geschriebene Werk List's hat mehrere Gegner gefunden, z. B. Bidgermann, List's nationales System 2c. 1842. — Oflander, Entlaufung des Publikums 2c. Tüb. 1842. — Mau, f. §. 34 (d) — Archiv V, 252. 349.

§. 38.

Das zweite System der politischen Oekonomie, das physiokratische (a) oder ökonomistische, entstand in Frankreich um die Mitte des achtzehnten Jahrhunderts, veranlaßt von dem Anblick des traurigen wirthschaftlichen Zustandes, welcher dort unter der verschwenderischen Regierung Ludwigs XV. zu finden war. Der Stifter dieses Lehrgebäudes, der königliche Leibarzt François Quesnay (geb. 1694, gest. 1774), wurde durch den Verfall des Landbaues am meisten angeregt und wandte sich daher auf den von Sully (§. 32.) betretenen Weg, weßhalb er und seine Anhänger diesen Staatsmann als Vorbild ansahen. Er suchte seine praktischen Rathschläge durch das Eindringen in die Grundwahrheiten der Volkswirthschaftslehre zu rechtfertigen, blieb indeß nicht bei den staatswirthschaftlichen Lehrsätzen stehen, sondern stellte auch allgemeinere Grundsätze für den Staat auf, nach denen das Recht herrschen, die höchste

Gewalt nur auf das allgemeine Wohl bedacht, Armuth und Willkür aber verbannt sein sollten. Diese aus den Gebieten der Wirthschafts-, Sitten- und Rechtslehre zusammengefügten Sätze wurden mit Begeisterung für das Gute, mit Scharfsinn und dialektischer Kunst zu einem Lehrgebäude verwebt, welches durch diese speculative Form wie durch seine Hauptgedanken dem Handelssysteme gerade entgegengesetzt war und eifrige Anhänger fand.

(a) Physiokratie, wörtlich durch Naturherrschaft zu übersetzen; die „natürliche Ordnung, l'ordre naturel," gehörte unter die Losungswörter dieses Systems. Quesnay will seine Lehre auf natürliche Gesetze (lois naturelles) stützen, bei denen er unterscheidet 1) die physischen Gesetze (l. physiques), die dem Menschengeschlecht nützlich seien, 2) die moralischen Gesetze, welche die menschlichen Handlungen der physischen Ordnung und dem Wohle der Menschheit gemäß regeln.

§. 39.

Die Physiokraten gehen von der Wahrheit aus, daß alle körperlichen Dinge durch die Natur hervorgebracht und durch den Menschen der Erde abgewonnen werden, woraus die Folge abgeleitet wird, die einzige Beschäftigung, welche die Gütermasse zu vermehren vermöge, sei diese Gewinnung roher Stoffe durch Arbeit an und in der Erde, — ein Satz, den man zugeben müßte, wenn die Größe des Vermögens sich blos nach der Menge von Stoffen bestimmte. Die weitere Verarbeitung der Stoffe und der Umtausch im Handel können nach dieser Lehre keine neuen Güter erzeugen, sie erhöhen nur den Werth der Stoffe um so viel, als während und zum Behufe dieser Verrichtungen andere Bodenerzeugnisse verzehrt werden, sie sind daher wesentlich von dem Landbau verschieden, durch welchen ein Ueberschuß der Erzeugnisse über die aufgewendeten Kosten, als Geschenk der Naturkräfte, gewonnen wird (a). Für diesen Ueberschuß (die Grundrente) wurde der Kunstausdruck reiner Ertrag, produit net, eingeführt (b).

(a) Die Stoffverarbeitung ist nach Q. nur die Hervorbringung einer Form, aber nicht eine wirkliche Hervorbringung von Vermögen (richesse): Quesnay, Dialogue I, 161 in Dupont, Physioer. II. Bd. — Q. geht von dem natürlichen Vorgange bei der Erzeugung von Sachgütern ab, indem er die Preise, als Wirkung der Concurrenz, zu Hülfe nimmt. Die Grundrente ist also im Sinne der Physiokratie genau genommen nichts Natürliches, sondern rührt davon her, daß die Concurrenz den Preis der Erzeugnisse über die Kosten höher stellt, was bei den Kunstwaaren nicht der Fall sein soll. Man kann hieraus folgern, daß die Grundrente eigentlich von den Käufern der Bodenerzeugnisse getragen werde.

(b) Die Physiokraten rechnen zu den von dem rohen Ertrage abzuziehenden Culturkosten (reprises de la culture):

1) den Ersatz der jährlichen Auslagen, avances annuelles, welche stets von Neuem zur Erzielung des Rohertrags aufgewendet werden müssen;

2) die Vergütung für die ursprünglichen oder Bestandsanlagen, avances primitives, die nämlich für die zum Betriebe der Landwirthschaft erforderlichen Einrichtungen, als Geräthe, Vieh u. dgl. gemacht werden mußten, und von denen jährlich beträchtliche Zinsen erstattet werden müssen. Diese Bestandsauslagen betragen, wie Dupont annimmt, ungefähr fünfmal soviel als die jährlichen.

§. 40.

Durch die Erstattung der Gewinnungskosten aus dem rohen Ertrage der Landwirthschaft erhalten die Landwirthe, welche die hervorbringende Classe (classe productive) der Gesellschaft bilden, ihr Einkommen. An diese schließen sich die Grundeigenthümer (classe des propriétaires), wohin auch die Zehntberechtigten und das Staatsoberhaupt gerechnet werden; dieser Classe wird der reine Ertrag von den Landwirthen entrichtet (a). Beiden stehen alle übrigen Bürger als unfruchtbare Classe (classe stérile) gegenüber, welche zwar mancherlei Nutzen für die Gesellschaft durch ihre Thätigkeit zu Wege bringt, aber nichts zur Vermehrung des Vermögens beiträgt und von volkswirthschaftlicher Seite blos durch ihre Ersparungen nützen kann. Sie erhält ihren Bedarf an sachlichen Gütern von den ersteren Classen zur Bezahlung der Dienste, die sie ihnen leistet (b).

(a) In dem reinen Ertrage ist indeß nach der Meinung der Physiokraten noch der Ersatz einer dritten Art von Kosten, der sogenannten Grundauslagen enthalten (avances foncières), welche zum Behufe der Urbarmachung und der Bodenverbesserungen (Meliorationen) gemacht worden sind und deren Wirkung fortdauernd ist. Die Grundeigenthümer und ihre Ahnen haben das Verdienst, diese Auslagen unternommen zu haben und sie noch stets zu vermehren, und daher erscheint der reine Ertrag nicht ganz als ein Geschenk der Natur. Ueberhaupt sucht das physiokratische System die Grundeigenthümer sehr zu begünstigen, sie werden als die Bürger im vorzüglichen Sinne, als die Beschirmer der andern Stände dargestellt, weshalb sie auch bei der Landständischen Verfassung allein Vertreter werden sollen. Offenbar waren es nicht diese Sätze, sondern die naturrechtlichen, wegen deren man die Physiokraten beschuldigt, mit zum Ausbruche der französischen Revolution, obgleich ohne es zu wollen, beigetragen zu haben. „L'état ne réside essentiellement que dans le souverain, qui en est le chef, dans les propriétalres du produit net, et dans les entrepreneurs de culture." De l'esprit des économistes, S. 22.

(*) Die Vertheilung der Producte suchte Quesnay durch eine erdichtete Berechnung (das tableau économique) zu verdeutlichen, in der seine Anhänger das Verhältniß der einzelnen Ansätze zu einander als maßgebend annahmen. Wenn z. B. in einem Lande für 5000 Mill. Lw. rohe Stoffe gewonnen werden, so erhalten davon:

1) die Landwirthe 60 Proc. oder . . . . 3000 Mill.
   nämlich a) für Jahresanlagen . . . . 2000 ,
   b) für Zins und allmäligen Ersatz der Bestandauslagen . . . . . . 1000 ,
2) die Grundherren als Reinertrag 40 Proc. oder . . 2000 ,
                                          zusammen 5000 Mill.

Nun geben sowohl die Landwirthe als die Grundeigner für 1000 M. L. rohe Erzeugnisse an die sterile Classe gegen allerlei Dienste ab. Es werden also verzehrt:

1) von den Landwirthen selbst . . . . 2000 M. L.
2) von den Grundeigenthümern . . . . 1000 , ,
3) von der sterilen Classe a) an Nahrungsmitteln und rohen Stoffen zur Verarbeitung . . . . . . 2000 , ,
                                          zusammen wieder 5000 M. L.

§. 41.

Aus diesen Vordersätzen wurden hauptsächlich nachstehende praktische Regeln abgeleitet:

1) Die Landwirthschaft verdient die vorzüglichste Begünstigung der Regierung; besonders ist darauf zu sehen, daß die productiven Auslagen nicht vermindert, sondern vielmehr erweitert werden.

2) Alle die Freiheit der Bodenbenutzung hemmenden Lasten müssen zu Gunsten der Landwirthe entfernt werden, man muß ferner den Absatz ihrer Erzeugnisse sowohl im In- als im Auslande befördern, um ihre Einnahme zu vergrößern.

3) Gewerbe und Handel müssen ebenfalls von allen Beschränkungen, z. B. dem Zunftzwange, den Monopolen, befreit sein, weil die auf beide zu verwendenden Ausgaben unproductiv sind und die freie Concurrenz die gute Folge hat, daß die Gesellschaft ihre Bedürfnisse durch jene Ausgaben so wohlfeil als möglich befriedigen kann. (Laissez faire et laissez passer!)

4) Da alle Staatsabgaben nur aus dem Ueberschusse der Erzeugnisse über die Kosten bestritten werden können und dieser Reinertrag sich ursprünglich nur in den Händen der Grundeigenthümer befindet, so fallen denselben im Grunde auch alle jene Abgaben zur Last, denn die anderen Classen werden doch nur

durch das, was sie für ihre Dienste von den Grundeigenthümern einnehmen, in den Stand gesetzt, Steuern und andere Abgaben an den Staat zu bezahlen. Daher ist es am einfachsten, statt aller anderen Abgaben nur eine einzige (das impôt unique), nämlich eine Grundsteuer, einzuführen, welche dasjenige auf dem kürzesten Wege und mit den geringsten Erhebungskosten von den Grundeigenthümern nimmt, was sie doch, nur unter mancherlei Formen, mittelbar zu tragen haben (a).

(a) Ueber den Versuch, die Beseitigung der Naturalabgaben, die Freiheit der Gewerbe und die Umwandlung aller Staatslasten in die einzige Grundsteuer in den badischen Dörfern Dietlingen, Balingen und Ibringen einzuführen, 1769 - 1802, v. Drais, Baten unter Karl Friedrich, I, 315. Schlettwein, Archiv III, 480. IV, 301. V, 34. Der Versuch mißlang, aber auch sein Gelingen hätte wenig beweisen, da er nur in Dörfern angestellt wurde, in welchen wenig andere Einkünfte als aus der Landwirthschaft vorzukommen pflegen. Markgraf Kar. Friedrich hatte zu diesem Versuch den Physiokraten Schlettwein beauftragt. Die Unausführbarkeit der vierten Regel ist so naheliegend daß sie von mehreren Physiokraten selbst zugegeben wird, aber sie erklären dieselbe nur aus äußeren Umständen, ohne die Untrigtät der obersten Sätze zuzugestehen.

§. 42.

Das physiokratische System (a), ungeachtet seiner Einseitigkeit und der Unhaltbarkeit seines Hauptsatzes, war doch sehr verdienstlich und folgenreich, weil es den Anfang einer tieferen Forschung über volkswirthschaftliche Gegenstände bildete, neue Begriffe und Kunstausdrücke aufstellte, die Wichtigkeit des Landbaues hervorhob, der Freiheit in Gewerbsachen das Wort redete, den Glauben an die große Bedeutung der Handelsbilanz bekämpfte, und überhaupt den Widerstreit gegen das Handelssystem begann, wodurch es eine richtigere Ansicht vorbereitete. Außer Frankreich (b) fand dasselbe hauptsächlich in Deutschland eifrige Anhänger (c) und mehrere Fürsten nahmen einzelne seiner Lehrsätze an (d), während es von anderen Gelehrten lebhaft bestritten wurde (e). Mehrere italienische Schriftsteller sprachen, theils vor, theils nach Quesnay, einzelne physiokratische Lehrsätze aus (f). Die Wenigen, welche noch nach dem Erscheinen des Werkes von A. Smith an der Physiokratie festhielten, suchten dieselbe mit dem Lehrgebäude jenes Schriftstellers in Einklang zu bringen (g).

(a) S. die Literatur der Steinlein, I, 34. — Kauß, I, 751. — Vgl. Schmitthenner, Zwölf Bücher, I, 95. — Blanqui, Illust. II, 88.

— Bianchini, I, 208. — Kellner, Zur Geschichte des Physiokratismus. Gött 1847. — Daire in Journ. des econ. XVII, 349 XVIII, 113.

(b) Quesnay sprach seine Ansichten zuerst in Diderot's Encyclopädie, Art. fermier und grains aus. Hauptschriften desselben sind: Tableau économique. Versailles, 1758 — Maximes générales du gouvernement économique. Ebend. 1758 (beide Schriften stehen auch im I Bande von Dupont's Physiokratie) — Dialogues (ebend. im II. B.)

V. de Riquetti, Marquis de Mirabeau (der Vater), L'ami des hommes ou traité de la population. Avignon, 1756. III. Deutsch. Hamburg 1759. II. — Théorie de l'impôt P. 1760 — Philosophie rurale, Amst. 1763. Auszug: N's Landwirthschaftsphilos., a. d. Fr. von Wichmann, 1797. 8S. II.

Mercier de la Rivière, L'ordre naturel et essentiel des sociétés politiques. Paris, 1767. I.
(N. Baudeau) De l'origine et des progrès d'une science nouvelle. Lond. et P. 1768. Deutsch. Karlsr. 1770
A. R. J. Turgot († 1781). Recherches sur la nature et l'origine des richesses. Par. 1774. Deutsch von Mauvillon, Lemgo, 1775 Neu bearbeitet unter dem Titel: Réflexions sur la formation et la distribution des richesses. Par. 1784, auch in 5 Bände der Oeuvres completes, Par. 1808—11. VIII Bde., neue Ausg. von Daire II. Dussard als III. und IV. Bd. der Pariser Collection des principaux économistes. Turgot handelte auch als Finanzminister im Sinne des physiokratischen Systems, über welches er sich zwar in manchen Puncten erhob, ohne sich aber von den Grundgedanken losreißen zu können Er erkannte z. B. die Natur der Capitalrente, suchte aber dennoch zu zeigen, daß sie für den Staat nicht disponibel sei. Seine Réflexions sind das beste physiokratische Werk. Vgl. Mastier, Turgot, sa vie et sa doctrine. P. 1862.

G. F. le Trosne, De l'ordre social. Par. 1777. Deutsch v. Wichmann: Lehrbegriff der Staatsordnung. Leipz. 1780.
Physiocratie ou constitution naturelle du gouvernement le plus avantageux au genre humain. Recueil publié par S. P. Du Pont, Yverdon, 1768—68. VI B., vom 2 Bande an unter dem Hauptitel: Discussions et développemens sur quelques-unes des notions d'économie politique. Die drei letzten Bände betreffen nur den Getreidehandel. Dupont († 1817) war vorzüglich eifrig, der Physiokratie in mehreren Ländern Eingang zu verschaffen.
B. de Gournay, einer der einflußreichsten Physiokraten, der besonders die Handelsfreiheit eifrig verfocht, trat nicht als Schriftsteller auf.

(c) (Karl Friedr. Markgraf v. Baden, † 1811) Abrégé des principes de l'écon. pol. Carlsr. 1772. Abgedruckt bei Will, s. unten Deutsch in Schlettwein, Archiv IV, 236, und von Saß, Dessau, 1783.
J. A. Schlettwein († 1802), Les moyens d'arrêter la misère publique Carlsr. 1772. Deutsch, 1772. — Deß Die wichtigste Angelegenheit für das ganze Publikum oder rc. Karlsruhe, 1772. 7A II. neue A 1776. — Grundfeste der Staaten. Gießen, 1779 — Archiv für den Menschen und Bürger. Leipz. 1780—84 VIII. B. — Neues Archiv. 1785—88. IV. Bd. — Schlettwein wirkte in gleicher Weise wie Dupont in Frankreich.
Jf. Jselin († 1782), Versuch über die gesellschaftl. Ordnung. Basel, 1772 — Träume eines Menschenfreundes. Basel, 1776. II B. n. A. 1784. — Ephemeriden d. Menschheit. VI B. 1780 ff.

J. Mauvillon, Sammlung von Aufsätzen über Gegenstände aus der Staatskunst. Leipz. 1776. II. — Physiokratische Briefe an Herrn Dohm. Braunschw. 1780.
J. C. G. Springer, Octonom. u. cameral. Tabellen. Franff. 1772. — Ueber das physiokrat. System. Nürnb. 1781.

(d) Kaiser Joseph II., — Großherzog Leopold von Toscana, später Kaiser Leopold II. (s. Schlettwein, Archiv IV, 133) — Markgraf, später Großherzog Karl Friedrich von Baden (s. §. 41 (a) und oben (c) u. a.

(e) F. A. de Forbonnais, Principes et observations économiques. Amst. 1767. Deutsch v. Reugebauer, Wien 1767.
G. B. de Mably, Doutes proposés aux philosophes économistes. Par. 1768.
(J. Pinto) Traité de la circulation et du crédit. Amst. 1771. Deutsch: Sammlung von Aufsätzen ꝛc. (von K. A. v. Struensee). Leipzig. 1776. S. 145.
C. W. Dohm, Kurze Vorstellung des physiokrat. Systems. Cassel. 1778.
(von Pfeiffer), Antiphysiokrat oder umständl. Unters. des sogen. physiokrat. Systems. Frankf. 1780.
G. A. Will, Versuch über die Physiokratie. Nürnb. 1782.
Mehrere andere sind angeführt bei Rüdiger, Anfangsgründe der allgem. Staatslehre. Halle, 1795. S. 144—46.

(f) S. A. Bandini († 1760), Discorso economico, geschrieben 1723, gedruckt erst 1775. — Scrittori cl. P. mod. I. Bandini wird als Vorläufer der Physiokraten angesehen, da er zur Verbesserung der Sumpfgegend (Maremma) von Siena größere Freiheit des Landbaues und Betriebs, insbesondere freie Getreideausfuhr, Vereinfachung der Gesetze, der Verwaltung und des Steuerwesens, namentlich eine einzige Grundabgabe vorschlug. Kudjng bei Villier, Darstellung der ital. Classiker, S. 66. — Pecchio, Storia, S. 70.
C. Beccaria († 1793), Elementi di economia publica, geschrieben 1769—71 als Vorlesungen auf der Cattedra di scienze camerali in Mailand, zuerst gedruckt in der Sammlung der Scrittori cl. P. mod. T. XI. XII. (Nur einige physiokrat. Vorstellungen in der Vergleichung des Landbaues mit den anderen Gewerben, z. B. L §. 14 s.)
G. Filangieri († 1788), Della legislazione. Nap. 1760—85, VII. Bd. Deutsch, Ansbach, 1788—91, das 2te Buch. — Scritt. cl. P. mod. T. XIXII. (Für Befreiung der Landwirthschaft und des Handels und einzige Grundsteuer.)

(g) G. Garnier, Abrégé élémentaire des principes de l'écon. polit. Par. 1796.
le Prince D. de G. (Gallizin), De l'esprit des économistes ou les économistes justifiés d'avoir posé par leurs principes les bases de la révolution française, Bronswick, 1796. Deutsch, Duisburg, 1798.
Dutens, Philosophie de l'économie politique ou nouvelle exposition de cette science. Par. 1835. II. B.
M. Jouffroy, Catéchisme d'écon. polit. Leipz. & Paris, 1844.
Th. A. H. Schmalz († 1831), Encyklopädie der Kameralwissenschaften, 1796, n. A. 1819. — Handb. der Staatswirthschaft, Berlin, 1808 — Staatswirthschaftslehre in Briefen an einen deutschen Erbprinzen. Berl. 1848. II. Französ. Ueber. von Jouffroy.
L. Krug, Abriß d. Staatsökon. Berlin, 1807. (Enthält nur wirthschaftliche Politik mit einigen physiokratischen Ansichten.)

§. 43.

Das dritte staatswirthschaftliche Lehrgebäude wurde von dem großen schottischen Gelehrten Adam Smith (geb. 1723, gest. 1790) aufgestellt (a) und wird gewöhnlich nach demselben benannt; man gab ihm auch bisweilen den unbestimmten Namen Industriesystem. Smith erhob sich in der richtigen Auffassung der volkswirthschaftlichen Erscheinungen und in der Erforschung ihrer Ursachen über die Einseitigkeit der beiden früheren Systeme, indem er weder den Landbau, noch den auswärtigen Handels als das einzige zur Vermehrung der Gütermenge dienende Gewerbe betrachtete. Während er aber das Handelssystem ausführlich bekämpfte, fand er in der Lehre der Physiokraten nützliche Vorarbeiten, die er zu ergänzen und zu berichtigen suchte (b). Viele einzelne Sätze seines Systems waren schon von früheren Schriftstellern, vornehmlich in Großbritanien, ausgesprochen worden (c), doch bleibt Smith unstreitig das große Verdienst, sie vervollständigt und in Zusammenhang gebracht, das Wesen der Volkswirthschaft tiefer ergründet und besser erklärt, und hierdurch der wirthschaftlichen Politik eine festere Unterlage gegeben zu haben.

(a) Ad. Smith, Inquiry into the nature and causes of the wealth of nations. Lond. 1776. II B. 4. neue Ausg. von Buchanan, 1814. IV B., mehrere neuere von Mac-Culloch, 4. A. 1851 in 1 Bd., Nachdruck, Basel, 1801. IV. — Deutsch von Schiller (Joh. Fr.). Leipz. 1777, 79. II B., der dritte Bd von Wichmann, L. 1782. — Bessere Uebersetzung von Garve, fortgesetzt von Dörrien. Breslau, 1793—96. IV. 3te A. 1810. III. (Nach dieser Ausgabe wird Smith in gegenwärtigem Lehrbuche citirt.) Neue Uebers. v. M. Stirner, Die Nationalökonomen d. Franz. u. Engl., Bd. V — VIII, 1846. 47. Neueste Uebers. von Asher, 11. Sinlg. 1861. — Französische beste Uebersetzung von Garnier, Par. 1802. V B., 2te Ausg., 1822. VI B., von Blanqui, 1842. neueste Ausg. 9 demselben als V. u. VI. Bd. der Collection des principaux économistes. — Dieß Meisterwerk läßt doch in der äußeren Anordnung Manches zu wünschen übrig, wie dazu beigetragen haben mag, daß dasselbe sich nicht schnell in Europa verbreitet hat.

(b) Betrachtet man die volkswirthschaftliche Grundlage jedes dieser Systeme, nämlich die Vorstellung von der Entstehungsart des Volkswohlstandes, so kann man sie so bezeichnen:

    1) System der Handelsbilanz oder des Geldzuflusses durch Waarenausfuhr;

    2) System des von der Landwirthschaft herrührenden Reinertrages;

    3) System der Gütererzeugung durch Arbeit, in der Landwirthschaft, der Fabrication und dem Handel.

(c) Hierher gehört zunächst A. Smith's Freund, der schottische Geschichtschreiber und Philosoph David Hume († 1776). Seine beiden

Schriften: Essays moral and political, Edinb. 1742 u. ö., und Political discourses, 1752 u. ö. Sind auch enthalten in der größeren Sammlung: Essays and treatises on several subjects, Lond. 1753. IV B. u. ö. Die politischen und ökon. Aufsätze hieraus: D. Hume, Politische Versuche, a. d. Engl. (von Kraus), Königsb. 1800, n. A. 1813. — Ferner Steuart, s. §. 37 (c) und mehrere ältere englische Schriftsteller, vorzüglich Locke, s. Roscher a. a. O — Auch mehrere Italiener müssen als Vorläufer Smith's angesehen werden, der sie jedoch, Galiani ausgenommen, vermuthlich nicht gekannt hat. Besonders nennenswerth sind:

P. Galiani († 1787), Della moneta. Napoli, 1750, u. A. 1780 — Schrl. cl. P mod. III. IV. (So durchdacht, daß man glaubt, der 21jährige Jüngling habe den Beistand älterer Freunde benutzt.)

F. G. Pagnini, Saggio sopra il giusto pregio delle cose. 1751. — Scritt. cl. P. mod. II.

C. Beccaria, j. §. 42 (e).

Giammaria Ortes, Dell' economia nazionale. Venez. 1774. — Scritt. d. P mod. T. XXI. (Höchst eigenthümlich; blieb bis zum Abdruck in der angeführten Sammlung fast ganz unbekannt.) — Riflessioni sulla popolazione 1794. — Scritt. cl. T XXIV. (Ist hierin Vorläufer von Malthus.)

P. Conte Verri († 1797), Meditazioni sulla economia politica. Mil. 1771 — Scritt. cl. P. mod. XV. Französisch: Réflexions sur l'éc. pol. Laus. 1771. Écon. politique Paris, 1808. Deutsch v. Schmid, Manh. 1785. (Vorzüglich.)

Vgl. Hasse, Cuinam nostri aevi populo Jebenmas primas oeconomiae publicae et statisticae notiones? Lips 1828 4. (Schildert die Verdienste der Italiener und Deutschen.) — Pecchio, a. Storia.

§. 44.

Die Hauptgedanken des Smith'schen Systems sind folgende:

1) Die Sachgüter werden durch die menschliche Arbeit mit Hülfe der Grundstücke und des Capitals hervorgebracht, und der Tauschwerth der Güter bestimmt sich durch die Menge der auf sie gewendeten Arbeit (u).

2) Die wichtigsten Mittel, welche die productive Wirkung der Arbeit verstärken, sind die zweckmäßige Theilung der Arbeiten und der Gebrauch des Capitales. Die Lehre vom Capitale verdankt A. Smith besonders viel.

3) Nicht blos die auf Gewinnung roher Stoffe von der Erde gerichtete Arbeit, sondern auch die Thätigkeiten der Stoffveredlung (Gewerbe, Fabrication) und des Handels bewirken die Vermehrung des Vermögens, sind also productiv.

4) Diese drei Classen von Gewerben (s. 3.) verdienen in gleichem Maaße von der Regierung unterstützt zu werden.

5) Das freie Mitwerben (Concurrenz) stellt von selbst die angemessensten Preise der Dinge her, bewirkt die Ausgleichung des Bedürfnisses mit den Vorräthen, verschafft den Theilnehmern an der Production ihre gebührenden Antheile als Grundrente, Capitalgewinn und Arbeitslohn und leistet überhaupt in der Volkswirthschaft nützliche Dienste (*b*).

6) Die Regierung soll nur insofern auf die wirthschaftlichen Angelegenheiten des Volkes einwirken, als sie die Hindernisse, die der Entwickelung des Gewerbfleißes im Wege stehen, zu entfernen sucht, sonst aber die Freiheit in Gewerbsangelegenheiten walten lassen, namentlich auch im auswärtigen Handel.

7) In Beziehung auf ihre eigenen Einnahmen soll die Regierung nicht an dem Betriebe von Gewerben Theil nehmen, sondern ihren Bedarf auf die am wenigsten störende Weise durch Besteuerung von dem reinen Einkommen der Bürger aufbringen.

(*a*) Smith hat allerdings die Mitwirkung des Bodens und des Capitales anerkannt und gehörig berücksichtigt (s. Baumstark, Staatswissensch. Versuche, S. 509), aber es ist auch nicht zu verkennen, daß er die Arbeit als die Urquelle des Vermögens vorzüglich heraushebt und die ganze Eintheilung seines Werkes auf sie gründet. Das Capital wird von ihm als ein Mittel angesehen, Arbeit zu beschäftigen und zu fördern, und er nimmt an, daß die Capitalgewinnste aus dem Erzeugnisse der Arbeit abgegeben werden (I, 76.). Der Ausdruck: „Product der Arbeit und des Bodens" kommt häufig im Smith'schen Werke vor, auch wird bei Gelegenheit der Landrente von dem natürlichen Producte des Bodens gesprochen (I, 77.). Man sieht, daß er in der Hochschätzung der Arbeit den Physiokraten entgegen tritt, in Ansehung der Wichtigkeit der natürlichen Productionskräfte aber mit ihnen gegen die Mercantilisten streitet.

(*b*) Hierin stimmt Smith mit den Physiokraten überein.

§. 45.

Wenn gleich manche einzelne Sätze dieses Systems, wie sie Smith aufstellte, einer genaueren Bestimmung, andere einer Berichtigung bedurften (*a*), auch das Ganze noch systematischer dargestellt werden mußte, so sind doch die Grundgedanken aus der Natur der Sache geschöpft, so daß die Untersuchungen neuerer Forscher nur eine allmählige innere Fortbildung herbeiführten, ohne ein anderes System aufzustellen. Daher wird auch die heutige politische Oekonomie, obschon sie sich keineswegs mehr auf den Inhalt der von Smith selbst ausgesprochenen Lehren beschränkt, doch noch als das System desselben betrachtet (*b*).

Das neunzehnte Jahrhundert brachte eine Fülle von Erscheinungen und Erfahrungen im wirthschaftlichen Gebiete hervor, aus denen sowohl neue Lehrsätze für die Erkenntniß der Volkswirthschaft gewonnen, als neue Aufgaben für die Wirthschaftspolitik abgeleitet werden konnten. Diese Bereicherung und jene Vervollkommnung der Wissenschaft, durch die Bemühungen deutscher (c), englischer (d), französischer (e), italienischer (f) und anderer (g) Gelehrten bewirkt, hat die Folge gehabt, daß die Wichtigkeit jener Wissenschaft immer allgemeiner anerkannt wird und ihr Einfluß auf die Verwaltung der wirklichen Staaten an Stärke und Ausbreitung fortdauernd zunimmt (h). Die abgesonderte Bearbeitung der Volkswirthschaftslehre, welche durch Trennung von den praktischen Lehren viel an Zusammenhang, Klarheit und systematischer Ordnung gewann, wurde vorzüglich in Deutschland mit gutem Erfolge vorgenommen.

(a) Ueber die Gegner Smith's in England, s. B. Pownall, Craufurd, Hamilton, Gray, s. Sartorius, Handb. der Staatswirthschaft, Vorrede, S. XV, und Storch, Handb., I, 17. Besonders bemerkenswerth ist Earl of Lauderdale († 1839), Inquiry into the nature and origin of public wealth. Edinb. 1804. Deutsch durch v. Schön (abgekürzt). Berlin. 1809.

(b) Literatur bei Steinlein, Volkswirthschaftslehre, I, 106 ff. Kauß, II, 613 ff. — In den nachfolgenden Noten (c) — (g) ist nur eine Auswahl von Schriften gegeben worden.

(c) 1) Umarbeitungen des Smith'schen Werkes.
G. Sartorius († 1828), Handbuch der Staatswirthschaft, Berl. 1796. Neue Ausgabe: Von den Elementen des Nationalreichthums u. von der Staatswirthschaft. Göttingen. 1806. (Trug nebst Lueder am meisten zur Verbreitung des Systems in Deutschland bei.)
A. F. Lueder († 1819), Ueber Nationalindustrie und Staatswirthschaft, nach A. Smith bearbeitet. Berlin 1800—4. III B. — Die Nationalindustrie und ihre Wirkungen. Braunschw. 1808. (Auszug.)
Chr. J. Kraus († 1807), Staatswirthschaft, herausgeg. von Hd. v. Auerswald, Königsb. 1808—11. V. 2ter Abdruck 1837. (Die 4 ersten Bände enthalten eine systematische Darstellung des Smith'schen Systems, der 5te wirthschaftliche Politik nach eigenen Ansichten des Verf.)

2) Schriften, in denen eine Fortbildung der Wissenschaft auf den Grundlagen von A. Smith erstrebt wurde.
L. H. v. Jakob († 1827), Grundsätze der Nationalökonomie. Halle, 1805. 3. A. 1825.
Chr. v. Schlözer, Anfangsgründe der Staatswirthschaft. Riga, 1805. 7. II. B.
J. Graf von Soden († 1831), Die Nationalökonomie. Leipzig, 1805—23. IX B. Bd. I—III. enthält die Nationalökon., Bd. IV. den Auszug aus den drei ersten, Bd. V die Finanzwissenschaft, Bd. VI. die Volkswirthschaftspflege („Staatsnationalwirthschaftslehre" bei dem Verf.), die drei letzten gehören nicht zur politischen Oekonomie. Graf

— 59 —

Soden und Jakob haben um die wissenschaftliche Gestaltung der
Volkswirthschaftslehre großes Verdienst (§. 15 (a)), doch führten sie
die Ausscheidung der praktischen Sätze aus derselben nicht ganz durch.
Soden's Werk ist reich an lehrreichen Ausführungen einzelner Gegen-
stände.
G. Hufeland († 1817), Neue Grundlegung der Staatswirthschafts-
kunst. Gießen, 1807—13. II. B. (Unvollendet.)
J. F. E. Lotz († 1838), Revision der Grundbegriffe der National-
wirthschaftslehre. Coburg, 1811—14. IV. — Handbuch der Staats-
wirthschaftslehre. Erlangen, 1821. 22. III. 2. Ausg. 1837. (Vorzüglich.)
J. P. Harl († 1843), Handbuch d. Staatswirthschaft und Finanz.
Erlangen, 1811.
Fr. B. Weber, Lehrbuch der polit. Oekonomie. Bresl. 1848. II.
E. W. v. Lipziger, Geist der Nationalökonomie und Staats-
wirthschaft. Berl. 1813. II.
H. Storch († 1835), Cours d'économie politique. St. Petersb. 1815.
VI B. — Paris, 1823. IV B. (avec des notes explicatives et critiques
par M. Say). — Deutsch: Handbuch der Nationalwirthschaftslehre,
mit Zusätzen, von Rau. Hamburg, 1819. 20. III B. Die Zusätze
auch besonders abgedruckt, ebd. 1820.
G. Gr. v. Buquoy, Theorie der Nationalwirthschaft. Leipz. 1815.
4. — Hiezu 3 Nachträge, 1816—18. 4.
J. F. G. Eiselen, Grundzüge der Staatswirthschaft. Berl. 1819.
— Die Lehre von der Volkswirthschaft. Halle, 1843.
(v. Ehrenb[al]) Die Staatswirthschaft nach Naturgesetzen. Leipz.
1819.
L. F. Lueder, Die Nationalök. od. Volkswirthschaftsl. Jena, 1820.
A. Kent, Die neuere Güterlehre. Weimar, 1821. — Die materiellen Grundlagen und sittlichen Forderungen der europäischen Cultur.
Stuttg. 1835. — Die naturgemäße Volkswirthschaft. Han. 1845.
2te B. 1851. — Volkswirthschaftslehre Frankf. 1863.
J. A. Oberndorfer. System der Nationalök. Landsh. 1822.
A. H. L. Pölitz († 1838), Volkswirthschaft, Staatswirthschaft u.
Finanzwissenschaft — und Polizeiwissenschaft. Leipz. 1823. Zweite A.
1827. (Auch als zweiter Band von: Die Staatswissenschaften im Lichte
unserer Zeit.)
v. Seutter, Die Staatswirthschaft. Ulm, 1823. III.
G. H. Krause, Versuch eines Systems der Nationals- u. Staats-
ökonomie. Leipz. 1830. II.
Fr. J. Schmitthenner († 1850), Grundriß der histor. u. polit.
Wissenschaften. Gießen, 1830. I. S. 104. 214. 287. — Zwölf Bücher
vom Staate, I, 324. 1840.
A. Steinlein, Handb. d. Volkswirthschaftslehre. Münch. 1831. I.
A. F. Schenk, Das Bedürfniß der Volkswirthschaft. I. B. Volks-
wirthschaftslehre. II. B Volkswirthschaftspflege. Stuttg. 1831.
A. S. Zachariä († 1843), Staatswirthschaftslehre. Heidelb. 1832.
II, oder der 3. B. der 40 Bücher vom Staate. — In der n. Ausg.
dieses Werkes ist die Staatswirthschaftslehre der 7. Bd. 1843.
K. v. Rotteck († 1840). Oekonomische Politik. Stuttg. 1835.
J. Schön († 1839), Neue Untersuchung der Nationalökonomie und
der natürlichen Volkswirthschaftsordnung. Stuttg. 1835.
C. P. Bona, Die Staatsökonomie. I. Abschnitt, Physik der Ge-
sellschaft. Berlin, 1836.
L. Fr. Niebel, Nationalökonomie oder Volkswirthschaft. Berlin,
1836—1841. III.

M. v. Prittwitz, Die Kunst reich zu werden, oder gemeinfaßliche Darstellung der Volkswirthschaft. Mannheim, 1840. 2te Ausg. — Die Volkswirthschaftslehre, gemeinfaßlich dargestellt. 1845.
A. Barth, Vorlesungen über Nationalökonomie. Augsb. 1841.
C. W. Ch. Schütz, Grundsätze der Nationalökonomie. Stuttg. 1843. (Die Volkswirthschaftspolitik ist mit eingeflochten.)
W. Roscher, Grundriß zu Vorlesungen über die Staatswirthsch. nach geschichtlicher Methode. Gött. 1843. — System der Volkswirthschaft. I. Grundlagen der Nationalökonomie. 6. Ausg. 1866. II. Nationalökonomik der Landwirthschaft. 5. A. 1866. (Vorzüglich.)
H. Eiselhart, Positives System der Volkswirthschaft, oder ökon. Socialtheorie. Leipzig 1844. (Mit vorzüglicher Hinneigung zu List.)
J. Kudler († 1853), Grundlehren der Volkswirthsch. Wien, 1845. II B., 2. A. 1856. (Der 2. B. ist Volksw.-Politik.)
Br. Hildebrand, Die Nationalök. in Gegenwart und Zukunft. I. 1848.
C. W. Asher, Die Grundzüge der Nationalökonomie. I. 1849.
L. Stein, System der Staatswissenschaft. I. 1852. — Lehrbuch der Volksw. 1858.
K. Knies, Die polit. Oekonomie vom Standpunkt der geschichtlichen Methode. 1853.
Volkswirthschaftslehre. Hamburg 1853.
Schulze, Nationalökon. (vorz. für Landwirthe). Jena 1856.
M. Kosegarten, Geschichtliche und system Uebersicht der Nationalök. Wien 1856.
M. Wirth, Grundzüge der Nation.-Oek. II B. 1856. 1858. — N. A. 1864.
Heinrich, Die Nationalök. in ihrer Beziehung zur Landwirthsch. Leipz. 1856.
Freßl, Die pol. Oek. mit Rücks. auf das geistliche Gebiet. Wien 1856.
Glaser, Die alte Wirthschaftslehre oder Nationalök. Wes. 1858.
Schober, Katechismus der Volkswirthschaftslehre. 1859.
Schäffle, Nationalök. 1861 u. A. 1866.
Hafner, System der pol. Oek. I. 1860.
K. v. Mangoldt, Grundriß der Volksw.-L. Stuttg. 1863.
H. Roesler, Grundsätze der Volkswirthschaftslehre. Rostock 1864.
F. Diezel, Die Volksw. und ihr Verhältniß zu Gesellschaft und Staat. Frankf. 1864.
Witter, Die Genesis der Volksw. Stuttg. 1866.
v. Kleinschrod, Die Grundprinzipien d. polit. Oek. Wien 1860.

3) Sammlung vermischter Aufsätze.

v. Struensee, Abhandlungen über wichtige Gegenstände d. Staatswirthschaft. Berlin 1800. III.
G. Sartorius, Abhandlungen, die Elemente des Nationalreichthums und die Staatswirthschaft betreff. Gött. 1806.
Chr. J. Kraus, Aufsätze über staatswirthschaftliche Gegenstände. Königsb. 1808. II B.
K. Murhard, Ideen über wichtige Gegenstände aus dem Gebiete der Nationalökon. und Staatswirthsch. Gött. 1805.
K. H. Rau, Ansichten der Volkswirthschaft. Leipz. 1821.
J. Sulzer, Ideen über Völkerglück. Zürich 1828.
P. Kaufmann, Untersuchungen im Gebiete der polit. Oekonomie. I. Abth. Bonn, 1829. 2. Abth. 14 H. 1830.
F. B. W. Hermann, Staatswirthschaftliche Untersuchungen, 1832. (Vorzüglich.)

K. E. Zacharia, Abhandlungen aus dem Gebiete der Staats-
wirthschaftslehre. Heidelb. 1835.
G. Baumstark, s. unten (d).
J. F. Knapp, Vierzehn Abhandlungen über Gegenstände der Na-
tionalökon. u. Staatswirthschaft. Darmst. 1840.
Robertus-Jagetzow, Zur Erkenntniß unserer staatswirthschaftl.
Zustände. I. Neubrandenb. 1842.
Roscher, Ansichten der Volksw. aus dem geschichtlichen Stand-
punkte. Lpzg. 1861.

4) Zeitschriften und Wörterbücher.
K. H. Rau, Archiv der politischen Oekonomie, seit 1835, V Bde.
Rau u. Hanssen, Archiv rc., Neue Folge, 1843—53. X Bde.
Zeitschrift für die gesammte Staatswissenschaft, Tübingen seit 1845,
jährlich 1 Band in 4 Heften.
Hildebrand, Jahrbuch d. Nationalökonomie u. Statistik, seit 1863.
Faucher u. Michaelis, Vierteljahrschrift für Volkswirthschaft u.
Culturgeschichte, seit 1863.
Rentsch, Handwörterbuch der Volkswirthschaftslehre. Leipz. 1866.

(d) Rob. Malthus († 1834), An essay on the principle of population.
Lond. 1806. II. b. A 1831. Deutsch von Hegewisch. Altona
1807. II. — Principles of political economy Lond. 1820. Franz.
von Constancio. Paris, 1821. II. — Definitions in political economy. Lond. 1827.
Dav. Ricardo (geb. 1772, † 1823). Principles of political economy
and taxation. Lond. 1819. 2. A. 1821. Franz. von Constancio,
avec des notes explicatives et critiques par M. Say, 1819. A. Ausg.
v. Pontayraud, XIII. Bd. der Collection. II. Deutsch: (nicht gut
übers.) v. Schmid. Weimar, 1821. Bessere Uebers. von E Baumstark: Grundgesetze der Volkswirthschaft und Besteurung. Leipzig
1838. Der vom Uebers. beigefügte 2te Band hat den Nebentitel:
Volkswirthschaftliche Erläuterungen, vorzüglich über D Ric. System.
1838. — Ric. stellte in diesem tiefgedachten, aber minder gut geord-
neten Werke viele eigenthümliche Sätze auf, welche in Großbritanien
zahlreiche Anhänger fanden.
J. Mill, Elements of political economy. Lond. 1821. 3te Ausg.
Franz. von Parisot, Par. 1823. Deutsch von Jacob. Halle, 1824.
(Guter Abriß des Ricardo'schen Systems.)
M' (Mac) Culloch († 1864), A discourse on the rise, progress,
peculiar objects and importance of pol. ec. Lond. 1825. 2te A. Franz.
von Prevost. Genève et Paris, 1825. — Principles of political eco-
nomy. Edinb. 1825. A. A 1849. Deutsch von G. A. v. Weber,
Stuttg. 1831. Franz. von Blanche, 1850. II. (Gehört ebenfalls
zur Schule von Ricardo.)
R. Torrens, An essay on the production of wealth. Lond. 1821
Thomas Smith, An attempt to define some of the first prin-
ciples of political economy. Lond. 1821.
R. Whately († 1864), Introductory lectures on political economy.
Lond 1831. (Nur einleitend.)
Th. Chalmers, On political economy. Glasg. 1832.
Harriet Martineau, Illustrations of polit. ec. Lond. 1832—34.
XXV Bändchen, die ersten 1833 schon zum 3ten Mal aufgelegt; an-
ziehende Erzählungen, s. Rau, Archiv, I, 265.
Poulett Scrope, Principles of political economy. Lond. 1833.
Mistress Marcet, Hopkin's Notions of political economy. Lond.
1833. Franz. von Carol. Cherbuliez, 1834. — Conversations on
political economy. 7. Ausg. Lond. 1839.

W. N. Senior (geb. 1790, † 1864), Outlines of the science of political economy. Lond. 1836, ein Abdruck aus der Encyclopaedia metropolitana. 4. n. A. 1850 8. (Vorzüglich.) — Uebersetzt mit Zugaben Senior's in: Principes fondamentaux de l'écon. pol. . . . . . par le Comte J. Arrivabene. P. 1836.

J. H. Risdell, A treatise on the industry of nations or the principles of national economy and taxation. Lond. 1839. II.

W. Ellis, Outlines of social economy. L. 1850. D. v. Miller, 1852. — Progressive lessons in soc. science, 1850.

J. Stuart Mill, Essays of some unsettled questions of polit. œc. L. 1844. — Principles of polit. œc. 3. A. 1852. b. v. Soetbeer, II B. 1851. 52. Franz. von Dussard u. Courcelle-Seneuil, II B 1852. (Vorzüglich.)

W. Atkinson, Principles of social and political economy. L. Lond. 1858.

Mac Leod, Elements of polit. econ. L. 1858. — Dictionary of politic. so Lond. 1862. 1. (geht bis C.)

(s) N. F. Canard, Principes d'écon. polit. P. 1801. Deutsch Ulm 1806. — Neu übers. v. Göll: Grundf. der polit. Oek. Augsb. 1824.

J. D. Say (geb. 1766, † 1832), Traité d'écon. polit. P. 1802, 5. ed. 1826. III B. 6. Ausg. von Hor. Say, als IX. Bd. der Collection. 7. A. 1860. Deutsch von Jakob: Abhandl über die Nat.-Oek. Halle, 1807. II, und von Morstadt: Darstellung der National-ökon. Heid. 1818. II, n. A. 1830. 31. III. — Cours complet d'écon. polit. pratique. P. 1828. 29. VI. A. Ausg. v. Hor. Say, 1852. II B., als I. u. XI. Bd. der Collection, deutsch von J. v. Th. (Theobald): Vollständ. Handb. der pract. Nationalökon. Stuttg. 1829—30 VI. Abgekürzte Uebers. von F. A. Räder, fortges. von Sporschill, 1828—31. VI Bdr. (Vgl. Pölitz, Jahrb. d. Gesch. u. Staatskunst, Mry. 1830.) Neue Uebers. von W. Stirner, Die Nationalökonomen der Franz. u. Engl. 1845. I—IV. — Katechismus der Nationalökon., deutsch von v. Fahnenberg, 1816; nach der 3. Ausg. übers. Stuttg. 1827. — Mélanges et correspondance d'économie politique, publ. par Comte. P. 1833. Say hat durch seine musterhaft klare, anziehende Darstellung des Studium der pol. Oekonomie mehr als irgend Jemand befördert, zugleich die Wissenschaft bedeutend vervollkommnet.

J. C. L. Simonde de Sismondi († 1842), De la richesse commerciale ou principes de l'écon. pol. appliqués à la legislation du commerce. Genève, 1803. II B. — Nouveaux principes d'écon. polit. Par. 1818. II B. 2. Ausg. 1827. — Études sur l'écon. pol. 1837. II. (Vorzüglich.)

Ch. Ganilh († 1837), Des systèmes d'écon. pol. Par. 1809. II B. 2te A. 1821. II B. Deutsch: Untersuchungen über die Systeme der pol. Oekon Berlin, 1811. II. — Théorie de l'écon. pol. S. §. 21 Note (a). — Dictionnaire analitique de l'écon. politique. P. 1826.

Louis Say (der ältere Bruder), Considérations sur l'industrie et sur la législation. Par. 1822. — Traité élémentaire de la richesse individuelle et de la richesse publique. Par. 1827. Études sur la richesse des nations. P. 1836.

Destutt de Tracy, Traité d'écon. pol. F. 1823.

A. de Carrion-Nisas, Principes d'écon. pol. Par 1824. (Theil der bibliothèque du 19me siècle.)

P. H. Susanne, Principes de l'écon. polit. 1826. Deutsch, Mainz 1827.

A. Blanqui († 1854), Précis élémentaire d'écon. pol. P. 826. Deutsch von Heldmann: Grundriß der Staatswirthschaft, 1828. —

Cours d'économie industrielle. P. 1637. — Cours.... P. 1838. — (Vorlesungen, in jedem Jahre über andere Abschnitte gehalten.)
J. Droz († 1850), Économie polit. Par. 1829, neueste Ausg. von Mich. Chevalier, 1854. (Sehr gut.) Deutsch von Keller, 1830, und von Bergl, 1830.
R. Guyard, De la richesse ou essays de l'économie. Par. 1829. II
Rossi († 1848), Cours d'écon. polit. II B. P. 1838. — III u. IV. B. 1851 u. 1854.
A. Cournot, Recherches sur les principes mathématiques de la théorie des richesses. Par. 1838.
Mary Meynieu, Élémens d'écon. pol. 1°. 1838. (In Gesprächform, elementarisch.)
de Pinheiro-Ferreira. Précis d'un cours d'écon. pol. P. 1840 (Kurzer Abriss.)
Jos. Garnier, Élemens d'écon. polit. P. 1843. 3. A. 1857.
M. Chevalier, Cours d'écon. polit. 1842—50. III B. N. A. 1855.
Fr Bastiat († 1850), Harmonies économiques, P. 1850. u. mehrere andere Schriften, B. ausgewählte Werke. u. polit. Schriften. b. v. Borgius, 1859.
Courcelle-Seneuil. Traité théorique et pratique d'économie pol. II. Paris 1858. — Traité sommaire de l'écon. pol. 1805.
Baudrillart, Études de philosophie morale et d'écon. pol. II. P. 1858.
le Hardy de Beaulieu, Traité élémentaire d'écon. pol. Brux. 1861.
Cherbuliez, Précis de la science économique. P. 1862 II.
de Molinari, Cours d'écon. pol. 2. ed. 1863.
Du Mesnil-Marigny, Catéchisme de l'écon pol. P. 1863.
Th. Fix († 1846), Revue mensuelle d'écon. polit. 1834—30. V.
Journal des Économistes. Paris, seit 1842, jährlich II Bände in 12 Heften.
Dictionnaire de l'écon. polit. publié sous la direction de Coquelin et Guillaumin, P. 1851. 53. II B. (sehr gehaltreich, von einer Anzahl französischer Gelehrten ausgearbeitet).
Collection des principaux économistes. Paris, 1840 — 48. XV B. (enthält ältere Schriftsteller, Vauban, Boisguillebert, Law, Melon, Dutot, — Schriften mehrerer Physiokraten, — Oeuvres de Turgot, in II B. — A. Smith, Malthus. Ricardo, Say, Hume, Rider u A.)

(f) G. Palmieri († 1794), Riflessioni sulla pubblica felicità, relativamente al Regno di Napoli. — Della richezza nazionale. — Scritt. cl. P. mod. T. XXXVII. XXXVIII.
F. Mengotti, Il Colbertismo osia della libertà di commercio de' prodotti della terra. Fir. 1781. — Ser. cl. P. mod. T. XXXVI.
Deutsch von Upschneider, München. 1794.
Meleh. Gioja († 1829), Nuovo prospetto delle scienze economiche. Milano, 1815 — 17. VIII. 4. Dies grosse Werk sollte den ganzen in der Literatur der politischen Oekonomie niedergelegten Gedankenvorrath aufsuchen und verarbeiten. Es wird zufolge der vielen Tabellen und Schematisirungen häufig trocken und unbefriedigend, enthält jedoch viele eingestreute Gedanken von grossem Werthe.
C. Bossolino, Nuovo esame delle sorgenti delle private e pubblica richezza. Mod. 1817. II.
F. Fuoco, Saggi economici. Pisa, 1825.
M. Agostini, La scienza dell' economia politica. Mil. 1827. Französchen 1822.

Scuderi, Principj di civile econ. Nap. 1828. III.
De Augustinis, Istituzioni di economia sociale. Nap. 1837. I.
(Scrif. crfchien nidjt.)
Scialoja, Principj della economia sociale. Nap. 1840. Franz. von
Devilliers, P. 1844. — Trattato elementare di economia sociale.
1850.
Bianchini, Della scienza del ben vivere. Nap. 1845. 1. Aufl.
Principi della scienza del ben vivere sociale. Nap. 1855.
Meneghini, Elementi di econ. civile. Tor. 1851.
Boccardo, Trattato teorico-pratico di economia politica. III B.
Torino 1853. — Dizionario della economia politica. Torino, 1857—62.
IV B. 4°.
Trinchera, Corso di econ. polit. I. Tor. 1854.
Minghetti, Della economia publica. Firenze 1859.
Heymond, Études sur l'écon. sociale et internationale. Edit.
française. Turin. II B. 1860. Gl.
Bruno, Scienza dell' ordinamento sociale ovvero nuova esposizione
dell' econ. politica. Palermo, 1855. II B., I. Stanza et travans
Jul. 1866. S. 127. (Der Verf. handelt ab 1) Individuals, 2) Fa-
milien, 3) Volksw.a.)

(g) Alvaro Flores Estrada, Cours éclectique d'économie politique,
trad. sur les mscr. originaux par L. Galibert. Paris, 1833. III. —
Tratado completo di econ. pol. M. 1840. V B.
Eus. Maria del Valle, Curso de economia politica. Madrid, 1842.
Calmeiro, Econ. politica sclectica. M. 1844. II B. — Tratado
elementar de econom. polit. Madr. 1845.
A. Borrego, Principios de econ. pol. 1844.
Das Verzeichniß spanischer Bücher über Gegenstände der polit. Oef.
von Ramon de la Sagra (Apuntes para una biblioteca de escrito-
res economicos españoles, s. a.) geht bis 1847 und enthält 293 Namen.
A. Sandelin, Répertoire général de l'écon. politique ancienne et
moderne. La Haye, 1846—49. VI. (Auszüge aus den vorzüglichsten
Schriften, nach der Buchstabenfolge der Gegenstände geordnet.)
Graf Fr. Starbeck gab 1820 und 1821 zwei polnische Werke über
Nationaloekonomie und Volkswirthschaftspflege heraus. Umarbeitung
desselben: Théorie des richesses sociales. Paris, 1829. U.
S. Butowski, Versuch über den Volkswohlstand, II B. St. Pe-
tersburg 1847, in russischer Sprache.
Math. Wolkoff, Lectures d'éc. pol. rationelle. Paris 1861.

Th. Cooper (Prof. in Süd-Carolina), Lectures of the elements
of political economy. Columbia 1826.
H. C. Carey, Principles of politic. economy, Philadelphia, Bd. 1.
u. II. 1830. Bd. III. u. IV. 1840. — Principles of social science,
Polled. 1869. III B., deutsch von Adler, München 1863. III. Rat-
zug aus diesem Werke: Lehrb. der Volksw. u. Socialwissensch., b.
v. Adler. München 1866.
Opdyke, A treatise upon pol. econ. Philadelph. 1851.
Peshine Smith (Nordamerikaner), Manual of polit. econ. New-
York 1853. Franz. von C. Baquet, P. 1854.

(h) Als eine von deutschen Schriftstellern, zuerst von B. Hofden,
ausgegangene neuere Richtung ist die geschichtliche Behandlung der
Staatswirthschaftlichen Gegenstände (historische Methode) zu betrachten. Es ist lehrreich zu erkennen, wie neben den allgemeinen, auf
der Natur des Menschen und der Sachgüter beruhenden Gesetzen (§ 10. 11)

auch Umstände, die nach Orts- und Zeitumständen wechseln, auf die Erscheinungen in der Volkswirthschaft sowie auf die Wahl der Regierungsmaaßregeln Einfluß geäußert haben und noch ferner äußern. Dieß ist auch schon früher nicht übersehen, aber neuerlich weiter verfolgt worden.

§. 45 a.

Die allgemeinen Grundlagen der Volkswirthschaft, welche überall und zu allen Zeiten in den wirklichen Staaten zum Vorschein kamen, sind Sondereigenthum, — wirthschaftliche Selbstständigkeit der Familie, — Mitwerben der Einzelnen, welche mit freier Wahl sich gewissen Erwerbszweigen widmen. Mit diesem Zustande ist unvermeidlich die Möglichkeit gewisser Mißbräuche und volkswirthschaftlicher Gebrechen verbunden, als Verschwendung, Härte der Reichen, Druck gegen die unbegüterten Arbeiter, Verarmung Einzelner, Verluste durch übermäßiges Mitwerben u. dgl. Der Anblick solcher Uebelstände hat zu verschiedenen Zeiten zu Vorschlägen einer Umgestaltung der Volkswirthschaft geführt, die theils aus religiösen und selbst schwärmerischen Antrieben, theils aus der Begeisterung für Ideale der Sittenlehre hervorgingen (a). In der neuesten Zeit ist diese Richtung vorzüglich von dem Anblick der ungünstigen Lage vieler Lohnarbeiter angeregt worden. Der heutige Aufschwung der Gewerbe, die staunenswerthen Fortschritte des Kunstfleißes, die große Ausdehnung und Vermehrung der Fabrikunternehmungen sind unverkennbar mit mancher Bedrängniß und Noth unter den unbegüterten Arbeitern verbunden und dies muß den menschenfreundlichen Beobachter mit Bedauern und Besorgniß erfüllen. Der Eindruck solcher Erscheinungen hat besonders häufig zu einer Abneigung gegen die Macht des beweglichen Vermögens (Capitals) und gegen den großen Abstand zwischen Reichen und Dürftigen geführt. Es wurden ebenfalls, wie früher, mancherlei Verbesserungsentwürfe aufgestellt, die mehr oder weniger von dem Bestehenden abweichen, deren Unausführbarkeit oder Unzweckmäßigkeit jedoch dem unbefangenen Beurtheiler bald deutlich wurde (b). Die kundgegebenen Ansichten und Vorschläge dieser Art sind schwer in gewisse Abtheilungen zu ordnen, weil sie unter sich sehr von einander abweichen (c), doch werden gewöhnlich zwei Hauptgruppen unterschieden.

1) Die **Socialisten** streben darnach, die bisherige Vereinzelung der Menschen durch Vereine (Associationen) aufzuheben, deren Mitglieder mehr oder weniger von ihrer Selbständigkeit aufgeben, dafür aber an den Früchten des Zusammenwirkens Antheil genießen würden (*d*); je weiter sich die auf der Vereinigung beruhende Gemeinschaft über alle wirthschaftlichen Angelegenheiten erstreckt, desto mehr nähert sich der Socialismus dem zweiten Systeme.

2) Die **Communisten** (*e*) empfehlen volle Gemeinschaft des Vermögens und Erwerbes, wobei nach Einigen Jedem gleiche Arbeitslast aufgelegt, aber auch gleicher Gütergenuß gesichert (*f*), nach Anderen Allen vollkommene Freiheit des Arbeitens und Genießens eingeräumt werden sollte (*g*).

Obgleich nun keine dieser neuen Lehren ein befriedigendes Ergebniß hatte, so sind sie doch als Zeichen vorhandener Gebrechen und Mißstimmungen bemerkenswerth und die Wissenschaft hat aus ihnen die Verpflichtung aufgenommen, mehr, als es früher geschehen war, auf die wirthschaftliche Wohlfahrt der verschiedenen Volksclassen, namentlich der unbegüterten Lohnarbeiter, zu achten. Auch war es eine nützliche Frucht dieser Gedankenrichtung, daß man die Vortheile freier Vereine (Genossenschaften, Associationen) der Lohnarbeiter und der wenig begüterten Gewerbsleute für verschiedene wirthschaftliche Zwecke hochschätzen lernte, wodurch eine Ermunterung zur häufigen Gründung solcher Verbindungen entstand.

(*a*) Das Verlangen nach Gütergemeinschaft ist zu verschiedenen Zeiten, besonders in Perioden großer Erschütterung und Aufregung der Arbeiterclassen zum Vorschein gekommen. Schon **Platon** dachte an sie sowie **Plotinus** († 270 n. Chr.), der die Ideen des ersteren zu verwirklichen suchte. Die jüdischen Essäer lebten in einer Gütergemeinschaft. Der Dualismus der orientalischen Philosophie, als die Lehre vom Kampfe des bösen mit dem guten Princip, führte oft zu dem Bestreben, die Sinnlichkeit zu unterdrücken und in höchster Genügsamkeit einzeln oder in Gesellschaften zu leben, wie manche schwärmerische Seelen (Manichäer, — Patarener im 13. Jahrh. u. A.). Auch die Wiedertäufer und die Genfer Libertiner verwarfen das Privateigenthum. **Frank** in Stances & travaux de l'acad. des sc. moral. & polit. XIV, 187. — **Roybaud** in Revue des 2 mondes, XXXI, 5 (1842). — **Hundeshagen** in Theolog. Studien und Kritiken, 1845, 3. und 4. Heft. — **Roscher**, System der Volkswirthsch. I, 124. — **Wiskemann**, Darstellung S. 113. — Die Utopia des Canzlers **Morus** († 1535) eröffnete die Reihe der dichterisch ausgemalten Staatsideale des 16. und 17. Jahrhunderts, die von den Urhebern der neueren Verbesserungspläne wieder hochgeschätzt wurden, **Mohl** in der Staatswiss.

Zeitschrift, 1845, I, 24. und Geschichte der Staatswiss. III, 325. — Ueber Morus insbes. Rocher, Zur Geschichte u. S. 6.

(b) Bacharis, Léhands. S. 68. — Blanqui, Hist. de l'écon. polit. II. 303. — Reybaud, Études sur les réformateurs contemporains ou socialistes modernes. P. 1840. — D. Vierteljahrsschrift Nr. XI, 1840, S. 1—42. — Stein, Der Socialismus und Communismus des neueren Frankreichs, Leipz. 1842. Nachtrag 1849. Ders., Gesch. der socialen Bewegung in Frankreich, III B. 1850. — Schütz, Grundsätze S. 44. — Roscher in der Zeitschrift für Geschichtswissensch'l, III 418. 540. IV, 10. 1845. — Passy in Journ. des Econ. XII, 34. auch Compte rendu de l'aa. VIII, 5. — De Cavour in Bibl. univ. de Genève, 1846. I, 1. — Biedermann, Vorlesungen über Socialismus, 1847. — Grieb, Populäre Gesellschaftslehre. 1848 — Hildebrand, Nation. œDef. I. — A. Sudre, Histoire du communisme. 5. Bd. P. 1856.

(c) Der französ. Schriftsteller P. J. Proudhon († 1865), der alle anderen neueren Secten bekämpft, kein festes System aufgestellt und in seinen Ansichten öfters gewechselt hat, ist deshalb keiner Gruppe zuzurechnen. Zu seiner ältesten Behauptung: la propriété c'est le vol kam später die Aufstellung der Anarchie als des Ideals für die Gesellschaft, und der Plan einer unausführbaren Volksbank. Qu'est-ce que la propriété? P. 1840. Système des contradictions économiques, II B. 1846, deutsch v. Jordan, 1847. Organisation du crédit, 1847. Confessions d'un révolutionnaire, 1849. De la justice dans la révolution et dans l'église. 1858. III. u. a. Schriften. Idée génér. de la révol. au 19. siècle, 1851. La révolution sociale, 1852.

(d) Hieher gehören hauptsächlich 1) der sogen. Industrialismus oder St. Simonismus, gegründet durch Heinr. v. St. Simon († 1825). Dieser wollte nicht völlige Gemeinschaft, aber die Anstheilung der Arbeiten und der Erzeugnisse durch die höchste Gewalt nach den Fähigkeiten eines Jeden, also eine höchst centralisirte Leitung aller volkswirthschaftlichen Angelegenheiten, wobei die Erblichkeit des Vermögens aufhörte, und eine Art von Priesterherrschaft nach einer neuen Religion, s. besonders seine Schrift Du système industriel. Paris, 1821, und Doctrine de St. Simon. II, 146. P 1830. Eine solche, dem Staat in eine einzelne Familie umwandelnde Einrichtung würde die Selbständigkeit des Privatlebens vernichten, einen der mächtigsten Antriebe zum Kostgebrauche lähmen und eine höchst gefährliche Allgewalt in die Hände der Regierung legen. — 2) Die Lehre von Karl Fourier († 1837), die sogen. école sociétaire. F. beabsichtigte gesellschaftliche Vereine (Phalangen, von 1800—2000 Menschen, im Phalanstère beisammenwohnend), in denen Gewerbe auf gemeinsame Rechnung betrieben würden und die Mitglieder einen verhältnißmäßigen Antheil am Ertrage erhielten, die Arbeiter aber durch Abwechselung in den Beschäftigungen und schleunibes Zusammenwirken Mehrerer ohne Zwang angesetzt würden; Fourier, Traité de l'association domestique agricole. P. 1822. II B. Le nouveau monde industriel et sociétaire, 1829. — Considérant, Destinée sociale; exposition élémentaire complète de la théorie sociétaire. P. 1836. 38. II B. — Ordinaire in Rau, Archiv, II, 203. — Roscher, System d. Volkswirthschaft, I, 90. — Debril in Biblioth. universelle de Genève, J. Série XXX, 7. 216. 503. XXXI, 173. — 3) Der Vorschlag von L. Blanc, Fabrikunternehmungen in die Hände der darin beschäftigten Arbeiter zu geben und ihnen das nöthige Capital durch den Staat zu liefern, s. dess. Organisation du travail, 4. A. 1845. Weil, Der Staat und die Industrie. 1843. Aehnlich die Absichten der sogen. christlichen Socialisten in England.

Economist, Nr. 414 S. 980. — Die Versuche, Unternehmungen auf gemeinschaftliche Rechnung der Arbeiter zu Stande zu bringen, sind übrigens mit dem Fortbestehen der volkswirthschaftlichen Ordnung wohl vereinbar. — Das socialistische Lehrgebäude von Marlo (Winkelblech, † 1864), Untersuchungen über die Organisat. d. Arbeit, 1848 ff., III. B., ist noch nicht ganz beendet, aber mit viel mehr Besonnenheit geschrieben als andere socialistische Bücher.

(e) Rapp aus Würtemberg gründete 1805 in Nordamerica eine auf Gütergemeinschaft beruhende Niederlassung, deren Sitz seit 1825 zu Œconomy im Staate Ohio ist. Dies Beispiel fand dort Nachahmung, s. Julius, Reise, I, 194. Auch R. Owen empfahl das System der „Cooperation" und Gemeinschaft, s. Rey, Lettres sur le systême de la coopération mutuelle et de la communauté de tous les biens d'après le plan de M. Owen. P. 1825. — Der Communismus will die Gleichheit durch Aufhebung des Privateigenthums bewirken und diese gänzliche Umgestaltung der bürgerlichen Gesellschaft bald vermittelst eines gewaltsamen Umsturzes (wie Babeuf, hingerichtet 1796), bald auf dem langsameren Wege der allgemein werdenden Ueberzeugung zu Stande bringen, wie Cabet, dessen Voyage en Icarie (1840) mit den Utopia und anderen Staatsromanen Aehnlichkeit hat.

(f) Die sog. Gleichheitscommunisten, wie Babeuf, Cabet, Weitling.

(g) Die sog. Freiheitscommunisten, wie Dezamy.

Volkswirthschaftslehre.

Erstes Buch.
Wesen des Volksvermögens.

Erster Abschnitt.
Bestandtheile des Volksvermögens.

§. 46.

Die erste Aufgabe der Volkswirthschaftslehre ist die genaue Begränzung des Gebietes derselben und sie nimmt darum besondere Sorgfalt in Anspruch, weil über die Gegenstände, die in dieser Wissenschaft zu untersuchen sind, mancherlei Meinungsverschiedenheiten und Mißverstände angetroffen werden. Wie alles Vermögen der Menschen, so besteht auch das gesammte Volksvermögen aus einer Gewalt über Sachgüter (§. 1.), und die wirthschaftlichen Thätigkeiten sind zunächst nur auf den Besitz und Gebrauch solcher Güter gerichtet (a). Als sinnlich wahrnehmbare körperliche (einen Raum einnehmende) Dinge, in denen der Mensch Mittel zu seinen Zwecken erkennt, unterscheiden sich dieselben wesentlich von den persönlichen Gütern, die mit dem Menschen selbst innig verbunden sind und sich in ihrer Entstehung, Aufbewahrung, Uebertragung und Zerstörung ganz anders verhalten. Sie sind von der Person des Besitzers nicht zu trennen, die Verfügungsgewalt über sie ist eine sehr beschränkte, sie treten nicht in den Verkehr und gestatten in der Regel keine Bestimmung nach Zahl und Maaß (*b*). Persönliche und sachliche Güter können einander nicht vertreten. Wollte man, dem Sprachgebrauche zuwider, den Begriff des Vermögens und der Wirthschaft auch auf die persönlichen Güter ausdehnen (*c*), so würde die politische Oekonomie sich zur Wissenschaft aller Güter für den Staat, d. h. zur Staatswissenschaft ausdehnen (*d*), man würde aber dennoch nicht umhin können, das Verhalten der Menschen in Bezug auf die Sachgüter, d. h. auf die wirthschaftlichen Thätigkeiten, wieder einer abgesonderten Betrachtung zu unterwerfen, weil sie von eigenthümlicher Art sind und unter Gesetzen stehen, die auf die persönlichen Güter nicht bezogen werden können. Indeß hat jene Wissenschaft sich dennoch auch mit den persönlichen Gütern zu beschäftigen, weil sie auf mehrfache Weise in die wirthschaftlichen Bestrebungen eingreifen;

1) sie unterstützen die Hervorbringung und Erwerbung von Sachgütern so sehr, daß der Wohlstand der Völker wie der Einzelnen großentheils von dem Beistande sittlicher und geistiger Kräfte bedingt wird;

2) die Sachgüter sind dazu bestimmt, den Zustand der Menschen zu verbessern, daher ist das Vermögen nicht für sich allein, sondern nach seiner Beziehung auf die menschliche Gesellschaft, d. h. in seiner Anwendung zur Erzeugung persönlicher Güter, zu würdigen.

(*a*) So betrachtet es A. Smith und die meisten Staatsökonomen, s. besonders Schmalz, Staatswirthschaftsl. I, 12. — Droz, Ec. pol. S. 15. — Jacharid. Staatsw. L. S. 5. 42. — Rossi, Cours. I, 29. — Riedel, Nationalök. I, §. 12. (Der Verf. unterscheidet übrigens neben dem sachlichen oder im engern Sinne sog. Volksvermögen auch ein persönliches, das Arbeitsvermögen. S. 43.) — Schmitthenner, Zwölf B. vom Staate. I, §. 320. (Der Verf. rechnet indeß unter die ökonomischen Güter nicht blos materielle Substanzen, sondern auch immaterielle, „insoweit als dieselben auf die Erzeugung und Erhaltung äußerer Güter Einfluß haben". §. 249.)

(*b*) Ausnahmen hievon sind z. B. die Messung der Muskelstärke mit dem Dynamometer, der Schärfe des Gesichts und Gehörs, — die Zahl der Sprachen, die Jemand versteht u. dgl.

(*c*) Storch hat auf die persönlichen Güter die bei den sachlichen gangbaren Benennungen, Begriffe und Eintheilungen mit gutem Erfolge angewendet, s. dess. Handb. der Nationalwirthsch. II. — Wie bei den Sachgütern, so kann man auch bei den persönlichen den Besitz des Einzelnen und die Gesammtheit der in einem ganzen Volke vorhandenen

Güter, z. B. die Masse von Wissen, Geschicklichkeit, Urtheilskraft ꝛc. unterschieden. — Es giebt noch eine dritte Art von Gütern, die nicht in der einzelnen Person, sondern im Verhältniß derselben zu andern Menschen oder zum Staate liegen, z. B. Ehre, Zuneigung, Schutz, Freiheit; gesellschaftliche Güter. Hieher gehören die von Hermann sogenannten Lebensverhältnisse. Versuche, beide obengenannte Arten von Gütern in der wissenschaftlichen Behandlung zusammenzufassen, von Arnd und Gioja (§. 45. Note b und f); auch Bülau, Handbuch d. Staatsw. I ; eben dahin neigen sich Hufeland, n. Grundlegung, I, S. 34. Bölig, Staatswiff. II, §. 18 ff. Hasse, Curnam nostri aevi populo etc. S. 12. und manche Neuere. Am auffallendsten erscheint das Zusammenwerfen ungleichartiger Güter bei Du Mesnil-Marigny, Catech. S 12. — Die ausländischen Schriftsteller, welche den Begriff von Vermögen und Wirthschaft nicht haben, können leicht Veranlassung finden, das Merkmal der Körperlichkeit bei den Sachgütern zu übersehen und bloß an die Nützlichkeit oder die Tauglichkeit zur Befriedigung der Bedürfnisse zu denken. — Es ist bemerkenswerth, daß auch diejenigen, welche den Begriff des Vermögens über die Sachgüter hinaus erweitern wollen, doch in dem Verlaufe der Wissenschaft sich nur an jene Güter halten.

(d) Es läßt sich deshalb keineswegs behaupten, daß die Staatswirthschaftslehre durch Ausschließung der persönlichen Güter in eine fehlerhafte Einseitigkeit gerathe, denn durch diese Beschränkung gewinnt sie ein abgerundetes eigenthümliches Gebiet und erlangt erst die volle Gründlichkeit und Fruchtbarkeit. Die persönlichen Güter erfordern zwar eine Pflege durch den Staat, aber diese Thätigkeit, die man Staatserziehung, Culturpolitik, Volksbildungssorge nennen kann, ist von der Sorge für den Volkswohlstand verschieden und verdient in dem Systeme der Staatsverwaltung eine eigene Stelle. „Man hat es oft den Staatsökonomen schwer vorgeworfen, daß sie ihre Aufmerksamkeit blos auf die sachlichen Güter (wealth) richten und alle Beachtung der Glückseligkeit und Tugend verabsäumen. — Niemand tadelt einen Schriftsteller über die Taktik, daß er seine Aufmerksamkeit blos auf kriegerische Angelegenheiten richtet, eben so wenig schließt man aus dieser Handlungsweise, daß er einen immerwährenden Krieg empfiehlt. Allerdings würde ein Schriftsteller, der, nachdem er gezeigt hat, daß ein gewisses Verfahren Sachgüter erzeugt, dasselbe blos darum zur Nachahmung empfiehlt, den großen Fehler begehen, Wohlfahrt (happiness) und den Besitz von sachlichem Vermögen (wealth) für einerlei zu halten. Aber sein Irrthum liegt nicht darin, daß er seine Aufmerksamkeit auf das sachliche Vermögen beschränkt, sondern in der Verwechselung von Wohlfahrt und Vermögensbesitz.'' Senior, Outl. S. 130.

§. 46 a.

Auch die persönlichen Dienste, d. h. Arbeiten, wodurch der Mensch unmittelbar dem Menschen einen Vortheil (ein persönliches Gut) zu Wege bringt, z. B. Unterricht, Pflege, Beschützung, sind keine Theile des Vermögens, obgleich viele derselben gegen eine Vergütung in Sachgütern geleistet werden un daher gleich diesen einen Preis (Tauschwerth) haben, z. B. die bezahlten Thätigkeiten des Arztes, Lehrers, Künstlers ꝛc. (a).

Wenn jedes Verkehrsgut, d. h. jeder Gegenstand, der einen Preis hat und in den wirthschaftlichen Verkehr kommt (*b*), als ein Theil des Vermögens angesehen werden sollte, so müßte dieß von sämmtlichen Lohnarbeiten, nicht blos von den persönlichen Diensten gelten (*c*). Diese sind zwar wie die sachlichen Güter Mittel zur Befriedigung menschlicher Bedürfnisse und dienen zum Theile als Erwerbsmittel, unterscheiden sich aber wieder von jenen Gütern zu sehr, um mit Nutzen für die Wissenschaft mit ihnen im Begriff von Vermögen zusammengefaßt werden zu können, denn sie sind nicht besitzbar, kommen nur in einer Folge von Zeitmomenten zur Erscheinung, sind also nicht in einem Vorrathe vorhanden; auch erfordert ihr Erfolg meistens eine entsprechende Mitwirkung dessen, für welchen der Dienst geleistet wird (*d*). Die Fähigkeit eines Menschen, gewisse Dienste zu leisten, bildet dagegen ein persönliches Gut, welches seiner Natur nach von ungewisser Dauer ist. Weder ein Einzelner noch ein Volk ist durch eine gewisse Menge möglicher oder bereits begonnener Arbeiten selbst schon reich, sondern nur wenn vermittelst derselben Sachgüter erworben worden sind (*e*). Indeß haben die Dienste für die Volkswirthschaft aus zwei Ursachen Wichtigkeit, sowohl wegen ihrer Wirkungen, als weil sie denen, die sie leisten, einen Antheil an dem jährlichen Erzeugniß von Sachgütern verschaffen

(*e*) Für die Einrechnung der Dienste in das Vermögen: **Say**, Handb. I, 133. — **Storch**, Zur Kritik des Begriffs v. Nationalreichthum. St. Petersb. 1827. — **Steinlein**, I, 220. — **Hermann**, Unters. S. 5. 6. (hält die Dienste zwar für Theile des Reichthums, aber nicht des Vermögens, weil er den Begriff des letzteren auf äußere Güter von einiger Dauer beschränkt). — **Baumstark**, Kameralist. Encyklop., S. 547 — **Roscher**, System der Volksw. I, 4 — **Schütze** (Das gesellschaftliche System S. 17) nennt die bezahlten Dienstleistungsgüter und sucht zu zeigen, daß sie wirthschaftliche oder ökonomische Güter sind, weil sie zu ihrer Erwerbung ein wirthschaftliches Opfer erfordern. Dieß ist nicht zu bestreiten, wohl aber ist die Erklärung, das Vermögen sei der Inbegriff der einer Person zur Befugung stehenden ökonomischen Güter (ebd. S. 6) einem Bedenken ausgesetzt. — **Storch** a. a. O. läßt sich hauptsächlich dadurch bestimmen, daß die Dienste dem Einzelnen ein Einkommen gewähren, welches von freiwillig gesuchter und bezahlter Arbeit herrührt. Aber dieß Einkommen beruht doch nur in einem Theile der erzeugten sachlichen Güter. — Dagegen **Kaufmann**, Untersuch., das ganze 1. Heft der 2 Abth.; ferner **Malthus**, **Vaudrillart** u. A. — **Wolkoff**, Lectures, S. 14; C'est la métonymie prise pour une réalité qui dans ce cas a produit l'illusion des auteurs. Le travail (effort raisonné) et le service (travail utile à autrui) ne sont pas des produits échangeables, des valeurs, des richesses.

(b) Mac Leod braucht den unbestimmten Ausdruck: wirthschaftliches Element oder Ding, economical entity.
(c) Selbst eine Unterlassung wird bisweilen bezahlt, z. B. das Nichtbieten bei einer Versteigerung, das Nichtbewerben um eine Gunst, das Nichtanzeigen eines Vorfalls, das Nichttheilnehmen an einer Wahl; das Nichterzählen eines belustigenden Geschichtchens wurde einmal erkauft.
(d) 3. B. Aufmerksamkeit des Hörers, Fleiß des Schülers, Folgsamkeit des Kranken.
(e) Die öfters als Beispiel erwähnte Sängerin, die im Schiffbruch ihre Habe verliert, ist nicht mehr reich, aber sie kann es wieder werden und mag in dieser Wahrscheinlichkeit einstweilen Credit haben.

§. 47.

Es giebt sachliche Güter, welche sich außerhalb des Vermögens befinden und daher kein Gegenstand der wirthschaftlichen Sorgfalt sind (a).

1) Manche Güter und darunter selbst sehr nützliche, wie das Licht und die Wärme der Sonne, das Weltmeer u. dergl., gestatten ihrer Natur nach keine ausschließliche Inhabung und Verfügung (§. 2.), doch können sie wenigstens mittelbar auf das Vermögen Einfluß haben, indem sie die Nützlichkeit einzelner Bestandtheile desselben erhöhen (b).

2) Andere Güter, welche ihrer Wesenheit nach eine Aneignung zulassen würden, sind darum noch herrenlos geblieben, weil sie in Fülle von der Natur hervorgebracht werden und kein Beweggrund vorhanden ist, von einem überflüssigen Vorrath Besitz zu ergreifen, z. B. Wasser in vielen Gegenden, selbst Holz hier und da. Solche Gütermassen sind daher noch preislos und man wendet keine Mühe an, sie zu erhalten und zu schonen. Obgleich sie deßhalb von den Einzelnen nicht als Vermögenstheile angesehen werden, so können sie doch einem Volke im Ganzen zugehören und dann für den wirthschaftlichen Zustand desselben wichtig sein. Daher ist die spätere ausschließliche Besitzergreifung, die sie in das Vermögen einzelner Bürger bringt, keine wahre Bereicherung des Volkes. Es können aber nur Natur-, nicht Kunsterzeugnisse von dieser Art sein, weil letztere stets Kosten verursachen, die man nicht unnütz aufzuwenden geneigt ist.

Die Vertauschbarkeit eines Sachgutes ist kein sicheres Kennzeichen davon, daß sich dasselbe im Vermögen befindet, denn es kann aus verschiedenen Ursachen ein Vermögenstheil unverkäuflich sein (c), so wie es Güter giebt, die für einen Gegenwerth in Sachgütern hingegeben oder erworben werden, ohne selbst Theile des Vermögens zu sein.

(a) Solche Güter werden von Say (Handb. I, 99.) natürliche, im Gegensaße der socialen, von Hermann (Unters. S. 2.) freie, zur Unterscheidung von den wirthschaftlichen genannt. — Nicht erwerbliche Güter nach Zacharia, Staatsw. L. S. 51.
(b) Ländereien werden z. B. wegen ihrer Lage am Meere oder unter einem günstigen Himmelsstriche höher geschätzt.
(c) Viele Schriftsteller, besonders diejenigen, welche (wie die Nichtdeutschen) den Begriff und Ausdruck Vermögen nicht kennen, führen die Vertauschbarkeit als das Merkmal derjenigen Dinge auf, die den Gegenstand der politischen Oekonomie ausmachen; vgl. §. 46 (d). 84. Indeß wird diese Eigenschaft einer Sache nicht nothwendig durch vorausgegangene Arbeit und Kostenaufwand bedingt, denn auch ein blos durch Naturkräfte entstandenes Gut, z. B. ein noch in der Erde liegendes Fossil, kann Gegenstand eines Tausches werden, wenn es in so geringer Menge vorhanden ist, daß man es der Mühe werth hält, sich dasselbe anzueignen.

§. 48.

Das **Volksvermögen** umfaßt sämmtliche in der Gewalt der Staatsbürger (a) befindliche sachliche Güter. Es unterscheidet sich dadurch von dem **Staatsvermögen**, welches der Gesammtheit des Staates zusteht, aber im Besitze der Regierung ist und von ihr zum Besten des ganzen Staates benutzt wird, §. 6. und III. §. 4. Beide Begriffe wurden in früherer Zeit häufig mit einander vermengt, man schrieb der Staatsgewalt eine Art von Obereigenthum über das Vermögen der Bürger zu und diese Verwirrung stand der Verbreitung richtiger Vorstellungen von der Volkswirthschaft sowie von den Bedürfnissen und Rechten der Regierung sehr im Wege. Es ist jedoch gestattet, das Volks- und Staatsvermögen in einem Lande im Begriffe zusammenzufassen. Die Summe beider, das **Staatsvermögen im weiteren Sinne**, bezeichnet den ganzen Antheil des einzelnen Staates an der auf der Erde überhaupt vorhandenen Gütermasse (b).

(a) Es versteht sich, daß hierunter auch das Vermögen der Gemeinden und verschiedener anderer moralischer Personen begriffen ist, die dem Staatsverbande angehören.
(b) Einige nennen dieß Ganze **Volksvermögen**, z. B. Schenk, I, 15.

§. 49.

Die Gewalt über die im Vermögen einer Person begriffenen sachlichen Güter kann verschiedener Art sein. Sie ist vollständig, d. h. so gestaltet, ohne Zeitverlust und Schwierigkeit jede überhaupt erlaubte Benutzung von Gütern vorzunehmen, über die dem Besitzer das Eigenthumsrecht zusteht; sie ist schon schwächer bei dem Eigenthum ohne körperliche Inhabung, noch mehr beschränkt bei dem Inhaber anderer Rechte (a). Eine Verfügungsgewalt ist schon vorhanden, wo der Wille des Berechtigten hinreicht, einen gewissen Vortheil von Sachgütern zu erlangen, ohne daß erst eine Arbeit oder ein ungewisses günstiges Ereigniß hinzukommen müßte. Dieß gilt sowohl von bürgerlichen (Privat-) Rechten (z. B. dingliche Rechte und Forderungen, auf einmalige oder auf wiederholte Leistungen in Sachgütern, wie Leib- und Zeitrenten), als von solchen, die dem öffentlichen Leben angehören, indem sie von der Staatsgewalt aus Gründen des Gemeinwohles verliehen sind. Ein Recht bildet einen Vermögenstheil, 1) wenn es schon für sich allein dem Berechtigten eine Einnahme von Sachgütern gewährt, z. B. Schuldforderungen, Zehntrechte, Geschäftsantheile (Actien), Anspruch auf Renten und dgl. (b) — 2) wenn es übertragbar und verkäuflich ist, z. B. Erfindungsvorrechte (Patente), käufliche Gewerbsrechte und Aemter — 3) wenn es die Nützlichkeit gewisser Sachgüter erhöht, z. B. Jagd-, Weide- und andere Dienstbarkeitsrechte eines Grundeigenthümers (c). Daher setzt sich das Vermögen einer Person im subjectiven Sinne (§. 2 (b)) aus den Eigenthumsrechten und aus den andern Rechten der erwähnten Art zusammen. Von der Größe eines Vermögens erhält man nur dann eine deutliche und bestimmte Vorstellung, wenn sie in einer Menge gleichartiger Güter ausgedrückt (gemessen) wird. Dieser Ausdruck (Anschlag) macht es erst möglich, den Vermögensstand einer Person zu verschiedenen Zeiten oder mehrerer Personen zu vergleichen (d).

(a) Insofern begreift allerdings das Vermögen auch unkörperliche Gegenstände in sich, aber nur wegen der verschiedenen Formen der Benutzungsgewalt, während doch immer allein die sachlichen Güter den Gegenstand bilden, auf den die Verfügung gerichtet ist. Daher kann auch das Vermögen einer ohne auswärtige Verbindungen lebenden Anzahl von Menschen oder der ganzen Menschheit nicht größer sein als die

Menge aller Sachgüter, welche von jenen zusammengenommen beherrscht werden.

(b) Besoldungen, Dienst- und Ruhegehalte geben nur ein auf Lebens- oder Amtsdauer beschränktes Recht auf eine Einnahme.

(c) Hieher gehören auch Rechte, die eine Gewinnshoffnung gewähren, die emtio spei bei Lotterielooſen u. dgl. Nichtverkäufliche Rechte zu einem Gewerbsbetriebe, z. B. Meisterrechte, sind nicht schon selbst Vermögen, sondern geben nur Gelegenheit, solches zu erwerben. Man hat viel darüber gestritten, ob die Kundschaft eines Gewerbsmannes, die Praxis eines Arztes oder Advocaten (goodwill, practice, — clientèle) ein Vermögenstheil sei. Hermann, Roscher, Mac Leod bejahen es. Allein die Kundschaft beruht auf dem Vertrauen und der Gunst Anderer, sie ist kein Recht und kann daher nicht selbst übertragen werden. Wenn sie, wie die Erfahrung zeigt, bisweilen verkauft wird, so kann nur die Firma, der Raum, der Inbegriff der Geräthschaften abgetreten werden, der Verkäufer kann versprechen, das Geschäft aufzugeben und den Käufer zu empfehlen. Das dieser wirklich in die Kundschaft eintreten werde, vermag jener nicht zu verbürgen, es läßt sich nur hoffen.

(d) Es werden z. B. mehrere Arten von Sachgütern auf eine einzige als Maaß gebrauchte Art derselben (z. B. Geld) zurückgeführt, künftige Einnahmen auf den jetzigen Werth umgerechnet, Einnahmen von ungewisser Dauer nach der Wahrscheinlichkeit berechnet (z. B. nach der Lebensdauer), bei wechselnden Preisen Durchschnitte genommen, jährliche reine Einnahmen nach dem Zinsfuße in eine Hauptsumme angesetzt u. dgl.

§. 49a.

Untersucht man, welchen Einfluß die den Mitgliedern eines Volkes zustehenden Rechte auf die Größe des gesammten Volksvermögens haben, so muß man zwei Arten derselben unterscheiden.

1) Rechte, durch welche wirthschaftliche Vortheile vom Auslande erlangt werden, wie z. B. Eigenthum von Gegenständen, die sich in anderen Ländern befinden, Forderungen an fremde Privatpersonen oder Regierungen, sind ein besonderer Theil des Volksvermögens neben den im eigenen Lande befindlichen Sachgütern. Bei dem Anschlage dieses Theiles müssen jedoch die Verbindlichkeiten der Bürger an Fremde abgezogen werden und bei einem Abgleich beider Arten von Verpflichtungen ist die Schuldigkeit mancher Völker größer als ihr Guthaben (a).

2) Solche Rechte, welche anderen Staatsangehörigen gegenüber gelten, sind für das gesammte Volksvermögen gleichgültig und haben nur die Wirkung, daß dieses sich anders vertheilt, als man aus dem bloßen Eigenthum der im Lande vorhandenen Sachgüter schließen würde. Diese bieten allein die Mittel dar, aus denen die in solchen Rechten begründeten Einnahmen

und Leistungen bestritten werden können und soweit dieß noch nicht erfolgt ist, stehen Ansprüche und Verbindlichkeiten einander zur Seite, die sich im Ganzen aufheben. Dieß ist bei denjenigen Rechten, denen eine gleich große Verbindlichkeit eines Schuldners entspricht, ganz einleuchtend, z. B. Schuldforderungen, Rechte auf Grundgefälle, Dienstbarkeiten u. dgl. (*b*). Bei anderen Rechten ist zwar kein einzelner Verpflichteter zu erkennen und es findet kein Anschlag eines Schuld- oder Lastbetrages statt, z. B. Erfindungsprivilegien, verkäufliche Gewerbsrechte, es ist jedoch immer ein wirthschaftlicher Nachtheil für Andere nachzuweisen z. B. die Erschwerung oder Beschränkung des Gewerbebetriebes, die Vertheuerung eines Erzeugnisses oder irgend eine Art von Beschwerde, die dem Ertrage des Rechtes gleich kommt (*c*). Man kann demnach die unter 2) angeführten Rechte bei der Erforschung des Volksvermögens unbeachtet lassen, obgleich sie für die Vertheilung Wichtigkeit haben. Es folgt hieraus, daß das Volksvermögen nicht die Summe des ganzen Privatvermögens, sondern um den Belauf dieser Rechte kleiner ist.

(*a*) Im J. 1853 sollen die europäischen Capitalisten ungefähr 184 Mill. Doll. in americanischen Staats- und Privat-Schuldbriefen und Actien besessen haben, jetzt viel mehr.

(*b*) Mac Leod, der hierin Malthus und Baudrillart zu widerlegen sucht, verkennt den privat- und volkswirthschaftlichen Standpunct, indem er verschiedene Arten von Rechten als selbständige Theile des Volksvermögens darstellt, Dict. I, 47. 352. Schuldforderungen aus Darlehen, Wechseln ꝛc. sollen Rechte auf künftige Sachgüter seyn, also eine besondere Art von Vermögen, welches gekauft werden kann, die Darleihe wird als ein solcher Kauf betrachtet und es soll daher von dem Vermögen des Vorgebenden keine Schuld abgezogen werden. — Aber die künftigen Güter haben für den gegenwärtigen wirthschaftlichen Zustand des Volkes im Ganzen keine Bedeutung, besördern weder den Genuß noch den Erwerb. Daß leisten nur die schon vorhandenen Gütervorräthe. Darlehen werden aus diesen gegeben und belasten den Schuldner. Oft werden Schulden nicht zum Behufe des Erwerbes gemacht und die Entstehung des entsprechenden Betrages in künftigen Gütern ist häufig sehr ungewiß. — Ist das Erbrecht eines fideicommissarischen Anfolgers (bei estates in remainder and reversion M'Leod I, 47) ein Privatvermögen, welches z. B. verpfändet werden kann, so ist das Vermögen des jetzigen Besitzers, der es nicht veräußern oder dauernd belasten darf, um soviel niedriger anzuschlagen. — Die Staatsschulden sind eine Verpflichtung des Volkes (der Steuerpflichtigen), zu nächst zur Zinszahlung, das Guthaben der inländischen Gläubiger hebt sich also gegen jene Schuldigkeit auf und kommt deßhalb im Volksvermögen nicht in Anschlag.

(*c*) Käufliche Stellen der Notare und Mäkler in Frankreich. Früher wurde jede der 72 Mäklerstellen in Paris auf 1 Mill. Fr. geschätzt. Neale Gewerbsrechte, § 11, § 194 (*b*). Der Nachtheil fällt theils auf die jenigen, welche das Gewerbe nicht ohne eine ansehnliche Ausgabe entsagen dürfen, theils auf die mangelhaft bediente Abnehmer. — Käufliche Officiersstellen in Großbritannien, Bannrechte u. dgl. Firma eines Gewerbsmanns, z. B. J. R. Farina am Jülichsplatze in Köln. Ueberhaupt wird oft das Recht, welches Gelegenheit zu einem künftigen Gewinn giebt, als etwas spel mit Sachgütern erkauft, welche zu dem jetzigen Vermögen gehören. Der Besitzer eines solchen Rechts hat guten Grund, dasselbe zu seinem (Privat-)Vermögen zu rechnen, allein wie er Sachgüter durch Verkauf oder Anleihen dafür erhalten hat, gewährt es nur Aussicht auf späteren Erwerb von Sachgütern und ist dem gegenwärtigen Besitz von solchen nicht gleichzustellen. Mac Crob (I. (b)) nimmt an, daß es eine ungeheuer große Masse von unkörperlichem Vermögen (property, estates) dieser Art gebe, was nur privatwirthschaftlich zuzugeben ist. Er führt z. B. an 1) das Verlagsrecht (copy-right) des Buchhändlers (dessen Gewinn aus dem höheren Preise der zu verkaufenden Bücher besteht), 2) Actien, die 2½ mal so hoch im Preise stehen, als die anfängliche Anlage war (wobei das Volksvermögen der Gegenwart nur soweit betheiligt ist, als das Capital der Gesellschaft oder der Actionäre aus dem Reinertrage bereits vermehrt worden ist), 3) das capitalisirte Einkommen eines Advocaten, Mäklers, Arztes u. dgl. (welches nur Anschlag eines muthmaßlichen, aber noch ungewissen künftigen Ertrages ist und wobei ohnehin nur der reine Ertrag in Betracht kommen dürfte).

§. 50.

Die inländischen Bestandtheile des Volksvermögens können auf doppelte Weise eingetheilt werden:

1) Nach ihrer Entstehung und ihrem Verhältniß zur Erde setzt man die Theile des Landes, d. h. die Grundstücke, den von der Erde getrennten und deßhalb beweglichen, zu beliebiger Anwendung tauglichen Stoffgütern entgegen, und diese Unterscheidung zeigt sich in vielen Beziehungen für die Volkswirthschaftslehre wichtig. Die Grundstücke sind in Hinsicht ihrer Ausdehnung ein ziemlich unveränderlicher Vermögenstheil und ihre Gesammtheit innerhalb eines Staatsgebietes, das Land, bildet deßhalb eine natürliche Ausstattung des Volkes für alle Zeiten, nur daß die Grundstücke in ihrer Beschaffenheit durch Natureinflüsse oder Kunst verändert werden können (a). Die Abgränzungen derselben auf der Erde entstehen oft nur zufällig durch Besitznahme, während jedes bewegliche Gut seine räumliche Begränzung an sich trägt. Das bewegliche Vermögen wird allmählig angesammelt und ist im Ganzen genommen stets im Wachsen begriffen. Seine Wirkungen sind von denen des Grundvermögens in vielen Hinsichten verschieden (b). Werden bewegliche Güter mehr oder weniger fest mit den Abschnitten

der Erdoberfläche zu Bauwerken verbunden, so nehmen diese zum Theil die Eigenschaften der Grundstücke an und bilden eine Mittelclasse zwischen jenen beiden (c).

2) Nach ihrer Bestimmung für gewisse Zwecke. Obgleich diese höchst mannchfaltig sind, so lassen sie sich doch nach ihrer volkswirthschaftlichen Beziehung in zwei Hauptgattungen theilen. Ein Theil der Güter dient **unmittelbar** dazu, irgend einen Vortheil (Nutzen oder Vergnügen) für die Personen hervorzubringen und kann deßhalb mit dem Namen **Genußmittel** bezeichnet werden; ein anderer Theil wird nur als **Mittel** benutzt, neue Sachgüter in das Vermögen zu bringen, sei es durch Erzeugung, sei es durch den Verkehr. Solche Güter sind **Erwerbsmittel**. Zur Erläuterung dieses Unterschiedes sind nachstehende Bemerkungen bestimmt.

a) Die meisten Sachgüter sind nach der Eigenschaft, auf welcher die Anerkennung ihrer Nützlichkeit beruht, oder auch nach dem Zwecke, den der Erzeuger im Auge hat, zu der einen oder andern Classe zu zählen. Es giebt jedoch auch Güter, die man beliebig oder auch sogar abwechselnd zum Erwerbe und zum persönlichen Gebrauche anwenden kann (d).

b) Neben dieser Besonderheit des Gebrauchszweckes giebt der Verkehr dem Besitzer eines Gutes Gelegenheit, dasselbe so als Erwerbsmittel zu benützen, daß es Anderen gegen Vergütung zum Gebrauche dargeboten wird, wie z. B. die vermietheten oder zum Verkaufe bestimmten oder noch in der Verarbeitung begriffenen Genußmittel (e), — oder daß Lebensmittel den Arbeitern gegeben werden, um dieselben zu einem gewerblichen Zwecke in Thätigkeit zu setzen. Die Möglichkeit dieser Benutzung, die vielen Genußmitteln gemein ist, hebt den Unterschied beider besonderen Bestimmungsarten nicht auf. Viele Erwerbsmittel dagegen sind nicht unmittelbar zum Genuß brauchbar.

(a) Wo die Statistik die Größe dieser beiden Theile des Volksvermögens zu berechnen sucht, da geschieht es nach den mittleren Preisen (dem Verkehrswerth) beider, §. 61. In der nordamericanischen Union ermittelte man bei den letzten Volkszählungen
1850 4486 Mill. Doll. unbewegliches, 2600 Mill. bewegliches Vermögen.
1860 11272 Mill. Doll. unbewegliches, 4830 Mill. bewegliches Vermögen.
Das bewegliche betrug demnach früher 36, später 30 Proc. des Ganzen,

— 80 —

die 10jährige Zunahme des unbeweglichen war 152, des beweglichen 65 Proc. Man braucht dort die Ausdrücke real und personal estais.

(b) Eine Ausnahme macht höchstens das dem Meere abgewonnene Land und dagegen das Abspülen oder Abreißen des Landes durch das Waßer, das aber in der Regel unbedeutend ist. Der Dollart verschlang 1277 ggen 4 □ Meilen mit 50,000 Einwohnern. — Häufiger werden die Grundstücke durch Naturkräfte verschlechtert, z. B. sumpfig gemacht, in Gebirgen mit Glatschern oder Steingeröll überdeckt, dagegen andere vermittelst der Kunst verbessert.

(c) Bewegliche Güter werden theils den Grundstücken gänzlich einverleibt und sind von ihnen nicht weiter zu unterscheiden, wie die aufgebrachten Erden, theils erhöhen sie nur die Nutzbarkeit der Grundstücke, wie Stützmauern, Schleusen, Brunnen, theils aber gewähren sie als besondere unbeweglich gewordene Güter einen eigenthümlichen Nutzen, wie Gebäude. Diese gelten insgemein für unbeweglich, sind es aber nicht vollständig, nur schwerer oder leichter fortzuschaffen; Hütten, Zelte der Hirtenvölker, Schäferhutten auf Rädern, — endlich das ganz bewegliche Schiff.

(d) Z. B. ein Pferd zum Vergnügen oder zu Frachtfuhren, Heißloß für das Wohnzimmer oder den Badeofen u. dgl., ein Esel zu landwirthschaftlichem Behufe oder zum Eliergefecht. Bisweilen sind beide Zwecke gleichzeitig vorhanden, z. B ein Luftwald, der auch Holznutzung giebt.

(e) Vermiethete Kleider, Bücher, Musikinstrumente, Zimmergeräthe (Meubeln), — Pianos, Zeuche, Fußbekleidung, Hüte, die noch bei dem Verfertiger in Arbeit sind, sowie die dazu angeschafften Stoffe.

§. 51.

Verbindet man diese zwei verschiedenen Eintheilungen der Sachgüter mit einander, so ergiebt sich Folgendes.

1) Die Grundstücke dienen größtentheils als Erwerbsmittel, insbesondere für den Land- und Bergbau (a).

2) Die von der Erde getrennten Stoffgüter dagegen vertheilen sich in einem minder ungleichen Verhältniß unter die beiden genannten Verwendungszwecke. Es sind demnach zu unterscheiden

    a) die beweglichen (oder beweglich gewesenen) Genußmittel, wie Kleidung, Nahrung, Wohnung ꝛc. Eine in irgend einer Beziehung zusammengefaßte Menge solcher Güter wird Gebrauchsvorrath genannt (b);

    b) die beweglichen Erwerbsmittel. Ein Vorrath derselben heißt ein Capital (Erwerbstamm, werbender Gütervorrath). Die Erlangung neuer Vermögenstheile ist in den meisten Fällen durch das Vorhandensein und den Beistand älterer bedingt, daher muß stets ein Theil des Vermögens der unmittelbaren Verwendung zu persönlichen Gütern entzogen und zur Unterstützung des Erwerbes gebraucht werden. Das Capital als solches leistet einen mittelbaren Nutzen und hieran sind seine Bestandtheile leicht zu erkennen, obschon sie bisweilen auch zugleich unmittelbar als Genußmittel wirken, §. 50. Das Capital ist die übergesparte und werbend angelegte Frucht einer früheren Gütererzeugung (c).

(a) Nur ein kleiner Theil jedes Landes ist zu Lustgärten, Plätzen für Leibes- und Waffenübungen, Reitbahnen u. dgl. verwendet oder mit Wohnungen überbaut.

(b) Stock which supplies immediate consumption, A. Smith II, 5 (Baf.) Aus den Bemerkungen über stock, z. B. a stock of goods of different kinds must be stored up, sieht man, daß S. unter jenem Worte den Vorrath der mit Hülfe der Arbeit erlangten beweglichen Güter versteht.

(c) Der vielgebrauchte Satz, daß das Capital angesammelte Arbeit sei, ist eine bildliche (metonymische) Redeweise, keine wissenschaftliche Wahrheit.

§. 52.

Nicht jedes einzelne Gut ist seiner Beschaffenheit nach zu diesen beiden Anwendungen (§. 51.) brauchbar, der Verkehr macht es aber dem Besitzer möglich, für den einen Vermögens- theil einen anderen zu erlangen, der die gewünschte Benutzungs- art gestattet, wo'ferne nur jener von anderen Menschen gerne angenommen wird und dieser in zureichender Menge vorhanden ist. Es ist nicht Folge seiner besonderen Beschaffenheit, son- dern der Vertauschbarkeit, daß ein gesammelter Gütervorrath dem Eigenthümer die Wahl freistellt, aus ihm beliebig ein Ge- nußmittel oder ein Capital zu machen (a). Solche Güter- massen, die noch keiner von beiden Gattungen zugetheilt worden sind, werden gemeiniglich in Geld umgesetzt und vor- räthig gehalten, weil sie in dieser Form am besten aufzube- wahren und zu benutzen sind (b).

(a) Mill I, 69: „Der Unterschied zwischen Capital und Nichtcapital liegt nicht in der Art der Sachgüter, sondern in der Absicht des Capitalisten."
(b) Gütervorräthe, die zum Capital bestimmt sind, jedoch in einem gewissen Zeitpunkte noch keine Anwendung gefunden haben, werden todte Ca- pitale genannt.

§. 53.

Die vorstehende Erklärung des Begriffs von Capital ent- spricht dem Standpuncte einer einzelnen bürgerlichen Wirthschaft, welche neben anderen und im Verkehr mit denselben steht, so daß die Erlangung von Sachgütern, die als Mittel zur Befriedigung der Bedürfnisse neu in das Vermögen treten, größtentheils durch Tausch und andere wirthschaftliche Verabredungen bewirkt wird. Man verstand unter Capital anfänglich nur eine zum Ausleihen bestimmte, eine Einnahme von Zinsen versprechende Geldsumme (a), erkannte aber später, daß ein beweglicher Gütervorrath auch auf andere Weise, in Verbindung mit Arbeit oder ohne dieselbe, fortdauernd zum Erwerbe von Sachgütern dienen könne und daher zu dem Capital in privatwirthschaftlichem Sinne zu rechnen sei. Anders gestaltet sich der Begriff von Capital, wenn man den Erwerb für die Wirthschaft eines Volkes betrachtet, in welcher der Uebergang schon vorhandener Güter von einem Eigenthümer zu dem anderen nur die Vertheilung unter die Einzelnen, nicht die Größe des ganzen Volksvermögens abändert. Volkswirthschaftlicher Erwerb findet nur statt, wenn Sachgüter neu in das Vermögen von Staatsbürgern gelangen, indem sie überhaupt erst zum Vorschein kommen oder vom Auslande herbeigeführt werden. Bewegliche Mittel zu dieser Art des Erwerbes bilden folglich das Capital im volkswirthschaftlichen Sinne (b).

(a) Capital, Capitale, ist die Uebersetzung des griechischen κεφάλαιον, womit man die Forderung einer Geldsumme im Gegensatz des Zinses (τόκος) bezeichnete, s. die Stellen bei Du Cange, Glossar. unter Capitale und Mac Leod, Dict. 1, 323. — Capitale, caput pecuniae (caput als Hauptsache, Wesentliches, Ursprüngliches) wurde erst im Mittelalter üblich; im Deutschen brauchte man das Wort Hauptgeld.

(b) Die beiden Bedeutungen von Capital in privat- und volkswirthschaftlichem Sinne sind demnach in dem Wesen beider Wirthschaften begründet und die doppelte Bedeutung desselben Ausdrucks, wie unbequem immer für die Erlernung der Wissenschaft, ist nicht zu umgehen, weil dieselbe ganz eingebürgert ist. Würde man die Wirthschaft der Menschheit auf der Erde als ein Ganzes ansehen, so käme auch die Bewegung vorhandener Güter von Land zu Land nicht in Betracht und es bliebe nur die Entstehung neuer Güter übrig. Der Begriff von Capital ist von den volkswirthschaftlichen Schriftstellern in so verschiedener Weise erklärt worden, daß er eine große Schwierigkeit des Verständnisses verursacht. Jede dieser Auffassungen ist logisch zulässig, es ist nur zu untersuchen, welche Abgränzung dem Wesen der Sache am besten entspreche. 1) Mehrere rechnen auch den Gebrauchsvorrath (§. 61) zum Capitale, wie Say, Handb. I, 220 (capitaux productifs d'agréments ou d'utilité), Mac Culloch, S. 72, Steintein (Währ- und Gebrcapital), Unters. S. 60. I, 338, vgl. 346, Hermann (Anwerb- und Nutzcapital, welches, wie Gebäude ꝛc. unmittelbar Vortheil giebt), Roscher, System I, §. 43 (Productiv- und Gebrauchscapital, welches letztere zur Hervorbringung von persönlichen Diensten oder nützlichen Verhältnissen verwendet wird) u. A. — Gerstner (Beitrag zur Lehre vom Capital, Erlangen 1857) sieht als Capitale alle Produkte an, welche als Material oder Mittel zu fernerer Production bestimmt sind, aber er erkennt als Production jede Thätigkeit, welche auf Befriedigung der Bedürfnisse hinarbeitet. Daher werden 1) B alle unmittelbaren Häuser zu dem Capital gerechnet, weil sie zur Befriedigung der Bedürfnisse dienen — 2) Andere fassen das Merkmal der Beweglichkeit fallen und zählen auch die Grundstücke zum Capital, wobei die durchgreifende Verschiedenheit beider Hauptarten von Sachgütern unbeachtet bleibt und, wenn auch die Genußmittel eingerechnet werden (1), das Wort Capital überflüssig wird, weil es soviel wie Sachgut bedeutet. 3) Noch weiter geht Mac Leod, der Alles, was Einnahmen bringt, Capital nennt, nicht bloß Sachgüter, sondern Rechte, Fähigkeiten, ja den Credit. — Roscher (Séances et travaux de l'acad. des sc. morales et polit. 1664. XVII. 271) erklärt selbst die Tugend für ein Capital, weil sie die Sparsamkeit beförderte. — Nach Baren (soc. se Cap. 39, §. 2. 111, 50) ist Capital das Werkzeug, durch welches der Mensch die Herrschaft über die Natur erlangt. Diese Herrschaft bildet das Vermögen, wealth, Cap. 7. §. 1.

§. 54.

In der Privatwirthschaftslehre, für die es gleichgültig ist, aus welcher Quelle die erworbenen Güter zufließen, und im Sprachgebrauche des gemeinen Lebens rechnet man deßhalb zum Capitale nicht allein das wahre volkswirthschaftliche Capital, sondern auch solche Genußmittel, die der Eigenthümer, statt sie selbst zu gebrauchen, zu einem Mittel macht, sich eine Einnahme zu verschaffen, §. 50.

Die zum Ausleihen bestimmten Geldsummen werden deßhalb ohne Unterscheidung des Zweckes, zu dem sie der Borgende verwendet, insgemein als Capitale angesehen und man hat sich sogar daran gewöhnt, diesen Ausdruck auch auf die aus den Darleihen entstehenden verzinslichen Forderungen anzuwenden, welche für die Gläubiger die Stelle der hingeliehenen Gütermenge einnehmen. Die ins Ausland verliehenen Summen können zwar als Theile des Volkscapitals angesehen werden, da sie eine fortdauernde Einnahme in das Volksvermögen bringen (§. 51. 53), verwandeln sich jedoch, sobald die Anlegung erfolgt ist, in Forderungen, §. 49. Inländische Forderungen haben auf die Größe des Volkscapitals keinen Bezug, sie sind nur Ansprüche einzelner Bürger an Andere und werden erst wieder in Sachgüter umgewandelt, wenn eine Rückzahlung erfolgt. Diese kann in den meisten Fällen von dem Schuldner nur vermittelst einer neuen Anleihe bewirkt werden, weil es ihm an entbehrlichen und leicht umzusetzenden Gütern fehlt (a).

Die dargeliehenen Summen selbst werden von den Schuldnern bald als Capitale, bald auf Genußmittel verwendet. Unter Capitalisten pflegt man nur jene Zinsgläubiger zu verstehen.

(a) Eine der sächsischen Flugschriften von 1530 (s. §. 37 (b)) bemerkt schon, es könne in einem Lande nicht so viel baares Geld sein, als die „verschiedenen Hauptsummen", d. i. zinslichen Forderungen, betragen.

Zweiter Abschnitt.
Schätzung des Volksvermögens.

§. 55.

Es ist eine dem Menschen naheliegende Wahrnehmung, daß die mannichfaltigen Sachgüter, die er besitzt oder vor sich sieht, bei gleicher Masse des Stoffes, z. B. 1 Pfund, ihm doch sehr verschiedene Vortheile gewähren, also höchst ungleichen Einfluß auf seinen Zustand äußern. Hieraus entsteht die Aufforderung, mehrere Sachgüter in dieser Hinsicht zu vergleichen und jedem derselben im Verhältniß zu anderen eine gewisse Stelle anzuweisen. Die Beurtheilung des Grades dieser Tauglichkeit der verschiedenen Sachgüter, den Absichten der Menschen zu dienen, ist die Schätzung, die sowohl bei einem einzelnen Sachgute, als bei einer zusammengehörenden Menge verschiedener Güter, namentlich dem jährlichen Güterzufluß und dem ganzen Vermögen einer Person, einer Körperschaft oder des gesammten Volkes vorgenommen werden kann. Die Lehre von der Schätzung des Vermögens im privat- und volkswirthschaftlichen Gesichtspuncte ist für die Staatswirthschaftslehre und selbst für die bürgerlichen Wirthschaftsangelegenheiten so wichtig, daß sie eine sorgfältige Entwicklung erfordert, zumal da die Unbestimmtheit des Sprachgebrauches und die Verschiedenheit der Meinungen nicht geringe Schwierigkeiten verursachen.

§. 56.

Nach der Gewohnheit im täglichen Leben werden die Güter zunächst nach ihrem Preise geschätzt, d. i. nach der Menge anderer

Güter, für welche eine gewisse Sache vertauscht wird, so daß man diese durch Hingabe jener anderen Gütermenge erlangen, oder bei dem Verkaufe in dieselbe umsetzen kann. Es werden also beide Quantitäten im Tausche insofern einander gleichgesetzt, als die eine den Gegenwerth (das Aequivalent) der anderen bildet. Durch diese Gewohnheit wird man leicht auf die Meinung geführt, ein Sachgut und der Preis desselben seien einander auch nach ihrer Wirkung auf den Menschen gleich. Der Preis entsteht durch eine Uebereinkunft und seine Größe wird hiebei nach Zahl und Maaß genau bezeichnet, so daß er höchst leicht zu erkennen ist. Ein gewisses Gut erhält dann einen Preis, d. h. es wird preisfähig, wenn es übertragbar ist, wenn mehrere Menschen nach seinem Besitze streben und denselben nicht ohne ein Opfer erlangen können, indem der ganze Vorrath schon in das Eigenthum Einzelner getreten ist (a). Ueber das Wesen eines Gutes und die Vortheile, die es zu gewähren vermag, giebt der Preis desselben keinen genügenden Aufschluß, weil er nur die Thatsache der Vertauschung zweier Gütermengen gegen einander anzeigt, also von der einen auf eine andere und zwar gewöhnlich auf eine Geldsumme hinweist, ohne daß damit die Beweggründe zu jener Handlung und die Folgen derselben für die Theilnehmer erklärt würden. Mit dem Preise eines Sachguts sind die Kosten desselben nicht zu verwechseln, d. i. die Menge anderer Güter, die Jemand aufwenden muß, um sich jenes zu verschaffen. Der Einzelne kann dies sowohl durch eigene Hervorbringung als durch Erwerbung im Tausche bewirken, daher lassen sich die Erzeugungs- und die Anschaffungskosten unterscheiden, in welchen letzteren der für das Gut hingegebene Preis nebst den Versendungskosten u. dergl. enthalten ist (b). Auch die Kosten eines Gutes genügen nicht für die Schätzung desselben und es bleibt sogar bisweilen zweifelhaft, ob es vortheilhaft ist, für die Erlangung des Gutes einen gewissen Aufwand zu machen. Der Preis der Sachen kommt in den meisten Fällen dem Kostenbetrage nahe.

(a) Daher hat man oft behauptet, der Preis sitze einen gewissen Grad von Seltenheit voraus (z. B. Walras in Séances et travaux de l'acad. XVI, 15. 1849). Richtiger bezeichnet Scialoja als Bedingung des Preises eine gewisse Schwierigkeit der Erwerbung, Principj, S. 21
(b) Coût de production bei Neumond, Kinder I, 27. — Im gemeinen

Leben werden die Zeitworter leisten und gelten (einen gewissen Preis haben) für gleichbedeutend gebraucht, was jedoch da, wo die eben erwähnten Nebenausgaben vorkommen, nicht vollkommen richtig ist.

§. 57.

Wer ein Sachgut im Tausche gegen ein anderes hingiebt, wendet dasselbe allerdings für seine Zwecke an, aber der daraus entstehende Vortheil kann erst ermessen werden, wenn man weiß, was das eingetauschte Gut, wenn es im Besitz des Erwerbers bleibt und von diesem selbst gebraucht wird, ihm zu nützen vermag (*a*).

Es muß also eine Schätzung der Güter geben, welche die bei dem Gebrauch derselben durch den Besitzer zu erwartende nützliche Wirkung beurtheilt. Diese Art der Schätzung sieht von dem Tausche ganz ab und ist folglich auch da anwendbar, wo derselbe noch nicht stattfindet, wie in der Zeit der ganz vereinzelten Haushaltungen. Jedes Sachgut hat **Nützlichkeit** (*b*), d. h. es kann als Mittel für menschliche Zwecke gebraucht werden. Wenn man in dieser Beziehung mehrere Güter mit einander vergleicht, so zeigen sich verschiedene Abstufungen des Mehr oder Weniger, oder verschiedene Grade dieser Nützlichkeit. Der im menschlichen Urtheil anerkannte Grad von Nützlichkeit eines Sachgutes ist der **Gebrauchswerth** desselben oder der **Werth im engeren Sinne** (*c*). Dieser zeigt also an, welchen Einfluß ein Gut auf den Zustand des Besitzers auszuüben vermag, womit die Stärke der Anziehung, welche jede Sache für das Begehren der Menschen äußert, in Zusammenhang steht. Dem Gebrauchswerthe hat man den **Tauschwerth** der Güter entgegengesetzt, welcher das Maaß des beim Vertauschen empfundenen Vortheils ausdrückt und sich nach dem Preise bemißt, §. 56. Weil jedoch der Ausdruck Tauschwerth nicht auf alle Fälle passend ist, in denen ein Gut ohne eigenen Gebrauch mittelbar im Verkehre Nutzen bringen kann, so ist die Bezeichnung **Verkehrswerth** vorzuziehen, §. 60. -- (*d*). Diese beiden Arten des Werthes sind für die Volkswirthschaftslehre von großer Wichtigkeit und insbesondere hat die Vernachlässigung des Gebrauchswerthes bei manchen Schriftstellern der Wissenschaft sehr geschadet. Man kann diese beiden Arten unter dem

Gattungsbegriff von Werth zusammenfassen und dieser bezeichnet also überhaupt den Grad der Fähigkeit eines Sachgutes, zur Förderung menschlicher Zwecke zu dienen.

(a) Diese eigene Benutzung, der Gebrauch, wird von Aristoteles (Pol. 1, 8) als häusliche Verwendung (οικεια χρῆσις) dem Verlaufschen gegenübergesetzt. Der Schuh kann gegen Nahrmittel oder Geld hingegeben werden, dieß ist auch eine Benutzung (χρῆσις), aber der Schuh ist nicht des Tausches wegen entstanden rc.

(b) Dieß Wort wird in der Volkswirthschaftslehre in einem weiteren Sinne genommen, so daß es auch die Annehmlichkeit, Schönheit rc. in sich schließt.

(c) Gegen das Wort Gebrauchswerth ist erinnert worden, daß das Verlaufschen auch ein Gebrauchen sei und daher Consumtionswerth den Vorzug verdiene (v. Scheel in Hildebrand Jahrb. 1866 VI, 2). Aber es ist ganz üblich, dem Gebrauch einer Sache das Hingeben an Andere entgegenzusetzen, vgl. (a). — Wenn der Werth nicht den Grad, sondern die Nützlichkeit selbst bedeuten sollte, so wäre einer von beiden Ausdrücken überflüssig. Doch ist selbst der gewöhnliche Gebrauch der Wörter Werth und Würde dagegen. So läßt sich demnach von dem Werthe einer Sache allein, ohne Vergleichung anderer Güter oder mehrerer individueller Schätzungen, nicht sprechen. Wenn man einer Sache schlechthin Werth zuschreibt, ohne sie mit einer einzelnen anderen zu vergleichen, so ist hierunter ein gegen viele andere oder die meisten anderen Güter hoher Werth zu verstehen — Eindwurm (Hildebrand, Jahrb. 1865. IV, 165) fragt bei dieser Erklärung: „was ist der Grad, nämlich nicht von etwas, sondern der Grad schlechthin?" Einen solchen giebt es freilich nicht, aber der Grad von Nützlichkeit ist wohl nicht weniger verständlich, als der Grad von Wärme. Wärmehaltung, Wärmeleitung, Schmelzbarkeit, Härte, Durchsichtigkeit rc. der Körper, von Gedächtniß, Phantasie der Menschen rc. Eigenthümlich ist nur, daß man bei der Nützlichkeit im Allgemeinen ein Wort für das Maaß, die Abstufung, den Grad derselben besitzt. S. selbst der steht unter Werth die Schätzung des Verhältnisses, worin ein Ding zu dem Menschen steht, im Vergleiche mit anderen, S. 170, wobei der Ausdruck Verhältniß mehr umfaßt als den Nützlichkeitsgrad.

(d) Die Unterscheidung eines Gebrauchs- und Tauschwerthes ist schon von Aristoteles (Politicor. 1, 8) angedeutet worden. A. Smith hat diesen Unterschied aufgenommen, ohne aber den Gebrauchswerth weiter zu verfolgen und zu benutzen. Unters. I, 43. — Mehrere neuere Schriftsteller haben sich mit der genaueren Bestimmung der Begriffe von Werth und Preis beschäftigt. Graf Soden. IV, 22. — Hufeland, N. Grundlegung. I. 118. — Roß, Revisien, 1, §. 1 und Handb 1, 20. — Storch, 1, 27, und: Ueber die Natur des Nationaleinkommens, Seite XXXIV. — Rau, Zuf 10 zu Storch und in der Schrift: Malthus und Say über die Ursachen der jetzigen Handelsstockung, S. 259 (Hamburg 1821). — Ricardo. Principles Cap. 1 u. 20. — Torrens, Production of wealth. S. 7. — Louis Say, Considér., S. 17. Deff Etudes, S 46. — W. Kosegarten, De valoris et pretii vi et momento in oecon. politica. Bonnae, 1838 — Baumstark, Volksw. Grdriß S. 297. — Rossi, Cours I, 4° — Riedel, 1, §. 30. — Thomas, Die Theorie des Verkehrs. I. Abtheil. Berlin 1841. S. 11. — Mill, I. — Friedländer, Theorie des Werths, Dorpat 1852. 4 (zugleich

Geschichte dieser Lehre). — Asser, Verhandeling over het eenentwintig-boudkundig begrip der waarde. Amsterdam 1858. (enthält gleichfalls eine Geschichte der Werthlehre). — Reymond, Études I, 26. — Lindwurm a. a. O. — Versuch, die Stammbegriffe der Volkswirthschaftslehre festzustellen, von L. Say in der Schrift: Pourquoi l'éc. pol. est-elle une science si peu généralement étudiée? P. 1837. — Mehrere französische und englische Schriftsteller nennen den Gebrauchswerth Nützlichkeit und behalten das Wort valeur, value lediglich zur Bezeichnung des Tauschwerthes oder Preises, z. B. Torrens, On the product of wealth, S. 8. Mac-Culloch, Grundf. S. 4, auch Storch, Notes des Rationalökf., S. XXXVI, Ricardo (versteht unter value die Productionskosten). Carey, Princ. I, 147: value sei die Schätzung des Widerstandes, der überwunden werden muß, ehe wir in den Besitz eines begehrten Gutes gelangen. (Umschreibung der Kosten!) Valeur, value entsprechen nicht genau dem deutschen Worte Werth, denn jene Ausdrücke, von valor, valere abstammend, gehen mehr auf die äußere Anerkennung, das Gelten, also auf den Preis und Verkehr, während Werth mehr auf die einem Gute anhaftenden nützlichen Eigenschaften bezogen wird. Dictionnaire de l'académie: Valeur, ce que vaut une chose, suivant la juste estimation qu'on en peut faire. Werth wird auch nicht körperlichen Dingen und Personen beigelegt, valeur mentale; merkwürdiger Weise spricht man in Frankreich bei dieser eher von prix, z. B. der Freundschaft, der Zeit. — Bei den Griechen wurde ἀξία mehr von dem Gebrauchswerthe, τιμή, τίμημα mehr von dem Aufschlag des Preises, ein Tauschwerthe gebraucht. Die Römer bezogen valere, wenn von Sachgütern die Rede war, auf den Preis, das Gelten. (Eas ubi plurimum proficere et valere possunt, collocari debent. Cic. pro Sext.) Im Deutschen kommen schon früh die zwei Bedeutungen von Werth vor, nemlich sowohl Grad von Güte, Vorzüglichkeit bei Personen und Sachen, als Schätzung nach dem Preise; kleinot tusind marke wert (Parcival), — eines Pfundes, pfennige, eies werth. Mittelhochdeutsch. Müller u. Zarncke, Mittelhochd Wörterb. III B unter wert. — Die Eigenschaftswörter werthlich und wertsam verdienen wieder in Gebrauch zu kommen. — Um Mißverständnisse zu vermeiden, ist es nöthig festzusetzen, was unter Werth schlechthin gemeint sei, und es ist dem deutschen Sprachgebrauch angemessen, hiezu den Gebrauchswerth zu wählen. Den Tauschwerth im Deutschen ausschließlich Werth zu nennen, ist daher eine nicht zu empfehlende ungenaue Uebertragung der erwähnten fremden Ausdrücke, zu der vielleicht beigetragen hat, daß man beide Arten des Werthes für näher verwandt hielt, als es wirklich der Fall ist. In den meisten Fällen ist valeur durch Preis zu übersetzen. Das Wort Tausch- oder Verkehrswerth kommt im gemeinen Leben nicht vor. — Lindwurm a. a. O. verwirft die Unterscheidung verschiedener Arten von Werth, nimmt aber in diesem 4 Factoren an, nämlich 2 positive, den auf die Sache gerichteten Willen und die Tauglichkeit des Dinges, 2 negative Factoren, die Fähigkeit den Aufwand zu machen und die erforderlichen Kosten. Demnach würde der Werth sehr zusammengesetzt, es würde alle bei dem Kaufe zusammenwirkenden Bewegund Gegengründe umfassen, die gewöhnlich als neben dem Werthe wirkend angesehen werden. Der Wille zu kaufen gründet sich auf den Werth, hängt aber auch von anderen Erwägungen ab. — Reymond (Études, I, 27) stellt den Begriff von valore do merito, valeur de mérite auf, welcher Ausdruck schon von Ferrara in einem wenig verschiedenem Sinne gebraucht worden war. R. versteht darunter die erkannte Eigenschaft eines Gutes, welche bewirkt, daß der Gebrauchswerth die Erzeugungskosten übersteigt, daß sie folglich erzeugt zu werden verdient. Ist die Nützlichkeit den Kosten gleich, so sei sein valore di merito vorhanden. Allein die Kosten sind kein zu dem Begriff von Werth gehörendes Merkmal, der neue Kunstausdruck ist überflüssig, es mag aber zweckmäßig sein, den Ueberschuß des Gebrauchswerthes über die Kosten zu erforschen.

§. 58.

Der **Gebrauchswerth** oder **Werth im engeren Sinne** ist als die Grundlage jeder Schätzung anzusehen und verdient bei jedem Sachgute vor Allem beachtet zu werden, wenn er auch nicht nothwendig für jeden Besitzer eines Gutes vorhanden ist (a). Er bleibt sich, wenn man ihn einmal erkannt hat, so lange gleich, als nicht in den Absichten der Menschen oder in der anerkannten Brauchbarkeit eines Mittels für dieselben ein Wechsel eintritt. Wendet man den Begriff von Gebrauchswerth auf die beiden Gattungen von Gütern an (§. 50. Nr. 2), so ergiebt sich Folgendes:

1) Der Werth eines **Genußmittels** (b) liegt in der Fähigkeit desselben, persönliche Güter, d. h. Nutzen oder Vergnügen hervorzubringen, z. B. bei Nährmitteln, Arzneien, Werken der bildenden Kunst ꝛc. Man darf sich denselben nicht überhaupt als so willkürlich, der Laune und dem Spiel der Einbildungskraft angehörend oder von dem Urtheil des einzelnen Menschen abhängig denken, daß er für die Wissenschaft ganz unerforschlich wäre, denn meistens beruht er auf festen Zwecken der Menschen und gewissen Eigenschaften unserer Sachgüter (c). Die Größe des Gebrauchswerthes einer Sache kann aus der durch den Mangel derselben verursachten Beschwerde (der Entbehrung) erkannt werden.

2) Der Werth derjenigen **Erwerbsmittel**, die der Besitzer dazu benutzt, um andere Güter von anerkanntem Gebrauchswerthe für seinen Bedarf hervorzubringen, richtet sich nach der Stärke des Beistandes, den sie hiezu leisten, d. h. nach der mit ihrer Hülfe entstehenden Werthmenge, nach Abzug des etwa nöthigen Kostenaufwandes (d). Fortgesetzte Beobachtungen in dem Betriebe der Gütererzeugung haben viele Erfahrungssätze zur Bemessung dieses Erwerbswerthes geliefert, vorzüglich im Gebiete der Landwirthschaft (e).

(a) Viele Waaren eines Kaufmanns, viele Bücher eines Buchhändlers haben für diesen selbst keinen Gebrauchswerth. — Thomas a. a. O. zerlegt den Werth in drei Begriffe, nämlich: 1) die Hochschätzung von Dingen ihrer Beschaffenheit willen, z. B. wegen ihrer Schönheit, Würde;

2) die von der Gemüthsstimmung eines Subjects bestimmte Schatzung, Werth; 3) die Schätzung eines Gutes wegen der ursächlichen Verbindung mit einem andern. Nützlichkeit. Zu diesen drei Schätzungen rechnet der Verf. ferner 4) die Kosten, 5) den Preis. Jene drei sind jedoch nur als einzelne Ursachen und Arten des Werthes anzusehen.

(b) Benutzungswerth nach Hufeland, Verbrauchswerth nach Baumstark, Genußwerth nach Schmitthenner.

(c) — Value dwells not in particular will;
It holds its estimate and dignity
As well wherein 'tis precious of itself,
As in the prizer.
Shakspeare, Troil. and Cress. II, 2.

(d) 3. B. Unterhaltungskosten eines Thieres, einer Maschine ꝛc. — Dieser Werth ist mit dem Verkehrswerthe (§. 60) nicht zu verwechseln, denn er äußert sich bei dem Gebrauche eines Erwerbsmittels ohne Veräußerung, bei der Anwendung durch den Eigenthümer. Sind jedoch die Erzeugnisse zum Verlaufe bestimmt, so tritt bei der Beurtheilung des Erwerbswerthes der Verkehrswerth der erzeugten Güter an die Stelle des Gebrauchswerthes. So ist z. B. der Erwerbswerth einer Kuh, die jährlich 3000 Pfd. Milch giebt, entweder aus dem Gebrauchswerthe dieser Milchmenge, oder aus dem Verkaufspreise derselben zu berechnen, in beiden Fällen nach Abzug der Kosten und mit Rücksicht auf die Lebensdauer des Thieres.

(e) 3. B. Nahrkraft eines Centners Heu für Wollvieh oder Mastvieh, — Düngekraft eines Centners Stallmist, — Ertragsfähigkeit eines Morgens Acker oder Wald bei einer gewissen Bodenart und anderen gegebenen Umständen, — Leistung einer Dreschmaschine ꝛc. Die landwirthschaftlichen Schriftsteller führen gewöhnlich bei solchen Ausmittlungen den Erzeugungswerth der verschiedenen Gegenstände auf 1 Raum- oder Gewichtstheil Roggen zurück. Block, Resultate der Versuche über Erzeugung und Gewinnung des Düngers, 1823. 4. und spätere Schriften deff. — Angaben über den Werth der verschiedenen Futterarten, auf Heu zurückgeführt (Heuwerth), bei v. Weckherlin, Landw. Thierproduction, I, 178. — O. Wolff, Die naturgesetzl. Grundlagen des Ackerbaus S. 953. Vgl. Gronven, Beitr. über Agric. Chemie S. 713.

§. 59.

Der Werth eines Genußmittels insbesondere wird von folgenden Umständen bestimmt:

a) von der Stelle, die der nächste Gebrauchszweck desselben in der Gesammtheit menschlicher Zwecke einnimmt. In diesen besteht eine Rangfolge, welche theils auf der sinnlichen Natur des Menschen, theils auf moralischen Gründen beruht, sich jedoch in kein Zahlenverhältniß bringen läßt. Die Befriedigungsmittel der dringendsten Bedürfnisse haben aus dieser Ursache den höchsten Werth (a);

b) von dem Verhältniß des einzelnen Gutes zu anderen, welche zu dem nämlichen Zwecke anwendbar sind. Fehlt es an solchen anderen Mitteln, so ist das einzige vorhandene in Beziehung auf diesen Zweck (relativ) unentbehrlich (b), und sein Werth richtet sich ganz nach der Wichtigkeit desselben; sind aber jene vorhanden, so ist der Werth eines jeden einzelnen gegen die anderen davon abhängig, in welchem Grade es zur Erreichung seiner Bestimmung geschickt ist, z. B. von der Stärke, Dauer, Sicherheit ꝛc. seiner Wirkung. Dieses Werthverhältniß mehrerer Mittel gegeneinander ist in solchen Fällen, wo es blos auf körperlichen Eigenschaften beruht, wie bei dem Erwerbswerthe (§. 58), leicht auszumitteln (c). Die Auffindung eines bessern Mittels vermindert zwar nicht den Werth des bisherigen besten, hat aber die Folge, daß nun das neu entdeckte vorgezogen wird (d).

(a) Man vergleiche z. B. den Werth eines Wollenanzugs und eines Hemdes, einer Wanduhr und eines Beltes. — Aus dieser Ursache werden die auf einander folgenden Werthserhöhungen durch fortgelegte Vervollkommnung einer Art von Gütern, z. B. von der hölzernen Bank bis zum zierlichsten und kostbarsten Sopha, insofern immer geringer, als jede neue Verbesserung einen kleineren Zuwachs der Vortheile für das menschliche Leben zu Wege bringt. — Friedländer, S. 47 nimmt 3 Abstufungen an, 1) Mittel zur Erhaltung des Lebens, 2) Bildungsmittel 3) Mittel zu einem naturgemäßen Sinnengenuß, und stellt weitere Untersuchungen über den Gebrauchswerth an.

(b) Unbedingt (absolut) unentbehrlich ist ein Gut, wenn es für einen zum menschlichen Leben nothwendigen Zweck das einzige Mittel bildet

(c) z. B. der Werth mehrerer Nahrungsmittel, Holzarten, Zeuche, Heiz- und Leuchtstoffe gegeneinander: 100 Raumtheile Waizen sind ungefähr so viel werth, als 133 Theile Roggen oder 166 Gerste.

(d) Der Waid ist zum Blaufärben, die Talglichter und Oellampen sind zur Beleuchtung noch eben so möglich, als vor der Anwendung des Indigo, des Leuchtgases und Stearin, werden aber nun von den letztgenannten Mitteln an Werth übertroffen. Ist das bessere Mittel in hinreichender Menge zu haben, so kommt leicht das ältere ganz außer Gebrauch und die noch vorhandenen Vorräthe verlieren allen Preis, doch nur dann, wenn das werthvollere Mittel nicht verhältnißmäßig kostbarer ist. Das Stearin hat Talg und Oel nicht ganz verdrängt, weil es bei seinen Vorzügen auch höher zu stehen kommt. Wo die Schönheit und Annehmlichkeit entscheidet, da begnügen sich Viele mit dem minder werthvollen aber wohlfeileren Mittel.

§. 60.

Der Grad von Tauglichkeit einer Sache, ihrem Besitzer zum Erwerbe anderer Güter im Verkehre behülflich zu sein, läßt sich **Verkehrswerth** (§. 58) nennen (a). Dieser ist nicht unabhängig vom Gebrauchswerthe, setzt vielmehr denselben voraus, weil das für den Verkehr bestimmte Sachgut bei anderen Menschen zum Gebrauche dienen soll und auch der Besitzer des Erwerbsmittels die Erlangung anderer Güter von einem gewissen Gebrauchswerthe beabsichtigt. Indessen steht die Menge des Gegenwerthes oder die Größe des Verkehrswerthes unter dem Einfluß von mancherlei veränderlichen, äußeren Umständen, die sich im Verkehre kund geben. Der Verkehrswerth äußert sich in offenbaren Thatsachen, nämlich den vertragsmäßig bestimmten Preisen der Güter und Leistungen, er kann deßhalb leicht ermittelt und in Zahlen ausgedrückt werden. Seine Erforschung ist bei manchen Gegenständen zu einer ausgebildeten Kunst geworden (Taxation, Werthabschätzung). Der Verkehrswerth bezieht sich zwar immer auf besondere Zeiten und Oertlichkeiten, in denen gewisse Preise bestehen, indeß ist doch der Preis in einem einzelnen Falle so zufällig, daß er für eine Schätzung zu einem allgemeineren Gebrauch nicht genügt. Man muß also den Verkehrswerth entweder auf Mittelpreise aus einem ganzen vergangenen Zeitraum, oder auf die nach den bisherigen Preisen für die nähere Zukunft zu bildenden Vermuthungen stützen (*b*). Auch der Verkehrswerth erscheint in doppelter Weise.

a) Dient das zu schätzende Gut selbst als Verkaufsgegenstand, so ergiebt sich sein Verkehrswerth aus dem dafür zu erwartenden Preise nach Abzug der etwa nöthigen Fracht- und anderen Verkaufskosten. Der Verkehrswerth verdient in diesem Falle ausschließlich den Namen Tauschwerth (*c*).

b) Wird aber ein Gut dazu benutzt, um andere verkäufliche Sachgüter oder persönliche Leistungen zu Stande zu bringen, so hängt sein Verkehrswerth theils davon ab, in welchem Grade ein solches Erwerbsmittel die Erzeugung eines verkäuflichen Gegenstandes unterstützt (§. 58. Nr. 1. *b*), theils von den Preisen des letzteren (*d*). Ist ein Erwerbsmittel Quelle regelmäßig wiederkehrender Einnahmen, so hat man aus der Erfahrung auszumitteln, wie vielfach der jährliche kostenfreie Ertrag genommen werden muß, um den mittleren Verkehrswerth jenes dauernden Gutes zu finden (*e*).

(*a*) Gewerbswerth nach Baumstark.
(*b*) Weil der Verkehrswerth auf dem mittleren Preise beruht, so sind die Ursachen seiner Größe bei jedem Gute in der Lehre vom Preise zu entwickeln und werden hier übergangen.

(c) Smith und viele Andere verstehen unter dem Preise nur denjenigen Tauschwerth, welcher in Geld gegeben wird; ebenso noch Mill, I, 453 „Oän der Kauf gegen Geld ist nur als eine Art des Tausches (freilich die häufigste) anzusehen. Warum sollte man bei Völkern, die den Gebrauch des Geldes noch nicht kennen, die aber viel tauschen, nicht eben so gut von Preisen der vertauschten Dinge sprechen? Der Begriff des Preises ist folglich so allgemein zu fassen, daß jedes Tauschäquivalent, es sei Geld oder etwas Anderes, unter ihn gebracht werden kann. Nach Friedländer a. a. O. wäre der Tauschwerth nur der verglichene Gebrauchswerth, und erst im Preise kämen die Kosten als mitwirkend hinzu.

(d) Auf diesen Verlehrswerth paßt eben der Ausdruck Tauschwerth nicht so gut. Wenn 1 Centner Heu 3 Bit. Fleisch und Fett zu 12 kr. erzeugt (v. Bechstein, Landw. Thierproduction, II, 337), so ist (abgesehen von den anderen Kosten der Mästung und dem Miste) sein Produktionswerth 1 fl.; sein Tauschwerth im Falle des Verlaufs kann hievon abweichen, obgleich er in der Regel sich jenem zu nähern strebt. Beim Heu lassen sich mehrere Werthe nach den verschiedenen Verwendungen angeben, indem z. B. der Centner bei Kühen gegen 44½ Pfd. Milch giebt (ebd. II, 361) und, das Bfd. Milch zu 1⅙ kr., 1 fl. 6⅔ kr. abwirft. — Werth eines Pfundes Rüniskiden (mit einem gewissen Aufschlag), eines Centners Runkelrüben zur Erzeugung von Zucker oder Milch, eines Centners Erz ꝛc. — Ist der mittelbare Verkehrswerth im obigen Falle b) größer als der beim Verkaufe bestehende, so ist es vortheilhaft, das Gut nicht zu verkaufen. So verwendet man die Milch besser zum Ausbuttern, wenn ihr Preis zu wenig steht. — Der Productionswerth Schmitthenner's, sowie der Schafwerth Baumstark's umfassen sowohl diese Art des Verkehrswerthes, als den oben (§. 50, I, b.) erklärten Erzeugungswerth.

(e) Man bedient sich hiezu insgemein des üblichen Zinsfußes, so daß man, wenn dieser zu 4 Proc. angenommen wird, ein Grundstück, welches über die Kosten jährlich 20 fl. einbringt, zu dem 25fachen Werth oder 500 Gulden anschlägt. — Der Verkehrswerth eines Morgens Ackerlandes von gegebener Beschaffenheit richtet sich nicht blos nach seinem muthmaßlichen mittleren Ertrage und den abzujustierenden Kosten der Bewirthschaftung, sondern auch nach dem Preise der gewonnenen Rohstoffe und dem bestehenden Zinsfuße. — In der Lehre von den geometrischen Progressionen kommt der Ausdruck gegenwärtiger Werth einer später eintretenden einmaligen oder wiederholten Einnahme vor, welche für die Abschätzungslehre wichtig ist. Der gegenwärtige Werth einer nach 20 Jahren zu fallenden Holzmasse von 1800 Gub. Fuß bei 4 Proc. Zins und der Berücksichtigung des Zinseszinses ist 414 Cub.-F. und der Verkehrswerth hievon unter der Annahme, daß der jetzige Holzpreis fortdauern werde, ist leicht in Geld zu berechnen: Erwartungswerth nach Heyer, Anleitung zur Waldwerthberechnung S. 5. (Gießen 1865).

§. 61.

Die einzelnen Menschen weichen nicht selten in dem Urtheil über den Gebrauchswerth eines Sachgutes von einander ab. Neigungen, Gewohnheiten, Bedürfnisse, körperlicher Zustand, Berufszweige, natürliche und künstlich erworbene Fähigkeiten ꝛc.

haben auf die individuelle Werthschätzung Einfluß, welche, als in der Persönlichkeit liegend, für Andere unerforschlich ist, so weil sie sich nicht in den Preisen kund giebt, für welche Jemand ein Gut kauft oder verkauft (a). Häufig stimmen jedoch mehrere Menschen, die in Hinsicht auf einen jener Umstände einander gleich stehen, auch in der Werthschätzung einzelner Güter überein (b), und bei den nöthigsten Dingen ist sogar ein gleichförmiges Urtheil aller Mitglieder eines Volkes möglich (c), während zwischen mehreren Völkern noch Verschiedenheiten aus körperlichen oder geistigen Ursachen bestehen können (d). Um den Werth eines Gutes aus einem allgemein-volkswirthschaftlichen Gesichtspuncte zu ermessen, wie dieß auch in Beziehung auf manche Regierungsmaaßregeln geschehen muß, hat man von der Gesammtheit der Bedürfnisse eines vernunftmäßigen Lebens auf einer gewissen Bildungsstufe und nach den Eigenthümlichkeiten eines Volkes auszugehen und die Nützlichkeit jedes Gutes nach seinem Verhältniß zu diesem Systeme stritlich zulässiger Zwecke zu untersuchen; **volkswirthschaftlicher Werth** (e).

(a) Der Werth der Vorliebe oder **Affectionswerth** ist eine besondere Art des individuellen, beruhend nicht auf einem eigentlichen Nutzen, sondern auf einem aus dem Gemüthe entsprungenen Gefühle. Er zeigt sich auch bei wirklichen Tauschfällen öfters als **Affectionspreis** (Liebhaberpreis).

(b) Werth einer alten Münze für Numismatiker, eines Meteorsteins für den Mineralogen, eines großen Jagd- oder Schäferhundes.

(c) Man hat deshalb einen **allgemeinen**, besonderen und **individuellen Werth** unterschieden.

(d) Zeitungen werden von gebildeten Völkern, Chocolate wird in Italien, Roggen in Deutschland und Rußland, Mais in Italien höher geschätzt als anderswo, Pelze, Oefen. Sohllüften in heißen Ländern gar nicht, wie der Wein bei den Mohamedanern. — Ueber die Natur des gemeinen Werthes s. Jacharia, S. 128.

(e) Nach solcher Erwägungen wird man z. B. den Seidenbau vor der Kunstgärtnerei, die Eisenfabrication vor der Bijouterie, die Leinweberei vor dem Spitzenklöppeln 2c. zu begünstigen haben. Auch bei der Anlegung der Aufwandssteuern findet diese Betrachtung ihre Anwendung.

§. 52.

Der in den vorstehenden (§. 57, 58) betrachtete **Gebrauchswerth** einer gewissen Gattung oder Art von Gütern, z. B. des Waizens, Kupfers, Sohlleders, — der **abstracte oder Gattungswerth** — liegt zwar dem Verhalten der Menschen im Allgemeinen in Hinsicht auf jedes Gut zu Grunde, reicht jedoch nicht hin, in jedem einzelnen Falle eine gewisse Handlungsweise zu bewirken, vielmehr kann die Werthschätzung eines Gutes ein bloßes Urtheil des Verstandes bleiben, welches den Willen gar nicht anregt (a). Anders ist es, wenn man eine einzelne gegebene (concrete) Menge eines Gutes, z. B. einen bestimmten Scheffel Gerste, ein bestimmtes Stück Tuch, ein Pferd u. dergl. in Beziehung auf den Bedarf und Besitzstand einer besonderen Person betrachtet. Der Gebrauchswerth eines bestimmten Gutes für eine einzelne Person in einem solchen einzelnen Zeitpunct kann concreter genannt werden (b). In der Regel hat man zur Erreichung eines Zweckes für einmal oder für einen gewissen Zeitraum nur eine gewisse Menge einer Sache nöthig (c). Ein Vorrath, der zu diesem Bedarfe gehört, wird nach seinem ganzen Gattungswerthe geschätzt. Man strebt ihn zu erwerben, wenn man ihn noch nicht besitzt, und scheut hiezu einen gewissen Aufwand nicht; man ist dagegen abgeneigt, ihn zu veräußern (d). Ein diesen Bedarf übersteigender Vorrath dagegen ist überflüssig, sein Gebrauchswerth ist ruhend, weil er sich nicht bei der wirklichen Anwendung äußert und weder zur Erwerbung noch zur Erhaltung des Gutes im Besitz einen Antrieb giebt.

Bis zur Gränze des Bedarfes ist folglich der concrete dem Gattungswerthe gleich, über jenen hinaus ist er schwächer oder verschwindet völlig. Eine ganz überflüssige Menge kann statt des mangelnden concreten Gebrauchswerthes nur als Erwerbsmittel nach ihrem Verkehrswerthe geschätzt werden.

(a) Man schätzt oft ein fremdes Gut, ohne an dessen Erwerbung zu denken, z. B. für die Besteuerung, für die Verpachtung, die Zwangsableitung ꝛc.
(b) Rietel, Nationalök. I. §. 52, hat die Unterscheidung dieser beiden Arten des Werthes aufgenommen und für den Gattungswerth den Ausdruck abstracter Werth vorgeschlagen.
(c) Wer z. B. auf 1 Jahr 30 Centner Roggen nöthig hat und deren 70 besitzt, wird bei den entbehrlichen 40 nur darauf achten, was sie ihm im Tausche eintragen können. Wenn sich der Besitzer entschlöße, auch einen Theil der nöthigen 30 Centner ohne Rücksicht auf ihren Werth zu verkaufen, so geschähe dieß nur in der Voraussetzung, den Bedarf leicht und um niedrigeren Preis wieder ergänzen zu können. Ehe die Ausscheidung des Bedarfes aus dem ganzen Vorrathe erfolgt ist, würde in obigem Beispiel der concrete Werth eines jeden der 70 Scheffel nur ³/₇ des Gattungswerthes sein. — Das zweite Exemplar des geschätzten Buches, Kupferstichs ꝛc. ist für den Eigenthümer fast ohne concreten Werth. — Wer sich mit dem Bedarfe versorgt hat, kauft nicht mehr von derselben Sache, wenn sie auch noch so wohlfeil ist, es

müßte sie dann wieder verkaufen oder länger aufbewahren wollen und können. — Es lassen sich hiebei noch Abstufungen wahrnehmen, indem man z. B. gerne über den Bedarf hinaus einigen Vorrath zur Bequemlichkeit oder aus Vorsicht in Bereitschaft hält, dessen concreter Werth aber schon kleiner ist, z. B. einen Wechsel von Kleidungsstücken, Duplikate in einer Sammlung. — Der Zeitraum, für welchen man sich versorgen zu müssen glaubt, hängt von Umständen bei der Erzeugung oder dem Verkehre ab, z. V. bis zur nächsten Ernte, Zufuhr u. dgl. — Daß, wie Reymond (I, 71) bemerkt, die Speise für den Gesättigten keinen Gebrauchswerth mehr hat, bezieht sich nur auf den concreten Werth und trifft nur dann zu, wenn jene nicht aufbewahrt und später verzehrt werden kann.

(d) Außer dieser Werthschätzung wird beim Kaufe und Verkaufe auch die Größe des zu gebenden oder zu empfangenden Preises in Betracht gezogen. Rindwurm a. a. D. will auch diesen Umstand mit in den Werth aufnehmen.

§. 62 a.

Weitere Bemerkungen über den concreten Werth.

1) Der Einfluß des Bedarfes und Besitzes auf die Schätzung des Gebrauchswerthes ist vorzüglich bei den Genußmitteln ganz entscheidend. Läßt sich auch von manchen Gütern, die zum Vergnügen dienen (Luxusgegenständen) nicht genau angeben, wieviel man braucht, so giebt es doch ein Maaß derselben, dessen Ueberschreitung als Ueberfluß empfunden wird, und auch innerhalb desselben pflegt der concrete Werth eines einzelnen Stückes oder Quantums desto kleiner zu werden, je höher der ganze Vorrath eines Eigenthümers steigt. Was die Erwerbsmittel betrifft, so hat in der Regel das Bestreben der Menschen, die Erreichung aller Zwecke und Wünsche durch Mehrung des Vermögens zu befördern, keine Gränze, und weil das Erworbene durch Umsatz in eine Geldsumme zu jedem Behufe verwendet werden kann, so kommt bei solchen Erwerbsmitteln, die leicht zu benutzen sind, wie Zinsforderungen, Actien, Ländereien, keine als überflüssig angesehene Menge vor. Indeß zeigt sich doch auch bei einzelnen Erwerbsmitteln nicht selten, daß über einen gewissen Umfang derselben hinaus der concrete Werth zwar nicht verschwindet, aber doch abnimmt, theils wegen der größeren Schwierigkeit der Verwaltung und Benutzung, theils weil zwischen den verschiedenen Erwerbsmitteln ein Ebenmaaß stattfinden muß (a).

2) Jeder Mensch beurtheilt den concreten Werth eines bestimmten Gutes, welches sich schon in seinem Besitz befindet

oder noch von ihm erworben werden kann, auch bei gleichem Gattungswerth nach dem individuellen Bedarf und Vorrath. Dieser Bestimmgrund zum Kaufen, Behalten oder Verkaufen ändert (§. 62) sich ferner bei derselben Person mit der Größe des Vorrathes und Bedarfes (*b*).

3) Das allgemeine Streben der Menschen geht dahin, in den zu ihrem eigenen Gebrauch bestimmten Gütern die größte Menge von concretem Werthe zu besitzen. Veräußerungen der überflüssigen Vorräthe und Erwerbungen der noch fehlenden Sachgüter dienen, den Besitz so umzuändern, daß er jener Absicht am besten entspricht, d. i. sämmtliche Bedürfnisse am vollständigsten befriedigt. Wenn man das Vermögen einer Anzahl von Personen oder des ganzen Volkes überblickt, so kann man aus dem vorstehenden Grunde die vorhandenen zu eigenem Gebrauche bestimmten Güter nach ihrem vollen Gattungswerthe anschlagen, indem man annimmt, daß ihr concreter Werth schon bei den jetzigen Besitzern oder nach beendigter Vertheilung dem ersteren gleichkommt. Solche Güter aber, die für das ganze Volk zur Zeit überflüssig sind, haben auch volkswirthschaftlich noch keinen concreten Werth, es kommt ihnen für jetzt nur ein Verkehrswerth zu, wenn sie zur Ausfuhr gelangen können, vgl. §. 66. 1).

(*a*) Z. B. zu einem Landgute von 100 Morgen ist nur eine gewisse Zahl von Pferden, Milchkühen, Pflügen, Wägen, Geräthen u. dgl., ein gewisser Scheunen- und Stallraum erforderlich. — Der Besitz mehrerer vermietheter Häuser ist vielen Menschen zu beschwerlich, auch das zweite und dritte Landgut wird nicht so stark begehrt als das erste. Für eine Wasserkraft, eine Dampfmaschine ꝛc. ist nur eine gewisse Menge anderer Betriebsmittel anwendbar.

(*b*) Ein überflüssiges Stück rückt z. B. in den vollen Werth ein, wenn ein anderes zum Gebrauche bestimmtes zu Grunde geht oder nicht mehr zureicht.

§. 63.

In frühen Zeiten, als jede Familie durch ihre eigene Thätigkeit alle ihre Bedürfnisse befriedigte, wurde jede Art von Gütern nur nach ihrem Gebrauchswerthe und jedes einzelne Stück nach seinem concreten Werthe für den Besitzer oder Erwerber geschätzt (*a*). Dasjenige Vermögen erschien als groß, welches in seinen Bestandtheilen eine beträchtliche Menge von concretem Gebrauchswerthe enthielt, so daß es den Bedürfnissen und Wünschen des Besitzers eine ziemlich vollständige Befriedigung darbot. Später, als die Erwerbsthätigkeiten vielfacher und künstlicher wurden, der Verkehr mehr Lebhaftigkeit erhielt und zu seiner Erleichterung ein Gut als allgemeiner Stellvertreter aller anderen (Geld) gebraucht wurde, zog der Verkehrswerth, insbesondere der in Geld ausgedrückte, immer größere Aufmerksamkeit auf sich. Weil bei einem ausgebildeten Gewerbsfleiß und regen Verkehre die meisten Güter beliebig einzulaufen sind, wenn man ihren Geldpreis anbietet, so gewöhnte man sich daran, bei der Schätzung eines ganzen Vermögens jedes Gut nach der Geldmenge anzuschlagen, die für dasselbe im Verlaufe wahrscheinlich zu erhalten sein werde, und sah in diesem Geldpreise eines Gegenstandes den vollgültigen Ersatz und Gegenwerth desselben (b). Man nahm sogar an, diejenigen Sachen, die im gewöhnlichen Leben keinen oder nur einen niedrigen Preis haben, seien auch von ganz geringem Werthe.

(a) Diese ursprüngliche Schätzung der Dinge nennt Beccaria nicht ganz passend absoluten Werth im Gegensatz des später hinzugetretenen relativen oder Tauschwerthes, Elementi di econ. publ., in den Scritt. class. XIX, 339.

(b) Cournot, Rech. S. 3, stützt den Begriff von Vermögen, richesses, gänzlich auf den Tauschwerth, weil dieser allein berechnet und bewiesen werden könne, während bei der Schätzung der Nützlichkeit das Wahre und Innige nicht erweislich sei. Wenn man einen Theil eines Vorrathes zerstört, um den Überrest desto vortheilhafter zu verkaufen, wie es z. B. von Buchhändlern mit Exemplaren von Büchern und von den Holländern mit Gewürzen geschehen ist, so wird dieß von jenem Schriftsteller S. 7 une véritable création de richesses dans le sens commercial du mot genannt. Es ist aber nur Gewinn am Preise auf Kosten der Käufer und mit Verminderung der vorhandenen Menge von Gebrauchswerth.

§. 64.

Es läßt sich zeigen, daß schon für die privatwirthschaftliche Schätzung der Sachgüter der Verkehrswerth keineswegs zureicht, und daß der Einzelne, um für seinen wahren wirthschaftlichen Vortheil zu sorgen, immer auf den Gebrauchswerth zurückgehen muß, wie dieß auch der Erfahrung zufolge allgemein geschieht (a).

1) Der Verkehrswerth eines Gutes weist nur auf die damit zu erlangende oder die dafür aufzuwendende Menge eines anderen hin, und dieß würde wenig helfen, wenn man nicht den Gebrauchswerth beider kennte. Man kauft oder verkauft ein

Gut, je nachdem man dessen concreten Gebrauchswerth größer oder kleiner findet als den Preis desselben (b).

2) Der Verkehrswerth pflegt in Geldsummen ausgedrückt zu werden. Eine solche hat aber keinen Gebrauchswerth und empfängt ihren Verkehrswerth von den Dingen, die man mit ihr anschaffen will. Da nun diese nach den Bedürfnissen und Vermögensumständen jedes Geldbesitzers höchst verschieden sind, so läßt sich kein allgemeiner Werth einer Geldsumme angeben, vielmehr drückt dieselbe Gegenstände von ganz ungleichem Werthe aus, die gerade begehrt werden (c). Ueber je mehr Geldsummen einer gewissen Größe Jemand zu verfügen hat, d. h. je begüterter er ist, desto mehr leichtentbehrliche und geringfügige Dinge vermag er sich neben den werthvollen zu verschaffen. Betrachtet man also den Werth einer solchen Summe nicht gerade in einem einzelnen Zeitpunct, sondern für die Wirthschaft einer Person im Ganzen, so ergiebt sich, daß jene einen desto niedrigeren concreten Werth hat, einen je kleineren Theil der ganzen verfügbaren Gütermasse sie ausmacht; sie ist für den Reichen wenig, für den Dürftigen viel werth, vergl. §. 67.

3) Manche Güter sind auch da, wo schon lebhafter Verkehr besteht, nicht preisfähig (§. 56), weil es noch herrenlose Vorräthe giebt, die man unentgeltlich an sich bringen kann (d), oder weil aus irgend einer äußeren Ursache keine Veräußerung vorkommt (e). In solchen Fällen ist kein Verkehrswerth vorhanden und man muß sich allein an den Gebrauchswerth halten (f).

4) Der gegenwärtige Preis eines Gutes ist dann kein hinreichender Stellvertreter desselben für den Besitzer, wenn die Wiedererlangung schwierig oder zweifelhaft erscheint (g).

(a) Richtig Torrens, Production of wealth, S. 10. 11: „Nur ein schwankender und ungenauer Sprachgebrauch konnte zu dem Satze geführt haben, daß der Tauschwerth (Preis) das Wesen des Vermögens ausmacht. Wenn wir sagen, ein nützlicher Gegenstand habe Tauschwerth, so ist das ein bildlicher Ausdruck, der genau genommen keine diesen Dingen anhängende Eigenschaft, kein Merkmal derselben ausspricht, sondern nur bekundet, daß Menschen vorhanden sind, welche Vermögen und Willen haben, andere nützliche Dinge für sie zu geben." — Rossi, Cours I, 66.
(b) Schon Condillac hatte behauptet, zwei Dinge von einerlei Preis könnten in ihrem Werthe sehr verschieden sein, wobei er offenbar den Gebrauchswerth meinte. Wenn Say (Handb. I, 164. II, 154) dieß

bestreitet und den Preis als den von vielen Menschen anerkannten Werth ansieht, so bezieht sich das nur auf den Tauschwerth. Say sagt (Anmerkungen zu Ricardo, II, 99.): „Wenn zwei Dinge einerlei Marktpreis haben, so beweist dies, daß nach der Meinung der Menschen an diesem Orte und zu dieser Zeit aus der Verzehrung beider Sachen gleicher Grad von Vortheil (satisfaction) zu genießen ist." Dieß wäre nur richtig, wenn die Menschen für jede Sache desto mehr zu geben pflegten, je mehr Nutzen sie in ihr fänden, allein dieß thut man nur, wenn man nicht wohlfeiler kaufen kann und man ist froh, das allernützlichste Gut recht wohlfeil zu erwerben.

(c) Der Landmann, dem man für ein Erzeugniß 100 fl. bietet, wird vielleicht überlegen, wie viel Geräthe, Kleidung, Baumaterial dafür zu erlangen sind, der Handwerker in einem ähnlichen Falle, wie viel rohe Stoffe verschiedener Art; der Gleiche denkt vielleicht bei jener Summe an irgend ein zierliches Geräth oder Kleidungsstück, welches er leicht missen könnte

(d) Waffen, Eis und Schnee erlangen erst in solchen Zeiten und Orten einen Preis, wo ihre Herbeischaffung oder Aufbewahrung einige Mühe verursacht. Schnee wird in Neapel und Sicilien allerwärts und täglich verkauft. Waffer ist aber auch da, wo es keinen Preis hat, weil es überall umsonst zu erlangen ist, von dem größten Werthe, daher sagt Freidank (von W. Grimm, 2. Ausg. S. 70):

> Glas waʒʒer luft und erde
> die gulten niemen niht ir werde.

d. h. die vergilt, bezahlt Niemand nach ihrem Gebrauchswerthe — Eis leistet in der Hitze mehr Nutzen, als in einer kälteren Jahreszeit oder Gegend. Das Vermögen des Einzelnen kann also Güter von beträchtlichem Werthe in sich begreifen, die nicht preisfähig sind, z. B. auch Holz in einem schwachbevölkerten waldreichen Lande. Die übliche Bezeichnung des Vermögens nach den Preisen seiner Bestandtheile würde in einem solchen Falle den Vermögensstand des Einzelnen sehr unvollkommen angeben, und bei der Bestimmung des Volksvermögens müßten diese preislosen Güter so gut als die anderen berücksichtigt werden.

(e) Z. B. die res sacrae und religiosae der Römer, — die unveräußerlichen Grundbesitzungen der Spartaner nach Lykurg's Gesetzen. Auch die Landstraßen haben keinen Preis, weil sie nie veräußert werden. Bei der Schätzung des gesammten Vermögens im Staate kann man sie nur nach ihren Kosten in Anschlag bringen. Aber wie weit bleiben diese hinter dem Nutzen zurück, den die Straßen für die Gesellschaft haben!

(f) Sind Grundstücke unveräußerlich, so läßt sich wenigstens ein Werthsanschlag aus dem reinen Ertrage bilden.

(g) Lohnarbeiter befinden sich darum in einer viel vortheilhafteren Lage, wenn sie so viel Land besitzen, um die nöthigsten Lebensmittel selbst bauen zu können und von der Vertheuerung derselben unabhängig zu sein.

§. 65.

Noch weniger könnte man sich bei der volkswirthschaftlichen Schätzung der Vermögenstheile mit dem Verkehrswerthe begnügen. Die ganze Güterverteilung im Verkehr ist nur das Mittelglied zwischen Erzeugung und Verbrauch, der Preis ist nur die Bedingung und Regel des Uebergangs der

Güter und Leistungen an andere Personen. Was also den Zustand des Volkes bestimmt, das ist die Werthmenge der zur Verfügung desselben stehenden Sachgüter, d. i. das an dieselben gelangende Maaß von Genuß derselben. In der Wirthschaft eines Volkes müssen die meisten Bedürfnisse durch inländische Erzeugnisse befriedigt werden und der Austausch mit anderen Ländern (Ein- und Ausfuhr) nimmt nur einen kleinen Theil der ganzen erzeugten und verzehrten Gütermasse ein (a). Man kann die Volkswirthschaft als größtentheils in sich abgeschlossen ansehen. Der Preis und Verkehrswerth der Güter kommt für die Bemessung des Volksvermögens und Jahreseinkommens nur bei den aus- und eingehenden Erzeugnissen in Betracht, bei den anderen, die nur in den inländischen Verkehr treten, ist es die Menge des in ihnen enthaltenen Gebrauchswerths, nach welcher sich der Gütergenuß, somit zum Theil das Wohlbefinden und die Zufriedenheit eines Volkes richtet. Der Preis eines solchen Gutes giebt nur an, wieviel die Käufer an die Verkäufer entrichten müssen, um das Gut zu erwerben, sein höherer oder niedriger Stand hat folglich nur auf die Einnahmen und Ausgaben beider Classen Einfluß. Um also die Größe des Volksvermögens und des jährlichen Erzeugnisses zu erkennen, muß man die Bestandtheile, soweit sie für das inländische Bedürfniß dienen, nach ihrem concreten volkswirthschaftlichen Gebrauchswerthe in Anschlag bringen, den auszuführenden Theil aber nach den ausländischen Verkaufspreisen, nach Abzug der Versendungskosten, §. 62a (b).

(a) Aus den, von Moreau de Jonnès (Le commerce au dix-neuvième siècle, I, 114 ff. Paris 1825) aufgestellten Berechnungen folgt, daß die jährliche Verzehrung fremder Producte in Nordamerica 9,⁴ Proc., in Frankreich 6, in Großbritannien 5,⁵ Proc. der ganzen Consumtion ist; die Ausfuhr beträgt in diesen 3 Staaten 10,¹ — 6,ᵐ — 9,⁴ (?) Procente des jährlichen Gütererzeugnisses. Es versteht sich, daß man solche Angaben nicht als genau, nur als annähernd richtig betrachten darf.

(b) Le Hardy de Beaulieu, Traité S. 70: L'augmentation de valeur tend seulement à établir qu'il y a eu plus de difficultés à vaincre..., et l'accroissement de la valeur ou du rapport entre les services échangés ne prouve rien quant à la plus grande somme de satisfactions qui en peut résulter. L'humanité est donc intéressée à la multiplication des utilités, mais non à celle des valeurs. — Carey (Cap. 6, §. 9): Die Nützlichkeit der Dinge ist das Maaß der menschlichen Gewalt über die Natur und diese nimmt mit der Macht der Verbindung (combination) unter den Menschen zu. Ihr Verkehrswerth (value) ist das

Maaß der Gewalt der Natur über den Menschen (der Verf. meint die Schwierigkeit der Erzeugung, also die Kosten) und diese nimmt ab wie die Macht der Verbindung steigt. Beide bewegen sich folglich in umgekehrter Richtung.

§. 66.

Die Unzulänglichkeit des Verkehrswerths zur Veranschlagung des Vermögens oder Einkommens eines Volkes wird durch nachfolgende Sätze in noch helleres Licht gesetzt:

1) Der Preis der Dinge wird hauptsächlich von den Kosten der Hervorbringung und Herbeischaffung bestimmt. Die Entstehungsart eines Gutes hat aber mit der Nützlichkeit desselben keinen Zusammenhang, das kostbarere ist nicht immer das schätzbarere, weßhalb Gütermengen von höchst verschiedenem Gebrauchswerth gleichen Preis haben können (a). Ein werthvolles Gut ist bisweilen in einem Lande oder einer Gegend wegen seiner Fülle ganz preislos und bildet dann doch einen sehr nützlichen Bestandtheil des Volksvermögens, z. B. Holz. Ist auch ein Theil des Vorraths noch ohne volkswirthschaftlichen concreten Werth, so ist derselbe doch, besonders bei Gütern, die sich nicht wiedererzeugen, wie Steinsalz, Erz ıc., in Hinsicht auf die Zukunft von Bedeutung. Viele der werthvollsten Güter, z. B. Mehl, Kochsalz, Steinkohlen, Eisenwaaren, verursachen geringeren Kostenaufwand und haben deßhalb einen viel niedrigeren Preis als andere leicht entbehrliche Sachen, die man nur darum zu kaufen vermag, weil die wichtigeren Güter wenig kosten (b). Dieser Umstand erleichtert die Befriedigung der Bedürfnisse, während er das nach Preisen angeschlagene Vermögen geringer erscheinen läßt.

2) Es tragen sich häufig Preisveränderungen zu, aus denen man keineswegs auf entsprechende Aenderungen im Volksvermögen oder Einkommen schließen dürfte (c). Beispiele hiervon sind folgende:

a) Eine gegebene Gütermasse kann späterhin, wenn man sie mit geringeren Kosten zu erzeugen lernt, niedriger im Preise stehen, ohne darum für das Volksvermögen weniger Bedeutung zu haben (d).

b) Wenn eine Mißernte den Preis des Getreides oder eines anderen Stoffes steigert, so kann das verminderte Erzeugniß noch dieselbe oder eine höhere Preissumme ausmachen, als in früheren Jahren, obgleich sie nach dem Werthe kleiner ist (c).

c) Die Zunahme des beweglichen Vermögens erhöht den Preis des unbeweglichen auch bei gleichem volkswirthschaftlichen Werthe desselben (f).

d) Auch in dem, zum Maaße der Preise gewählten Gute können sowohl von Zeit zu Zeit, als von Land zu Land, Verschiedenheiten Statt finden, durch welche der Preisanschlag des ganzen Volksvermögens ohne Aenderung in dessen Größe erhöht oder erniedrigt wird, §. 174.

(a) Z. B. 200000 Ctr. Waizen zu 5 fl., 1428 Ctr. Vanille zu 700 fl., 1142 Ctr. Schildpatt zu 875 fl. sind in der Preissumme gleich, nämlich 1 Mill. fl.

(b) Der Satz von Dupuit (J. des Econ. XXXVI, 1): Il n'y a d'utilité réelle que celle qu'on consent à payer — ist also nicht richtig. Dagegen bemerkt Hardy de Beaulieu (a. a. O. S. 88) treffend: Aussi est-ce de l'utilité onéreuse (b. mit Kosten bewirkt) que l'on échange, l'utilité gratuite étant donnée par dessus le marché. Ebendas. S. 14: Posséder plus de richesses veut dire posséder les moyens de satisfaire plus de besoins. Posséder plus de valeurs signifie avoir le droit d'exiger de la société plus de services en échange de ses valeurs. Der Verf. erklärt richesse als somme d'utilités.

(c) Für das Verhältniß der Volksclassen unter einander sind allerdings Preisveränderungen, selbst ohne vorgegangene Aenderungen in der Menge und den Kosten der Güter, sehr erheblich, es finden Gewinnste und Verluste Statt, die sich aber im Ganzen ausgleichen. Wenn der Preis der inländischen Staatsschuldbriefe höher wird, so bereichert er die Besitzer derselben. Gould sagte bei der Berathung des franz. Budgets für 1851: Nous avons vu dans l'espace d'une année l'élévation des fonds publics augmenter de prix d'un milliard la richesse nationale. Dagegen de Boyad in Journ. des Ec. XXVI, 168. Die Rentenseinnahme (§. 49a) bleibt gleich, die Forderung wird nur für sicherer gehalten.

(d) Bei der britischen Ausfuhr von Baumwollengarn ist von 1820 bis 1849 nach dem fog. declarirten Werthe das Pfund von 29,ᵗᵉ auf 10,ᵗᵉ Pence oder auf 36 Proc., der Yard ungefärbtes Baumwollenzeug von 11,ᵇ auf 2,ᵖ P. oder auf 24,⁷ Proc. gesunken, wozu die Fortschritte der Kunst viel beigetragen haben. Bei den im Lande gebliebenen Baumwollwaaren hat diese Kostenverminderung ohne Zweifel ebenfalls stattgefunden und hier kam sie den Käufern zu Gute, welche die gleiche Menge Gebrauchswerth leichter an sich bringen können, während die Erzeuger nichts verlieren.

(e) Z. B. vom Morgen 8 Ctr. zu 4, — 6 Ctr. zu 8, — 4½ Ctr. zu 8 fl. verkauft, der Erlös 32 — 36 — 36 fl. — Der Weinertrag der südeuropäischen Länder ist eine Zeitlang durch die Traubenkrankheit (Oidium Tuckeri), der Seidenertrag durch die Krankheit der Raupen sehr geschmälert worden. Dem Preise nach nahm der Ertrag weniger ab, als im Werthe. Man nahm an, daß die Seidenernte in Frankreich 1853 (vor der Krankheit) gegen 52 Mill. Pfd. Cocons, 1856 u. 1857 nur 15 Mill. gewesen sei, also 28,8 Proc. der früheren Werth-

menge. Der Erlös war von 130 auf 67½ Mill. Fr. gefallen, also
auf 51.ˢ Proc., die Käufer mußten also für 28.ᵃ Proc. der Waare
51,ˢ Proc. der früheren Preismenge bezahlen, d. i 23,¹ Proc. mehr aufwenden, während die Erzeuger 46,¹ Proc. weniger einnahmen. Journal
des Econ. März 1857. — Raybaud. Séances et travaux. Jan. 1856.
Auch die Erhöhung des Baumwollenpreises im americanischen Kriege
giebt ein gutes Beispiel in großem Maaßstabe. Bei der Einfuhr in
Großbritanien i. D. 1855—61 kam das Pfd. Baumwolle auf 6,³⁴⁰ P.,
i. D. 1863—64 auf 21,⁵ Pence. Die europäischen Zehrer erhielten
i. D. dieser beiden Jahre 7, in der früheren Periode 10 Mill. Centner
jährlich und mußten über das Doppelte dafür ausgeben. Economist 1865.

(*f*) Vgl. §. 50(a). Say, der ungeachtet der Richtigkeit seiner aufgestellten Begriffe von Gebrauchswerth, den er Nützlichkeit, und von
Preis, den er Werth nennt, doch wie die meisten Schriftsteller jenen
Werth zu sehr aus den Augen verliert, wird durch obige Sätze auf
„eine der schwierigsten Fragen der Nationalökonomie" geführt: Da
der Reichthum in dem Werthe der Dinge, die man besitzt, besteht, wie
kann eine Nation um so reicher sein, je niedriger diese Dinge im
Preise stehen? Handb. II, 256. Er sucht sie zu lösen, indem er bemerkt, daß unser Vermögen eigentlich in den Productivfonds, d. h. der
Industrie, den Capitalen und Grundstücken besteht, und daß diese um
so werthvoller sind, je mehr Producte man mit ihrer Hülfe erzeugen
kann. Nach obiger Darstellung ist es einleuchtend, daß ein wohlfeiler
gewordenes Gut für die Volkswirthschaft nichts an seinem Gebrauchswerthe verloren hat. Say nähert sich dieser Ansicht, indem er hinzu-
setzt: „es ist ein Vortheil für den Menschen, wenn er seine Genüsse
vervielfältigen und die Opfer, mittelst deren er sich dieselben verschafft,
vermindern kann." — Proudhon. (Philos. der Staatsöl. I, 34)
macht der polit. Oeon. einen Vorwurf aus dem Widerspruche, daß
eine Vermehrung der „Werthe" durch Production den Preis der Erzeugnisse erniedrige, was aber nicht einmal immer geschieht.

§. 67.

Obgleich die bloßen Geldpreise der Güter zu einer volkswirthschaftlichen Schätzung derselben nicht zureichen, vielmehr
auf den Gebrauchswerth und seine scharfe Unterscheidung vom
Preise ein vorzügliches Gewicht gelegt werden muß (a), so verdienen doch auch die Preise eine sorgfältige Beachtung, weil
sich nach ihnen die Antheile der Einzelnen und der verschiedenen
Volksclassen an den vorhandenen Gütern richten und der ganze
Verkehr sich in ihnen bewegt. Daher nimmt die Lehre vom
Preise der Tauschgüter und der anderen bezahlten Leistungen in
der Volkswirthschaftslehre eine wichtige Stelle ein. Für statistischen Gebrauch ist man ebenfalls genöthiget, sich vorzüglich an
die Preisangaben zu halten, muß sie aber dadurch bezeichnender
für den Vermögenszustand eines Volkes zu machen suchen, daß
man zugleich ausmittelt,

1) in welchem Preise gegen das gewählte Maaß (Geld) die werthvollsten Arten von Gütern stehen, woraus dann abzunehmen ist, welchen Umfang von Nutzen und Genuß eine gewisse Preissumme zu gewähren im Stande ist (b);

2) In welchen Quantitäten die nützlichsten Güter in dem Volksvermögen enthalten sind (c).

Auch darf man nicht Preise eines einzelnen Zeitpunctes, sondern nur Durchschnitte eines Zeitraumes zu Grunde legen. Bei der Betrachtung der Volkswirthschaft im Ganzen verschwindet die Verschiedenheit im concreten Werth einer Geldsumme für mehrere Menschen (§. 64 Nr. 2), man muß sich also ihre Bedeutung dadurch deutlich machen, daß man überlegt, was mit ihr im Verkehre auszurichten ist, welche Geldausgabe insbesondere die Versorgung eines Menschen oder einer Familie mit den nöthigsten Lebensmitteln erfordert. Alle verständigen Menschen kennen den Mittelpreis einer Menge von Gütern und vermögen daher bei einer gewissen Summe, z. B. 10 oder 100 fl., zu beurtheilen, welche Menge von Gebrauchswerth dafür zu erlangen ist.

(a) Ricardo a. a. O. sucht zu zeigen, daß der Reichthum sich nicht nach dem vor. ihm so genannten Werthe richte, sondern nach der Menge nothwendiger, nützlicher und angenehmer Dinge; unter Werth (value) versteht er aber die Kosten und den durch dieselben bestimmten Preis. Seniot a. a. O. S 131. tadelt mit Recht diese unnöthige und verwirrende Sprachverdrehung, „such (innovations) for instance, as the substitution of the word value for cost" durch Ricardo. Say (Anmerk. zu dieser Stelle, II, 77 der franz. Uebers.) behauptet dagegen, „der Reichthum sei nichts Anderes als der Marktpreis der Dinge, die man besitzt", giebt aber zu, daß dieser veränderlich und relativ sei. — Ein Ungenannter im Quarterly Review (Jan. 1831) setzt dem Reichthum (wealth), der aus einer Preismenge bestehe, die Nationalwohlfahrt (happiness) entgegen, die sich nach der Nützlichkeit (utility im Gegensatz von value) bestimme und in der behaglichen Lebensweise der Mehrzahl von Menschen äußere. In der Aeußerung, daß die Erzeugnisse der anderen Gewerbe denen der Landwirthschaft zwar im Preise, doch keineswegs an Werth gleich seien, though equal in price, by no means equal in worth, ist dieß Wort ganz in obigem Sinn, verschieden von value, gebraucht. Die Sachgüter überhaupt Werthe zu nennen, ist ein Gallicismus, den der größere Reichthum der deutschen Sprache unnöthig macht.

(b) Du Mesnil-Marigny (Les libres échangistes S. 20) unterscheidet richesse d'usage (Vermögen nach dem Gebrauchswerth) und rich. évalué, und meint bei dem ersten das Jahreseinkommen eines Volkes in Genußmitteln, welches er als das Maaß des Wohlbefindens ansieht. Er sucht den Unterhaltsbedarf eines erwachsenen Menschen (unité d'éxistance) zu ermitteln und nimmt ihn in England zu 300, in Frankreich zu 220, in Italien zu 140 Fr. an. Diese Zahlen drücken also gleiche

Menge von Gebrauchswerth aus. Man soll für jedes Land diese Zahl in die nach Geldpreisen berechnete Summe der erzeugten Genußmittel auf den Kopf dividiren, und der Quotient 1, 1½, 2, 3 ... würde der Ausdruck des Wohlbefindens sein. (Für Deutschland vielleicht 80 fl. — 170—180 fr.)

(c) Bei einem ganzen Volke ist es nur in geringem Grade möglich, das Vermögen bei gleicher Preismenge aus solchen Gütern zusammen zu setzen, die die größte concrete Werthmenge darbieten, vgl. §. 81 a.; es muß z. B. das bestehende Verhältniß zwischen Grundstücken und Capitalen als ziemlich unabänderlich angesehen werden.

Dritter Abschnitt.
Veränderungen im Volksvermögen.

§. 68.

Wie bei dem Vermögen einer Familie, so tragen sich auch bei dem Volksvermögen viele Veränderungen in seinen Bestandtheilen zu. Ein Abgang und Zugang derselben erfolgt häufig und in regelmäßiger Wiederholung theils durch den Verkehr mit dem Auslande (Ausfuhr und Einfuhr), theils im Inneren des Landes durch Ab- und Zunahme der vorhandenen Werthmenge. Diese kann aus verschiedenen Ursachen vermindert werden. Dahin gehören:

1) Vorgänge in der körperlichen Beschaffenheit der Vermögenstheile, von der die Werthschätzung bedingt wird. Eine auf diesem Wege erfolgende Vernichtung einer im Vermögen enthaltenen Werthmenge wird Verzehrung, Consumtion genannt (a). Sie besteht nicht etwa in einer Zerstörung von Stoffen, welche undenkbar wäre, sondern nur in einer solchen, in Gestalt oder Zusammensetzung sinnlich wahrnehmbaren Veränderung von Sachgütern, bei der die bisherige Tauglichkeit derselben verloren geht. Es lassen sich bei der Verzehrung mehrere Verschiedenheiten bemerken. a) Sie erfolgt plötzlich oder durch allmälige Verschlechterung (b). b) Ist sie eine Folge des Gebrauches der Güter für menschliche Zwecke, so wird sie Verbrauch genannt. Man kann die meisten Güter nicht ihrer Bestimmung gemäß gebrauchen, ohne daß sie dabei nach einer Naturnothwendigkeit mehr oder weniger verbraucht würden (c).

Dagegen werden auch Güter öfters von den Naturkräften werth-
los gemacht (verdorben, zerstört), ohne den Willen der Menschen
und ohne einen Vortheil für dieselben zu geben, §. 319. c)
Die Vernichtung oder Verringerung des Werthes eines Gutes
ist entweder vereinzelt oder steht in ursachlichem Zusammenhang
mit der Entstehung eines neuen Werthes anderer Art, der bald
größer, bald kleiner ist, als der zerstörte, und bald an den
nämlichen Stoffen haftet, wie jener, bald an anderen (d).
2) Vorgänge, welche nicht die Beschaffenheit der Güter, sondern eine andere Bedingung des Werthes betreffen. Dahin
gehört nicht bloß die Aenderung des Urtheils über den Gebrauchswerth zufolge einer richtigeren Erkenntniß, eines veränderten Geschmackes (z. B. in der Mode) u. dgl. (e), sondern
auch ein Wechsel in äußeren Umständen, welche sich auf die
Zwecke und auf die Brauchbarkeit eines Mittels für dieselben
beziehen (f). Nach dem bisherigen volkswirthschaftlichen Sprachgebrauch werden Werthsverminderungen aus solchen Ursachen
nicht zur Verzehrung gerechnet.

(a) Nur die Zerstörung des Gattungswerthes trägt diesen Namen, nicht
schon das Erlöschen des concreten Werthes eines Gutes, weil dieser
sich nur auf einzelne Besitzer bezieht und durch geänderte Verhältnisse
leicht wieder auflebt.
(b) Wenn dieselbe im Gebrauche (b) eintritt, so heißt sie Abnutzung.
In dieser läßt sich bei manchen Gütern eine Folge von Abstufungen
unterscheiden, z. B. 1) Zerstörung der bloßen Neuheit durch anfangen-
den Gebrauch, z. B. eines Buches oder Kleidungsstückes, hierauf
2) Verringerung des gefälligen Aussehens, sodann 3) Abnahme der
Haltbarkeit ꝛc. — Der Name Verzehrung ist ursprünglich nur für
den schnellen Verbrauch, z. B. der Nahrmittel, des Brennholzes ꝛc.
angewendet worden.
(c) Es giebt nur wenige Ausnahmen, z. B. Edelsteine, — manche bloß
zum Anschauen bestimmte Dinge, — ferner Ländereien, da sie bei dem
Anbaue zwar in geringem Grade an ihrer Güte verlieren (erschöpft,
verunreinigt werden ꝛc.), aber keine weitere Verschlechterung erleiden,
wofern nicht außerordentliche Zufälle eintreten, §. 50 (b). — Bau-
und Bildwerke von festen Steinarten sind überaus dauerhaft. Das
Amphitheater zu Pola aus istrischem Marmor hat in 2000 Jahren an
den Kanten der Steine nur zwei Linien Dicke verloren. Burger,
Reise durch Oberitalien, I. 7.
(d) Heizstoff, Wolle, Garn, Farbstoff, Dünger, Viehfutter, Getreide zum
Branntweinbrennen ꝛc. werden verzehrt und es entsteht zugleich eine
andere Art von Gütern.
(e) Z. B. Amulete u. a. Dinge, denen ehemals die Meinung eine geheim-
nißvolle Wirkung beilegte, — Perücken mit Locken, Schuhschnallen,
Haarpuder, Degen zur Zierde.
(f) Zoll- u. a. Amtshäuser nach der Aufhebung einer Amtsstelle, — Dinge,
die für eine besondere Festlichkeit zubereitet sind, nach dem Ende der-

selben (Inschriften, Gemälde ꝛc.). — Uniformen, die außer Gebrauch gesetzt sind, — Calender nach Verlauf des Jahres, — einzelne Stiefel und Handschuhe, wenn das zugehörige zweite Stück verloren gegangen ist, — Wirthshäuser, denen die Veränderung einer Straße die Nahrung entzieht ꝛc. Während der Sonnenfinsterniß von 1836 sank in Paris mit jeder Viertelstunde der Preis der geschwärzten Gläser.

§. 69.

Was die Vermehrung des Vermögens betrifft, so ist die Erwerbung neuer Güter (a) von anderen Besitzern derselben im Verkehre, mit Hülfe irgend einer Gegenleistung, für Einzelne ein vielfältig und fortdauernd gebrauchtes Mittel, sich mit nützlichen Dingen zu versorgen. Für ein ganzes Volk beruht aber diese Versorgung hauptsächlich auf den im Lande fortwährend neu zum Vorschein gebrachten Werthmengen, die bei ihrer Entstehung von Mitgliedern des Volkes in Empfang genommen werden. Die Erwerbung vom Auslande liefert zwar einen schätzbaren Beitrag, der indeß größtentheils gegen inländische Erzeugnisse eingetauscht und insoferne gleichfalls durch die inländische Erzeugung bedingt wird (b). Bei der Entstehung eines ganz neuen oder vermehrten Gebrauchswerthes in der Gewalt der Menschen sind, wie bei der Werthsminderung (§. 68), zwei Wege zu unterscheiden:

1) Es kommt durch Wirkungen auf die Stoffe eine größere Menge eines schon anerkannten Werthes in menschliche Gewalt. Das Vermögen wird zufolge von körperlichen Veränderungen im Gebiete der Sachgüter vermehrt, sei es, daß neue Stoffe von Werth in dasselbe eintreten, oder daß die schon darin begriffenen einen höheren Werth empfangen, §. 84. Dieser Vorgang ist die **Gütererzeugung, Hervorbringung, Production** (c).

2) Ohne eine im Stoff der Vermögenstheile vorgehende Veränderung kann der Werth derselben vergrößert werden

a) durch die Thätigkeit des Verstandes, der neue Eigenschaften der Stoffe an das Licht bringt oder eine neue Beziehung derselben zu menschlichen Zwecken entdeckt. Die fortschreitende Naturkenntniß und die Geschicklichkeit in der Benutzung der Naturgebilde ist bei den geistig entwickelten Völkern eine reichhaltige Quelle der Vermögensvermehrung (d);

b) durch äußere Umstände, welche die Folge haben, daß ein höherer Werth in den Sachgütern erscheint (e).

Diese zweite Gattung von Fällen der Werthvermehrung ist von der ersten, der Production, in vielen Hinsichten verschieden.

(a) **Erwerben** heißt in weiterem Verstande soviel als in das Eigenthum empfangen; im engeren Sinne, wie ihn die Wirthschaftslehre gewöhnlich braucht, kommt noch das Merkmal hinzu, daß die Erlangung der neuen Vermögenstheile durch irgend ein Opfer vor. Arbeit, Hingabe anderer Güter ꝛc. erkauft werden muß. So steht das Erworbene dem Erebten, Geschenkten ꝛc. entgegen.

(b) Andere Wege des volkswirthschaftlichen Erwerbes vom Auslande sind der Zinsenbezug von ausgeliehenen Capitalen oder Arbeiten für fremde Lohnherren, z. B. Holländergänge in Westfalen, Speditions- u. Commissionsgeschäfte und Waarentransport für Ausländer u. dergl.

(c) Dieser Begriff rührt von den Physiokraten her und wurde von Smith erweitert. — Eine Erzeugung neuer Güter, bei der mehr schon vorhandene verzehrt würden, als das Product vergütet, kann, wäre keine wahre Production, weil sie keine Vermehrung des Vermögens bewirkt, wenn sie auch technisch betrachtet zu der nämlichen Gattung von Verrichtungen gehören mag, wie die wirklich productiven. Hermann (Unters., S. 22.) unterscheidet eine technische und wirthschaftliche Production, wie früher Graf Soden (Nationalökon. I, 146) eine ökonomistische, unökonomistische und antiökonomistische Production angenommen hatte. Auch andere Güter werden erzeugt oder vermehrt, der Lehrer producirt Kenntniß, der Arzt hilft Gesundheit zu erzeugen, dieß sind aber keine volkswirthschaftlichen Erscheinungen.

(d) Einer der folgenreichsten Fortschritte dieser Art war die Anwendung der Steinkohlen zum Ausschmelzen des Eisens in England, um 1820, als die Abnahme der Wälder schon den Fortbestand der Eisenwerke bedrohte. Reybaud in Séances et travaux de l'ac. des sc. mor. et pol. Jul. 1866. S 117. — Am meisten ist hierin der Chemie zu verdanken. Entdeckung des Jods und Benützung der jodhaltigen Salzquellen, — Phosphorit als Düngemittel, — Anthracit als Heizstoff, — Stoffe zur Gasbeleuchtung, zu Lichtbildern, Ausdehung vieler Farb- und Heilstoffe, — Guttapercha, Kautschuk in ihren vielfachen Anwendungen, pflanzliches Elfenbein (von Phytelephas macrocarpa), — Kreosot, — Parassinkerzen; — Benützung des Asphalts, der Fichtennadeln (Waldwolle), inländischer Gräser zum Polstern (Waldgras), — der Gase im Hochofen, des Steinkohlentheers zur Bereitung von Anilin, — entdeckte Lager von Steinsalz, Erdöl, Waschgold, Erzen ꝛc., — Erkennung eines alten Gemäldes als das Werk eines großen Meisters. — Die Menge der ganz werthlosen Stoffe hat sich bei den gebildeten Völkern sehr vermindert, da man z. B. auch viele Abfälle (z. B. Thierknochen, Wollenlumpen, Scheerwolle, Sägespäne) nützlich zu verwenden gelernt hat.

(e) Werthvermehrung von Häusern und Ländereien an einer Eisenbahn, an einer Straße in der Stadt, an einer Brücke, nach der Austrocknung eines nahen Sumpfes.

§. 70.

Die in einem gegebenen Zeitpuncte in dem Vermögen einer Person enthaltenen Güter bilden den Vermögensstamm derselben, welcher theils werbend ist, theils aus Genußmitteln besteht, ferner theils längere Zeit bei dem Besitzer bleibt, theils einem häufigen Wechsel unterworfen ist. Ihm werden die im Laufe eines gewissen Zeitabschnitts eintretenden Zuflüsse entgegengesetzt, bei denen man mehrere Begriffe zu unterscheiden hat.

1) Die sämmtlichen neu in den Besitz einer Person gelangenden Werthmengen nennt man im weiteren Sinne des Worts **Einnahmen**, obgleich ursprünglich hierunter nur die von anderen Menschen empfangenen, nicht die durch eigene Erzeugung gewonnenen Güter verstanden wurden; so werden auch zu den **Ausgaben** nicht blos die hingegebenen, sondern zugleich die vom Eigenthümer selbst verzehrten Güter gezählt.

2) Diejenigen Einnahmen, welche aus einer gewissen Erwerbsquelle, z. B. einem Zweige von Arbeit oder einem werbenden Vermögenstheile herrühren, werden in Beziehung auf diese Quelle und ohne Rücksicht auf die Personen, denen sie zufallen, unter der Benennung **Ertrag** (a), und zwar roher oder Brutto-Ertrag, zusammengefaßt, um diese Gesammtheit von Einnahmen von demjenigen Theile zu unterscheiden, der nach Abzug gewisser Ausgaben übrig bleibt, §. 71.

3) Während der Ertrag als die Wirkung einer äußeren Gelegenheit zum Erwerbe gedacht wird, entsteht dagegen der Begriff von **Einkünften** durch die Beziehung der Güterzuflüsse auf eine Person, die sie empfängt. Die während eines gewissen Zeitraumes (gewöhnlich eines Jahres) zusammengefaßten Einkünfte einer Person bilden das **Einkommen** derselben. Dieses besteht aus denjenigen Einnahmen, die einer regelmäßigen Wiederholung fähig sind und von dem Empfänger für seinen eigenen Vortheil verwendet werden können, ohne daß der Vermögensstamm darunter litte, oder eine Schuld an Andere damit verbunden wäre. Die Einkünfte sind für den Empfänger neue Vermögenstheile. Der Ertrag einer Erwerbsquelle kann mehreren Personen Einkommen geben.

4) Es gieb Einnahmen, die weder zu dem Einkommen, noch auch nur zu dem Ertrage gerechnet werden dürfen und welche daher die fortdauernde Befriedigung der Bedürfnisse nicht sicher zu stellen vermögen (b). Dahin gehören:

a) Einnahmen aus einem einfachen Wechsel in den Bestandtheilen des Vermögensstammes. Sie wiederholen sich nicht und verbessern den Vermögensstand nur insoferne, als sie zu einem einmaligen Gewinne Anlaß geben, z. B. Ankauf eines Grundstücks mit einem Capitale, Borgen eines Capitales, wobei ein negatives Vermögen (eine Schuld) entsteht, Abtragen einer Schuld, Eingehen einer ausgeliehenen Summe.

b) Die Gütermenge, aus der ein gewisser roher Ertrag besteht, kann mehrmals in verschiedener Form dem Eigenthümer Einnahmen geben, welche mit gleichartigen Ausgaben in Verbindung stehen (c). Da diese aufeinander folgenden Einnahmen nur einem einzigen Ertrage angehören, so pflegt man nur die unter ihnen enthaltene Geldeinnahme zu beachten, die als Wirkung eines Geldaufwandes erscheint.

c) Zufällige Einnahmen, in denen zwar eine Bereicherung liegt, wie Erbschaften, Geschenke ꝛc., auf die aber nicht öfter oder fortwährend zu rechnen ist.

(*a*) §. B. eines Landgutes, einer Fabrik, eines persönlichen Dienstes, eines einzelnen Handelsgeschäftes. Es ist hiebei gestattet, je nach dem Zwecke der Erforschung ein größeres Ganzes, oder einem Theil eines solchen abgesondert in Betracht zu ziehen: z. B. Ertrag eines einzelnen Ackers in einem Landgute, einer einzelnen Handelsunternehmung.

(*b*) Es ist für jede Sonderwirthschaft nothwendig, klar zu erkennen, welcher Theil der Einnahmen als Einkommen gelten könne und dem Empfänger zur Verfügung stehe.

(*c*) Z. B. ein Fabrikherr nimmt 1) eine Quantität neu verfertigter Waaren ein, verkauft sie 2) gegen eine Geldeinnahme, und verschafft sich 3) mit dieser wieder die Güter, die er zu gebrauchen Willens ist.

§. 71.

5) Der rohe Ertrag muß meistens mit einer Aufopferung von Sachgütern erkauft werden, die entweder noch vorher als Auslagen aufzuwenden, oder nachher aus dem Ertrage zu bestreiten sind. Dieser Aufwand ist ein Mittel, um den Ertrag zu Wege zu bringen, es sind Kosten, die vor Allem aus dem Ertrage genommen werden müssen, damit der Stamm unvermindert bleibe. Was nach Abzug dieser Kosten übrig bleibt, ist der reine (Netto-) Ertrag, den man beliebig verwenden kann, ohne daß die Fortdauer des Ertrages darunter litte.

6) Eine ähnliche Betrachtung läßt sich auch auf das Einkommen anwenden. Wie der gesammte Ertrag, so wird auch das ganze Einkommen einer Person mit der Benennung rohes

oder Brutto-Einkommen belegt. Zwar sind von demselben seinem Begriffe nach (§. 70. 3)) schon die Antheile Anderer und die Erwerbsausgaben ausgeschieden, allein bei dem mit Hülfe von Arbeit erworbenen Einkommen ist der Unterhalt des Empfängers, und zwar der Unterhalt in einer für den Erwerb erforderlichen Weise (a) ebenfalls als ein Kostenaufwand anzusehen, nach dessen Abzug erst das reine, zu ganz beliebiger Verwendung verfügbare Einkommen übrig bleibt. Das reine Einkommen fällt in der Regel mit dem Reinertrage einer einzelnen Erwerbsgelegenheit zusammen, doch kann sich ein einzelner Reinertrag unter Mehrere vertheilen (b) und eine Person in ihrem reinen Einkommen Antheile vom Reinertrage verschiedener Quellen vereinigen.

(a) Z. B. an einem bestimmten Orte, nach der Sitte eines gewissen Standes ic.
(b) Z. B. bei einer Actiengesellschaft.

§. 71 a.

Trägt man diese Unterscheidungen auf die Wirthschaft eines ganzen Volkes über, so ergiebt sich Folgendes: 1) Die innere Gütererzeugung und der auswärtige Verkehr liefern jährlich eine neu hinzugekommene Werthmenge, die man das rohe Volkseinkommen zu nennen pflegt. Besser ist die Bezeichnung Rohertrag des Volkes, weil dieser Zufluß keineswegs ganz das Wesen des Einkommens an sich trägt; denn es müssen davon die Hingabe an das Ausland (Ausfuhr) und mancherlei Verzehrungen zum Behufe der Erzeugung bestritten werden, welche nicht zu menschlichem Genusse dienen, z. B. verbrauchte Stoffe. 2) Nur ein Theil jenes rohen Ertrages gelangt folglich als rohes Volkseinkommen an Mitglieder des Volkes und bietet denselben Mittel für die persönlichen Zwecke der Bürger dar. 3) Was hievon übrig bleibt, nachdem der nöthige Unterhalt der mit der Erzielung jenes Rohertrags beschäftigten Arbeiter hinweggenommen worden ist, bildet das zu mancherlei Zwecken beliebig verwendbare reine Volkseinkommen (§. 245), welches zugleich der reine Ertrag der volkswirthschaftlichen Erwerbsgeschäfte ist.

§. 72.

Der am Ende eines angenommenen Zeitraumes von dem Einkommen noch übrige (nicht verzehrte oder ausgegebene) Theil ist der **Wirthschaftsüberschuß** (**Wirthschaftsbilanz**). Um seinen Betrag ist das Vermögen beim Anfang des folgenden Zeitabschnittes (Jahres) größer, als es beim Beginn des abgelaufenen war. Der Ueberschuß der ganzen Volkswirthschaft setzt sich aus den Wirthschaftsüberschüssen aller Einzelnen zusammen. Obgleich diese Größe für die Beurtheilung der Vermögensangelegenheiten eines Volkes sehr wichtig ist, so darf sie doch nicht als das einzige Kennzeichen des günstigen Zustandes der Volkswirthschaft angesehen werden. Denn da das Vermögen dann seine Bestimmung erreicht, wenn es Vortheile für das menschliche Leben giebt, so ist neben der Vermehrung des Vermögensstammes auch der geschehene Gebrauch und Verbrauch von Gütern für menschliche Zwecke und der Umfang des hierdurch bewirkten Gütergenusses in Betracht zu ziehen.

Vierter Abschnitt.
Zustände der Volkswirthschaft.

§. 73.

Wie die Bedürfnisse sachlicher Güter sich stets erneuern, so muß auch jede Wirthschaft auf Fortdauer in einem wenigstens gleichen Zustande gerichtet werden, d. h. sie muß **nachhaltig** sein (a). Diesem Grundsatze widerstreitet es, blos von dem Vermögensstamme zu zehren, wodurch endlich dessen gänzliche Zerstörung herbeigeführt werden müßte. Die Größe des Capitals darf darum nicht vermindert werden, weil sonst auch das zum Theil von ihm bedingte Einkommen abnehmen würde, und von dem Gebrauchsvorrathe darf nicht mehr weggenommen werden, als man alljährlich wieder ergänzen kann, wenn nicht eine fortschreitende Schmälerung des Gütergenusses erfolgen soll.

(a) Schon der Einzelne sorgt über die Dauer seines Lebens hinaus für den Vermögenszustand der Seinigen; ein Volk muß vollends als unsterblich angenommen werden.

§. 74.

Hieraus folgt, daß die günstige oder ungünstige Beschaffenheit jeder Wirthschaft, d. i. der Grad, in welchem sie die Befriedigung der Bedürfnisse sichert und noch weiteren Gütergenuß gestattet, zunächst aus dem Einkommen in Vergleich mit dem Umfange der Bedürfnisse zu beurtheilen ist (a). Auch ein großer Vorrath nicht werbender Güter würde ohne den Beistand reichlicher Einkünfte den Eigenthümer nicht dauernd und vollständig mit Allem, was er begehrt, versorgen, wenn es nicht möglich wäre, jene Güter in werbende umzusetzen. Die wirthschaftliche Klugheit räth daher, den Gebrauchsvorrath nicht über ein gewisses Verhältniß zu den Einkünften hinaus zu vergrößern.

(a) Ebenso L. Say, Études, S. 10. — Nur ist dabei ein wichtiger Unterschied zu bemerken. Der Einzelne kann sich durch Arbeit oder durch einen werbenden Vermögensstamm Einnahmen verschaffen, oder auch durch die Verbindung beider Mittel. Offenbar ist bei gleicher Größe des gesammten Einkommens der Arbeiter in einer minder vortheilhaften Lage als derjenige, dessen Einkommen ganz auf Vermögensbesitz beruht, d. i. ganz reines ist. Dieß findet aber keine Anwendung auf ein ganzes Volk.

§. 75.

Die Bedürfnisse der Einzelnen sind theils allgemein menschliche, die nämlich zu der Erhaltung des Lebens und der Gesundheit gehören, — theils den Mitgliedern eines besonderen Volkes gemeinschaftliche (a), — theils solche, die dem Stande einer Person in der Gesellschaft entsprechen, — theils endlich individuelle, die aus der Erziehung, Gewohnheit, Denkungsart, Körperbeschaffenheit ꝛc., ferner aus Zahl, Alter und körperlichem Zustand der Familienglieder entspringen und daher bei den einzelnen Menschen höchst verschieden sind. Da die letzteren Bedürfnisse mit Ausnahme des Familienstandes ebenso wie der individuelle Werth (§. 62) sehr ungleich und nicht äußerlich erkennbar sind, so müssen sie außer Betracht bleiben, wenn die Vermögensumstände der Menschen und Familien in allgemeiner Beziehung volkswirthschaftlich beurtheilt werden, z. B. bei der Bemessung der Besoldungen.

(a) Z. B. größere Bedürfnisse in kalten Ländern oder bei gebildeteren Völkern. Es macht einen großen Unterschied, ob man die einfache

Lebensweise eines wenig entwickelten Volkes nach den geringen Bedürfnissen desselben, oder nach dem Maaßstabe eines gebildeten, an vielerlei Genüsse gewöhnten Volkes beurtheilt.

§. 76.

Derjenige hat sein Auskommen, welcher durch seine fortdauernden Einkünfte in den Stand gesetzt wird, seine und seiner Familie wesentliche Bedürfnisse zu befriedigen. Das Auskommen bezeichnet also das Gleichgewicht zwischen den Bedürfnissen und dem Einkommen. Uebersteigt dieses den Bedarf, so entstehen folgende Zustände:

1) Wohlstand (aisance, wealth), wenn man sich noch einen über die volksthümlichen, standesmäßigen und Familien-Bedürfnisse hinausgehenden Gütergenuß verschaffen, oder statt dessen etwas übersparen kann;

2) Reichthum (*a*), wenn das Einkommen nicht blos beträchtlich über jenen Bedarf hinausgeht, sondern auch unabhängig vom Leben und der Thätigkeit des einzelnen Empfängers aus einem werbenden Vermögen herrührt (*b*);

3) Ueberfluß, bei einem Einkommen, welches so groß ist, daß man dasselbe nicht ganz für Nutzen und wahres Vergnügen zu verwenden weiß und keine Aufforderung zur Sparsamkeit findet. Der Ueberfluß, der besonders zur reichlichen Unterstützung anderer Menschen benutzt werden könnte, wird nur zu oft gemißbraucht zu Ausgaben ohne vernünftige Zwecke, d. h. zur Verschwendung (*c*).

(*a*) Dieser Ausdruck wird allein unter den in beiden §§. aufgeführten auch in objectivem Sinne gebraucht, um ein großes, den bezeichneten Zustand begründendes Vermögen anzudeuten. Vgl. §. 6. (*a*).

(*b*) Staatsdiener und Künstler sind auch bei einem verhältnißmäßig sehr großen Einkommen durch dasselbe allein noch nicht reich. Vgl. §. 74. (*a*)

(*c*) Bei den gebildeteren Völkern sind darum seltener die Zeichen des Ueberflusses Einzelner zu sehen, weil diejenigen, welche für ihren Stand beträchtlich reich sind, die Lebensweise und die Bedürfnisse eines höheren Standes anzunehmen pflegen und weil die Kunst, die Genüsse zu verfeinern, hoch genug steigt, um auch ein sehr großes Einkommen erschöpfen zu können.

§. 77.

Andere Zustände ungünstiger Art treten ein, wenn das Einkommen hinter dem Umfange der Bedürfnisse zurückbleibt.

1) **Dürftigkeit** findet Statt, sobald nicht mehr alle, sondern nur noch die dringendsten Bedürfnisse ihre Befriedigung finden können. Einige Entbehrung ist von der Dürftigkeit unzertrennlich, und da unter den oben (§. 75) aufgeführten Bedürfnissen die standesmäßigen noch am leichtesten unbefriedigt bleiben können, so beziehen sich die Entbehrungen des Dürftigen hauptsächlich auf diese (*a*).

2) **Armuth** ist die Unfähigkeit, aus eigenem Mitteln auch nur den nothwendigen Lebensunterhalt zu bestreiten. Dieser Zustand ist mit der Abhängigkeit von fremder Unterstützung verbunden.

3) Fehlt es dem Armen an dieser Hülfe von anderen Menschen, so treten **Mangel** und **Noth** ein.

(*a*) So lange noch ein Vermögensstamm vorhanden ist, kann der Dürftigkeit durch Zusetzen desselben vorgebeugt werden. — Nach den Erklärungen von de Gérando (De la bienfaisance publique. I, 5) ist pauvreté das, was hier Dürftigkeit genannt wird, **Armuth** ist indigence — Pinheiro-Ferreira (Précis, S. 180) nimmt folgende Abstufung an: Médiocrité (Auskommen), — gêne, — pauvreté, — dénuement, — misère.

§. 78.

Wendet man die vorstehenden Begriffe auf ein ganzes Volk an, so muß zuvörderst das rohe und reine Einkommen desselben im Verhältniß zu der Volksmenge betrachtet werden, unter welche es sich vertheilt. Aber wenn man auch beide Größen durch die Volkszahl getheilt und so den durchschnittlichen Antheil eines Kopfes ausgemittelt hat, so ist es doch äußerst schwierig, aus dieser Angabe so, wie es bei Einzelnen geschieht (§. 75—77), auf den Vermögenszustand des Volkes zu schließen, selbst abgesehen von dem Umstande, daß solche Zahlensätze nur in Ansehung des Verkehrswerthes, nicht über den Gebrauchswerth zu erhalten sind. Ein Volk kann nicht in dem Sinne reich oder arm sein, daß es aus lauter reichen oder armen Mitgliedern bestünde, es zeigt vielmehr bei seinen verschiedenen Mitgliedern alle jene Vermögenszustände zugleich, auch richtet sich das übliche Maaß der Bedürfnisse in einem Volke zum Theil nach dem Einkommen, so daß mit diesem zugleich die herrschende Lebensweise sich verändert und der auf einen Kopf kommende mittlere Bedarf größer oder geringer wird. Nur vorübergehend, bis alle Folgen der Veränderung eingetreten sind, und so lange noch die Gewohnheiten aus besseren Zeiten fortdauern, könnte eine beträchtliche Abnahme des Einkommens Merkmale einer herrschenden Dürftigkeit und Empfindungen von Bedrängniß hervorbringen. Dagegen kann allerdings das Gesammteinkommen größer sein, als die Summe der Bedürfnisse, nur ist es schwer, diese mit Rücksicht auf die Gewohnheiten der verschiedenen Volksclassen zu berechnen.

§. 79.

Leichter läßt sich eine Vorstellung von dem Vermögenszustande eines Volkes bilden, wenn man dasselbe mit anderen vergleicht. Hiebei kann man sich alle miteinander verglichenen Völker als auf gleicher Bildungsstufe stehend, oder in ähnlichem Entwicklungsgange begriffen denken, ihre Bedürfnisse als gleich groß ganz außer Acht lassen und sich lediglich an den Durchschnittsbetrag des Einkommens (§. 71 a) halten. Ein Volk ist demnach reicher als ein anderes, wenn auf jeden Kopf jährlich eine größere Gütermasse, d. i. ein größerer Werthbetrag von Genußmitteln kommt. Nach dieser Bestimmung giebt es reichere und ärmere Völker, während sonst keines, für sich allein betrachtet, reich oder arm genannt werden kann.

§. 80.

Ob ein Volk gegen andere gehalten reicher oder ärmer ist, dieß macht sich in verschiedenen Kennzeichen bemerklich (a). Dahin gehören unter anderem:

1) die Lebensweise der arbeitenden Classe als der zahlreichsten und mit dem geringsten Einkommen ausgestatteten, nämlich die Menge des Gütergenusses, welchen dieselbe vermöge ihres Lohnes sich verschaffen kann (b);

2) große, kostbare Unternehmungen der Staatsbürger, besonders wenn viele Einzelne an ihnen beträchtlichen Antheil haben (c);

3) großer Aufwand der Regierung für die öffentlichen Zwecke, wenn derselbe ohne Zeichen von Druck und Verarmung der Bürger aufgebracht wird;

4) beträchtliche Darleihen der Bürger ins Ausland (d).

Noch leichter und sicherer kann man in einem und demselben Lande auf die Zu- oder Abnahme des Volkseinkommens aus verschiedenen Erscheinungen schließen; z. B. aus den Veränderungen in der Anzahl der Armen, in der Sterblichkeit, im Umfange der Gütererzeugung, der Aus- und Einfuhr, der Feuerversicherungen, der Einlagen in die Sparcassen, im Ertrage der Aufwandssteuern u. dergl. (a).

(a) Beiträge hiezu in Porter, Progress of the nation (§. 25 (b)) und Dieterici, Der Volkswohlstand im preuß. Staate. Berlin 1846.
(b) Zunehmender Verbrauch der nicht unentbehrlichen Lebensmittel, z. B. Fleisch, Colonialwaaren, im Vergleich mit der Volksvermehrung; auch diese selbst ist in der Regel ein günstiges Zeichen. — Man hat den Grad der Sterblichkeit als ein solches Kennzeichen zu benutzen vorgeschlagen, in der Voraussetzung, daß geringe Mortalität einen günstigen Vermögenszustand der unteren Volksclassen beweise. Pranç. d'Ivernois, in Biblioth. univ. März 1831. Sept. 1835. Doch müßten hierbei das Klima, die Beschäftigungen (Landwirthschaft oder Fabriken), die Beschaffenheit der Wohnungen, die Zahl von Geburten, der herrschende Krankheitscharacter u. dergl. berücksichtiget werden, s. §. 201. Vgl. Quetelet in Rev. enc. Aug. 1830.
(c) Z. B. viele Actiengesellschaften für Fabrik- und Handelszwecke, Canalbau, Urbarmachung u. dgl., die bisweilen in England sehr häufig und zum Theil unüberlegt gestiftet worden sind. Nur im Laufe des Jahres 1824 und in den ersten Monaten 1825 entstanden daselbst 276 Gesellschaften mit einem Capitale von 174 Mill. L. St., darunter 81 für Canale, Werften und Eisenbahnen mit 40 Mill L. — Als die britische Regierung im Mai 1829 3 Mill. L. St. borgen wollte, wurden 18 Mill. in einem Tage angeboten. — In Paris entstanden 1835—37 610 Actiengesellschaften mit 562 Mill. Fr. Capital. In Belgien bildeten sich von 1833—1838 40 anonyme Gesellschaften mit wenigstens 300 Mill. Fr. Capital. — Zu der Bildsäule Wellingtons kamen (nach dem Tode desselben) 26418 L. St. freiwillige Beiträge zusammen, freilich mit Einschluß der Colonien.
(d) Storch hat dieses Kennzeichen ausschließend berücksichtiget und die Völker in borgende (arme), leihende (reiche) und unabhängige, die zwischen beiden in der Mitte stehen, eingetheilt. I, 145.
(e) Im britischen Reiche stieg nach Porter von 1802 bis 1843 die Eisenerzeugung von 170000 auf 2 Mill. Tonnen, die Eisenausfuhr von 37000 auf 701000 T., die Tonnenzahl der eingelaufenen Schiffe 1801 bis 1849 von 1·702000 auf 6·970000, die Summe der Feuerversicherungen von 232 auf 755 Mill. L. St. :c.

§. 81.

In welchem Grade das Einkommen des Volkes zu dem wirthschaftlichen Wohle desselben beiträgt, bleß hängt nicht allein von seiner Größe ab, sondern auch

1) von der Art seiner Vertheilung. Das Vermögen erreicht seine Bestimmung besser, wenn es Vielen einen mäßigen Genuß

gewährt, als wenn es sich bei Wenigen massenhaft anhäuft. Ein Volk könnte ein größeres Einkommen haben als ein anderes, aber doch in einem ungünstigeren Zustande sein, wenn eine kleine Zahl von Menschen in hohem, an Ueberfluß gränzendem Reichthum lebte, während die Mehrzahl nicht einmal ihr völliges Auskommen hätte (a);

2) von der Quelle, aus der es fließt. Nur wenn es durch die eigene Arbeit des Volkes gewonnen wird, wirkt es von jeder Seite vortheilhaft und nur dann ruht es auf einer sicheren Grundlage, §. 14. 27 (b).

Wird der Zustand, in welchem ein Volk ein reichliches, wohlvertheiltes und aus der eigenen Arbeit der Bürger hervorgehendes Einkommen bezieht, Wohlstand genannt, so bezeichnet dieser die blühendste, den Zwecken des Staates (§. 20.) am meisten entsprechende Beschaffenheit der Volkswirthschaft (c). Bei gleichem Maaße des Reichthums (§. 79.) hat demnach dasjenige Volk mehr Wohlstand, welches weniger Arme und Dürftige zählt.

(a) Unvortheilhafte Vertheilung in Großbritanien. Nach den Statistical Illustrations, 3. Ausg. S. 36, hatte 1 Mill. Familien nur ein Jahreseinkommen von 22 L. St., eine zweite Mill. nur 33—50 L. St.
(b) Der größte Theil des Volkseinkommens fließt in jedem Fall aus dieser Quelle, ein kleinerer könnte aber aus Entrichtungen unterworfener Staaten oder aus dem Ertrage auswärtiger Besitzungen bestehn.
(c) Vgl. Rau, Zusatz 39 zu Storch. — Schulze, Ueber Wesen und Studium der Wirthschaftswissenschaften, S. 80.

Zweites Buch.
Entstehung der Vermögenstheile.

Erster Abschnitt.
Bedingungen der Gütererzeugung im Allgemeinen.

§. 82. [82. 83.]

Zum Dasein eines sachlichen Gutes von einem gewissen Werthe ist eine äußere (objective) und eine in dem Denken der Menschen liegende innere (subjective) Bedingung erforderlich; es muß nämlich nicht allein ein körperlicher Gegenstand in einer solchen Beschaffenheit, von welcher seine Anwendbarkeit für menschliche Zwecke abhängt, vorhanden sein, sondern derselbe auch als Mittel für diese Zwecke anerkannt werden, §. 57. Erst dieses Urtheil erhebt die Dinge zu Gütern, auch wenn sie schon lange vorher in ihrer bestimmten Beschaffenheit da waren. In das Vermögen treten die Sachgüter durch eine Besitzergreifung von Seite des Menschen. Abgesehen von zufälligen Ursachen einer Wertherhöhung kann daher die Entstehung einer größeren Werthmenge im Vermögen durch den Menschen auf doppelte Weise bewirkt werden (§. 69), theils durch körperliche Einwirkung auf die Stoffe, d. h. durch Erzeugung und Aneignung oder Production von Sachgütern, die schon anerkannten Werth haben, theils durch Entdeckung neuer Eigenschaften in den Stoffen und ihrer Beziehung auf die menschlichen Zwecke. Die Thätigkeit dieser zweiten Art (a) kommt zwar in Ansehung ihrer, sehr hoch anzuschlagenden Wirkung mit der Production. überein und kann deßhalb mit derselben zu einem allgemeineren Gattungsbegriff der Production im weiteren Sinne zusammengefaßt werden, bietet jedoch einen viel weniger reichhaltigen Gegenstand wissenschaftlicher Betrachtung dar, als die körperliche oder Production im engeren Verstande. Das Auffinden einer neuen oder höheren Nützlichkeit geschieht oft zufällig bei den Untersuchungen des Naturforschers oder den Beschäftigungen des Gewerbsmannes, es bildet keinen besonderen Beruf, hat keinen im Voraus zu berechnenden Erfolg, die Gelegenheit zu einer solchen Werthvermehrung nimmt bei der Ausbildung des Wissens und der Kunst der Völker allmälig ab, auch würden die Dinge von neu erkanntem Werthe, wenn sie nicht in großer Fülle vorhanden sind, durch den Gebrauch mit der Zeit aufgezehrt werden, wenn nicht auf ihre Vermehrung Bedacht genommen würde, weßhalb der volkswirthschaftliche Vortheil jener Entdeckungen erst durch die von ihnen hervorgerufenen Zweige der eigentlichen oder körperlichen Production in vollem Maaße eintritt (b). Der letztere von den beiden Wegen, dem Vermögen neue Theile zuzuführen, ist also der ergiebigere, der regelmäßigere und derjenige, welcher die meisten Kräfte beschäftigt.

(a) Zacharia's idealer objectiver Erwerb, Bd. W. L. S. 3. — Nützlichkeitsproduction nach Riedel, I, § 79.
(b) Z. B. Zunahme der Gewinnung und Bearbeitung von Kautschuk und Guttapercha, von Asphalt, Erdöl, von neu bekannt gewordenen Pflanzen (Jute ec.), — der Bereitung von Leuchtgas, Ultramarin, Anilin, Düngemitteln, der Gewinnung und Zufuhr von Phosphorit, Chilisalpeter u. dgl.

§. 83. [84.]

Die Production im engeren Sinne ist ein fortgesetztes Eingreifen in die Körperwelt, um in derselben mehr oder bessere Mittel für menschliche Absichten zu gewinnen (a). Sie äußert sich entweder darin, daß nützliche Stoffe, welche sich noch nicht im Bereich der Menschen befanden, von der Erdrinde und aus der Atmosphäre in menschliche Gewalt (in das Vermögen) gebracht werden, oder darin, daß mit den schon erworbenen Stoffen körperliche Veränderungen vorgenommen werden, durch welche Güter von einer nützlicheren Beschaffenheit entstehen. Die Aneignung, das Hereinbringen der neuen Güter in das Vermögen bildet das Schlußglied der einzelnen zusammengehörenden Veränderungen und erfordert in jedem Falle eine Thätigkeit des Menschen, dessen Mitwirkung aber meistens schon früher, bei der Gestaltung der Erzeugnisse, beginnt. Die Gütererzeugung im Sinne der Volkswirthschaftslehre (§. 69) erscheint daher als das Werk der Menschen (b). Sie nimmt bei den gebildeten Völkern fortwährend in großem Maaße zu, und während sie eine jährlich steigende Masse neuer werthvoller Güter liefert, wird zugleich in vielen Fällen der hiezu erforderliche Aufwand an schon vorhandenen Gütern, d. h. der Betrag der Erzeugungs- und Beschaffungskosten vermindert und die Erwerbung der neuen Erzeugnisse erleichtert (c).

(a) Nach Carey (Soc. sc. Cap. 38. §. 1) besteht die Production darin, daß die Kräfte der Natur dem Menschen dienstbar gemacht werden (reduced to the service of man). (Demnach würde auch ein Experiment des Naturforschers, eine Luftfahrt zur Production gehören.)

(b) Manche nützliche Naturgebilde entstehen ohne menschliches Zuthun als Sachgüter, z. B. wildwachsende Bäume und deren Früchte und Säfte, -- Seefische, Gleswanien, Strauße u. dgl. Der Mensch bemächtigt sich ihrer und nimmt weitere Veränderungen mit ihnen oder ihren Theilen vor, daher kann man sagen, er producire Baumstämme, getrocknete oder gesalzene Fische, Barten, Elfenbein u. dgl. Die Steinkohlen sind buchstäblich genommen schon vor Jahrtausenden in der Erde erzeugt worden, dennoch hat man sich daran gewöhnt, das Abtrennen und Heraufschaffen als Steinkohlenproduction zu bezeichnen. Carey a. a. O. sieht hierin nur eine Ortsveränderung.

(c) Während der Erzeugung geht auch eine Verzehrung von Gütern vor sich (§. 69. c) und nur der Mehrbetrag der ersten kommt vollständig den Mitgliedern des Volkes zu Gute, bei der zweiten bloß der Theil, den sie mit der Production beschäftigten Arbeiter verbrauchen. Bei der Reihenfolge mehrerer Productionsvorgänge wird oft das Erzeugniß des einen bei dem nächsten wieder verzehrt, z. B. der Flachs in der Spinnerei, das Garn in der Weberei, das Gewebe bei der Verfertigung von Kleidungsstücken. Das Bleichen und Färben oder Bedrucken ist dagegen nur eine Wertherhöhung des Zeuges.

§. 84.   [83.]

Ueberblickt man die bei der Production stattfindenden Vorgänge, so wird man zur Erkenntniß der Bedingungen geführt, von denen jene abhängt, den sogenannten Güterquellen (a). Diese zerfallen in folgende Abtheilungen:

1) hervorbringende (productive) Kräfte, d. h. Ursachen von Veränderungen in der Körperwelt, und zwar sowohl Na-

turkräfte, als menschliche Kraft (b), deren Anwendung für den genannten Zweck die hervorbringende, productive Arbeit bildet;

2) schon vorhandene Vermögenstheile, welche als sachliche Productionsmittel zur Hervorbringung neuer Güter behülflich sind, ob sie gleich für sich allein, ohne die Wirksamkeit jener Kräfte, nichts zu Stande bringen könnten. Es ergiebt sich hieraus, daß, wofern jene Kräfte nicht fehlen, mit der Größe des Volksvermögens auch die Menge der zur Production dienlichen Hülfsmittel und somit das neuentstehende Gütererzeugniß zunehmen muß. Diese sachlichen Mittel sind Grundstücke und Capitale (c).

(a) Sources de la production nach Say. Dieser bediente sich späterhin des Ausdrucks fonds productifs und theilte dieselben so ein: I. fonds industriels (Arbeit), II. instrumens d'industrie, und zwar 1) non appropriés, Meer, Atmosphäre ꝛc., 2) appropriés, a) naturels (Grundstücke), b) capitaux. Die Mitwirkung aller dieser fonds zur Erzeugung neuer Güter nennt Say Productivdienste, eine Bezeichnung, welche die wichtige Verschiedenheit der gütererzeugenden Kräfte von den todten Hülfsmitteln nicht deutlich erkennen läßt.

(b) Nicht allein der menschliche Geist ist hier zu nennen, der zwar jeden Kraftgebrauch zur Arbeit leitet und in der Production sehr viel leistet, aber doch ohne die Thätigkeit der Gliedmaßen nicht zureichen würde. Unters Loz, Handb. I, 145. — Durch Ad. Smith veranlaßt, aber weiter gehend als dieser (§. 44. (a)), hat neuerlich Mac-Culloch, Grundlage, S. 47 ff., wie früher Locke und Galiani, die Arbeit des Menschen als die einzige Productionsquelle angesehen. Diese Meinung ist von späteren Forschern berichtigt worden, s. z. B. Storch, Ausg. I, 90, Loy, I, 147, v. Jakob, Ration. Oekon. §. 49 der 3. Ausg. Vgl. auch Zachariä, St. W. L. S. 27. — Viele volkswirthschaftliche Schriftsteller zählen nur 3 Güterquellen, nämlich Arbeit, Natur und Capital, wobei die Grundstücke zur Natur gerechnet werden. Der Ausdruck Natur ist hier zu unbestimmt und es muß näher untersucht werden, was die Natur überhaupt zur Erzeugung der Güter beiträgt. Auf diesem Wege gelangt man nothwendig zu der oben angegebenen Unterscheidung. Die Grundstücke verdienen neben dem Capital aufgeführt zu werden und die Naturkräfte äußern sich auch in dem letzteren. — Reymond (I, 19) unterscheidet richtig bei der Natur die agents naturels und die matières de la production.

(c) Der von Einigen gebrauchte Ausdruck Capitalkraft ist nicht deutlich. Das Capital ist keine Kraft, obgleich eine solche oft in ihm wirkt.

Zweiter Abschnitt.
Naturkräfte als Güterquellen.

§. 85. [86.]

Die natürlichen Kräfte (a) üben auf die Entstehung der sachlichen Güter einen so mächtigen Einfluß, daß man, wie das Beispiel der Physiokraten zeigt, verleitet werden könnte, die übrigen Güterquellen außer Acht zu lassen. Ohne die durch natürliche Vorgänge entstandenen Erzeugnisse würde das Menschengeschlecht in seinem Kindesalter sich nicht erhalten haben, und als später der Mensch mehr und mehr lernte, in diese Naturvorgänge einzugreifen, d. h. Kunst anzuwenden, stützte er sich immer auf den Beistand der Naturkräfte (b). Daß dieser in der Volkswirthschaftslehre oft nicht gehörig gewürdigt worden ist, rührt von der Vernachlässigung des Gebrauchswerthes her. Die Wirkungen der Naturkräfte auf die Stoffe erfordern theils gar keinen, theils nur geringen Kostenaufwand, vermehren folglich die Werthmenge in den Sachgütern in hohem Maße ohne verhältnißmäßige Erhöhung der Preise. Wenn also die Erzeugnisse nur nach diesem angeschlagen werden, so bleibt jener große gemeinnützige Erfolg unbeachtet, §. 66. 2, c.

(a) Unter Kräften versteht man die nicht selbst aus Stoff bestehenden Ursachen, welche im Gebiete der Stoffe Veränderungen hervorbringen oder demselben Widerstand leisten. Die Kraft, von welcher eine gewisse Wirkung herrührt, kann selbst wieder Wirkung anderer Ursachen sein, wie die Entströmung, die bei der Windmühle als Kraft erscheint. Viele Kräfte sind ihrem Wesen nach unbekannt, nur Art und Maaß der Wirkung können erforscht werden und geben Gelegenheit, die in ihnen waltenden Naturgesetze zu entdecken. .

(b) Rau, Programm: De vi naturae in republicam. Heidelb. 1831. 4° — Steinlein, Volksw. L. I. 239. — Revue encycl. Jul. 1831 nach Guvier. — v. Prittwitz, Andeutungen über die Gränzen der Civilisation, S. 5. — Sehr ausführlich Hasner, System d. polit. Oec. I, 88.

§. 86.

Um die Art, wie die Naturkräfte bei der Production thätig sind, näher zu beleuchten, sind bei den nutzbaren Erzeugnissen nach den Bedingungen ihrer Entstehung die in ihrem natür-

lichen Zustande befindlichen, d. i. rohen und die verarbei=
teten, sodann bei jenen wieder die organischen und unorga=
nischen Körper zu unterscheiden.

I. Organische Wesen (Thiere, Pflanzen) bilden sich aus durch das Walten der schon in dem Keime wirkenden Lebens= kraft und durch Aneignung (Assimilirung) der von außen auf= genommenen nährenden Stoffe. Die organischen Lebenskräfte wirken in jeder Art von Pflanzen und Thieren nach eigenen, unveränderlichen Gesetzen, unter denen die Fortpflanzung, die Ernährung, das Wachsthum, die Abnahme und das Absterben erfolgt (a). Die in den belebten Wesen enthaltenen Stoffe verändern sich ebenfalls durch Kräfte, welche festen Gesetzen der unbelebten Natur folgen (b). Aber in der äußeren Umgebung der organischen Körper wirken andere Kräfte, die in den einzelnen Erdtheilen, Ländern und Gegenden in ungleichem Grade thätig sind, weshalb das Gedeihen nutzbarer Thiere und Pflanzen an den verschiedenen Puncten der Erde bald mehr, bald weniger begünstigt ist.

(a) Diese Lebenskräfte zeichnen sich dadurch aus, daß sie im höchsten Grade gestaltend (bildend) sind und daß innerhalb einer Art von belebten Wesen gleiche Gestaltung sich von Geschlecht zu Geschlecht fort vererbt. Bei unorganischen Wesen zeigt nur die Krystallbildung eine Gesetz= mäßigkeit der Gestalt.

(b) Mischungen, Zersetzungen, Verdunstung, Auf= und Absteigen der Flüssig= keiten ꝛc.

§. 87.

Hiebei verdient die Erzeugung von nutzbaren Pflanzen, welche zur Ernährung von Menschen und Thieren und zu manchen anderen Zwecken dienen, und deßhalb für den Wohl= stand der Völker vorzüglich wichtig sind, näher beleuchtet zu werden. Die in der äußeren Umgebung der Gewächse wirken= den Kräfte (§. 86) zeigen sich

1) in dem Boden, der den Gewächsen einen Theil des er= forderlichen Nährstoffes mittheilt und das Gedeihen derselben nach Maaßgabe seiner Bestandtheile an organischen und unor= ganischen Stoffen, seiner hohen oder niedrigen, geneigten oder ebenen Lage und dergl. mehr oder weniger befördert (a);

2) in der Atmosphäre, deren örtlich verschiedene Beschaffen=

theilen und Erscheinungen das Klima (*b*) bilden. Dieses greift in mancherlei Hinsicht in das Staatsleben, besonders in die Volkswirthschaft ein. Die wichtigsten Bestandtheile des Klima's sind die Wärme der Luft (*c*) und ihre Feuchtigkeit, die durch Verdunstung großer Wasserbehälter stets vermehrt, durch Niederschläge (Regen, Schnee, Thau) wieder der Erde zugeführt wird und auf dieser sich nach dem Gesetz der Schwere fortbewegt(*d*).

Die aus diesen Ursachen herrührende Verschiedenheit in der Fruchtbarkeit der Länder hat auf die ganze Erzeugung und Verzehrung von Sachgütern bei einem Volke großen Einfluß. Je mehr nützliche organische Stoffe dem Boden abgewonnen werden, desto mehr Menschen können auf gleichem Raume auch ohne auswärtigen Verkehr ihren Unterhalt finden, desto niedriger sind die Kosten und also die Preise jener Stoffe, desto leichter ist es, den Unterhalt zu erwerben, und desto mehr Arbeit kann folglich auf Erhöhung, Verfeinerung und Vervielfachung des Gütergenusses oder auch auf die Pflege und Vermehrung der persönlichen Güter (§. 46.) verwendet werden (*e*).

(*a*) Die landwirthschaftliche Bodenkunde (Agronomie) enthält hierüber die näheren Nachweisungen.

(*b*) Montesquieu, Esprit des lois L. XIV. -- Zachariä, 40 Bücher vom Staate, I, 361. — Ch. V. de Bonstetten, L'homme du midi et l'homme du nord ou l'influence du climat. Genève, 1824. Deutsch v. Gleich, 1825. — Ancillon, Zur Vermittlung der Extreme, 1, 1. Abh. — Brown, Handbuch der Geschichte der Natur, I, 383. (1841). — Jacquerel, Des climats, P. 1853. — Man unterscheidet das Klima ganzer Länder oder Gegenden und das hiervon bisweilen sehr abweichende Ortsklima, wie z. B. der nordöstliche Abhang nach Lamont um 0,⁵⁴ Grad kälter, der südwestliche um 0,⁵ Grad wärmer ist als die ganze Landschaft.

(*c*) Die Wärme der Jahres- und Tageszeiten hat in der Schiefe der Ellipsis und der Erdumdrehung unwandelbare Ursachen. Aber die verschiedene climatische Wärme der Länder wird hauptsächlich von der Lage eines Ortes zwischen dem Aequator und den Polen (der geographischen Breite) und von der Höhe über dem Meere bestimmt; doch wirkt auch der Schutz durch vorliegende Gebirge, die Erdbedeckung mit Wald, Sumpf oder Wasser u. dgl. bedeutend ein. Die mittlere Jahreswärme nimmt im mittleren Europa mit ungefähr 0 — 700 Fuß Erhöhung über dem Meere oder 30 Meilen weiterer Entfernung vom Aequator um 1 Grad R. ab. Je nördlicher ein Land liegt, desto mehr ist die Fruchtbarkeit auf die niedrigeren Theile desselben beschränkt, wie denn z. B. die Gränze des ewigen Schnees bei Quito, unter dem Aequator, gegen 15,000, in den Alpen 8200—9000, in Island 2800, am Nordcap nur 2200 Fuß hoch ist. Es giebt daher sowohl in verschiedenen Höhenstufen als in verschiedenen geogr. Breiten mehrere Zonen der Gewächse und Grade der Fruchtbarkeit. In der Schweiz ist die obere Gränze der Rebe 1700 Fuß, — des häufigen Getreidebaus

2600 F., des Zwetschgenbaums 3300—3500, des Birnbaums 3600, — der Buche und des Kirschbaums 3600—4000, — des Waizens 4000 bis 4400, — der Kartoffel 4400—5000, — der Gerste 4800—5600, — der Tanne 5000, — der Beere und Lärche 6000—7000 F. Kasthofer, Beiträge z. Beurtheilung d. Vortheile der Colonisation eines Theils d. Alpenweiden. Leipzig, 1827. — Frankrini, Statistik d. Schweiz. S. 19. — Erdinger, Die Vegetationsverhältnisse Südbaierns, 1854.

Das östliche Asien ist bei gleicher Breite kälter als Europa, das westliche Europa hat höhere Jahreswärme als das östliche. Der Ackerbau reicht in Lappland bis zum 69½° Grad nordl. Breite, bei Tobolsk bis zum 60., in Canada nur bis zum 50. Breitengrade. Die Linien der gleichen Wärme (Humboldt's isothermische Linien) weichen daher von den Parallelkreisen bedeutend ab. Orenburg (51.[7] Gr. n. Breite) und Petersburg (60° Br.) liegen in der nämlichen Isotherme von 3°. — Man leitet die grössere Wärme von West-Europa hauptsächlich aus dem vom Aequator gegen Nordosten ziehenden Strome von warmem Wasser (Golfstrom) ab, wozu noch die über die africanische Sandwüste streichenden Südwinde (Sirocco, Samum. Böhn) kommen. Gehler, Physikal. Wörterb. Neue Ausg. XI, 1. Art. Temperatur.

Die geographische Verbreitung der Gewächse wird grösstentheils von der Temperatur bedingt, aber nicht blos von der Jahreswärme, sondern auch vom Maximum der Hitze und Kälte, von der Wärme der verschiedenen Jahreszeiten und dem Wechsel der Wärme in kurzen Zwischenräumen. Im Innern grosser Länder ist der Unterschied der Sommer- und Winterwärme grösser, als an den Küsten, daher die starken Biegungen der Linien gleicher Sommer- und Winterwärme, Isotheren und Isochimenen (die Franzosen schreiben isochimènes). Die angebauten Gewächse erstrecken sich nur so weit, als die Lanstriche ihren Anbau noch für vortheilhaft halten, de Candolle, Art. Géographie des plantes im Dictionn. des sciences natur., XVIII, 356. A. de Candolle, Bibl. univ. Genève, 1836. April, Mai. Der Bau des Zuckerrohrs erfordert mindestens 18°, des Kaffeebaums wenigstens 14°, der Baumwolle 12,[1] Grad Jahreswärme. Guter Wein wird nur da erzeugt, wo die mittlere Wärme des Jahres 9° R. beträgt, die des Winters über 0° steigt und die des Sommers 15—16° erreicht; z. B. Neustadt a. d. Haardt (baier. Rheinpfalz): Winter +1,[46] Frühling 8.[85] Sommer 15.[42], Herbst 8.[5]. Durchschnitt 8,[4]. Man hat neuerlich versucht, den Bedarf der verschiedenen Gewächse an täglicher Wärme vom Frühjahr bis zur Ernte zu berechnen, z. B. Waizen in 140 Tagen zu ungefähr 17° R. gegen 1700° R. Man darf aber nur die Tage einrechnen, an denen die Wärme über einigen Grade (z. B. 2 oder 3) hinaufsteigt. Boussingault, Die Landw. in ihren Bez. z. Chemie rc., II, 435 der b. Uebers. — A. de Candolle, in Bibl. univ., Sc. phys. VII. 1. 1848. — De Gasparin, Cours d'agric. II. 328. — Die 21 000 []Meilen grosse baumleere Steppenfläche des südlichen Russlands ist in diesem Zustande hauptsächlich wegen des starken Temperaturwechsels, da die höchste Hitze und Kälte im Jahre wohl um 80° R. von einander abstehen, ferner wegen der Trockenheit, der Stürme und Wirbelwinde; vgl. Kohl, Reisen in Süd-Russl. II, 61. de Tengoborski, Études sur les forces productives de la Russie, 1, 33. — Man kann in Europa folgende Regionen unterscheiden: 1) von mehr als 10° R. mittl. Wärme, wo es in den tiefsten Gegenden selten friert und schneit, also in der Regel nur regnet (Zone des Regens), wo Orangen-, Citronen- und Oelbäume gedeihen und die []Meile 6000 und mehr Menschen ernähren kann. Hierher gehören Bordeaux 10,[05] — Brest 11,[46]. — Marseille 11,[17] — Montpellier 12,[35] — Rom 12[38]

Athen, Aiiza 12,⁴ — Lissabon 13 — Palermo 13,⁴¹ Gr., — 2) von 3—9° m. B., wo überall Wintergetreide gedeiht, an wärmeren Stellen Obst, Tabak ꝛc., an den wärmsten auch die Rebe, und für 3—4000 Menschen auf der ☐Meile Nahrungsmittel erzielt werden (nämlich auf den Kopf der Einwohner gegen 5⅓ Ctr. Getreide, auf den pr. Morgen 490 Pfd. über die Aussaat Ertrag gerechnet, dazu noch die Hälfte Land für andere Früchte, und an Wiese und Wald soviel als Acker angenommen und diese Bodenerzeugnisse auf ¾ der Oberfläche angeschlagen). In diese Abtheilung fallen z. B. Drontheim 3,⁴⁴ — Abo 3,⁸⁴ — Stockholm 4 — Christiania 4,⁵¹ — Mitau 4,⁵⁷ — Danzig 4,⁵⁶ — Königsberg 5,⁰⁷ — Lemberg 5,³¹ — Brün 5,⁸¹ — Breslau 0,³ — Edinburg 6,⁴⁸ — Manchester 6,⁷⁰ — Berlin, Göttingen, Zürich 7,⁹ — Genf 7,⁴⁶ — Frankfurt a. M., Prag 7,⁸⁴ — Stuttgart 7,⁸¹ — London 7,⁸⁸ — Karlsruhe 8,⁰⁴ — Brüssel, Paris 8,⁶¹ — Wien 8,⁶⁴ Gr.; — 3) den kalten Theil, in welchem nicht mehr überall Sommergetreide reift und durch Viehzucht und Fischerei kaum 1—200 Menschen auf der ☐Meile Unterhalt erwerben. Beispiele geben Island, Tornea — 0,⁴ — Kasan + 1,⁸¹ — St. Petersburg 2 — Moskau 2,⁶ Gr. — Acht Zonen in Rußland: 1) Glassina, 2) J. des Rennthiermooses, 3) des Waldes und der Viehzucht, 4) des Sommergetreides, 5) des Roggens und Leins, 6) des Waizens und Obstes, 7) des Weins und Mais, 8) des Oelbaumes, des Zuckerrohrs und der Seidenzucht, v. Gablitz in den Dorpater Jahrb. IV, 1. (1834.) — Nouv. Ann. des Voyages, 1835. — do Tengoborski, I, 22. — So werden auch in den nordamerikanischen Freistaaten die Gegenden des Zuckerrohrs, des Baumwollen- und Reisbaues, — des Waizenbaues, — und der vorherrschenden Viehzucht unterschieden. — Für Frankreich hat A. Young die Gränzen des Weins, Mais, und Oelbaues angegeben (Reisen durch Frankreich und einen Theil von Italien, II, 21, deutsch Berl. 1794), welche ziemlich genau mit der Hauptrichtung der Nordgränze Frankreichs am Canal parallel laufen. — Fünf klimatische Bezirke von Frankreich, f. Martins in Bibl. univ. Nr. 103, S. 139. Nr. 104, S. 347, de Gasparin Cours II, 328.

(d) Je höher die Wärme einer Gegend steigt, desto mehr Regen bedarf diese wegen der schnellern Verdunstung zur Fruchtbarkeit. Gleiche Regenmenge kann in einem kälteren Lande übermäßig, in einem wärmeren unzulänglich, in einem heißen unzureichend sein, und viele Landstriche in heißen Ländern sind wegen der Trockenheit unfruchtbar. Es muß indeß hiebei auch die Vertheilung des Regens auf die verschiedenen Jahreszeiten beachtet werden. Bei 7—8 Grad m. W. mögen 20—25 Zoll Regenhöhe im Jahre das günstigste Verhältniß sein, bei 10—12 Grad m. W. ungefähr 30 Zoll. Viele ebene Gegenden in Deutschland, Frankreich, Ungarn, Schweden ꝛc. haben nur 14—26 Par. Zoll Regenhöhe (Würzburg und Upsala 14, Prag und Sagan 15, Brüssel, Paris, Marseille, Stockholm 17, Berlin 19, Oxford, Coblenz 20, Mannheim 21, Edinburg, Harlem, London, Stuttgart 23, Heidelberg 24, Karlsruhe, Olmütz 25), — manche Gebirge und Seegegenden, wie West-England, auch Oberitalien 30—45 (Liverpool 32, Mailand, Cherbourg 36, Bern, Bergamo 43, Genua 44), — Rio Janeiro 58 Z., — Ostindien 70 und mehr, Westindien 80—90 J. Viele Angaben in Schler, Phys. Wörtl. N. Ausg. VII, 1834. — Versuch, viele Verschiedenheiten im natürlichen und geselligen Zustande der Länder aus dem in der Luft schwebenden Wasserdampfe und mittelbar aus der Menge der fließenden Gewässer abzuleiten, von Bobbi, Ueber d. Abhängigkeit d. phys. Populationskräfte von den einf. Grundstoffen. Leipz 1842. 4. — Da die Fruchtbarkeit einzelner Jahrgänge größtentheils von einer günstigen Combination der Wärme und Fruchtigkeit bedingt wird, so läßt sich erwarten, daß man zwischen den Jahrestemperaturen und Regenhöhen einerseits, den Ernteerträgnissen und Fruchtpreisen andererseits einer Zusammenhang auffinden könne. In Bezug auf die Ernten ist dieß versucht worden in Corso di Agricoltura, Firenze, 1803, V. 185. Die Getreidepreise hängen freilich von verschiedenen Concurrenzverhältnissen ab und können sich daher nicht ganz nach natürlichen Ereignissen richten, doch zeigt sich z. B. in den folgenden Jahren des Decenniums von 1800—1809 genau die umgekehrte Fortschreitung der Durlacher Spelzpreise (Malter) und der mittleren Karlsruher Jahreswärme:

```
1805  das R. 13,4 fl. m. W.  7,73 Gr. R.
1803         11,0              7,61
1804          9,9              8,28
1800          9,514            8,59
1802          8,423            8,63
1801          8,146            8,16
```

(c) In kälteren Ländern ist 1) der Bodenertrag an Menge und Güte geringer, a) weil manche Pflanzen, die ein größeres Wärmebedürfniß haben, gar nicht mehr fortkommen oder wenigstens die Erzeugnisse minderer Güte erreichen, z. B. die Trauben nicht so zuckerreich werden. 1 preuß. Morgen giebt in Carolina 15 Centner Reis, in Westindien 5 Ctr. Kaffee oder 11 Ctr. Zucker, Moreau de Jonnès, Le commerce du 19 Siècle I, 11. — 1 Morgen mit Pisang (Musa paradisiaca) bepflanzt, nährt in Merico auf dem besten Boden 23 Menschen und verursacht wenige Arbeit (v. Humboldt); — b) weil der Wuchs der Pflanzen schwächer ist. 1 preuß. Morgen (0,1 bad. M.) trägt in Deutschland und Frankreich beiläufig 6—7 Centner Waizen, in dem bracbbarsten Lande bei Valencia bis zu 29 Centnern (Jaubert be Passa), auf der Hochebene von Merico (zwischen 4200 u. 10 000 F. über dem Meere) im Durchschnitt 27 Centner, bei Queretaro und Cholula aber gegen 43 Centner (38fache Aussaat). Der Reis bringt in Deutschland die Aussaat 80—100fach, in Brasilien 120—130fältig, in Merico 3—800fach. Oefteres Erfrieren des Getreides in Schweden und Norwegen, Bericbnen vor der Reife. — Das Wasser, welches aus dem Boden aufgelöste Nahrstoffe in die Gewächse führt und zum Theil wieder verdunstet, braucht in wärmeren Ländern zu diesem Durchgang kürzere Zeit und derselbe wiederholt sich folglich öfter; die Luft enthält hier mehr Ammoniak wegen der schnelleren Zersetzung der Pflanzen u. Thierreste, mehr Salpetersäure wegen der starkeren Electricität und mehr salpetrige Säure zeigt sie den größeren Berdunstung von Waſſer (nach Schönbein); — c) weil der Boden in der kürzeren Zeit des Wachsthums nicht so vielfach benutzt werden kann. Schon in Süd- und Mittel-Deutschland können Stoppelfrüchte nach der Getreideernte gebaut werden, im südlichen Europa reifen viele Feldfrüchte schon im Frühling und machen anderen Platz. — 2) In dem kürzeren Sommer wächst weniger Grünfutter, und da der Winter länger anhält, braucht man mehr Winterfutter und kann nicht so viel Vieh halten. Nach Schübler erfolgt die Entwickelung der Blüthen bei jedem Grade nördlicher Breite in Europa um ungefähr drei Tage später, Berghaus, Ann. Febr. 1831, S. 629. — Auf den Alpen in Steyermark und Unterwalden (Ungleich) nimmt man nur 16 Wochen Weidezeit jährlich an. — 3) Die Arbeit ist unter übrigens gleichen Umständen kostbarer, weil Kleidung, Wohnung und Feuerung mehr Aufwand erfordern und viele Beschäftigungen durch die kalte Jahreszeit lange unterbrochen werden; schon in Rußland dauert die Feldarbeit nur 5 Monate. — Nach der sächs. Geschäftsanweisung zur Abschätzung des Grundeigenthums (30. März 1838. §. 31) kostet 1 Ochsengespann in den höchsten Gegenden 4,⁶⁰, in den niedrigsten 3,⁴ Reyen Roggen, weil hier nur 150, dort 200 Arbeitstage jährlich angenommen werden. — 4) Es muß ein größerer Theil des Bodens der Holzgewinnung gewidmet werden.

§. 88.

Die Wirthschaftsverhältnisse der Völker sind jedoch nicht so ungleich, als es die verschiedene Fruchtbarkeit der Länder vermuthen lassen sollte. Dieß läßt sich so erklären:

1) Selbst die günstigste natürliche Beschaffenheit eines Landes giebt erst dann, wenn sich menschliche Arbeit zu ihr gesellt und sie benutzt, einen reichlichen Ertrag. Viele der schönsten Länder der Erde werden nur von wenigen und dürftigen Menschen bewohnt, weil fehlerhafte Staatseinrichtungen oder Trägheit und Rohheit des Volkes die zweckmäßige Benutzung des fruchtbaren Bodens verhindern (a).

2) Fleiß und Geschicklichkeit können auch in einem von der Natur wenig begünstigten Lande den Bodenertrag bedeutend erhöhen (b) und den Bewohnern durch die Betreibung von Gewerben, deren Erzeugnisse sie in anderen Gegenden absetzen, neue Hülfsquellen eröffnen. Die Erfahrung zeigt, daß mit den Schwierigkeiten, welche die Befriedigung der Bedürfnisse findet, die Kraft, Ausdauer, Erfindsamkeit und Genügsamkeit der Menschen zunehmen (c). Es giebt Gegenden, in denen die Erwerbswege der Bewohner mit dem Boden fast keinen Zusammenhang haben; nur ist eine solche Art der Ernährung nothwendig der Gefahr von Unterbrechungen stärker ausgesetzt, als eine auf den Erzeugnissen des eigenen Landes beruhende, §. 395.

(a) Verfall der Länder unter türkischer Herrschaft, im Vergleich mit ihrer frühern Blüthe. In Persien versandet das Land mehr und mehr, und die Wüste dringt weiter vor, weil man die Quellen vernachlässigt. — Beschwerden in neu angebauten Ländern wegen der ungebändigten Gewässer, der schädlichen Thiere u. dgl. Sismondi, De la rich. comm. I, 20—28. In den heißen Ländern findet auch die Fabrikarbeit manche Schwierigkeiten, weßhalb dort nicht alle Beschäftigungen mit gleichem Erfolg getrieben werden können, und so hat die Natur selbst den minder warmen Ländern wieder einigen Vortheil zugewendet. Metalle rosten leichter, das Holzwerk wirft sich; der trockene Staub in Aegypten bringt die Räderwerke ins Stocken und die Fäden reißen beim Weben sehr häufig, Mongin, Histoire de l'Egypte sous le gouvern. de Mohammed Ali, 1823, und Storch II, 166.

(b) 3. B. öftere Bearbeitung in größerer Tiefe, starke Düngung, Auswahl der weniger wärmebedürftigen Pflanzen und der wärmeren Lagen, Schutz gegen die Kälte durch Gebüsche und Waldungen, im Garten durch Mauern. Hier wird auch künstliche Wärme in Treibhäusern zu Hülfe genommen. Die Hitze eines brennenden Steinkohlenflötzes bei Zwickau wurde 1837 zu diesem Zwecke benutzt und die Zucht exotischer Gewächse möglich gemacht, s. Geitner, Beschreib. der Treibgärtnerei auf den Erdbränden bei Planitz. Leipz. 1839.

(c) Belege geben die den Waßersgefahren ausgesetzten Länder, wie die Niederlande, und die Hochgebirge, in denen die Gewäßer weit schwerer zu beherrschen sind, die Landstraßen nur mit großen Kosten angelegt und erhalten werden, die Lawinen und Erdfälle dem Leben und dem nutzbaren Boden Gefahr drohen. Je mehr dagegen das Klima für den Menschen gethan hat, desto näher liegt die Versuchung zum Leichtsinn, zur Sorglosigkeit. In den Polarländern setzt freilich die Kälte und mühsame Fristung des Lebens der Ausbildung des Menschen enge Schranken, dagegen ist auch die den Unterhalt überaus erleichternde Fülle der Natur, wie z. B. auf den Sandwichinseln,

Where all partake the earth without dispute,
And bread itself is gather'd as a fruit,   Byron

der Entwicklung vieler menschlichen Anlagen nicht vortheilhaft. In den heißen Ländern, wo bei der Stärke der Phantasie und der Leidenschaften die Selbstbeherrschung schwerer, der Hang zur Trägheit mächtiger ist, gedeiht die bürgerliche und politische Freiheit nicht so leicht, vielmehr ist der Druck des Despotismus und die Sklaverei meistens einheimisch.

§. 89.

II. Die nutzbaren unorganischen Stoffe (vgl. §. 86.), wie die Erze, gediegenen Metalle, Salze, Steinkohlen, Bausteine und dergl. werden fast alle schon gebildet in der Erdrinde angetroffen, daher ist hier der fortdauernde Einfluß der Naturkräfte viel schwächer, als bei Pflanzen und Thieren (a), dagegen wird aber zur Gewinnung solcher Körper aus der Erde häufig von dem Beistande natürlicher Kräfte Gebrauch gemacht.

III. Die meisten Naturgebilde, sie seien organisch oder unorganisch, bedürfen einer weiteren Veränderung, um zu mannichfaltigem Gebrauch völlig tauglich und zu höherem Werthe gebracht zu werden, und hiebei leisten wieder Naturkräfte einen mächtigen Beistand. Diese müssen jedoch erst durch die menschliche Kunst zu dieser Wirksamkeit hingelenkt und während derselben geleitet werden und sind also hiebei den Menschen dienstbar, während sie bei der Entstehung organischer Körper als vorherrschend auftreten (§. 87). In den meisten Verrichtungen dieser Art kann die Kunst mit aller Freiheit schalten, während andere, z. B. die der fließenden Gewässer, an bestimmte Örtlichkeiten gebunden sind, §. 120.

(u) Er zeigt sich z. B. in der natürlichen Entstehung und Neubauung des Salpeters, Salmiaks, des Schwefels bei Vulkanen, im Krystallisiren des Kochsalzes aus Salzseen ꝛc.

§. 90.

Bei dieser Umgestaltung oder Bearbeitung (§. 89. III.) werden zwei Classen natürlicher Kräfte zu Hülfe genommen:

1) chemische, zufolge welcher die Stoffe sich verbinden, verändern und von einander trennen. Es sind dieß Wirkungen, welche die Arbeit allein nicht hervorzubringen vermöchte, vielmehr ist diese hauptsächlich darauf gerichtet, die Vorbereitungen zu treffen, damit das Spiel der Naturkräfte in beabsichtigter Weise beginnen könne. Als Beispiele dienen die Auflösung fester Körper in Flüssigkeiten (a), das Austrocknen durch den Wind, die Fähigkeit der Wärme, Stoffe zu verflüchtigen (b), zu schmelzen (c), zu härten (d), oder andere nützliche Wirkungen hervorzubringen (e), die bleichende Wirkung des Sonnenlichts (f) und des Chlors (g), die Zersetzung von Stoffen mit Hülfe der Atmosphäre (h) und mancherlei andere chemische Anziehungen und Scheidungen (i).

2) mechanische, welche eine Bewegung der Körper hervorbringen und dadurch zu einer Aenderung der Gestalt oder zu einer Versetzung der Stoffe an eine andere Stelle behülflich sind (k). Kräfte dieser Art liegen in der Muskelstärke der Thiere, in dem Winde, dem eingeschlossenen heißen Wasserdampfe (l), dem Fließen des Wassers (m), dem Luftdrucke (n), der Schwere (o), der Elasticität (p), der Drehkraft der bei einer Verbrennung entstehenden Gase (q), der Electricität und dem Magnetismus u. dgl. (r). Solche Kräfte werden nach und nach an die Stelle der menschlichen gesetzt, die sie an Stärke weit übertreffen (s).

(a) Färben, Drucken, — Bleibrauen, — Bereitung vieler Speisen und Heilmittel durch Aufgießen und Kochen, — Ausziehen des Kochsalzes, Salpeters ꝛc. aus Erden, der Gerbsäure aus der Lohe, des Kali aus der Asche, — Amalgamiren bei Silbererze.

(b) Trocknen der Zeuche, des Anders, Kochsalzes, Getreides ꝛc. durch Ofenwärme, — Salzsieden, — Destillation, — Austreiben des Quecksilbers nach dem Amalgamiren, — Kalkbrennen, · Kohlenbrennen, Coalsbereitung, — Leuchtgas.

(c) Schmelzen und Gußen der Metalle, — Glas, Glasur des Töpfergeschirrs. — Verzinnen, — Talg- und Wachslichter, — Verarbeitung des Wachses

(d) Brennen der Ziegel und Irdenwaaren.
(e) Vielfacher Nutzen heißer oder warmer Quellen zum Kochen, Waschen, Erwärmen von Zimmern und Treibhäusern, um Mühlräder eisfrei zu erhalten (Benutzung der Bohrbrunnen durch Bradmann) ꝛc.
(f) Auch Daguerre's Lichtbilder, Photographie.
(g) Große Wichtigkeit des Chlor, auch zum Zerstören gesundheitswidriger Düfte.
(h) Wein- und Eißzgährung. — Beruhigen der Alaunerze, Salpetererzeugung. — Düngerbereitung.
(i) Vielfältige Benutzungen der chemischen Verwandtschaften; z. B. Chlorbereitung durch Mischung von Braunsteinoxyd und Salzsäure. — Anwendung des Galvanismus zur Verfertigung von Kupferabgüssen (Jacobi) und zur Ausscheidung des Goldes und Silbers aus Erzen (Becquerel). — Bereitung der Seife. — Gerben durch Verbindung des Gerbstoffs mit Leim. — Gypsarbeiten zufolge der schnellen Wasseranziehung des gebrannten Gypses ꝛc.
(k) Nach neueren Forschungen erscheinen zwar auch die chemischen Veränderungen als Bewegung der kleinsten Stoffteilchen (Molecülen), hierdurch wird aber der obige in der Erscheinung begründete Unterschied nicht aufgehoben.
(l) Dampfmaschinen, Dampfschiffe, Dampfwagen, — Hemmung der Schiffsfahrt im Winter, dagegen Schneebahnen in den nördlichen Ländern.
(m) Wasserräder, hydraulische Widder.
(n) Pumpen, — Clegg's atmosphärische Eisenbahn, — Benutzung der zusammengedrückten Luft als Triebkraft.
(o) Schrotgießen, — Wassersäulenmaschine, Fourneyron's Turbine, — hydraulische Presse von Brahma, artesische Brunnen, — Schlemmen der Erze des Goldsandes, — Einrammen von Pfählen beim Wasserbau. — Durchsieben.
(p) Bei vielen Maschinen werden Stahlfedern benutzt.
(q) Schießpulver, Schießbaumwolle.
(r) Der Compaß, der Telegraph; Anwendung der Electricität auf den Jacquardstuhl durch Bonelli, zum Sprengen von Steinen.
(s) Phantasien über fernere Benutzung von Naturkräften in Etzler, The paradise within the reach of all men, without labour, Lond. 1842 deutsch: Nim. 1844. — Man hat versucht, die bewegenden Kräfte zu berechnen, welche zur Gütererzeugung und zum Handel benutzt werden. Nach Dupin's Angaben von 1827, die sich wenigstens der Wahrheit annähern mögen (Forces productives I, 19 ff.), war die Summe der zu Hülfe gerufenen Naturkräfte, auf menschliche Kräfte reducirt:

	in Großbritanien	in Frankreich
1) im Landbau, Arbeitsthiere . .	22.500 000	28 872 500
2) in den Gewerben und im Handel:		
a) Arbeitsthiere	1.750 000	2.100 000
b) Wasser in Mühlwerken . . .	1.200 000	1.500 000
c) Wind in Mühlen	240 000	253 333
in der Schifffahrt	12.000 000	3.000 000
d) Wasserdampf	6.400 000	80 000
	44.090 000	35.205 533
Ueberschlag für Irland . . .	7.241 169	
	51.331 169	

Rechnet man hiezu die muthmaßliche
Anzahl menschlicher Arbeitskräfte mit 8.919 150 12.809 056
so ergibt sich die Hauptsumme . . 60.250 319   38 014 889.

Frankreich hatte im J. 1850 8288 stehende Dampfkessel mit 65 120 Pferdekräften in Gang, daneben 725 Dampfmaschinen auf Eisenbahnen und 279 Privat-Dampfboote. — In Großbritanien waren 1839 bloß in den Fabriken zum Spinnen, Weben ꝛc. der 4 Hauptstoffe 3051 Dampfmaschinen mit 74 044 Pferdekräften in Gang. Die Handels-Dampfschiffe von Großbritanien beliefen sich 1838 auf 760 mit 56 496 Pferdek. und 78 664 Tonnen Ladungsfähigkeit, 1849 auf 1142 mit 158 729 T., ohne die Colonieen, 1855 3716 mit 594 333 T. Porter, Progreß. S. 232. 317. Carey (Princ. II, 207) setzt sogar die in Großbrit. wirkende Dampfkraft gleich 600 Mill. Menschen! — Lehrreich ist folgende Zusammenstellung sowohl zur Vergleichung der Länder als der Jahre:

		Stehende M.	Dampfm.	Dampfsch.	zusammen Pferdekräfte
Preußen	1849	1444	429	90	66 859
	1855	3050	913	122	181 774
Oesterreich	1848	329	240	68	24 734
	1851	603	473	121	67 153
Belgien	1850	2040	229	13	65 910
	1854	3758	667	52	237 464

Zollverein 1846 13 525 Dampfmaschinen mit 599 172 Pf., s. Ergänzungsblätter II, 630. — Egen (Untersuchungen über den Effect einiger in Rheinland-Westphalen bestehender Wasserwerke, Berl. 1831) berechnete in Pferdekräften, die Tag und Nacht wirken, und deren jede mit 27 Menschenkräften nach Dupin's Bestimmungsart zu vergleichen ist, die Gewerbekräfte des preuß. Staats im J. 1838: Thiere 400 000, Wasser 100 000, Wind in Mühlen 18 500, in Schiffen 24 000, Dampf 4485, zus. 544 985 Pferdekr., hiezu Menschenkr. 0·990 900, zusammen 914 935 Pferdekr. == 24·704 595 Arb.-Ar. Demnach kamen auf den Kopf der Einwohner von sämmtlichen mechanischen Kräften im brittischen Reiche 2⅖ Menschenkräfte (Dupin), im preußischen Staate 2, in Frankreich 1½.

Um die Leistung der Dampfmaschinen in Pferdekräften auszudrücken, rechnet man nach Watt auf eine solche Kraft die Emporhebung von 150 Pf. mit 3 Fuß Geschwindigkeit in der Secunde, also engl. 540 Pf. — 489 oder neuerlich 480 Zollpf. mechanisches Moment oder gegen 2800) Pf. in der Minute. Da aber Pferde nur etwa 8 Stunden täglich arbeiten, so leistet jede Pferdekraft der Maschine eigentlich drei Pferde. In Frankreich wird zum Maaße der Kraft das Dynam gebraucht, welches nach Brony einen Effect von 1000 Kilogrammen 1 Meter hoch gehoben in der Minute, oder 6600 bed. Pf. 1 Fuß hoch bedeckt, also ungefähr ⅛ Pferdekraft. Die Mechaniker nehmen übrigens die Kraft eines lebenden Pferdes im Maschinenwesen minder hoch an; Prechtl (Technol. Encykl. II, 58.) setzt sie zu 120 Pf. Last 3½ Fuß in der Secunde gehoben, oder 400 Pf. 1 Fuß hoch, Andere nur 255 Pf. Die mechanische Leistung eines Menschen wird nach Trebgold u. Gregory zu ungefähr 31 engl. (28 Zoll) Pf. mit 2 Fuß Geschwindigkeit geschätzt.

Zur Hervorbringung einer Pferdekraft sind bei Watt's Dampfmaschinen der größeren Art etwa 10 engl. Pf., bei den Kleinsten von 1 Pferdekraft gegen 22 Pf. Steinkohlen in einer Stunde erforderlich, bei den Maschinen der Fabrik zu Eschweiler 8½ bis 14½ pr. Pf. Steinkohlen, erstens, wenn sie 20 Pferdekräfte, letzteres, wenn sie nur eine enthalten. Rennie's M. braucht nur 2,³ Pf. Steinkohlen stündlich auf jede Pfkr. Yearbook of facts, 1843. S. 6. 1 Bushel (84 bis 88 Pf.) Steinkohlen kann in Watt's Maschine 18—22 Mill. Pf.

1 Fuß heben, **Woolf's** Maschinen mit hohem Druck und Expansion haben die Leistung bis auf 68 Mill. Pf. gebracht, namentlich die große Maschine in der **Wheal Abrahams** Grube in Cornwallis, **Byroll**, Technol. Encykl. III, 689. — **Severin**, in Abhandl. d. l. techn. Deput. f. Gew. 1, 123. 326. Neuerlich hat man es in Cornwallis durch sorgfältiges Zusammenhalten der Wärme des Kessels im J. 1827 auf 87 Mill., 1832 auf 91, 1835 sogar auf 125 Mill. Pf. gebracht Athenaeum, Nov. 1839. S. 622 (nach **Thom. Leas**)

§. 91.

Sowohl die chemischen als die mechanischen Naturkräfte würden, sich selbst überlassen, in den meisten Fällen keine Wertherhöhung hervorbringen, die mechanischen fast nie (a). Erst dann, wenn ihnen durch die Veranstaltung der Menschen eine bestimmte Wirksamkeit angewiesen wird (§. 89), tragen sie zur Vermehrung der Gütermenge bei. Mit ihrem Beistande wird eine große Masse von Gebrauchswerth mit ziemlich geringen Kosten, also mit einem ansehnlichen Gewinn hervorgebracht, welcher in den meisten Fällen den Käufern der um niedrigen Preis zu Stande gekommenen Erzeugnisse, also dem ganzen Volke, zu Gute kommt. Nur da, wo die Benutzung einer Kraft bloß Einzelnen zusteht, z. B. bei Bächen, ziehen die Berechtigten den Vortheil. Die geschickte Benutzung der natürlichen Kräfte ist eine der Hauptursachen des größeren Wohlstandes gebildeter Völker, und die fortschreitende Kenntniß der Natur sowohl als der Hülfsmittel zur vortheilhaften Hervorbringung von Bewegungen (Maschinenlehre) hat aus diesem Grunde einen höchst wichtigen Einfluß auf das Einkommen jedes Volkes (b).

(a) Man könnte höchstens an das Abschütteln der Baumfrüchte durch den Wind, das Fortspülen und Absetzen nützlicher Materien durch Gewässer u. dgl. erinnern. — Treibholz, an die Küsten von Island gespült; — der Dschilam (Hydaspes) und mehrere americanische Ströme, wie der Mississippi, führen ebenfalls mächtige Baumstämme mit sich.

(b) „Es ist die verbesserte Dampfmaschine, welche die Schlachten von Europa durchgefochten und während des letzten furchtbaren Kampfes die politische Größe unseres Vaterlandes aufrecht erhalten hat. Es ist die nämliche große Kraft, welche uns in den Stand setzt, unsere Staatsschuld zu verzinsen und den schweren Wettkampf gegen die Geschicklichkeit und das Capital aller anderen Länder zu bestehen." **Stuart**, History of the Steam engine, 1824.

Dritter Abschnitt.
Die Arbeit als Güterquelle.

I. Einleitung.
§. 92. 93.

Es kann fast kein Sachgut in den Gebrauch für menschliche Zwecke gelangen, ohne daß sich an ihm irgend eine **Arbeit** äußert, wäre es auch nur das Ergreifen und Sammeln der in ihrem rohen Zustande schon brauchbaren Naturerzeugnisse (§. 63) — (a), die meisten Güter würden aber ohne Hülfe der Arbeit gar nicht entstehen (b). Da diese am vollständigsten unter der Herrschaft des menschlichen Willens steht und die anderen Productionsbedingungen zum Beistande herbeizieht, so muß schon deßhalb die Volkswirthschaftslehre sich am meisten mit ihr beschäftigen. Wie die Größe des jährlichen Einkommens eines Volkes hauptsächlich von der hervorbringenden Arbeit desselben abhängt, so ist auch der vorhandene Stamm von beweglichem Vermögen und der verbesserte Zustand der Grundstücke die Frucht früherer Arbeit. Die Mehrzahl der Menschen ist genöthigt, mit irgend einer Arbeit ihren Unterhalt zu erwerben und dieser fortwährende Kraftgebrauch befördert zugleich die Ausbildung aller körperlichen und geistigen Anlagen des Menschen, §. 20 — (c). Indeß darf der Arbeiter nicht allein als Träger einer gütererzeugenden Kraft betrachtet werden, denn er ist zugleich Glied des Volkes und hat auf Theilnahme an dem Genusse der Erzeugnisse Anspruch.

(a) Es giebt zwischen der leichten Aneignung der Früchte wildwachsender Pflanzen und der künstlichen Bearbeitung von Stoffen sehr viele Abstufungen für das Verhältniß zwischen der Arbeit und den Naturkräften.

(b) Cicero, De officiis, II, cap. 3, 4. führt diesen Gedanken aus. Es ist hieraus leicht zu erklären, wie man, besonders dem physiokratischen Grundirrthume gegenüber, die Arbeit für die einzige Quelle der Güter halten konnte, §. 85. (b). — Es kommt hinzu, daß der Preis der Dinge, insoferne er von den Kosten bestimmt wird, sich vorzüglich nach der angewendeten Arbeit richtet.

(c) Die Arbeit ist nicht nur nothwendig für unser Einkommen und eine Pflicht gegen die Gesellschaft, sondern auch eine Schule der Ausdauer, des Fleißes. Sie kann und soll auch unsre Freude, unser Trost sein, alle unsere bessern Kräfte üben und stählen. Beschäftigung, die nie ermattet ꝛc. Schiller (Ideale) — Freilich kann dieß von gedankenlosen Handarbeit weniger erwartet werden, als von solcher, die auch den Geist beträchtlich in Anspruch nimmt. Den Müßiggang aber bezeichnet mit Recht ein alter Spruch als aller Laster Anfang.

II. Zweige der Arbeit.

§. 94.

Der Zweck, welchen der **Arbeiter** bei seiner Beschäftigung im Auge hat, ist entweder bloß der Erwerb von Sachgütern, oder ein höheres, in der Idee eines gewissen Berufes liegendes Ziel, neben welchem zwar ebenfalls Erwerb beabsichtigt, aber nicht zur Hauptsache gemacht werden darf. Beschäftigungen für den Zweck des Erwerbes heißen überhaupt **Gewerbe** im weitern Sinne. Untersucht man dagegen die **volkswirthschaftlichen Wirkungen** der Arbeiten, so erkennt man sogleich vorläufig, daß es Zweige derselben giebt, die zwar irgendwie nützliche oder angenehme Wirkungen haben, aber nicht auf die Vermehrung der ganzen Sachgütermenge hinwirken und deßhalb nicht zu den **hervorbringenden oder productiven** Beschäftigungen gerechnet werden können. Es ist offenbar für den Volkswohlstand nicht gleichgültig, wie die Arbeiter eines Landes sich unter die in dieser Hinsicht verschiedenartigen Beschäftigungen vertheilen und es ergiebt sich hieraus die Aufgabe, das Verhalten der verschiedenen Arbeitszweige zur Gütererzeugung zu untersuchen, wozu aber zuvor diese Zweige der Arbeit nach ihrer eigenthümlichen Bestimmung abgetheilt und überblickt werden müssen.

§. 95.

Zunächst sind zu unterscheiden: (a)

A) **Wirthschaftliche Arbeiten**, welche auf die Befriedigung der Bedürfnisse durch sachliche Güter gerichtet sind; dieß kann geschehen

I. durch Mitwirkung zur Erzeugung der Vermögenstheile,

II. durch Besorgung ihres Ueberganges in andere Hände,
III. durch Erhaltung und Erleichterung des Gebrauches der Güter.

B) Arbeiten, welche eine unmittelbare Wirkung auf die Person haben, also persönliche Güter (§. 46.) hervorbringen. Geschieht dieß für andere Personen, so sind die Verrichtungen **persönliche Dienste** (§. 46a.), die entweder aus freiem Antriebe ohne Vergeltung oder nach Uebereinkunft gegen Vergütung geleistet werden. Diese Dienste sind von einer überaus großen Manchfaltigkeit, deren Zergliederung aber hier nicht erforderlich ist. Man kann sie in Rücksicht auf ihre Veranlassung in Privat- und Staatsdienste, in Bezug auf ihre Zwecke und die dazu nöthigen Fähigkeiten des Dienstleistenden in höhere und niedere eintheilen; die letzteren gehören zu den Gewerben, §. 94.

(a) Rau, Ueber die Kameralwissenschaft, S. 54 ff.

§. 96.

A) I. Diejenigen Beschäftigungen, welche dazu bestimmt sind, neue sachliche Güter in menschliche Gewalt zu bringen, bestehen hauptsächlich (nämlich neben dem Aufsuchen eines höheren Werthes schon vorhandener Dinge, §. 83. 84.) in einer körperlichen Einwirkung auf den Stoff der Güter, welche die Werthmenge derselben zu vermehren dient. Diese können deßhalb **Stoffarbeiten** genannt werden. Um die zur Befriedigung der Bedürfnisse und des Verlangens nach weiterem Gütergenuß erforderlichen Sachgüter zu liefern, ist zufolge der Entstehungsweise derselben eine solche Menge von Stoffarbeiten erforderlich, daß sich mit ihnen in jedem Volke die Mehrzahl der Arbeiter mit Stoffarbeiten beschäftigen muß, jedoch in gut unterrichteten und kunstreichen Völkern ein minder großer Theil der ganzen Arbeiterzahl als bei einer geringeren Entwicklung (a).

(a) In Preußen 1852 an 82 Proc. der maonlichen Einw. über 14 Jahre, in Sachsen 1849 83½ Proc., in Belgien 1846 gegen 77 Pr.

§. 97.

Die Stoffarbeiten bezwecken zwei Hauptarten von Veränderungen (a):

1) Trennung der Stoffe von ihrer natürlichen Umgebung, in der sie entstanden oder sich vorfinden. Vermöge dieses Hinwegnehmens von der Stelle der Erde, in der sie angetroffen werden (Fund-, Entstehungs-, Aufenthaltsort) werden die Erscheinungen und Veränderungen unterbrochen, denen sonst die Stoffe nach Naturgesetzen unterworfen wären (*b*), die Stoffe gelangen ganz in menschliche Gewalt und es wird nun eine weitere beliebige Einwirkung auf sie möglich. Für den Inbegriff der hieher gehörenden Beschäftigungen hat man die Ausdrücke Erdbau (v. Justi), Urproduction (v. Soden), Bodenindustrie (v. Jakob) gebraucht, sie können passender Erdarbeit oder Stoffgewinnung genannt werden. Sie begreifen unter sich

a) die Gewinnung der ohne menschliches Zuthun entstandenen natürlichen Erzeugnisse (*c*), und zwar *α*) von Mineralien, deren Gewinnung dann, wenn jene Körper mit besonderen Kunstmitteln von ihrer Lagerstätte abgetrennt werden müssen, Bergbau heißt; — *β*) von organischen Körpern, also das Sammeln wildwachsender Pflanzen und ihrer Theile, das Erlegen oder Fangen von Thieren, sowie die Ergreifung thierischer Erzeugnisse (*d*);

b) die Gewinnung von künstlich gezogenen Pflanzen und Thieren oder einzelnen Theilen derselben, also nach vorausgegangener Einwirkung auf deren Erzeugung; Landbau oder Pflanzenbau und Thierzucht, welche man mit dem Namen Landwirthschaft zusammenfaßt (*e*).

(*a*) Für eine systematische Darstellung der Stoffarbeiten oder der Technik sind mehrere Eintheilungen möglich. Die hier vorgetragene schließt sich an die gangbaren Begriffe von Landwirthschaft und Gewerben an. Eine andere 4gliedrige Abtheilung giebt A. Kölle, System d. Technik. Brl. 1822.

(*b*) Die Bäume z. B. würden auf der Wurzel, die Früchte an den Zweigen oder nach ihrem Abfalle verfaulen, die Thiere umkommen.

(*c*) Industries extractives nach Dunoyer, Journ. des Econ. III, 1. (1842). Occupation nach Anderen, z. B. Roscher, System der Volksw. I, 56.

(*d*) Z. B. Sammeln der Arzneikräuter, der Waldbeeren, der eßbaren Schwämme, der Wurzeln zum Branntweinbrennen, der Eiderdunen und des Honigs von Waldbienen, Perlenfischerei, Herings- und Stockfischfang.

(*e*) Die Landwirthschaft Oeconomie zu nennen, ist ein Mißverständniß, welches vielleicht durch die ältere Bezeichnung oeconomia ruralis veranlaß wurde, wobei man der Kürze wegen oft das Beiwort ruralis wegließ. Agricultur oder Ackerbau für Landwirthschaft zu sagen ist eine unrichtige Uebertragung aus den anderen Sprachen, die keinen so guten Ausdruck besitzen. Ackerbau ist nur ein Theil der Landwirthschaft, wie Waldbau und Thierzucht. Die Franzosen brauchen neuerlich statt agricultura mehr den Namen économie rurale.

§. 98.

2) **Umänderung der rohen Stoffe**, um aus ihnen durch Verbindung, Trennung und Formveränderung Güter von höherem Gebrauchswerthe zu bereiten. Viele rohe Materialien sind ohne eine solche Umänderung gar nicht brauchbar und erhalten blos durch die **Möglichkeit** derselben einen Werth (a), andere erlangen aus dieser Zurichtung wenigstens eine weit höhere Nützlichkeit. Die unter diesen Begriff fallenden Beschäftigungen können **Gewerke**, die ganze Gattung derselben kann **Gewerksarbeit** genannt werden (b). Andere Benennungen sind **technische Production** (v. Soden), **Manufactur-Industrie** (v. Jakob), **Fabrication**, **Industrie** (c). Es gehören hieher die Handwerke, Fabriken und verschiedene Verrichtungen, welche man im gemeinen Leben zu keiner dieser Abtheilungen rechnet, z. B. Baukunst, Kochkunst, Buchdruckerei.

(a) z. B. Erze, Stoffe zur Glasbereitung. Manche Bearbeitungen bewirken zugleich, daß ein Stoff vor dem Verderben bewahrt und leicht versendbar wird, z. B. Trocknen des Obstes, Einsalzen des Fleisches und der Fische, Bereitung des Fleischauszuges (Extractes) von Thieren, die an Ort und Stelle keinen concreten Werth haben.

(b) Man. Ueber die Nam.-W. S. 58. — Weil (auch Weilmann, wirken) wird zwar im älteren Deutsch öfters im Allgemeinen von Arbeit und deren Erzeugniß gebraucht (Tagwerker, Werktag, auch Waidwerk, Jagd, — Waldwerk, Bergwerk), aber vorzugsweise von der Verfertigung eines Gutes durch Menschenhand: Handwerk sowohl das Erzeugniß als das Geschäft. — Handwerke für Belagerungsmaschinen. — Bad-, Deich-, Hochwerk (Festung). Mahlwerk (Mühle); Stahl-, Eisenwerk (Rüstung). — Gewerke statt Handwerkskünste, z. B. altes Freiberger Stadtrecht, Wirten, Gewerk im engsten Sinne von Zeuchen, die aus Faden verfertigt werden Muller u. Zarnek, Mittelhochd. Wörterb. III, 586 f. „der vil here (erhabene) weichman dar nach einen leim (Erdklumpen) nam". Genevis und Exodus von Diemer i, 5 O. t (Gott bei der Erschaffung Adams). — Bel Darjes (Erste Gründe der Kameralwissenschaften, Jena 1756, S. 27) werden in dem zur Stadtwirthschaft gehörenden Gewerben die Gewerke den Fabriken und Manufacturen entgegengesetzt; jene sollen sich mit Ausscheidungen beschäftigen, z. B. Bierbrauen, Zuckersieden ꝛc. — Gewerk ist mit Handwerk verwandt, welches aber noch das Merkmal des Betriebes im Kleinen, durch Menschenhand, enthält. Das Bedürfniß eines bequemen Kunstausdrucks für diesen Begriff ist unverkennbar. Einige brauchen das Wort Kunstgewerke.

(c) Dieser Ausdruck (industria) hat eigentlich eine viel ausgedehntere Bedeutung und bezeichnet keinen einzelnen Gewerbszweig. Im Französischen spricht man von industrie extractive, agricole, manufacturière. Auch Gewerbe ist keine passende Benennung dieser Klasse, denn ohne Zweifel sind Landwirthschaft, Bergbau, Handel ic. ebenfalls Gewerbe.

§. 99.

A. II. Die Arbeiten, welche den Uebergang der Güter an andere Menschen vermitteln, ohne eine ihren Werth erhöhende Veränderung ihrer Beschaffenheit vorzunehmen (§. 95.), oder die **Arbeiten der Güterübertragung, Verkehrsarbeiten** (a), zerfallen bei näherer Betrachtung ihrer Wirkungsart in zwei Gruppen:

1) **Handelsgeschäfte**, welche die Besorgung des Tausches sachlicher Güter zum Zwecke haben. Alle wirthschaftenden Personen sind häufig zum Tausche genöthiget, bald um die Mittel zur Befriedigung ihrer Bedürfnisse von Anderen zu erlangen, bald um ihre überflüssigen Erzeugnisse abzusetzen, aber dieser Tauschverkehr wird nicht schon Handel genannt, sondern erst dann, wenn er als eine besondere Beschäftigung, d. i. als ein eigenes Gewerbe getrieben wird, so daß der Handelnde Güter einkauft, um sie wieder zu verkaufen (b). Der Gewinn, den die Handelnden beabsichtigen, ist der Ueberschuß des bei dem Verkaufe von Gütern erhaltenen Gegenwerthes (des Erlöses) über den Einkaufspreis und die übrigen Kosten des Tauschgeschäfts. Alle Arten von sachlichen Gütern, Grundstücke, Capitale, Genußmittel, selbst Urkunden, welche Forderungen ausdrücken, können Gegenstände des Handels sein. Manche dem Zweck des Handels dienende Verrichtungen, z. B. das Verführen (Fertschaffen) zu Land und zu Wasser, scheiden sich wieder als besondere Gewerbe aus und bilden Hülfsgeschäfte des Handels.

(a) Arbeiten bei Vertheilung nach Riedel, Nationalök. I, §. 202.
(b) Murherd (Theorie und Politik des Handels, I, 4) nennt jenen allgemeinen Tauschverkehr Handel im weitern Sinne. Carey (Soc. w. I, 210) unterscheidet den Tauschverkehr im Allgemeinen, commerce, von dem Handelsgewerbe, trade, und lehrt, dieser suche sich zum Nachtheil Anderer einzudrängen, während demselben der unmittelbare Tausch nützlicher wäre. Es steht aber den Erzeugern und Käufern frei, ohne Vermittlung des Handels mit einander zu verkehren, wenn sie dieß vortheilhafter finden. — Dunoyer findet das Wesen des Handels in

der Versetzung der Dinge in andere Räume und zieht den Namen Industrie vorzüglich vor, z. a. O., wie industria translocatrix bei Schloja, Princ. S. 43. Die Fortschaffung ist zwar gewöhnlich, aber nicht immer mit dem Handel verbunden, wie z. B. bei Häusern, Landgütern oder Waaren in einer Niederlage.

§. 100.

2) Besorgung einer solchen Uebertragung der Güter, bei welcher dieselben nicht, wie beim Tausche, durch baldige Erstattung des vollen Gegenwerthes als Eigenthum an den neuen Besitzer übergehen, sondern vielmehr der Eine die Vermögenstheile eines Andern eine Zeit lang gegen eine Vergütung benützt; Leih- und Miethgeschäfte. Diese erfordern mehr oder weniger Arbeit, je nachdem die Güter in kleineren oder größeren Massen und auf kürzere oder längere Zeit übertragen werden; bisweilen ist der Bezug von Einkünften eines ausgeliehenen oder vermietheten Vermögens fast ohne alle Arbeit möglich. Zu jenen Gewerben sind zu zählen:

a) das Darleihen, Ausleihen von Gütern, die man bald aufzehrt oder wieder ausgibt, gegen Zins und gewöhnlich gegen die Verpflichtung, eine gleich große Menge von Gütern gleicher Art zurück zu geben; der Borgende erlangt zwar das Eigenthum der ihm überlieferten Stücke, ist aber ihrem Betrag schuldig;

b) das Vermiethen und Verpachten von Gegenständen, die eine lange Dauer haben (a), gegen einen Mieth- oder Pachtzins mit fortwährendem Eigenthum des Vermiethers.

(a) Zimmergeräthe, Betten, Kleider, Schmucksachen, Bücher, Musikalien, musikalische Instrumente, Pferde, Waffen ꝛc.

§. 101.

A. III. Eine andere Art von Verrichtungen ist dazu bestimmt, den Gebrauch gewisser Güter für deren Besitzer zu erleichtern und ihre dabei vorgehende Verschlechterung zu verhindern oder sogleich wieder aufzuheben. Es liegt in der Natur mancher Gegenstände, daß sie ohne eine solche Thätigkeit nicht fortwährend benützt werden können (a), die, wenn sie von dem Eigenthümer einer anderen Person übertragen werden, jenen Mühe und Zeit erspart, aber nicht in das Gebiet der persönlichen Dienste gehört, weil der aus ihr entspringende Vortheil immer durch sachliche Güter vermittelt wird.

(a) 3. B. Reinigen der Wohnungen, Geräthe, Kleidungsstücke, Fütterung und Wartung von Thieren, Ausbesserung kleiner Beschädigungen, Aufziehen von Uhren ꝛc. Solche Arbeiten sind großentheils dem Gesinde übertragen. Es mischen sich in dieselben auch Gewerkseinrichtungen, die aber jedesmal nur eine unbedeutende Werthserhöhung enthalten und blos wegen ihrer vielfachen Wiederholung einige Erheblichkeit erlangen.

§. 102.

Welche von diesen verschiedenen Arten der Arbeit (§. 95—100.) volkswirthschaftlich hervorbringend (productiv) seien, dieß ist eine Frage, die mit der Auffassung der Begriffe von Werth und Production zusammenhängt und die deßhalb auf verschiedene Weise beantwortet worden ist (a). Die Physiokraten hielten nur die Erdarbeit für hervorbringend, Smith erklärte dagegen, es komme auch der Gewerksarbeit und dem Handel diese Eigenschaft zu, und zwar dem letzteren darum, weil die Versendungs- und die anderen Handelskosten den Tauschwerth der Waaren vergrößern (b). Daß nicht blos die Stoffgewinnung, sondern auch die Gewerksarbeit productiv sei, folgt unwidersprechlich aus der Unterscheidung des Stoffes der sachlichen Güter von ihrem Werthe (c); wie sich aber der Handel in dieser Hinsicht verhalte, darüber haben sich die Meinungen noch nicht geeinigt und es ist daher eine genauere Beleuchtung des Gegenstandes nöthig (d).

(a) Geschichte dieser Lehre bei Roscher, System der V.W. 1, §. 59 ff.
(b) Untersuchungen II, 141. — Dieser Grund bezieht sich nur auf die keinem Zweifel unterworfene Erhöhung des Kostensatzes und Preises der Güter, nicht aber auf den Gebrauchswerth derselben, und nur in der Vermehrung des letzteren liegt das Kennzeichen der Production.
(c) Wenn man die Rohstoffe und die daraus angefertigten Kunstwaaren nach ihren Preisen anschlägt, so ist die durch Verarbeitung entstehende Erhöhung derselben beiläufig bei Seiden-, Baumwollen- und Wollenzeuchen 2—3fach, bei groben Eisengußwaaren 2—4fach, bei Hufeisen 2½mal, Holzsägen 14, Messerklingen 35, Stahlnadeln 17—70, Federmesserklingen 657, Stahlschnallen 898, stählernen Säbelgriffen 972, Uhrfedern 50 000fach. Babbage, Ueber Maschinen ꝛc. u. Fabrikwesen, S. 160. — Volz, Gewerbskalender für 1833, S. 111.
(d) Die Untersuchungen über die Productivität des Handels geben zur Anwendung der volkswirthschaftlichen Stammbegriffe Gelegenheit und führen zu einzelnen nützlichen Ergebnissen, doch wird man in der Hauptsache sowohl die wesentliche Verschiedenheit des Handels von den Stoffarbeiten, als die große Nützlichkeit desselben in der Volkswirthschaft anerkennen müssen.

§. 103.

Hiezu dienen nachstehende Sätze (a):

1) Der Kaufmann strebt die eingekauften Sachgüter mit Vortheil zu verkaufen (§. 99). Er ist folglich darauf bedacht, dieselben da und zu der Zeit an sich zu bringen, wo sie wohlfeil in Menge zu haben sind, und sie an die Orte und zu denjenigen Personen zu führen, wo sie wegen des ungenügenden Vorrathes am stärksten begehrt werden, — er erspäht Ueberfluß und unbefriedigtes Bedürfniß, um beide mit einander auszugleichen (b).

2) Dieser Erfolg wird durch die Bemühungen der Kaufleute besser erreicht, als wenn die Erzeuger und diejenigen, welche zu ihrem Gebrauche Güter einkaufen wollen, sich aufsuchen und unmittelbar mit einander Kaufgeschäfte eingehen müßten. Diese beiden Klassen hätten mehr Zeit und Mühe und größere Kosten aufzuwenden, sie würden in ihrer Berufsthätigkeit sehr gestört und kennen weder die Verkehrsverhältnisse, noch die Mittel zur Benutzung derselben so gut als die ausschließlich mit dem Handel Beschäftigten. Bei diesen kann sich der Kauflustige zu jeder Zeit in beliebiger Menge und Auswahl mit Waaren versorgen. Der Erzeuger erhält seine aufgewandten Kosten bald ersetzt und kann sie sogleich wieder zur Fortsetzung seines Erwerbes anwenden. Ohne den Handel würde also ein großer Theil der Tauschgeschäfte nicht zur Ausführung kommen, eine Menge von Bedürfnissen unbefriedigt bleiben und die Gütererzeugung wegen des schwächeren Absatzes viel geringer seyn. Der Handel giebt häufig zu neuen Zweigen der Gütererzeugung in einer Gegend den Anstoß, indem er Aussicht auf vortheilhaften Verkauf eröffnet und durch Darbieten neuer Arten von Erzeugnissen die Kauflust anregt.

3) Der Käufer muß die Waaren von dem Kaufmann um höheren Preis erwerben, als sie dieser eingekauft hat. Der Mehrbetrag des Preises enthält den Ersatz der Handelskosten, oft auch einen weiteren Gewinn des Kaufmanns. Diese Mehrausgabe der Käufer findet in den meisten Fällen ihre Vergütung in der durch die Vermittelung der Kaufleute bewirkten Erleichterung des Eintausches (Nr. 2). Können jedoch Absatz der

Erzeuger und Versorgung der Käufer leicht durch unmittelbaren Tausch zwischen beiden erfolgen, so ist die Handelsthätigkeit unnöthig und die Vertheuerung fällt hinweg (c).

(a) Ueber die Wirkungen des H. im Allgem. s. Art. Handel in der Allg. Encykl. der Wissensch. von Ersch und Gruber (von Rau), und K. Murhard, Theorie und Politik des Handels I, 73.

(b) Beccaria erklärt daher den Handel als den Umtausch des nicht oder doch weniger Nützlichen gegen das Nützlichere.

(c) Der Erzeuger, welcher den Verkauf selbst besorgt, wird von Aristoteles Autopolos (Selbstverkäufer) genannt.

§. 104.

4) Der Handel mit dem Auslande liefert sowohl durch den Absatz der über den Landesbedarf erzeugten Gütermenge als durch den Anlauf nützlicher Dinge, die das eigene Land nicht so gut und wohlfeil hervorbringt, einen selbständigen Tauschgewinn.

5) Der Handel ändert nichts in der Beschaffenheit der Waaren und erhöht folglich ihren Gebrauchswerth im Allgemeinen (Gattungswerth) nicht (a), er vertheilt sie aber besser und bringt sie in den Bereich derjenigen Personen, die mit denselben ihre Bedürfnisse befriedigen wollen und bei denen mithin der Gattungswerth der erkauften Güter sich als concreter äußert. Was die Käufer über den an die Erzeuger gelangenden Preis hinaus beim Einkaufe aufwenden müssen, das bildet den Betrag der Vertheilungskosten und ist je nach der Entfernung, der Versendungsart und manchen anderen Umständen sehr verschieden. Güter, die für den bisherigen Besitzer keinen Gattungs- oder wenigstens der überflüssigen Menge willen keinen concreten Werth haben, nehmen durch die Gelegenheit zum Verkaufe erst einen Verlehrswerth an oder erhalten wenigstens einen höheren. Die Käufer, wenn sie nicht bloß den Wiederverkauf beabsichtigen, bringen von jeder Art der Waaren nur die Menge an sich, der sie einen dem Gattungswerthe gleichkommenden concreten Werth beilegen (§. 62), die Vertheilung durch den Handel hat folglich im Ganzen die Wirkung, daß der Gattungswerth der Waaren bei den neuen Besitzern zugleich als concreter erscheint. Die Theile des Volksvermögens und des neuen Gütererzeugnisses, soweit sie den volkswirthschaftlichen

Bedarf nicht übersteigen, müssen nach ihrem Gebrauchswerthe geschätzt werden, indem die äußeren Bedingungen des Nutzens beim Gebrauch (Ort und Person des Besitzers), d. i. die angemessene Vertheilung, schon vorausgesetzt werden (*b*). Es giebt auch außerhalb des Handels Beispiele von einer räumlichen Versetzung und Vertheilung der vorhandenen Güter (*c*).

(*a*) Schon Say gründet die Productivität des Handels nicht auf den Tausch, sondern auf den Transport der Güter, der ihren Werth erhöhe, da die räumliche Stelle, an der sie sich befinden, eine ihrer „Modificationen", ihrer Art zu sein, ausmache. Handb. II, 151, ähnlich Dros. Econ. pol. §. 30. — Es kann jedoch auch ohne Versendung durch Austausch an Ort und Stelle ein nützlicher Handel stattfinden, §. 90 (*e*). Die Lage (situation) einer Sache ist von ihrer nützlichen Beschaffenheit, die den Gattungswerth bedingt, wesentlich verschieden, sie bezieht sich nur auf die Benutzung durch gewisse Personen und verliert ihr Vortheilhaftes, wenn die Besitzverhältnisse derselben sich ändern; zudem wird die Fortschaffung unnöthig, wenn der Consument sich zu der Waare begiebt. Man kann daher die Wirkungen des Handels denen der Gewerbe nicht gleich setzen.

(*b*) Holz, Heu, Steinkohlen, Kochsalz, wo es nicht dem Regale unterliegt, u. dgl. haben nicht selten an dem Erzeugungsorte einen niedrigen Verkehrswerth, an entferntem Orten weit höheren. Schiet man aber auf das, was sie für die Bedürfnisse des Volkes leisten, d. h. auf den Gebrauchswerth, so macht es bei ihrer Schätzung im Allgemeinen keinen Unterschied, wo und bei wem sie sich befinden, nur der Aufwand für ihre Erwerbung ist für die Käufer ungleich.

(*c*) J. B. Zusammenlegung der Ländereien. — Vertheilung von Kleidungsstücken unter die Soldaten eines Regiments nach Größe und Wuchs eines Jeden. — Theilung einer Büchersammlung unter mehrere Erben. Austragen von Briefen, Zeitungen, Arzneien rc. — Leitung der Salzsoole zu einem entfernten Sudwerke, Verbringung der Erze zu dem Hüttenwerke, des Heus entlegener Wiesen zum Hofe rc.

§. 105.

6) Ergebnisse (*a*).

a) Der Handel, ohne selbst den Gebrauchswerth im Allgemeinen zu vermehren, trägt zur Beförderung der Stoffarbeiten Vieles bei und erscheint daher als mittelbar productiv. Die großen volkswirthschaftlichen Wirkungen, die man ihm zuschreibt, bestehen, genauer betrachtet, in dem erleichterten Absatze und der Erweiterung der unmittelbar productiven Gewerbe. Handelsstockungen verursachen eine Verminderung der Stoffarbeiten.

b) Zugleich setzt er die Käufer in den Stand, Güter, die für sie concreten Werth haben, mit einer geringeren Ausgabe zu erwerben, also einen vortheilhafteren Tausch zu machen, als es ohne die Vermittelung geschehen könnte.

c) Nicht alle Handelsgeschäfte haben diese volkswirthschaftlich-nützlichen Wirkungen. Die erstere (lit. a) fällt bei dem Handel mit schon gebrauchten Gegenständen (Kleidern, Büchern, Gemälden, Hausgeräthen ꝛc.) (*b*), ferner mit Wechseln, Schuldbriefen, Grundstücken u. dgl. hinweg, beide (lit. a. b) bei Unternehmungen, die nur auf eine Preiserhöhung der schon von den Erzeugern verkauften Waaren zur Belästigung der Käufer hinzielen.

d) Der auswärtige Handel giebt einen Gewinn, der dem Tausche, nicht der Werthererzeugung zuzuschreiben ist.

(a) Mehrere, auch nicht physikalische Schriftsteller sprechen dem Handel die hervorbringende Wirkung ab, z. B. Pohl, Handbuch I, 180, der ihn zu den persönlichen Dienstleistungen zählt. Verry verweiset die Kaufleute als Vermittler in eine Mitte, zwischen den Producenten und Consumenten stehend Classe, Meditazioni §. XXIV. — Viele Andere nehmen die Productivität des Handels in Schutz, z. E. neben Say und Droz, Malthus, Principles, S. 442 (wegen der Gewinnste der Tauschenden), M'Culloch, Grundsätze S. 119 (wegen der im Transporte und der Vertheilung in kleinere Quantitäten liegenden Vermehrung der Brauchbarkeit), Schön, Neue Unters. S. 3f, f. auch Beer, Charakteristik des Handels, S. 36 f. und die daselbst angeführten Stellen. — Hiebei erklärt den Handel für hervorbringend, weil ein Gut mehr werth sei, wenn es durch Uebertragung an einem andern Ort, in einem andern Zeitraum, oder in das Recht einer andern Person „ein wirksameres Befriedigungsmittel für die im Volksbeder'e begriffenen Bedürfnisse geworden sei", Nationalöl. I, §. 203. In §. 215. wird vom Verf. zugegeben, daß der beiderseitige Tauschgewinn sich nur in dem Werthe für beide tauschende Personen äußert. Nach v. Krittwitz (Volksw. §. 205) ist der Handel productiv, weil er nützlich ist, ebenso nach Roscher, System I, §. 63: „Jeder Arbeiter, dessen Leistung vernünftigerweise begehrt und angemessen bezahlt wird, hat productiv gearbeitet." Hier bedeutet also productiv soviel als nützlich und angenehm überhaupt. Die Productivität des H. beruht nach Scialoja (Princ. 42) und Kudler (Volksw. II, 173) auf der von ihm bewirkten Werthererhöhung, wobei der letztere Schriftsteller die durch den H. bewirkte Bedingung des Gütergebrauchs mit dem Worte Zugänglichkeit bezeichnet. Nach Schäffle (3. A. S. 7) ist das Gut „fertig producirt erst wenn er der Consument zum sofortigen Gebrauch übernimmt"; der Handel sei nur technisch, nicht ökonomisch von „Ackerbau und Gewerben" verschieden. Aber die Stoffarbeiten bringen eine dauernde Veränderung an den Stoffen hervor, der Handel leistet nur den Käufern einer gewissen Oertlichkeit einen augenblicklichen Nutzen. — Rösler, Grunds. S 137: „Russisches Getreide z. B. hat für den deutschen Consumenten keine Brauchbarkeit, so lange es nicht auf den deutschen Markt gebracht ist." Hier ist unter Brauchbarkeit nicht der Werth der Sache im Allgemeinen, sondern die äußere Bedingung des Gebrauchs für gewisse Personen zu verstehen. Der Gattungswerth des russischen Getreides hat für andere Völker keinen

10 *

Nutzen. Kommt ein Getreidevorrath nach Deutschland, wo man seiner bedarf, so tritt es in den vollen concreten Werth bei den einzelnen Käufern und bei dem ganzen deutschen Volke ein. — Man hat öfters den Handel darum mit den Stoffarbeiten verglichen, weil diese ebenfalls bisweilen nur eine Raumversetzung bewirken. So hält M'Culloch (Grundf.) die Arbeit des Bergmanns der des Kaufmanns oder Fuhrmanns verwandt, denn letztere geben der Stoffen einen weiteren und vielleicht weit beträchtlicheren Werth. Aehnlich Hermann, Unters. S. 22. Hierbei ist aber zu bemerken: 1) Der Bergmann trennt die Steinkohlen von der Erde und bringt sie in menschliche Gewalt; 2) seine Wirkung ist dauernd und von allgemeinem Nutzen, der Fuhrmann bringt sie nur gewissen Menschen zu. -- Neuerlich hat sich Marc Culloch anders geäußert: „Ohne sich selbst mit irgend einer Art von Production zu befassen, leisten die Kaufleute den Producenten den größten Dienst." Ueber H. und Handelsfreiheit, deutsch von Gambihler, Nürnb. 1834. S. 2. Statistical account of the British Empire II, 140. The influence of commerce upon national wealth is only indirect. Hiermit stimmt Eiselen überein, Volksw. §. 53. Mill 1, 47, der die Handelsleute und ihre Gehülfen als die vertheilende Classe aufführt. Hearn, Plutologie S. 125. 244.

(a) Es müßte denn der Einkauf solcher Gegenstände für die Stoffarbeiter nützlich sein, z. B. beim Lampenhandel, — oder die Leichtigkeit des Wiederverkaufens die Anschaffung neuer Erzeugnisse befördern.

§. 106.

Die abgesonderte Beschäftigung mit dem Ausleihen und Vermiethen von Gütern (§. 100.) hat zur Hervorbringung selten eine nähere Beziehung. Wie nützlich es auch ist, daß die Besitzer von Grundstücken und Capital, wenn sie dieselben nicht selbst anwenden wollen, sie den Unternehmern productiver Arbeit überlassen, so geschieht dieß doch gewöhnlich in größeren Massen und auf längere Zeiten, so daß dieser Uebergang der Güter in andere Hände sehr geringe Mühe verursacht. Wo dieses Ausleihen beträchtliche Zeit und Bemühung kostet, pflegt es bei Gütern oder Geldsummen von geringem Werthbetrage zu geschehen, die unmittelbar zum Genusse bestimmt sind, es befördert daher dann nur die Verzehrung.

Die Gebrauchs- und Erhaltungsgeschäfte (§. 101.) haben ebenfalls keinen unmittelbaren Zusammenhang mit der Production, und nützen zunächst durch Beförderung des Gütergenusses und Verminderung des Verbrauches, die jedoch auf das Volksvermögen gleiche Wirkung äußert, wie die Hervorbringung. Auch können Personen, welche sich solchen Verrichtungen widmen, mittelbar der Production nützen, indem sie den Erzeugern mancherlei Arbeiten abnehmen, die dieselben sonst von hervorbringenden Thätigkeiten abgezogen haben würden.

§. 107.

Die **persönlichen Dienste** (§. 95. B) erzeugen zwar nicht selbst Sachgüter (a), aber dennoch ist ihnen mit Unrecht aller ursachliche Zusammenhang mit der Hervorbringung abgesprochen worden. Eine Menge von Arbeiten, welche darauf gerichtet sind, Schutz gegen Unrecht und Naturübel zu geben, die Gesundheit, die Kenntnisse, die Denkkraft (b), Geschicklichkeit, selbst die sittliche Bildung der Menschen zu erhöhen, es mag dieß auf Veranstaltung des Staates, der Kirche, der Gemeinden oder einzelner Mitglieder der Gesellschaft geschehen, hat auf den Erfolg der wirthschaftlichen Geschäfte, insbesondere auf die Production, mächtigen Einfluß. Das Vorhandensein einer gewissen Anzahl von Dienstleistenden ist deßhalb auch von volkswirthschaftlicher Seite vortheilhaft (c).

(a) Es ist daher keineswegs widersinnig, den Erzieher der Jugend oder den Geigenspieler in eine andere Classe von Arbeitern zu rechnen, als den Viehzüchter oder Geigenmacher; der Unterschied liegt nicht in dem Grade des Vortheils, den die Beschaftigungen für die menschliche Gesellschaft bewirken, sondern in der Art der Thätigkeit.

(b) Vorurtheile, Aberglauben und Unwissenheit verhindern die Benutzung vieler Kunstmittel, die zur Hervorbringung neuer Güter oder zur Erhaltung des Baumegens mitwirken. — Blitzableiter, Thierärzte ꝛc. — Die von Gh. Stephenson und gleichzeitig von Dapp erfundene Sicherheitslampe erhält nicht allein das Leben vieler Bergleute, sondern hat auch die vollständigste Benutzung der Steinkohlenlager gestattet. Porter, Progress of the nation, S. 274.

(c) „Es ist allerdings der Militairdienst nicht eine productive Arbeit, aber er bezweckt und erreicht die Sicherheit des Staats, ohne welche jede productive Arbeit unmöglich ist, er bildet die Schule für die heranwachsende Generation in Ordnung, Pünctlichkeit, Reinlichkeit, Gehorsam und Treue ꝛc." General von Rolle, norddeutscher Reichstag. Febr. 1867

§. 108.

Diese mittelbar-hervorbringende Wirkung der Dienste kann nicht genau im Einzelnen nachgewiesen werden, es läßt sich nicht angeben, welche Gütermenge ihnen die Entstehung verdankt und wie dieser wirthschaftliche Erfolg sich zu den Kosten der Dienste verhält, auch ist nicht einmal immer zu erkennen, bei welchen Geschäften und in welchen Fällen diese Wirkung aufhört. Der Grund hievon liegt in dem Umstande, daß die Dienste nur eine gewisse Wirkung auf die mit der Gütererzeugung beschäftigten Personen äußern, daß es aber immer noch von den Neigungen und Entschließungen der Menschen und mancherlei äußeren Umständen abhängt, welcher Erfolg hievon in der Production sichtbar wird (a). Bei manchen nützlichen oder angenehmen Diensten läßt sich keine productive Wirkung entdecken (b). Wenn es aber auch zweifelhaft bleibt, in welchem Grade der zunächst aus dem reinen Einkommen des Volkes bestrittene Unterhalt der persönlichen Dienste sich wieder productiv erweiset, so ist diese Ungewißheit wenigstens bei allen denjenigen Diensten unnachtheilig, welche wichtigeren persönlichen Gütern gewidmet sind und daher schon wegen ihres nächsten Zweckes von dem höchsten Werthe für die Gesellschaft sind (c). Bei zunehmendem Wohlstande eines Volkes ist dasselbe im Stande, mehr Dienstleistende zu unterhalten, mit der Bildung wird auch die Werthschätzung der Dienste, besonders der höheren, größer und allgemeiner. Hieraus erklärt sich die Verschiedenheit in dem Verhältniß der Dienstleistenden zur ganzen Volkszahl und zur Zahl der Arbeiter im Vergleich mehrerer Länder. Die statistischen Angaben hierüber sind jedoch nicht in gleicher Weise ausgemittelt und bleß erschwert die Vergleichung (d).

(a) Der Arzt erhält z. B. das Leben eines geschickten Gewerbsmannes, aber dieser kann träge werden oder außer Thätigkeit kommen ɪc.

(b) Z. B. viele blos auf Zeitvertreib abzielende Beschäftigungen, Gauklern ɪc., Fristen, — Läufer, Vorreiter u. dgl.

(c) Vgl. Sismondi, Nouveaux princ. d'écon. pol. I, 141. — Storch (Ueber die Natur des Nationaleink. S. 27—87.) erklärt jede Arbeit für productiv, die freiwillig gesucht und so bezahlt wird, daß sie fortgesetzt werden kann, — wofern sie dem Ganzen nicht nachtheilig ist. Ebenso Hermann, Unters. f. S. 37, und die §. 46 a. (a) genannten Schriftsteller — Ausführlich hat Gioja, Nuovo prospetto I, 246 ff., die productive Wirkung der Dienste nachgewiesen. — Bücher, Gemälde ɪc. sind Sachgüter, daher ist die Thätigkeit des Schriftstellers, Malers, Buchdruckers ɪc. unmittelbar hervorbringend.

(d) Für Oesterreich (1857) findet man, daß 15 Proc. der Arbeiter mit Diensten beschäftigt sind, allein hier sind die Frauen und Kinder der Gewerbtreibenden nicht als arbeitend eingerechnet. Preußen (1861) 11,⁷ Proc. der Arbeitenden, Belgien (1861) 9,¹ Proc., Sachsen (1861) 7,⁴ Proc. mit Einrechnung der Familienmitglieder, Schweden (1855) 3,¹¹ Proc., Frankreich (1861) 4,¹ Proc. höhere Dienste, ohne die Dienstboten. Nachrichten über die verschiedenen Erwerbarten ɪc. in der vergleichenden Statistik von Quetelet und Heuschling in Bulletin de la Commiss. centrale de Statist., Brüssel 1866. X. Bd.

§. 109.

Zufolge der bisherigen Erörterungen ist die den Begriffen nach vollkommen begründete Unterscheidung der productiven und unproductiven Arbeiten schwer so durchzuführen, daß eine bestimmte Gränzlinie beider Gattungen durch die Gesammtheit menschlicher Beschäftigungen gezogen werden könnte. Nur die Stoffarbeiten sind allgemein und unmittelbar productiv; an diese schließen sich als unverkennbar mittelbar productiv die meisten Handelszweige, dann aber, im Gebiete der persönlichen Dienste, sind mit undeutlichem Uebergange die mittelbar und die nicht hervorbringenden Thätigkeiten vermischt (a).

(a) v. Jakob, Nationalök. §. 128.

III. Bedingungen einer großen hervorbringenden Wirkung der Arbeit.

§. 110.

Die Arbeit ist ein freier Gebrauch der Kräfte, sie steht folglich unter dem Einflusse des Denkens, Empfindens und Wollens der Menschen, und es können sowohl in den Triebfedern, welche zum Arbeiten bestimmen, als in der Art und Weise, wie die Arbeit eingerichtet ist, und in dem Erfolge derselben große Verschiedenheiten stattfinden. Dieß gilt auch namentlich von der hervorbringenden Arbeit, deren Wirkungen in einem Volke bald größer, bald geringer sind, 1) zufolge solcher Ursachen, die in der Arbeit selbst liegen (§. 111 ff.), und zwar theils in ihrer Menge, theils in ihrer Beschaffenheit, 2) zufolge äußerer Umstände, wohin der Beistand anderer Güterquellen, insbesondere des Capitals, und der Absatz zu rechnen sind (a).

(a) Vgl. Fulda, Grundsätze der Kameralwissenschaften, S. 110 ff.

§. 111.

Bei gleicher Volksmenge (a) kann in verschiedenen Ländern oder Zeiten die Zahl der productiven Arbeiter ungleich sein und hieraus eine Verschiedenheit des Gütererzeugnisses entspringen. Unter übrigens gleichen Umständen wird um so weniger hervorgebracht, je mehr Menschen gar nicht arbeiten oder nur mit solchen Diensten beschäftigt sind, welche die Erzeugung der Sachgüter nicht befördern. Dieß hängt von dem Verhältniß zwischen den verschiedenen Ständen der Gesellschaft und von der Vertheilung des Vermögensstammes ab. Ist dieser in großen Massen im Besitze Weniger, so kann leicht der reine Ertrag zum Unterhalt vieler müßigen oder nicht productiv beschäftigten Menschen verwendet werden, wodurch das gesammte Erzeugniß und der Gütergenuß der Gesellschaft nothwendig gering bleibt (b). Wenn indessen die Kunst im Betriebe der Stoffarbeiten zunimmt, so wird es möglich, daß ohne Schmälerung des Volkseinkommens eine beträchtliche Anzahl von Menschen sich nützlichen persönlichen Diensten widmet, wodurch nicht allein die persönlichen Güter eifrig gepflegt werden, sondern auch eine günstige Rückwirkung auf die Erzeugung der Sachgüter erfolgt, §. 107. 108. — (c).

(a) Auf 1 Million kommen gegen 607000 arbeitsfähige Menschen, die, wenn man junge Leute von 12—17 Jahren und alle von 54 bis 60 Jahren nur als halbe Arbeiter rechnet, 600000 volle Arbeitskräfte ausmachen.

(b) Große Zahl von Hausgenossen der reichen Grundherren im Mittelalter und bis vor kurzem in Rußland. — Viele unbeschäftigte, zur Seelsorge keineswegs erforderliche Geistliche im südlichen Europa.

(c) Je wohlhabender bei gleicher Bildung eine Gegend, desto mehr Ärzte, Lehrer, Künstler ꝛc. wird sie unter gleicher Einwohnerzahl haben. In Preußen kam 1849 ein Arzt auf 2767 Einw. (1822 erst auf 2928), oder in der Provinz Brandenburg schon auf 1627 (Einfluß der Hauptstadt), in Sachsen auf 2155, Rheinland 2593, Westfalen 2630, Schlesien 3010, Pommern 3471, Preußen 4848, Posen erst auf 5200 Einw. Amtl. Tab. II, 614. 1651. 1842 lebte ein Arzt auf 1850 Menschen in der Lombardei, auf 2650 in Oesterreich u. Enns, auf 7330 in Böhmen, 9440 in Oesterreich o. Enns, 11 170 in Steiermark, 30 490 in Galizien.

§. 112.

Von vorzüglich starkem Einfluß auf die Größe des Arbeitserzeugnisses ist der Fleiß des Arbeiters. Derselbe hängt, außer der Verschiedenheit der ausdauernden Willensstärke, des Temperamentes, der Gewohnheiten ꝛc. sowohl bei Einzelnen als bei ganzen Völkern (a), größtentheils von den Beweggründen ab,

— 153 —

die auf den Arbeiter wirken, und ist deßhalb um so größer:
1) je mehr derselbe Aussicht hat, vermittelst der Arbeit seinen
Zustand zu verbessern, insbesondere sein Einkommen zu vergrößern. Deßhalb findet man a) den größten Fleiß bei denen,
deren Einkommen genau von ihrer Leistung abhängt, wie bei
den Arbeitern auf eigene Rechnung oder auf Stücklohn oder
Verding (b); b) geringeren bei Arbeitern, die nach der Zeit,
z. B. tage- oder wochenweise, bezahlt werden; c) noch schwächeren bei den Frohnarbeitern (c) und vollends bei unfreien Menschen, weil beide letztere von einer größeren Anstrengung keinen
Vortheil zu erwarten haben (d); 2) je mehr der Arbeiter Bedürfnisse hat, die ihn zur Thätigkeit anspornen. Der Gütergenuß, welchen der Arbeitslohn hoffen läßt, muß den Hang
zum Müßiggehen überwinden. Dieser ist bei rohen Völkern
oder rohen Menschen, die mit wen'gen Genüssen bekannt sind,
oft so mächtig, daß er den im Lohne liegenden Reiz zur Ar-
beitsamkeit besiegt, sobald nur die dringendsten Bedürfnisse befriedigt sind. Bei fortschreitender geselliger Bildung fällt dieß
Hinderniß der Production hinweg (e).

(a) Die germanischen Völker zeichnen sich durch anstauernden Fleiß aus,
auch die Slaven sind fleißiger als die romanischen Völker und die
Kelten, die Chinesen musterhaft fleißig. Mäßigkeit, verständige Ueberlegung, Sinn für häusliche Ordnung und andere Eigenschaften sind
daher auch in Bezug auf die Gütererzeugung wichtig. — Fleiß im
Deutschen ein Stammwort.

(b) Der Nutzen der größeren Leistung kommt theils den Arbeitern als Mehr-
verdienst, theils den Lohnherren als Ersparung an den Arbeitslöhnen
zu Gute. Diese Art, den Arbeiter zu lohnen, wird in der neuesten
Zeit immer häufiger und man zählt die Einführung des Stücklohns
unter die Ursachen des blühenden Fabrikwesens in Großbritanien. Mac-
Culloch, Stat. acc. II, 43. — Schriftsetzer nach der Zahl der Buchstaben bezahlt, Billardeur an Zeitungen nach den Zeilen.

(c) Nach bekannten landwirthschaftlichen Erfahrungen sind 4 Frohnarbeiter
3 bezahlten gleichzusetzen. Vgl. v. Flotow, Anleit. zur Fertigung
des Ertragsanschlags I, 80.

(d) Es versteht sich, daß bei Sklaven die Art, sie zu behandeln, einen großen Unterschied macht, und daß sie bis zu dem Eifer guter freier
Dienstboten gebracht werden können. Schon Columella (De re
rustica I, 8) giebt Rathschläge dieser Art. Jam illud saepe facio, ut
quasi cum peritioribus de aliquibus operibus novis deliberem ....
Tum etiam libentius eos id opus aggredi video, de quo secum delibe-
ratum et consilio ipsorum susceptum putant. — Erläuternde Angaben
hiezu bei Rösher, System d. V. W. I, 110.

(e) Trägheit der Türken, der Bewohner heißer Länder im Allgemeinen. —
In Java kam (nach van den Bosch, Nederlandsche Bezittingen in
Azie etc. Haag, 1818) der Kaffeebaum in Verfall, weil die Ein-

länder 1811 nach der Eroberung den Zwang, eine bestimmte Quantität Kaffee für geringen Preis zu liefern, aufhoben und weil die Eingebornen nur für ihre dringendsten Bedürfnisse zu arbeiten geneigt find. Daſſelbe zeigt ſich neuerlich auf den britiſchen Inſeln in Weſtindien. — Vgl. Crumpe, Preisſchrift über die beſten Mittel, dem Volke Arbeit und Verdienſt zu geben, überſ. von Wichmann, S. 12. 24. (Leipz. 1796.)

§. 113.

In Bezug auf die Eigenſchaften des Arbeiters, die ihn in den Stand ſetzen, mit gutem Erfolge zu wirken, kann man mehrere Abſtufungen unterſcheiden:

1) **Fertigkeit** iſt die Fähigkeit, gewiſſe Verrichtungen ſchnell und zugleich auf eine dem Zwecke entſprechende Weiſe zu vollziehen (a). Sie wird durch Uebung erworben, jedoch durch Naturanlage mehr oder weniger begünſtigt, auch beruht ſie nicht ganz allein auf körperlicher Gewöhnung, denn auch die einfachſte Verrichtung erfordert einige Mitwirkung des Verſtandes.

2) Die **Geſchicklichkeit** iſt überhaupt das Vermögen, durch die Arbeit die größte Wirkung hervorzubringen, die ſich bald in der Güte, bald in der Menge der Erzeugniſſe, bald in der Erſparung an Zeit und Koſten und dergl. äußert. Die Fertigkeit iſt ein Beſtandtheil der Geſchicklichkeit, die aber mehr in ſich begreift, viel von geiſtigen Bedingungen, namentlich Kenntniſſen, Erfahrungen, Nachdenken und Scharfſinn abhängt, auch, wenn ſie einen hohen Grad erreichen ſoll, angeborene Anlagen vorausſetzt. Die Geſchicklichkeit pflanzt ſich leicht durch Unterweiſung und Nacheiferung der jüngeren Arbeiter fort, daher iſt der Beſitz geſchickter Arbeiter in allen Gewerbszweigen eine der wichtigſten Urſachen des Wohlſtandes. Dagegen gehört mehr Anſtrengung dazu, die Geſchicklichkeit für ein Gewerbe in einem Lande neu hervorzurufen, wenn es an Vorbildern fehlt, doch zeigen viele Beiſpiele, daß dieſe Schwierigkeit die Fortſchritte der Gewerbskunſt nicht aufzuhalten vermag, wenn es den Arbeitern an Eifer und Gelegenheit nicht gebricht (b).

3) **Geſchicklichkeit** und **Fleiß** in Verbindung miteinander bilden den **Kunſtfleiß** oder die **Induſtrie** (c), eine Fähigkeit, die, wenn es an Capital nicht fehlt, nothwendig große Wirkungen hervorbringen muß (d).

4) Noch mehr umfaßt die Betriebsamkeit, die Fähigkeit, Erwerbsgeschäfte mit dem größten gewerblichen Gewinn zu betreiben, welche daher nicht bloß den Kunstfleiß, sondern auch die sinnreiche Benutzung aller sparenden oder die Einnahmen erhöhenden Mittel zu Hülfe ruft (e).

(a) Vorzüglich gute Leistungen sind mit der Schnelligkeit nicht leicht zu vereinigen; der fertige Schreiber, Maler, Goldschmied ꝛc. braucht mehr Zeit, wenn er ausgezeichnet gut arbeiten soll.

(b) Die Einführung neuer Gewerbe gelingt am leichtesten, wenn man geschickte Arbeiter herbeiziehen kann. Flandrische Tuchmacher brachten (im 14ten Jahrhundert) die englischen Wollengewerbe empor. Taube, Geschichte der engländ. Handelschaft. S. 19. (Leipz. 1776.) — Hüllmann, Städtewesen des Mittelalters, I. 239. (Bonn, 1826.) — Französische Protestanten (refugiés, Hugenotten) bewirkten nach der Aufhebung des Edicts von Nantes (1685) die Einführung oder Verbesserung mehrerer Gewerbe in Deutschland, z. B. Tabaksbau, Emaillewirkerei, Verfertigung feiner Handschuhe und Gerberei zu diesem Behufe; mehrere Porzellanfabriken kamen durch die Arbeiter, die man aus Meißen und nachher aus Wien herbeizog, zu Stande. Die Araber brachten in Spanien manche Gewerbe in Aufnahme und ihre Vertreibung wurde für den Wohlstand des Landes sehr verderblich. Holländer und Schweizer werden in andere Länder gezogen, weil sie in der Milchwirthschaft vorzüglich geübt sind, daher der Name Holländereien und Schweizerei. — Steinbrecher und Maurer aus Südtyrol. Auch tiroler Straßenarbeiter, z. B. in Galizien, Gjörnig, Oesterreichs Neugestaltung S. 320. Die englischen Maschinenspinner sind weit besser bezahlt als die französischen oder deutschen, leisten aber soviel mehr, daß die Kosten im Verhältniß zu dem Producte doch nicht höher kommen. Mohl, Ueber die württemb. Gewerbeindustrie, S. 325 (Stuttg. 1828.) — Deutsche Bergleute in andern Ländern.

(c) Das Wort Industrie wird oft in einem unbestimmten, unwissenschaftlichen Sinne gebraucht, so daß es soviel als Arbeit bedeutet. — Den Geschickte ohne Fleiß würde so wenig ausrichten als der Fleißige, wenn er ungeschickt wäre.

(d) Die großartigen Leistungen des von der Wissenschaft unterstützten Kunstfleißes in unserem Zeitalter treten dem Besucher einer Ausstellung von Erzeugnissen aller Länder in einem Gesammtbilde entgegen. Anziehende Schilderungen aus der Pariser sog. Weltausstellung von 1862 bei Chwolter, Die heutige Industrie. Deutsch Berlin 1863. Großbritannien verdankt seinem ausgezeichneten civil engineers (Ingenieuren), wie Brindley, Telford, G. u. Rob. Stephenson, Rennie, Vignoles, Brunel ꝛc. sehr Vieles. Society of civil eng. 1816 gegründet.

(e) Nicht selten gehen Männer von ausgezeichneten Anlagen in Gewerbeunternehmungen zu Grunde, weil es ihnen bei allem Kunstfleiß an der Gabe fehlt, die nöthigen wirthschaftlichen Erwägungen anzustellen, zu überlegen, was am meisten einbringt, wie man den Betrieb am wohlfeilsten einrichtet u. dgl. Dieß Schicksal hat manche Urheber von wichtigen technischen Erfindungen getroffen.

§. 114.

Eine vorzüglich wirksame Ursache eines erhöhten Erfolges der Arbeit ist die Arbeitstheilung. Sie besteht darin, daß Jeder sich nur auf wenige verwandte Verrichtungen, oder auch nur auf eine einzige beschränkt. Der Ertrag dieses ausschließlich betriebenen Arbeitszweiges ist gewöhnlich so lohnend, daß er den Arbeiter bestimmt, auf die eigene Hervorbringung aller anderen Güter, deren er noch bedarf, zu verzichten. In manchen Fällen kann das ausschließlich betriebene Geschäft schon für sich allein ein nützliches Erzeugniß zu Stande bringen und daher selbstständig bestehen (a), in anderen Fällen müssen mehrere Menschen zusammenwirken, um eine gewisse Art von Gütern zu erzeugen (b). Die Beobachtung, daß auf diese Weise die Arbeit mehr ausrichten könne, liegt sehr nahe und mußte, in Verbindung mit der Verschiedenheit in den Neigungen und Anlagen der Menschen, schon früh zur Arbeitstheilung führen (c).

(a) 3. B. ein Abschreiber, Porträtmaler, Zahnarzt, ein Möller für eine einzelne Waarengattung, Blumengärtner, Holzschnitzer für eine Art von Bildwerken ic.
(b) Wie in den meisten Fabriken, wo mehrere Verrichtungen in einander greifen. In diesen Fällen setzt die Theilung eine Verbindung (Association, Combination) Mehrerer voraus.
(c) Dieß Gesetz der Arbeitstheilung ist in der menschlichen Natur begründet und bildet das Beispiel eines rein-anthropologischen Gesetzes. A. Smith hat das Verdienst, dasselbe entwickelt und in die Wissenschaft eingeführt zu haben, obgleich der Gedanke schon von Platon u. A. erkannt worden ist. Ueber die Priorität dieses Gedankens s. Storch, I:1, 5. — Schmitthenner, Zwölf B. I, 399.

§. 115.

Nicht blos in den Stoffarbeiten, sondern auch in der Pflege der Wissenschaften und Künste, im Staatsdienste und überhaupt in allen menschlichen Beschäftigungen (a) wird durch diese Theilung die Wirksamkeit der Arbeit erhöht, wofür sich folgende Gründe angeben lassen: 1) Die Geschicklichkeit wird wegen der unausgesetzten Uebung in hohem Grade gesteigert, es nehmen selbst Theile des menschlichen Körpers eine Beschaffenheit an, welche zu einer Art von Verrichtungen förderlich ist, während sie vielleicht bei anderen sogar hindert (b). 2) Die fortdauernde Richtung des Verstandes auf ein einzelnes Geschäft führt dahin, daß Mittel ausgesonnen werden, welche die Arbeit abkürzen, ihrem Erfolg verstärken oder Unfälle verhüten; daher z. B. die häufige Erfindung arbeitsparender Maschinen (c). 3) Es wird der Zeitverlust verhütet, der mit dem öfteren Uebergange von einer Beschäftigung zur andern verbunden zu sein pflegt. 4) In vielen Fällen kann man eine viel größere Leistung mit gleicher Mühe wie eine kleinere, oder doch mit geringer Vermehrung der Beschwerde und Arbeitsdauer zu Stande bringen und so mehreren anderen Menschen die nämliche Bemühung ersparen (d). 5) Man wird in den Stand gesetzt, für die leichteren Verrichtungen minder geschickte und daher wohlfeilere Gehülfen anzustellen, z. B. Weiber und Kinder, und die besser bezahlten Arbeiter blos für die schwierigsten Verrichtungen zu benutzen (e). Aus diesen Erfahrungssätzen erklärt sich die erstaunliche Wirkung der Arbeitstheilung in manchen Gewerbszweigen, die zu ihrer Anwendung besonders günstige Gelegenheit darbieten, was vornehmlich da der Fall ist, wo große Fertigkeit erfordert wird (f).

(a) Selbst die Diebe und Betrüger verlegen sich vorzugsweise auf einzelne Zweige solcher Verbrechen, Vidocq, Les voleurs. P. 1837. — Thiele, Die jüdischen Gauner. I, 87.
(b) Manche Gewerbe schärfen einzelne Sinne; anstrengende Arbeiten verstärken die Muskeln und machen die Oberhaut dicker, wobei die Finger ungelenker werden. Muskelkraft der Holzhauer, Lastträger, Schmied ꝛc. Man hat genaue Beobachtungen hierüber angestellt, die selbst für den Criminalbeamten Werth haben, um die Beschäftigung, die Jemand getrieben hat, aus ihren körperlichen Spuren zu erkennen. Tardieu in Annales d'hygiène publ. XLII, 385. (1840.) — Feines Gefühl in den Fingern der Wollhändler. — Augenmaaß. Sicherheit in den Bewegungen — Auf der Wippe kann ein Mensch täglich 10000, zur Noth 14000 Nadeln die Köpfe aufsetzen. Gaiterer, Technol. Magazin, I, 285. (1790.) — Ein fertiger Feilenhauer thut in der Minute 200 Hiebe. (v. Reeß und Blumenbach.) — In Gouda (Niederlande) formt ein Arbeiter täglich 10000 kölnische Pfeifen. — Ein geschickter Kammmacher verfertigt 60—70 Kämme von solcher Feinheit, daß 40 bis 48 Zähne auf den Zoll kommen, v. Reeß, III, 130. — Die in den Nähnadelfabriken mit dem Einschlagen der Oehre beschäftigten Kinder sind so flink, daß sie durch das feinste Haar ein Loch zu schlagen und ihn anderes durchzuziehen vermögen. Der ganze Arbeitslohn für 1000 Nadeln ist 67¾ Cent. (18¾ kr.) Dictionn. technol. I Art. Aiguille. — Ein Glasmacher bläst täglich 6—800 Flaschen, das Hundert für 26 Sous (36 kr.) (Moreau de Jonnès.) — Rußischer Ziegelstreicher; wenn ihrer 6 sich in die Hand arbeiten, bringt jeder 6000 Stück täglich zu Stande. — Bei Verrlisgaben bringen 4 Knaben wöchentlich 2000 kleine runde Schachteln fertig; 1 Mann macht wöchentlich 70—80 Einsätze von länglichen Schachteln zu 6 Stück nad zu 3 kr. — In der kais. Tabaksfabrik zu Straßburg macht und füllt ein Arbeiter in 10 Stunden 2500 Paket Rauchtabak zu 1/10 Kil., ein Knabe schlägt den Stempel auf 200 Papierblätter in der Minute.

(c) A. Smith erzählt, wie die Dampfmaschine durch einen Knaben, der der langweiligen Besorgung der Ventile überhoben seyn wollte, vervollkommnet worden ist. Dieß scheint bei der Dampfmaschine von Newcomen Statt gefunden zu haben, und Beighton wird als derjenige genannt, der die Lenkung der Ventile mittelst einer vom Wagbaum herabgehenden Stange angebracht hat, Severin in den Abhandl. d. K. techn. Deput. f. Gewerbe, I, 21. (Berlin, 1826.) — Ein ähnliches Beispiel gab ein armer Knabe, der mit der Besorgung einer Gasflamme beauftragt war und dieselbe oft wieder anzünden mußte, wenn sie der Luftzug bei Oeffnung einer nahen Thüre verlöschte. Er gerieth dadurch auf die Erfindung, einen Spiraldraht über der Flamme anzubringen, welcher glühend wird und dieselbe wieder entzündet, wenn sie verlischt. Dingler, Polytechn. Journ. XIII, 532. — Die ermüdende Beschäftigung des Berechnens vieler ähnlichen Aufgaben, z. B. des Flächeninhaltes der gemessenen Grundstücke, hat verschiedenen Rechnungsmaschinen die Entstehung gegeben. — Hieher würde auch der Pflug des Grange zu zählen seyn, wenn man ihn für eine erhebliche Verbesserung halten dürfte. — Doch sind die wichtigsten technischen Erfindungen nicht von Handarbeitern gemacht worden.

(d) Dieser Umstand verbindet sich häufig mit dem in Nr. 3 angeführten, z. B. bei der Oelpresse, die nach Cloja (N. Prosp. I, 109.) für 4000 Familien arbeiten kann, wenn Jemand sich ganz mit ihr beschäftigt. Ein Hirte wartet so leicht eine größere Heerde (bis zu einer gewissen Gränze) als eine kleinere. Bei vielen chemischen Gewerben richtet sich die Arbeit wenig nach der verarbeiteten Quantität. Die Theilung der Beschäftigungen bewirkt zugleich neben der Arbeitsersparung einen geringern Capitalaufwand; so wird z. B. Brod und Bier besser und wohlfeiler in Gemeinde- oder Privat-Bäckereien und Brauereien erzeugt als in den einzelnen Haushaltungen.

(e) Babbage, Ueber Maschinen- und Fabrikwesen, deutsch v. Friedenberg, 1833, S. 171. — Diese Anordnung zeigt sich in vielen menschlichen Beschäftigungen höchst nußsam, indem sie es möglich macht, Menschen von ausgezeichneten Fähigkeiten einen Wirkungskreis anzuweisen, in dem sie am meisten leisten können. Der Arzt, Apothecar, Bildhauer wird von Gehülfen unterstützt, die noch zu lernen haben, der Regierungsbeamte hat Schreiber, Registratoren, Expeditoren u. dgl. an der Hand.

(f) Dieß kann durch viele Beispiele erläutert werden. Ad. Smith nennt als solche 1) das Nagelschmieden. Geschickte Schmiede können, ihm zufolge, täglich 2300, solche, die nur bisweilen Nägel verfertigen, 800 — 1000, solche Schmiede aber, die das Verfertigen der Nägel nie betrieben haben, nur 2—300 fertig bringen. Die Verfertigung der Schuhmachernägel geht am geschwindesten, von ihnen kann ein geschickter Arbeiter täglich 3000 Stück verfertigen, z. B. zu Schönau im Odenwalde; 2) die Stecknadelfabrication; 10 Arbeiter sollen täglich 48000 Stück, also jeder 4800 verfertigen können, während ein Arbeiter für sich allein, ohne alle Theilung, nur etwa 20 Stück zu Stande brächte. — Smith hat nicht bedacht, daß in diesem Falle doch die verschiedenen Verrichtungen nicht immer nur mit einem einzigen Drahte, sondern mit vielen zugleich vorgenommen werden, und daß auf diese Weise die tägliche Leistung noch ziemlich groß seyn kann. Rau zu Storch, III, 276. — Vergl. L Say, Considér. 30, ff., wo auch gegen die obige Angabe der Leistung der 10 Menschen in der Fabrik Zweifel erhoben werden, und Schön, R. Unters. S. 56. — Die versinnten blechernen Löffel gehen durch etwa 30 Hände, und es giebt eine Sorte, von welcher 12 Stück für 20 kr. verkauft werden, v. Sees,

Darſtell. des Fabriks- u. Gewerbsw., III, 898. (Wien, 1824, 2te A.) In Schönach (bad. Schwarzwald) wird das Dutzend für 18—22 kr verkauft und zwei Menſchen bringen täglich 8—8 Dutzend fertig. — In Sonneberg werden 1000 Schiſſergriffel für 40 kr. bis zu 1 fl. verkauft, und 360 Kindertrompetchen (ungemalt) für 1 fl. 30 kr, woraus auf die Schnelligkeit der Verfertigung zu ſchließen iſt. — Auch die Zierlichkeit und Wohlfeilheit der Berchtesgadener und Grödener Holzschnitzarbeiten rührt von der weitgetriebenen Arbeitstheilung her. v. Kreß, III, 141. — Nach Say (Handb. 1, 258.) werden von 30 Menſchen täglich 15 500 Spielkarten verfertiget.

§. 116.

Durch die Arbeitstheilung entſteht erſt die oben (§. 7. 8.) betrachtete organiſche Einrichtung der menſchlichen Thätigkeiten, wodurch dieſelben einander wechſelſeitig ergänzen, Jeder zur Befriedigung ſeiner Bedürfniſſe der Anderen bedarf und ein lebhafter Tauſchverkehr eintreten muß. Es ſondern ſich vermöge derſelben verſchiedene Stände der Geſellſchaft und in jedem derſelben wieder mancherlei Arbeitszweige von einander, häusliche Verrichtungen werden zu ſelbſtſtändigen Gewerben und dieſe ſpalten ſich wieder im Verlaufe der Zeit in mehrere (a). Dieſe Einrichtung iſt daher der größte und folgenreichſte Fortſchritt, den ein Volk in ſeiner wirthſchaftlichen Entwicklung machen kann. Doch giebt es für dieſe Zertheilung und die davon herrührende Vervielfältigung des Arbeitsertrages eine in der Natur der verſchiedenen Beſchäftigungen liegende Gränze, indem jede von dieſen aus einer beſtimmten Zahl einfacher Verrichtungen beſteht, und höchſtens ebenſo viele Arbeiter ſich in die Hände arbeiten können, ohne einander zu hindern (b). Auch kann nur dann eine Perſon mit einer einzelnen Verrichtung ausſchließlich beſchäftigt werden, wenn dieſe ſich ohne Unterbrechung fortſetzen läßt (c) und wenn es für das große hiedurch entſtehende Erzeugniß nicht an Abſatz fehlt (d).

(a) Es liegt ſchon im Weſen der Arbeitstheilung, daß vereinzelte Beſchäftigungen nach einem gewiſſen Plane mit einander verbunden werden müſſen, um ihren vollen Nutzen zu leiſten. §. 114 (b). Wie in einer großen Fabrik die Verrichtungen der Arbeiter von einem Vorſteher ſo geleitet und berechnet werden müſſen, daß ſie ſich in richtigem Verhältniſſen unterſtützen, wie in einer zahlreichen Familie eine ähnliche Vertheilung der Geſchäfte mit Vortheil angeordnet wird, ſo können auch mehrere von einander unabhängige Menſchen ſich wechſelſeitig beiſtehen. Solche Verbindungen ſind nicht blos auf die getheilten Arbeiten beſchränkt, ſie können eben ſo gut bei gleichartigen Thätigkeiten vorkommen, die durch wohlüberlegtes Zuſammenwirken einen größeren Erfolg verursachen. So bilden sich von selbst temporäre Gesellschaften von Holzhauern in den Waldungen, Holzflößern, Schnittern, und manche andere Zwecke würden durch ähnliche Vereinigungen am besten erreicht werden. Auf diese Verbindung der Arbeiten hat Girja besonders aufmerksam gemacht, s. auch Steinlein, I, 317.

(b) Hiebei ist auch der für jede Verrichtung erforderliche Zeitaufwand zu berücksichtigen. Wenn ein gewisses Gewerbe in sechs Arbeiten zerfällt, von denen die eine dreimal soviel Zeit erfordert, eine andere zweimal soviel, als die übrigen, so müssen zu einem guten Betriebe neun oder achtzehn Arbeiter ꝛc. angestellt werden.

(c) Deßhalb lassen die landwirthschaftlichen Arbeiten keine so weit gehende Theilung zu, als die Gewerbe, zumal auf kleinen Landgütern. Thaer. Rationelle Landwirthsch. I, 111.

(d) Daher giebt die Theilung in stark bevölkerten Ländern und großen Städten am weitesten. Besondere Läden für Gegenstände, die zur Trauer gehören. Besondere Hunde- und Pferde-Halsbandmacher, Tintenfaßmacher, Padnabelmacher u. dgl. in Birmingham. Pohl, Reisen in England und Wales, I, 13. (1844.)

§. 117.

Eine sehr weit getriebene Arbeitstheilung hat zu manchen Besorgnissen für den Zustand der Arbeiter Anlaß gegeben (a), wobei man theils die Abhängigkeit und unsichere Lage des nur an eine einzelne Verrichtung gewöhnten Arbeiters von seinem Lohnherrn, theils die nachtheilige Wirkung auf seine geistigen Anlagen und seine körperliche Ausbildung geltend machte. Diese Besorgnisse zeigen sich in vielen Fällen als unbegründet und werden wenigstens im Ganzen durch die großen Vortheile dieser Einrichtung überwogen. Die Geschicklichkeit der Arbeiter ist nicht leicht so höchst einseitig wie man es sich vorgestellt hat, daß derselbe nicht auch andere Verrichtungen übernehmen könnte. Doch giebt es manche Beschäftigungen, welche durch ununterbrochene Fortsetzung der Gesundheit nachtheilig werden, z. B. Schleifen von Nadeln und anderen Gegenständen, Vergolden, Wollschlagen; auch können manche Arbeiten allerdings wegen ihrer Einförmigkeit, und weil sie fast gedankenlos getrieben werden, den Menschen stumpf und zu anderen Verrichtungen unbrauchbar machen. Dieß tritt besonders dann ein, wenn die Arbeiter schon im Kindesalter zu einem solchen Geschäfte angehalten werden, wodurch sie die Fähigkeit zu anderen Erwerbszweigen verlieren. Dagegen können Geschäfte dieser Art auch am leichtesten den Menschen abgenommen und mit Hülfe anderer Kräfte ausgeführt werden (b).

(a) J. B. Luden, Handbuch der Staatsweisheit, I, § 85.
(b) Vertheidigung der Arbeitstheilung gegen obige Vorwürfe bei Say, Handbuch I, 278. (gegen Lemontey) und Bernoulli, Schweiz. Archiv, II, 51.

§. 118.

Die Einführung und Erweiterung der Arbeitstheilung erfordert in den meisten Fällen ein größeres Capital in den Händen der einzelnen Unternehmer, wenn nämlich 1) in einem gewissen Gewerbe die vorkommenden Verrichtungen vollkommener als bisher vertheilt werden sollen und hiezu die Anstellung einer größeren Arbeiterzahl erforderlich ist, was dann auch die Anschaffung mehrerer Maschinen, Werkzeuge, Materialien ꝛc. nöthig macht, oder wenn 2) eine bisherige Hülfsverrichtung sich zu einem selbstständigen Gewerbe ausscheidet, dessen Beginn nicht ohne einen neuen Capitalaufwand von Seite des Unternehmers möglich ist (a). Indeß ersparen hierbei auch wieder diejenigen Gewerbsleute, welche das Erzeugniß des neuen Gewerbes bisher selbst fertigen lassen mußten, ihre hiezu verwendeter Capitale und können dieselben ganz ihrem Hauptgeschäfte widmen oder anderweitig anlegen. Wenn freilich diejenigen, welche zu einer solchen neuen Theilung der Geschäfte Gelegenheit und Neigung haben, unbegütert sind und nicht von den Capitalisten unterstützt werden, so kann hierdurch die Einführung der vortheilhaftesten Art des Gewerbsbetriebes verhindert werden (b).

(a) Z. B. die abgesonderte Verfertigung der verschiedenen Bestandtheile einer Taschenuhr. So werden neuerlich die einzelnen inneren Theile (fournitures), z. B. Blätter, Federn, Spindeln, Ketten, ... ferner sehr zusammengesetzte Gehwerke (ébauches, mouvements), Zifferblätter, Zeiger, messingene Schlüssel, stählerne Schlüsselröhren, Gehäuse, von verschiedenen Unternehmern gefertigt, was mit Hülfe von mancherlei Maschinen weit wohlfeiler und besser geschieht, als zuvor, s. v. Reeß, Darstell., II, 735 ff. v. Reeß und Blumenbach, Gewerbs. D. II, 542. — Bei der Uhrmacherei im Schwarzwalde giebt es auch besondere Gebäudemacher, Schildbrecher, Schildmaler, Kettenmacher, Glockengießer. — Bereitung von Beizen und Pigmenten zum Kattundruck in eigenen Fabriken, abgesonderte Bereitung des Chlorkalkes für Bleicher u. dgl. Eigene Appreturanstalten an Orten, wo viele Webereien sind. In England kauft z. B. der Bierbrauer das Malz von dem Malzer kaufen, und der Tuchbereiter kauft das Tuch von dem Weber.

(b) Die in §. 110. 2) erwähnten äußeren Umstände, von denen das Arbeiterzeugniß zum Theile abhängt, nämlich das Capital, und zwar vorzüglich die Maschinen und der Absatz werden in §. 125 a, 122 und 240 a erklärt.

Vierter Abschnitt.
Grundstücke als Güterquellen.

§. 119.

Zu den stofflichen, schon im Vermögen befindlichen Hülfsmitteln, die zur Wirksamkeit der gütererzeugenden Kräfte erforderlich sind (§. 85), gehört vor Allem das von einem Volk in Besitz genommene Land, welches in viele Abschnitte, Grundstücke, zertheilt ist. Dasselbe bildet den Spielraum für einen Theil der natürlichen Kräfte, und der Eigenthümer eines Grundstückes ist folglich im Stande, ein gewisses Maaß jener Kräfte zu benutzen, auch sind viele Arten der Arbeit durch Grundstücke mit besondren Eigenschaften bedingt. Daher hat die Naturbeschaffenheit des Landes im Ganzen und seiner Theile auf die Größe und den Werth des jährlichen Gütererzeugnisses großen Einfluß (a). Um denselben deutlich zu erkennen, ist es zweckmäßig, ihn bei den Hauptzweigen der hervorbringenden Thätigkeit zu betrachten.

1) **Mineralgewinnung.** Viele Grundstücke enthalten in verschiedener Tiefe unter der Oberfläche nutzbare Stoffe, die größtentheils schon in der Urzeit in der Erdrinde abgelagert worden sind und nur einer Abtrennung bedürfen (b). Diese Vorräthe werden daher durch das Herausnehmen (Gewinnung) von einem Jahrhundert zum andern weiter vermindert, sie sind hie und da schon erschöpft worden, und es ist deßhalb eine noch vorhandene Fülle solcher Stoffe innerhalb eines Landes ein sehr günstiger Umstand (c). Gebirge sind hieran reicher als die Ebenen und vergüten so ihre geringere Tauglichkeit zum Landbau. Die werthvollsten Mineralkörper sind die zu den nöthigsten Dingen verwendbaren Metalle, vorzüglich Eisen, ferner Kochsalz und Heizstoffe (d). Bei diesen ist außer ihrem Gebrauchswerthe noch zu bemerken, daß sie Waldungen ersetzen, also eine Erweiterung des Feldbaues und dadurch die Erzielung einer größeren Menge von Nahrungsmitteln möglich machen (e).

2) **Landwirthschaft.** Weite Flächen von ebenem und Hügelland mit gut zusammengesetztem Boden und gehöriger

Befeuchtung bedingen einen guten Erfolg der auf den Landbau gerichteten Arbeit und der auf den Pflanzenwuchs einwirkenden, in Boden und Klima sich äußernden Naturkräfte, §. 87. Eine große Ausdehnung von fruchtbarem Baulande hat daher für die Volkswirthschaft hohen Werth, während Flugsand, grober Kies, Steine, Felsgrund, steile Abhänge, kalte Bergrücken, Schnee und Eis, Sümpfe, trockenes Land ꝛc. die landwirthschaftliche Benutzung unergiebig machen (e).

(a) Lehrreiche Betrachtungen über den Einfluß, den die Beschaffenheit der Länder auf die Richtungen des Gewerbfleißes übt, in Mendelssohn, Das germanische Europa. Berl. 1836. Ueber die Abhängigkeit der Handelsrichtungen und der Wohnsitze von der Naturform der Länder: Kohl, Der Verkehr u. die Ansiedlungen der Menschen. Dresd. 1841 — Ueber den Einfluß der Oberflächenform und der vorhandenen Gesteine Cotta, Deutschlands Boden, vorzüglich 1, 581. 1853.

(b) Die Mineralwasser und Soolquellen bilden sich stets von Neuem durch Auflösung in Wasser, vielleicht auch das Erdöl durch fortdauernde Destillation in der Erde.

(c) Die geognostische Beschaffenheit eines Landes hat in mehreren Beziehungen für die Volkswirthschaft große Bedeutung

(d) In der Nähe der Steinkohlengruben siedeln sich leicht verschiedene Gewerke an, welche die Kohlen benutzen. Schon Franklin sagt: „Steinkohlen und Sandle haben England zu dem gemacht, was es ist." Ein besonders günstiges Zusammentreffen ist es, daß an manchen Stellen in Großbritanien die Eisenerze und Steinkohlen übereinander liegen und bisweilen noch dazu der für das Ausschmelzen köthige Kalk. — In Großbritanien nehmen die Kohlenlager 1/₂₀, in Belgien 1/₄₂ des Landes, in Preußen 1/₆₀, in Frankreich 1 Proc. ꝛc. in den nordamericanischen Freistaaten nach neueren Angaben gegen 4 Proc. Das sog. Kohlenfeld von Durham und Northumberland soll gegen 36 geogr. ☐M. groß sein und 6090 Mill Tonnen (zu 2031 britischen Zollpfunden) enthalten, welche auf 1727 Jahre bei der gegenwärtigen Ausnutzung zureichen. Im südlichen Theile von Wales ist eine Kohlenfläche von etwa 66 geogr. ☐M. bei einer Mächtigkeit der Kohlenflötze von 100 Fuß, so daß die ☐M. 679 Mill. Tonnen in sich schließt und dieß Lager allein England 2000 Jahre versorgen könnte (Bakewell, Taylor). Das Kohlenfeld im Gebiete des Clyde in Schottland hat 84 Flötze übereinander von 200 Fuß Mächtigkeit auf 72 geogr. ☐M. Fläche. Die britische Kohlengewinnung war 1856 1333 Mill., 1864 1865 Mill. Ctr., wovon 176 Mill., zu 4·165 173 £. ausgeschlagen, ausgeführt wurden. Man fängt jetzt an, die Erschöpfung der Kohlenlager für näher bevorstehend anzusehen, als die obigen Angaben vermuthen ließen, weil der Verbrauch stark zunimmt, wozu die verschwenderische Art der Verwendung viel beiträgt. Das frühere Erzeugniß von 840—880 Mill. Ctr. wurde an der Grube zu 9 Mill. £. St., am Verbrauchsorte doppelt so hoch geschätzt. Wenn nun 12 Ctr. Steinkohlen einer preuß. Klafter Nadelholz oder der darans zu gewinnenden ¹/₃ Kl. Kohlen gleichgesetzt werden und der Holzertrag auf dem Morgen ³/₄ Kl. beträgt, so wären, um eben soviel Brennstoff an Holz zu gewinnen, als die im Lande verzehrten 1680 Mill. C. Kohlen betragen, über 10 000 ☐M. Wald nöthig, während das ganze vereinigte Königl.

reich nur 5690 ☐M. Fläche hat. — In Frankreich wird das Erzeugniß für 1846 zu 89½ Mill. Ctr. angenommen, für 1857 zu 158 Mill. — Oesterreich gewann 1847 gegen 14,9 Mill. Ctr. Stein- und Braunkohlen, 1863 45½ Mill. Ctr. Stein- und 36 Mill. Ctr. Braunkohlen. — In Belgien war der Ertrag der Kohlengruben im Durchschnitt 1840—50 106½ Mill. Ctr. — 45½ Mill. Fr., 1860 102 Mill. Ctr. — Preußen 1852 96,⁷ Mill. Ctr. (v. Carnall), 1865 371,⁴ Mill. Ctr. Steinkohlen — 33 Mill. Thlr. und 33,³ Mill. Ctr. Braunkohlen. — Im Zollverein rechnete man 1860 g. 225 M. Ctr. — Nordamerika ist sehr reich an fossilen Heizstoffen, von denen 1860 302 Mill. Ctr. gefördert wurden, — auch Spanien in Asturien. — Große Einträglichkeit der Gewinnung und Reinigung von Erdöl (Petroleum) in Nordamerika seit 1859. Im J. 1861 wurden schon 21 078, 1865 13 147 Tonnen (zu 20 Ctr.) in Großbritanien eingeführt. Europa verbrauchte 1852 10 Mill., 1866 gegen 90 Mill. Gallons zu 4½ Liter oder 3 bod. Maaß. In Galizien wurden 1865 gegen 500 000 Ctr. rohes Erdöl gewonnen. Auch in der Wallachei sind Gruben in Betrieb.

(e) Bei vielen Angaben über die Menge des unbenutzten Bodens in verschiedenen Ländern bleibt es ungewiß, inwiefern das öde Land eines Anbaues fähig sei. Höhere Gebirge enthalten verhältnißmäßig das meiste nicht bausähige Land, nützen aber durch den Schutz gegen falte Winde und die in ihnen entstehenden Ströme. In Frankreich betragen die öden Weideplätze und Heiden 14 Proc. der ganzen Fläche, aber mit solcher Verschiedenheit der einzelnen Gegenden, daß man in den drei Dptmdrn.-Dep. 43 Proc., in Landes, beiden Alpen-Dep. und Morbihan 42. Corsica 39. Gironde 33 Proc., dagegen im Dep. Nord und Somme nur 1,⁵ Proc., Oise 1,⁶, Marne 2 Proc. Anderl. Nach neueren Angaben nimmt der Heideboden im Ganzen 10,⁷ Proc., im Dep. Landes 78, Gironde 46 Proc. ein. Das Dep. Oberalpen hat 45 Proc. ödes Gebirgsland, Schnitzler, Statist. I, 149. (1846). — In der Schweiz nimmt Franscini 64 Proc. als bausähig an. — In Scandinavien liegt gegen ⅓ der ganzen Oberfläche über 2000 Fuß hoch, in Schweden allein nur ¹⁄₁₀. In den nördlichsten Ländern von Schweden nehmen Acker und Wiesen nur 0,⁷⁵ Proc., in Dalmar-Län dagegen 50 Proc. ein. (Forsell.) — Das öde Land in Bayern beträgt 4,⁹⁶ Proc. mit Einschluß der Gewässer, 1854. — In Schottland sind 73 Proc. unbebaut, in den Grafschaften Inverneß, Perth, Roß und Sutherland 80 Proc., auf den Hebriden und Orcaden 94 Proc., Mac-Culloch, Stat. Acc. I, 538. Irland hat 36 Proc. ödes Berg- und Moorland, Ruußer allein 40 Proc. (ebd. 542). doch hält man neuerlich nur 11,⁹⁰ Proc. der Fläche von ganz Irland für unverbesserbar. Auch England hat viel Moor- und Haideboden. — Im europäischen Rußland beträgt das unbenutzte Land sammt den Bauplätzen 31 Proc. der ganzen Fläche, in der Proving Jaroslaw nur 0,⁴, Nishni-Nowgorod 2,⁸ Proc., dagegen Astrachan 96, Finnland 74, Archangel 82 Proc. Tengoborsky I, 80. Der höchst fruchtbare Humusboden (Tschornosem) in Südrußland nimmt 17 259 ☐M. oder 18 Proc. des ganzen Landes ein. Erdmann, Journ. f. praktische Chemie, XII, 277. de Tengoborsky 1, 42. — In Flachlandern können ⅗ der Oberfläche als Garten, Acker und Grasland benutzt werden, z. B. in Ostflandern 84, Westflandern 83, Preuß. Sachsen 63 Proc.

§. 120.

3) Gewerke. Diese sind zwar im Ganzen genommen weniger von der Beschaffenheit des Landes abhängig, weil die, einen Theil des Capitals bildenden Stoffe, welche die Arbeit beschäftigen und zum Walten der Naturkräfte Gelegenheit geben (§. 89. 90), beliebig an den Ort gebracht werden können, wo gewisse Gewerke betrieben werden. Dennoch zeigt sich auch bei diesen nicht selten der Einfluß, den die Eigenschaften der Grundstücke äußern (a). Dahin gehören vorzüglich die an eine Oertlichkeit gebundenen Triebkräfte des fließenden Wassers (b), auch des Windes (c), und die Nähe der Erzeugung von rohen Stoffen, die in Menge von einem Gewerke verbraucht werden, so daß die Frachtkosten gering sind und die Auswahl der Materialien erleichtert wird (d).

4) Tauschverkehr und insbesondere das Handelsgewerbe. Die Gestaltung der Oberfläche eines Landes (nicht bloß einzelner Grundstücke) ist der leichten Fortschaffung der Verkehrsgegenstände mehr oder weniger günstig, weßhalb die Größe der Frachtkosten sowie die Richtung und der Umfang der Handelsgeschäfte großentheils durch jenen Umstand bestimmt werden. Hohe, steile Gebirge verursachen in dieser Hinsicht die größte Schwierigkeit. Land mit geringen Unebenheiten erleichtert die Anlegung von guten Landstraßen und Eisenbahnen, auch von Canälen. Die Leichtigkeit, mit welcher Menschen und Waaren sich auf den Wasserstraßen bewegen, giebt diesen eine große volkswirthschaftliche Wichtigkeit, indem dieselben sogar beitragen, die Ansiedlungen, Wanderungen und die Staatenbildung zu bestimmen. Im Inneren eines Landes kommt viel auf die Länge, Richtung und Schiffbarkeit der fließenden Gewässer an. Der Besitz eines ganzen großen Stromgebietes ist von großen Vortheilen für ein Volk, da die den oberen Lauf eines Stromes einschließenden Gebirge hauptsächlich den Reichthum mineralischer Stoffe enthalten, die mittleren Gegenden aber und der untere Lauf sammt der Küste für Landbau und Handel günstiger sind. Diese verschiedenen Höhenstufen eines Stromgebietes ergänzen sich durch die Mannichfaltigkeit ihrer Natur- und Kunsterzeugnisse und die Einwohner werden

durch die Leichtigkeit des Verkehres ermuntert, sich innig zu verbinden. Ein großes Stromgebiet giebt leicht zur Entstehung eines großen Staates die Veranlassung. Auch der Besitz mehrerer ganzer Stromgebiete ist vortheilhaft, besonders wenn sie so niedrige Wasserscheiden haben, daß sie leicht durch Canäle verbunden werden können, und wenn sie sich nach verschiedenen Meeren senken (e). Für den auswärtigen Verkehr ist es nützlich, wenn das Land auf beträchtlicher Länge das Meer berührt und wenn zugleich Strommündungen und Meerbusen die Verbindungen des inneren Landes mit dem Weltmeere erleichtern (f).

(a) Manche Biere sollen der eigenthümlichen Beschaffenheit des Wassers an gewissen Orten ihre Güte verdanken — Die Schönheit der Lyoner Seidenzeuche wird zum Theile (ob mit Recht?) dem Wasser der Saone zugeschrieben. — In China befördert der trockene Nordwind (packfung) die Schönheit und Haltbarkeit der Farben auf den Seidenzeuchen, s. Revue encycl. Juin 1830, S. 670, nach Dobell.

(b) Deutschland hat in seinen vielen Berg- und Hügelgegenden eine Fülle von Wasserkräften, so daß man wenige Dampfmaschinen nöthig hat. Die kunstvolle Benutzung des fließenden Wassers zeigen Bergwerksgegenden, z. B. der Harz. Das ehemalige Großherzogthum Berg hat nach Eyen auf 24 Stunden Länge der fließenden Gewässer 600 Triebwerke mit etwa 4000 Pferdekräften.

(c) Die vielen Säge-, Oel- und Mahlmühlen in den Niederlanden beruhen auf dem Umstande, daß man wegen der Ebenheit des Landes und der Nähe des Meeres im größten Theil der Zeit auf hinreichenden Wind rechnen kann. So erhalten Flachländer einigen Ersatz dafür, daß sie weniger Bäche und starkfallende Flüsse haben.

(d) Guter Thon in der Grafschaft Stafford (pottery district) hat den vielen Fabriken von Irdwaaren die Entstehung gegeben. Kannenbäckerland, eine Gegend östlich von Coblenz, wo die Selterskrüge u. in Menge gemacht werden. — Hüttenwerke in der Nähe der Erzgruben. — Holzschnitzerei in Waldgegenden. — Verarbeitung des Schiefers in der Umgegend von Bangor (Wales) und von Sonneberg.

(e) Es ist lehrreich, in dieser Hinsicht die verschiedenen Staaten, China, Rußland, die americanische Union, Spanien, Frankreich, Deutschland, Oesterreich, sämmtlich mehr oder weniger günstig beschaffen, dagegen Schweiz, Belgien, Portugal, Griechenland, Schweden, Norwegen ec. zu vergleichen. Frankreich 1620 d. Meilen schiffbare Flüsse, Preußen nach dem Prager Frieden 815 M. bei 6394 ☐M. Flächenraum. Das größte Stromgebiet, die Oder, hat 1850 ☐M., vom Elbbecken sind 1114 ☐M. im pr. Staat. Zeitschr. des pr. statist. Bureaus, Jahrg. 1866, Nr. 10—12, S. 268. — Vergl. (v. Rylands) Die Erdbeziehung der Staaten. Münch. 1821.

(f) Frankreich (vor 1839) hat g. 1500, Preußen 219 M. Küste. — Europa hat tiefe Meerbusen, die Africa fehlen, die nordamericanische Union hat eine überaus vielfach eingeschnittene Küste, von welcher eine

musterhafte Aufnahme schon weit vorgeschritten ist. 1855 waren 3795
d. Meilen Küstenlänge aufgenommen. Report of the superintendent
of the coast survey, Wash. 1856 S. 118. — Im Alterthum hatte
Europa nur den sogen. thalassischen Seeverkehr im Mittelmeer, im
Gegensatz des neu entdeckten oceanischen, über das atlantische Meer.

Fünfter Abschnitt.
Das Capital.

I. Einleitung.

§. 121.

Soll die Arbeit viel hervorbringen und von der Mitwirkung
der Naturkräfte Vortheil ziehen, so ist dazu der Beistand des
Capitales erforderlich, §. 51—54. Dieses ist zwar für sich
allein fast immer nur ein ruhender Vorrath (a), wird aber
durch Verbindung mit jenen Kräften sehr wirksam. Ohne Capital würde der fruchtbarste Boden, das günstigste Klima, die
größte Geschicklichkeit und Beharrlichkeit der Arbeiter zu der
Gütererzeugung nur wenig beitragen. Verbesserungen im Betriebe der Stoffarbeiten, z. B. weitere Theilung der Beschäftigungen, Einführung neuer Kunstmittel, z. B. Maschinen ic., so
wie überhaupt eine fernere Ausdehnung jener Arbeiten sind
durch ein zureichendes Capital bedingt (§. 118), und jede Vergrößerung des Gesammt-Capitales eines Volkes (des sogen.
Nationalcapitales) zieht daher eine Vermehrung des Volkseinkommens nach sich. Die Macht des Capitales zeigt sich wie
bei ganzen Völkern, so auch in der Lage solcher einzelner Gewerbsleute, die durch die Unzulänglichkeit des Capitales gehin-
dert werden, ihre Fähigkeiten und die günstigen Erwerbsgelegenheiten gehörig zu benützen. Diese Macht wird dadurch vergrößert,
daß ein zum Capital bestimmter Gütervorrath von dem einzelnen Besitzer durch Vertauschung in andere Güter umgesetzt und
leicht an andere Orte gebracht werden kann (b). Indeß kann
Derjenige, welcher die Fähigkeit hat, Unternehmungen mit Vortheil zu betreiben, dessen Vermögen aber unzureichend ist, sich

fremdes Capital zum Gebrauche verschaffen, woferne die Eigenthümer desselben ihm Vertrauen schenken. Dieß Leihvertrauen (der Credit, §. 278) dient also, dem Capital die nützlichste Verwendung zu verschaffen, nur wird das Einkommen des Borgenden durch die Zinszahlung geschmälert, §. 136. 138.

(a) Ausgenommen Thiere und Sklaven.

(b) Diejenigen Schriftsteller, welche dem Sprachgebrauch zuwider die Grundstücke zu den Capitalen rechnen, müssen doch sogleich wieder die beweglichen (eigentlichen) Capitale von denen, welche Theile der Erdfläche sind (den Grundstücken), unterscheiden, denn beide verhalten sich in vielen Beziehungen ganz verschieden. §. 59.

§. 122.

Das Capital wird bei seiner Anwendung für einen Zweig der Hervorbringung zum Theil verzehrt oder ausgegeben; dieser Aufwand wird aber bei gutem Betriebe und Erfolge des Gewerbes durch die neu entstandenen Güter ersetzt. Diese dienen zum Theil sogleich für den eigenen Gebrauch des Capitalbesitzers, zum Theil werden sie unter Vermittlung des Geldes gegen andere Güter hingegeben (abgesetzt), die für den Verkäufer einen höheren concreten Werth haben und wieder zu einer fortgesetzten Production Beistand leisten können. Der **Absatz** ist folglich das Mittel, das aufgewendete Capital zu beliebigem Gebrauche wieder herzustellen. Ohne Absatz würde das Capital, wie groß es auch sein möchte, früher oder später gelähmt und erschöpft werden. Je schneller der Absatz erfolgt, desto rascher können die hervorbringenden Verrichtungen betrieben werden, und die Größe des in einem gewissen Zeitraume zu erwartenden Absatzes bestimmt zugleich die mögliche Ausdehnung der Production, so wie die Gelegenheit, Kunstmittel anzuwenden, die nur bei einem gewissen Umfange des Geschäftes Vortheil bringen.

II. Bestandtheile und Arten des Capitales.

§. 123.

Um das Wesen des Capitales, seine Unentbehrlichkeit und die Art des Beistandes, den es leistet, deutlich zu erkennen, muß man zunächst die Stoffarbeiten und den Handel abgesondert betrachten und das Capitalbedürfniß beider zergliedern.

Zu den **Stoffarbeiten** (§. 96) sind folgende Arten des Capitals erforderlich:

I. **Stoffe**, in denen die Veränderung vorgeht;
II. **Güter**, die zum Erscheinen und zur Unterhaltung der wirkenden Kraft dienen,
III. **Hülfsmittel**, durch welche die Einwirkung der Kraft auf den Stoff befördert werden muß.

Die große Verschiedenheit zwischen den einzelnen Zweigen der Stoffarbeiten und die Mannichfaltigkeit der in jedem derselben vorkommenden Zwecke und Mittel macht eine Durchführung dieser Eintheilung schwierig, doch lassen sich für den volkswirthschaftlichen Ueberblick gewisse Hauptarten angeben, wenn auch zwischen ihnen manche Uebergänge und Mittelglieder bestehen mögen.

§. 123 a.

I. **Sachgüter**, an denen sich die Arbeit und die Naturkräfte äußern, und aus denen sich das neue Erzeugniß bildet, können **Verwandlungsstoffe** genannt werden (a). Sie sind zu jeder körperlichen Production nothwendig, nur nicht immer als Capitale, indem sie sich in manchen Fällen gar nicht im Vermögen befinden, sondern aus herrenlosen Massen gezogen werden, in anderen Fällen aber Bestandtheile der Grundstücke bilden (b). In der Landwirthschaft ist der Bedarf von Verwandlungsstoffen schon viel stärker (c) und in den Gewerken wird die Größe des neuen Gütererzeugnisses der körperlichen Masse nach der Menge verwendeter Stoffe jener Art bedingt, außer insofern man durch sorgfältigen Betrieb etwas an dem Bedarfe ersparen kann. Die Verwandlungsstoffe sind entweder in ihrem natürlichen Zustande (**rohe**), oder schon durch Kunst verändert (**Kunstwaaren**) (d).

(a) Matières premières nach Storch, I, 153. — Verwandlungsgegenstände nach Gr. Buquoy, Nationalw. S. d. 269.
(b) Seefische, Thiere als Gegenstand der Jagd, — Gewächse, die ihre Nahrung ohne Düngung aus dem Boden und der Luft ziehen, — Erze ɾc.

(c) Saathorn, Düngemittel, Futter des Rindviehes, auch das zum Schlachten
aufgezogene und gemästete Vieh selbst.
(d) Deßhalb ist es unrichtig, die Verwandlungsstoffe überhaupt Rohstoffe
zu nennen, wie es neuerlich öfters geschieht. Garn ist für den Weber,
Papier für die Buch- und Tapetendruckerei Verwandlungsstoff, aber
kein roher, sondern schon eine Kunstwaare. — Nach der erforderlichen
Menge kann man wieder Haupt- und Nebenstoffe unterscheiden.

§. 124.

II. **Mittel, um Kräfte hervorzurufen und zu unterhalten**, von denen die in den Stoffen beabsichtigten Wirkungen ausgehen.

1) Bei den natürlichen Kräften ist

a) für die Arbeitsthiere Nahrung, Arznei u. dgl. erforderlich,

b) für viele andere Kräfte ein Verbrauch von Stoffen, die, ohne in das neue Erzeugniß selbst einzugehen, doch die Entstehung der ersteren befördern. Die in der größten Menge nöthigen Dinge dieser Art sind die pflanzlichen und mineralischen Heizstoffe, wenn die aus ihnen sich entwickelnde Wärme nicht zu menschlichem Genuß, sondern zur Erzeugung von Sachgütern bestimmt ist. Außerdem können viele andere rohe und verarbeitete Stoffe hieher gezählt werden, mit denen bald eine Veränderung in der chemischen Beschaffenheit und den physikalischen Eigenschaften, bald eine Umgestaltung anderer Sachgüter verursacht wird (a). Mag es auch bisweilen wegen der Unvollkommenheit unserer Naturkenntnisse noch zweifelhaft sein, ob ein Stoff in diese Abtheilung, oder zu den Verwandlungsstoffen gehöre, so beweist dieß doch nichts gegen die Richtigkeit des Unterschiedes selbst (b). Die zu diesen Zwecken dienlichen Sachgüter, die **Hülfsstoffe** (c), können öfters durch andere wohlfeilere ersetzt und es kann dadurch viel an den Kosten erspart werden, wozu sich bei den Verwandlungsstoffen seltener Gelegenheit darbietet.

(a) Vgl. §. 90. — Zu chemischen Wirkungen dienen z. B. Stoffe zum
Bleichen der Zeuche, zum Reinigen des Leuchtgases, Gährungsmittel,
Schwefelsäure zum Reinigen des Oels, Mittel zum Klären einer Flüssigkeit (Gerinnen des Eiweißstoffes), Beizen des Saatkorns zur Zerstörung des Brandes, Kalk zum Enthaaren der Felle und zum Schmelzen des Eisenerzes, Borax zum Löthen, Wallrath beim Tuchwalken,
Kochsalz zum Tödten der Insekten im Boden, Quecksilber zum Herausziehen des Goldes aus Erzen, Kohle zum Entfärben des Zuckersaftes ic..
— auf physikalischem Wege wirk⟨s⟩ind: Schlichte zum Steifen der Kette

auf dem Webstuhl, Fett zum Geschmeidigmachen der Wolle. Schmieren bei Maschinen; Schießpulver erzeugt eine bewegende Kraft, Zink und Schwefelsäure für elektrische Wirkungen.

(b) Der Mist im Feldbau z. B. wirkt auch mechanisch durch Bodenlockerung.

(c) Matériaux nach Storch a. a. O.

§. 125.

2) Die menschliche Arbeit erfordert, daß den Arbeitern Unterhaltsmittel dargeboten werden, die theils für Nahrung, Feuerung, Beleuchtung rc. schnell verzehrt, theils als Kleidung, Zimmergeräthe rc. langsamer abgenützt werden, theils als Wohnung sehr lange dauern. Das hiezu nöthige Capital muß desto größer sein, je länger es dauert, bis die Arbeit ein Erzeugniß liefert und dadurch die Auslagen vergütet. Dem Sklaven müssen die verschiedenen Unterhaltsmittel, die er braucht, selbst von dem Eigenthümer zugetheilt werden, wie den Arbeitsthieren. Dasselbe gilt für einen Theil des Unterhaltsbedarfes von den durch einen Lohnherrn in Kost, Wohnung rc. genommenen freien Arbeitern. Anders ist es bei den ganz oder zum Theil in Geld bezahlten Arbeitern, welche häufig aus eigenem Vermögen eine Zeit lang ihren Unterhalt bestreiten und erst nach bestimmten Zeitabschnitten (z. B. Wochen, Monaten rc.) im Lohne den Ersatz empfangen. Könnte dieß so lange verschoben werden, bis das Arbeitserzeugniß schon verkauft und bezahlt ist, so hätte der Lohnherr gar kein Unterhaltscapital zu verwenden nöthig, weil er den Lohn aus dem Erlöse nähme, dagegen müßte der Arbeiter ein eigenes Capital dieser Art aus dem früher empfangenen Lohne verwenden. Dieß ist selten der Fall, weil der Arbeiter nicht leicht so lange warten kann. Der Lohn bildet demnach ein Einkommen des Arbeiters, welches meistens aus dem Capitale des Lohnherrn vorgeschossen wird, sei es in Geld oder in den Genußmitteln selbst, und sich aus dem Erlöse ersetzt, wie die andern verzehrten oder ausgegebenen Capitaltheile (a). Für die Lohnausgabe läßt sich nicht ebenso wie für die anderen Theile des Capitalaufwandes ein in der Natur jedes Productionszweiges liegendes (technisches) Maaß angeben, theils weil es darauf ankommt, wie viel Vermögen der Arbeiter in der Hand hat und nach welchen Zwischenzeiten

er gelohnt werden muß, theils weil der Lohn von der Verabredung des Lohnherrn und des Arbeiters bestimmt wird und nach den Umständen bald mehr, bald weniger Gütergenuß gewährt. Dieser Theil des Capitales hat ferner das Eigenthümliche, daß er neben seiner hervorbringenden Wirkung zugleich Mitglieder des Volkes unmittelbar mit Sachgütern versorgt, §. 71. a. Wenn der Arbeiter von seinem Lohnherrn beherbergt wird, so begreift dessen Lohncapital auch Theile von lange dauerndem Gebrauche, wie Wohngemächer, Betten ꝛc. (*b*).

(*a*) Giebt der Lohnherr das bisher betriebene Geschäft auf, so bleibt ihm das rückempfangene Capital zu beliebiger anderer Verwendung verfügbar. — Eine abweichende, nicht in Kürze zu erklärende Ansicht, nach welcher der Lohn nicht zum Capitalaufwande im engeren Sinne gehöre, indem er aus dem fertigen Producte bezahlt werde, ist entwickelt bei Rodbertus-Jagetzow, Zur Erkenntniß unserer staatswirthsch. Zustände, I, 14 ff. Indeß räumt der Verf. ein, daß der Unternehmer einen in Geld bestehenden Fond zur einstweiligen Bezahlung der Arbeiter haben müsse, und daß dieser Fond zum Capitale im weiteren Sinne gehöre. Vgl. auch Schön, N. Unters. S. 66.

(*b*) Diejenigen Schriftsteller, welche den Begriff der Production auch auf die persönlichen Güter ausdehnen, müssen auch die Genußmittel zum Capital rechnen, §. 61 (*c*).

§. 125 a.

III. **Werkzeugliche Hülfsmittel** sind solche Theile des Capitales, welche die Wirkung der Kräfte auf die Stoffe fortdauernd unterstützen (*a*). Dieß kann auf die mannichfaltigste Weise geschehen, wie es die Verschiedenheit der Kräfte und der beabsichtigten Wirkungen mit sich bringt, doch kommen jene Hülfsmittel untereinander darin überein, daß sie als Begleiter der Kräfte mit diesen in Verbindung bleiben und in fortdauerndem Besitz und Gebrauch, nicht wie die früher betrachteten Theile des Capitals durch ihre Verzehrung nützen, weßhalb ihre Abnützung nur als ein unvermeidliches Uebel, nicht als eine Ursache ihrer Wirksamkeit anzusehen ist. Dahin gehören:

a) **Bauwerke**, als Ställe, Scheunen, Vorrathsräume, Werkstätten, Grubengebäude zum Bergbau, Maschinen-, Schmelz-, Sudzebäude, Schleusen zur Bewässerung, Brunnen, Keller;

b) **Arbeitsthiere**, als Träger einer bewegenden Kraft;

c) **Gewerbsgeräthe**, und zwar

α) Geräthe unbestimmter Art, zu vielerlei Verrichtungen und technischen Zwecken brauchbar, z. B. Tische, Behälter, Gestelle, Gefäße, Säcke ꝛc.

β) **Chemische Vorrichtungen**, zur Veränderung in der Mischung der Stoffe dienend, z. B. Oefen, Heerde, Gießformen, Kessel; Destillirgeräthe u. dgl.

γ) **Hülfsmittel zu mechanischen Verrichtungen**, wohin man rechnet:

aa) **Werkzeuge**, einfache Mittel zur Unterstützung der menschlichen Kraftäußerung, also mit dem Arbeiter unmittelbar in Berührung stehend und von ihm gehandhabt. Ohne ihren Beistand würde der Mensch auf seine Gliedmaßen beschränkt sein, mit denen er überaus wenig auszurichten vermöchte (b). Die Erfindung der Werkzeuge war der erste große Schritt, der die menschliche Gesellschaft aus der Kindheit in die Bahn wirthschaftlicher Verbesserungen brachte (c).

bb) **Maschinen**, welche ebenfalls durch Bewegung wirken, aber zusammengesetzt sind, so daß die bewegende Kraft sich erst durch verschiedene Mittelglieder (Maschinentheile) fortpflanzt, ehe sie die beabsichtigte Wirkung an dem Stoff hervorbringt, weßhalb diese Wirkung und die Aeußerung der Kraft einander ganz unähnlich sein können (d).

(a) Eine ausführliche Erklärung der nachfolgenden Abtheilungen hat Riedel gegeben, Nat.-Oek. I, §. 378 ff.
(b) Z. B. Messer, Bohrer, Hammer, Säge, Beil, Grabscheit, Dreschflegel, Axte, Nähnadel, Feile, Zange, Meißel, Hobel, Sichel, Sieb, Zirkel, Richtscheit, Spindel (Kunkel) zum Spinnen. — Grade die unendliche Mannichfaltigkeit von Verrichtungen, zu denen die menschlichen Gliedmaßen gebraucht werden können, bringt es mit sich, daß dieselben zu den meisten Zwecken für sich allein unzureichend sind. Das Thier kennt keine Werkzeuge, ist aber auch nur zu einer geringen Zahl von Verrichtungen fähig. Vgl. v. Autenrieth, Ueber den Menschen. Tüb. 1825. S. 1 ff. — Viele Werkzeuge sind an die Stelle der Gliedmaßen getreten, deren Wirkung sie verstärken, z. B. die Zange verrichtet den Dienst der Zähne oder der haltenden Finger besser, der Hammer ist eine härtere und unempfindliche Faust, die Schaufel eine größere flache Hand, Kamm, Krämpel, Striegel, Rechen statt der Finger ꝛc. Diese Bemerkung macht auch Chevalier, Die brit. Industrie, S. 12. — Auch die Mittel zum Erlegen und Fangen der Thiere, z. B. Netze, Angel, Bogen und Pfeil, gehören hieher. — Es giebt viele Mittel, die den Werkzeugen ähnlich sind, jedoch nicht zu den Stoffarbeiten, sondern unmittelbar für die Person gebraucht werden und deßhalb zu den Genußmitteln zu rechnen sind, — Kamm, Haar- u. Kleiderbürste, Schlittschuhe, Stock, Brille ꝛc.

(c) Die dankbare Nachwelt hat die Namen der Erfinder einzelner vorzüglich nützlicher Werke wenigstens in der Sage erhalten; dem Dädalus werden Art. Bohrer zugeschrieben, seinem Sohn Perdix die Säge, des Phrygiers die Nähnadel. Polyd. Vergilius De rerum inventoribus B. III, Cap. 14. Die ältesten Werkzeuge unentwickelter Völker, wie der sog. Wilden, waren sehr unvollkommen, aus Steinen, Holz, Knochen, Fischgräten u. dgl. verfertigt; Steinzeit, bei den frühen Pfahlbauten nachgewiesen. Steinerne Aerte, Hacken und Pfeilspitzen bei den nordamerikanischen Eingebornen (Rothhäuten); s. Longfellow, Hiavatha, d. von Schulz, S. 35. Die Darstellung von Metallen aus Erzen führte zu weit besseren Werkzeugen; Bronce- u. Eisenzeit.

(d) Die Maschine macht es möglich, daß eine Naturkraft, die blos eine einfache Bewegung hervorbringt, die Stelle eines geschickten Menschen vertritt, weßhalb kunstvolle Maschinen an die Automaten erinnern und automatische genannt werden können, z. B. die Spinn-, Web-, Strickmaschinen, Wirkstühle u. dgl., während das Werkzeug blos von dem Menschen bewegt werden kann; man vergleiche z. B. die Handsäge mit der Sägmühle, oder das ehemalige Stampfen des Getreides aus der Hand mit dem Mahlen. Die Bewegung des obern Mühlsteines und das Schütteln am Beutel haben mit dem Fliesen des Baches nicht die mindeste Aehnlichkeit, bei dem Stampfen aber muß die Bewegung des Armes genau der der Stampfkeule entsprechen. Bei den Maschinen wird die von der Kraft ausgehende Bewegung vielfach abgeändert, z. B. beschleunigt, aus der gradlinigen Richtung in die kreisförmige verwandelt, es wird auf Kosten der Geschwindigkeit die bewegte Masse vermehrt u. dgl. — Man kann die Maschinen eintheilen 1) in solche, welche die Bewegung unmittelbar von der Kraft empfangen und weiter fortführen oder auch umwandeln, sog. Motoren, Bewegungsmaschinen im Allgemeinen, z. B. Wasserräder, Turbinen, Dampfm., Göpel (Roßwerke), Tretscheiben, — 2) solche, welche eine einzelne Art der Wirkung hervorbringen, R. besonderer Art, deren es sehr viele giebt. Sie werden nicht blos in den Stoffarbeiten und dem Handel, sondern auch zur Erhaltung der Sachen (Feuerspritzen) und für persönliche Zwecke gebraucht, wie Schießgewehre, Geschütze, Uhren, Spieluhren, Orgeln. Daß manche solche Auskunftsmittel im gemeinen Leben nicht als Maschinen angesehen werden, mag daher rühren, daß sie schon seit langer Zeit einen besonderen Namen erhalten haben, wie das Spinnrad, die Uhr, der Pflug ꝛc.

§. 126.

Die großen Leistungen der Maschinen (a) rühren daher, daß theils die Arbeit des Menschen vermöge der künstlichen Verbindung und Vervielfältigung der Maschinentheile eine weit größere Wirkung hervorbringt, als das von den Gliedmaßen des Menschen unmittelbar bewegte Werkzeug (b), theils von den zu Hülfe genommenen Naturkräften, welche viel stärker und wohlfeiler, aber nur mit größerer Kunst nutzbar zu machen sind als die Arbeit, §. 90. 2). Die volkswirthschaftlichen Vortheile der Maschinen zeigen sich darin, daß 1) mit ihrem Bei-

stande die Arbeit eine weit größere Menge von Erzeugnissen
hervorbringt, wodurch die Kosten und Preise der Kunstwaaren
niedriger werden und der Gütergenuß des Volkes zunimmt;
überdieß ist die schnellere Vollbringung der Arbeit oft sehr nützlich, z. B. beim Mähen und Dreschen (c); 2) daß das Erzeugniß bei manchen Arbeitszweigen auch vollkommener und
werthvoller ist, als es sonst durch Menschenhände und Werkzeuge werden konnte (d); 3) daß ungesunde oder doch sehr beschwerliche Arbeiten den Menschen abgenommen werden (e).
Muß eine Maschine wieder durch Menschen bewegt werden, so
ist diese Arbeit allerdings oft anstrengend, aber doch nicht nothwendig der Gesundheit schädlich (f); 4) daß in vielen Fällen
schon einfache, kunstlose Arbeit zureicht, die Maschinen zu bedienen und dadurch Güter zu erzeugen, welche sonst große Geschicklichkeit erforderten (g), so daß nun Menschen von höheren
Fähigkeiten sich anderen gemeinnützigen Beschäftigungen widmen
können. Inzwischen werden auch wiederum die Maschinen erst
durch einen beträchtlichen Grad von Kunst möglich; sie sind
eine Frucht der fortschreitenden Bildung und der Vermehrung
des Capitals.

(a) Kunth, Ueber Nutzen oder Schaden der Maschinen. Berl. 1824. —
Babbage, s. Schrift (§. 115. (a)). — (Brougham) Die Resultate des Maschinenwesens, deutsch Lübeck, 1833, i. v. Rielen, Leipz.
1833. — A. de Gasparin, Considérations sur les machines. Par.
1845. — Ure, Das Fabrikwesen, deutsch v. Diezmann. Leipzig.
1835. — Pr. Passy, Les machines. P. 1866.
(b) Die Spinnerin dreht gleichzeitig nur einen Faden, die Strickerin
macht nur eine Masche, der Drescher thut mit dem Flegel nur einen
Schlag.
(c) Eine der ältesten Maschinen ist der Pflug, der die Gewinnung einer
viel größeren Menge von Nährmitteln, als mit Spaten und Hacke, bei
gleicher Arbeit möglich machte. Daher ist die Einführung des Pfluges
ein wichtiger Fortschritt in der Entwicklung der Völker, dessen Urheber
in Sagen verehrt wurden, Demeter und Triptolemos, Osiris, Habis
in Spanien. — Rau, Geschichte des Pfluges, Leipz. 1844.
Es giebt kein größeres Beispiel von den gemeinnützigen Wirkungen des
Maschinenwesens als die Baumwollenverarbeitung. Die einflußreichsten Erfindungen der Engländer in derselben sind 1) die Krem-
pelmaschine, zwischen 1760 und 1774 allmählig von Mehreren zu
Stande gebracht; 2) die Jenny, eine von Highs und Hargraves
(beide unabhängig von einander) erfundene, von dem letzteren 1767
verbesserte Spinnmaschine, jetzt hauptsächlich für Schaafwolle im Gebrauch; 3) die Spinnmaschine mit Streckwalzen (throstle, Drossel-
maschine) von Rich. Arkwright 1796 (jedoch nach neueren Untersuchungen auch ursprünglich von Highs erfunden, und nach Gol-
soll der Gedanke schon von Lewis Paul herrühren, der 1738 ein

Patent nahm. Quarterly Rev. Nr. 213 S. 45); 4) die aus beiden vorhergehenden zusammengesetzte Spinnmaschine (mule-jenny) von Crompton, 1775; 5) die Webmaschine (power-loom), fast des gewöhnlichen Webstuhls, nach dem ersten Gedanken Vaucanson's (1747) von vielen Mechanikern versucht, am gelungensten von Cartwright 1784 hergestellt und seit 1805 häufig verbreitet. Hieran schließt sich eine Menge anderer Maschinen, die zum Theile, wie die zum Vorspinnen dienende Spindelbank (Byroving, banc à broches), und die sog. selbstwirkende Spinnmaschine (selfacting mule oder selfactor) von Roberts, 1825, von bewundernswürdiger Künstlichkeit sind. Die Spinnmaschinen leisten 100- (Bernoulli), 120- (Moreau de Jonnès), bis 150mal (Rees und Blumenbach), nach neueren Angaben 3–400mal soviel (Chevalier) als Handspinnräder bei gleicher Arbeit. Eine Handspinnerin soll mit einem Gehülfen wöchentlich nur ½ Pfund feines Garn liefern können (doch vermuthlich mit Einrechnung des Karbätschens). Ein Mann mit zwei anknüpfenden Kindern kann zwei Feinspinnmaschinen zu 3–400 Spindeln versehen. Auf jeder Spindel der Feinspinnmaschine können jährlich gegen 80 Pfund Garn Nr. 13–16, gegen 26 Pfund Nr. 40, gegen 9 Pfund Nr. 100 gesponnen werden. Im Durchschnitt darf man etwa 25 Pfund jährlich annehmen. Die Zahl der Feinspindeln in Großbritanien war 1829 gegen 7 Mill., 1850 21, 1860 23 Mill., in diesem Jahre hatte Frankreich 6½, der Zollverein 2, Oesterreich 1857 1'746.000, die Schweiz 1859 1'350000 Sp. M. Kohl, Bericht über den pr. stanz. Handelsvertrag S. 44. — Ein englischer Weber mit einem 12jährigen Knabe bringt auf 4 Maschinen-Webstühlen wöchentlich 22 Stück Baumwollenzeug zu 24 Yards (zu 3 Fuß) zu Stande, ein Handweber nur 48 D. — 72 Ell., und Großbritanien hat gegen 300'000 Maschinenstühle. Eine Folge hiervon ist die große Wohlfeilheit, die ungeheure Erzeugung, und Verbrauchsmenge von Baumwollenwaaren. 1778 bezahlte man für das Pfund Garn von der Feinheitsnummer 40 an 14 Schill. Spinnerlohn, jetzt ½ Schill. In Großbritanien war von roher Baumwolle:

	Einfuhr	Verarbeitung	
	Mill. Pfd.	Mill. Pfd.	
im J. 1765	3,5		
D. 1781—90	18,¹		
1790—1800	32	1820—29 i. D.	178
1801—10	70	1834	302
1811—20	105	1838	460
1842—44	617	1842—44 i. D.	535
im J. 1852	928,¹⁴	1852	745
1860	1391	1860	1038

Das jährliche Erzeugniß der Verarbeitung wurde für 1852 auf 61½ Mill. L. St. geschätzt, wovon aber 16⅘ Mill. für den Rohstoff abgehen. 1'200.000 Menschen sind mit diesem Gewerbszweige und den Hülfsarbeiten beschäftigt. Die Ausfuhr an Garn, Geweben und andern Baumwollenwaaren war nach dem angegebenen Preise (declared value)

im D. 1842—44 23,⁴ Mill. L. St.,
1849—52 28,⁸
1860 (max.) 52 Mill.,
1865 46,⁹ Mill.

Die rasche Bevölkerungszunahme der englischen Fabrik- und Handelsstädte zeigt diesen Aufschwung ebenfalls deutlich, z. B.

	1770	1801	1831	1861
Manchester	41 000	84 000	182 000	357 000
Liverpool	34 000	79 700	189 000	444 000
Brit. Lancaster 1760	297 400	672 700	1 336 800	2 428 000
Glasgow		77 300	202 000	395 000

Vgl. Porter, Progress of the nation, S. 176 (1851). — Baines, Gesch. der Baumwollenmanuf. in Großbritanien, d. v. Bernoulli, Stuttg. 1836. — Kleinschrod in Rau, Archiv II, 335. — Mac-Culloch, Stat. acc. II, 61. — Darl, Die Baumwolle und deren Verarbeitung. Mainz, 1846. — Karmarsch, Handbuch der mechan. Technol. II, 1100. — Amtlicher Bericht über die Industr.-Ausstellung zu London 1851, II, 1.

Die Kattundruckmaschine mit Messingwalzen kann in der Minute 24—30 Ellen mit 3 Farben bedrucken, also täglich gegen 11 000 E., und die Walzen werden mit Hülfe anderer Maschinen viel leichter gravirt als aus der Hand. Der Handdruck liefert nur etwa 330 Ellen einmal bedruckt. Neuerlich druckt man 5 Farben zugleich. — Ein Mann und zwei Knaben an Keuflize's Tuchscheermaschine mit schraubenförmigen Scheerblättern scheeren in 12 Stunden 1200 Ellen, was sonst 40 Tuchscheerer mit der Handschere verrichteten. — Bauer und König's Druckmaschine bedruckt in einer Stunde 1100 bis 1200 Bogen auf beiden Seiten, während sonst nur 200—250 auf einer Seite durch die gewöhnliche Presse gedruckt werden können. Die heutigen Druckpressen geben auf jedem Cylinder stündlich 2500 Abdrücke von beiden Seiten und man hat sogar solche mit 8 Druckcylindern, also stündlich 20 000 Abdrücken. — Der Handstuhl liefert 12 bis 20 und mehr Bänder zugleich. — Conté's Kupferstechmaschine schneidet die Luftstriche auf einer Landschaft von 3 Fuß Höhe und 26 Zoll Breite in 3—4 Tagen ein, wozu aus freier Hand 8 Monate erforderlich wären. Polytechn. Journal, XIII, 7. — Verfertigung von Faßdauben durch Säge- und Hobelmaschinen, wobei 70 Proc. der Arbeit und 30 Proc. des Holzes erspart werden, von David, s. Hermann, Die Industrieausst. zu Paris im J. 1839, S. 240. — Bei Taylor u. Comp. in Lightpool werden durch ein Wasserrad von 40 Pferdekräften 5 Maschinen bewegt, mit denen wöchentlich 19 Mill. Stecknadeln verfertigt werden. Dingler, Pol. J. LXV, 398. — Eine Maschine zum Nägelschmieden aus kaltem Eisen liefert täglich 50 000 und mehr Nägel und wird von 1 Arbeiter bedient. — Maschinen zum Schriftsetzen sind von Young und Delcambre (Dingler, Pol. J. LXXXV, 420), von Rosenberg (Yearbook of facts, 1843, S. 93) und dem Böhmen Tschulik erfunden worden. Die zweite soll stündlich 10 800 Lettern setzen, die dritte noch mehr leisten. Die neue Maschine von Benjowsky setzt 5—6000 Lettern in der Stunde, Yearbook of facts, 1854, S. 1808. — Die Mähmaschinen für Getreide schneiden täglich 4—5 Hektar mit 3—4 Menschen, ein Schnitter ungefähr ⅛ Hekt., ein Mäher 0,4—0,7 Hekt. — Ein Dampf-Dreschmaschine ersetzt ungefähr die 4—5fache Zahl von Handdreschern und wird von wohlfeiler bezahlten Arbeitern bedient. — Die americanische Nähmaschine ersetzt bei der Ueberwendlingsnaht 5, bei gewöhnlicher 10, bei Lederarbeit 25 Menschen, Chevalier a. a. O. S. 53.

(d) Man kann auf dem Spinnrad keinen so gleichförmigen und feinen Faden zu Stande bringen, als auf der Maschine (ein Pfund Baumwollenfaden von Nr. 600 ist 62 deutsche Meilen lang), mit der Nadel seine so schönen Strümpfe stricken, als auf dem Wirkstuhle, ohne die Schöpfmaschine sein beliebig langes und so gleiches Papier machen u. dgl. — Reichenbach's Theilmaschine fehlt in der Entfernung der Theilstriche nur 1/— Zoll. — Die Schermaschine schit langsamer, aber gleichförmiger als die Hand und erspart an Aufwort, die Dresch: maschine läßt seine Körner zurück.

(e) Die Zeigfrenmaschine von Lembert erseßt die höchst anstrengende Arbeit des Handlmieres, die Flachmaschinen machen das wegen des Staubes schädliche Schlagen der Wolle entbehrlich, das Rauben des Tuches ohne Rauhtrommel ist wegen der Nässe ungesund rc. Wie beschwerlich war das Getraidemahlen, Wasserheben aus Bergwerken, Walken, Hämmern, Schleifen, Sägen rc. aus der Hand! Maschinen ersparrn das Last: tragen und Rudern rc. Villermé, Tabl. de l'état des ouvr. II, 242. 295 — Die auf dem Harze erfundene „Fahrkunst" in den Berg: werken, gewöhnlich von einer Dampfmaschine bewegt, erspart die Zeit und Anstrengung des Hinab: und Hinaufsteigens bei tiefen Schachten. Man hat sie neuerlich häufig in Fabriken angewendet, selbst im Lon: toner Hauptpostamt. Man hat berechnet, daß sie sich schon im ersten Jahre bezahlt macht. Dingler, P. Jonn. CXXXI, 21.

(f) Z. B. das Drehen eines Rades, einer Kurbel, Verrichtungen, die we: nigstens nicht schlimmer sind als vielerlei Arbeiten des gewöhnlichen Handwerks. Vgl. Mohl, Würt. Gewerbsind., S. 200. 215. — Bernoulli, Schweiz. Archiv, II, 1. Abth. — Say, Handb. I, 238.

(g) Hierin findet eine große Verschiedenheit Statt. Die Wartung der mei: sten Maschinen ist leicht, mancher aber, z. B. die Spinnmaschinen, er: fordern vorzügliche Sorgfalt. Der Jacquardstuhl, der den Kunstweber entbehrlich macht, hat der Seidenweberei einen mächtigen Aufschwung gegeben; Jos. Jacquard, geb. 1752, † 1834, s. Grognier, No: tice, sur J. Lyon, 1836

§. 127.

Der Handel, da er keine Veränderungen an den Stoffen bewirkt, hat

1) zwar keine Verwandlungsstoffe, statt derselben aber Vor: räthe von Waaren nöthig, — welche zum Verkaufe bereit gehalten und insofern als fertig angesehen werden, wenn sie gleich bis: weilen einer nochmaligen Verwendung zu einer Production entgegen gehen (a), — weil der Verkauf nicht zu jeder Zeit und nicht immer sogleich nach dem Anlange und der Herbeischaffung vollzogen werden kann, weil die Käufer eine Auswahl ver: schiedener Arten und Sorten verlangen, weil man im Stande sein muß, einen ungewöhnlich großen Begehr zu befriedigen, weil der Kaufmann öfters höhere Preise abwarten will u. dgl. (b). Aus diesen Waarenvorräthen des Handelsmanns oder des ohne dessen Beistand den Absatz besorgenden Erzeugers gehen die neu erzeugten Güter bei denjenigen Käufern, welche sie anwen: den wollen, ihrer Bestimmung zufolge in die Gebrauchsvorräthe

zum Genuß oder in die verschiedenen Theile des Capitales über. Meistens bleiben sie nur kurze Zeit in dem zum Tausche dienenden Waarenvorrathe (c).

2) Er braucht Unterhaltsmittel der in ihm beschäftigten Arbeiter und verschiedene Hülfsstoffe (d).

3) Zur Aufbewahrung, zur Waarenversendung und zum Verlaufe sind mancherlei Geräthe (e) erforderlich, sowie Bauwerke, als Waarenhäuser, Straßen, Canäle, Eisenbahnen, Häfen ꝛc.

(a) Z. B. die durch den Handel gehenden Verwandlungsstoffe. — Storch führt die Vorräthe als ouvrage fait (fertige Waaren) auf, I, 154.

(b) Manche Dinge werden nur in einer gewissen Jahreszeit, wie die Erzeugnisse des Landbaus, oder wie der Wein nicht einmal alljährlich in der erwünschten Menge und Güte erzeugt, andere kommen nur von Zeit zu Zeit in Gebrauch, wie Pelzwerke, Zeuche zu Trauerkleidern. Der Verbrauch der Heizstoffe, der Gebrauch der Oefen und Schlitten geschieht hauptsächlich im Winter, die Vorräthe müssen also zu dieser Jahreszeit aufbewahrt werden. Vgl. Rebenius, Der öffentliche Credit, I, 19. (2te A. 1829.)

(c) Der öfters ausgesprochene Satz, daß die Güter nur eine Zeit lang dem Capital angehören und dann aus diesem Uebergangszustande in einen anderen übertreten, ist demnach in Bezug auf Verwandlungsstoffe und Waarenvorrathe richtig, gilt aber nicht von Hülfsstoffen, Unterhaltsmitteln, welche beide verzehrt werden, auch nicht von den werkzeuglichen Hülfsmitteln, welche diese Eigenschaft fortwährend behaupten. — Die Verwandlungsstoffe bedürfen eines sehr ungleichen Zeitraums, um vom Anfang der Benützung in den Stoffarbeiten an als vollendete Güter zu den verschiedenen Orten des Gebrauchs zu gelangen. In diesen Zwischenzeit sind sie nicht fortwährend bei den Vorgängen der Production betheiligt, sondern liegen bisweilen unbenützt vorräthig, theils bei den Erzeugern, damit die Arbeiten von der augenblicklichen Zufuhr unabhängig seien (z. B. Rohzucker, Baumwolle, Erze, Zimmerholz), theils als Handelswaare, theils bei den Gebrauchenden (Zehrern), die es häufig für nützlich halten, sich auf einige Zeit zu versehen. In den beiden ersten Fällen gehören die Vorräthe zum Capitale. Offenbar ist es vortheilhaft, wenn nicht allein die Vorgänge der Production, sondern auch diese Zwischenzeiten abgekürzt werden können. Wird z. B. der ganze Verlauf von 18 auf 6 Monate verkürzt, so ist statt des 1½fachen nur das halbe Jahreserzeugniß in diesem Productions- und Handelsgange begriffen und in dem nämlichen Verhältniß ist an Capital und Zins weniger aufzuwenden. Im D. 1858—64 lagen zu Ende jedes Jahres in Großbritanien 2 Mill. Ctr. Baumwolle vorräthig, davon 82 Proc. in den Häfen, 18 Proc. in den Spinnereien. Der Preisbetrag war 1855—60 i. D. 5,⁸ Millionen, 1861—64 14 Mill. L. St.

(d) Z. B. Futter der Fuhrpferde, Heizstoff der Dampfschiffe, Packmittel.

(e) Behälter, Fuhrwerke, Handelsschiffe, Maaße und Gewichte.

§. 128.

Sowohl der eigentliche Handel, als der unmittelbar zwischen Erzeugern und Zehrern gepflogene Tauschverkehr (§. 99.) und überhaupt jeder Verkehr mit Sachgütern bedarf des Geldes (§. 62), nämlich einer Sache, welche von allen Menschen gern angenommen wird, um wieder im Verkehre hingegeben zu werden, folglich als allgemeiner Gegenwerth (Aequivalent) von Gütern und Leistungen dienen kann. Soweit nicht ein bloßes Zeichen (Papiergeld), sondern ein Gut von bestimmtem Werthe und Kostenbetrage (z. B. Metallstücke) als Geld gebraucht wird, bildet der Geldvorrath eine selbstständige Gütermasse und einen besondern Theil des Volksvermögens. Wie jeder Einzelne, der tauschen oder andere Geschäfte der Güterübertragung vornehmen, z. B. leihen, miethen, Lohn bezahlen will, einen Theil seines Vermögens in der Form des Geldes vorräthig haben muß, da er mit einem Geldcapitale sich alle zur Production mitwirkenden Capitaltheile und alle Genußmittel verschaffen kann, so ist auch einem ganzen Volke eine gewisse Geldmenge nöthig, die zur Erleichterung des Verkehrs als Werkzeug dient und die darum zum Capitale gerechnet werden darf, weil dieser Verkehr mit der Hervorbringung neuer Güter in den engsten ursachlichen Zusammenhange steht (a).

(a) Unter den Geldgeschäften befinden sich viele, die auf die Erzeugung neuer Güter gar keinen Bezug haben, z. B. die Bezahlung unproductiver Dienste, die unproductiven Handelszweige, §. 105 Nr. 0, u. Genau betrachtet dürfte man nur den Theil des Geldes als Capital ansehen, der zu den die Hervorbringung mittelbar oder unmittelbar fördernden Ausgaben gebraucht wird. Jedes Geldstück dient aber bald zu der einen, bald zu der anderen Bestimmung. Noch enger beschränkt Say die Capitaleigenschaft des Geldes, Handb. II, 270., vgl. Rau in Pölitz, Jahrb. 1829. IV. Heft.

§. 129.

Das Capital eines Volkes begreift demnach 1) solche Bestandtheile, die unmittelbar für einzelne Zweige der Verrichtungen erforderlich sind, nämlich a) Verwandlungsstoffe, b) Hülfsstoffe, c) Unterhaltsmittel für die Arbeiter, d) werkzeugliche Hülfsmittel, e) Waaren- oder Tauschvorräthe; 2) das allgemeine Erleichterungsmittel jedes Verkehrs, das Geld.

Alle diese Theile, nur die Vorräthe ausgenommen, sind mehr oder weniger einer Verzehrung unterworfen. Die Verwandlungs- und Hülfsstoffe nebst den meisten Unterhaltsmitteln werden schneller und in demselben Maaße verbraucht, als sich

neue Güter bilden, die übrigen Theile erleiden wenigstens eine
Abnützung, von der auch das zum Gelbe gebrauchte Material
nicht frei bleibt. Das Capital und die Genußmittel kommen
in dieser Hinsicht mit einander überein und ihr Unterschied
liegt nur in dem Umstande, daß diese bei ihrer Verzehrung
keinen Ersatz in Vermögenstheilen gewähren, während die Verminderung des Capitales durch neue gleichzeitig entstehende
sachliche Güter wenigstens vergütet, wo nicht überwogen wird.

§. 130.

Durch die Anwendung eines Capitales kann auch anderen
Güterquellen ein höherer Werth und insbesondere eine stärkere
productive Fähigkeit gegeben werden. Die so entstandenen
Eigenschaften einer anderen Güterquelle dürfen nicht mehr zu
den Arten des Capitales gerechnet werden, wenn die auf sie
gewendeten Güter aufgehört haben als abgesonderte Vermögenstheile vorhanden zu sein. So können 1) mit einem Kostenaufwande die Arbeiter höhere Geschicklichkeit erlangen, durch
Unterricht, Reisen ꝛc. Man hat die auf solche Weise gestei-
gerte Fähigkeit der Arbeiter als persönliches Capital aufgeführt (a), weil sie die Stelle des hiezu aufgeopferten Capitales
einnimmt. Allein die Eigenschaften der Menschen, wieviel sie
immer zur Güterentstehung beitragen mögen, gehören als persönliche Güter nicht in das Vermögen, also auch nicht in das
Capital (§. 16); es ist unangemessen, den Menschen in irgend
einer Beziehung unter die Sachen zu zählen, auch verhalten
sich diese Eigenschaften anders als die Sachgüter, mit deren
Hülfe sie erworben worden sind. 2) Auch Grundstücke
können mit Hülfe eines Capitalaufwandes ergiebiger gemacht
werden; Grundverbesserungen (Meliorationen). Diese
Unternehmung ist offenbar ein Zweig der Production, aber
wofern sie nicht einen von dem Boden zu unterscheidenden un-
abtrennbaren Gegenstand, z. B. ein Bauwerk, sondern nur eine
bessere Beschaffenheit des ersteren bewirkt, wie z. B. die Entwässerung, das Aufführen von Erde, das Ebenen, die Wässer-
einrichtungen u. dgl. (§. 50 (a)), so ist das Capital nicht mehr
vorhanden, es ist vielmehr den Grundstücken eine Werthmenge
zugewachsen (b).

(a) Smith, II, 11. — Simondo, nouv. comm., 1, 45 — Say, Handb. I, 237. „Ein erwachsener Mensch ist ein aufgesammeltes Capital." — M'Culloch, Grundsätze, S. 90: „Jedes Individuum, welches seine Reife erreicht hat, kann als Maschine betrachtet werden, welche 20 Jahre unsäger Aufmerksamkeit und ein ansehnliches Capital an Bauausgaben gekostet hat." — Richtig dagegen Hermann, Unters. S. 60 — Der Ausdruck persönliches Capital wäre nur in einem bildlichen Sinne zulässig, der einer strengen Wissenschaft nicht angemessen ist.

(b) Rau, zu Storch, Zus. 40. — Dagegen Smith, II, 11. — Storch, I, 147. — Riedel, 1, §. 379. u. Andere. — Eine Unterscheidung zweier Begriffe ist darum nicht unhaltbar, weil die Gränzlinie bla und da schwer zu erkennen ist, weil es Uebergänge, Mittelglieder giebt. Bei der Unterscheidung von Capital und Land sind Grade der Trennbarkeit des ersten und der Dauer einer Melioration vorhanden. Stämme in einer Bauenschule sind versetzbar, ältere nicht mehr, allein sie sind haubar, der Obst-, Hopfen-, Rebgarten kann enthölzt werden, diese Gewächse tragen daher die Eigenschaften des Capitals an sich, wie Pumpbrunnen und Schleusen.

§. 131.

Das Capital wird in Rücksicht seines Verhaltens gegen den, der es anwendet, in stehendes und umlaufendes (a) getheilt. Zu jenem rechnet man diejenigen Güter, welche im fortdauernden Gebrauche bei der Arbeit sich förderlich erweisen, wie die Gewerbsgebäude und Geräthe und die dauernden Unterhaltsmittel, z. B. Wohnungen, Hausgeräthe ꝛc. der Arbeiter (§. 125. 125 a. 127), dem umlaufenden Capitale gehören dagegen diejenigen an, welche erst dann hervorbringend wirken und eine Einnahme zu Wege bringen, wenn der Eigenthümer aufhört sie zu besitzen, indem er sie entweder weggiebt, oder selbst verzehrt; dieß Merkmal findet sich bei den anderen vorhin aufgezählten Bestandtheilen des Capitales, §. 123. 124. 125. 127 1). 2). 128. — (b). Die aus den Verwandlungsstoffen erzeugten Güter und die Handelswaaren pflegen durch Tausch in andere Hände zu gelangen, ebenso das Geld; die Hüllsstoffe und die nicht dauerhaften Unterhaltsmittel, wie Nahrung, Heizstoff, werden bei der Arbeit verzehrt, auf sie paßt daher die übliche Benennung umlaufend weniger (c). Das Geld gehört zwar dem angegebenen Begriffe nach ebenfalls zu dem umlaufenden Capitale, weil es erst Vortheil bringt, wenn man es ausgiebt, unterscheidet sich aber auch wieder wesentlich von den anderen Bestandtheilen desselben, indem es stets im Umlaufe unter den Menschen bleibt. Betrachtet man also die

Wirthschaft eines ganzen Volkes, so kann man das Geld desselben als ein unter den Mitgliedern umherlaufendes, in seiner
Art ganz eigenthümliches Werkzeug des Verkehrs betrachten,
und es finden sich in ihm die Merkmale beider Arten des Capitales vereiniget (d).

(a) Als Martineau schlägt dafür den Ausdruck reproducibles Capital vor, II, 61. (Hill and valley.)
(b) Das stehende Capital ist zwar meistens von längerer Dauer, während
die Verzehrung des umlaufenden schneller erfolgt; die Werkzeuge des
Schreiners z. B. nützen sich langsamer ab, als die Nahrungsmittel
seiner Arbeiter, die Holzschilde ıc. verbraucht werden, doch liegt das
Unterscheidungsmerkmal beider Arten des Capitales nicht blos in dieser
ungleichen Dauer, wie Ricardo glaubt (der deßhalb diese ganze Eintheilung mißbilligt, Grundges. S. 17). Die Veredlung mancher verarbeiteter Stoffe dauert lange, z. B. der Häute in der Lohgerberei, und
es findet nicht einmal immer eine wahre Verzehrung derselben Statt
(s. §. 68. (d)), auch die fertigen Waaren werden, so lange sie im Capitale des Kaufmanns sind, nicht consumirt, während manche Geräthe,
z. B. die Mehlbeutel in der Mühle, von kurzer Dauer sind.
(c) Sie kann nur so verstanden werden, daß der Unternehmer statt der Capitaltheile, die aus seinem Besitze treten, andere Güter erwirbt, daß
also ein Weggehen und Zukommen Statt findet.
(d) Smith, II, 8. 10.

§. 132.

Die Unterscheidung dieser beiden Arten des Capitales ist
in volkswirthschaftlicher Hinsicht aus mehreren Gründen erheblich.

1) Sie muß bei der Kostenberechnung zu Grunde gelegt werden, die in jedem mit Hülfe des Capitales unternommenen
Geschäfte angestellt wird. Das umlaufende Capital muß nämlich durch das neue Erzeugniß, zu dessen Hervorbringung es
gänzlich aufgewendet worden ist, auch wieder sammt Zinsen ersetzt werden, von dem stehenden Capitale braucht neben den
Zinsen nur die während der Erzeugung einer gewissen Gütermenge vorgegangene Abnützung vergütet zu werden, um den
Eigenthümer zu entschädigen (a). Die Anwendung eines grö
ßeren stehenden Capitales, wenn dasselbe dauerhaft und zweckmäßig ist, bringt gewöhnlich Vortheil, weil die Kosten aus der
Vermehrung dieses Capitales geringer sind, als die Ersparung
an den Betriebskosten für das umlaufende Capital (b).

2) Bei dem stehenden Capitale ist lange Dauer, bei dem
umlaufenden baldige Vollendung des Productions- oder Han-

belsvorganges vortheilhaft. Wird dieser im Jahre mehrmals vollbracht, so wird mit einem gegebenen Umlaufscapital ein mehrfacher Aufwand und ein mehrfaches Erzeugniß bewirkt.

3) Das stehende Capital ist gebunden, es kann nur schwer und mit Verlust auf andere Weise gebraucht oder durch Verkauf gegen andere Güter umgesetzt werden, das umlaufende ersetzt sich bald durch die Erzeugnisse oder den Gelderlös aus denselben und gestattet sodann eine andere Benutzungsweise.

4) Das Verhältniß zwischen beiden Arten ist in den einzelnen Zweigen der hervorbringenden Beschäftigungen sehr verschieden. Manche einfache Gewerke bedürfen im Verhältniß zum umlaufenden nur eines sehr kleinen stehenden Capitales, die Fischerei, der Handel, — die Landwirthschaft schon eines viel größeren, die kunstreichen Gewerke und der Bergbau eines sehr großen. Der Einzelne, der Capitale benutzt, muß die beiden Classen derselben in ein solches Verhältniß setzen, wie es bei seiner Erwerbsart am vortheilhaftesten ist. Auch in der ganzen Volkswirthschaft kommt viel darauf an, daß zwischen beiden Arten des Capitales und den verschiedenen Bestandtheilen desselben ein richtiges Verhältniß obwalte. In der Kindheit der Volkswirthschaft ist das stehende Capital auffallend klein. Bei den Fortschritten der Kunst und der Capitalanhäufung pflegen die stehenden Capitale stärker als die umlaufenden vermehrt zu werden, und der alte Reichthum eines Volkes giebt sich deutlich in der Menge seiner stehenden Capitale, als Gebäude, Maschinen, Straßen, Brücken, Schiffe u. dgl. kund.

(*a*) Beispiel. Es sei in einem Gewerbe anfangs (A) das stehende Capital 5000, das umlaufende, jährlich 2 mal umgesetzte Capital 10 000 fl. Später (B) wird durch Verkoppelung des stehenden C. das umlaufende auf 9000 fl. vermindert, — das gesammte C. ist also früher 15 000, später 19 000 fl. Der jährliche Aufwand ist folglich

	A	B
15 Proc. Zins und Abnutzung des steh. C.	750 fl.	1500 fl.
Doppelter Umlauf des umlaufenden C.	20 000	18 000
5 Proc. Zins desselben	500	450
Ganze Ausgabe	21 250	19 950

Es werden also 1300 fl. bei gleichem Erzeugniß erspart. Drückt dies aus 480 Centn. zu 50 fl. oder 24 000 fl., so kommt bei B der Ctr. um 2,⁷ fl. niedriger zu stehen, und bei gleichem Verkaufspreise von 50 fl. erhöht sich der Gewinn für den Centner von 5,⁷ auf 8,⁴ fl.

(*b*) Eine Fahrkunst (§. 128. (*f*)) in einem Bergwerk kann für 1000 pr. Fuß Tiefe mit 10 600 Thlr. hergestellt werden und kostet jährlich 3560 Thlr., während der Zeitverlust beim Steigen für 250 Knechten

21 000 Thlr. beträgt (ohne die Einübung anzuschlagen), so daß schon im ersten Jahre die Maschine sich bezahlt und 4620 Thlr. Ueberschuß giebt. Dirck in Karsten's Archiv. XXV. Bd. — Eine Maschine, die nicht fortwährend in Gebrauch ist, wie eine Dresch- oder Näh-maschine, bringt erst Vortheil, wenn sie eine gewisse Zahl von Tagen in Thätigkeit ist.

(c) Betrachtungen hierüber bei Carey, Princ. II. 5.

III. Entstehung der Capitale.

§. 133.

Ein Capital entsteht, in der Volkswirthschaft, indem 1) neue Güter hervorgebracht, 2) sodann von der Verzehrung für bloßen persönlichen Vortheil übergespart und 3) auf hervorbringende Arbeit angewendet werden (a). Achtet man näher auf die Art der neu übergesparten Gütervorräthe, so ist ihre Fähigkeit, das Volkscapital zu vergrößern, dann sogleich außer Zweifel, wenn sie unmittelbar selbst tauglich sind die Hervorbringung zu unterstützen, wie die Lebensmittel für Arbeiter, Verwandlungsstoffe und dergl. Ist dieß nicht der Fall und bestehen insbesondere, wie es gewöhnlich geschieht, die Ersparnisse in Geldsummen, so müssen diese erst wieder gegen andere als Capital dienende Güter umgesetzt werden, damit die Hervorbringung erweitert werde. Die in Geldform erübrigten Gütermengen sind nicht für sich selbst neue volkswirthschaftliche Capitale (b), setzen jedoch den Besitzer in den Stand, einen Vorrath von Erwerbsmitteln beliebiger Art einzutauschen. Da nun die regelmäßigen Geldeinkünfte, von denen man einen Theil zurücklegen kann, fast immer zuletzt von einer neuerzeugten oder aus dem Auslande herbeigeführten Gütermasse herstammen (§. 251), so läßt sich annehmen, daß jede ersparte Geldsumme an die Stelle einer neu hinzugekommenen Menge von anderen Gütern getreten sei, und daß auch wieder irgend eine andere, als Capital verwendbare Menge von Stoffen, Werkzeugen ꝛc. vorhanden ist, die mit jener Geldsumme erkauft werden könne.

(a) Ungebrauchte Vorräthe sind noch kein wirksames, sondern nur sogen. todtes Capital, §. 52. Vgl. Lauderdale, Ueber Nationalwohlstand, S. 51. 52. — Wo indessen Sicherheit der Rechte besteht, da finden die Menschen in der Regel hinreichende Bewegründe, ihre Ersparnisse nicht ungenützt liegen zu lassen.

(b) Die ersparten Geldstücke selbst sind in den meisten Fällen schon früher im Volksvermögen gewesen.

ein besonderer Unternehmer nothwendig, dem jene beiden ihre Vermögenstheile zur productiven Anwendung überlassen, so wird dieses Bedürfniß noch viel dringender durch den Umstand, daß die Beschäftigung mehrerer Arbeiter, die für einerlei Zweck zusammenwirken sollen, von Einem ausgehen muß, der als Lohnherr (*b*) ihre Verrichtungen leitet und sie mit Capital versorgt. Der Unternehmer ist es also, welcher die Vermittelung zwischen den Eigenthümern der einzelnen Güterquellen, d. i. den Grund- und Capitaleignern und den Arbeitern, vornimmt (*c*).

(a) Der Name **Gewerbsmann** ist der gangbarste und macht auch andere Ausdrücke, z. B. **Industrieller** (industriel) überflüssig. Das Wort Unternehmer wird im gemeinen Leben am häufigsten von neuen und großen Arten der Gewerbsgeschäfte gebraucht, z. B. Theater, Bauten, Beerdigungen, Versicherungen, bei denen der Vorsteher nicht schon durch einen längst bekannten Namen, wie Landwirth, Handwerker, Fabrik- und Handelsherr oder Fabricant, Kaufmann u. dgl. bezeichnet wird.

(b) **Arbeitgeber** für Lohnherr und **Arbeitnehmer** für Lohnarbeiter sind keine richtigen Ausdrücke, denn nicht Arbeit wird von jenem gegeben und von diesem angenommen, sondern eine den Unterhalt gewährende Arbeitsgelegenheit (Beschäftigung).

(c) Es ändert im Begriffe des Unternehmers nichts, daß derselbe in der Wirklichkeit oft zugleich Eigenthümer des Capitales und auch des Grundstückes ist, wie z. B. die selbstwirthschaftenden Grundeigenthümer. – Die Naturkräfte werden hier nicht besonders erwähnt, weil sie kein besonderer Vermögenstheil sind und der Unternehmer durch die Grundstücke und Capitale in den Stand gesetzt wird, jene zu benutzen.

§. 137.

Zu einer Unternehmung (*a*) gehört Folgendes: 1) Das Zusammenbringen der erforderlichen Güterquellen, wozu, wenn diese überhaupt vorhanden sind, ein hinreichendes Capital aus eigenem oder fremdem Vermögen in der Hand des Unternehmers die Hauptbedingung ist, indem mit ihm die Grundstücke und Arbeitskräfte erlangt werden können. Die Größe des erforderlichen Capitales macht in manchen Fällen die Vereinigung mehrerer Theilnehmer für eine einzige Unternehmung nothwendig. 2) Die Leitung des Geschäftes, eine Arbeit, und zwar bei großen Unternehmungen eine schwierige, die nicht allein Bekanntschaft mit den zu veranstaltenden einzelnen Verrichtungen, sondern auch höhere Eigenschaften, z. B. vielerlei gründliche Kenntnisse, Erfahrungen, Combinationsvermögen, um die einzelnen Verrichtungen und Kunstmittel auf die vortheilhafteste Weise in Zusammenhang zu setzen, ferner Besonnenheit, Festigkeit des Willens,

Ordnungsliebe ꝛc. in Anspruch nimmt. Die Thätigkeit der einzelnen Gehülfen ist nur auf besondere Seiten des ganzen Geschäftes gerichtet und es ist die Aufgabe dessen, der die Unternehmung leitet, stets das Ganze zu überblicken und Alles in gutem Zusammenhange zu erhalten. 3) In den meisten Fällen auch die Uebernahme der Gefahr, daß das Unternehmen mißlingt oder doch nicht nach Erwartung gelingt und daß folglich das angewendete Vermögen ganz oder theilweise verloren geht. Nur sehr wenige Unternehmungen sind frei von allen solchen Gefahren, die aus mancherlei Zufällen herrühren (*b*).

(*a*) Man versteht unter einer solchen überhaupt eine in sich zusammenhangende, als ein abgesondertes Ganzes gedachte Anwendung von Capital und Arbeit für den Zweck des Gewinnes, vgl. die Erklärung von G:r Trag, §. 70. Es giebt Unternehmungen von Stoffarbeiten, Handels- und Dienstgeschäften, — productive und unproductive, — eines Menschen oder einer Gesellschaft, — solche, die aus einem einzelnen, nur einmaligen Gelds gebenden Geschäfte bestehen, z. B. eine Handelsspeculation, so daß jeder Kaufmann eine Menge von Unternehmungen neben- und nacheinander veranstaltet, und solche, die ihrer Wesenheit nach, z. B. wegen des großen stehenden Capitales, längere Fortbetreibung erfordern, wie ein Bergwerk.

(*b*) Hieraus wird der Unterschied zwischen den Unternehmern und ihren Lohnarbeitern deutlich. Allerdings giebt es Unternehmungen, die mit so geringem Capital betrieben werden, daß sie nahe an bloße Lohnarbeit gränzen und daher einen Uebergang zwischen beiden Arten von Thätigkeit bilden, aber dieß ist der seltnere Fall, in den meisten tritt der Unterschied desto stärker hervor.

§. 138.

Der Vortheil der Hervorbringung für die ganze Gesellschaft ist der Ueberschuß der neuerzeugten über die verzehrte Menge von Gebrauchswerth. Der Unternehmer aber beabsichtigt in der Regel einen nach dem Verkehrswerth in Geld bemessenen Ueberschuß des ganzen Ertrags über die Kosten. Auch die Eigenthümer von Grundstücken und Capitalen werden aber nur dann ihre Vermögenstheile zur Production verwenden oder verwenden lassen, die Arbeiter nur dann ihre Beihülfe gewähren, wenn sie daraus einen wirthschaftlichen Vortheil erlangen, d. h. wenn ihnen ein Theil der neu hervorgebrachten Güter zufällt. Sie sprechen deßhalb nicht blos eine Schadloshaltung für ihre Ausgaben oder Verluste, sondern noch ein weiteres Einkommen an. Die Aussicht auf diese Theilnahme an dem Erzeugniß bedingt also die Mitwirkung der genannten Volksclassen zur Gütererzeugung (*a*).

(a) **Producenten** oder **productive Arbeiter** sind sowohl die Lohnarbeiter als die Unternehmer hervorbringender Thätigkeiten. Im engeren Sinne versteht man bisweilen unter Producenten nur die Unternehmer oder Gewerbsleute. Say nennt auch diejenigen Menschen
Producenten, welche ihre Grundstücke oder Capitale zur Production
hergeben und dafür eine Rente empfangen, Handb. I, 169.

§. 139.

Es ergiebt sich hieraus die Nothwendigkeit mehrerer Arten
von Einkünften, deren weitere Betrachtung der Lehre von der
Vertheilung des Einkommens vorbehalten bleibt (a). Sie lassen
sich, in ihrer Vereinzelung gedacht, so überblicken (b):

1) Vergütung für den Arbeiter als solchen, ohne Rücksicht
auf andere Güterquellen; Lohn, s. §. 187 ff.
2) Einkommen des Eigenthümers nutzbarer Grundstücke, blos
als Folge des Eigenthumes und der Widmung derselben zur
Benutzung; Grundrente, §. 206 ff.
3) Belohnung des Capitalbesitzers für die Benutzung seines
Capitales; Capitalrente, §. 222 ff.
4) Vergütung des Unternehmers (§. 135. 136) für die Mühe
und die Gefahren, die mit einer Unternehmung verbunden sind;
Gewerbs- oder Unternehmungsverdienst, §. 237 ff.

(a) Hierdurch ist zugleich der Uebergang zu dem dritten Buche der Volkswirthschaftslehre vorbereitet.
(b) Dieselben Einkünfte werden auch denen zu Theil, welche ihre Güterquellen nur zur Hervorbringung persönlicher Güter anwenden; es giebt
einen Lohn der Dienste, eine Capitalrente verliehener und vermietheter
Genußmittel und einen Gewerbsgewinn aus der Unternehmung von
Dienstgewerben.

Drittes Buch.
Vertheilung der Sachgüter.

Erster Abschnitt.
Die Vertheilung im Allgemeinen betrachtet.

§. 140.

Die Vertheilung der sachlichen Güter unter die Mitglieder der Gesellschaft kann in doppeltem Sinne verstanden werden; man kann sie nämlich entweder auf den schon früher vorhandenen Vermögensstamm, oder auf die jährlich hinzukommende Gütermenge, das rohe Einkommen des Volkes (§. 70) beziehen.

Das Verhältniß, in welchem sich der Vermögensstamm, d. i. die vorhandene Masse von Grundstücken, Capitalen, Gebrauchsvorräthen und Forderungen an das Ausland, unter die Einzelnen im Volke vertheilt findet, wird in jedem Lande durch frühere Ereignisse und örtliche Umstände bedingt und zeigt sich von Land zu Land sehr verschieden (a). Während dieß Verhältniß in der Geschichte jedes Volkes nach seiner Entstehung zu erklären, in der Statistik nach Zahlen darzustellen ist, beschäftigt sich die Volkswirthschaftslehre mit den Folgen desselben, und zwar hauptsächlich mit dem Einflusse, den dasselbe auf die Vertheilung des jährlichen rohen Einkommens ausübt. Von dieser wird zunächst der wirthschaftliche Zustand der verschiedenen Volksklassen und der Einzelnen bestimmt, denn es kann fortwährend nur so viel Vermögen für menschliche Zwecke verwendet und verbraucht werden, als das Einkommen gestattet.

(a) Wo z. B. ein Land unter fremde Sieger vertheilt wurde, ist das große Grundeigenthum und die Dürftigkeit der landbauenden Classe leicht erklärlich. England nach der Ankunft der Normannen, — Irland, — die Türkei nach dem Eindringen der Osmanen. — In Frankreich werden gegen 5 Mill. Grundeigenthümer angenommen (Grincart in Journ. des Écon. 2. Sér. V, 173 rechnet sogar 7,? Mill.). Den preuß. Staat hatte 1849 1.790869, 1852 1.965462, 1861 2.070157 ländliche Besitzungen, also eine auf ungefähr 9 Einwohner, genau genommen aber etwas weniger, weil Besitzungen eines Eigenthümers in mehreren Feldmarken mehrfach gezählt sind. Die Zahl der britischen Grundeigenthümer war lange Zeit nicht bekannt und man hatte nur unsichere Vermuthungen. Peele und M'Culloch nahmen 200000 für England, d'Israeli 1850 250000 für die 3 Reiche an. Die Volkszählung (census) von 1851 gab für Großbritanien nur 35303 Eigenthümer, für England 30315, 1861 aber 30766, also kommen auf die ☐. ☐Meile nur 11,² Grundeigenthümer und es ist erst unter 650 Einwohnern einer derselben vorhanden! Für Oesterreich (1857) wurden 2.858000 Eigenthümer (213 auf die ☐M.), angegeben. Mehrere, zur Vergleichung nicht gut brauchbare Angaben bei Hausner, II, 209. — Das europäische Rußland ohne Polen und Finnland hat 100318 Grundeigenthümer, auf denen jeden 0,⁷⁷ ☐Meilen kommen. Tengoborski, Études, I, 340. — Ueber die Veränderungen in der Vertheilung des Grundeigenthums in Frankreich s. Michelet, Das Volk, S. 48 (deutsch Mannheim 1846).

§. 141.

Die Vertheilung des gesammten (rohen) Volkseinkommens ist das Mittelglied zwischen der Hervorbringung und Verzehrung und dient diese beiden Vorgänge miteinander zu verknüpfen(a). Sie steht 1) mit der Hervorbringung in genauem Zusammenhange, indem a) die neuen Gütermassen den Erzeugern gegen Vergütung abgenommen und allen Denen zugeführt werden, welche Neigung und Vermögen zum Ankaufe derselben haben. Die Erzeuger werden hiedurch in den Stand gesetzt, ihr Gewerbe fortdauernd zu betreiben, §. 103. 2), b) das Maaß der Vertheilung unter die zur Gütererzeugung irgendwie beitragenden Stände zum Theile von dem Grade ihrer Mitwirkung bestimmt wird, z. B. die Capitalrente von der Menge der zu Hülfe genommenen Capitale, c) das Verhältniß dieser Vertheilung auch wieder auf den Umfang der künftigen Production Einfluß hat, denn für diese ist es günstig, wenn der größte Theil des Volkseinkommens in die Hände solcher Personen gelangt, welche Geschicklichkeit, Neigung und Gelegenheit haben, es hervorbringend anzuwenden. 2) Sie bestimmt auch die Art des Verbrauches, das Verhältniß der productiven

und der nichtproductiven Verzehrung und den Umfang des
Gütergenusses der verschiedenen Volksclassen.

(a) Bei Lotz (Handb. I, 305) wird die Vertheilung in dem der Consumtion gewidmeten Abschnitte abgehandelt. — Ueber den heutigen Stand dieser Lehre s. Rich. Jones, An essay on the distribution of wealth and on the sources of taxation. Lond. 1831, 2. unveränd. Ausg. 1844.

§. 142.

Die Volksclassen können in Beziehung auf die Ursache, aus
welcher sie von dem Volkseinkommen ihre Antheile erhalten, so
abgetheilt werden:

1) Grundeigner;
2) Eigenthümer des wahren volkswirthschaftlichen Capitales
und der gegen eine Vergütung verliehenen Genußmittel (§. 54); —
Capitalisten im weiteren Sinne.
3) Unternehmer von hervorbringenden und von Dienstgewerben,
4) Lohnarbeiter in beiden Arten von Beschäftigungen;
5) Personen, die ohne eine Leistung von ihrer Seite erhalten
werden, wie Greise, Kinder, Kranke, Arme, Sträflinge, oder die
sich widerrechtlicher Weise ernähren, Diebe, Betrüger ꝛc.

§. 143.

Bei einer nicht mehr ganz einfachen und unentwickelten Volkswirthschaft wird nur ein kleiner Theil aller neu erzeugten Güter
sogleich von denjenigen verbraucht, welche sie hervorgebracht
haben. Die meisten Erzeugnisse gelangen erst durch den Verkehr (§. 8.) zu denen, deren Bedürfnisse sie befriedigen sollen.
Der Verkehr ist es, welcher den Mitgliedern jener verschiedenen
Volksclassen ihr Einkommen in irgend einer Art von Gütern
zuführt und auch jedem Einzelnen die Erlangung irgend eines
bestimmten Gutes von anderen Menschen durch den Tausch leicht
macht. Um daher zu erkennen, wie die Vertheilung des jährlichen Erzeugnisses vor sich geht, muß man zuvor die Bedingungen und Gesetze des Güterverkehres erforscht haben (a).

(a) Unkörperliche Gegenstände, namentlich die Arbeit, kommen hiebei als Gegenwerthe sachlicher Güter in Betracht. Aber derjenige Verkehr, bei welchem die gegenseitigen Leistungen gar nicht in sachlichen Gütern ausgedrückt und vergütet werden, kann hier keine Beachtung finden.

§. 144.

Das Maaß, nach welchem im Verkehre Leistungen irgend einer Art in Vermögenstheilen vergütet werden, ist der **Preis**, §. 56 (a). Die Einnahmen der Einzelnen bestehen größtentheils aus dem erhaltenen Preise ihrer für Andere geschehenen Leistungen, weßhalb zur Einsicht in den Güterverkehr die Untersuchung der Ursachen erforderlich ist, von welchen die Preise bestimmt werden. Hieraus wird es deutlich, daß die Lehre von der Vertheilung des Einkommens sich auf die natürlichen Gesetze des Preises und auf den von diesen bestimmten Verkehrswerth stützt (a).

(a) Darum wird aber doch die im 1. Buch enthaltene Beleuchtung des Gebrauchswerthes keineswegs überflüssig, denn man muß überall auf diesen zurückgehen, um die Erscheinungen des Verkehrs nach ihrem Einfluß auf den wirthschaftlichen Zustand der Menschen zu würdigen.

§. 145.

Insgemein versteht man unter dem **Preise** nur den Gegenwerth, der bei der Vertauschung eines sachlichen Gutes in anderen Gütern für dasselbe gegeben wird. Dieser **Tauschpreis** der Güter, der in Beziehung auf die beiden bei jedem Tauschgeschäft Betheiligten **Kauf- und Verkaufpreis** genannt wird, ist oben (§. 56 ff.) in seinem Verhältniß zu dem Werthe betrachtet worden. Indeß haben auch andere Leistungen einen Preis, da sie vertragsmäßig mit bestimmten Quantitäten von Vermögenstheilen vergolten werden, und dieser Preis regelt das Einkommen derjenigen Menschen, welche fortwährend solche Leistungen für Andere vornehmen, §. 139; derselbe trägt nach Verschiedenheit dieser Leistungen mehrere Namen. Dahin gehört 1) der Preis der für einen Anderen verrichteten Arbeit, der **Lohn**; 2) der Preis der Bodenbenutzung, also die dem Grundeigenthümer vom Pachter entrichtete (ausbedungene) **Grundrente**; 3) der Preis der Capitalbenutzung, die **Capitalrente**, die der Vermiether oder Darleiher vom Miethenden oder Borgenden empfängt.

Zweiter Abschnitt.

Preis beim Tausche.

Erste Abtheilung.

Bestimmgründe des Preises.

§. 146.

In jedem Tausche werden bestimmte Mengen zweier Güter gegeneinander hingegeben (a). Die gegebene und empfangene Menge des einen Gutes bildet hiebei wechselseitig den Preis des anderen (b), und es mußte daher in der Kindheit der Volkswirthschaft der Preis jedes einzelnen Gutes bald gegen dieses, bald gegen jenes andere Gut verabredet werden, wie es gerade zufällig die Vertauschungen mit sich brachten, §. 60 (b). Eine große Erleichterung für die Auffassung und Uebersicht der Preisverhältnisse wurde erreicht, als man anfing, die Preise aller Güter in Quantitäten einer und derselben Sache auszudrücken, die hiedurch zum allgemeinen Preismaaße wurde. Man gebraucht hiezu das übliche Umlaufsmittel oder das Geld (§. 127). Nach dessen Einführung kommen fast nur noch Tausche gegen Geld vor und alle Preise werden in Geldmengen ausgedrückt, — Geldpreise. Die gegen Geld zu vertauschenden Güter, insbesondere die beweglichen, heißen in dieser Beziehung Waaren. Diese Veränderung vereinfacht auch die Untersuchung der volkswirthschaftlichen Gesetze des Preises.

(a) Eine schätzbare Monographie der Lehre vom Preise in Hermann, Staatsw. Unters. 4. Abschn. S. 66—144. Ueber die Geschichte dieser Lehre Roscher, System der VW. I, §. 100 f. — Dieser Abschnitt der Volkswirthschaftslehre kann aus den Erfahrungen im täglichen Leben fortdauernde Bereicherung empfangen. Die Güte jeder Preistheorie läßt sich darnach prüfen, ob sie alle Erscheinungen im Verkehr zu erklären vermag, und ob sie für jede die einfachste, natürlichste Erklärung darbietet. — Die Erklärung Bastiat's: la valeur (es ist der Preis gemeint) est le rapport de deux services échangés, wird von Mehreren als eine erhebliche Bereicherung der Wissenschaft angesehen, Asser, Verhandeling S. 212. Die gegeneinander vertauschten Güter werden nämlich als die Früchte der Arbeiten angesehen, die die Menschen einander leisten. Aber der Preis richtet sich nicht genau nach den Kosten und diese bestehen nicht allein aus der Arbeit.

(b) Wird 1 Ctr. Roggen für ½ Ellen Leinwand gegeben, so sind diese der Preis des ersteren, man kann aber auch umgekehrt sagen, der Preis der Elle Leinwand ist ⅒ Ctr. Roggen, es kommt also nur darauf an, welche von beiden Quantitäten als Einheit (als Waare) angenommen wird. Dieß pflegt bei der zu geschehen, auf die man vorzugsweise achtet, weil man sie einzutauschen oder abzusetzen beabsichtigt.

§. 146 a.

Der Preis eines Gutes wird in jedem einzelnen Falle durch die Uebereinkunft der beiden Betheiligten (Käufer und Verkäufer) festgesetzt (a). Jeder von beiden sucht einen Vortheil bei diesem Tauschgeschäfte und giebt zu demselben nur unter gewissen Bedingungen seine Einwilligung; er wird aber auch gewöhnlich von äußeren, nicht in seiner Gewalt liegenden Umständen in seinen Entschließungen beschränkt und genöthiget, wenn er den Tausch nicht ganz unterlassen will, sich mit einem gewissen Grade des beabsichtigten Vortheils zu begnügen. Die drei Umstände, von welchen die Größe des Preises abhängt, lassen sich so überblicken:

A. Beweggründe der einzelnen Tauschenden:
   I. der Werth der zu vertauschenden Güter, §. 147,
   II. die Kosten derselben, §. 148.

B. Aufeinanderwirken ganzer Gruppen von Kauf- und Verkauflustigen:
   III. das Mitwerben oder die Concurrenz, §. 152.

(a) Es wird zwar bisweilen von einem derselben schon vorher ausgesprochen, welchen Preis er fordern oder höchstens geben werde, auch kommen obrigkeitliche Festsetzungen von Preisen vor, aber es bleibt doch immer im Belieben des anderen Theils, ob er den Kauf oder Verkauf eingehen wolle und erst dann wird der Preis zur Wirklichkeit.

§. 147.

I. Der Werth, den wir einem Gegenstande beilegen, bestimmt die größte Aufopferung, zu der wir uns seiner Erlangung willen nöthigenfalls entschließen (a), und zwar bei den zu eigenem Gebrauche bestimmten Dingen innerhalb des Bedarfes der concrete Gebrauchswerth (§. 61), bei den anderen der Verkehrswerth. Mit diesem Werthe des zu kaufenden Gutes wird der Werth des hinzugebenden verglichen. Dieses ist gewöhnlich eine Geldsumme, und da einer solchen der eigene Werth fehlt (§. 64. 2), so hat der Kauflustige zu überlegen, welche Menge von concretem Werth in anderen Gegenständen er mit jener erwerben könnte, er hat diese verschiedenen in der Wahl stehenden Werthe mit einander zu vergleichen und darnach sich zu entscheiden, ob es nach seinen Vermögensumständen überhaupt vortheilhaft sei, jenes in Betracht gezogene Gut zu kaufen, und wieviel er für dasselbe geben könne. Wer frei und mit Ueberlegung handelt, der wird keine Uebereinkunft schließen, bei der er verliert, d. h. bei welcher die eingetauschte Werthmenge kleiner ist als die hingegebene, es wäre denn aus Gründen, die außerhalb des einzelnen Tauschgeschäfts liegen, wie Rücksichten nichtwirthschaftlicher Art oder der Hinblick auf künftigen größeren Vortheil. Sieht man von solchen Fällen ab, so kann der Preis eines Gegenstandes den Werth desselben für den Käufer nicht übersteigen, §. 64. 1) — (b). Hieraus erklären sich nachstehende Erfahrungen: a) Wenn mehrere Menschen eine Sache einzutauschen begehren, so wird derjenige am meisten für sie geben wollen, für den sie den größten Werth hat, oder welcher der aufzuwendenden Geldsumme den geringsten Werth beilegt, was eine Folge der größeren Wohlhabenheit ist (c), wie dieß bei den Versteigerungen deutlich zu sehen ist. b) Die werthvollsten Güter können unter Umständen, die ihre Erlangung erschweren, die allerhöchsten Preise erhalten (d). c) Je geringer der Werth eines Gutes ist, desto stärker vermindert sich bei der Erhöhung des Preises die Zahl der Kauflustigen oder wenigstens die gekaufte Menge, indem dann alle diejenigen auf den Ankauf verzichten, für welche das Gut nicht so viel Werth hat, als der geforderte Preis. Manche leicht entbehrliche und zugleich kostbare Güter werden nur von Reichen gekauft und verlieren bisweilen den Absatz gänzlich. d) Wenn mehrere Dinge, die nicht beliebig vermehrbar sind und bei denen deßhalb keine Kosten in Betracht kommen, zu einerlei Gebrauch dienen, so richten sich die Preise ungefähr nach dem Verhältniß ihres Werthes (e). Dieß gilt namentlich von den nutzbaren Ländereien (f). e) Der Verkäufer hofft von demjenigen Kauflustigen, der das begehrte Gut sehr nöthig hat oder überhaupt hoch schätzt, einen höheren Preis zu erlangen, als von den anderen (g).

(a) Der Käufer giebt jedoch diesen höchsten Preis nur dann, wenn er das Gut um einen niedrigeren nicht erwerben kann, wozu meistens Gelegenheit ist, daher kann zwar aus einem hohen Preise auf eine hohe Werthschätzung geschlossen werden, aber nicht umgekehrt. Wer tauschte nicht auch das Unentbehrliche gerne wohlfeil ein?

(b) Manche scheinbare Ausnahmen von dieser Regel fallen hinweg, wenn man den Werth richtig versteht, denn derselbe muß nicht gerade auf einem materiellen Nutzen, er kann auch auf Liebhaberei, Laune, Lust am Spiele, selbst auf Irrthum oder unsittlichen Neigungen (z. B. berauschende Mittel) u. dgl. beruhen. Daß Diamanten in der That einen hohen Werth haben, zeigt Rossi, Cours, I, 67. — Die Juwelenhändler haben eine Erfahrungsregel aufgestellt, nach welcher der Verlehrswerth von Diamanten verschiedener Größe im Verhältniß der Quadrate der Karatzahl zunehmen soll, was also auf der Schätzung seltener größerer Stücke durch die Liebhaber beruht. Ein Karat = 0,205 oder 0,1¹⁰ Grammen. Gilt z. B. 1 Karat 192 Fr., so wird ein Stück von 2 K. zu 2². 192 = 768 Fr., eines von 4 K. zu 4². 192 = 3072 Fr. gerechnet. Chevalier, Cours III, 12 nach Dénbant. — v. Reeß, Darstell. des Fabrik- u. Gewerbewes. I, 476.

(c) §. 64. 2) Wenn z. B. der A ein Gut 1½mal so hoch schätzt als der B und 3mal so viel Einkünfte hat als dieser, so daß ihm eine gewisse Geldsumme nur so viel werth ist, als dem B ¼ derselben, so wird er geneigt sein, $\frac{3}{2} \times 3$ oder 4½mal so viel für die Sache zu bezahlen,

als B. Nur bei gleichen Vermögensumständen mehrerer Kauflustigen drückt sich in dem höchsten Preise, den jeder anzuwenden will, seine Werthschätzung aus. — Ueberhaupt ist der Kampf, der unzählig oft in der Seele der Menschen zwischen der augenblicklichen Lust zu einem Güternuß und der verständigen Erwägung anderer Bedürfnisse vorgeht, nichts als eine Anwendung der Werthlehre auf einzelne Fälle.

(d) Dieß zeigt sich z. B. in den Preisen der Lebensmittel in einer belagerten Stadt, in einer Wüste oder zur Zeit einer Hungersnoth. Sage von einem Reichen, der auf einer Reise durch die Sahara einem dürftigen Begleiter die Hälfte vom Wasservorrathe des letzteren um ungeheuren Preis ablaufte, worauf dann beide umkamen. Vgl. Roscher, I, §. 100 A. 1.

(e) Verhält sich in diesem Falle der Werth zweier Güter m und n wie 2 zu 3, so wird kein Käufer n theuerer bezahlen als um ³/₂ des Werthes von m, und kein Verkäufer dasselbe wohlfeiler hingeben.

(f) Wenn ein Acker doppelt so hoch verkauft wird, als ein anderer, so kann man schließen, daß er beiläufig den doppelten Reinertrag geben müsse. Doch ist kein genaues Zusammentreffen der Preis- und Werthverhältnisse zu erwarten, da die Concurrenz manche Abweichungen verursachen kann, da häufig Vorurtheile, Gewohnheiten ꝛc. die Anerkennung des Werthes oder dessen Berücksichtigung im Gebrauche verhindern, auch oft ein Gut noch eine andere eigenthümliche Verwendungsart zuläßt. So richtet sich der Preis der Holzarten, obgleich er ziemlich unabhängig von den Productionskosten ist, nicht ganz nach der Brennkraft, weil z. B. Eichenholz als Bauholz gesucht ist; Torf wird auch bei großer Wohlfeilheit nicht sogleich in allgemeinen Gebrauch gesetzt, weil er einen üblen Geruch hat und mehr Aschenraum erfordert ꝛc.

(g) Daher die bekannte Klugheitsregel, die hohere Werthschätzung nicht laut werden zu lassen, die man gekauft hat, und wo möglich auf das Zubieten des Verkäufers zu warten.

§. 148.

II. Der Verkäufer (a) ist gegen Verlust gesichert, wenn ihm bei Sachen, welche regelmäßig erzeugt werden und beliebig zu erlangen sind, die Kosten der Hervorbringung und Herbeischaffung im Preise vergütet werden. Er nimmt deßhalb bei einem den eigenen Bedarf übersteigenden Vorrathe eines Gutes, der für ihn nur einen Verkehrswerth hat (§. 61), hauptsächlich Rücksicht auf die aufgewendeten Kosten (b). Bei Dingen, deren wiederholte Hervorbringung und Vertauschung Zweck einer Gewerbsunternehmung ist, die also der Unternehmer gar nicht auf seine eigenen Gebrauchszwecke zu beziehen pflegt, wird von demselben nur erwogen, wie viel sie ihn kosten. Es ist daher ein zweites Gesetz, daß der Preis der Güter im Großen und Ganzen und auf die Dauer nicht unter diesen Kosten steht.

(a) Anstatt bei einer und derselben Sache den Gesichtspunkt des Verkäufers und Käufers zu trennen, kann man auch für einerlei Person die Betrachtung der hinzugebenden und zu erwerbenden Sache unterscheiden.

(b) Wenn z. B. der Landwirth nur seinen eigenen Bedarf an Lebensmitteln baut, und dieselben nicht anderswo zu kaufen weiß, so wird er nur durch einen sehr hohen Preis zum Verkaufe eines Theils seiner Vorräthe bewogen werden können. Erzeugt er aber mehr, als er selbst braucht, so hat der Ueberschuß für ihn keinen concreten Werth und ist ihm leicht feil. So geschieht es, daß Güter von hohem Werthe um geringen Preis eingetauscht werden können.

§. 149.

Die Kosten eines Gutes werden oft auch von dem Käufer berücksichtigt. Um die begehrten Gegenstände mit der geringsten Aufopferung zu erlangen, wird er einen geforderten Preis nicht bezahlen, wenn er eine Gelegenheit sieht, auf einem anderen Wege seine Absicht mit kleinerem Aufwande zu erreichen. Dieß vermag er zu beurtheilen, wenn er die Kosten kennt, für welche er selbst oder ein Dritter die Sache erzeugen oder herbeischaffen könnte (a). Demnach kann der Preis höchstens um so groß sein, als der Kostenbetrag, für welchen der Käufer das Gut auf andere Weise erhalten könnte. Diese Gränze des Preises findet indessen in vielen Fällen keine Anwendung, nämlich

a) wenn sich für die einzutauschende Sache kein bestimmter Kostenbetrag angeben läßt, z. B. Kunstwerke, Naturseltenheiten; b) wenn man jene Kosten nicht kennt, wie dieß bei Erzeugnissen fremder Länder und bei künstlichen Gewerkswaaren öfters der Fall ist; c) wenn die Hervorbringung der Sache nur unter besonderen Bedingungen möglich ist, so daß weder der Kauflustige noch andere Personen sie zu erzeugen im Stande sind (§. 160); d) wenn der Käufer darum die Sache über den Kosten bezahlt, weil er sie in besonderer Güte oder doch gerade nach seinem Wunsche, oder zu bequemer Zeit, auf die leichteste Weise ꝛc. erhält.

(a) Diese Hinsicht auf andere Verkäufer ist der Keim des Mitwerbens. Vermöge der Arbeitstheilung kann übrigens die Hervorbringung der meisten Güter nur von einer gewissen Classe von Gewerbsleuten mit den geringsten Kosten bewirkt werden.

§. 150.

Die Kosten eines Gutes bleiben auch für den Verkäufer gänzlich außer Betrachtung, a) wenn das Gut gar nicht beliebig hervorzubringen ist, also das einzelne Stück nicht leicht zu ersetzen ist. In solchen Fällen kann man sich nur durch den concreten Werth bestimmen lassen, bei welchem in der individuellen Schätzung der Einzelnen weit weniger Uebereinstimmung besteht, als in den Kosten (a). Inzwischen gehören bei weitem die meisten in den Verkehr kommenden Güter nicht in diese Classe; b) wenn das Gut in Verbindung mit einem anderen entsteht und dieses schon die Kosten vergütet (b).

Nach den bisherigen Sätzen ergeben sich für die meisten Tauschfälle für den Preis eines Gutes, welches mit einem bestimmten Aufwande jederzeit erzeugt werden kann, folgende Gesetze:

1) der Werth des Gutes für die Käufer muß den Werth des dafür hinzugebenden Preises aufwiegen oder übertreffen, §. 147,

2) der Preis kann fortdauernd nicht unter dem Kostenbetrage sein, den die Verkäufer aufzuwenden haben, §. 149.

3) Der Preis kann nicht höher sein als die Kosten, mit denen die Käufer auf andere Weise sich das Gut verschaffen können, §. 149.

Der Werth für die Käufer und die Kosten der Verkäufer bilden die Gränzen des Preises. Je weiter beide von einander entfernt sind, desto größer ist der Spielraum, in dem der Preis hin- und hergehen kann (c). Sind die Kosten größer als die Werthschätzung aller Käufer, so wird das Gut nicht fortdauernd zu Markt gebracht (d).

(a) Die Verschiedenheit in den Urtheilen der Menschen über den Werth der Güter erleichtert sehr das Uebereinkommen zwischen den Tauschlustigen.

(b) Dieß gilt z. B. oft von den Häuten des Schlachtviehes und von den Kälbern, weil man schon der Milchnutzung willen die Kühe tragen lassen muß. Doch werden die Kälber jünger verkauft, wenn ihr Preis die zu längerer Ernährung erforderliche Milch nicht vergütet. Vergl. §. 165 (a) über Nebenerzeugnisse.

(c) Wird die Werthschätzung des Käufers W, der Kostenaufwand des Verkäufers K, der Preis P genannt, so sind die beiden ersten obigen Bedingungen so auszudrücken: 1) W ≥ P; 2) P ≥ K. Ist z. B. W = 10 fl., K = 3 fl., so muß der Preis zwischen 3 und 10 fl. bleiben.

(d) Dieß zeigt sich in Fällen der Werthverminderung, §. 66. 2). Man kann sich eine Mannichfaltigkeit von Dingen vorstellen, welche nicht verfertigt werden, weil sie im Vergleich mit ihrem Gebrauchswerthe zu kostbar sein würden, z. B. Geräthe, bei denen man nur auf Zweckmäßigkeit, nicht auf Zierlichkeit achtet, wie Pflüge, Rechen, Schiebkarren, Waschzuber, Nähstühle aus kostbaren Holzern. Anders ist es bei Geräthen, die von Reichen gebraucht werden.

§. 151.

Aus den bisherigen Erörterungen ist die Frage, worin der Gewinn beim Tausche bestehe, leicht zu beantworten. Der Tausch bringt in der Regel den beiden Tauschenden einen Vortheil (§. 147), der daher rührt, daß die beiden vertauschten Quantitäten nicht gleich hoch geschätzt werden (a). a) Wenn der Käufer die gekaufte Sache zu seinem eigenen Gebrauche bestimmt, so liegt sein Gewinn in dem Unterschiede zwischen dem (concreten) Gebrauchswerthe des eingetauschten Gutes und der dafür gemachten Aufopferung, diese aber bemißt sich nach dem Werthe, den er der hingegebenen Geldsumme oder dem als Hingabe dienenden nicht ersetzbaren Gute beilegt (b). Ist der Preis niedriger als die Kosten, mit denen man sie selbst erzeugt oder anderswo bezogen haben würde, so bildet der Unterschied einen Gewinn des Käufers aus den Kosten, der aber nur ein Theil seines gesammten Tauschgewinnes ist (c). Der Verkäufer, der das Gut gewerblich feil bietet, gewinnt soviel, als der empfangene Preis über seinem Kostenaufwande steht (d). b) Soll die eingekaufte Waare wieder verkauft werden, so muß man den Einkauf und Verkauf zusammenfassen und den Gewinn beider Geschäfte aus der Vergleichung des Verkaufspreises mit dem Einkaufspreise und den anderen Kosten abnehmen.

(a) Dieß erklärt sich leicht aus der Verschiedenheit der individuellen abstracten und concreten Werthschätzungen; wer aber einen Tausch nur aus einem einzelnen Standpuncte betrachtet, geräth leicht auf die Meinung, es habe nur der Eine gewonnen, der Andere verloren.

(b) So z. B. wenn zwei Liebhaber von Gemälden oder Seltenheiten mit einander ohne Vermittlung des Geldes tauschen. Jeder giebt vielleicht eine Duplette, die keinen concreten Werth für ihn hat, oder doch ein Stück, dem er nur geringeren Werth beilegt.

(c) Erwirbt Jemand eine Sache, die ihm 170 fl. werth ist, für 70 fl., so ist sein Gewinn überhaupt 100 fl. Würde er nun bei eigener Hervorbringung oder einer anderen Erwerbsart der Sache 90 fl. aufwenden müssen, so besteht sein Gewinn aus 2 Theilen, nämlich 20 fl. weil er um so viel wohlfeiler kauft als er sonst ausgeben müßte, und weitere 80 fl. als Werthüberschuß, den der Käufer auch erhalten würde, wenn er das Gut anderweit erworben hätte. Die Menschen machen sich oft nicht deutlich, wie viel sie nöthigenfalls geben würden, d. h. wie weit ihre Willschätzung geht. — Wäre der Werth nur 60 fl., so könnte von dem Aufwande von 90 fl. nicht die Rede sein, es fände also nur noch ein Tauschgewinn von 10 fl. Statt. — Abweichend ist die Ansicht von Lotz, nach welcher der Gewinn aus den Werthen und der aus den Kosten der beiden Güter ganz von einander verschieden sein, aber stets zusammentreffen sollen Handb. I, 306. — Hermann (Staatsw. Unters. S. 69) erinnert gegen obige Darstellung, daß die Vergleichung der Güter in Geld nur dem Tauschwerthe angehöre. Da man indeß vom Werthe einer Geldsumme sprechen kann, so ist es ohne Zweifel auch gestattet, den Gebrauchswerth einer Sache, wenigstens beispielsweise, in Geld auszudrücken.

(d) Wären in obigem Falle die Kosten des Verkäufers 60 fl., so hätte er 10 fl. Vortheil und der ganze Gewinn beider Theile wäre 170 — 60 = 110 fl.

§. 152.

III. Das Mitwerben (Concurrenz, engl. competition) ist das wetteifernde Bestreben Mehrerer, die in Bezug auf ein gewisses Gut gleiche Absicht des Einkaufes oder Verkaufes verfolgen, §. 146. Wenn mehrere Personen gleichzeitig ein Gut erwerben wollen und der ihnen zugängliche feilgebotene Vorrath nicht für Alle zureicht, so kann der Eine sich nur dadurch den Vorzug vor Anderen verschaffen, daß er sich entschließt, einen höheren Preis zu bezahlen. Ebenso wird bei dem Wetteifer mehrerer Verkäufer, ihre Waare abzusetzen, und bei einem verhältnißmäßig schwächeren Begehren der Kauflustigen derjenige, der vor Anderen verkaufen will, in einen niedrigeren Preis willigen müssen. Das Mitwerben der Kauflustigen, die Nachfrage oder der Begehr (demande, demand) strebt zum Vortheil der Verkäufer den Preis zu erhöhen; dagegen wirkt das Mitwerben der Verkauflustigen, das Angebot (Ausgebot, offre, supply) zum Nutzen der Käufer auf eine Erniedrigung des Preises hin. Das beiderseitige Mitwerben stellt einen gleichförmigen Preis für alle Tauschfälle innerhalb der für sämmtliche Concurrenten bestehenden Gränzen (§. 150) fest, und drängt ihn bald der oberen, bald der unteren Gränze zu (a). Es giebt jedoch Fälle, in denen nur auf der einen Seite ein Mitwerben stattfindet und deßhalb der einzige vorhandene Käufer oder Verkäufer sehr günstige Bedingungen erlangen kann.

(a) In welcher Ausdehnung das Mitwerben seine Wirksamkeit äußert, dieß hängt von den Umständen ab, hauptsächlich von dem Zeitraum, in dem die Tauschgeschäfte abgeschlossen werden sollen, von der Größe des Vorrathes, den die Betheiligten begehren oder anbieten, von ihrer Geschicklichkeit in den Verkehrsgeschäften, von der Leichtigkeit der Gewöhnung u. dgl. Für die Käufer geringer Massen bei täglichem Kaufbedürfniß bei jedem Ort, etwa mit den umliegenden Ortschaften, seinen besonderen Kreis des Mitwerbens (Markt). Sind die Preise solcher kleiner Kreise beträchtlich verschieden, so tritt allmälig ein Streben zum Ausgleichen derselben in größeren Bezirken ein, und im Großhandel zeigt sich die Macht des Mitwerbens innerhalb ganzer Länder, selbst zwischen mehreren Erdtheilen. Dennoch behalten die engeren Kreise eine gewisse Verschiedenheit der Preise.

§. 153.

Im Mitwerben stehen sich nicht blos die beiden Gruppen der Käufer und Verkäufer mit widerstreitenden Absichten gegenüber, sondern jeder Einzelne in einer dieser Gruppen verfolgt auch seinen Vortheil gegen seine Mitwerber. Die Zwecke eines Jeden sind von doppelter Art: 1) er will im Wetteifer mit Anderen einen Einkauf oder Verkauf zu Stande bringen, 2) er will aber zugleich denen, mit welchen er den Tausch eingeht, nicht mehr bewilligen, als hiezu nöthig ist. Diese beiden Absichten beschränken sich wechselseitig und es gehört genaue Beachtung der obwaltenden Umstände dazu, um den Tausch unter günstigsten Bedingungen, die sich gerade erreichen lassen, abzuschließen.

§. 154.

Der Preis der meisten Güter wird durch das jedesmalige Verhältniß zwischen den Mitwerben der Kauf- und Verkaufslustigen bestimmt. Die Wirksamkeit des biderseitigen Mitwerbens hängt von zwei Umständen ab, nämlich

1) von dem Verhältniß, in welchem Begehr und Angebot von Gütern einer gewissen Art der Größe nach zu einander stehen (a). Als wahrer, wirksamer Begehr ist diejenige Gütermenge anzusehen, für welche die Kauflustigen ihre Absicht zu erkennen gegeben haben, wobei es sich von selbst versteht, daß sie zugleich die Mittel besitzen, die begehrten Güter nach dem gewöhnlichen Preise zu vergüten. Ebenso ist das wirksame Angebot die zum Verkaufe bestimmte und für verkäuflich erklärte Menge (b);

2) von der Stärke (Intensität) des Verlangens nach Einkauf oder Verkauf, woraus die Geneigtheit entspringt, dem andern Theil günstige Bedingungen zu bewilligen (c). Die Stärke des Begehres bestimmt sich theils nach dem Werthe, den die Kauflustigen auf das Gut legen (§. 147), theils nach ihren Vermögensumständen, durch die sie in den Stand gesetzt werden, bis zu einem gewissen Preise die Bewerbung fortzusetzen, theils nach der Meinung, die sie über das künftige Concurrenzverhältniß hegen (d). Was das Angebot betrifft, so läßt sich das stärkere oder schwächere Verlangen der Verkäufer, ihre Waare abzusetzen, als die augenblickliche concrete Werthschätzung des dafür einzunehmenden Geldes ansehen. Je kleiner das Capital des Verkäufers ist, je mehr ihm überhaupt am baldigen Verkaufe liegt, desto niedrigeren Preis wird er sich nöthigenfalls gefallen lassen (e).

Die Stärke des Mitwerbens ist gewöhnlich unter den einzelnen Kauf- und Verkaufslustigen verschieden. Wenn die Umstände sich für eine der beiden Gruppen ungünstig gestalten, so daß die Kauflustigen ein Steigen oder die Verkäufer ein Sinken des Preises voraussehen, so pflegt ein Theil von ihnen zurückzutreten, so daß nur noch diejenigen bei ihrem Vorsatze beharren, die ein stärkeres Verlangen haben. Wenn z. B. 1000 Centner einer Frucht bei einem Preise von 3 fl. begehrt waren, so sinkt der Begehr vielleicht auf 850 und 700 Centner herab, wenn man erkennt, daß um diesen Preis nicht zu kaufen sein wird, sondern erst um 3½ oder 4 fl. Ein gewisser Begehr findet demnach nicht unbedingt, sondern nur unter der Voraussetzung eines gewissen Preises statt und für verschiedene Preise giebt es verschiedene Größen des Begehrs. Bei dem Angebote verhält es sich ebenso.

(a) Es kommt nämlich nicht auf die Größe beider an sich, sondern darauf an, wie sie sich zu einander verhalten. Ein Begehr von 1000 Centnern und ein Angebot von 900 können den nämlichen Preis verursachen, als wenn beide zugleich doppelt oder dreifach wären.

(b) Angebaute Vorräthe, die noch nicht feil geboten sind, wirken wenig auf den Preis, außer insofern man vermuthen kann, daß sie bei einem höheren Stande des Preises auf den Markt kommen und die weitere Vertheuerung hemmen werden. Auch der bloße Vorsatz zu kaufen, wenn er noch nicht ausgesprochen worden ist, hat ebenfalls kein Wirkung. Die Anzahl der Kauf- und Verkaufslustigen wirkt ebenfalls nur insoferne, als man daraus auf die Größe der angebotenen oder begehrten Quantität schließt.

(c) Dieser Umstand ist schwer erkennbar, bevor er sich in den zu Stande gekommenen Tauschen wirksam zeigt, man sucht ihn sogar zu verheimlichen, §. 147 (p).

(d) Rossi, Cours, I, 83.

(e) Man sieht also, daß im Angebote wie im Begehr der concrete Werth die Haupttriebfeder bildet. — Der Preis des Getreides kann nach einer guten Ernte schon darum sehr niedrig werden, weil viele Landwirthe gedrängt sind, schnell abzusetzen. — Canard, Vel Del §. 13., drückt die Wirkung des Mitwerbens so aus: Es sei L der Unterschied zwischen dem höchsten Preise, den die Verkäufer verlangen, und dem niedrigsten, den die Käufer anbieten. Der wirkliche Preis ist um x höher als das Minimum, so daß die Käufer die Waare um L — x herabhandeln. Nun sei B das Bedürfniß, N die Concurrenz der Käufer, b, a dasselbe für die Verkäufer, so ist

$$x \cdot L - x = BN : ba, \text{ und } x = \frac{BN}{BN + ba} L;$$

hier ist besonders die unbefriedigende Erklärung des max. und min. auffallend. Weil die Verkäufer verlangen und die Kauflustigen bieten, dieß ist ziemlich zufällig und entscheidet weniger, als die Gränzen, bis zu denen jeder Theil höchstens zu gehen entschlossen ist. §. 150.

§. 155.

Sind Angebot und Begehr ungefähr gleich groß, so bleibt der bisherige Preis unverändert, war aber ein solcher noch nicht vorhanden, so wird das Gut um einen mittlern Preis verkauft, der beiläufig für beide Classen vortheilhaft ist. Wächst der Begehr über das Angebot, so muß ein Theil der Kauflustigen zurücktreten und der Preis soweit steigen, daß nur noch ein dem Angebote gleicher Begehr übrig bleibt. Je langsamer diese Abnahme des Begehrs erfolgt, d. h. je größer die Kauflust und die Mittel der Begehrenden sind, desto weiter wird der Preis erhöht. Dagegen geht derselbe herab, wenn das Angebot den Begehr übersteigt und ein Theil des angebotenen Vorrathes zurückgezogen wird. In beiden Fällen(a) stellt sich folglich der Preis auf denjenigen Betrag, bei welchem nach dem Ausscheiden eines Theils der Kauf- oder Verkauflustigen Begehr und Angebot einander gleich kommen. Würden schon Käufe um einen Preis geschlossen, bei dem diese Ausgleichung noch nicht erfolgt ist, so daß der Begehr oder das Angebot noch überwiegend wäre, so könnte ein weiteres Steigen im ersten, ein Sinken im zweiten Fall nicht ausbleiben (b).

(a) Die weitere Erläuterung dieses Gesetzes mit Hülfe einer geometrischen Darstellung ist im Anhang zu dieser I. Abtheilung des I. Bandes mitgetheilt. Eine ausführliche Erklärung der verschiedenen hiebei möglichen Fälle giebt v. Mangold, Grundriß S. 46. — Das in §. 164 und 165 dargestellte Gesetz der Vorgänge im Mitbewerben wurde in der 4. Ausgabe dieses Bandes voll 1841 entwickelt. Eine ähnliche Erklärung hat später auch St. Mill gegeben, Grundsätze, I, 466.

(b) Die Anbietenden wissen vorher nicht genau, bis zu welcher Verringerung noch Käufer genug ausharren werden und eben so wenig kennen die Kauflustigen die Preisermäßigung, bis zu welcher Verkäufer in hinreichender Menge übrig bleiben. Man versucht also im ersten Falle mehr zu fordern, im zweiten weniger zu bieten und nimmt dann mehr, ob man das richtige Verhältniß getroffen hat. Wenn die Anbietenden zuviel verlangt hätten, so würde es an Käufern fehlen und jene müßten wieder herabgehen, um Alles abzusetzen, und bei vorherrschendem Angebot würden die Verkäufer bald erkennen, ob sie zu wenig oder zu viel herabgegangen sind. Beide Klassen erlangen durch die Erfahrung die Geschicklichkeit, eine annähernd richtige Vermuthung zu schöpfen.

§. 155a.

Alle Umstände, welche auf Angebot und Begehr, und zwar auf Umfang und Stärke beider, Einfluß haben, wirken auch auf die Preise, und nicht blos jede schon eingetretene Aenderung, sondern schon die bloße Wahrscheinlichkeit einer solchen kann eine Wirkung äußern: die Preise sind daher bei einem Theile der Güter sehr häufigen Schwankungen unterworfen, und es ist unmöglich, den künftigen Stand derselben mit Sicherheit vorauszusehen (a). Der Begehr eines Gutes hat in den Neigungen,

Bedürfnissen, Gewohnheiten und Vermögensverhältnissen vieler Menschen seinen Grund, kann also von Einzelnen schwer beherrscht oder auch nur gelenkt werden (b); das Angebot kann schon von einer geringen Anzahl wohlhabender Erzeuger beträchtlich vermehrt, oder, wenn sie ein Gewerbe aufgeben, vermindert werden. Die verkäuflichen Güter sind in Hinsicht auf die Veränderlichkeit des Begehres und Angebotes sehr verschieden, indem diese Größen bei manchen Dingen, z. B. Salz, Holz, Wolle, sich weit mehr gleichbleiben, als bei anderen, z. B. verschiedenen landwirthschaftlichen Erzeugnissen, Staatsschuldbriefen.

(a) Der Preis jeder Art von Gütern hängt von einer eigenthümlichen Verbindung mehrerer Umstände ab. Von Seite des Angebotes werden die ausgezeichnetsten Preisveränderungen durch den Wechsel guter und schlechter Ernten von Getreide, Wein, Seide, Hopfen, von Seite des Begehres durch den Uebergang aus dem Kriege in den Frieden und umgekehrt bewirkt. Schon die entfernte Vermuthung eines solchen Ereignisses hat Einfluß, wie z. B. eine Beschaffenheit der Witterung, welche die Hoffnungen auf die nächste Ernte verstärkt oder schwächt. Auch die Veränderungen in der räumlichen Ausdehnung des Begehrs und Angebotes wirken ein, z. B. der beabsichtigte Antauf zur Ausfuhr oder das Hinzukommen freigebotener Vorräthe vom Auslande. — Viel schätzbare Beiträge hierüber bei Th. Tooke († 1858), Thoughts and details on the high and low prices of the last thirty years. London, 1823; II B. Neue Bearbeitung: A history of prices and the state of circulation from 1793 to 1837. 1838. III B., desf. Hist. of prices.... from 1839 to 47. London, 1848, und Tooke and Newmarch, Hist... from 1849 to 57, Lond. 1857. II B., deutsch: Tooke und Newmarch, Geschichte und Bestimmung der Preise während der J. 1793—1857, überf. v. Asher. Dresden 1858, 11 B. — vgl. Hermann in den Münch. gel. Anz. 1840, Nr. 97 f. — Steigen verschiedene Erzeugstoffe durch die Cholera (Blutegel in Paris sechsfach) — des Eisens durch die vielen Eisenbahnunternehmungen, der Baustoffe nach großen Bränden. — In guten Weinjahren kaufen die Weinbauern den mehr Flachs und Hanf ein, um ihre Vorräthe von Wäsche zu ergänzen. — Uber Theuerung des Futters drückt anfangs den Preis des Fleisches herab, weil weniger Vieh beibehalten und aufgezogen werden kann, steigert ihn aber eben hierdurch späterhin.

(b) Die Furcht vor Mangel bewirkt oft ein plötzliches Anschwellen des Begehrs. — Bei Dingen, die nur in kleiner Menge zu Markt kommen, kann schon ein einziger Käufer auf den Preis wirken.

§. 156.

Der durch das Mitwerben festgesetzte, bei vielen Tauschfällen in einer gewissen Oertlichkeit und Zeit gleichförmige Preis wird Marktpreis (a) (laufender, wirklicher, Tauschpreis, prix courant) genannt. Er findet bei Dingen statt, die regelmäßig erzeugt und feilgeboten werden, daher sieht man die Geldsumme, die er ausdrückt, im gemeinen Leben als den vollgültigen Stellvertreter des Gutes selbst an, weil man sich dieses in der Regel sehr leicht verschaffen kann, wenn man jene hingiebt. Man hat ihm den sogen. natürlichen (Smith, Say), nothwendigen (Simonde, Storch), angemessenen (Lotz), oder Kostenpreis (v. Jakob, v. Schlözer, Fulda, Kudler), innerlichen Preis (intrinsic value), Realwerth (v. Kleinschrod) entgegengesetzt, welcher jedoch, genau betrachtet, nur der Kostenbetrag (*b*), also noch nicht selbst ein Preis, sondern nur einer der Bestimmungsgründe desselben ist. Wenn der Preis wirklich mit dem Kostenbetrage zusammentrifft, so ist dieß zugleich eine Folge des Mitwerbens, also findet auch dann ein Marktpreis Statt (*c*). Richtiger kann man dem Marktpreise den vereinzelten Preis solcher Güter gegenüberstellen, welche so selten in den Verkehr treten, daß ihre Preise bei verschiedenen Tauschfällen weit von einander abweichen können (*d*).

(*a*) Markt heißt hier bildlich das Aufeinanderwirken von Begehr und Angebot in großen Massen.
(*b*) Say bediente sich späterhin des Ausdruckes: „ursprünglicher Preis", prix originaire, weil es der sei, den die Waare bei ihrem ersten Erscheinen in der Welt gekostet habe. Handb. II, 251.
(*c*) Smith selbst (I, 68) nennt eigentlich denjenigen Verkaufspreis den natürlichen, der mit dem Betrage der Kosten zusammenfällt, wobei er stillschweigend einzuräumen scheint, daß die Kosten nicht schon ein Preis sind; er bemerkt S. 87, der Marktpreis könne bald über, bald unter dem natürlichen, bald ihm gleich sein. — Man könnte immerhin einen mit den Kosten zusammentreffenden Preis einen kostenmäßigen nennen, wenn man nur zugiebt, daß derselbe dadurch nicht aufhört, Marktpreis zu sein.
(*d*) Rau, Auf. 16 zu Storch. III. 250.

§. 157.

Es ist ein ebensowohl aus der Erfahrung erkennbares als aus der wirthschaftlichen Handlungsweise der Menschen im Allgemeinen abzuleitendes Gesetz, daß, wenn keine besondern Umstände ein Hinderniß verursachen, das Verhalten der im Mitwerben Betheiligten die Preise den Kosten der Hervorbringung und Herbeischaffung nahe zu bringen streben. „Der natürliche Preis," sagt Smith, „ist gleichsam der Mittelpunct, gegen welchen sich die wandelbaren Marktpreise aller Waaren beständig hinneigen. Zufälle verschiedener Art können diese letzteren eine

Zeit lang von jenem Mittelpuncte entfernt halten, ihn erheben oder unter ihn erniedrigen. Sie mögen noch so große Hindernisse abgehalten werden, sich in diesem Ruhepuncte festzusetzen, so äußern sie doch ein beständiges Streben, sich demselben zu nähern (a)." Diese Richtung in den Veränderungen der Preise findet Statt, obgleich sie von den Personen, die dazu mitwirken, gewöhnlich nicht beabsichtigt wird.

(a) Unterf. I, 90.

§. 156.

Die Ursachen dieses Gesetzes sind leicht nachzuweisen. Wenn durch Abnahme des Begehrs oder Zunahme des Angebots der Preis eines Gutes unter die Kosten sinkt, so hat der Verkäufer einen Verlust (a), vor dem er sich künftig zu hüten sucht, indem er eine solche Sache gar nicht mehr oder nur in geringerer Menge zu Markt bringt. Daher muß bald das Angebot abnehmen und dadurch der Preis wieder in die Höhe gehen (b). Steigt dagegen derselbe über die Kosten, so beziehen die Verkäufer einen Gewinn, der sie und Andere ermuntert, durch Erzeugung oder Herbeischaffung größere Vorräthe anzubieten (c) und hierdurch wird der Preis wieder erniedrigt. In beiden Fällen ist es also das Angebot, welches, den Veränderungen des Begehrs folgend, die Preise dem Kostensatze nähert. Je leichter und schneller das Angebot abgeändert werden kann, desto vollständiger tritt jene Wirkung ein.

(a) In diesem Falle beruht freilich der Tauschgewinn (§. 151) mit darauf, daß der baldige Absatz einer schwachbegehrten oder zu häufig angebotenen Waare immer ein kleineres Uebel ist, als das längere Liegenlassen, wobei das Capital wirkungslos bleibt.

(b) Je größere Vorräthe eines Gutes da sind, desto länger kann es dauern, bis der Preis sich wieder hebt. — Uebrigens erhellt aus diesen Sätzen, daß der Kostensatz nicht sowohl bei einzelnen Tauschfällen, als bei der Mehrzahl derselben, für die Fortdauer, die unterste Gränze (Minimum) des Preises bildet (§. 148). — Es giebt Fälle, in denen die Verringerung des Angebotes den gesunkenen Preis nicht wieder erhöhen kann, weil der Begehr und die concrete Werthschätzung der Käufer abgenommen hat. Dann bleibt auch die Production beschränkt und nur die jenigen Erzeuger werden die Waare ferner anbieten, die sie wohlfeil genug hervorbringen können. Vgl. Hermann a. a. O. S. 82.

(c) Das Bestreben der Menschen, das Angebot in Gemäßheit eines vermehrten Begehres zu vergrößern, zeigt sich im täglichen Leben mächtig und allgemein. Giebt z. B. ein plötzliches Zusammentreffen vieler Menschen an einem Orte bevor, so bieten die Verkäufer von Nähr-

und anderen Genußmitteln alles auf, um größere Maſſen herbeizuſchaffen, es werden mehr Arbeiter beſchäftigt, mehr Capitale zu Hülfe genommen ꝛc. — Vgl. Mill, élémens, S. 88 ff.

§. 158 a.

Der durch das Mitwerben in einem gewiſſen Zeitpuncte feſtgeſetzte Preis (§. 152) iſt zufolge der vorſtehenden Sätze (§. 158) dann zu längerer Fortdauer geeignet, wenn in ihm auf keiner von beiden Seiten ein Antrieb zu einer Veränderung liegt. Ein ſolcher kann eintreten 1) bei dem Begehre. Ein hoher Preis iſt den Käufern läſtig und giebt eine Aufforderung, den Verbrauch der Waare zu beſchränken, indem man ſparſamer zu Werke geht oder den nämlichen Zweck auf andere Weiſe zu erreichen ſucht, ſo daß alſo der Begehr des einzelnen Gutes ſchwächer wird. Bei einem niedrigen Preiſe erweitert ſich dagegen die Kaufluſt; — 2) bei dem Angebote je nach dem Verhältniß des Preiſes zu den Koſten, §. 158. Ein Beharrungszuſtand des Preiſes ſetzt mithin voraus, daß der Begehr nicht wechſelt und der Preis mit den Koſten annähernd zuſammentrifft, ſo daß die Verkäufer in ihm keinen Beweggrund finden, mehr oder weniger als bisher anzubieten, außer etwa ſoviel mehr, als eine Ausdehnung des Abſatzes zu hoffen. Hiebei iſt noch der Umſtand zu beachten, daß die Koſten der Waareneinheit, z. B. des Centners oder des Stückes (einer beſtimmten Ellenzahl), bei einer verſchiedenen Menge des Angebotes oft nicht gleich bleiben. In den meiſten Fällen kann ein größerer Vorrath nur mit vermehrten Koſten, hauptſächlich wegen der größeren Entfernung, zu Markt gebracht werden, bisweilen findet auch das Gegentheil ſtatt, indem bei einer größeren Production Erſparungen möglich ſind. Deßhalb ſind die Bedingungen eines fortdauernden Preiſes ſo auszudrücken: a) die Käufer müſſen nach ihrer Werthſchätzung des Gutes und ihren Vermögensumſtänden einwilligen, ihn zu bezahlen, b) die Verkäufer müſſen für die Menge, die zur Befriedigung des Begehrs erforderlich iſt, in dem Preiſe ihre Koſten vergütet finden (a). Uebrigens ſind immer Veränderungen des Begehrs aus Urſachen möglich, die nicht in dem Verhältniß der Koſten zu dem Preiſe liegen und denſelben abändern. — Das Mitwerben bringt bisweilen für die Erzeuger und Kaufleute Verluſt zu Wege, wenn dieselben nicht wissen, wieviel gleichzeitig von anderen feilgeboten wird, oder wenn sie überhaupt unbesonnen sind, der Markt überfüllt wird und Verkäufe unter dem Kostenbetrage nöthig werden. Die großen Vortheile des Mitwerbens für die ganze bürgerliche Gesellschaft müssen also nicht selten mit Aufopferungen Einzelner erkauft werden, die nur durch größere Vorsicht zu vermeiden sind. Gelingt es solche Einbuße am Capitale zu verhüten, ohne das Mitwerben selbst zu hemmen, so ist dieß offenbar sehr erwünscht (b).

(a) Wenn 600 Ctr. zu 2,⁵ fl. geliefert werden können, aber 1200 Ctr. nicht unter 3 fl., und der Begehr zwar 1200 Ctr. beträgt, aber nur wenn der Preis nicht über 2,⁶ fl. ist, so sind diese Bedingungen unvereinbar, jedoch sind vielleicht 1000 Ctr. zu 2,⁷⁵ fl. abzusetzen und von den Verkäufern zu liefern, und der Preis wird auf diesen mittleren Satz kommen. — Es erhellt, daß bei einem leicht beweglichen Mitwerben auf die Dauer Breith und Kosten entscheidend sind.

(b) Auf diese Sätze stützen sich die neuerlich, z. B. von Chadwick (vgl. Economist 6. Octbr. 1860) u. A. ausgesprochenen Anklagen gegen das Mitwerben und die Vorschläge, dasselbe zu beseitigen, die jedoch verfehlt sind, weil die mächtigen Wirkungen der Concurrenz durch kein anderes Mittel zu ersetzen wären.

§. 159.

Die Veränderung des Angebotes nach Maaßgabe des jedesmaligen Begehres erfordert bei verschiedenen Waaren einen sehr ungleichen Zeitraum, der hauptsächlich von der Art der Production, der Entfernung und Versendungsart abhängt. Wenn aber jener Veränderung größere und länger dauernde Schwierigkeiten im Wege stehen, so können sich die Preise längere Zeit hinburch über oder unter den Kosten halten. Diese Schwierigkeiten verdienen eine sorgfältige Untersuchung, weil sie die Wirkung des obigen wichtigen Gesetzes (§. 157) beschränken (a). Sie betreffen vorzüglich die Vergrößerung des Angebotes und setzen die vorhandenen Verkäufer, bisweilen sogar einen einzelnen in den Stand, einen Verkaufspreis zu erlangen, der ihnen einen ansehnlichen Gewinn gewährt. Solche Umstände, welche die eine Classe von Erzeugern dauernd begünstigen, hat man (nicht ganz passend) Monopole im weiteren Sinne genannt (b).

(a) Diese Hindernisse, welche der leichten Beweglichkeit des Angebotes im Wege stehen, wie die Reibung der Bewegung in der Körperwelt, sind bisher keineswegs übersehen worden, aber man hat sich dieselben nicht häufig und bedeutend genug gedacht. Ricardo z. B. schreibt den

Veränderungen im Mitwerben nur so vorübergehende Wirkungen auf den Preis zu, daß dieselben keine besondere Aufmerksamkeit verdienen sollen; er nimmt deßhalb durchgängig an, daß die Preise den Kosten gleich stehen, weßhalb Werth, Tauschwerth bei ihm so viel bedeutet als Kostenbetrag, natürlicher Preis. Ueberf. v. Baumstark, S. 66. 70.

(b) Diese Bezeichnung hat Mißverständnisse veranlaßt, es ist an Willkür, Bedrückung ꝛc. gedacht worden, während die Beschränkung meistens in der Natur der Sache liegt. Monopol im engeren und eigentlichen Sinne ist ein von der Regierung verliehenes Vorzugsrecht für einen einzelnen Verkäufer einer Waare.

§. 160.

Die Hindernisse einer Veränderung des Angebotes können in natürlichen Umständen oder in menschlichen Verhältnissen ihren Grund haben.

1) **Natürliche Hindernisse** (a).

a) Manche Güter können nur in gewissen Oertlichkeiten hervorgebracht werden. Dieß gilt vorzüglich von Mineralstoffen (§. 120), ferner von Gewächsen, die nur in einem besonderen Klima, auf gewissen Stellen gedeihen ꝛc., §. 87. 119. Der Preis solcher Dinge kann die Kosten ansehnlich übersteigen, wenn die zu erzeugende Menge hinter dem Begehre zurückbleibt, der Ueberfluß kommt größtentheils dem Eigenthümer der günstig beschaffenen Grundstücke zu Gute (b).

b) In anderen Fällen wird ein Erzeugniß an der einen Stelle wenigstens besser oder mit geringeren Kosten hervorgebracht, als anderswo, so daß einzelne Erzeuger vor anderen in Vortheil stehen.

c) Bei mancher Gütern findet zwar die Hervorbringung überhaupt keine solche Schwierigkeit, aber es steht doch die Größe des Erzeugnisses nicht ganz in menschlicher Gewalt. Dieß zeigt sich am Auffallendsten bei den Pflanzenstoffen, deren Entwicklung kurze Zeit dauert und folglich unter dem Einfluß der Jahreswitterung und anderer wechselnder Umstände steht (c). Die Getreidepreise wechseln, wie die Ernten, sie können, wenn diese eine Reihe von Jahren hindurch reichlich oder schlecht sind, unter die Kosten sinken oder eine Zeit lang über denselben stehen, §. 182 ff.

(a) Unterscheidung von vier Fällen natürlicher Monopole bei Senior, Outlines, S. 171, s. auch Hermann, S. 154.

(b) Gute Weinlagen, Perlen, Austern. — Die Preise mancher Erzeugnisse eines wärmeren Klimas, namentlich der Colonialwaaren, sind dennoch nicht höher, als die Kosten, weil es eine hinreichende Menge von Ländereien in vielen Erdstrichen giebt, die unter einander in Mitwerben stehen.

(c) Besonders gilt dieß von Getreide, Obst, Wein, Handelsgewächsen. Aber auch der Wallfischfang ist von sehr ungleichem Ertrag; die Seiden- und Bienenzucht giebt jährlich nicht gleiche Früchte, selbst bei der Schaafwolle hat man von Jahr zu Jahr kleine Verschiedenheiten des Ertrages bei gleicher Zahl von Schaafen wahrgenommen.

§. 161.

2) Zu den **menschlichen Verhältnissen**, welche die Veränderung des Angebotes erschweren, gehören außer manchen Staatseinrichtungen, z. B. eigentlichen Monopolen, Erfindungsprivilegien, Nachdrucksverboten, Erschwerung der Erlaubniß zum Gewerbsbetriebe u. dgl., nachstehende wirthschaftliche Umstände:

a) Auf Seite der Arbeit: Die Menschen, welche in einer Beschäftigung eingewöhnt sind und Geschicklichkeit erworben haben, können nicht leicht zu einem andern Geschäfte übergehen, besonders wenn sie in Jahren vorgerückt und die Verrichtungen verschiedenartig sind. Namentlich sind Landleute so wenig geeignet, Gewerke zu ergreifen, als Handwerker und Fabrikarbeiter sich gern zum Landbau hinwenden. Für künstliche Verrichtungen fehlt es häufig an der erforderlichen Zahl von Arbeitern (§. 113), und es muß wenigstens einige Zeit vergehen, bis sie herangebildet worden sind. Gewerbsgeheimnisse, die in den Gewerken noch bisweilen vorkommen, doch wegen der vollkommneren wissenschaftlichen Beleuchtung der Gewerbsarbeiten (Technologie) seltener als früherhin, halten das Mitwerben des Angebotes ganz zurück und können den Besitzern große Gewinnste sichern (a).

b) Auf Seite des Capitales: Zu Unternehmungen, die ein großes Capital erfordern, sind nicht viele Einzelne reich genug und geneigt, das Angebot kann daher beschränkt bleiben, bis Capitale Mehrerer zum Betriebe zusammengelegt werden. Gewerbe, bei denen schon ein geringes Capital zureicht, haben deßhalb gewöhnlich ein stärkeres Angebot. Hat der Unternehmer bereits ein ansehnliches Capital in sein Geschäft verwendet, so erschwert ihm dieses den Uebergang zu einem andern, zumal dann, wenn ein kostbares stehendes Capital angeschafft worden ist, welches zu einer andern Unternehmung nicht leicht gebraucht werden kann, §. 132. 3) — (b). Indeß hat dieser Umstand auf andere Menschen, die ein einträgliches Gewerbe erst neu ergreifen, keinen Bezug, wofern es überhaupt an Capitalen nicht gebricht.

c) Bei vielen Zweigen der Hervorbringung gehören Vorbereitungen und eine gewisse Zeit dazu, daß ein Gewerbe von einem Unternehmer neu ergriffen oder erweitert werde. Erscheint nun ein gewisser großer Begehr als vorübergehend, so trägt man Bedenken, jene Veranstaltungen zu treffen, die leicht vergeblich sein können, wenn der Begehr wieder abnimmt. Daher bildet die Regellosigkeit und Veränderlichkeit des letzteren ebenfalls ein Hinderniß der Ausgleichung, welches bei vielen Waaren obwaltet.

(a) Smith, I, 94. — Beispiele geben die Ziehpfeilen zum Drahtziehen, — Krupp's Gußstahl, — Tabaksbeizen einzelner Fabriken, — Kunstgriffe im Farben, — geheime Heil- und Stärkungsmittel, besonders wenn sie Zeitraum genießen, wie Revalenta von de Barry, Malzextract von Hoff u. dgl. — Die Venezianer bewahrten mehrere Jahrhunderte hindurch die Kunst der Spiegelverfertigung als Geheimniß und verboten die Auswanderung der Arbeiter, bis es Colbert gelang, eine Fabrik mit venezianischen Arbeitern anzulegen. Coclin in Séances et travaux, 1866. Jan. S. 115. — Bei Modeartikeln hält man die neuesten Muster geheim, um wenigstens einige Zeit lang geringere Concurrenz zu haben. Im Landbau hat man der der Größe des Erzeugnisses von Stoffen gleichen Art nicht leicht Nutzen, wenn man ein Kunstmittel geheim hält.

(b) Das stehende Capital in einem Bergwerke ruht beim Aufgeben desselben fast verloren gehen. In solchen Fällen setzen die Unternehmer ein Gewerbe auch bei unvollständigem Ersatz der Kosten noch einige Zeit fort, wofern nur noch einige Aussicht auf Rendurung übrig bleibt. — Wenn in einem Gewerbe ein Theil der Unternehmer viel Capital auf ältere unvollkommene Maschinen ec. gewendet hat und nun nicht sogleich dieselben mit bessern vertauschen kann, so stehen die jüngeren Unternehmer im Vortheil.

§. 162.

Der Preis kann leichter eine Zeit lang über als unter dem Betrage der Kosten stehen. Dieß hat folgende Ursachen: 1) Im letzteren Falle hat der Unternehmer einen Verlust, den er nicht lange ertragen kann. Der Antrieb, demselben auszuweichen, ist stärker als das Bestreben, an den Gewinsten eines einträglichen Gewerbes Theil zu nehmen. 2) Es ist leichter, eine nicht mehr lohnende Unternehmung zu beschränken oder aufzugeben, als eine bestimmte andere zu beginnen, weil dabei manche der angeführten Umstände (§. 160. 161) hemmend in den Weg treten können, und schon die Neuheit des Gewerbes mancherlei Schwierigkeiten und Verluste mit sich bringt.

§. 163.

Es bedarf noch einer besonderen Untersuchung, wie es auf die Preise wirkt, wenn bei ungeändertem Mitwerben der Kostenbetrag zu- oder abnimmt (a). Man ist gewöhnlich der Meinung, der Preis müsse so lange gleich bleiben, als sich im Angebote und Begehre nichts geändert habe; aber die Erfahrung lehrt, daß oft schon darum andere Preise bewilligt werden, weil man im Weigerungsfalle eine Veränderung im Mitwerben für unausbleiblich ansieht. 1) Wenn eine Waare, deren Kosten gestiegen sind, noch den nämlichen Preis behielte, so könnten die Verkäufer meistens nicht mehr bestehn (§. 158), es wäre eine Abnahme des Angebotes zu erwarten, daher entschließen sich gewöhnlich die Käufer, lieber sogleich mehr zu geben (b). Wie weit in diesem Falle der Preis in die Höhe geht, dieß hängt von den besonderen Umständen ab, hauptsächlich von der Werthschätzung des Gutes bei den Kauflustigen, von der Größe der Kostenerhöhung, von dem bisherigen Verdienst der Verkäufer und dem Entschluß derselben, zur Erhaltung des Absatzes sich für den Augenblick mit einer schwächeren Vergütung zu begnügen u. dgl. Es sind daher verschiedene Fälle möglich, a) der Preis steigt um die ganze Kostenvermehrung, wobei aber meistens eine Abnahme der abgesetzten Menge eintritt; b) die Käufer wollen nicht mehr geben, die Verkäufer übernehmen einen Verlust oder die Waare verschwindet von dem Markte; c) jede von beiden Classen übernimmt einen Theil der in dem Kostenzuwachse liegenden Beschwerde, der Preis wird also nicht um den ganzen Belauf desselben erhöht. 2) Eine Abnahme der Kosten hat bald ein weiteres Angebot zufolge, falls keine besonderen Hindernisse im Wege stehn, und diese Erwägung bestimmt den Verkäufer, den Preis herabzusetzen. Daher kommen die durch die Fortschritte der Gewerbskunst veranlaßten Ersparungen an den Erzeugungskosten sowie die Erleichterung der Waarenver-

— 216 —

sendung in der Regel nach kurzer Zwischenzeit den Käufern zu statten (d).

(a) Ricardo, Grundgef. von Baumstark, S. 375. 427.

(b) Wenn einer der in diesem §. betrachteten Fälle eintritt, so müssen gewöhnlich die Verkäufer alle Umstände so gut zu beurtheilen, daß sie sogleich ihre Preisforderung so einrichten, wie der Preis sich sonst ohnehin nothwendig stellen würde.

(c) Man sieht, daß hiebei mancherlei Triebfedern und Umstände einwirken, und dieß macht es schwer, den Erfolg genau voraus zu bestimmen, was für die Aufwandssteuern sehr wichtig ist.

(d) In Frankreich sank ungeachtet des Einfuhrzolles von 5 Franken der Centner Natrum, welches aus dem Seesalz bereitet wird, von 100 auf 9 Franken. Viele andere Güter fielen durch das inländische Mitwerben in ähnlichen Verhältnissen. Chaptal, De l'industrie française, II, 64. 70. 434. — Say, Sur la balance des consommations avec les products, in Revue enc. Jul. 1824. — Das Pfd. Aluminium (zuerst von Wöhler dargestellt, später von Deville) kam von 700 auf 187½ fl., Schwefelkohlenstoff von 40½ fl. auf 14 kr., Natrium von 232 auf 1⅞ fl. herab, kleine Porzellanknöpfe 144 Dutzend auf 30,4 kr. oder 18 Stück zu ¼ kr. Chevalier S. 40 ff.

§. 164.

Bisweilen ist ein Theil der Verkäufer eines Gutes zufolge günstiger Erzeugungsmittel oder Fortschaffungsverhältnisse im Stande, ein Gut mit geringeren Kosten zum Verkaufe zu bringen als die anderen. Hierbei sind mehrere Fälle möglich. 1) Wenn diejenigen Verkäufer, welche die Waare mit den geringsten Kosten anbieten können, jede beliebige Menge der Waare herbeizuschaffen oder wenigstens den gegenwärtigen Begehr zu befriedigen vermögen, so werden sie allein Absatz haben und das Mitwerben unter ihnen strebt dahin, den Preis auf den Betrag ihrer Kosten zu stellen. Dieß zeigt sich unter anderen in der Fracht. Wenn eine Waare von mehreren Puncten aus versendet wird, wie z. B. Colonialwaaren von verschiedenen Seehäfen in's Innere der Länder gehen, so richtet sich das Absatzgebiet jedes Versendungsortes nach den Frachtkosten und diese Gebiete gränzen nach Maaßgabe der Güte der Straßen, der Wasserverbindung ꝛc. aneinander (a). 2) Haben jene Verkäufer nur eine beschränkte Menge von Waaren darzubieten, die nicht den ganzen Bedarf liefert, so muß ein Theil desselben von anderen Verkäufern bezogen werden und der Preis muß sich so stellen, daß auch die größeren Kosten derselben erstattet werden, wodurch dann jene wohlfeiler erzeugenden einen Gewinn erhalten. — Kommt das Angebot von Vorräthen, die mit geringeren Kosten zu Markte kommen, erst neu hinzu, so geht der Preis herab und die Verkäufer, deren Kosten die höchsten sind, erleiden Schaden oder verlieren ihren Absatz (b). Die nämliche Wirkung auf den Preis tritt ein, wenn dieselben Erzeuger eine kleinere Menge der Waare mit verhältnißmäßig geringeren Kosten herbeischaffen können, als eine größere, wenn sie z. B. 100 000 Centner zu 4 fl., aber 150 000 Ctr. nicht unter 5, und 200 000 Ctr. nur zu 6 fl. zu Markte bringen können, wobei es ebenfalls von der Werthschätzung und den Mitteln der Käufer abhängt, welcher Vorrath Absatz und Kostenvergütung findet.

(a) Die Absatzgebiete von Havre, Rotterdam und Genua für Colonialwaaren gränzen in der Schweiz aneinander, in Böhmen berühren sich bisher die Gebiete von Triest und Hamburg, die Gränzen sind aber wechselnd, weil weder die Frachtkosten noch die Preise in jenen Seestädten immer gleich bleiben. Eisenbahnen erweitern den Absatzbezirk. Wenn in 2 Orten A und B, welche eine Waare in das zwischen ihnen liegende Land versenden, die Preise und auch die Fracht auf die Meile nach den Innern in beiden Richtungen gleich sind, so liegt die Gränze beider Absatzgebiete auf dem halben Wege zwischen A und B. Sind die Preise in A höher, so kann B aber die halbe Entfernung gegen A hin versenden und dasselbe gilt, wenn von B aus die Fracht geringer ist. Außer der größten Linie von A nach B muß es noch viele andere Puncte geben, an denen die Waare mit gleichem Aufwande aus A und B bezogen werden kann und die Scheidelinie beider Versendungsgebiete ist eine krumme Linie, die freilich nur dann ein einfaches Gesetz zeigt, wenn man annimmt, daß von jedem Puncte der Zwischenlände gerade Straßen nach A und B führen. Rau in Bulletin de l'acad. roy. de Bruxelles, VIII Nr. A, i. Anhang am Schlusse dieser 1. Abtheilung. — Die Frachtkosten geben noch zu anderen Betrachtungen Anlaß. So lange der Verkehr zwischen mehreren Orten A, B, C ... noch schwierig und spärlich ist, richtet sich an jedem Orte der Preis einer Waare, welche in der Nähe desselben erzeugt wird, der vereinzelte Ortspreis, überall nach dem örtlichen Mitwerben und kann beträchtlich verschieden sein. Wenn aber die Versendung erleichtert wird, so erweitert sich das Mitwerben. Vorausgesetzt, daß überall die Production beliebig ausgedehnt werden kann, wird der Preis nirgends höher sein, als der Preis des wohlfeilsten Ortes mit Zuschlag der Fracht. Vermag aber dieser wohlfeilste Ort nicht den gesammten Bedarf zu liefern, so müssen andere an dem Verlaufe Theil nehmen und jener wird vielleicht einen höheren Preis erreichen. Der bisherige Ortspreis ändert sich nur für diejenigen Erzeuger an anderen Orten behalten Absatz, welche um den ausgeglichenen Ortspreis verkaufen können und wollen. Beispiel, unter der Annahme, daß nach der Verbesserung der Fortschaffungsmittel die Fracht von Ort zu Ort ¼ fl. für den Ctr. ist: Im Falle 2) ist vorausgesetzt, daß D den ganzen Bedarf zu Markt bringen könne, bei 3) aber, daß auch C zur Versendung mitwirken müsse, folglich dessen Preis die Grundlage bildet. Nr. 4) zeigt die Wirkung einer ferneren Frachtermäßigung, z. B. zufolge einer Eisenbahn.

Orte	A	B	C	D	E
1) ausänglicher vereinzelter Ortspreis	10 fl.	6 fl.	9 fl.	10 fl.	11 fl.
2) ausgeglichener mit Frachtzuschlag zu 8 fl.	8½	8	8½	9	9½
3) desgl. mit Zuschlag zu 9 fl.	9½	9	9	9½	10
4) ebenso, Fracht zu ½ fl. gesetzt	9¼	9	9	9¼	9½

(b) Ein Beispiel giebt die durch Dampfschifffahrt oder Eisenbahnen erleichterte Zufuhr von Getreide aus fruchtbaren, schwachbevölkerten Ländern, z. B. aus Ungarn nach Westdeutschland in den 1860r Jahren.

§. 165.

Die Kosten, welche der Verkäufer eines Gutes in Anschlag bringt, begreifen den ganzen Aufwand, den er machen mußte, um das bestimmte Gut zu Markte zu bringen (a). Es gehören dahin ebensowohl seine Ausgaben für die Mitwirkung anderer Personen als seine eigene Verzehrung. Dieser Kostenberechnung aus dem Standpuncte des einzelnen Gewerbsunternehmers steht nicht im Wege, daß ein Theil jener Ausgaben, wie die entrichtete Grund- und Capitalrente, für die Empfänger reines Einkommen ist, und folglich nicht der ganze Kostenaufwand des Verkäufers aus nothwendigen Verzehrungen besteht (b). Diese aufgewendeten Güter werden vom Verkäufer gewöhnlich nach ihrem Preise in Anschlag gebracht, und dieß ist bei Dingen, die um einen Marktpreis regelmäßig wieder zu erlangen sind, dem Standpuncte des Einzelnen vollkommen angemessen. Wird jedoch ein Theil dieser verwendeten Güter von dem Verkäufer selbst und mit geringeren Kosten erzeugt, als für die er sie kaufen könnte, z. B. das zur Viehmästung oder Wollproduction erforderliche Futter oder der Dünger, so werden hiebei nur die eigenen Hervorbringungskosten angerechnet.

(a) Nur die dauernd nothwendigen Kosten können auf den Preis wirken, nicht ein aus Unkunde oder durch Zufall gemachter unnöthig großer, oder ein zufällig kleiner Aufwand. Um die Kosten vollständig zu erkennen, muß man auch Gefahren von Verlusten, Schaden aus unverkauften Resten u. mit einrechnen, ja selbst persönliche Unannehmlichkeiten, weil diese dem Unternehmer Anspruch auf höhere Vergütung seiner Mühe geben. — Wenn ein Haupterzeugniß die Kosten vergütet, so kommen dieselben bei dem Nebenerzeugniß nicht in Betracht; allein wenn dieses regelmäßig einen gewissen Absatz und Preis gefunden hat, so kommt dadurch das Haupterzeugniß niedriger zu stehen, wie z. B. bei Stallkühen der Milcherlös die Fütterung, Wartung u. nicht völlig

ersetzt und sowohl das Kalb als der Mist mitberechnet werden muß. Der letztere ist da wohlfeil, wo viele Pferde zu nichtlandwirthschaftlichem Gebrauche gehalten werden müssen und die Landwirthe der Umgegend schon genug Dünger haben. Das Stroh kommt seiner mannigfachen Verwendungen wegen bei der Berechnung des Bodenertrages gewöhnlich mit in Anschlag. Nach Block ist 1 Ctr. Stroh ⅓ Ctr. Roggen werth, in Belgien gilt es ½ des gleichen Roggengewichtes. Bei den Lumpen kommen keine Erzeugungskosten vor, ihr Preis muß aber die Mühe und den Aufwand für das Sammeln vergüten und sie können bei starkem Begehr außerdentlich steigen, wie 1854
(b) Der volkswirthschaftliche Kostenbetrag, der bei der Berechnung des reinen Volkseinkommens erforscht werden muß, ist daher von den hier erklärten Kosten des Verkäufers wesentlich verschieden, §. 247.

§. 166.

Der Betrag der Kosten, die der Verkäufer für eine gewisse Menge eines Erzeugnisses aufzuwenden und auf deren Ersatz er zu rechnen hat, enthält folgende Theile: 1) Lohn der von ihm gebrauchten Arbeiter, 2) Rente des benutzten Capitals (a) und 3) der gebrauchten Grundstücke (b); 4) mittlerer Gewerbsverdienst, den er selbst beziehen muß, um dadurch zur Fortsetzung des bestimmten Gewerbes bewogen zu werden (c); 5) Anlaufpreis der zum Behufe der Erzeugung und Beschaffung verzehrten Güter (d). Der im Preise derselben erstattete Kostenbetrag begreift wieder die nämlichen fünf Bestandtheile in sich, wie sie von den Verkäufern aufgewendet wurden, und so könnte man in der Zerlegung noch weiter zurück gehen, dieß wäre aber für den Verkäufer gleichgültig, weil dieser nur die Größe des ihm selbst zur Last fallenden Aufwandes in Anschlag bringt (e). Der Verkäufer kann außer dem Gewerbsverdienste noch andere von diesen Bestandtheilen für sich erhalten, wenn er z. B. selbst mitarbeitet oder Eigenthümer des Capitales oder Grundstückes ist. Er muß in einem solchen Falle die ihm gebührende Vergütung so berechnen, wie sie sein würde, wenn er für Andere arbeitete und sein Capital oder Grundstück Anderen überließe. Doch steht es ihm frei, sich mit einer unter dem gewöhnlichen Betrage bleibenden Vergütung zu begnügen, und dieß geschieht nicht selten in der Absicht, um bei ungünstigem Mitwerben das Gewerbe noch fortsetzen zu können.

(a) Nur wenige Verrichtungen sind so einfach, daß sie kein Capital erfordern und daß folglich in den Kosten keine Capitalrente vorkommt; z. B. Sammeln von Beeren, Kräutern, Wurzeln ꝛc. In den frühesten Perioden der Gesellschaft, ehe noch Capital angesammelt war, sand

— 220 —

das Verhältniß freilich allgemein Statt, und in solchen Zeiten sol dem Verkäufer auch noch keine Ausgabe für Grundrente zur Last, wie dieß selbst z. B. bei der Seefischerei nicht vorkommt; aber es gab damals auch nur wenige Productionszweige.

(b) Inwiefern die Grundrente unter die Kosten gehört, s. §. 216.

(c) Diejenigen, welche den Gewerbsverdienst mit der Capitalrente in Verbindung bringen, rechnen nur drei Bestandtheile der Kosten auf, z. B. Smith, I, 85.

(d) Bei verschiedenen Sorten einer Waare kann es geschehen, daß eine feinere gerade so viel weniger Rohstoff erfordert, als sie mehr Arbeit und Capitalrente kostet. Das wohlfeilste Baumwollengarn fällt in die Nr. 80—80, gröberes ist kostbarer, weil es mehr Stoff enthält, feineres, weil mehr Arbeit. So ist es auch mit den venetianischen Goldketten, von denen ein Braccio (2,¹⁵ bad. Fuß) gilt:

> von Nr. 0 (feinste) 60 Franken
> » » 1   40   »
> » » 2 u. 3   20   »   (Minimum.)
> » » 4   21   »
> » » 24 (gröbste) 60 »

R. Mohl, Württemb. Gew. Ind. S. 288. — Babbage, a. a. O. S. 165.

(e) Ricardo (Princ. Cap. 1.) und J. Mill (Élémens, v.2. 90.) sehen blos den Arbeitslohn als Kostenbetrag an, weil sie das Capital als angehäufte Frucht einer früheren Arbeit, und den Preis desselben gleichfalls als Lohn ansehen; die Grundrente wird von ihnen aus einer andern Ursache ausgeschlossen, s. unten §. 216a (a). Aber selbst wenn man den Betrag des angewendeten Capitals ganz auf den Lohn der zu dessen Erzeugung vorgenommenen Arbeit zurückführen könnte, so bildete doch immer noch der Preis der gestatteten Capitalbenutzung, die Capitalrente, einen besonderen Bestandtheil der Kosten. — Rodbertus-Jagetzow (Zur Erkenntniß ꝛc. I, 7) und mehrere Neuern behaupten, alle Kosten nur aus der aufgewendeten Arbeit, denn nur der Mensch habe Kosten, nicht die Natur, welche das Material hergebe. Diese Ansicht kann nur gelten, wenn man auf den Urbeginn der Wirthschaft zurückgeht und das Verhältniß des Menschen zur Natur berücksichtigt, wobei freilich klar ist, daß jeder nichts als seine Arbeit mitbringt. Aber nach der heutigen Güterzertheilung haben die Grundstücke, die Capitale, die einzelnen Sachgüter ihre Eigenthümer und diese sprechen eine Vergütung für ihren Beistand an. In dem Preise eines Centners Ös aus einem Teiche ist bisweilen die Rente für den Eigenthümer enthalten, der vielleicht nicht die mindesten Auslagen für Arbeit gemacht, sondern nur die Benutzung erlaubt hat. — Uebrigens bildet nicht eine Menge von Arbeit, sondern der für diese ausgegebene Lohn einen Theil der Kosten, denn die Arbeiter werden in Sachgütern bezahlt. — Torrens stellt den Satz auf, daß der natürliche Preis sich gänzlich nach dem angewendeten Capitale richte (Production of wealth, S. 24.). Dieß widerstreitet aber der obigen Erläuterung des Kostenlagers nicht, weil alle Bestandtheile desselben Ausgaben sind, die der Unternehmer mit seinem Capitale bestreitet. Derselbe (S. 61) rechnet den Profit nicht unter die Kosten, der vielmehr ein neu entstandenes Vermögen, ein Ueberschuß sei. Diese Meinung widerlegt sich durch die Zergliederung der Zinsrente und des Gewerbsgewinnes, und durch die Bemerkung, daß die übliche Zinsrente entweder wirklich ausgegeben, oder, wenn das Capital dem Unternehmer eigen ist, von ihm aufgeopfert wird.

§. 167.

Wenn der Preis eines Gutes die Kosten übersteigt, so gewährt der Ueberschuß zunächst dem Unternehmer einen über den gewöhnlichen mittleren Satz hinausgehenden Gewerbsverdienst, §. 158. 2). Dauert aber ein solcher Stand des Preises fort, so wird gewöhnlich der Unternehmer durch das Mitwerben genöthigt, einen Theil dieses Gewinnüberschusses an andere Personen, welche zu der Hervorbringung und Herbeischaffung der Waare mitwirken, insbesondere an die Arbeiter und Grundeigner, als Erhöhung des Lohnes und der Grundrente, abzugeben.

Zweite Abtheilung.
Veränderungen der Preise und Bemessung derselben.

§. 168.

Ein Gegenstand ist kostbar, wenn er im Vergleiche mit anderen Gütern beträchtliche Hervorbringungs- und Herbeischaffungskosten verursacht. Die Kostbarkeit eines Gutes hat auf die Dauer auch einen höheren Preis zur Folge. Sie ist nach Zeiten und Gegenden verschieden, und wird in der Beurtheilung des Einzelnen sowohl von der Erwerbung im Tausche, als von der eigenen Erzeugung verstanden (a). Werden dagegen mehrere Preise einer und derselben Sache mit einander verglichen, so entstehen die Begriffe von theuer und wohlfeil. Ein Gut ist theuer oder wohlfeil, je nachdem sein Preis in einem Zeitpuncte und Orte oder einem einzelnen Tauschfall höher oder niedriger ist, als in vielen anderen Orten, Zeiten, Fällen. Zwischen dem Zustande des Theuer- oder Wohlfeilseins (der Theuerung und Wohlfeilheit) liegt der mittlere, dem durchschnittlichen Kostensatze entsprechende Preis, welcher zugleich der gewöhnliche ist (b). Weiß man nur, daß eine Waare A gegen eine andere B theurer geworden ist, so bleibt es ungewiß auf welcher Seite die Veränderung eingetreten, ob nämlich A theurer oder B wohlfeiler geworden ist. Theuerung und Wohlfeilheit finden immer nur bei einzelnen Arten oder Gattungen von Gütern im Vergleich mit anderen, oder, nach der Einführung eines allgemeinen Preismaaßes (Geld) im Vergleich mit diesem statt. Was man Theuerung und Wohlfeilheit aller Güter gegen Metallgeld nennt, ist genau betrachtet nichts als Wohlfeilheit oder Theuerung des letzteren, wobei die Preise der Güter gegen einander unverändert bleiben können. Werden jene beiden Bezeichnungen schlechthin, ohne Benennung einer Gattung von Gütern gebraucht, so versteht man darunter den Zustand, in welchem der Preis der gewöhnlichsten Nahrmittel hoch oder niedrig ist (c).

(a) Der hohe Preis des Diamanten hangt mit seiner Kostbarkeit zusammen, denn bei der Seltenheit größerer Stücke fordert das Aufsuchen großen Kostenaufwand, auch das Schleifen ist kostspielig.
(b) Loy bezieht beide Begriffe auf das Verhältniß zwischen den Marktpreisen und den Kosten; theuer sei die Sache, deren Preis über dem Kostensatze steht. Handb. I, 55. — Da die Kosten den gewöhnlichen mittleren Preis bestimmen, so werden beide Erklärungen in den meisten Fällen zusammentreffen. Aber der Sprachgebrauch nimmt bei jenen Ausdrücken auf die Kosten, deren Größe man oft gar nicht kennt, keine Rücksicht. Jedermann nennt den Zucker wohlfeil, wenn der Centner 25 fl., theuer wenn er 80 fl. gilt, die Kosten seien welche sie wollen. Selbst bei Dingen, die weit über ihrem Kostensatze verkauft werden, wie der Wein von ausgezeichneten Lagen, oder deren Kosten nicht angegeben werden können, wie Grundstücke, spricht man unbedenklich und allgemein von wohlfeil und theuer.
(c) Die Ausdrücke theuer und kostbar werden häufig miteinander verwechselt, und in der Ermangelung eines anderen Wortes wird auch das Gegentheil von kostbar wohlfeil genannt.

§. 169.

Eine Sache wird theuer oder wohlfeil entweder bloß durch Aenderungen im Angebote oder Begehre bei einerlei Hervorbringungskosten oder in Zusammenhang mit einer Veränderung in diesen. Man hat ersteres die relative, letzteres die reale Theuerung und Wohlfeilheit genannt (a). Ungeachtet der Entbehrlichkeit dieser nicht einmal ganz bezeichnenden Ausdrücke ist doch die Unterscheidung jener beiden Ursachen der Theuerung und Wohlfeilheit erheblich, denn die Preisveränderung eines Gutes, welche aus einer Aenderung der Kosten hervorgeht, ist in der Regel dauernd und wenn der erhöhte oder erniedrigte Preis einer Sache zum gewöhnlichen geworden ist, so sind jene beiden Ausdrücke nicht mehr anwendbar, außer wenn man die Preise verschiedener Zeiträume mit einander vergleicht. Die häufigen, nicht selten periodisch auf und niedergehenden Schwankungen bringen dagegen nur eine vorübergehende Erhöhung oder Erniedrigung des Preises hervor.

(a) Storch, I, 806.

§. 170.

Derjenige Preis eines Gutes, welcher mit den Kosten zusammentrifft und in der Mehrzahl der Fälle wirklich stattfindet (§. 157), muß auch als der nützlichste angesehen werden, weil er die Hervorbringung und Verzehrung soweit, als es möglich ist, gleichmäßig begünstiget. Er gewährt nämlich 1) den Erzeugern und Verkäufern vollständige Erstattung aller Ausgaben und Verzehrungen und setzt sie dadurch in den Stand, ihr Gewerbe fortdauernd zu betreiben (a); 2) er giebt zugleich den Käufern Gelegenheit, sich nützliche und angenehme Gegenstände mit dem geringsten Aufwande zu verschaffen, der noch ihre fortdauernde Versorgung sicherstellt (b).

(a) Vorausgesetzt, daß in diesem Kostensatze auch der Unternehmer seinen mittleren Gewerbsgewinn findet, §. 139.

(b) Der Wunsch aller Verkäufer, daß ihre Waaren einen die Kosten übersteigenden Preis erhalten möchten, hat in volkswirthschaftlicher Hinsicht kein Gewicht, weil ihm das Verlangen der Käufer nach Wohlfeilheit gegenüber steht und der Vortheil aller Classen zugleich berücksichtigt werden muß, auch die Bestrebungen der verschiedenen Classen von Gewerbsleuten sich häufig widerstreiten, wie z. B. die Landwirthe einen hohen, die Tuchfabricanten aber einen niedrigen Preis der Wolle wünschen — Steht der Preis einer Waare über den Kosten, so giebt dieß einen Antrieb zur Erweiterung der Production, auch vergütet ein höherer Preis die Vortheile, welche etwa ein zu niedriger Preis den Verkäufern zugefügt hat. Tooke, Thoughts and details, III, 105 f. Hier wird unter anderem gezeigt, daß die Zahl der dem Parlamente jährlich vorgelegten Gesundheitstheilungspläne (inclosure-bills) zu- und abnahm, je nachdem die Getreidepreise (hauptsächlich des vorigen Jahres) höher oder niedriger standen, s. auch Porter, Progress, S. 118. Indeß lassen sich auch Fälle nachweisen, wo gerade die Wohlfeilheit einer Waare sich nützlich erwiesen und Fortschritte in der Gewerbskunst hervorgerufen hat, durch welche die Kosten vermindert wurden. Porter, S. 145.

§. 171.

Untersucht man die volkswirthschaftlichen Wirkungen, welche eine Verminderung der Kosten eines gewissen Gutes hervorbringt, so ist

1) in Bezug auf die Käufer der Vortheil unzweifelhaft, denn jene Veränderung bewirkt in der Regel eine Preisernie-

brigung (§. 163. 2)) bei gleicher Werthmenge, also einen größeren Gütergenuß (a). Sind es insbesondere Dinge von hohem Werthe und allgemeinem Gebrauche, so tritt durch jenen Vorgang eine Erhöhung des Volkswohlstandes ein. Der niedrige Kostenbetrag und Preis der Lebensmittel kann auch durch Verringerung des Lohns andere Erzeugnisse wohlfeiler machen, in deren Kosten der letztere eine erhebliche Stelle einnimmt, und sich hiedurch doppelt wohlthätig erweisen.

2) Auch die Verkäufer haben Nutzen, da die Wohlfeilheit den Absatz erweitert und eine starke Zunahme desselben zu weiteren Kostenersparungen Veranlassung giebt, die wenigstens eine Zeit lang Gewinn versprechen; z. B. die Ausgabe für Zinsen vermindert sich wegen des schnelleren Ersatzes der umlaufenden und der vollständigeren Benutzung des stehenden Capitales, — die Arbeitstheilung, der Gebrauch der Maschinen erweitert sich.

(a) Bei dem Absatz in das Ausland wird dieser Nutzen den Fremden zu Theil, allein die inländischen Käufer genießen ihn wieder bei der Kostenerniedrigung der Einfuhrgegenstände.

§. 172.

3) Es muß indeß auch der Einfluß der Kostenerniedrigung auf die Lage der übrigen bei der Hervorbringung betheiligten Personen beleuchtet werden.

a) Liegt die Ursache in einem geringeren Verbrauche bei der Hervorbringung, also in der Betriebsart (in technischen Umständen), so ist dieß gemeinnützlich, nur den Fall ausgenommen, wenn Arbeit erspart wird und Arbeiter ihre Nahrung verlieren, was jedoch gemeiniglich nur vorübergehend geschieht.

b) Vermindern sich die Ausgaben des Unternehmers durch das Sinken des Arbeitslohns, ohne daß zugleich der Unterhalt derselben wohlfeiler würde, so gewinnen die Käufer auf Kosten der Arbeiter. Auch schon vor den näheren Untersuchungen über den Arbeitslohn (§. 187 ff.) ist es einleuchtend, daß eine Wohlfeilheit der Waaren, die durch Entbehrungen der Arbeiter bewirkt würde, im Ganzen genommen keine günstige Erscheinung sein könne, weil die Arbeiter nicht blos als Productionsmittel betrachtet werden dürfen (§. 129), sondern die zahlreichste Volksclasse bilden, der ein Antheil am allgemeinen Wohlstande gebührt (a).

*) Wird die in den Ausgaben der Unternehmer begriffne Capitalrente niedriger, so büßen die Capitalbesitzer zwar auch etwas ein, doch sind die Wirkungen in der Volkswirthschaft im Ganzen überwiegend vortheilhaft (b).

(a) Dieß ist neuerlich auch von Hermann bemerkt worden, Münch. gel. Anz. 1847, Nr. 191 f.
(b) Eine allgemeine Abnahme der Grundrente kommt hier: als selten eintretend nicht in Betracht.

§. 173.

Entfernt sich der Preis eines Gutes in kurzer Zeit beträchtlich von dem Kostenbetrage, so pflegt dieß auf den Verkehr störenden Einfluß zu haben. 1) Große Wohlfeilheit verursacht den Verkäufern einen Verlust, der sie zum Einschränken oder sogar zum Aufgeben ihres Gewerbes zwingt. Hiedurch werden wenigstens eine Zeit lang Arbeiter außer Thätigkeit gesetzt. Es ist nicht wahrscheinlich, daß die Käufer, denen die Wohlfeilheit zu Gute kommt, soviel Capital erübrigen, als die Verkäufer einbüßen. Auch der Uebergang von einem Geschäfte zu dem andern ist oft mit einem Opfer verbunden, §. 161 — (a). 2) Starke Vertheuerung ist den Käufern beschwerlich, nöthigt sie zu Einschränkungen in dem gewohnten Gütergenusse und legt ihnen sogar bei sehr werthvollen Dingen, die in großer Menge verbraucht werden, eine schwere Entbehrung auf (b), zugleich ist die Verringerung des Absatzes für die Verkäufer nachtheilig und schwächt die Production (c).

(a) Die nämliche Wirkung zeigt sich dann, wenn bei einer Zunahme der Kosten der Preis stehen bleibt oder nicht verhältnißmäßig steigt, §. 169. Die Preisveränderungen einzelner Waaren erstrecken sich gewöhnlich weder schnell noch vollständig auf die Preise anderer Güter, zu deren Hervorbringung jene gebraucht werden.
(b) Doanière hat von London und Paris nachgewiesen, daß die Zahl der Sterbefälle mit den Fruchtpreisen der einzelnen Jahre steigt und fällt. Mém. de l'institut nation. Sc. mor. et pol. I, 543. Aus den Angaben für England (Mac-Culloch, Stat. I, 414) ist dieß nicht zu ersehen. In Preußen starb 1844—53 in den 5 theuren Jahren 1 auf 33, in den 5 wohlfeilen Jahren 1 auf 36,¹, in England und Frankreich (Moreau de Jonnès in Séances et travaux XVII, 33. vgl. Dupin ibd. S. 36) war im nämlichen Zeitraum der Unterschied schwächer, in Belgien 1841—50 auch nur 1 auf 40.⁶⁹ und 41,²⁹, s. die Zahlen bei Wappäus I, 196. 313. Die Zusammenstellung der Sterbefälle und der Preise des Getreides sowie der Kartoffeln für Belgien (nach den Zahlen im Annuaire de l'observat. de Brux 1854), Sachsen (Statist. Mittheil. — Heroll. 11, 60 und Taf. XII) und Herz. Altenb.

burg (v. Scheel in Hildebrand, Jahrbücher 1866. I, 181) zeigt ebenfalls den Einfluß dieser Ursache im Ganzen nicht entscheidend, weil offenbar mancherlei andere Umstände mit einwirken, auch eine Theuerung, die im Herbst und Winter eintritt, ihre Folgen hauptsächlich erst im folgenden Jahre zeigt. In den belgischen Städten war 1835 bis 1853 die Zahl der Sterbefälle in den 5 theuersten Jahren (mit Ausschluß der Cholerajahre 1848—49) im D. 31861, in den 5 wohlfeilsten 28374 — Nach den Angaben bei v. Scheel a. a. O. hat die Theuerung und Wohlfeilheit einen viel stärkeren Einfluß auf die Zahl der Heirathen und Geburten.

(c) Wenn das vertheuerte Gut schwer zu entbehren ist, so versagt man sich lieber ein anderes, dessen Ablaß dann vermindert wird.

§. 174.

Nachdem es ganz üblich geworden, alle Preise in Einheiten eines einzelnen dazu ausgewählten Gutes, des Geldes auszudrücken ($ 146), setzt man im gemeinen Leben voraus, daß die Veränderungen in den Preisen der verschiedenen Güter sich genau aus dem Steigen oder Fallen der Geldpreise derselben erkennen lassen. Hiezu wäre aber erforderlich, daß das Geld selbst zu der Gesammtheit der übrigen Güter immer den nämlichen Preis behielte, weil dann der geänderte Geldpreis eines einzelnen Verkehrsgutes eine Preisveränderung auf Seite des letzteren anzeige. Betrachtet man in dieser Hinsicht den gewöhnlichsten Stoff des Geldes, nämlich Gold und Silber, so zeigt die Erfahrung Folgendes: Die Preise derselben gegen alle anderen Güter erleiden keine häufigen Veränderungen, indem ihre Gewinnung aus bekannten Lagerstätten mit Hülfe kostbarer Vorbereitungen in der Regel ziemlich gleichförmig fortgesetzt wird, der jährliche Ertrag folglich keinem oftmaligen und plötzlichen Wechsel ausgesetzt ist, auch das Angebot den Schwankungen des Begehres in einzelnen Ländern leicht nachfolgen kann, weil die edlen Metalle bei der Riedrigkeit ihrer Versendungskosten (a) schnell und häufig aus einem Lande in das andere, selbst in große Entfernungen gehen. Dagegen können sich in längeren Zeiträumen sowohl in der Ergiebigkeit der Bergwerke, als in dem Verhältnisse des Begehres zum Angebote erhebliche Aenderungen zutragen, deren Gränzen sich nicht voraussehen lassen (b), so wie auch der Preis der Münzmetalle in den verschiedenen Ländern nicht genau gleich stehen kann.

(a) Ein Aufwand von 1 fl. Frachtkosten für den Centner (für ungefähr 24 Meilen) vertheuert nach den Hamburger Preisen von 1852—66 beiläufig das Gold um ¹/₁₀₀ Procent, Silber ¹/₅₀ Proc., Elfenbein 0.⁵⁰, Indigo 0.⁵⁰, Queckſilber 0.⁶, Thee 1.¹⁶, Kupfer 1.⁹, Baumwolle (ohne die letzte Verthuerung) 2.⁸, Rohzucker 9, Blei 6.⁸, Waizen 19, Gußeiſen 47, Koch- und Seeſalz (ohne Zoll) 100, Steinkohlen in Hamburg 212, an der Grube vielleicht 400 Proc.

(b) Es können die lang fortgebauten Lager erſchöpft oder dagegen neue reichere aufgefunden werden. Der Begehr nimmt zu, wenn man mehr Metallgeld braucht, z. B. wegen häufiger Einlöſung des Papier-geldes, oder wenn andere Verarbeitungen der edlen Metalle allgemeiner werden.

§. 175.

Eine Veränderung in den Preiſen der Münzmetalle iſt dann anzunehmen, wenn die letzteren gegen alle oder doch gegen die meiſten anderen Güter zugleich und gleichviel im Preiſe geſtie-gen oder gefallen ſind. Es iſt nicht leicht, hierüber Gewißheit zu erlangen, denn die Preiſe aller einzelnen Waaren ſind vielen Veränderungen ausgeſetzt, die zum Theil erweislich aus beſon-deren Umſtänden, namentlich im Mitwerben oder in den Koſten herrühren und daher nicht mit dem wechſelnden Begehr und Angebot der Münzmetalle zuſammenhängen. Man muß folg-lich den Einfluß jener Urſachen zu beſeitigen ſuchen und ſolche Verkehrsgegenſtände auswählen, bei denen beſondere Urſachen der erwähnten Art am wenigſten einwirken. Ferner iſt es nöthig, wenn Preiſe verſchiedener Dinge gegen Geld aus verſchiedenen Zeiten oder Ländern miteinander verglichen werden ſollen, vor allem die Münzſummen in Gewichtsmengen von Gold und Silber auszudrücken, weil der Metallgehalt der Münzſtücke ſich von Zeit zu Zeit geändert hat und von Land zu Land andere Münzſorten vorkommen (a). Auf dieſe Weiſe erkennt man, daß die Preiſe der edlen Metalle wirklich bedeutenden Verän-derungen ausgeſetzt ſind, weßhalb dieſe Stoffe keinen ganz voll-kommenen Maaßſtab der Preiſe bilden.

(a) Bernoulli (Schweizer. Archiv, II, 44) zeigt, daß die oft ange-nommene Wohlfeilheit früherer Jahrhunderte größtentheils auf dem da-maligen größeren Gehalte der Münzen beruht. — Es wäre eine ſehr ſo verdienſtliche als ſchwierige Arbeit, Münztabellen für jeden Staat nach der Zeitfolge aller eingetretenen Münzveränderungen zu entwerfen. Für Frankreich findet man Materialien hiezu in der Denede von Vaſtorel zu den Ordonnances des rois de la France, B. XV, für Italien im 13. und 14. Jahrh. bei Cibrario, Della econ. polit. del medio evo, S. 646.

15 *

§. 176.

Die größte bekannte Veränderung in den Preisen der Münzmetalle ging im 16. Jahrhundert vor, als die großen Massen
Goldes und Silbers aus den americanischen Bergwerken nach
Europa zu strömen anfingen (a). Man hat angenommen, daß
dieselben seit dieser Zeit auf den dritten, vierten oder sogar den
sechsten Theil des Preises gesunken seien, den sie im Alterthume
und im Mittelalter gehabt haben (b). Es läßt sich indeß keine
solche Zahl als allgemeingeltend und sicher angeben, 1) weil
die Preiserniedrigung dieser Metalle nicht in allen Ländern
von Europa in gleichem Grade eintreten konnte (c), 2) weil
es einen Unterschied macht, welche Zeiträume vor und nach
dem Anfang der stärksten Gold- und Silber-Einfuhr man zur
Vergleichung wählt (d), — 3) weil es an zahlreichen, fortlau-
fenden und genauen Nachrichten über die Preise verschiedener
Waaren in früheren Jahrhunderten fehlt (e), 4) weil viele
Waaren zufolge des viel lebhafteren Verkehrs im Preise gestiegen sind. Man kennt größtentheils nur Getreidepreise, auf
welche auch besondere Ursachen, wie die vermehrten Anbaukosten
bei stärkerem Begehre und die ungleiche Fruchtbarkeit ganzer
Perioden, einwirken (f). Außer jener Hauptveränderung schei-
nen in späteren Zeitabschnitten auch andere minder beträchtliche
vorgegangen zu sein, s. §. 277 a.

(a) Ueber die Preise des Silbers in den letzten 4 Jahrhunderten f. Smith
I. 266 ff. — Sorgfältige Untersuchungen über die Geldpreise im Alter-
thume bei Garnier, franz. Ueberf. von Smith, V, 64—81. —
Böckh, Staatshaush. der Athener, I, 123. — Hüsserich, Von den
period. Schwankungen im Werthe der edlen Metalle. Nürnb. 1843. —
Rscher, System der BW. I. §. 137. — Tooke u. Newmarch,
Gesch. u. Bestimmung der Preise II, 450 (von Newmarch).

(b) Bodin, der sich mit diesem Gegenstande viel beschäftigt hat, nimmt den
Gold- und Silberzufluß aus America sehr groß an und versichert, die
Preise der Waaren seien zu seiner Zeit (gegen Ende des 16. Jahrh.)
10 mal so hoch als unter Ludwig XII. (1493—1515). De republica
B. VI, Cap. 2, S. 970—171 der 2. Pariser A. v. 1591. Beides
ist neuerlich in Zweifel gezogen worden und B scheint keine Preislisten
vor sich gehabt zu haben. Garnier und Say berechneten anfangs,
daß das Gold auf ⅕, das Silber auf ¼ seines früheren Preises gesunken sei, wie es auch Rscher a. a. O. vermuthet, späterhin setzten
sie diese Veränderung beim Silber auf ⅙. Garnier glaubt, daß
1 Pfund Silber in älterer Zeit 6000 Pfund Waizen gegolten habe,
seit dem 16. Jahrhundert aber nur 1000 Pfd. gelte (also käme der
Ctr. Waizen auf 5,¼ fl.). Say, Handb. III, 12 ff. — Der mittlere

Preis eines Ctr. Waizen kann nach den dort benutzten Nachrichten so angenommen werden:

I. Alte und mittlere Zeit.	II. Neuere Zeit.
Athen 338 a. O. (Demosthenes) 58 fr.	Im Jahre 1536 140 fr.
Rom unter Cäsar . . . . 52 ⸗	⸗ ⸗ 1810 210 ⸗
unter Karl dem Großen . 46 ⸗	⸗ ⸗ 1640 248 ⸗
Frankreich 1450 . . . . . 42 ⸗	⸗ ⸗ 1769 259 ⸗
⸗ im Jahre 1514 . 64 ⸗	⸗ ⸗ 1820 310 ⸗
Durchschnitt . . . . 52 ⸗	Durchschnitt 258 fr. — 4 fl. 19 h.

Dieß giebt das 4⅘fache. In Ansehung der Preise aus dem Alterthume weichen neuere Untersuchungen von den Angaben Garnier's ab. Die 5 Drachmen, welche der Medimnos Waizen damals galt, betragen, wenn man die ältere Drachme zu Grunde legt, nach Böckh (Staatshaushalt der Athener, I, 15) 2 fl. 4 fr., nach Letronne (Wurm, De ponderum, nummorum ... rationib. apud Roman. et Graec. Stuttg. 1820) 2 fl. 10 fr., und der Medimnos war nach Ideler = 15/16 des preuß. Scheffels. Daher war der Preis eines Centners Waizen zu Solon's Zeiten 85 fr. — 1 fl. 25 fr., in Demosthenes Zeiten 148 fr. — 2 fl. 26 fr. Auch der römische Preis (1 modius zu 3 sextarii) ist viel höher und nacht, da der modius),¹⁶⁷ pr. Schff., der sextarius 5,¹³ fr. betrug (Wurm, a. a. D.), gegen 117 fr. — 1 fl. 57 fr. auf den Centner. Das edictum Diocletiani vom J. 301 schreibt das maximum der Preise in theuren Zeiten vor und rügt das Fordern 4⸗ oder 8facher Preise, man kann also vielleicht annehmen, daß das max. beiläufig das Doppelte des Mittelpreises sei. Der Preis des Waizens und der Gerste ist unkenbar, aber die Bearbeiter des Edicts haben übersehen, daß Spelzkern (spelta munda) dem Waizen gleichgeachtet werden kann, und da auch Grüßen, Linsen und Ackerbohnen den Preis des Kerns haben, so kann man denselben unbedenklich für Waizen gleichfalls annehmen, der modius castrensis = 0,¹⁷⁰⁰ Hektoliter zu 100 Kupferdenaren = 6,³ Fr. (nach Waddington, Edit de Diocletien, Paris 1864), also das Hektol. zu 35,⁹ Fr., der Zollcentner zu 11,² fl. Auch die Hälfte ist schon dem heutigen Preise gleich, was schwer zu erklären ist.

(c) In Italien scheint im 16. Jahrhundert gar keine Vertheuerung der Waaren gegen Metallgeld stattgefunden zu haben, weil dieses Land schon vor jener Zeit in Folge seines ausgedehnten Handels metallreicher war, als jedes andere, und die Abnahme des Verkehrs nach der Veränderung des Handelszuges wenig Gelegenheit darbot, von den americanischen Metallzuflüssen etwas an sich zu ziehen. Carli, Del valore e della proporzione de' metalli monetari con i generi in Italia, in den Scr. class. P. mod. T. XIII. — Pecchio, Storia, S. 112.

(d) S. B. ob man die 2te Hälfte des 15. und des 16. Jahrhunderts vergleicht, oder mehrere Jahrhunderte vor⸗ und nachher.

(e) Aus der Tafel von 27 Verkehrsgegenständen, deren Preise in Orleans von Mantellier gesammelt sind, ergiebt sich, wenn man die Perioden 1475—1525 und 1575—1625 miteinander vergleicht, im Ganzen eine Zunahme auf das 1,⁹fache, bei Waizen 2,⁶, mittlerem Wein und Talglichtern 2,⁶, Butter 2,⁸, Taglohn 2,². Laspeyres in Hildebrand Jahrb. 3. Jahrg. I, 50.

(f) Say räth, Geldsummen, die aus früherer Zeit bekannt sind, nach den damaligen Getreidepreisen in einem Quantum Getreide und dann nach den heutigen Preisen desselben wieder in jetzigem Gelde auszudrücken. Dieß giebt jedoch nur eine annähernde Vorstellung von der Lage, in der sich der Besitzer einer solchen Geldsumme in einer früheren Zeit befand. Vgl. Rau, Zuf. zu Storch, Nr. 73. — Rog, Handb. I, 406. Viele Ausmittlungen dieser Art bei Cibrario, Della econ. pol. S. 539. und Toole a. a. O. — Ergebnisse verschiedener Berechnungen aus den Getreidepreisen:

1) In Paris galt der Muid Waizen zwischen 1202 und 1532 7.⁴⁸ Fr., von 1635—1785 21,⁹⁰ Fr., also 2,⁸mal soviel. Kraus, Vermischte Schriften, I. Taf. IV.

2) Durchschnitte bei Rt. Smith nach Fleetwood für den Quarter Waizen (5,²⁰⁰ preuß. Sch.) in heutigem Gelde: in 72 Jahren 1490—1610 insbesondere 10 Sch., in 12 Jahren zwischen 1561 und zwischen 1202 und 1550 27⁵/₆ Schill., 1601 47 Sch., von 1595—1764 46 Sch., also gegen die früheren Jahrhunderte nur um 61 Proc., gegen die obigen 16 Jahre 4¹/₅fach.

3) Brüsseler Waizenpreise. Setzt man den Preis von 1500 bis 40 als 1, so ist der Preis von 1500—99 das 3fache, der Preis des 17. Jahrh das 5fache, s. §. 182a (b)

4) Preis des Sestario Waizen (= 0,⁴⁴⁶ Hektol.) in Piemont und Savoyen in heutigem Gelde nach Cibrario S. 481 zwischen 1289—1397 4,¹ Lire, zwischen 1825—1835 8,⁴⁷ Lire, also 73 Proc. höher, und der frühere Preis, das Hektol. zu 10,⁷⁸ Franken, war schon ein ansehnlich hoher.

5) Nach von Groß (D. Vierteljahrsschrift Nr. 50, S. 184) kaufte man in Königsberg mit 1 Mark Silber 1440—1534 55,¹³ preuß. Schffl. Roggen, 1508—1655 10,²⁵ preuß. Schffl. Roggen, oder ungefähr ¹/₃ der früheren Menge.

6) Levasseur (Journal des Econ. 2. Ser. X, 228, Mai 1856): Preis des Setier Waizen in Paris
1500—19   19,⁸⁸ Grammen Silber
1520—49   53,⁰²   «   «
1570—89   97,¹¹   «   «
1600—79 150,⁴²   «   «

Die Steigerung erscheint demnach sehr verschieden, jenachdem man die niedrigen Preise der beiden ersten, oder die Preise der 3 folgenden Jahrzehnte des 16. Jahrh. zum Ausgangspunkte nimmt. Nach dem letzteren Verfahren erhält man gegen 1600—29 das 2,⁵fache, nach dem ersten das 7fache. Das Richtige mag in der Mitte liegen.

7) Nach A. Doung mit Benutzung und Berichtigung der Zahlen bei Shudbung: 15. Jahrh. der Qu. 12 Sch., 16. Jahrh. 23¹/₂, 17. J. 38¹/₂ oder etwas über 3fach.

8) Aus der Zusammenstellung von Newmarch (Toole und Newmarch,VI, 494) ergiebt sich für den engl. Quarter Waizen:

England		Frankreich	
1401—1500	6,⁰⁸ Schl.	9,⁴⁴ Schl.	
1501—50	13	13,³⁰	
1551—80	17,⁷⁰	25,⁵	

letztere Zahl gegen die erste 2,⁹fach. 2,⁷fach

Wenn, wie Helfreich a. a. O. zu zeigen sucht, der americanische Metallzufluß im 16. Jahrhundert kleiner war, als man gewöhnlich annimmt, so kommt die Preiserhöhung zum Theil auf Rechnung anderer gleichzeitiger Ursachen, des lebhafteren Verkehrs, der stärkeren Nachfrage nach Waaren u. dergl.

§. 177.

Da die Preisveränderungen der Münzmetalle langsam und allmälig eintreten, so sind die Unvollkommenheiten, welche sich beim Gebrauche des Metallgeldes zum Preismaaße zeigen, in dem gewöhnlichen Verkehre, wo die verabredeten Zahlungen sogleich oder nach kurzer Zwischenzeit erfolgen, nicht fühlbar, sie erschweren aber nicht nur die deutliche Erkenntniß der Preisverhältnisse anderer Zeiten und Länder, sondern erweisen sich auch nachtheilig in solchen Fällen, wo Vertragsverbindlichkeiten erst nach einer gewissen Zeit erfüllt oder Leistungen in Sachgütern auf lange Zeit hinaus so festgesetzt werden sollen, daß sie für den Empfänger wie für den Leistenden ungefähr gleiche Werthmenge enthalten (a). Deßhalb hat man sich viel mit der Aufsuchung eines Gegenstandes beschäftigt, welcher von jenen Mängeln frei wäre und als ein vollkommener Maaßstab des Preises, oder wie man sich auszudrücken pflegte, des Tauschwerthes, angesehen werden könnte. Für die in einem solchen Maaße ausgedrückten Preise der Güter brauchte man die Benennung Sach- oder Real-Preise, im Gegensatze der Renn- oder Nominal-Preise, worunter die durch Geldsummen bezeichneten verstanden wurden. Man dachte jedoch nicht daran, das Metallgeld zu verdrängen, sondern man wollte nur die bei demselben vorkommenden Ungenauigkeiten mit Hülfe des andern Maaßstabes berichtigen.

(a) Wenn z. B. ein Kapitalpfands-Darlehn nach 20 Jahren zurückbezahlt wird und die Geldsumme 5 Proc. weniger gegen alle anderen Güter gilt, als anfänglich, so büßt der Gläubiger den Unterschied ein. Fortdauernde Zahlungen kommen bei der Ablösung der bäuerlichen Lasten, bei dem Verkaufe von Staatsländereien, bei Renten der Kirche an der Stelle ihres Grundeigenthums, bei der Abtretung des Vorrechts und dergl. vor.

§. 178.

Dieß Suchen nach einem vollkommenen Preismaaße ist vergeblich. Es giebt nämlich kein im Verkehre stehendes Gut, dessen Preis gegen die Gesammtheit der übrigen Güter nicht selbst wieder manchen Veränderungen unterläge, weil dazu erforderlich sein würde, daß sowohl der Kostenbetrag als der Begehr und das Angebot desselben unwandelbar wären; nur in der Häufigkeit, der Größe und der Gränze solcher Preisveränderungen sind die Güter von einander verschieden. Noch weniger giebt es einen Gegenstand, von welchem eine gewisse Quantität den Eigenthümer zu allen Zeiten in die Lage setzte, eine gleiche Menge aller anderen Güter einzutauschen, weil diese aus Ursachen, die ihnen eigenthümlich sind, vielen Preisveränderungen unterworfen sind. Wenn nun demnach kein Gut sich so ausschließend zum Preismaaße eignet, daß die in demselben ausgedrückten Preise anderer Güter genau die auf Seite der letzteren erfolgenden Veränderungen anzeigten, so ist doch das eine Gut zu einem solchen Gebrauche noch eher tauglich als das andere.

§. 179.

Smith erklärte die Arbeit für den wahren Maaßstab des Tauschwerthes (Preises) der Güter. „Der Mensch ist reich oder arm," bemerkte er, „nach Verhältniß der Quantität von Arbeit, welche ihm zu Gebote steht, oder welche zu erkaufen er die Mittel in Händen hat. Der Werth jeder Waare ist also für denjenigen, welcher sie nicht selbst zu verbrauchen, sondern gegen andere Waaren auszutauschen gedenkt, der Quantität Arbeit gleich, über welche er vermittelst derselben zu gebieten hat, oder die er dadurch erkaufen kann." — „An allen Orten und zu allen Zeiten ist eine gleiche Quantität Arbeit für den arbeitenden Mann selbst immer von gleichem Werthe. Ist seine Gesundheit, seine Stärke und seine Geistesmunterkeit die gewöhnliche, und hat er auch den gewöhnlichen Grad von Geistesgegenwart und Geschicklichkeit, so wird er zu derselben Arbeit immer ungefähr denselben Aufwand von Kräften, dieselben Aufopferungen seiner Zeit, seiner Bequemlichkeit und seines Vermögens nöthig haben." — „Das Verhältniß aller anderen Waaren gegeneinander wird dann am sichersten geschätzt, wenn man ihr Verhältniß gegen die für jede zu erkaufende Arbeit ausfindig gemacht hat (a)." Wegen der großen Verschiedenartigkeit der Arbeit rieth Smith, sich hiebei der gemeinen, kunstlosen Handarbeit zu bedienen. Seine Ansicht wurde auch von Anderen angenommen (b).

(a) Unters. I. 45. 49. 56.
(b) J. B Malthus, Princ. Ch. 1, Sect. 6. — v. Jacob, Nationalöken., S. 114. — Kudler, Volksw. I, 65 — Man würde demnach die Geldpreise der Dinge in der Menge von Tagen gemeiner Handarbeit ausdrücken, die man mit jenen Geldsummen belohnen kann. — Dagegen Sartorius, Abhandl. 1, 18—33. — Vergl. Lotz, Handbuch I, 45.

§. 180.

Wäre auch die Beschwerde, welche die Arbeit dem Arbeiter verursacht, eine gleiche, was nicht einmal der Fall ist, so hätte dieß doch auf den hier in Betracht kommenden Gegenstand keinen Einfluß, da nach Smith's Vorschlage nicht die Arbeit selbst, sondern der jedesmalige Lohn derselben zum Maaßstabe genommen wird (a), der Lohn aber ohne Zweifel sowohl in verschiedenen Zeiten, als an verschiedenen Orten sehr ungleich ist. Indeß knüpft sich hieran eine andere Betrachtung. Je nachdem nämlich wegen dieser Verschiedenheit des Lohnes ein gewisses Gut mehr oder weniger Tagewerke gemeiner Handarbeit erkauft, kann es schwerer oder leichter von der arbeitenden Classe erworben werden. Da nun der wirthschaftliche Zustand dieser Classe für die Beurtheilung des Wohlstandes eines Volkes von großer Wichtigkeit ist, so erscheint ein solcher Ausdruck der Preise in Arbeitstagen sehr lehrreich, nur nicht in dem Sinne jener Schriftsteller (b).

(a) Wenn man z. B. nach Jakobs Beispiele die Preise der Lebensmittel auf diese Weise ausdrückt und angibt, 100 Ctr. Lebensmittel haben in Berlin und London den Tauschwerth von 300 Arbeitstagen, in Moskau von 240, auf den Societätsinseln von 120 Tagen, so werden allerdings die Preise der Lebensmittel durch Quantitäten von Arbeit bezeichnet, diese Quantitäten sind aber darum ungleich, weil der Arbeiter für seine Mühe während eines Tages bald ½, bald ⅒, bald ⅙ C. Lebensmittel empfängt. Vgl. dagegen von Jakob, 118 ff.

(b) Als Beispiel folgt hier die Angabe, wie viel Tage gemeiner Lohnarbeit an verschiedenen Orten ungefähr erforderlich waren, um dem Arbeiter verschiedene Nahrungsmittel zu verschaffen, A in Manchester 1810—20, B in Hannover zu Anfang des 18. Jahrh., C ebendas. 1827, D in der Mark Brandenburg 1620—33, E in Gratz 1826—45, F in der bad. Pfalz um 1850, G in Belgrad 1852, H in Sidney (Australien) 1849, I in New-York um die nämliche Zeit, K Ober-Canada nach M'Culloch, Handb. I, 381.

	A	B	C	D	E	F	G	H	I	K
1 Ctr. Rindfl.	28	33	35	34	36	41	11½	3	24	6,⁴
1 ″ Kalzen	5,⁶	—	—	7,⁸	11	12	3	1½	6⅜	2
1 ″ Roggen	—	8,⁶	8,⁷	5,⁴	6	9,⁰	—	—	—	1,³
1 ″ Butter	43,³	87	64	63	84	83	—	49	20	22
¼ ″ Zucker	24	45,⁴	32	—	—	18	6	—	—	—

Nach Arthur Young's Aufzeichnungen (1787—90) konnte der französische Arbeiter 1 Centner Brod in 10½ Tagen, 1 Ctr. Fleisch in 36,⁵ T., der englische Brod in 10,¹ T., Fleisch in 25,⁵ T. verdienen. In China verdient der Tagelöhner nach Timkowski (Reise, II, 359) 1 Ctr. Rindfleisch in etwa 34, Hirsengraupen in 11, Reisgraupen in 10, Butter in 65 Tagen.

§. 181.

Während Smith (§. 179) die für jede Waare zu erkaufende Menge von Arbeit als den besten Maaßstab des Preises ansah, legte dagegen Ricardo (a) großes Gewicht auf die Menge von Arbeit, welche zur Hervorbringung eines jeden Gutes erforderlich ist. Aus ihr, je nachdem sie gleich geblieben oder anders geworden ist, soll man erkennen, auf welcher Seite die Ursache liegt, warum jetzt nicht mehr dieselbe Quantität des einen Gutes für das andere gegeben und empfangen wird. Der in dem Arbeitsaufwande ausgedrückte Preis soll der wahre Realpreis (Realwerth nach Ricardo) sein (b). Es giebt jedoch, wie von Ricardo selbst anerkannt worden ist, kein Gut von gleichbleibenden Kosten, vielmehr bringen Betriebsverbesserungen, wie Maschinen und andere arbeitsparende Einrichtungen große Veränderungen in den Kosten hervor, man kann ferner nicht zugeben, daß die Kosten blos aus Arbeit bestünden (§. 166), endlich würde man, da die Preise sich bald mehr bald weniger von den Kosten entfernen, bei der Ausmittlung eines solchen Sachpreises nicht einmal das Verhältniß der wirklichen Preise zu erkennen vermögen. Wäre die Ausmittlung des Arbeitsbedarfs zur Erzeugung der Waaren von technischer Seite nicht so schwierig, so würde sie wenigstens dazu sehr dienlich sein, um den Stand der Gewerbskunst in jedem Zeitalter zu bezeichnen.

(a) Uebers. v. Baumstark, S. 1 ff. — Ebenso M'Culloch, S. 170. — Dagegen auch Hermann, S. 131.

(b) „Der Preis (value) einer Waare, oder die Menge irgend eines anderen Gutes, für welche sie vertauscht werden wird, hängt von der verhältnißmäßigen (relative) Menge von Arbeit ab, die zu ihrer Hervorbringung nöthig ist." „Wenn es irgend eine Sache gäbe, zu deren Hervorbringung zu allen Zeiten die nämliche Menge Arbeit erforderlich wäre, so würde sie einen unveränderlichen Preis haben und ein vorzüglich guter Maaßstab (standard) sein, um die Veränderungen im Preise anderer Dinge zu bemessen." Diesen durch die Hervorbringungskosten bestimmten Tauschwerth betrachtet Ricardo als den „ursprünglichen und natürlichen Preis", von welchem die Marktpreise in Folge zufälliger Ursache temporär abweichen können, S. 66 Nur solche Dinge, die durch den Menschen nicht beliebig vermehrt werden können, werden ausgenommen, weil bei ihnen die Seltenheit den Tauschwerth bestimme.

§. 182.

Das Getreide ist schon von Smith als ein für längere Perioden dem Gelde weit vorzuziehendes Preismaaß erklärt worden, und in der That hat es in dieser Hinsicht Vorzüge. Sowohl deßhalb, als wegen der Folgen, die der jedesmalige Preis dieses Hauptnahrmittels für die minderbegüterten Einwohner eines Landes, für die Landwirthe und selbst für die Finanzverwaltung hat, verdient dieser Gegenstand eine nähere Beleuchtung.

I. **Veränderungen des Getreidepreises im Fortgange der Zeit** (a).

1) Die Ungleichheit der Ernten bringt von Jahr zu Jahr eine große Verschiedenheit im Preise hervor. Während das jährliche Erzeugniß an Mehlfrüchten unter dem Einflusse der Jahreswitterung großen Veränderungen ausgesetzt ist, bleibt sich der Begehr weit mehr gleich, denn wegen des hohen Werthes des Getreides bricht man sich auch in schlechteren Jahren an dem gewohnten Bedarfe nur ungern ab, in reichen Jahren aber erweitert sich der Verbrauch nicht im Verhältniß zum Ernteertrage. Zwar nährt man sich vollständiger und wählt zugleich feineres Mehl zur Verzehrung, aber dennoch hat der Nahrungsbedarf eine ziemlich nahe Gränze. Die Landwirthe suchen in ungünstigen Jahren noch den Bedarf ihrer Haushaltung zu behalten und die verkäufliche Menge nimmt folglich stärker ab als der ganze Ertrag des Getreidebaues (b). Deßhalb steigt und fällt der Getreidepreis mehr, als man aus dem Ernteergebniß erwarten sollte, er geht z. B., wenn eine Ernte um $1/1$ reicher oder ärmer war, als gewöhnlich, um weit mehr als $1/4$ über oder unter den mittleren Preis, und der Landwirth zieht also in reichen Getreidejahren eine geringere Geldeinnahme von dem Verkaufe seiner Erzeugnisse, als in mittleren und schlechten, obgleich der ganze Kostenaufwand in den letzteren, wenigstens in Hinsicht des Ernte-, Fuhr- und Dreschlohns, etwas kleiner ist. Es ist jedoch unmöglich, für das jedesmal obwaltende Verhältniß zwischen dem Ernteertrage und dem Preise eine allgemeine Regel in Zahlen aufzustellen, weil es hiebei noch auf mancherlei Nebenumstände, z. B. die Größe der vorigen Ernte, die Aus- und

Einfuhr, den bisherigen Preis ꝛc., ankommt (c). Gewöhnlich folgen gute, mittlere und schlechte Jahre in bunter Mischung aufeinander, so daß die Jahrespreise bald steigen, bald sinken, doch giebt es auch Beispiele einer mehrmaligen Wiederholung reicher oder spärlicher Ernten (d).

2) Was die Preise der einzelnen Jahreszeiten betrifft, so wird gewöhnlich als Regel angenommen, daß die Preise im Herbste und Winter, wo die meisten Vorräthe nach dem Ausdrusche zu Markte kommen, am niedrigsten, dagegen im Frühling, wo das Angebot schwächer ist, am höchsten stehen, deshalb bedient man sich in solchen Geschäften, wo man aus Billigkeitsgründen niedrigere Preissätze anwenden will, oft der Martinipreise (11. November), oder besser eines Durchschnittes der Preise in den Wintermonaten. Im Frühling und Sommer verursachen auch Zinsen und Aufbewahrung einen größeren Kostenbetrag. Indeß trifft jene Regel nur dann annähernd zu, wenn die Ernten nicht sehr ungleich sind. In Fehljahren gehen die Preise im Sommer in die Höhe, sowie die schlechte Ernte außer Zweifel ist, und steigen fort, bis sie im Winter oder Frühling ihren höchsten Stand erreichen. Eine gute Ernte dagegen erniedrigt schon einige Monate vor ihrem Eintreten den Preis und hält ihn niedrig, bis etwa die Aussicht auf die nächste Ernte ungünstig wird. Es kommt also hauptsächlich darauf an, wie zwei aufeinander folgende Ernten sich in der Ergiebigkeit zu einander verhalten. Man muß ferner die Preise eines einzelnen Ortes und eines ganzen Landes unterscheiden. Bei jenen bringt leicht die Zufuhr von anderen Gegenden oder die Abfuhr zu denselben und schon die Nachricht von dem Ertrage der dortigen Ernte eine Aenderung hervor, bei dem Durchschnitt eines Landes gleichen sich die innern Verschiedenheiten aus und nur der Verkehr mit dem Auslande hat Einfluß (e). Es giebt demnach kein festes Gesetz für die Preise der einzelnen Jahreszeiten.

(a) Damit man die Getreidepreise für wissenschaftliche oder praktische Zwecke benutzen könne, müssen sie sorgfältig ermittelt sein. Die Aufzeichnungen in den Marktregistern genügen nur dann, wenn der mittlere Preis jedes Markttages mit Rücksicht auf die für jeden einzelnen Preis verkauften Quantitäten bestimmt worden ist, so daß der Mittelpreis, mit der ganzen verkauften Menge vervielfacht, gerade die ganze wirklich bezahlte Summe giebt. Ferner muß man den Unterschied aller und neuer Frucht und alle Kaufbedingungen, z. B. die Zahlungstermine, brachten. Bad. Schuldablösungsgesetz, 15. November 1833, §. 32. Vollzugsverordnung vom 17. März 1834 (von Rivenius, ausführlich). — Kommen in einem kürzeren, z. B. 12, 20 ec. jährigen Zeitraume große Abweichungen der einzelnen Jahrespreise vor, so ist es für den praktischen Gebrauch rathsam, die höchsten und niedrigsten Preise aus der Rechnung wegzulassen. Dieß Ausscheiden der Extreme macht den Durchschnitt niedriger, weil die Preise der theuren Jahre mehr von den mittleren Beträgen abweichen, als die der wohlfeilen, wie denn z. B. in den Münchner Preisen von 1750—1800 der niedrigste um 47 Proc. unter dem 20jährigen Durchschnitte steht, der höchste aber (1772) um 147 Proc. darüber. Die Wirkung dieses Auslassens der höchsten und niedrigsten Preise läßt sich so erläutern:

Berlin, 50jähriger Roggenpreis von 1774—1823 48,⁵ Sgr.
      20jähriger Mittelpreis von 1794—1813 59,³ ,
      derselbe, nach Auslassung der 2 höchsten
      und 2 niedrigsten . . . . 55 ,
Köln, 60jähriger Roggenpreis von 1760—1820 48 ,
      13jähriger 1816—28 . . . . 53 ,
      derselbe, nach Ausscheidung des höchsten
      und niedrigsten . . . . 49 ,

Sammlungen von Getreidepreisen: Unger, von der Ordnung der Fruchtpreise, Gött. 1752. I. — Frohn, Ueber Cultur, Handel und Preise der Getr. in Baiern. München, 1799. Fol. — Kraus, Aufsätze über staatswirthsch. Gegenstände. Königsb. 1808, I. — Anshart, Zustand des Königr. Baiern, I. Beil. S. 90. (Stuttg. 1825). — Will Jacob, Report on the trade in foreign corn. 1826, ins Ausz. — v. Gülich, Geschichtl. Darstellung, Tabellen, II, 22. V, 181. — Beiträge zur Statistik der preuß. Rheinlande, 1829. S. 92. — Engel, Jahrbuch für Statistik und Staatswirthschaft des Königr. Sachsen, I, 484. 1853. — Seuffert, Statistik des Getr. und Victualienhandels im K. Bayern. München 1857. — Gute Bemerkungen bei v. Viebahn, Statistik des zollvereinten Deutschlandes, II, 949.

(b) Wenn ein Landwirth z. B. in der Regel die Hälfte seines Getreideerzeugnisses verkaufen kann, und eine schlechte Ernte ihm nur ³/₄ des Mittelertrages giebt, so bleiben bei gleichem Bedarf für die Wirthschaft nur 25 Proc. einer gewöhnlichen Ernte zum Verbrauch übrig, also die Hälfte dessen, was sonst auf den Markt kommt.

(c) Die zweite gute oder schlechte Ernte erhöht oder erniedrigt den Preis weit mehr als die erste, ein Mißjahr nach einem sehr reichen bewirkt ein schwächeres Steigen, als nach einem mittleren ec. Ferner wird, weil die Ernte erst im Juli oder August erfolgt, der mittlere Jahrespreis immer zum Theil noch von der vorjährigen bestimmt, indem in den ersten Monaten des Jahres nicht vorauszusehen ist, wie die diesjährige Ernte ausfallen wird. Es ist deßhalb vorgeschlagen worden, nach Erntejahren zu rechnen, jedoch läßt sich nicht allgemein bestimmen, in welchem Monat der Einfluß der neuen Ernte auf den Preis anfängt. Auch die sehr ungleiche Mahrhaftigkeit der Brodfrüchte in verschiedenen Jahrgängen, ein gewöhnlich übersehener Umstand, ist zu beachten. Nebenius in Verhandl. der bad. 2. Kammer, 1833, XIII, 1634. Nicht allein das Gewicht eines gewissen Raummaaßes und der Mehlertrag sind von Jahr zu Jahr verschieden, sondern auch die Zusammensetzung des Mehles. Nach Millon (Annales d'hygiène publ. XLI, 451) hatte der Waizen von 1847 16½, der von 1848 nur 14 Proc. Wasser. — Die berühmte, von d'Avenant bekannt gemachte Regel

King'd ist deßhalb nur beispielsweise zur Erläuterung zu gebrauchen. Er spricht folgendes Verhältniß des Ausfalls gegen die mittlere Ernte in der Erhöhung des Preises über den Durchschnitt aus:

Ausfall in der Ernte   . .   0,^{1} — 0,^{2} — 0,^{3} — 0,^{4} — 0,^{5}
Preiserhöhung um   . . .   0,^{5} — 0,^{8} — 1,^{6} — 2,^{8} — 4,^{5}

Tooke, Thoughts and details, III, 90. Es ist schwer, die Größe der Ernten in einem Lande genau zu erforschen. Zum Beispiel mag der Ertrag des Waizenbaues in Frankreich dienen, nach Cordier, Mémoire sur l'agriculture de la Flandre française. Paris, 1823.

	Ernte. Hectoliter.	Mittelpreis. Franken.	Ganzer Geldbetrag. Franken.
1817	48·157 127	42,^{70}	2 046·196 326
1818	52·879 782	27,^{37}	1 442·031 655
1819	63·945 879	18,^{30}	1 170·762 402
1820	44·526 582	20,^{14}	895·428 644
Durchschnitt	52·377 593	27,^{03}	1 388·604 757

Nach Schnitzler (Création de la rich. I, 34) ist der Ertrag eines Hektars Waizen (nach Abzug der Saat) in guten Jahren, wie 1826, 1832 und 1833, 13,^{43} Hectoliter, in mittleren wie 1830, 10,^{83}, in schlechten wie 1816, 1817, 9,^{16}; das Verhältniß dieser Zahlen ist wie 127 : 100 : 87, während die Preise weit mehr von einander abweichen. — Der Ausfall des Roggenertrages von 1846 gegen eine Durchschnittsernte war im preußischen Staat 25, in Sachsen gegen 22 Proc. 1855 in Preußen bei Roggen und Erbsen 33. Hafer 10, Gerste 5, Waizen 39 Proc. In Frankreich war: bei dem Waizen

	1853	1857	1861	1863
die Ernte	83	110	75	117 Mill. Hectol.
der Preis des folgenden Jahres	28,^{97}	16,^{76}	23,^{98} Fr.	

De Lavergne in Sé. et trav. Apr. 1865. Bei den Kartoffeln fehlten 1846 in Preußen 47, in Sachsen 24 Proc, in Frankreich 1849 sogar gegen 71 Proc.

(d) So waren z. B. 1692—1699 und 1765—1776 zwei Reihen schlechter Getreidejahre mit hohen Preisen, dagegen fanden von 1730—1764 nur zwei schlechte Jahre Statt. Von 1775—1793 traten 6, von 1793—1812 dagegen 11 schlechte Jahre ein. In Belgien hatten von 1841—50 die meisten Provinzen 8 und mehr gute und sehr gute und keine schlechte Waizen ꝛc., auch nur eine schlechte Roggenernte, dagegen begann 1845 die Kartoffelkrankheit. Es kann also der von den Ernten herrührende höhere oder niedrige Preis sogar 10, ja 20 Jahre fortdauern, doch rührt der hohe Preis von 1692 bis 1714 und von 1793—1812, der niedrige von 1729—1761 und 1818—31 zum Theil von Krieg und Frieden her. Tooke, On the high and low prices, III, 139. In Deutschland haben der dreißigjährige, der siebenjährige und der französische Revolutionskrieg die Preise anhaltend gehoben. In England konnten der Insellage willen die Kriege diese Wirkung nicht haben. Die vier guten Jahre von 1832—35 brachten den Waizenpreis von 66½ Schill. (Durchschnitt von 1831) bis auf 39½ Schilling (1835) herab, wie er seit 1790 nicht mehr gestanden hatte.

(c) Kleinere Landwirthe sind früher mit dem Ausdreschen fertig als große, Wohlhabende können mit dem Verkaufe mehr zögern. — Das Preisverhältniß der einzelnen Monate kann bezeichnet werden 1) nach den Durchschnittspreisen jedes Monates in einem längeren Zeitraum, 2) nach der Beobachtung der Rangfolge der Monate in den einzelnen Jahren. Dieß ist zweckmäßiger für praktischen Gebrauch. Bei 1) kann der niedrigste Monatspreis in theuren Jahren noch so hoch sein, daß dadurch der Durchschnitt größer wird, als nach dem 2ten Verfahren.

Beispiele zu 1). Die 12 Monate sind mit römischen Zahlen bezeichnet und nach der Reihenfolge vom niedrigsten zum höchsten Preise geordnet, die deutschen Zahlen sind die Durchschnittspreise der einzelnen Monate (und zwar bei München der Preis des Scheffels, bei Heidelberg des Malters in Kreuzern).

Hamburg 1791—1622, Roggen: min. V (489) — X (498) — IV (500) — VI (502) — XI (502) — I (507) — IX (509) — II (510) — XII (513) — III (517) — VII (517) — max. VIII (528).

München 1747—97, Roggen: min. VI (473) — VIII (490) — VII (491) — III (491) — IV (492) — X (497) — V (499) — I (506) — II (507) — IX (509) — XII (517) — XI (518).

Heidelberg 1811—30. Hier sind die Preise von Martini bis Weihnachten mit M. bezeichnet.

Roggen: min. VIII (421) — IX (458) — II (467) — V (471) — I (472) — III (475) — VII (476) — IV (480) — X (483) — VI (497) — M. (501).

Spelz: min. VIII (264) — IX (269) — L II (280) — X (281) — M. (285) — III (289) — V (298) — IV (301) — VII (310) — VI (319).

Gotha, 1752—60, Roggen min. im März, max. Nov., Waizen min. im Febr., max. Jul.

Zu 2) In Hannover fiel in 50 Jahren der höchste Preis 9mal in den Januar, 8mal in den November und December, 6mal in den October, 5mal in den Februar, Mai, Juni, September, nur 1 mal in den Juli; der niedrigste Preis war 10mal im Januar, 9mal in den December, 8mal im August, October, November, 7mal im März . . . . 2mal im Mai, 1mal im April.

In Jena fiel in 115 Jahren 1740—1855 das max. 29mal in den Jul., 28mal Jan., 11mal Dec., 10mal Aug., nur 8mal in die 3 ersten Monate, das min. 36mal Jul., 16mal Aug., 15mal Mai, 13mal Jan., 10mal März, 8mal in die 3 letzten Monate des J.

Baiern, Durchschnitt der 7 älteren Kreise 1814—55. Max. 11mal im December, je 7mal im Jan. u. Nov., niemals im Aug. — Oct., min. 11mal Dec., 5mal Jan. u. Jul., nur 2mal in dem Vierteljahr Sept. — Nov.

In London war 1793—1837 in 45 Jahren der höchste Preis 9mal in den Jan., 8mal im Dec. u. August, der niedrigste 20mal im December, 10mal im Januar, 8mal im November.

In Berlin war in 23, von 1894 an ausgewählten Jahren, die einen starken Wechsel zeigten, das max. 17mal in den 3 Wintermonaten, nur 1mal im April und Mai, das min. 12mal in den Wintermonaten, 1mal im Mai, Juni und Juli.

Unger a. a. O. S. 2—24. — Frohn, a. a. O. S. 16. — Klebs, Grundsätze der Gemeinheitstheilung, I, 58. — Jakob a. a. O. S. 242. — Tooke, Gesch. der Preise II, 500. — Tooke, s. Schriften. — Dieterici in Statist. Mittheil. 1853. Nr. 7 — Schulze, Nationalök. S. 848. — Cruflart S. 288.

§. 182 a.

3) Ungeachtet der Schwankungen in den Preisen einzelner Jahre zeigen doch Durchschnitte längerer Zeitabschnitte eine gewisse Gleichförmigkeit, deren Ursachen nachstehende sind: a) Die Entstehung der Halmfrüchte erfolgt unter einer sehr mächtigen Mitwirkung natürlicher Kräfte, deren Thätigkeit in jedem Lande sich gleich bleibt und so eingreifende Verbesserungen, wie sie in anderen Productionszweigen öfters vorkommen, nicht zuläßt, weßhalb in den Kosten der Hervorbringung keine großen Veränderungen in kurzen Zeiträumen Statt finden. b) Wegen des hohen Werthes des Getreides ist von Seite der inländischen Käufer der Begehr im Ganzen ziemlich unveränderlich, nur daß derselbe allmählig mit der Volksmenge anwächst; auch kann c) einer Zunahme des Begehrs mit der Zeit durch Erweiterung und besseren Betrieb des Anbaues entsprochen werden (a).

4) Dennoch darf man die in den Durchschnittspreisen der Halmfrüchte sichtbaren Veränderungen nicht ganz dem Wechsel im Preise der Münzmetalle zuschreiben. Sie können nämlich auch herrühren a) von der allmäligen Zunahme der Erzeugungskosten, wenn beim Anwachse der Volksmenge eine größere Menge von Nahrungsmitteln gewonnen werden muß und nicht zugleich durch die Anwendung eines größeren Kunstfleißes im Landbau und die erleichterte Waarenversendung wieder Ersparungen an den Kosten bewirkt werden (b); b) von der Ausdehnung des Verkehrs, die bald Zufuhren aus anderen Ländern, bald Absatz nach diesen herbeiführt und hiedurch die Preise anders stellt, als sie sich blos nach den inneren Wirthschaftsverhältnissen eines Landes festsetzen würden; c) von Störungen durch den Krieg; d) von einer länger anhaltenden Fruchtbarkeit oder Unergiebigkeit. In diesen Hinsichten finden in jedem Lande eigenthümliche Verhältnisse Statt.

(a) Zehnjährige Durchschnitte zeigen noch beträchtliche Abweichungen; z. B. bei den Münchner Roggenpreisen (1 bair. Schäffel = 4 preuß. Scheffel = 1,⁴ bad. Malt.).

1750—59	6,⁷⁶ fl.	1790—99	10,⁴⁴ fl.
1760—59	7 „	1800—09	14,⁰⁰ „
1770—79	11,⁴⁰ „	1810—19	17,⁷⁰ „
1780—39	7,⁸¹ „	1819—28	8,⁵ „

Zwanzigjährige Durchschnitte sind schon gleichförmiger, z. B. die Lüneburg'schen Roggenpreise (1 Himten = 0,³⁶ pr. Sch. = 0,⁴ bad. Mall.).

1600—19	17,⁶⁶ Gr.	1660—79	19,⁵⁰ Gr.
1620—39	20,⁹⁰ »	1680—99	22,⁶⁶ »
1640—59	17,⁷⁰ »	1700—19	23,⁵⁴ »

Spelzpreise in Heilbronn, das fertige Malter = 2,⁰ pr. Scheffel = 1,⁶⁶⁰ bad. Malter.

wohlfeilere Periode	1744—86	2,⁰⁰ fl.
höhere Preise	1787—1818	5,⁹⁰ »
wohlfeile Jahre	1819—36	3,⁵⁰ »
abermal. Erhöhung	1837—43	5,¹¹ »

Rau im Archiv, N. F. IV, 248.

Bei fünfzig- und hundertjährigen Durchschnitten würden die Abweichungen noch geringer sein, wenn sie bloß von den Quanten herrührten. In Frankreich zeigen die Mittelpreise eine bemerkenswerthe Stetigkeit. Das Hektol. Waizen galt

1797—1813	20,⁶⁵ Fr.
1814—30	20,⁶ »
1831—47	20,⁹⁰ »
1848—63	20,⁸⁵ »
In allen 67 J.	20,⁹⁶ »

Der mittlere Ernteertrag des Waizens soll um 1815 gegen 50 Mill. H. gewesen sein, jetzt 100 Mill. de Lavergne, f. §. 182 (c).

(δ) 3. D. Braunschweiger Roggenpreise:

1500—1550	3,² Mgr.			
1551—1600	11,⁴ »	XVI. Jahrh.	7,⁴
1601—1650	15,⁹ »		
1651—1700	17,¹ »	XVII. »	16,⁵
1701—1750	22,⁶ »		
1751—1800	27,⁶ »	XVIII. »	25.

Brüßeler Preise (Quetelet, Rech. statist. sur le roy. des Pays-bas, 1829). 1 Raalire (= 0,⁵⁹¹ Hektol.) galt in brab. Sols (zu 9 franzöf. Cent.)

	Waizen.	Roggen.		Waizen.	Roggen.
1500—1549	12,⁵	9,⁷	1700—1749	57,⁹	39,²
1550—1599	39	27,⁴	1750—1799	68,⁹	46,⁵
1600—1649	68,⁴	47,⁶	1800—1829	105	66
1650—1699	71,⁹	53			

In beiden Zahlenreihen sind die Preise des 16. Jahrh. der Vollständigkeit willen beigefügt, sie beziehen sich auf die Preisherabsetzung der edlen Metalle. — Jena, preuß. Centner Roggen (Schulze), das Jahr vom 1. Jul. an

| 1660—99 | 0,⁹⁹ Thlr. | 1750—99 | 1,⁰⁰⁰ |
| 1700—49 | 0,⁹¹ | 1800—49 | 1,⁷⁸⁰ |

1850—55 der Durchschnitt 2,⁰⁸³ Thlr.

In den vereinigten Staaten von N. A. ist im Ganzen genommen ein Sinken der Ausfuhrpreise wahrzunehmen. Waizenmehl kam vom ersten Jahrzehend des 19. Jahrh. bis 1850—52 ungefähr auf die Hälfte herab, Carey, Soc. sc. II, 189. Hier ist bei der Fülle des preisanbauten fruchtbaren Landes noch an keine Kostenvermehrung zu denken und die Fracht nach der Küste ist ohne Zweifel bedeutend kleiner geworden.

Roggenpreis in München:

| 50 Jahre 1637—1687 | 4,⁵ fl. | 1738—1787 | 8,⁶⁰ fl. |
| 1688—1737 | 6,⁹ » | 30 Jahre 1788—1817 | 14,¹⁰ » |

Hermann, Unterf. S. 123.

§. 163.

II. **Oertliche Verschiedenheit in dem Getreidepreise.** Dieser bestimmt sich überall nach den höchsten Kosten der Hervorbringung und Zufuhr, die man zur Versorgung eines gewissen Marktes aufzuwenden genöthigt ist. Er ist daher 1) da am **niedrigsten**, wo man den Bedarf bei schwacher Bevölkerung auf fruchtbarem Boden mit geringen Kosten gewinnt, besonders da, wo man noch Vorräthe zur Abfuhr in andere Gegenden übrig hat; 2) am **höchsten**, wo der Bedarf der Einwohner nur vermittelst eines kostbaren Anbaues oder der Zufuhr aus entfernten Gegenden zu erlangen ist, was theils von hoher Bevölkerung, theils von geringer Fruchtbarkeit herrühren kann. 3) Der Getreidepreis steht da auf einer **mittleren Höhe**, wo der Bedarf der Einwohner durch die inländische Hervorbringung mit mäßigen Kosten gerade gedeckt wird (a). In den letzten Jahren sind diese Verschiedenheiten zufolge der verminderten Fracht viel geringer geworden, so daß nicht selten Mehlfrüchte abwechselnd in der einen oder der entgegengesetzten Richtung versendet werden (b).

III. **Preise der einzelnen Fruchtgattungen.** Das Verhältniß, in welchem diese zu einander nach Maaßgabe ihres Gebrauchswerthes, d. h. der Nahrhaftigkeit, stehen, kommt mit dem Verhältniß der Anbaukosten ungefähr überein, weil die nahrhaftere Frucht gewöhnlich auch den Boden mehr aussaugt und mehr Pflege in Anspruch nimmt. Doch finden in den Preisen erhebliche Abweichungen von dem allgemeinen Werthsverhältniß Statt, wozu die Absatzgelegenheit im Auslande, die Verschiedenheit des für jede derselben erforderlichen Bodens, vorzüglich aber die verschiedene Benutzungsart beiträgt. Roggen ist die Hauptbrodfrucht in Rußland, Scandinavien, dem größten Theile von Deutschland und Oesterreich, Waizen im westlichen und südlichen Europa, und die Gewöhnung an denselben hält auch bei niedrigerem Preise vom Verbrauch des Roggens ab. Gerste ist zum Bierbrauen, Hafer zur Pferdefütterung am meisten in Gebrauch (c).

(a) Rau, zu Storch, Inf. 78. Die Statistik hat erst in der neuesten Zeit angefangen, sich mit diesem Gegenstande zu beschäftigen.
In Frankreich war der 10jährige Durchschnittspreis von: Hekto-

liter Waizen (nach Arnould, Stat. gén. de la Fr. de la France, 1806, S. 86): 20,⁶⁰ Fr. im Durchschnitt des ganzen Landes, — 30,¹¹ Fr. auf der Südseite der Alpen, wo Oel, Wein, Südfrüchte grossen Ertrag neben und Getreite eingeführt wird, — 28,⁹⁹ Fr. in den Alpen- und Cevennengegenden, — 23,⁸⁹ Fr. in der Bienengegend, — 70,⁷² Fr. in der nordwestlichen Spitze (Bretagne), — 16,⁰¹ Fr. am Canale, wo starker Getreidebau und leichte Abfuhr zur See, — 15,⁰¹ Fr. in den fruchtbaren Gegenden von Lothringen und Champagne. Neuerlich sind die Unterschiede geringer. Im D. 1633—45 war der höchste Preis 23 Fr. in dem südöstlichen Theile, der niedrigste 18,¹ in den nordöstlichen Gegend, in Nordwest 18,², in der Mitte des Landes 18,⁹, Durchschnitt 19,⁶⁰ Fr.

In den Provinzen des preußischen Staates war:

	Roggenpreis 1816—31	1837—60	Bevölkerung auf 1 □M. 1837.
Preußen	32,¹ Sgr.	44,⁰	1 827
Posen	34,³ "	46,⁵	1 827
Schlesien	38 "	50,³	3 812
Brandenburg und Pommern	36,⁴ "	51	2 093
Sachsen	40,³ "	56,⁹	3 395
Westfalen	47,⁷⁵ "	58,⁴⁴	3 600
Rheinprovinz	49,⁴ "	62,⁵	5 078
Ganzer Staat	40 "	53,⁵	2 778

Der Preis ist hier nach Weglassung der zwei theuersten und wohlfeilsten Jahre angesetzt.

Oesterreich, Metz. Roggen 1830—57 in Silber.
1) Bukowina 1.⁸⁰ fl. Siebenb. 2,⁰⁶, Wojwodschaft 2,⁹⁰, Ungarn 2,⁵⁴, Galizien 2,⁹⁰ fl.
2) Allgemeiner Durchschnitt 3,⁴ fl.
3) Venedig 3,¹¹, Nieder-Oest. 3,²⁰, Rußland, Steiermark 3,²⁷, Böhmen 3,²⁰, Lombardei 3,²⁰, Ober-Oest. 3,⁴⁰, Kärnthen 3,⁴¹, Mähren 3,⁴⁴, Salzburg 3,⁷⁷, Tirol 4,⁶² fl.

Rußland. Durchschnittspreis des Tschetwert (2 Hektol. oder gegen 290 Zollpf.) Roggen 1824—51 (Tengoborski, Forces prod. II B. 1. Cap.) 4,⁴⁴ Rub. Silber Min. 1,⁴²—2,¹⁶ im östlichen Theile, Orenburg, Saratow, Pera, auch Kiew; 2,⁸⁰—3,⁹¹ mittlere und südliche Provinzen; 3,¹¹—3,⁷⁶ Südliche, auch einige nördliche Provinzen; 4,¹¹—5,⁴³ westliche Provinzen, auch Wologda, Smolensk, Archangel; 5,⁴³—5,⁸⁴ einige mittlere und nördliche Provinzen, Olonez, Nowgorod, Moskwa, Pleskow; 5,⁴³—6,⁴⁴ die 3 Ostseeprovinzen und Petersburg.

Baden, das Malter Kern 1818—32: min unter 9 fl. in nördlichen Landestheil und in der südöstlichen Gegend, nordwärts vom Bodensee, — max. 11—12 fl. in der südwestlichen Ecke des Landes, Müllheim, Freiburg. Die Preise nehmen also von Basel aus (12 fl. 16 kr.) theils rheinaufwärts gegen Osten, theils abwärts gegen Norden und sodann nordöstlich regelmäßig ab.

Neuere Mittelpreise des Waizens:

		Zollcentner.
England, 1845—61, Quarter	54,² Schill.	7,⁷⁰ fl.
Frankreich, 1850—63, Hektoliter	21,²⁰ fr.	6,⁸⁴
Belgien, 1840—63, Hektoliter	22,²⁰ fr.	6,⁹⁴
Hamburg, 1852—65		6,⁴⁴
Preußen, 1837—60, Scheffel	75,⁴⁴ Sgr.	5,⁴²
Württemberg (Kern) 1835—59, Scheffel	15,⁴⁴ fl.	5,⁴⁰
Rußland, 1824—51	— —	3,¹³
Belgrad, 1844—51	— —	2,⁹⁰

16*

Der Zollvereine Roggen galt in Altenburg 1835—64 4,⁴⁰ fl., in Preußen 1835—59 4 fl., in Hamburg 1852—63 4,⁴⁰ fl., in Württemberg 1830—59 4,²⁶ fl., in Bayern 1836—55 4,¹⁰ fl., in Österreich 1824—51 2,⁸⁹ fl.

Der Pr. Spelz in Bern 1847—60 3,⁴⁰ fl.

(b) Vergleicht man die Mittelpreise des Waizens in Preußen, Hamburg (H), Baiern (B), Frankreich (Fr), England (E), so stand der bair. Scheffel gegen den preuß. Preise höher

	in H.	B.	Fr.	E.
1815—50	1,¹⁴ fl.	1,⁰⁶ fl.	5,⁴⁴ fl.	11,²² fl.
1841—50	1,¹⁴	1,¹⁷	1,⁰⁰	6,⁵⁷

also war in dem letzten Jahrzehnt mit Ausnahme von Hamburg der Unterschied beträchtlich kleiner, nach Seuffert S. 140, 141.

(c) Das Nahrhaftigkeitsverhältniß der Halmfrüchte ist nicht genau bekannt. Bei Waizen, Roggen und Gerste ist der Gehalt an stickstoffhaltigen (Protein=) und stickstofffreien Stoffen (Kohlenhydraten, wie Stärke und Zucker, ferner Fett, Farbstoffen ꝛc.) nach Procenten des Gewichts ziemlich gleich, im Haber machen diese beiden Arten von Stoffen schon ungefähr 16 Proc. weniger aus. Die Beschaffenheit des Mehles zeigt keine große Verschiedenheit; wohl aber die Menge desselben in einer gewissen Menge von Körnern. Es kommt hier in Betracht, 1) daß Waizen, Spelzern und Roggenkörner nur eine dünne Oberhaut haben (glatte Frucht), während Spelz, Gerste und Haber mit einer Hülle oder innerer palea der Blüte, umgeben sind, also schon darum mehr Holzfaser enthalten. 2) die verschiedene Gestalt der Körner: Waizen und Korn am meisten rundlich, Roggen schon länglich, Gerste gespitzt, Haber spitzig und dünn. Dies sind die Folge, a) daß schon deßhalb in dieser Reihenfolge die Räume unter der Oberfläche (Holzfaser) haben, auch abgesehen von 1). — b) daß in der nämlichen Ordnung die Körner sich mehr oder weniger gut aneinander legen und Zwischenräume zwischen sich lassen. Das Gewicht eines gleichen Raummaßes ist daher sehr ungleich, der preuß. Scheffel nach den Untersuch. des Ökon. Gallgemma Waizens gegen 84, Roggen 78, große Gerste 70, Haber 44 Zollpfund. Werden die Körner nach dem Gewichte geschätzt, so ist der Unterschied des Werthverhältnisses kleiner, schon weil durch der unter 2) b) angeführte Umstand hinwegfällt. Wird ein Scheffel, Malter ꝛc. Roggen gleich 100 gesetzt, so ist:

	Waizen.	Gerste.	Haber.
der Werth der andern Früchte nach Block	134	79,¹	56
ihre Anwendung nach v. Thünen	133	78	60
Neuere Annahme	133	66	50
Mittelpreis in Lübeck 1648—1747	127	71	43,⁴
in Preuß. 1785—1835	136	78	50
im preuß. Staat 1827—50	141	77,⁴	49,¹
in Baiern, 1815—53	139	83,²	45,⁴
in Heidelberg, 1780—89 und 1800—1809	137	82	45
in Sachsen, 1823—54	140,⁴⁷	76,⁶⁰	49,⁶¹
in Brüssel im 16. Jahrh.	128,⁷	60	50
im 17.	135,⁸	82,⁵⁰	51,²
im 18.	147	66,⁷	55,²
Belgien, 1801—50	135		

v. Viebahn, Statist. II, 925.

Das neuerliche Steigen des Waizenpreises gegen Roggen kann auf dem zunehmenden Gebrauche und der größeren Beliebtheit des Waizens, z. B. wegen der Weiße des Mehls, erklärt werden. Wenn eine Getreideart auf einem Markte nur in geringer Menge und dabei gewöhnlich nur in vorzüglicher Güte, oder dagegen in schlechter Beschaffenheit erscheint, so kann ihr Preis sehr von dem mittleren abweichen. Bei der Vergleichung darf man eigentlich nur da den Preis des Roggens zu Grunde legen, wo derselbe die Hauptfrucht für Verbrauch und Handel ist. Setzt man den Waizen = 100, so erhält man

	Roggen.	Gerste.	Haber.
Großbritanien, 1823—32	61	56	38
Danzig, 1770—1831	58	51	30
Belgien, 1840—57	65	54	34
Würtemberg, 1835—59	89	61,7	32,3
Hamburg, 1852—65	73	72,4	68
Unter Diocletian, J. 30	70	—	30

Im südwestlichen Deutschland tritt an die Stelle des Waizens der ihm an Werthe und Preise ziemlich gleichkommende enthülsete (geschälte) Spelz (Spelzkern, Kern). Der ungeschalte Spelz (Dinkel) giebt gegen 43—44 Proc. Raumtheile Kern, dem Gewichte nach ungefähr 75 Proc. Setzt man den Kern zu 100, so ist der Preis des gleichen Raummaaßes Spelz zwischen 36 und 45, in Würtemb. D. von 1835—59: 41, in D. aller badischen Märkte von 1833—50 40,7. Zum Roggen verhält sich der Spelz dem Preise nach in Würtemberg wie 58,6, in Heilbronn insbesondere wie 63,47, in Heidelberg wie 65, in Ueberlingen wie 58, in Umstadt wie 64 zu 100. Dem Gewichte nach ist das Preisverhältniß ungefähr so; wird der Centner Roggen zu 100 angenommen, so gilt der Centner Waizen 130, Gerste 85—90, Haber 82, Spelz 100 und darüber.

§. 164.

Der Preis der Halmfrüchte als des allgemeinsten Nährmittels wirkt auch auf die Preise anderer Nährstoffe ein, denn wenn jene theuer sind, so werden diese stärker begehrt und erleiden ebenfalls eine Preiserhöhung. Dagegen hat auch der höhere oder niedrigere Preis dieser anderen Nahrungsmittel in Folge ihrer spärlichen oder reichlichen Erzeugung wieder auf den Getreidepreis einigen Einfluß. Am meisten ist dieß bei der Kartoffel der Fall, die in einem großen Theile von Europa für die minderbegüterte Volksclasse schon den Mehlfrüchten an Unentbehrlichkeit gleichsteht, und deren Ertrag neuerlich wegen ihrer Krankheit anhaltend geringer ist als vorher(a). — Der Arbeitslohn, da er den nöthigsten Unterhalt sicher stellen muß, richtet sich einigermaaßen nach den Durchschnittspreisen des Getreides, und diese stehen deßhalb mit den Preisen vieler anderen Güter nothwendig in genauem Zusammenhang. Daher ist zwar nicht der jedesmalige wirkliche, wohl aber der Durchschnittspreis einer gewissen Menge Getreides gut zu einem Ausdrucke der Preisverhältnisse anderer Güter und zur Festsetzung von Leistungen für lange Zeit brauchbar (b).

(a) Der Preis der Kartoffeln stand dem Raummaaße nach gegen Roggen im preuß. Staate 1835—60 wie 31,¹, in Sachsen 1838—52 wie 33,², in Baden 1833—60 wie 36,⁷, in Belgien wie 30 zu 100. Vgl. §. 193.

(b) Sollte z. B. eine Summe von 300 Thalern in Getreide ausgedrückt werden, und wollte man sich der schlesischen Preise von 1810—37, nach Ausschließung der zwei höchsten und der zwei niedrigsten bedienen, so wäre der Roggen zu 38 Sgr. anzunehmen und seine Summe beinige 278,⁹¹ Scheffel Roggen. Wenn jedoch Jemand alljährlich dieses Getreidequantum selbst entrichten sollte, so würde dieß, wegen der von Jahr zu Jahr wechselnden Preise, eine höchst ungleiche Last sein; die Entrichtung müßte also nach den Durchschnitten der vorhergehenden Jahre jederzeit in Geld geschehen.

Thaer hat sich bei landwirthschaftlichen Berechnungen eines Maaßstabes bedient, welcher zugleich auf Arbeit und Getreidepreise gegründet ist; er nimmt nämlich an, daß der Taglohn für gemeine Handarbeit ungefähr dem Preise von ¹/₉ Scheffel oder etwa 9¹/₂ pr. Pfd. Roggen gleichkomme. Dieß würde nach dem preuß. Durchschnittspreise von 1816—51 4,⁵⁶ Sgr. — 17,⁶¹ fr. ausmachen, ist aber zu niedrig. Andere meinen, der Taglöhner könne nicht bestehen, wenn er nicht täglich ¹/₉ Scheffel oder 13 Zollpfund verdiene; s. Kleber, Grunds. der Gemeindewirthßheil. 1, 80. Deff. Anleit. z. Unfertig. b. Grundansschl., 1838. S. 125. Dieß giebt für den Heidelberger Roggenpreis von 1815—50 27³/₄ kr. und entspricht ungefähr dem damaligen Feldtaglohn. Auch Malthus bemerkt, daß 1 Peck Waizen der mittlere Taglohn eines guten Arbeiters in guten Zeiten sei, und daß beide Gegenstände, Getreide und Arbeit, mit einander verbunden, ein weit besseres Preismaaß geben, als einer allein, wenn man nämlich aus ihnen die Mitte nimmt, Principles, S. 128 ff — 1 Peck kommt ¹/₉ pr. Scheffel ziemlich nahe und ist ¹/₁₀ des Quarters. Daß in England lange Zeit der Preis von 1 Peck Waizen als mittlerer Taglohn galt, bestätigt Sinclair, Grundgesetze des Ackerbau's, S. 103. In Frankreich wurde schon um die Mitte des vorigen Jahrh. der Feldtaglohn zu 8—10 Pf. Waizen geschätzt. Der heutige Feldtaglohn kann zu 15—20 Pfund Roggen angenommen werden. — Nach einem andern beachtungswerthen Vorschlage sollen, um Geldsummen in einem zuverlässigen Maaße auszudrücken, nicht bloß die Preise des Getreides, sondern auch anderer wichtiger Gebrauchsgegenstände, z. B. Leder, Metallwaaren, Zucker u. und zwar im Verhältniß der zu dem Lebensunterhalte erforderlichen Quantitäten, zu Grunde gelegt werden. Lowe, England nach seinem gegenw. Zustande, b. v. Jakob, 1823, S. 400. Aehnlich Hermann's Ansicht vom Sachwerthe des Geldes, Unters. S. 98. 110. 117. 135. Schon M. Belly empfahl den täglichen Nahrbebarf eines Menschen, Roscher, System, I. 225. Ueber den Unterhaltsbedarf eines Kopfes als Maaß nach Du Menil-Marigny s. §. 67 (c). Für solche Ausmittelungen, die verdienstlich sein würden, macht u. a. die große Verschiedenheit der Wohnungsmiethe und Heizungskosten in mehreren Gegenden, in Städten und auf dem Lande, eine erhebliche Schwie-

rigfeit. — Die Contractpreise für den täglichen Bedarf eines Invaliden
zu Chelsea an Brod, Butter, Käse, Fleisch, Salz und Grütze waren
1600 8 Pence, 1605—07 11 P., 1813 und 14 13½ P., 1818 10 P.,
1822—32 8½ P. Durchschn. 10,⁵ P. — 37 fr. **Marshall, Digest
of all the accounts etc. II, 181.**

§. 185.

Nach der vorstehenden Erörterung über die Art und Weise,
wie man die in den Preisen der Dinge vorgehenden Veränderungen erkennen und bemessen könne, bleiben noch diese selbst
zu betrachten, wie sie, abgesehen von vorübergehenden Schwankungen, im Verlaufe längerer Zeiträume und im Ganzen sich
zu verhalten pflegen. Es sind zu diesem Behufe mehrere Classen von Sachgütern zu unterscheiden (a), bei denen eigenthümliche, in ihrer Erzeugungsart und ihrer Bestimmung begründete
Ursachen von fortdauernder Zu- oder Abnahme des Begehrs,
des Angebotes und der Kosten statt finden. Diese Untersuchung
hat jedoch Schwierigkeiten, hauptsächlich in dem Mangel sicherer
Angaben der Mittelpreise aus verschiedenen Zeitaltern und in
der Verschiedenheit der Maaße und Münzen (*b*).

1) **Rohe Pflanzen- und Thierstoffe**, und zwar a) solche,
die ohne Zuthun der Kunst entstehen und von dem Menschen
nur ergriffen oder gesammelt werden, können bei der Abnahme
des natürlichen Vorrathes und der Ausdehnung des Begehrs
stark vertheuert werden, z. B. wilde Thiere und deren Felle,
Fluß- und Seefische, Wallfischbarden (*c*), Fischthran, Waschschwämme, Elfenbein, Perlmutter, Schildkrötenschale; b) solche,
welche durch Bau und Zucht regelmäßig hervorgebracht werden,
wie Getreide, Holz, Fleisch, Wolle, Häute und dergl., werden
bei der Zunahme der Volksmenge und des Wohlstandes **theurer**, weil ihre Gewinnung und Herbeischaffung in der Regel
bei einem größeren Bedarfe schwieriger und kostbarer wird, während ein kleinerer Vorrath mit geringerem Aufwande von Kunst
und desto stärkerer Wirksamkeit der Naturkräfte gewonnen werden kann. Fleisch und andere thierische Stoffe steigen im Verlauf der volkswirthschaftlichen Entwickelung mehr als Mehlfrüchte (*d*). Die Colonialwaaren sind dagegen in neuerer Zeit
gesunken, weil ihr Anbau bei größerer Sorgfalt ergiebiger geworden ist und die Versendung weniger kostet (*e*).

2) **Mineralische Stoffe**, bei denen die Quantität des Erzeugnisses von der Ergiebigkeit der Fundorte abhängt, lassen in der Veränderung ihres Preises keine feste Regel erkennen. Die Erschöpfung der bisherigen Lagerstätten, die Vertheuerung des Holzes, der zur Befriedigung eines stärkeren Begehrs erforderliche größere Kostenaufwand können eine Erhöhung, dagegen können die Fortschritte der Bergbau- und Hüttenkunde, die besseren Fortschaffungsmittel oder die Auffindung neuer Lager eine Erniedrigung des Preises nach sich ziehen (*f*).

(*a*) Sorgfältige Untersuchungen über die Veränderungen im Silberwerth, doch mit geringerer Berücksichtigung der Kosten, enthält das a. Werk von Toole und Newmarch, f. §. 155.

(*b*) Aus dem Alterthum ist besonders merkwürdig wegen der Menge der Preissätze die gesetzliche Bestimmung vieler Preise, aber nur der höchstens erlaubten, in dem Edictum Diocletiani und der Mittelalter, abgedruckt bei Zell, Inscriptionum Roman. delectus, Heidelb. 1850, neueste Bearbeitung von Waddington, f. §. 176 (*b*). Die wirklichen Preise lassen sich hieraus nicht erkennen, man kann aber das muthmaßliche Verhältniß derselben unter einander aus dem gesetzlichen max. abnehmen.

(*c*) Diese stiegen in Hamburg von 1618—48 auf das 2,⁸fache, von 1852 bis 1865 wieder ungefähr ebensoviel, ihr Preis ist aber sehr veränderlich. Eiderdunen gingen von 1852—65 über das Doppelte.

(*d*) Storch, 1, 317. — Ricardo, v. Baumstark, S. 72. — Roscher, System der G.W., 1, §. 131. — Nach den Angaben bei v. Gülich, Tab. S. 158 war der Preis von 1642, wenn der von 1784—90 zu 100 gesetzt wird, in England

bei Thee . . . 114   bei Rosinen . . . 143
bei Leder . . . 135   bei Olivenöl . . . 157

Russischer Talg stieg in England von 1782—1817 um 23 Proc. Nach Chudburg sind von 1550 bis 1799 gestiegen: Schaafe in Verhältniß 100 zu 682, Ochsen 890, Pferde 904, Schweine 1950, Kühe 2000. — In warmen Ländern ist das Vieh sehr leicht zu erhalten, wenn die Weiden nur die nöthige Feuchtigkeit haben. Auf den weiten Grasflächen von Südamerica hatte das Fleisch der Ochsen, die nur der Haut willen geschlachtet werden, keinen concreten Werth und keinen Preis, bis die Bereitung eines Fleischextractes eingeführt wurde.

In einem minder warmen schwachbevölkerten Lande ist wenigstens in einem Theile des Jahres leicht Weide zu finden. Daher war in früherer Zeit Fleisch, sowie Butter, Häute, Talg re im Verhältniß zum Getreide, welches immer beträchtliche Arbeitslosten verursacht, wohlfeiler als jetzt. Dieß erschwert den unteren Volksklassen die Fleischnahrung, und vermindert den Fleischverbrauch, wenn nicht der Lohn in entsprechendem Maaße zunimmt. Nach dem Preis, max. von Diocletian steht ungefähr 1 Pfd. Ochsenfleisch = 3,ᵐ Pfd Waizen (jetzt 4—5), Butter, Speck 8½ Pfd. W. (jetzt 8—10), Talg 4,¹ (jetzt 6), Schweinefleisch an 4 Pfd.

Die Berechnungen von Cibrario zeigen, daß die Preise des Viehes gegen Getreide gehalten in Oberitalien im 13. und 14. Jahrh. von den heutigen nicht sehr abweichen. Das Getreidequantum, womit man damals einen Ochsen einlaufen konnte, gilt heutiges Tages 67 fl.

eine Kuh galt in heutigem Gelde 30 fl., ein Huhn 25¼ kr., 1 Pfd. Ochsenfleisch 5,²⁰ kr., 1 Pfd. Schweine- und Hammelfleisch 9 kr. Die Stallfütterung macht größere Kosten und die Mästung wird nur da gewählt, wo das zur Erzeugung des Futters verwendete Land ebenso viel einbringt, als bei einer anderen Benutzung. Daher muß in einem gutangebauten Lande und bei ansehnlicher Brodtheurung ein gewisses, mit den Naturgesetzen der Thierzucht zusammenhängendes Verhältniß zwischen den Preisen des Fleisches und der Futterstoffe bestehen. Man nimmt an, daß das Gesammtfutter des Mastviehes, in Heuwerth ausgedrückt, ungefähr 5 Proc. seines Gewichts Fleisch- und Fettzunahme erzeuge: 3½ Pf. Heu gelten beiläufig 1 Pf. Roggen, also bringen 100 Pf. R. gegen 17½ Pf. Fleisch und Fett hervor. Hiezu kommt aber noch der Dünger, sowie dagegen Kosten der Wartung ꝛc. abgehen. Da nun auch jene Zahlen keineswegs in allen Fällen genau zutreffen, so kann der Fleischpreis nur beiläufig jenes Verhältniß zeigen. Auch das Verhältniß der Nahrhaftigkeit muß obigen Zahlen annähernd entsprechen. Nach dem Stickstoffgehalt werden 16 Pf. Rindfleisch gleich 100 Pf. Waizen gesetzt, Knapp, Nahrungsmittel, S. 9.

Im Spital St. Thomas zu Southwark (London) bezahlte man für den Stein (8 Pfd.) gutes Rindfleisch

1701—10	1,⁴³ Sch.	1764—73	2,³ Sch.
1744—53	1,⁷³ ,	1784—1843	3,⁴² ,

Porter, Progress of the nat. S. 588.

Im preuß. Staate kaufte man im D. 1819—32, nach Abzug der 4 Extreme, mit 100 Pfd. Roggen 20,¹ Pfd. Rindfleisch; die einzelnen Provinzen zeigten aber große Verschiedenheiten: Westfalen 34²/₃, Schlesien 28,³, Rheinland 23,¹, Posen 19,⁴, Preußen 18,¹, Brandenburg, Pomm. 17,¹, Sachsen 16,³ Pfd. Dieß hängt zum Theil mit der verschiedenen Ausdehnung der Rindviehzucht zusammen, denn es kam 1 Stück Rindvieh in Sachsen erst auf 3,⁶ Einwohner, in Westfalen auf 2,⁸, in Preußen und Posen auf 2,¹, im ganzen Staate auf 2,⁸ Einw. Im Königr. Sachsen galt 1834—52 der Centner Roggen 22 Pfd. Rindfleisch, in Baden 1835—50 24,⁶ Pfd., in Heilbronn in den 2 Halbjahrhunderten von 1744—1843 23,⁴⁴ und 23,¹⁰ Pfd., wobei max. 26,⁴ Pfd. in dem Jahrzehend 1764—73, min. 20,5 Pfd. 1824—33.

Es ist eine örtliche Abweichung von dem allgemeinen Gange, daß sich in der Mark Brandenburg eine Zeit lang der Preis des Getreides mehr als der des Fleisches gehoben hat. Das Pfund Rindfleisch galt 1666 0 Pfenn., 1740 und 50 1¼ Gr., von 1760—99 fortwährend 1¼ Gr., so daß also mit 100 Pfd. Roggen im J. 1666 20 Pfd. Fleisch erkauft werden konnten, 1740 und 1760 25 Pfd., 1750 27¼, 1770 23⁵/₈, 1760 und 90 28³/₄, 1799 sogar 37¼ Pfd. Gr. Bodewils, Wirthschaftserfahr., II, 15. In England kaufen 100 Pfund Waizen ungefähr 21 Pfd. Rindfleisch, in Australien (nach Dulton) 25,¹, in Belgrad sogar 39 Pfund.

(a) Merkwürdig ist, ungeachtet der großen Zunahme des Verbrauches, die Preiserniedrigung der rohen Baumwolle. In England galt die westindische 1847 nur 25 Proc. des Preises von 1782. In Hamburg stand gute Mittel-Georgia 1816—20 63,⁵⁰ pr. Thlr., 1831—40 17,⁶⁰, 1851—55 20 Thlr. Dieß beweist, daß es in den zum Baumwollenbau hinreichend warmen Ländern tauglicher Grundstücke in Menge gebe und daß man mancherlei Verbesserungen im Anbaue kennen gelernt hat. — Der Hamburger Preis von 1848 beträgt von dem Preis von 1818 nur 11,⁶ Proc. bei Cochenille, 38 Pc. bei Kakao, 41 Proc. Portorico-Tabak, 46 Brasil., 50 Havanna-Rohzucker, 58 Carolina-Reis, aber 100 Proc. bei american. Hänten. — Entwurf zu einem Zolltarif für das vereinte Deutschland, Frankf. 1848 S. 68. — Tabellen bei Tooke, History, im 2. und 3. Bande. — Der 3. Gr. Cochenille galt 1784—90 g. 740 Thlr., Indigo in beiden Perioden 422 und 183 Thlr. (*f*) Stöckh. I, 386. — Steinkohlen sind in Hamburg von 1616—1848 auf 56 Proc. gefallen. Schwefel auf 67, Kupfer und Blei behielten von 1784—1865 ziemlich gleichen Preis. Zinn 1784—90 27½ Thlr., jetzt 37 Thlr., brittsches Roheisen die Tonne 1782 6—7½ ₤. El., 1840 8½—10 ₤.

§. 186.

3) Bei den **Gewerkswaaren** wirken hauptsächlich zwei Ursachen einander entgegen. Während die Vertheuerung der rohen Stoffe die Kosten erhöht, bewirken die Verbesserungen in dem Betriebe der Gewerksarbeiten eine Kostenverringerung, und bald ist die eine, bald die andere dieser Wirkungen mächtiger. Daher pflegen solche Waaren, in deren Kosten der Arbeitslohn einen beträchtlichen Theil ausmacht und bei deren Verfertigung arbeitsparende Maschinen, bessere Werkzeuge, stärkere Arbeitstheilung oder ein vortheilhafteres Betriebsverfahren in Gebrauch kommen, wohlfeiler zu werden. Sehr viele Gewerkserzeugnisse gehören in diese Abtheilung, und es zeigt sich hiebei deutlich, welchen großen Einfluß Wissenschaft und Kunst auf die Erhöhung des Gütergenusses haben (a). Andere Waaren, bei deren Hervorbringung keine erheblichen Ersparungen möglich sind, behalten ennveter gleichen Preis, oder werden theurer. Dieß ist der Fall bei Gütern, die hauptsächlich von Menschenhänden verfertiget werden, oder deren Verwandlungsstoff keine große und kostbare Veränderung erleidet, so daß in ihrem Kostenbetrage der Preis des Stoffes den größten Theil ausmacht, z. B. Glas und andere chemische Producte (*b*). Es ist übrigens nicht hinreichend, bloß die Preise der Kunstwaaren zu beachten, man muß auch ihre Beschaffenheit in Betracht ziehen, welche bei vielen Waaren große Verschiedenheiten zeigt. Diese beiden Arten der Veränderungen erfolgen also bald in einerlei, bald in entgegengesetzter Richtung, so daß sie einander zum Theile ausgleichen. Manche Dinge sind heutiges Tages wohlfeiler und zugleich besser als früherhin, andere wohlfeiler aber weniger dauerhaft, wieder andere zwar theurer, aber zweckmäßiger, schöner und haltbarer. In jedem der vielen Gewerks-

zweige findet sich ein eigenthümliches Verhältniß der Productionsbedingungen sowie der Bestandtheile des Kostenbetrages.

(a) Storch, I, 398. — Eine Folge hiervon ist, daß ein Land, welches rohe Stoffe ausführt und dagegen Gewerkswaaren vom Auslande eintauscht, für gleiche Menge jener eine immer größere Quantität von diesen erhalten muß, f. Storch, III, 20. Im Durchschnitt machen die verbrauchten Verwandlungsstoffe $1/2 - 3/4$ von dem ganzen Kostenbetrage und Preise der Gewerkswaaren aus; dieß Verhältniß ist aber bei den einzelnen Waarengattungen sehr verschieden, z. B. beim Papiere nur $1/4$, beim Tabak, Brode, Glase gegen $3/4$, bei Lohgarem Leder ungefähr $7/12$, beim Baumwollengarn gegen $1/2$, bei Baumwollengeweben g. 55, bei gedruckten Zeuchen gegen 27 Proc., bei Wollentuch 50, bei Seidenwaaren 60 Proc. Jede Veränderung im Preise der Rohstoffe vermag dieses Verhältniß anders zu gestalten. Belege hiezu geben die in §. 24 genannten Schriften von Krug und Chavial, ferner Briavoinne, Ind. en Belg. II. B. und Tafeln z. Statist. d. östr. Mon. 1846. — Heutige Wohlfeilheit der Uhren, der künstlichen Zeuche und dergl. — Carey (II, 168. 261) stellt als ein volkswirthschaftliches Gesetz auf, daß bei den Fortschritten der Gewerbekunst die Preise der rohen und verarbeiteten Stoffe einander näher kommen. Die Kosten der Bearbeitung werden immer geringer. Auch die Bodenerzeugnisse verursachen nach der Ansicht des Verf. bei der zunehmenden Macht der Kunst über die Natur nach und nach weniger Kosten und sie würden ebenfalls wohlfeiler werden, wenn nicht ihr Preis durch jene Abnahme der Veredlungslohne zufolge des erwähnten Annäherungsgesetzes erhöht würde. Diese Erklärung der bekannten Erscheinung ist nicht befriedigend, vgl. §. 215 a.

In Frankreich sanken von 1826—49 die feinsten Baumwollengewebe (Gaze) auf 12 Proc., andere auf 23—37 Proc., Wolltuch auf 74, Merinos auf 42, gemusterte Shawls auf 29 Proc. des früheren Preises, in Hamburg standen 1848 feine Kattune zu 18, Mittelsorten zu 24, Baumwollensammt zu 30—33 des Preises von 1818. Baumwollengarn von Nr. 150 ist in Frankreich von 1819 bis 1834 von 18 auf 9 Fr für das Kil. gesunken, Nr. 30 von 9 Fr. 30 Cent auf 3 Fr. 15 Cent., was nicht allein von dem veränderten Preise des Rohstoffs herrührt, da der Spinnerlohn von 1 Fr. 80 Cent. auf 80 Cent. herabging. Enquête commerc. III, 195. 468. — Dieses Sinken des Preises muß aber eine Gränze finden, wenn keine weiteren Vervollkommnungen eines Gewerbes mehr möglich sind, welche noch wirksam genug wären, um den oben unter (b) angeführten Ursachen das Gegengewicht halten zu können.

(b) Waaren dieser Art kauft man am besten in schwach bevölkerten Ländern, wo die rohen Stoffe einen niedrigen Preis haben und auch der Lohn nicht hoch ist. Holzschnitzwaaren z. B. werden größtentheils aus Gebirgsgegenden bezogen, wo Holz wohlfeil ist und die genügsamen Arbeiter mit kärglichem Lohne zufrieden sind, wie Beischelgaden, das Gödner Thal in Tyrol, die Gegend von Sonnenberg im meiningschen Unterlande (vgl. §. 115). — In Ostindien wird die Baumwolle zwar nicht so wohlfeil gesponnen, als in England, wegen der Spinnmaschinen, aber Zeuche webt man dort wohlfeiler, weil der Taglohn nur $1/7 - 1/2$ des englischen ist. Bernoulli, Ueber den Aufschwung der Baumwollenfabrication. S. 22 (Basel, 1825.) — Bei 79 chemischen Producten, die aus Chabrol, Rech. statist sur la ville de Paris der Hermann, Unters. S. 137 berechnet sind, beträgt im Durchschnitt der Arbeitslohn nur 7,4 Proc. des Verkaufspreises, bei einigen nur 1

bis 2 Proc. — Vergleicht man die englischen (Zollhaus-) Preise verschiedener Waaren von 1696 mit den heutigen, so läßt sich folgende Unterscheidung aufstellen, den Preis von 1696 zu 100 gesetzt:
1) Wohlfeil gewordene Rohstoffe: 1836   1831
    Eisen und Stahl gallen . . . . . 83 Proc. 66 Prc.
    Steinkohlen . . . . 47 , 45 ,
2) Wohlfeil gewordene Gewerbswaaren:
    Wollenwaaren . . . . 98 , 87 ,
    Kupfer und Messingwaaren . . . 73 , 83 ,
    Leinenwaaren . . . . 74 , 62 ,
    Baumwollenwaaren . . . . . . 49 , 89 ,
3) Vertheuerte Waaren:
    Glas . . . . 387 , 364 ,
    Getreide . . . . 279 , 308 ,
    Butter und Käse . . . . 270 , 282 ,
    Leder . . . . 285 , 249 ,
    Fleisch . . . . 166 , 150 ,
    Seidenwaaren . . . . 158 , 133 ,
    Eisen- und Stahlwaaren . . . 196 , 167 ,
(Berechnet aus dem Verhältniß des Zolls zum declarirten Preise, s. §. 129 (a)).

Dritter Abschnitt.
Zweige des Einkommens.

Erste Abtheilung.
Der Arbeitslohn.

Erstes Hauptstück.
Bestimmgründe des Lohnes im Allgemeinen.

§. 187.

Die Vergütung, die der Arbeiter als solcher erhält, ist der Lohn, §. 139 — (a). Dieser tritt am deutlichsten hervor, wenn jenem ein Lohnherr, welcher meistens ein Gewerbsunternehmer ist, gegenübersteht und zwischen beiden ein Vertragsverhältniß besteht. Im Entwicklungsgange der Volkswirthschaft werden die Lohnarbeiter immer zahlreicher, weil

Unternehmungen von einer gewissen Ausdehnung nicht ohne Arbeitsgehülfen betrieben werden können, die Arbeit der Familienmitglieder unzureichend wird und die Unfreiheit der Arbeiter (Sklaverei) allmälig verschwindet, zugleich auch bei dem Anwachse der Volksmenge viele Familien unvermögend sind, sich aus eigenem Gewerbsbetriebe zu erhalten (b). So wie der Geldverkehr die ganze Volkswirthschaft durchdringt, wird auch der Lohn zum Theile oder ganz in Geld bedungen und geleistet, zugleich der Lohnvertrag auf bestimmte kürzere Zeit geschlossen, so daß ihn beide Theile leicht lösen können, der Lohnarbeiter aber seinen Unterhalt nicht mehr dauernd gesichert sieht und die Gefahr übernehmen muß, aus mancherlei Ursachen verdienstlos zu werden. Nimmt ein Unternehmer neben der Leitung eines Gewerbes auch an den zur Ausführung desselben erforderlichen einzelnen Verrichtungen Theil, so erspart er an der Ausgabe für Lohnarbeit und sein Lohn ist in dem Antheile mitenthalten, der ihm von dem Erlöse als sein Einkommen zufällt (c). Der von dem Lohnherrn an den Arbeiter entrichtete, der bedungene Lohn ist der Preis der Arbeit und hängt von denjenigen Umständen ab, welche den Preis der Güter beim Tausche bestimmen (§. 145), nämlich von dem Werthe der Arbeit als Obergränze, den Kosten als Untergränze und dem Mitwerben. Diese Bestimmgründe regeln nicht blos den Lohn in den hervorbringenden Gewerben, sondern auch bei den persönlichen Diensten, und aus ihnen müssen sich die Verschiedenheiten ableiten lassen, welche in der Größe des Lohnes einzelner Zeiten, Länder und Arbeitszweige stattfinden. In welcher Art von Gütern aber auch der Lohn entrichtet werden mag, so ist seine Größe immer darnach zu beurtheilen, welche Menge von concretem Gebrauchswerth, d. h. welches Maaß von Gütergenuß er dem Lohnarbeiter zu verschaffen vermag (d).

(a) Die Lehre vom Arbeitslohne ist darum besonders anregend und von höherer Bedeutung, weil sie die Bedingungen der Wohlfahrt für die zahlreichste Volksclasse entwickelt. Die gewöhnlich auf das geringste Einkommen beschränkt ist, und weil Irrthümer hierüber viele Nachtheile hervorrufen, z. B. die Arbeiter mit Groll gegen andere Volksclassen erfüllen, Ansprüche, die sich nicht befriedigen lassen, veranlassen und zu einer fehlerhaften Handlungsweise verleiten können. Die Kenntniß der volkswirthschaftlichen Gesetze zerstört manchen angenehmen Wahn und manche Hoffnung, ist aber dennoch im Ganzen wohlthätig. Dieser

Abschnitt der Volkswirthschaftslehre ist auch in der neuesten Zeit vielfach besprochen und durchdacht worden. — Ad. Smith, t. B. I. Cap. — Will. N. Senior, Three lectures on the rate of wages, 2. Edit. Oxf. 1830. — Deff. Outlines, S. 187 ff. — H. C. Carey, Essay on the rate of wages. Philadelph. 1835. — F. Schmidt, Untersuchungen über Bevölkerung, Arbeitslohn und Pauperismus, 1836. S. 172—318. — Villermé, Tableau de l'état physique et moral des ouvriers, II, 1. (1840). — Dupuynode, Des lois du travail et des classes ouvrières. Par. 1845. — von Thünen, Bestimmungsgründe des Arbeitslohns und Unternehmergewinns, 1848 und in dessen Der isolirte Staat, II, 36 ff. Helferich über v. Thünen's Lehre in Tübing. Zeitschrift, 1852, S. 303. — St. Mill, I, 341. — H. Say in Dictionn. de l'écon. pol. II, 570. — C. Morrison, An essay on the relations between labour and capital. London 1854. — Röslar in Zeitschr. f. die ges. Staatsw. 1860, S. 242. — Mardy de Beaulieu, Du salaire. Brux. 1862. — Viel Lehrreiches in Enquête sur la condition des classes ouvrières et sur le travail des enfants (in Belgien). Brux. 1848. III B. — Agriculture, Recensement gén. Brux. 1866, S. CII. — Industrie, 1864, S. XIX.

(b) Die Zahl der Lohnarbeiter der einzelnen Länder ist in der Statistik noch nicht erforscht worden. Aus den Angaben aus Preußen kann man sie für 1861 auf 5½ Mill. oder 30 Proc. der Volksmenge annehmen, mit Ausschluß der höhern Dienste, des Militairs c. — Man betrachtet bisweilen die Arbeiter oder die arbeitenden Classen als einen eigenen (vierten) Stand, der sich in dem gegenwärtigen Zeitalter zahlreich geworden und dazu berufen sei, mehr und mehr Bedeutung in der bürgerlichen Gesellschaft zu erringen. Man denkt sich ihn getrennt von dem mit Capital ausgerüsteten Mittel- oder Bürgerstand (bourgeoisie) und in einer Art von stillem Kampfe mit diesem begriffen. Aber ein besonderer Stand ist nur da vorhanden, wo nicht bloß Einzelne, sondern Familien fortgesetzt eine gewisse Erwerbart, Lebens- und Denkweise mit einander gemein haben, so daß sie hieraus das Bewußtsein der Zusammengehörigkeit gewinnen. Dieß ist bei den Arbeitern im weitesten buchstäblichen Sinne des Wortes offenbar nicht der Fall, denn zu diesen gehören nicht bloß die mit Diensten, namentlich mit höhern für Staat, Kirche, Gemeinde c. beschäftigten Personen, sondern auch die Gewerbeunternehmer (Gewerbsleute), also Landwirthe, Handwerksmeister, Fabrik- und Handelsherren u. dgl. Es müssen also unter Arbeitern in obigem Sinne nur die Lohnarbeiter in Gewerben und niederen Diensten verstanden werden. Allein auch diese gehören nicht ganz einem abgeschlossenen Stande an. Abgesehen davon, daß der Handwerker und Landwirth bei kleinem Betriebe zu einem Theile bei Zeit als sein eigener Lohnarbeiter anzusehen ist (Mstr (o?), mithin viele Eigenthümer einer kleinen Fläche Acker oder Gartens c. oder eines Hauses nebenbei Taglohnverdienst suchen, nehmen also eine Mittelstellung ein. Die meisten Handwerksgehülfen haben die Absicht, späterhin als Meister aufzutreten und betrachten die Zeit, in der sie vom Lohne leben, nur als Vorbereitung und Uebergang. Sie stehen deßhalb den Lohnherrn, die früher gleichfalls Lohngehülfen waren, nahe, wenn sie auch bisweilen mit denselben in augenblickliche Streitigkeiten aus ihrem Vertragsverhältniß verwickelt werden. Dasselbe gilt von vielen männlichen Dienstboten, Ackerknechten u. dgl. Nur diejenigen Lohnarbeiter, welche wenig Aussicht haben, zu einem selbständigen Betriebe überzugehen und sich daher schon verehelicht haben oder darnach streben, dieß thun zu können, machen also einen eigenen Stand aus, und es ist wahr, daß dieser seit dem Emporkommen vieler und große Fabriken einen weit größeren Umfang erreicht hat, als ehemals. Durch diese Unterscheidung werden manche Mißverständnisse beseitigt.

(c) Dieß tritt bei dem Kleinbetriebe von Gewerben ein, z. B. bei der Bewirthschaftung kleiner Landgüter, wo der Landwirth selbst mit pflügt, sä't und erntet, ferner bei vielen Handwerken. Ein Schuhmacher, der nur 3—4 Gehülfen hat, wird vielleicht kaum einen ganzen Tag in der Woche mit dem Einkaufe des Leders, dem Anmessen, Einpassen, dem Rechnungswesen, der Vertheilung der Geschäfte u. dgl. zu thun haben, in den übrigen ⅚ der Zeit wird er wie ein Geselle mitarbeiten. Dieß ist bei kunstreichen Geschäften, wie des Uhrmachers, Instrumentenmachers ꝛc. besonders auffallend. Vgl. Loz, Handb. I, 463.

(d) Aus dem bloßen Geldlohne, ohne Rücksicht auf die Geldpreise der Lebensmittel, läßt sich die Lage der Arbeiter nicht bemessen, §. 160 In Boston (N.-Am.) war der Taglohn 1836 1¼ D., 1645 1 D., aber der Arbeiter konnte sich einen bestimmten Vorrath verschiedener Nahrungsmittel im ersten Jahre durch 35½, im zweiten durch 23½ Tage arbeiten verschaffen, also war seine um 20 Proc. geringere Geldeinnahme 61 Proc. mehr werth. Hunt, Merch. mag XXXI, 178. Der englische Feldarbeiter konnte 1770 mit seinem Wochenlohn (7½ Sch.) 58 Pfd Brot oder 25 Pfd. Fleisch oder 14½ Pfd. Butter kaufen, 1850—51 mit dem Lohn von 9 Sch. 1 P. 76 Pfd. Brot oder 21 Pfd. Fleisch oder 9½ Pfd. Butter, er war also zu einer minder nahrhaften Kost genöthigt. Caird, Engl agric. S. 474. — Bei den folgenden Sätzen des Taglohnes von unbelöstigten Feldarbeitern von 1849—51 in Oesterreich (im 20 fl Fuß) ist in Klammern die Zahl der Tage gesetzt, die der Arbeiter braucht, um 1 Mtze Waizen, 1 M. Roggen. 1 M. Kartoffeln und 12 Pfd. Fleisch zu verdienen: Istrien 34½ Kr. (20,⁴ T.), Tirol 33 Kr. (37), Oestreich u. Ens 31⅓ (18,³), Lombardei 30¼ (22,⁶), Kärnthen 29¼ (23,¹), Steiermark 27½ (24), Siebenbürgen 27 (12,⁶), Venezien 23 (25,⁹), Galizien 20 (22,⁹), Böhmen 19,⁴ (36). Der Arbeitsmann in Tirol steht also am ungünstigsten, ungeachtet des hohen Geldlohnes. — Bisweilen besteht der Lohn aus verschiedenen Theilen, z. B. Geld, Kost und Wohnung, Kleidungsstücken, oder auch Holz, Benuzung von Grundstücken und dergl., wie dieß bei Feldarbeitern häufig vorkommt.

§. 188.

Der Lohn wird entweder für eine gewisse Arbeitszeit (Tag, Woche ꝛc.) ausbedungen (Zeitlohn), oder für eine gewisse Leistung (Stücklohn, §. 112). In Bezug auf die beiden betheiligten Classen läßt sich der Lohn auf doppelte Weise betrachten:

1) Der wirthschaftliche Zustand des Arbeiters hängt vorzüglich von der Größe seines Lohneinkommens im Ganzen ab, welches sich wieder nach der Größe der für eine gewisse Arbeitszeit gegebenen Vergütung (a) und nach der Fortdauer oder Unterbrechung der Beschäftigung richtet;

2) der Lohnherr hat desto mehr Vortheil, je geringer der Aufwand ist, den er für eine gewisse Arbeitsleistung machen

muß, die Lohnausgabe (b). Ist Stücklohn verabredet, so bringt es dem Lohnherrn keinen Nachtheil, wenn der Arbeiter durch gesteigerten Fleiß sein Lohneinkommen zu vergrößern im Stande ist.

(a) Rate of labour, Lohnsatz, Lohnverdienst, nach Senior.
(b) Price of labour, Arbeitspreis, nach Senior.

§. 189.

Der Werth, den eine Arbeit für den Lohnherrn hat, richtet sich

1) nach dem Zwecke, für den sie bestimmt ist. Manche Arbeiten werden nach ihrem Gebrauchswerthe geschätzt, wenn sie dem Lohnherrn einen Vortheil ohne Hülfe des Verkehrs gewähren, wohin sowohl die Beihülfe zu dem Erwerbe desselben aus eigener Hervorbringung, als mancherlei Verrichtungen zur Erhaltung und zum Gebrauche der Sachgüter und die zahlreichen persönlichen Dienste gehören, die jedoch oft für einen weit unter ihrem Werthe stehenden Lohn zu erlangen sind (a). Die Wirkung einer Verrichtung ist gewöhnlich desto werthvoller, je mehr höhere Fähigkeiten und Eigenschaften zu ihr erforderlich sind, z. B. bei der Arbeit des Staatsmannes, Heerführers, Arztes, Lehrers, Geistlichen (b). Der Verkehrswerth kommt in Betracht bei Arbeiten, die zu einer Erwerbsunternehmung dienen. Je einträglicher ein Gewerbe für den Unternehmer ist, desto mehr Lohn kann derselbe den Arbeitern bewilligen. Durch eine ansehnliche Lohnausgabe wird sein Gewerbsverdienst vermindert, und wenn dieser kaum noch die Fortsetzung des Gewerbes gestattet, so hat der Lohn seine höchste Gränze erreicht (c). Das Mitwerben begünstigt übrigens die Lohnarbeiter nicht oft in solchem Grade, daß sie einen dieser Obergränze sich nähernden Lohn durchsetzen können.

2) Auch in einerlei Gewerbe oder Beruf ist die Leistung der Arbeiter je nach dem Fleiß, der Geschicklichkeit, den Kenntnissen, der Redlichkeit ꝛc. derselben sehr verschieden (d). Gleicher Lohn für alle wäre daher ganz unzweckmäßig.

(a) Doch giebt es Ausnahmen, z. B. bei Arbeiten zur Rettung des Vermögens aus Feuers- oder Wassersnoth u. dgl.
(b) Betrachtungen hierüber bei Mohler a. a. O. und bei Engel, Der Preis der Arbeit. Berlin 1866.

(c) Es wäre vergeblich, dem Lohnherrn irgendwie zur Bezahlung eines Lohnes zu nöthigen, bei dem er als Gewerbsmann nicht bestehen kann. — Durch v. Thünen, Isol. St. II, 174, ist der Versuch gemacht worden, ein Gesetz für die aus dem Erfolg der Arbeit bestimmte Größe des Lohns zu entwickeln; der Lohn soll soviel betragen, als der letzte, in einem großen Betriebe noch angestellte Arbeiter einbringt. Es findet aber nicht allein in den mannichfaltigen Gewerbszweigen, sondern auch in den Einrichtungen und Verhältnissen der einzelnen Unternehmer in jedem Gewerbe eine solche Verschiedenheit der Umstände statt, daß sich eine gleichförmige Gränze des Lohns auf diese Weise nicht erkennen läßt.

(d) Solche Verschiedenheiten zeigen sich auch von Gegend zu Gegend. Englische Arbeiter leisten mehr als französische und viel mehr als irländische, deren Lohn dagegen auch viel niedriger ist. Nach den Aussagen verschiedener Fabrikherrn (auch bei Senior, Outl. S. 191) richtet man mit englischen Arbeitern wohl doppelt so viel aus, wie mit französischen, die deshalb besser als jene bezahlt sind, §. 113. „Ein schottischer Taglöhner zu 1 Schill. ist wohlfeiler als ein irländischer zu 1½ Schill." Evidence in respect to the occupat. of land in Ireland, II, 135. Berliner Arbeiter leisten beim Holzsägen im Verhältniß 9 zu 5 mehr als übermärkische (Hoffmann). — Dem geschickteren und fleißigeren Arbeiter kann man schon darum mehr Lohn geben, weil er mit gleichem stehenden Capital mehr ausrichtet. 1829 bezahlte man in Manchester für das Pfund Baumwollengarn von Nr. 200 4 Schill. Spinnerlohn, 1831 — 33 nur 2,⁴¹ — 2,7 Schill., aber da bei letzterem Satze der Spinner mit 648 Spulen zugleich arbeitete, bei ersterem nur mit 312, so erhielt er bei jenem noch mehr Lohn im Ganzen für gleiche Arbeitsdauer, nämlich 648mal 2⁷⁄₁₀ oder 1566 Schill. statt 312mal 4⁴⁄₁₀ oder 1274 Schill. Ure, Das Fabrikwes. S. 286.

§. 190.

Der Arbeiter muß in dem Lohne ganz oder zum Theile den Beweggrund finden, die zu einer gewissen Verrichtung erforderliche körperliche und geistige Kraft anzuwenden und die mit jener verbundene Beschwerde zu übernehmen. Wie hoch der Lohn sein müsse, um den Arbeiter hierzu zu bestimmen, dieß läßt sich im Allgemeinen nicht angeben, weil es zugleich darauf ankommt, in welchem Maaße der Arbeitsverdienst für den Unterhalt des Arbeiters nothwendig ist. Daher äußert jene Anstrengung und Schwierigkeit ihren Einfluß hauptsächlich im Mitwerben, indem sie das Angebot einer Art von Arbeit mehr oder weniger einschränkt, §. 197.

Stärker wirken auf den Lohn die Kosten, welche dem Arbeiter im Lohne erstattet werden müssen. Sie bestehen bei einfachen, hauptsächlich körperlichen Verrichtungen aus dem Unterhaltsbedarfe, bei künstlicheren aber kommt noch der zur Erlan-

— 256 —

gung der erforderlichen Geschicklichkeit vorgenommene Aufwand hinzu.

Der Unterhaltsbedarf bezieht sich zunächst auf die Dauer der Arbeit, indessen machen sich, wenn man das Leben des Arbeiters im Ganzen überblickt, auch die Ausgaben geltend, welche während der Kindheit und Jugend des Arbeiters von den Aeltern bestritten wurden und deren Ersatz im Lohne den Arbeiter in den Stand setzt, wieder Kinder zu erziehen (a). Das Lohneinkommen der arbeitenden Mitglieder muß zu dem Unterhalte ihrer Familien hinreichen, weil sonst die arbeitende Classe sich vermindern würde, bis das verringerte Angebot von Arbeit den Lohn wieder in die Höhe brächte (b). Dieß durch die Erfahrung bestätigte volkswirthschaftliche Gesetz gilt jedoch nur von der gemeinen Lohnarbeit, welche stets die spärlichste Vergütung erhält, und von der mittleren Zahl von Mitgliedern einer Familie (c). In den künstlicheren Arbeitszweigen reicht öfters nach der dabei herkömmlichen Lebensweise der Lohn bloß für einen einzelnen Arbeiter aus, und dennoch bleibt vermöge des Zudranges aus den unteren Classen die Zahl der Arbeiter unvermindert (d).

(a) Genau betrachtet sind die Kosten noch höher, weil der Arbeiter auch im Greisenalter Versorgung finden und für die Gefahr einer früher eintretenden Arbeitsunfähigkeit (Invalidität) eine Versicherung in Anrechnung bringen sollte. Die nämliche Sorglosigkeit, welche die Arbeiter verleitet, dieß unbeachtet zu lassen, bewirkt auch, daß sie einen ganz zureichenden Lohn oft nicht zu ihrer Sicherung in diesen Hinsichten anwenden. — Engel (a. a. O., 3. Vorlesung) berechnet, daß, wenn der Unterhalt in dem Arbeitsalter jährlich 120 Thlr. beträgt, als Tilgungsprämie der Erziehungskosten 41 Thlr. und mit Einschluß der Versicherungskosten im Ganzen jährlich 187 Thlr. erforderlich sind. — Allein eine Ansammlung, um die aufgewendete Summe bis zu dem Tode des Arbeiters wiederherzustellen, findet nicht statt, die Aeltern erfüllen ihre Erziehungspflicht und müssen im Lohnverdienst gleichzeitig die Mittel hiezu einnehmen, der kinderlose und der ledige Arbeiter empfängt gleichen Lohn ohne diese Ausgabelast. Jene Berechnung ist deßhalb nicht ganz anwendbar, vielmehr müßte der Bedarf der Familie in Vergleich mit dem des kinderlosen Arbeiters ermittelt werden. Vgl. Roßler, Grundsätze S. 402.

(b) Auf eine Familie kommen im Durchschnitt 4½ Köpfe. Bei Taglöhnern nimmt man an, daß der Verdienst der Frau ungefähr ein Drittheil von dem des Mannes sei, theils weil der weibliche Taglohn geringer, theils weil sie ofter abgehalten ist, Lohn zu verdienen. Der Lohn des Mannes muß also ⅔ des Familienbedarfes einbringen, wobei aber nur unterwachsene Kinder zu rechnen sind, weil die älteren selbst mitarbeiten. Bei Verrichtungen, die etwas mehr Geschicklichkeit erfordern und daher eine reichlichere Einnahme zu Wege bringen, fällt der besondere Erwerb der Frauen ganz weg, oder bleibt wenigstens noch weit hinter dem des Hausvaters zurück. — Für Norddeutschland berechnete **Riebe** (Gemeinheitstheil. I, 65) den Unterhalt einer Taglöhnersfamilie auf ungefähr 160 rthlr. oder 275 fl. Nach neueren Erforschungen (Dieterici, Statist. Mittheil. 1852, S. 270) wird er für eine Haushaltung von 5 Köpfen so angeschlagen: Provinz Posen 76,³ Thlr., Westfalen 86,⁵⁰, Schlesien 93,⁵⁷, Preussen 96,⁶¹, Sachsen 105,⁶, Brandenburg 109,⁴³, Pommern 126,⁸, Rheinland 140,⁶ Thlr., Durchschnitt 105 Thlr oder gegen 55,² Centner Roggen. Verdient der Hausvater täglich 7½ Sgr., so ist dieß ¾ des Bedarfes. Aehnliche Ausmittlungen geben für eine Familie von Feldarbeitern im Kreise Bonn (**Harkstein**, Topogr. des Kr. B. 1850 S. 217) 204 Thlr. — ungefähr 100 Ctr. Roggen, im Rhonethal in Frankreich 636 Fr. — 4558 Pfd. Waizen — 5560 Pfd. Roggen, wozu der Mann 60,⁸, die Frau 15,⁶, die 3 Kinder 23,⁸ Proc. liefern (de **Gasparin**, Cours d'agric. III, 49 ff.), für eine belgische Familie von 6 Köpfen 730—742 Fr. — 5680—5760 Pfd. Waizen, Enqu. III, 02. 376. — In Sachsen (Geschäftsanweis. f. die Abschätz. Grundsteuer, 1836) muß ein Taglöhner 15 Pfd., nur Frau 10 Pfd. Roggenwerth täglich verdienen, um auszukommen, also bei 300 und 150 Arbeitstagen gegen 6000 Pfd. Roggen, im Reg.-Bez. Düsseldorf 6560 Pfd Roggen, in Steiermark nur 3810 Pfd. — In Frankreich muß nach de **Morogues**, wenn eine Familie von Landarbeitern 620 Fr. — 292 fl. bedarf, der Mann täglich 1½ Fr., die Frau (200 Tage jährl.) ¾ Fr., die 3 Kinder müssen (250 Tage) 38 Ct. verdienen, de **Villeneuve**, Econ pol chret. S. 145. Brüff. Ausg. Dieß giebt gegen 4870 Pfd. Waizen jährlich. — Größerer Mittellag für britische Landarbeiter (**Senior**, Preface to the foreign communications relative to the support and maintenance of the poor, 1334, S. LXXXVIII): Verdinft des Mannes jährl. 27,⁴⁸ £. St., von Frau und 4 Kindern an 14 £. St., zusammen 41,⁴⁸ £. St. — 7170 Pfd Waizen. In der Hälfte der erforschten 590 Gemeinden wird angegeben, daß dieser Lohn den Arbeiter in den Stand setzt, Fleisch zu essen. Das Hausgesinde lebt etwas besser, als die Taglöhner, entbehrt aber dafür die Unabhängigkeit und das Leben in der eigenen Familie. La classe des journaliers est généralement fort pauvre. Elle se compose ordinairement de pères et de mères de famille, qui pour ne pas se separer, préfèrent vivre dans la misère plutôt que de chercher un meilleur sort dans des places fixes de domestiques à l'année. Agricult. franç. Cotes du Nord, 1844, S. 109. Dieß ist überhaupt sehr häufig. Daher kommt ein Ackerknecht ungefähr so hoch oder höher zu stehen, als ein Taglöhner, obgleich jener für keine Familie zu sorgen hat. Die Kosten eines Knechtes werden von **Block** auf 50—62 Thlr. (im D. 60 Thlr. — 16 Gr. R.), von **Kleemann** auf 78 Thlr. — 49 Gr. R., nach **Veit** auf 131 Thlr. — 45 Gr., in der Techn. Instruction für die Oel. Commiss. in Pommern (Berl. 1842) auf 46,²⁰ Sch. — 3887 Pfd R., von **Kramer** (Landw. Berechnungen 1859. S. 231) ohne den Geldlohn auf 67⁴,₅ Thlr., von **Abert** (Landw. Verhältniss. 3. A. von **André**. 1865, S. 30. 31) für Oesterreich auf 63,⁴⁰ - 90,⁴⁴ fl. ö. angeschlagen. In Steiermark kommt ein Knecht auf 2846 Pfd. R., **Hlubek**, Landw. des H. Steierm. S. 61. — **Hoffmann**, in den Moglin'schen Ann. XXIII. 265. — L. **Rau**, Studien über südd. Landw. S. 116. Viele Angaben bei v. **Lengerke**, Landw. Statistik d. deutschen Bundesstaaten, II. (1840.) Vergl. **Storch**, I, 189. — **Roß**, Handb. I, 458. — **Ricardo**, S. 76 (I, 134 franz. Ueberf.). — **Schmitt**, Untersuchungen, S. 292. — Für eine Familie von Gewerbsarbeitern sind nach de **Morogues**

— 260 —

gu es 760 Fr. = 345 fl. Unerläßlich. In Mühlhausen ist der Geldbedarf einer Arbeitsfamilie zu 960, in Gebweiler zu 887 Fr. berechnet, in Rouen, wenn das Pfd. (Ballen) Brod nicht über 3 Sous (4½ kr.) gilt, zu 912 Fr.; hoher würde also der Familienbedarf aus 6090 Pft. oder etwa 9500 Pfd. Roggen bestehen. In Marlrich (Ste-Marie-auxmines) kann eine Familie von 4 Personen mit 520 Fr. noch ohne Almosen auskommen. Viele Nachrichten bei Villermé, a. a. O., z. B. II, 23, ferner de Gérando, De la bienfaisance, I, 29. — 12th An. report of the poor law commissioners, 1846. S. 123. — Eine irländische Taglöhnerfamilie von 4 — 5 Köpfen lebt von 50 Pfd. Kartoffeln täglich, ohne Salz. — Eine sächs. Weberfamilie, ohne Erwerb der Mutter, konnte 1832 mit 60⅔ rthlr. (109 fl.) nothdürftig bestehen, wobei fie aber die Kartoffeln selbst baut; der Durchschnittsverdienst ist jedoch 78 rthlr. (140 fl.), und wenn die Kinder spulen können, höher. Vergl. auch §. 164. — Familien, in denen die Kinder frühzeitig etwas verdienen, sind in besseren Umständen, als es durchschnittliche Regel ist. In Manchester empfangen in den Spinnereien die Kinder von 9 — 10 J. ungefähr wöchentlich 2,⁸ Sch., von 10 bis 12 J. 3,³ Schill., von 12 — 14 J. 5,⁷⁰ Schill., von 14 — 16 Jahren 7,⁴ Schill. First Report of the poor law commissioners, 1835, S. 204. In Frankreich verdienen die Kinder bis zum 17. oder 18. Jahre beim Spinnen ¼ — ¾ Fr. täglich und bei jedem Jahre, nun welches fie älter sind, gewöhnlich 1 Sous (5 Cent.) täglich mehr, — beim Weben und Drucken nur ⅙ — ½ Fr. In Belgien nimmt man für Kinder unter 12 Jahren 30—40, für 12—16jährige 50—75 Cent. Lohn an, während erwachsene Männer 2,⁵⁰, Weiber 1,²⁰ Fr. verdienen, Enqu. I, V. III, 476. — Die Lage der in den Fabriken arbeitenden Kinder ist, wenn man fie auch vielleicht zu hart geschildert hat, doch jedenfalls gefährdet und öfters sehr beklagenswerth. — Man hat in dem Lebenslaufe eines Arbeiters fünf Abschnitte unterschieden: 1) Er lebt bei seinen Eltern und sein Erwerb ist noch unzureichend; 2) er kann sich erhalten und noch übersparen; 3) er heirathet und hat Mühe, seine Kinder zu ernähren; 4) diese find selbst arbeitsfähig und er steht sich wieder gut; 5) seine Kräfte nehmen ab und mit ihnen seine Einnahme. Villermé, Tabl. II, 367, nach de Gasparin.

(c) Eine Ausnahme träte dann ein, wenn der Staat oder die Gemeinde einen Theil der Unterhaltskosten auf sich nähme, z. B. durch Theilnahme des Arbeiters an den Nutzungen des Gemeindevermögens, oder bei der Unterstützung, die unehelichen Müttern gegeben wird, oder bei dem seit 1834 abgeschafften fehlerhaften Systeme der Lohnzuschüsse, allowances, in England.

(d) Z. B. bei vielen Anfangsstellen im Staatsdienste, bei Handwerksgesellen, Handelsdienern, Officieren u.

§. 191.

Der Bedarf einer Familie in einer gegebenen Lage besteht aus vielen Theilen, die nicht in gleichem Maße nothwendig sind, er ist also keine scharf bestimmte und feststehende Größe. Indeß giebt es einen gewissen Betrag des Aufwandes für Nahrung (a), Kleidung, Obdach, Heizstoff ꝛc., der zur Erhaltung der Arbeiter und ihrer Angehörigen in Gesundheit und Kraft unentbehrlich ist, so daß, wenn der Lohn ihn nicht erreicht, die Arbeiterzahl in Kurzem durch Elend, Ehelosigkeit und Auswanderungen verringert werden müßte, vgl. §. 184. Diese Untergränze ist in warmen Ländern niedriger als in kalten, wo die Beschützung vor der rauhen Witterung mehr kostet und auch auf die Nahrung mehr verwendet werden muß (b). Gewöhnlich steht der Lohn über diesem untersten Satze, und wenn er einmal durch das Mitwerben auf eine solche Höhe gebracht worden ist, so gewöhnen sich die Arbeiter bald an einen reichlicheren Gütergenuß. Das Beispiel der höheren Stände, die Verfeinerung des Geschmacks, die Veredlung der Sitten und überhaupt die Verbreitung der Bildung in den unteren Ständen erweitern nach und nach die Ansprüche der arbeitenden Classe, die folglich neben den natürlichen auch manche künstliche Bedürfnisse annimmt. Obgleich es nun ursprünglich eine Folge des reichlichen Lohns war, daß sich die Arbeiter eines Landes eine behaglichere Lebensweise verschaffen konnten, so wirkt diese doch wieder durch ihre Dauer als Bestimmgrund des Lohnes, indem sie die Arbeiter antreibt, einer Erniedrigung desselben eifrig zu widerstreben. Die Mittel zu diesem Widerstande, z. B. spätes Verheirathen, Uebergang zu einem anderen Geschäfte, Hinwegziehen ꝛc., sind jedoch unter ungünstigen Umständen nicht mächtig genug, weßhalb nicht selten die Arbeiter genöthigt sind sich Entbehrungen gefallen zu lassen, die späterhin durch Gewöhnung ihr Peinliches verlieren (c). Daher sind die Anforderungen der Arbeiter auf ein gewisses Maaß von Gütergenuß von Land zu Land, je nach der wirthschaftlichen und geistigen Entwicklung, sehr verschieden (d).

(a) Man hat sich neuerlich bemüht, den Nahrungsbedarf für Personen eines gewissen Alters, Körperbaues ꝛc., als etwas Rein-Physisches, zu erforschen. Von den vier Bestandtheilen der organischen Körper kommt hier der Stickstoff (N) als der kostbarste und nährendste vorzüglich in Betracht, sodann der Kohlenstoff (C). Stickstoffhaltige (Proteïn-) Nahrungsmittel sind blutbildend (plastisch), stickstofffreie zum Athmen dienend. Nach de Gasparin braucht ein Erwachsener täglich gegen 1³/₄ Loth (25 Grammen) N (Cours d'agricult. V, 390), nach Mulder welchen 6,¹ Loth (100 Gr.) Proteïn-Stoffe hin, in denen ungefähr 1 Loth N enthalten ist. Grouven (Vorträge über Agriculturchemie S. 432. 2. Ausg. 1862) nimmt bei mäßiger Arbeit 1,ᵐ, bei starker 1,¹ L. N. oder ungefähr das 6fache an Proteïn an und 16—20 Loth stickstofffreie Stoffe, auf Kohlenstoff umgerechnet. Nimmt man als Mittelsatz 1¹/₄ Loth an, so sind diese (den N-Gehalt der Körner zu 2¹/₄ Proc. gerechnet) in

2 Pfd. Waizen oder Roggen enthalten, der Jahresbedarf ist demnach 730 Pfd. Hierin ist auch der ungefähre Bedarf an Respirationsmitteln (gegen 20 Loth C) vorhanden. Der badische Soldat erhält in 1½ Pfd. Brot und 5 Loth Fleisch ungefähr 1,³⁰ Loth N, der französische 1⁶/₅, der englische Eisenbahnarbeiter 1,⁹⁵, aber der irländische Taglöhner bei 12,¹ Pfd. Kartoffeln und 1 Pfd. Milch nur 1,⁴⁶ Loth N, Gasparin, V, 385, vergl. Grouven S. 117. Indeß kann man auch mit geringerer N-Menge gesund bleiben, wie die belgischen Bergleute mit 14,⁰⁸ Gr. ~ 0,⁵⁵ L. N (Gasparin in Dingler, Pol. J. CXVI, 394.) und der Stickstoffgehalt ist auch wegen der verschiedenen Verbindungen, in denen er vorkommt, nicht genau entscheidend. In Belgien ist durch-schnittlich die Nahrung eines erwachsenen Arbeiters jährlich 422 Pfd. Brot, 624 Pfd. Kartoffeln, 19 Pfd. Fleisch und Speck, 18 Pfd. Butter, 10 Pfd. Käfer, zuf. gegen 1 L. N täglich. Da Weiber und Kinder wenigere Nahrung nöthig haben, als Männer, so ist der mittlere Bedarf eines Kopfes nach Gasparin gegen ⅓ (0,⁴⁴ Proc.) von dem eines Mannes, der einer Familie von 5 Köpfen etwas über das Fache. Bgl. Mulder, Die Ernährung in ihrem Zusammenhang mit dem Bolksgeist, d von Moleschott, 1847 — Moleschott, Physiologie der Nahrungsmittel, 1850. Duepétiaux, Budgets économiques des classes ouvrières en Belgique. 1855. — Graf zur Lippe, Die rationelle Ernährung des Bolks. Leipz. 1860. — Starke An-strengung erfordert Fleischnahrung, die freilich Bielen nicht zu Theil wird. — Die Beköstigung des Gesindes bei begüterten Landwirthen giebt Beispiele vollständiger nahrhafter Kost. Graf Podewils (Wirthschaftsjahr. II, 6 ff.) braucht jährlich für einen Knecht 10⁵/₁₆ pr. Scheff Roggen, ¾ Sch. Gerste zu Bier, dazu so viel Erbsen, ⅓ Sch. Waizen, 12 Sch. Kartoffeln und 79 Pfd. Fleisch, nebst 4 Pfd. Schmalz. Dieß macht 1656 Pfd. Roggenwerth. Koppe's Ansätze von 10 Scheffel Roggen, 1½ Sch. Gerste zu Bier u. Grütze, ¼ Sch. Waizenmehl, 12 Sch. Kartoffeln und 160 Pfd. Fleisch be-tragen 2952 Pfd. Roggen, Blod's Annahme giebt 2300 Pfd. Roggen. Kleemann rechnet für eine bessere und geringere Beköstigung 2552 und 1688 Pfd. Roggen (Encyll. landw. Werk. S. 151). Nach Mö1-linger (Pfisterrsheim bei Worms) ist der Jahresbedarf 659 Pfund Roggen, 162 Pfd. Waizen, 365 Pfd. Kartoffeln, 26,² Pfd. Butter, 96 Pfd. Fleisch, zuf. 1553 Pfd. Roggen jährlich. In der baierischen Abteipfalz schlägt man die Gesindekost auf 110—120 fl. an (L. Rau, Stndien S. 116) — 26 Gtr. Roggen, vom Borm auf 60 — 70 Thlr. (Harlstein, S. 225) — 32 Gtr. R. Es sind hierbei nach Blod 100 Pfd. Roggen — 80 Waizen — 89 Erbsen — 110 Gerste — 600 Kartoffeln — 25 Rindfleisch — 10 Butter angenommen, aber Salz, Gemüse, Milch, Holz ic. nicht eingerechnet. — 10 Pfd. Getreide geben ungefähr 11 Pfd. Brot. — Krämer a. z. O. berechnet, daß die erforderliche Menge N durch 1½ Pfd. Brot und ⅔ Pfd. Erbsen oder Bohnen am wohlfeilsten dargeboten wird (2,⁰⁶—2,⁴⁶ Sgr.), wäh-rend 2½ Pfd. Brot und ¾ Pfd. Fleisch 4,⁸² Sgr. gilten.

(b) Hufeland, I, 171. — Man braucht mehr warme Speisen und die nördlicheren Völker essen überhaupt mehr (Storch, I, 152. 190. Ran, Auf. 47), weil sie mehr Bedürfniß haben, durch die Berbren-nung des Kohlenstoffs in den Lungen erwärmt zu werden (Liebig). Der ostindische Arbeiter genießt täglich nur 0,⁴⁴ Loth N und 19,⁶ Koh-lenstoff (Playfair bei Grouven). Humboldt bemerkt, daß der Arbeiter im kälteren Theil von Merito ½ mehr brauche als im war-men. Die Menschen in kälteren Gegenden sind wegen ihrer größeren Bedürfnisse zu einem größeren Fleiße genöthigt, der ihnen auch aus körperlichen Ursachen leichter wird, als den Bewohnern heißer Landstriche, §. 88. Nr. 2.

(c) Ein reichlicherer Gütergenuß, einige Zeit hindurch gehabt, wird leicht zum Bedürfniß. Hieraus erklärt sich, warum der Lohn, wenn er durch äußere Umstände ungewöhnlich erhöht worden ist, auch nach dem Aufhören derselben schwer wieder ganz auf den alten Stand fällt.

(d) Die wirthschaftliche Lage der Arbeiterfamilien ist besto besser, je mehr sie von ihrem mittleren Einkommen neben der Nahrung noch für andern Zwecke verwenden können. Wo die Nahrung einen großen Theil des Einkommens hinwegnimmt, da pflegt sie zugleich spärlicher zu sein, weil andere Bedürfnisse ebenfalls dringend sind. Nach den Ausmittelungen für den preuß. Staat nahm die Nahrung bei den Feldarbeitern i. D. 64 Proc. der Jahresausgabe hinweg, und zwar 43 Proc. in Posen, 50 Westfalen, 54 Preußen, Rheinland, 55 Pommern und Schlesien, 56 Brandenburg, 58 Sachsen (aus den Zahlen bei v. Reitzler, Die Arbeiterfrage S. 187). — ferner Arcis Bonn (Karl, Rein) 57, bei den Gewerbsarbeitern in Mülhausen 63,⁵, in Brüssel 68, bei den belg. Bergleuten (um Mons, Laqu) 70, bei den franz. Feldarbeitern 70 Pr. (Morogues), 74 (nach de Gerando) oder 74,⁰ (Gasparin), in Genf 70 Pr. (Enquête), bei besser oder geringer bezahlten Arbeitern in Belgien 70 und 82 Proc. (Ducpetiaux), in der bad. Pfalz Landarbeiter 65, städtische 61 Proc. (Mau bei Ducpetiaux), bei den Seidenwebern in Nîmes 64—74 Proc. Mac Culloch (zu Smith, S. 472) nimmt ⅖—¾ an.

§. 191 a.

Die Unterhaltskosten sind nicht bei allen Classen von Arbeitern in einem Lande dieselben, weil bei verschiedenen Verrichtungen theils der physische Bedarf zur Erhaltung der vollen Arbeitsfähigkeit (a), theils das standesmäßige Bedürfniß in Gemäßheit der Stelle, die der Arbeiter in der Gesellschaft nach den hergebrachten Vorstellungen behaupten muß (b), ziemlich ungleich sind. Diese Abstufung, die von der gemeinsten, kunstlosesten Lohnarbeit bis zu den höchsten Diensten geht und sich gewöhnlich in den entsprechenden Sätzen des Lohnes ausdrückt, darf nicht als etwas Zufälliges angesehen werden, sondern hängt mit dem Wesen der Verrichtungen, ihrer Schwierigkeit, Künstlichkeit, den dazu erforderlichen Anlagen, Geschicklichkeiten und Eigenschaften jeder Art zusammen. Dieß ist schon aus der Fortdauer der Lohnverschiedenheit in den mannichfaltigen Beschäftigungen abzunehmen, §. 197.

(a) Sehr anstrengende Verrichtungen (z. B. der Drescher, Schnitter, Holzhauer, Schiff- und Fuhrleute, Wehrmänner im Kriege) erfordern nahrendere Kost, Personen, welche mehr mit dem Geiste arbeiten, brauchen feinerer Nahrungsmittel und sind überhaupt körperlich empfindlicher.

(b) Wer mit gebildeten und wohlhabenden Menschen zu thun hat, muß sich besser kleiden, wer dieselben bei sich empfängt (Arzt, Zahnarzt, Haarschneider ꝛc.) bedarf einer anständigen Wohnung.

§. 192.

Da gleicher Unterhaltsbedarf sich je nach den Preisen der Lebensmittel in einer verschiedenen Geldsumme ausdrückt, so entsteht schon hieraus eine Verschiedenheit im Geldbetrage des Lohnes. Dieß zeigt sich 1) im Vergleiche mehrerer Oertlichkeiten. In fruchtbaren und schwachbevölkerten Gegenden, wo Nahrung, Heizstoff und dergl. wohlfeil ist, kann sich der Arbeiter bei geringem Geldlohne wohl befinden (a). In der Stadt kosten Wohnung, Holz, Abgaben ꝛc. mehr, als auf dem Lande (b). 2) Im Vergleiche verschiedener Zeitpuncte. Steigen die Preise der Lebensmittel, so muß sich ohne eine verhältnißmäßige Erhöhung des Lohnes die Lage der Arbeiter verschlimmern. Was die Wirkung dieser Veränderung auf den Lohn betrifft, so ist folgende Unterscheidung zu machen: a) Das bei der Zunahme des Wohlstandes und der Bevölkerung langsam eintretende, aber dauernde Steigen im Preise roher Stoffe (§. 185) zieht bei gleichem Stande des Mitwerbens eine Erhöhung des Lohnes nach sich, wie dieß die gewöhnliche Folge einer anhaltenden Kostenvermehrung ist (§. 163), die Arbeiter ziehen aber hieraus keinen Vortheil, wenn der Lohnsatz nur der Größe der nothwendigen Ausgaben folgt. Werden dagegen die Lebensmittel anhaltend wohlfeiler, so geht allmälig der Lohn herab, der Lohnherr hat dabei Vortheil, aber entweder sinken auch die Preise der Arbeitserzeugnisse, oder die wohlfeilere Arbeit wird stärker begehrt, so daß der Lohn nicht vollständig verhältnißmäßig niedriger wird und die Arbeiter besser leben als zuvor (c). Auch zeigt die Erfahrung, daß im Allgemeinen der Lohnsatz sich nur langsam verändert. b) Eine vorübergehende Vertheuerung der Lebensmittel, z. B. aus einer schlechten Ernte, kann nicht sogleich den Lohn steigern, weil die Lohnherren lebhaft widerstreben und das Angebot der Arbeiter nicht so bald abnimmt. Die arbeitende Classe muß folglich in solchen Jahren ihre entbehrlichen Genüsse einschränken und sich mit geringeren Lebensmitteln behelfen. Je höher bisher ihr Lohn war, desto eher kann sie sich etwas abbrechen, ohne sogleich in Noth versetzt zu werden (d). Selbst eine bedeutende Theuerung bewirkt keine Lohnerhöhung, denn es pflegt dann der Begehr von Arbeitern geringer zu sein, indem manche verschiebliche Unternehmungen unterbleiben, dagegen bieten sich mehr Personen als sonst zur Beschäftigung gegen Lohn an. Ohnehin ist es bei einem verminderten Getreidevorrath eines Landes ohne Zufuhr von außen unmöglich, daß die Arbeiter noch so viel verzehren, als zuvor, und wie man auch immer ihnen zu Gefallen den Lohn vergrößern möchte, so würde doch ihr Begehr die Lebensmittel noch immer weiter vertheuern, bis sie endlich gezwungen wären, ihren Verbrauch einzuschränken (e).

(a) Der wohlfeile Lebensunterhalt in heißen Ländern rührt zum Theil auch von diesem Umstande her, vgl. §. 191. — Der oberitalienische Arbeiter begnügt sich häufig mit einem Klumpen Polenta aus Maismehl den ganzen Tag. Nach Rumford's Angaben (Kl. Schriften, I. 315. — Burger, Ueber den Mais, S. 359) scheint 1 Pfund Mais einen Mann täglich zu ernähren. -- In Küstengegenden gewähren auch die Fische ein sehr wohlfeiles Nahrungsmittel.

(b) Häufig bewirkt die erschwerte Zulassung städtischer Arbeiter, daß der Unterschied des Stadt- und Landlohnes noch mehr beträgt. Landbewohner sind genügsamer, gewinnen die Nahrungsmittel wohlfeiler ꝛc.

(c) Diese Wirkung muß z. B. die freigegebene Zufuhr von fremdem Getreide oder die Anwendung einer wohlfeileren Art von Nahrstoffen haben. Es verdient hiebei untersucht zu werden, wie die Einführung der Kartoffeln gewirkt haben möge. 1) Ein Kartoffelfeld bringt dem Raummaaße (Volumen) nach ungefähr 10×, dem Gewichte nach 11 mal soviel Nährstoff hervor, als ein Roggenfeld gleicher Güte, blos die Knollen und Körner gerechnet, nach Block auf dem besten Boden resp. 12× und 14mal soviel. 2) Wie sich die Nahrhaftigkeit beider Stoffe verhalte, ist noch nicht ausgemacht. Nach Wahrnehmungen in der Erfahrung werden 100 Pfd. Roggen bald 312 Pfd. Kartoffeln gleichgesetzt (Sombon), bald 348 Pfd. (v. Thünen), 384 (Petri), 433 (Dombasle), 440 (v. Wedherlin), 500 (Beit), 536 (Thaer), 540 (Gasparin), 551 (Boussingault), oder gar 600 Pfd. (Block, Kleemann). Die Abweichungen in diesen Angaben lassen sich schon aus der Verschiedenheit der Kartoffelsorten und aus der ungleichen Verwendungsart, für menschliche und thierische Nahrung, zum Branntweinbrennen ꝛc. erklären, sowie es auch noch ungewiß ist, in welchem Werthverhältniß das pflanzliche Eiweiß (Protein) und das Stärkmehl zu einander stehen. Nimmt man 500 an, so folgt, da 1 Scheffel Waizen ꝛc. Kartoffeln (gehäuft gemessen) 16—18 Pros. mehr wiegt, als dasselbe Maaß Roggen, daß die Nahrhaftigkeit gleicher Raumtheile Kartoffeln und Roggen sich ungefähr verhalte wie 100 zu 430. Ein Morgen Kartoffelland giebt demnach 2,⁸—3,³ soviel Nährstoff als ein Roggenfeld. Kartoffeln haben bei ihrem starken Wassergehalte von 75 Pros. nur 0,³—0,⁴ Pros. Stickstoff im Eiweißstoff, der aber mit einer großen Menge Stärkmehl verbunden ist, welche nicht vollständig zur Ernährung verbraucht wird. Die tägliche Verzehrung neben dem Brote geht bis zu 8 Pfd. Kartoffeln. Diese enthalten an Protein nur 18, an Fett 18,⁷, an Kohlenhydrat 28,⁸ Pros. von dem Gehalt an den nämlichen Stoffen, der sich in gleicher Gewichtsmenge Waizen findet. Deßhalb reichen sie allein nicht hin und es müssen andere stickstoffreichere Nährmittel hinzukommen. 3) Der Preis der

Kartoffeln ist dem Raummaaße nach meistens gegen ½ des Roggenpreises (§. 184), also niedriger, als die Annahmen in 2), auch wenn man berücksichtigt, daß das Getreide noch Mahl- und Backlohn kostet. Vgl. Kreyßig, Der Kartoffelbau im Großen, 2te Ausg. S. 49. — Liebe, Anleit. S. 230. 21. — Schmalz, Anleit. zum Bonitiren u. Classific. des Bodens, S. 178. — Knapp, Die Nahrungsmittel, S. 70. 1) Die Kartoffeln haben demnach die Ernährung einer größeren Menschenmenge ermöglicht und die Vertheuerung des Getreides bei der Zunahme der Einwohnerzahl verhindert. 5) Ein Kartoffelfeld erfordert zwar mehr Arbeit, als ein Getreidefeld, aber nicht soviel mehr, als es mehr Nahrung liefert, zumal wenn die Bearbeitung durch Pferdehacke und Häufelpflug geschieht. 6) Daher ist eine starke Bevölkerungsvermehrung ohne gleiche Zunahme des Bigehrs und dadurch eine Anhebung des Lohnes verursacht worden. 7) Es ist nachtheilig, wenn Kartoffeln die Hauptnahrung der Lohnarbeiter ausmachen, a) weil sie zu wenig Stickstoff enthalten, b) weil ihr Ernteertrag mehr zurückschlagen kann, als der des Getreides, c) weil sie kostbar zu verführen und schwer aufzubewahren sind, d) weil sie den Lohn auf die unterste Gränze herabdrücken können. Vgl. Mac Culloch zu A. Smith, S. 467.

(d) Eine Ausnahme macht die Lage derjenigen Taglöhner, welche wie das Gesinde bei dem Lohnherrn beköstigt werden. — Da die Nahrung einer Arbeiterfamilie mindestens die Hälfte ihrer Ausgaben oder mehr beträgt (§. 190) und größtentheils aus Getreide und anderen, mit diesem zugleich im Preise stehenden Gegenständen besteht, so muß eine starke Vertheuerung des Getreides ꝛc. Entlohnung verursachen. „In Irland ist die Kartoffelernte eine Angelegenheit um Leben und Tod. Mißräth diese Ernte, so tritt vollständige Hungersnoth ein. Zum Getreide kann man die Zuflucht nicht nehmen, denn dieses können nur die Wohlhabenden bezahlen.“ Aussage eines irländischen Sachkundigen vor der Parlaments-Commission f. Beim Ackerbaue und vom Zustande der dem Ackerbau treibenden Classen in Irland und Großbritannien, I, 170 (Wien, 1840). Der Winter 1846-47 bestätigte diese Behauptung auf die traurigste Weise. Vgl. Villermé, Tableau ꝛc., II, 16 f. In früheren Zeiten hat große Theuerung häufiger ein als heutiges Tages, und sie war von fruchtbaren Folgen, Hungersnoth und großer Sterblichkeit begleitet, weil die Lohnarbeiter ohnehin dürftiger und schlechter genährt waren. Belege z. B. bei Daresto de la Chavanne, Hist. des classes agricoles en France 2 Ausg S. 497. 1858 — In Belgien ist der Lohn der Feldarbeiter von 1835—48 ziemlich gleich geblieben, der Getreidepreis aber gestiegen, so daß der Arbeiter mit seinem Taglohn 1830—35 9,⁷⁰ Pfd., 1835—40 8,ᵐ Pfd., 1840—46 nur 8,ᵐ Pfd. Waizen kaufen konnte.

(e) Vgl. Ricardo's Bemerkungen über die in ihrer Allgemeinheit unrichtige Behauptung Buchanan's, daß der Lohn sich gar nicht nach dem Preise der Lebensmittel richte, Grundges. S. 222. (I, 308.) — Oancilh, Systèmes, I, 249. — Gioja, N. Prosp. III, 228, urtheilt wie Buchanan. — In der Grafschaft Kent berechnete man die Ausgaben einer Taglöhnerfamilie für Kost, Lohn und Seife 1835 auf 9, 1858 auf 12 bis 12 Sh. 7 P. wöchentlich. Der Lohn hätte also auch um 33 Proc. steigen müssen. Aber „eine solche Erhöhung des Lohnes im Feldbau ist unerhört. Der Arbeiter schränkt sich bei höheren Preisen sogleich in seinen entbehrlichen Genüssen ein, unter denen Thee und Zucker zuerst von seinem Tische verschwinden." Lord Clinton in 12th App. rep. of the poor law commiss. S. 130.

§. 193.

Auch die Menge von Zwischenzeiten, in denen der Arbeiter nichts verdienen kann, hat auf die Kosten der Arbeit Einfluß, weil derselbe während jener Zeit von dem Ertrage der Arbeitszeit zehren und folglich in dieser die Mittel für den ganzen Unterhalt empfangen muß. Treten Unterbrechungen regelmäßig ein, oder läßt sich wenigstens ein mittleres Verhältniß zwischen der Arbeits- und Feierzeit angeben, so kann auch der Kostenbetrag der ersten hiernach berechnet werden und der Lohn pflegt sich dem gemäß zu stellen. Dahin gehören 1) die üblichen Feiertage. Man könnte glauben, die Verminderung derselben müsse den Zustand der Arbeiter verschlimmern, weil dadurch das Angebot von Arbeit anwächst und jene folglich bei längerer Thätigkeit doch im Ganzen nicht mehr einnehmen. Allein es wird bei jener Veränderung das ganze Arbeitserzeugniß im Volke vergrößert, die Unternehmer können mehr absetzen und mehr Arbeiter beschäftigen und ihr stehendes Capital wird vollständiger benutzt, so daß nicht blos das Angebot, sondern auch der Begehr von Arbeit vergrößert wird und die Belohnung des Arbeiters im Verhältniß zu der längeren Arbeitsdauer im Jahre anwächst (a). 2) Die in der Natur mancher Verrichtungen gegründeten Unterbrechungen (b), vorausgesetzt, daß man nicht während ihrer Dauer andere einträgliche Beschäftigungen ergreifen kann. — Regellose Unterbrechungen, für welche die Arbeiter sich keinen Ersatz verschaffen können, sind für sie ein großes Uebel. Man muß daher, um das Einkommen der Lohnarbeiter zu beurtheilen, nicht blos den Lohn der Arbeitszeit berücksichtigen, sondern auch die Zahl der verdienstlosen Tage. Dagegen kann der Lohn der Neben- und Zwischengeschäfte sehr niedrig sein, wenn der Arbeiter auch ohne sie schon seinen Unterhalt findet und aus ihnen nur einen Zuschuß erwartet (c).

(a) Vgl. Hufeland, I, 180. — Sismondi, Nouv. pr. I, 354. — Die 52 Sonntage (⅐ der Zeit) und einige Festtage sind zur Erholung des Arbeiters wohlthätig. Die Decadi bei republikanischer Zeitrechnung gaben ihm zu wenig Ruhe und verletzten die Gewohnheiten desselben. Daher der Ausspruch: Ils ont beau faire (die Einführer des republicanischen Calenders), Ils ont b faire a deux ennemis, qui ne céderont pas: la barbe et la chemise blanche. Mém. de Constant, I, 132. Wo aber, wie in Ostindien, fast die Hälfte des Jahres aus

Feiertagen besteht, da ist schon wegen der geringeren Arbeitsleistung das Lohneinkommen niedriger als anderswo. In einer Gegend von Niederbaiern hat man 204 Feiertage gezählt, mit Einschluß von 20 Kirchweihen und ebensoviel Nachkirchweihen benachbarter Dörfer, 15 Hochzeiten, 12 Scheibenschießen und dergl., auch fängt der Feierabend schon um 4 Uhr Nachmittags an. Bair. Ständeverhandl. 1637. 2. K. Beil. V, 147.

(b) 3. B. Geschäfte, bei denen man auf Bestellung warten muß (Lastträger, sog. Dienstmänner oder Eckensteher, Krankenwärter, Fremdenführer, Bedienung in Badeorten ꝛc.), oder schon wegen der Anstrengung nicht ununterbrochen arbeiten kann, wie das Holzfällen. Die Hochöfen und Glashütten stehen oft eine Zeit lang still. Schneider haben zwischen Johannis und Michaelis wenig zu thun. Vgl. Smith, I, 181. — Hirten, Schiffleute, Zimmerleute, Maurer, Tüncher (Anstreicher) haben im Frost, die im Walde arbeitenden Holzhauer im Sommer weniger Beschäftigung. Für jene ist die ungleiche Dauer der Frostzeit sehr nachtheilig, weil sie sich keine sichere Rechnung machen können. Die Bauern in Bengalen sitzen am Webstuhle, so lange die Ueberschwemmungen des Ganges die Feldarbeiten unterbrechen — Einem Lastträger giebt man in London nicht unter 1 Schill. (30 kr.) für die Stunde. — Wenn man den Arbeiter auf längere Zeit beschäftigt, so begnügt er sich mit geringerem Lohne

(c) Dies kommt besonders bei den periodischen Unterbrechungen der Feldarbeiten vor, weshalb Flachsspinnen und dergl. sehr niedrig bezahlt wird. Vgl. Storch, I, 197. — Beim Strohflechten verdient eine Person im Schwarzwald 4—20 kr. täglich nach der Feinheit des Geflechtes. — Daß man vom Nähen, Stricken, Spinnen und dergl. nicht leben kann, erklärt sich hauptsächlich aus dem Mitwerben vieler Personen, die in ihren Familien jedenfalls erhalten werden müßten. Das Jahreseinkommen einer Arbeiterin in Paris, bei 1¼ Fr. täglich, ist 375 Fr., ihr Bedarf nicht viel unter 500 Fr. Vée in Journ. des Econ. X, 250.

§. 194.

Die Kosten, welche zur Erwerbung der für einen besonderen Zweig der Arbeit nothwendigen Geschicklichkeit aufgewendet werden müssen (§. 188), lassen noch weniger eine genaue Ausmittlung zu, als der Unterhaltsbedarf, 1) weil ihre Größe unter dem Einflusse verschiedener Umstände sehr ungleich ist (a), 2) weil die Lebensdauer des Einzelnen, nach welcher der jährliche oder tägliche Ersatz des Aufwandes berechnet werden müßte, ungewiß ist (b). Gleichwohl muß unter übrigens gleichen Umständen eine Arbeit, welche kostbarer zu erlernen ist als eine andere, auch höher belohnt werden, denn sonst würden Wenige geneigt sein, sich um die Erlangung der erforderlichen Fähigkeit zu bemühen, und es würde deßhalb das Angebot an guten Arbeitern sich so lange verringern, bis dann wieder eine Steigerung des Lohnes erfolgt (c) (d).

(a) So ist z. B. die Vorbereitung der Kinder viel weniger kostbar, wenn sie im Wohnorte der Eltern geschehen kann.

(b) Die mittlere Lebensdauer ist bei einem 16jährigen Menschen gegen 40, bei einem 20jährigen 38, bei einem 25jährigen 33 weitere Jahre. Je nachdem nun der Arbeitsverdienst in einem oder dem anderen Alter anfängt, müssen in 33 — 39 Jahren die Vorbereitungskosten sammt Zinsen erhalten werden; rechnet man z. B. 16 Arbeitsjahre und 2000 fl. Kosten der Vorbereitung, so müßte dafür der Arbeiter bei einem Zinsfuße von 4 Procent jährlich 105 fl., bei einem Zinsfuße von 5 Proc. aber 120 fl. oder täglich 24 kr. einnehmen, ohne Zinsen jährlich 33½ fl oder täglich 11 kr. Jene Regel trifft aber nur im Großen zu und die Menschen pflegen auf sie wenig Rücksicht zu nehmen

(c) In kurzer Zeit kann sich diese Wirkung nicht zeigen, weil die einmal vorhandenen Arbeiter schwer in ein anderes Geschäft übertreten; aber es wird wenigstens der Zudrang junger Leute geringer. — Senior (Outline S. 215) bemerkt richtig, daß die Kosten der Erziehung nach dem Stande der Eltern als eine Familienausgabe angesehen werden, die man in Bezug auf die zu wählende Berufsart nicht in Anschlag bringt, vgl. §. 198 (a).

(d) Röster in der Zeitschrift u. a. O. führt neben dem sachlichen Aufwande des Arbeiters auch den persönlichen an, der in der zur Erlangung der nöthigen Geschicklichkeit angewandten Mühe und Anstrengung bestehen soll. Dieser Aufwand von Geistes- und Willenskräften fällt nicht unter den Begriff von Kosten und entzieht sich der Berechnung. Er mag beiläufig mit der Größe der Vorbereitungskosten in gleichem Verhältnisse stehen, es ist aber auch auf ihn den am Schlusse dieses §. ausgesprochene Satz anwendbar.

§. 195.

Bei dem Mitwerben, welches zunächst den jedesmaligen Stand des Lohnes bestimmt (§. 187), kommt das Angebot und der Begehr von Arbeit in Betracht. Jenes besteht aus der Menge unbegüterter arbeitsfähiger Menschen, welche auf Lohnverdienst angewiesen sind, und steht theils mit der Volksmenge eines Landes, theils mit der Vertheilungsart des Vermögensstammes in Zusammenhang. Dabei tritt aber noch der eigenthümliche Umstand ein, daß bei vermindertem Begehr das Angebot von Arbeit nicht sogleich verringert werden kann, vielmehr der unbegüterte Lohnarbeiter auch sehr ungünstige Bedingungen annehmen muß, um nur leben zu können. Da nun zugleich eine Vermehrung des Angebotes nur allmälig erfolgt, so erhellt, daß der Lohn mehr und anhaltender als der Preis der Waaren von dem Mitwerben bestimmt wird. Der Begehr, wenigstens in den hervorbringenden Gewerben (a), richtet sich nach der den Unternehmern sich darbietenden Gelegenheit, Arbeiter auf einträgliche Weise zu beschäftigen, und nach dem hiezu anwendbaren Capital (b). Es ist dieß ein Theil des umlaufenden Capitales in einem Volke, der bei dem Anwachse des gesammten Capitales ebenfalls zunimmt, wenn er schon nicht immer einen gleichen Theil desselben ausmacht. Die Theile des stehenden Capitales, z. B. Gebäude und Geräthe ꝛc., wirken nur ein= für allemal bei der Anschaffung solcher Gegenstände auf den Lohn (c), und arbeitsparende Maschinen können sogar augenblicklich denselben erniedrigen, bis der durch sie gemachte Gewinn wieder den Begehr nach Arbeit erweitert. Das Verhältniß des für die Lohnausgabe bestimmten Capitales zu den anderen Theilen desselben ist in den verschiedenen Gewerbszweigen sehr ungleich (d) und bleibt nicht einmal in einem und demselben Gewerbe unverändert, weil die von einem Unternehmer beschäftigte Zahl der Arbeiter gerade zu seinem Vorrathe von Stoffen, Maschinen, Werkzeugen ꝛc. passen muß (e). Ist die Volksmenge in Vergleich mit jenem Theil des Capitales sehr groß, so kann aus demselben vielleicht nur ein Theil der Arbeiter beschäftigt, in jedem Falle aber nur ein sehr spärlicher Lohn gegeben werden, im entgegengesetzten Falle muß derselbe so weit steigen, daß den Unternehmern und Capitalisten ein kleineres Einkommen übrig bleibt. Hieraus ergiebt sich, wie wohlthätig die Ansammlung von Capitalen auf die Lage der Arbeiter wirkt (f).

(a) Dienste werden aus dem Einkommen derjenigen Personen bestritten, die sie bestellen. Hermann, Unters. S. 291.
(b) Uebereinstimmend St. Mill. I, 341. Morrison, Essay S. 15. — Wenn der Unternehmer den Lohn, wie die anderen Ausgaben, verschießt (§. 125), so muß allerdings der Käufer des fertigen Erzeugnisses das aufgewendete Capital wieder ersetzen, daher sind die neu in einem Volke hervorgebrachten Güter (das rohe Volkseinkommen) die Quelle, aus welcher diese Erstattung fließt, und jener Lohnvorschuß würde nicht gegeben, wenn man nicht seines Ersatzes sicher wäre. Auch wäre ohne den Absatz das Capital des Unternehmers bald erschöpft, §. 122. Der Absatz, also auch die Erhaltung und Vergrößerung des Capitales, hangt von der Kauflust und dem Einkommen der Abnehmer ab. Indeß wirkt der Begehr einer Waare nur mittelbar auf den Lohn, insofern er die Unternehmer bestimmt und befähigt, ein gewisses Capital zur Beschäftigung von Arbeitern anzuwenden, und dieß geschieht auch bei starkem Begehr nicht immer, z. B. aus Unternehmungslust und Furcht vor dem fremden Mitwerben oder wegen der gleichzeitigen Einführung von Maschinen. Es muß immer erst ein Capital in den Händen des Unternehmers vorhanden sein, welches, nachdem ein gewisses Erzeugniß beendigt und verkauft worden ist, von Neuem verwendbar wird. Wenn der Unternehmer nach erhaltener Bezahlung das Capital in das Aus-

land sendete, so hörte der Begehr von Arbeit auf. Die Ansicht von Hermann (s. a. O.), nach welcher „alle wahre Nachfrage (nach Arbeit) nur von denen ausgehen kann, welche neue Tauschwerthe entgegen zu bieten haben" (d. h. von den Ueberschuß der Waaren), ist daher nicht wesentlich verschieden, sondern nimmt nur sogleich die entferntere mittelbare Ursache statt der näheren an. Nicht die obige Darstellung kann dem Hochmuth der Unternehmer gegen ihre Arbeiter gar Nahrung geben, sondern die Macht, die unvermeidlich der Capitalbesitzer über den thätigen Arbeiter ausübt, besonders wenn jener von harter Selbstsucht geleitet wird, diese das Mitwerben gegen sich hat. Abweichend Hermann, Unters. S. 260. — Dagegen auch Schmidt, Unters. S. 187.

(c) Capitale, die im Auslande angelegt, Theile des Einkommens, die dort verzehrt werden, wirken gar nicht auf den Lohn. Gegenstände, die von manchen Schriftstellern ebenfalls zu dem Capitale gerechnet werden (§. 63 (d)), die aber dem Arbeiter seine Unterhaltsmittel darbieten, haben offenbar ebenfalls auf den Lohn keinen Einfluß. In den folgenden §§. ist, wo der Kürze willen nur vom Capitale überhaupt gesprochen wird, immer der zum Unterhalte der Arbeiter dienende Capitaltheil zu verstehen.

(d) Ein Capital erhält desto mehr Arbeiter in Thätigkeit, je schneller es umgesetzt wird. 1200 fl., die nach einem Jahre erstattet werden, beschäftigen (zu 1 fl. täglich) 4 Menschen, dauert aber der Umlauf nur 2 Monate, so können 24 Arbeiter unterhalten werden. — Beispiele: Im Elsaß (Dep. Ober- und Niederrhein) sollen die Baumwollengewerke 100 Mill. Fr. stehendes und 120 Mill. umlaufendes (roulant) Capital beschäftigen, Nomen in Enquête commerc. III, 349. Die Arbeiterzahl ist 105—110,000, und mit Rücksicht auf die mittleren Lohnsätze und Classen derselben kann man die ganze Lohnausgabe auf 38 Mill. annehmen — Kattundruckerei im Dep. der Seinemündung (Rouen und Umgegend), Barbet, ebend. III, 225: stehendes Capital 11½ Mill., umlaufendes 13 Mill. Fr.; Lohn gegen 3½ Mill. Fr. — Belgien 1838, Baumwollenverarbeitung: Streh. Capital 22 610 000 Fr., umlaufendes 18 Mill., Lohn 15 Mill. (28 000 Arbeiter), ganzes Erzeugniß 41 840 000 Fr.; vermuthlich also 2½maliger Umlauf jährlich. — Wollenverarbeitung: Stehendes 20 Mill., umlaufend 10 Mill. Fr., Lohnausgabe jährlich 6 Mill. (15—17 000 Arbeiter), ganzes Erzeugniß 27 Mill., also 2,7maliger Umsatz. Briavoinne, Ind. en Belg. II, 377. 393. Vgl. auch Schmidt, a. a. O. S. 193.

(e) Gesetzt, ein Gewerbsmann habe 40 000 fl. umlaufendes Capital, wovon 21 000 fl. — 52,5 Proc. für Lohn verwendet und bei zweiigem Umsatze 140 Menschen zu 300 fl. jährlich beschäftigt werden; sänke der Lohn von 1 auf 0,8 fl. herab, so würden 8400 fl. Lohnausgabe oder 4200 fl. Capital erspart. Hievon könnte man 35 weitere Arbeiter bezahlen, allein weil man auch mehr Stoff anzuschaffen hat, so sind nur 40 Proc. jener Ersparniß für Arbeiter verwendbar, es können deren also nur 16 hinzukommen. Die Lohnausgabe ist nun 37 440 fl. — 46,8 Proc. des Ansatzes, vorher war sie 54 Proc.

(f) J. H. v. Thünen (Isol. Staat II, 154. 202) stellt ein Gesetz auf, welches angeben soll, um wieviel der durch das Mitwerben bestimmte Lohn je nach der Einträglichkeit eines Gewerbes über der Naturgränze steht, a bedeutet den nothwendigen Unterhaltsbedarf des Arbeiters, p das Arbeitsprodukt eines Arbeiters, und zwar in einem besonderen Sinne genommen, so daß es denjenigen Ueberschuß des Rohertrages über die Ausgaben anzeigt, welcher lediglich den Lohn und Capitalzins in sich begreift. Der Lohn $a + y$, der um y über dem nothwendigen Bedarfe steht, soll die mittlere Proportionalzahl zwischen dem Minimum a und p, der Leistung des Arbeiters, sein (wobei also $p - a - y$ der Antheil des Capitalisten sein würde). Es ist demnach

$$a : a + y = a + y : p$$
oder
$$a + y = \sqrt{ap}$$

Z. B. $a = \frac{1}{2}$ fl., $p = 2$ fl., $a + y = 1$ fl. oder $y = \frac{1}{2}$ fl. — Die Einträglichkeit der Gewerbe erweitert allerdings den Begehr von Arbeit und somit den Lohn, nur nicht in allen Zweigen in gleichem Maaße, und es ist nicht erweislich, daß die Theilung gerade in einem geometrischen Verhältniß erfolgen müsse, $a + y$ könnte auch das arithmetische Mittel zwischen a und p sein, $a + y = \frac{a + p}{2}$ oder $y = \frac{p - a}{2}$, im obigen Beispiele also $a + y = \frac{5}{4}$ fl. und $y = \frac{3}{4}$ fl.

Ferd. Lassalle († 1864) erklärt es in seinem verschiedenem Flugschriften für ein volkswirthschaftliches Gesetz, daß die Lohnarbeiter im Ganzen und auf die Dauer nicht mehr Lohn empfangen, als der nöthigste Unterhaltsbedarf beträgt. Dieß gilt jedoch selbst von der lumpklosen Handarbeit nur dann, wenn die Volksmenge schneller zunimmt als das Capital.

§. 196.

Ist der Lohn im Vergleich mit dem Unterhaltsbedarfe reichlich, so hat der Arbeiter die Wahl, entweder etwas überzusparen, oder besser zu leben als bisher, oder sich zu verehelichen und eine neue Familie zu gründen. Die Annehmlichkeiten des häuslichen Lebens bewegen gemeiniglich die Mehrzahl der Arbeiter bei einem hohen Lohne, sich früher als sonst zu verhetrathen (a). Hierdurch und auch zufolge von Einwanderungen entsteht in einem solchen Falle in nicht langer Zeit eine beträchtliche Vermehrung der Volksmenge, welche dann das Angebot von Arbeitern erweitert (b). Wenn nun das Einkommen des Volkes nicht so reichlich ist und die Antriebe zum Sparen nicht so mächtig sind, daß der Anwachs des gesammten Capitals mit der Volksvermehrung gleichen Schritt halten könnte, so muß der Lohn allmälig geringer werden (c), bis er bei gemeiner Handarbeit nur den Unterhaltsbedarf nach der mit der Bildungsstufe der Arbeiter zusammenhängenden Lebensweise gewährt. Dann erhält die weitere Volksvermehrung durch die langsamere Zunahme des Capitals ihre Schranke. Findet dagegen eine schnellere Vermehrung des Capitales Statt, so äußert sie sich in der Steigerung des Lohnes. Der Lohn jener gewöhnlichen Handarbeit läßt eine auffallende Stetigkeit wahrnehmen (d).

(e) Die Anzahl derjenigen, welche einen Gütergenuß für ihre Person vorziehen, wird desto größer sein, je mehr Luxus unter allen Ständen der Gesellschaft verbreitet ist. — Die gute Lage der Lohnarbeiter in England um die Mitte dieses Jahrhunderts hat sogleich eine Zunahme der Ehen und Geburten nach sich gezogen, die eine stärkere Volksvermehrung erwarten lassen. Die neuen Ehen waren 1847—49 im Durchschnitt 139000, aber 1852 158000, der Ueberschuß der Geburten über die Gestorbenen in jenem Zeitabschnitt 160 000, 1852 aber 216000.

(d) Das Maaß der Volksvermehrung in jedem Lande und Zeitpunct erkennt man am vollständigsten aus den periodischen Volkszählungen. Man sucht den Unterschied der Volkszahl zweier Jahre und bestimmt hieraus den jährlichen Zuwachs in Procenten. Hiebei giebt es mehrere Arten der Berechnung. 1) Am genauesten ist es, von der Annahme einer Vermehrung in einer geometrischen Reihe auszugehen, weil nach der Natur der Sache die Geburts- und Sterbefälle in einem gewissen Verhältniß zur Zahl der Lebenden stehen müssen. Wenn 1 Mill. sich in 1 Jahre um 10 000 oder 1 Proc. vermehrt, so ist unter gleichen Umständen zu erwarten, daß im nächsten Jahre die auf 1·010 000 gestiegene Volksmenge nicht wieder nur um 10000, sondern um 1 Proc. = 10 100 zunimmt, also, von zufälligen Schwankungen einzelner Jahre abgesehen, um einen gleichvielten Theil. Die Berechnung ist etwas mühsam, deßhalb nimmt man 2), gewöhnlich an, die Vermehrung erfolge nach einer arithmetischen Reihe um gleichviel jährlich, man dividirt daher den Zuwachs einer Periode durch die Zahl der Jahre und drückt den Quotienten in Procenten der Volksmenge aus. Nimmt man hinzu, wie es bisher üblich war, die anfängliche Volkszahl, so weicht das Ergebniß von dem der ersteren Methode desto mehr ab, je länger der Zeitabschnitt ist, und besonders fehlerhaft wird dieß Verfahren, wenn man es mit mehreren Perioden von sehr ungleicher Länge zu thun hat. Es ist deßhalb besser, nicht die anfängliche, sondern die mittlere Volkszahl, das arithmetische Mittel zwischen der Anfangs- und Endzahl, zu Grunde zu legen, wobei die Zahlen des Zuwachses denen, welche die Annahme einer geometrischen Reihe geben, beträchtlich näher kommen. (Noch besser wäre die mittlere Volkszahl aller einzelnen Jahre, die aber nicht leicht zu erfahren ist.) Rau in Pölitz Jahrbüchern, 1831, I. 1. Rau, Nat.oec, III, 139. — 3) Eine andere Art der Ausmittlung ist, daß man nur das Verhältniß der Gebornen zu den Gestorbenen angiebt, wie bei Quetelet a. a. O. S. XLVII. Hiebei bleiben aber sowohl die Ein- und Auswanderungen unberücksichtigt, als das Verhältniß des Zuwachses zur Volksmenge. 4 Geb. auf 3 Todte geben das nämliche Verhältniß 1,³³ zu 1 wie 3 Geb. auf 2¼ t, aber wenn diese Zahlen Procente bedeuten, so ist die Zunahme im 1. Falle 1 Proc., im 2. nur ¾. — Eine Vorausberechnung des muthmaßlichen Zuwachses ist unfruchtbar, denn der Procentsatz desselben ändert sich von Zeit zu Zeit, hauptsächlich mit den volkswirthschaftlichen Verhältnissen. — Die Volksvermehrung der verschiedenen Länder ist eine der wichtigsten statistischen Thatsachen, deren Folgen ebenso wie ihre Ursachen viele Aufforderung zum Nachdenken darbieten. Viele dazu dienliche Angaben bei Bickes, Die Bewegung der Bevölkerung. 1833. — Bernoulli, Populationistik, 1840, Nachtrag 1843. — Wappäus, Allgem. Bevölkerungsstatistik, Leipz. 1859. 1861. II B. (vorzüglich). — Quetelet u. Heuschling in Bulletin de la commiss. centrale de statistique. X. 1865.

Da die Zahl der Weiber zwischen 18 und 45 Jahren, also in dem fruchtbaren Alter, 18—20 Procent der Volksmenge beträgt, und kaum auf jedes dritte Jahr eine Geburt kommen kann (in Preußen nur ⅕), so könnten die Geburten jährlich höchstens 5 oder 6 Procent betragen. (Europ. Rußland 1838 geb. 1 auf 20, gest. 1 auf 29.) Die Erfahrung zeigt nicht leicht im Durchschnitt einer Reihe von Jahren mehr als 1 Geburt auf 22 Lebende oder ungefähr 4½ auf 100, und wo die Zahl der Gebornen sich dieser Gränze nähert, da pflegt auch die Sterblichkeit größer zu sein. Die mittlere Zahl der Geb. ist 1 auf 29—30, der Sterbefälle 1 auf 36—38, je nachdem die Todtgebornen eingerechnet werden oder nicht. Weniger als ¹⁄₄₀ oder 2 Proc. ist selten; nur Norwegen hatte 1648—55 1 auf 51,⁷ oder 55,⁸ Sterbefälle. Die Sterblichkeit auf dem Vorgebirge der guten Hoffnung soll nach Cole-broofe (Rev. encyclop. Mars 1824, S. 703) gerade ¹⁄₅₀ sein, bei mehr als ¹⁄₂₀ Geburten, weßhalb dort die Menschenmenge zwischen 1798 und 1822 von 61 917 auf 120 000 gestiegen ist. Auf den canarischen Inseln 2 Proc. Sterblichkeit bei 3,⁴⁸ Proc. Gebnrten, Coleman Mac Gregor, Die canar. Inseln, 1831, S. 59. — Nehmen wir nun ¹⁄₅₀ oder 2 Proc. als die geringste Sterblichkeit, die bei 5 Proc. Geburten bestehen kann, so ergiebt sich, daß der jährliche innere Zuwachs, ohne die Einwanderungen, im günstigsten Falle 3 Procent betragen könnte, wobei sich also die Volksmenge in 23 Jahren verdoppeln würde. Dieß nimmt auch Wappaus an (I, 91), und Ricardo hält ebenfalls eine Verdoppelung der Volksmenge in 25 Jahren für möglich. Die Erfahrungen zeigen jedoch nirgends eine so schnelle Zunahme, als wo Einwanderungen im Spiele sind, und man darf einen jährlichen Zuwachs von 1½ Proc., wobei die Verdoppelung in 46 Jahren erfolgen würde, schon für einen beträchtlichen ansehn. Daß in den nordamerikanischen Freistaaten zwischen 1784 und 1809 eine Verdoppelung stattfand, und von 1800 — 25 nochmals, und daß von 1760—1844 die Volksmenge sich auf das 9¹⁄₂fache gehoben hat, ist den höchst günstigen Verhältnissen dieses Landes und der starken Einwanderung zuzuschreiben. In Irland geschah die Verdoppelung von 1768—1821, also in 53 Jahren, dagegen soll in Frankreich in 74 Jahren die Volksmenge nur um ½ zugenommen haben, und Moheau vermuthete aus späteren Erfahrungen nur Verdoppelung in nicht ganz dritthalb Jahrhunderten. (Untersuchungen und Berechnungen über die Bevölkerung von Frankreich, übers. von Ewald, S. 282. Gotha, 1780.) Die heutige Statistik liefert hierüber schätzbare Nachrichten, aus denen hier einige zur Erläuterung beigefügt sind. Es ist der mittlere Jahreszuwachs in Procenten der mittleren Volkszahl.

Baden, 1825—30 1,⁴⁰ Proc.
35—45 0,⁹⁶
45—55 0,⁷⁵ *)
1855—64 0,⁷⁶
Baiern, 1819—28 1,⁰⁰
34—46 0,⁸⁰
1852—64 0,⁶³
Belgien, 1830—50 0,¹⁵
1856—63 0,⁵⁴
insbes. Brabant 0,⁷⁵
Namur 0,⁸
Westfland. 0,⁰⁴ min.
Dänemark,
1830—40 0,⁸⁰
45—60 1

Frankreich,
1821—31 0,⁴⁷ Proc.
31—41 0,⁴
41—51 0,⁴⁴
51—61 0,⁴⁰ **)
61—66 0,⁵
Griechenland,
1853—61 1
Großbritanien,
1841—51 1851—61
England 1,⁴⁸ 1,⁷⁷
Schottland 0,⁸¹ 0,⁵⁸
Irland —2,⁵⁴ —1,⁸⁸ *)
Hannover,
1855—64 0,⁶¹

*) Abnahme. **) Ohne die neuen Departt.

— 275 —

Großh. Hessen,			insbes. Brandenb.	1,44 Proc.
1815—44	0,88 Proc.		Preußen	1,87
59—64	0,63		Rheinland	1,77
Kurhessen,			Pommern	1,91
1837—49	0,51		Schlesien	1,77
55—61	0,44		Sachsen	1,43
Niederlande,			Posen	0,97
1819—59	0,94		Westfalen	0,97
Nordamerika,			Sachsen,	
1790—1800	2,99		1834—49	1,44
1800— 50	2,89 *)		insbes. Städte	1,44
1850— 60	3		Land	0,8
insbes. 9 ältere			1855—64	1,44
atlantische St.	1,2		Schweden,	
Die übrigen St.	3,7		1840—50	1,029
Norwegen,			1855—60	1,17
1855—65	1,39		Schweiz, 1837—50	0,43
Oesterreich,			1850—60	0,8
1851—57	0,61		Toscana,	
Päpstlicher Staat,			1820—51	1,10
1844—53	0,74		1852—61	0,77
Preuß. Staat,			Würtemberg,	
1825—53	1,79		1837—49	0,45
1840—49	0,99		49—55—0,74 **)	
1855—64	1,88		55—61	0,8

*) Abzüglich. **) Ohne Texas und die Staaten am stillen Meere.

Aus diesem Angaben erhellt sowohl die große Verschiedenheit des Zuwachsverhältnisses von Land zu Land, als die öftere Veränderung desselben in einzelnen Ländern. Im Anfang der Friedenszeit seit 1815 war in den meisten Ländern die Zunahme stärker als später. — Bemerkenswerth ist der langsame Zuwachs in Frankreich, und der Unterschied der Landbau- und Fabrikgegenden von England (London ausgenommen). In den ersten 10 Jahren hatten 21 der ersten 0,81, aber 10 der letzteren 1,73 Proc. jährliche Zunahme.

(c) Für den Anwachs des Capitals läßt sich zwar keine Gränze angeben, doch ist er aus folgenden Ursachen gewöhnlich ziemlich langsam: 1) Die größeren Capitalisten und Grundeigenthümer haben größtentheils keinen Antrieb zum Sparen und ziehen es vor, durch beträchtlichen Aufwand ihr Einkommen zu genießen. 2) Die großen Unternehmer kommen am meisten zurücklegen, indeß haben sie auch bedeutende Verluste zu ertragen. 3) Die kleineren Unternehmer und Capitalisten haben in der Regel mehr Neigung als Mittel, viel zu erübrigen. 4) Von den Lohnarbeitern gilt dasselbe in noch höherem Grade. — Wenn daher die statistischen Thatsachen oft keinen schnelleren Zuwachs der Volksmenge, als um 1/2—1 Procent jährlich, in manchen Ländern aber einen noch langsameren nachweisen, so darf man vermuthen, die Vermehrung der Menschen gehe mit der des Capitales in gleichem Schritte und werde durch diese beschränkt. Dieselben Umstände, welche die Volksmenge plötzlich vermindern, wie Kriege, innere Zerrüttung, Mißjahre, oder welche fortwährend die Ehen und Ansiedlungen erschweren, wie fehlerhafte Staatseinrichtungen, treffen auch gleichmäßig das Capital mit, nur bei Seuchen ist dies nicht der Fall. Starke Volksvermehrung läßt dann auf beträchtlichen Capitalwachs schließen, wenn zugleich die Lage der Arbeiter nicht schlimmer oder sogar besser geworden

18*

ist; bewirkt aber jene, daß die Arbeiter sich mit geringerem Lohne und spärlicherem Unterhalte begnügen, wie dies von Irland bekannt ist, so ist sie nachtheilig, und es wäre überhaupt irrig, die Wohlfahrt der Länder allein nach der Stärke der Volksvermehrung beurtheilen zu wollen. — **Porter** (Progress S. 600) glaubt, daß des beweglich Vermögen (personal property) im britischen Reiche 1814—15 von 1200 auf 2200 Mill. L. St. angewachsen sei, also jährlich um 32 Mill., und 1841—45 sogar jährlich um 50 Mill. Hierunter sind ohne Zweifel auch Genußmittel inbegriffen. **Morrison** (Essay, S. 517 f.) nimmt einen jährlichen Capitalzuwachs von 50 Mill. an und vermuthet, daß die Gewerbsleute 1/5 ihres Einkommens übersparen, was sehr viel wäre!

(d) Als Ursachen hievon können genannt werden: der gleichförmigere mittlere Unterhaltsbedarf (§. 191), — die Scheu menschenfreundlich gesinnter Lohnherren, dem Arbeiter weniger als diesen Betrag zu bieten, wenn es nicht nothwendig ist, — die Abneigung des Arbeiters, sich für weniger Dinge zu lassen, — die Besorgniß, daß, wenn man einmal mehr Lohn gäbe, dies leicht zur Regel werden möchte ꝛc.

§. 197.

Das in einem Lande stattfindende allgemeine Verhältniß des Angebotes zu dem Begehre von Arbeit zeigt sich nicht gleichförmig in allen einzelnen Arbeitszweigen, vielmehr treten bei denselben häufig besondere Umstände ein, die eine Verschiedenheit des Lohnes verursachen. Dahin sind zu rechnen: 1) dauernde, in dem Wesen der Beschäftigungen liegende Umstände, a) besondere zu einer Verrichtung erforderliche persönliche Eigenschaften, welche das Angebot einengen, und zwar bald Naturanlagen, bald erworbene Geschicklichkeiten und Kenntnisse, bald moralische Eigenschaften, bald mehrere dieser Bedingungen zugleich. Die Schwierigkeit eines Geschäftes würde jedoch für sich allein den Lohn nicht hoch stellen, wenn sie nicht die Anzahl der dazu fähigen Personen beschränkte (a); b) Eigenthümlichkeiten einer Arbeit, wodurch ein Theil der Menschen von derselben abgehalten oder zu ihr hingezogen wird. jenes bei Verrichtungen, mit denen eine Beschwerde oder Gefahr verbunden ist (b), dieses, wenn ein Geschäft sichere lebenslängliche Versorgung, Ansehen, Amtsgewalt, innerliche Befriedigung gewährt, weßhalb manche Berufszweige niedrig bezahlt werden, ohne daß die Zahl der Bewerber abnähme (c). 2) Vorübergehende Veränderungen im Mitwerben, namentlich Zu- oder Abnahme des Begehres wegen der wechselnden Einträglichkeit, des größeren oder geringeren Absatzes in einem Gewerbe,

wobei zu bemerken ist, daß oft das Angebot sich den Veränderungen des Begehrs nicht schnell anpassen kann, weil die vorhandenen Arbeiter Mühe haben, sogleich eine andere Beschäftigung zu finden, wenn ihr Geschäft geringer gelohnt ist,
dagegen aber auch zur Heranbildung neuer Arbeiter Zeit gehört (d); — oder andere zufällige Umstände (e).

(a) Reichlicher Lohn der höheren Dienste, die eine Vereinigung seltener Eigenschaften voraussetzen, z. B. ausgezeichneter Staatsmänner, Feldherren, Advocaten, Aerzte, Schauspieler, Tonkünstler, ferner vorzüglicher Werkmeister in großen Gewerbsanstalten, wie Zeichner in Kattunfabriken, Formenschneider und Formenstecher (Graveure), Chemiker, Maschinenmeister ꝛc. — Weinbergsarbeiter werden höher bezahlt als Feldarbeiter. — Niedriger Lohn der Weber, wegen der Leichtigkeit dieses Geschäftes. Bei den Handwerken kam neuerlich noch die durch die Maschinenstühle entstandene Abnahme des Begehrs hinzu. Manche Weberfamilien in Großbritanien verdienen wöchentlich nur 4—5 Schill. Handloom weavers. Report of the commissioners. 1841 (von Senior) — Rau und Hanssen, Archiv, VI, 275.

(b) Dreschen und Schnitter erhalten der größeren Anstrengung wegen größeren Lohn, als gemeine Feldarbeiter. — Scharfrichter, Canalgräber, Dachdecker, Locomotivführer werden gut bezahlt. — Arbeiter beim Maffenbau ꝛc. — Manche ziemlich beschwerliche oder widrige Arbeiten werden jedoch nur mittelmäßig gelohnt, weil sie leicht zu erlernen sind und deshalb das Angebot bei ihnen groß ist. Auch der Reiz einer gefahrvollen und abenteuerlichen Lebensweise kann das Angebot größer und folglich den Lohn niedriger machen. Smith, 1, 172—175. — Mac-Culloch, Grundf. S. 283. — St. Mill, 1, 390. — Roscher, System, I, 296.

(c) Bei den nachstehenden Beispielen sind unverkennbar die Wirkungen zufälliger Umstände und wahrer Eigenthümlichkeiten der verschiedenen Gewerbe mit einander vermischt. Lohn der französ. Gewerbsarbeiter, f Statistique de la Fr. Industrie. 1852. 3,¹⁴ Fr. in Fabriken von Eisen- und Stahlwaaren, 2⁴⁰·⁵⁰ Glashütten, Eisengießer, Buchdruck, 2,⁸⁰ Flachsspinner, 2,¹⁴ in Tuch-, Draht- und Nadelfabriken, 1,⁹⁰ Baumwollspinner, 1,⁸⁶ Salzsieder, 1,⁶¹ Ortenwaarenfabriken, 1,⁵⁰ Ziegelhütten, 1,⁴⁶ Mahlmühlen, 1,¹⁴ Baumwollenweber. Durchschnitts-Wochenlohn nach Angaben der Handelskammer in Manchester 1832. First annual report of the poor law commissioners, S. 202: Handlanger beim Mauern 12 Schill., Handweber 7—15, Umgräber des Landes 10—15, Lastträger 14—15, Schuhmacher 15—16, Maschinenweber 13—16½, Tüncher, Schneider 18, Färber 15—20, Pflasterer 19—21, Maurer 18—22, Blechschmiede 22—24, Zimmerleute 24, Spinner 20—25, Maschinenarbeiter 26—30, Eisengießer, Zurichter am Maschinenwebstuhl (dressers) 28—30 Schill. Die Extreme sind 4 fl. 12 h. und 16 fl., in Lille 3½ fl. und 22 fl. 24 kr. (Villermé I, 91). In Lyon erhielt 1827 ein Baumwollenweber 7, ein Tuchweber oder Schneider 9¾, Maurer 14, Seidenweber 18½, Seidenfärber 24 Fr. Wochenlohn. Dingler, B. J. XXV, 540. — London, 1812—36: Schriftsetzer für Morgenzeitungen 48 Schill. wöchentlich, für Abendblätter 43½, für Bücher 36, Zimmerleute 31,⁶ Sch. — Porter S. 444. — Belgien, Tageslohn 1816: Arbeiter in den Glashütten 2,⁵⁰ Fr., Buchdrucker 2,⁰⁵, Steinkohlenbergleute 2,⁰¹, Maschinenarbeiter 2,⁰¹, Hüttenleute 2,⁰¹, Goldschmiede ꝛc. 1,⁸⁷, Steinbrecher 1,⁸⁰, Eisenschmelzer 1,⁵⁰, Zuckerfieder 1,³⁰, Zimmergesellen 1,⁹¹, Scheerer 1,⁰⁰, Schuhmacher 0,⁸⁰, Schneider 0,⁷⁷, Röhrinnen ꝛc. 0,⁷⁴, Weber 0,⁶⁰, Spitzenklöpplerinnen 0,⁵ Fr. Durchschnitt nach Abzug der Flachsverarbeitung: Männer 1,⁴⁰, Weiber 0,⁹⁰, junge Leute 0,⁵⁰ und 0,³⁰ Fr. Hiebei sind aber die Handlanger mit eingerechnet. — Brabant 1848: Schriftgießer 4—5, Arbeiter an der Druckerpresse und Schriftsetzer 3 bis 3¹/₂, Graveure von Druckwalzen 3—4, Baumwollenspinner 2¹/₂—3, Schreiner 2—2¹/₂ Fr., aber Handlanger in vielen Gewerben nur 1 bis 1¹/₂ Fr. (Enqu.) — Gesetzliches max. des Lohnes nach dem Edict des K. Diocletianus (s. §. 176(6)), neben der Kost, hirte 20 Dm., Feldarbeiter, Wasserträger, Cloakenreiniger 25, Bäcker, Schmied, Maurer, Zimmermann, Kalkbrenner, Flußschiffer, Glasarbeiter 50, Schiffmann auf dem Meere, Mosaikarbeiter (musaearius) 60, Gypsbildner, Wandmaler 70, Bildmaler 150, Lehrer (paedagogus) für 1 Kind monatlich 50, Rechnenlehrer 75, Lehrer der Grammatik und Geometrie 200 D., Lehrer der Rhetorik 250, Rechtsanwalt 250 und 1000 D., wobei der höchste erlaubte Waizenpreis für das Hektoliter Waizen (153—160 Pfd.) 579 Dm. war.

(d) Bei abnehmendem Absatz in einem Gewerbe sind die Lohnherren nicht im Stande, noch die nämliche Menge von Arbeit zu unterhalten, das sog. „Arbeiten auf das Lager" erschöpft bald das Capital, es muß also ein Theil der Arbeiter entlassen oder sie müssen unvollständig beschäftigt werden. Unter solchen Umständen bieten dieselben wetteifernd ihre Dienste gegen geringeren Lohn an.

(e) Dauernde Wirkung bringen solche Staatseinrichtungen hervor, welche das Ergreifen eines Geschäftes von gewissen Bedingungen abhängig machen. Unterstützungen für das Erlernen eines Geschäftes, z. B. Stipendien für Studirende, vermehren das Angebot in einem Berufszweige.

§. 198.

Aus diesen Ursachen ist die wahrzunehmende Abstufung des Lohns in den verschiedenen Beschäftigungen zu erklären, von der leichtesten Handarbeit an bis zu denjenigen Verrichtungen, die nur von Wenigen vollbracht werden können. Soweit nicht zu einer gewissen Arbeit körperliche oder geistige Eigenschaften gehören, die man der Natur verdankt und nicht mit Fleiß erwerben kann, soweit folglich die Ergreifung eines Lohngeschäfts von der Wahl abhängt, wenden sich verhältnißmäßig mehr Menschen denjenigen Zweigen zu, die in Vergleich mit dem Unterhaltsbedarf und den Vorbereitungskosten (§. 194) und der zu übernehmenden Beschwerde größere Vortheile gewähren und insbesondere, insofern nicht andere Vortheile (§. 197) hinzutreten, den höheren Lohn einbringen. Hiedurch findet bei Arbeiten, die in den genannten Hinsichten einander gleichstehen, ein Streben zur Ausgleichung des Lohnes statt, bei anderen muß sich durch stärkeren und schwächeren Zudrang der Lohn so stellen, daß er mit der Gesammtheit der genannten Umstände in richtigem Verhältniß steht. Indeß bringen Neigungen, Gewohnheit, Erziehung, die Schwierigkeit des Ueberganges von dem einen zu dem anderen Geschäft, besonders bei älteren Menschen und bei Verrichtungen, die eine lange Vorbereitung erfordern u. dgl. manche Abweichungen von diesem Gleichgewichte hervor (a). Arbeiter in vorgerückten Jahren oder mit ganz einseitiger Geschicklichkeit sind bei geringem Begehre nicht selten genöthigt, sich mit dem kärglichsten Lohne zu begnügen, wenn gleich in anderen Verrichtungen ein hoher Lohn fortbestehen kann. Arbeiterinnen erhalten in der Regel geringeren Lohn als Männer (b). Einen Beweis von der Macht des Mitwerbens über den jedesmaligen Lohn giebt der bei manchen Arbeiten stattfindende geringere Betrag des Winterlohns, obgleich im Winter die Unterhaltskosten größer sind (c).

(a) Rau, Zuf. §§ zu Storch. III, 308.

(b) Durchschnittsverhältniß in Belgien bei den Feldarbeitern 100 : 65, bei den Gewerken 100 : 57, bei französ Gewerksarbeitern 3 : 2. — Ursachen sind: 1) die geringere Körperkraft und Abhärtung, 2) der starke Zudrang zu solchen Geschäften, in denen weibliche Gehülfen leicht beschäftigt werden können, während dieß bei vielen anderen nach den üblichen Einrichtungen nicht wohl passend und schicklich ist, 3) die größere Genügsamkeit im Unterhalt, 4) das Mitwerben von weiblichen Familienmitgliedern, die im Hause das Nöthigste erhalten und daher den Lohn als Zuschuß ansehen (§. 193). Vgl. St. Mill, I, 408. — Das neuerlich sichtbare Bestreben, mehr und mehr weibliche Gehülfen anzunehmen, muß den Unterschied im Lohne beider Geschlechter vermindern und ledigen Frauenspersonen das Fortkommen erleichtern. In Großbritanien ist in den Baumwollengewerken das Verhältniß der Arbeiter zu den Arbeiterinnen wie 100 zu 120, in America ist der Mehrbetrag der letzteren noch größer. Belg Enquête, III, 356. In Belgien machen die weiblichen Gehülfen von der ganzen Arbeiterzahl 58 Proc. in den Strohhutfabriken, 55 bei Goldschlägern, 52 in Gldorien., 51 in Handschuhfabriken, 50 bei Kürschnern und Papierfabriken, 44 in Leinwebereien, 40 in Strumpfwirkereien, 32 in Teppichfabriken, 31 in der Wollenweberei, 26 in Rübenzuckerfabriken, 20 bei Bortenwirkern, 13 bei Schneidern, 11 in den Gelgwerken, 10 in Ziegelhütten. Beim Putzmachen, Nähen, Spitzenklöppeln sind wenige männliche Arbeiter. Vgl. II. §. 312 (b).

(c) Die Ursache ist, daß im Winter verschiedene Arbeiten ganz still stehen, andere nur auf die Tagesstunden beschränkt sind und folglich weniger leisten.

Zweites Hauptstück.
Größe des Lohnes in verschiedenen Zeiten und Ländern.

§. 199.

Ein durch starken Begehr bewirkter hoher Lohn enthält in sich selbst die Ursache seiner künstigen Erniedrigung, indem er zu einer Vermehrung der Arbeiterzahl anreizt, §. 196. Nur da kann der Arbeiter anhaltend reichlich gelohnt werden, wo das Capital sich ebenso schnell vermehrt als die Arbeiterzahl (a). Ein fortdauernd hoher Stand des Arbeitslohnes zeigt also eine langsame Volksvermehrung oder eine blühende Lage der Volkswirthschaft an, wobei die Gewerbe große Gewinnste geben und das Volksvermögen sich rasch vergrößert, wie dieß häufig in neuen Ansiedlungen der Fall ist (b) oder auch in solchen Ländern, die, aus dem Schlummer erwachend, rasch in der Entwicklung ihrer geselligen Verhältnisse fortschreiten. Niedrige Bevölkerung ist nur dann Ursache eines beträchtlichen Lohnes, wenn der Begehr von Arbeit das Angebot übersteigt. Bei Völkern, deren wirthschaftliche Entwicklung von mangelhaften Staatseinrichtungen und mancherlei Uebelständen gehemmt ist, während die Volksmenge doch zunimmt, oder in Ländern, deren Gewerbe schon länger ausgebildet sind und das Capital langsamer anwächst, steht der Lohn gewöhnlich niedriger (c). Treten jedoch in solchen Ländern Perioden ein, in denen die Regierung Hindernisse des Gewerbsfleißes entfernt und wirksame Beförderungsmittel desselben anwendet, zugleich große Fortschritte des Kunstfleißes und ansehnliche Erleichterungen der Waarenversendung stattfinden und der Wohlstand erhöht wird, so gestaltet die Lage der Arbeiter sich günstiger. Hiezu trägt bei, wenn dieselben mit der Verbreitung der Bildung mehr Bedürfnisse annehmen, so daß sie nur widerstrebend auf die Befriedigung derselben verzichten und die Volksvermehrung hiedurch gemäßigt wird. Unter solchen Umständen steht auch eine ziemlich hohe Bevölkerung dem Steigen des Lohnes nicht im Wege, abgesehen von einer solchen Erhöhung desselben, die nur aus der Vertheuerung der Lebensmittel entsteht, §. 192. Diese Umstände sind in vielen Theilen von Europa in den letzten Jahrzehnden zusammengetroffen und haben im Ganzen eine beträchtliche Vergrößerung des Lohneinkommens bewirkt (*d*). Am niedrigsten ist der Lohn da, wo der Wohlstand abnimmt, weil dann die Menschenmenge im Verhältniß zu den Erwerbsgelegenheiten zu groß erscheint. Die Verschiedenheiten im Lohne mehrerer Länder und Gegenden werden durch Aus- und Einwanderungen vermindert (*e*).

(*a*) Vorübergehend könnte eine starke Verringerung der Arbeiterzahl, z. B. nach Seuchen oder schweren Kriegen, den Lohn steigern. In einer einzelnen Gegend hat die örtliche Vermehrung des Begehrs, z. B. wegen eines Festungs-, Eisenbahn-, Canalbaues rc. die nämliche Wirkung. Dagegen drückt eine schnelle Einführung arbeitsparender Maschinen bisweilen den Lohn eine Zeit lang herab.

(*b*) In Nordamerica stand der Lohn bis 1818 überaus hoch, von diesem Zeitpunkte an begann er zu sinken, weil der Absatz roher Stoffe nicht mehr die vorigen beträchtlichen Gewinnste gab. Vgl. Storch, I, 308. und Zusatz 51. Der mittlere Lohn eines Ackerknechts war um 1833 9 Dollars monatlich ($22\frac{1}{2}$ fl.) mit Kost und Wohnung. In Massachusetts wurden 11—15 Dollars in 6 Sommermonaten, 10—12 in den 6 anderen angegeben, in Newyork $7\frac{1}{2}$—$10\frac{2}{10}$ Doll. monatlich. Gemeine Taglöhner erhielten in diesem Staate täglich 64 Cents, wobei die Familien 2mal täglich Fleisch aßen, neben Thee und Kaffee, Zimmerleute $1\frac{1}{8}$—$1\frac{1}{4}$ Doll., Dachdecker $1\frac{3}{8}$—$1\frac{5}{8}$ Doll. Diese Handwerker hatten 1783—1790 nur $62\frac{1}{2}$—75 Cents täglich. Das Getreide war aber seitdem nicht theurer geworden, der Quarter Waizen galt (1824—33) 5 Doll. 2 Ct., also der Centner 2 fl. 43 kr., das Pfund Rindfleisch 6 Ct. = 9 kr., Senior a. Preface. S. XC. — Carey, Rate of w. S. 26. — Später wurden 50—60 Cents täglich ohne Beköstigung (1 fl. 13 — 1 fl. 55 kr.) oder gegen 10 Doll. monatlich neben der Kost gegeben. Fleischmann, Der nordamerican. Landwirth, 2. A. 1852, S. 311. — Wochenlohn in New-York 1860: Lastträger, Tüncher, Zimmerleute, Schreiner 7 Doll., Maurer, Buchdrucker, Hutmacher, Ladendiener 10, Uhrmacher, Mühlärzte, Maschinenmeister 11 D. In Buenos-Ayres erhält noch jetzt ein gemeiner Handwerker und Taglöhner täglich 1 Piaster (2 fl. 28 kr.) — In Van-Diemens-Land soll ein Feldarbeiter sogar 9—10 Schill. täglich erhalten, wofür er sich 21—25 engl. Pfd. Brod oder 8 Pfd. Fleisch verschaffen könnte. — Der hohe Geldlohn in Australien und Californien ist auch nach den Preisen der Lebensmittel sehr groß. In S. Francisco erhielten noch zu Ende 1854 gemeine Taglöhner 3, die meisten Handwerksgesellen 5, Schiffszimmerleute 8, Hutmacher 10 Doll. täglich.

(*c*) Ad. Smith führt China als Beispiel dieses Falls an, Unters. I, 109. Heutiger Lohn dort c. $6\frac{2}{3}$ kr. (Scherzer). — Marschall Vauban schätzte 1698 den Lohn eines Webers in Frankreich auf 12 Sous, eines Feldarbeiters auf 9 S. und den Jahresverdienst auf 108 und 90 Fr. Hievon nahm das Salz 8 L. 16 S., das Getreide für 4 Menschen 60 Liv. hinweg (10 Setiers oder bad. Malter Mengkorn, etwa 2100 Pfd.). Fast $\frac{1}{10}$ der Einwohner bettelte und die Hälfte war ebenfalls nahe daran, zu verarmen. Nach Vauban konnte der Feldarbeiter nicht 3mal jährlich Fleisch essen, jetzt soll es meistens 2mal wöchentlich geschehen, die Kost ist überhaupt viel besser geworden. Bouchardat, Moniteur 1852, Nr. 18. A. Young schlug 1787 den Gelbtaglohn in Frankreich auf 19 Sous an, was damals = 9½ Pfd. Brod war. Dieß giebt mit ¼ Zuschlag für den Erwerb der Frau, bei 280 Arbeitstagen 330 Fr. Villermé, Tableau, II, 2. 25. Wie in Frankreich, so ist auch in Deutschland die Lebensweise des gemeinen Mannes unverkennbar besser geworden. Es wäre verdienstlich, hierüber besondere geschichtliche Forschungen anzustellen. Das Buch von Granier de Cassagnac, Geschichte der arbeitenden und der bürgerlichen Classen, deutsch Braunschw. 1839, enthält in dieser Hinsicht wenig. Darest de la Chavanne (Histoire des classes agricoles de la France, 1858) beschäftigt sich vorzüglich mit dem Bauernstande. — Mac Aulay (History of England, I, 408 Tauchnitz) zeigt, daß in England der Lohn jetzt doppelt so hoch ist als 1685, während die Lebensmittel mit Ausnahme des Bieres nicht doppelt so viel gelten. Die Zahl der Armen war zu jener Zeit größer (⅕ nach King und Davenant), die Sterblichkeit in London 1 auf 23 Einw. Die bessere Lage der deutschen Lohnarbeiter im 19. Jahrh. in Vergleich mit dem 18. sucht Biedermann darzuthan (Deutschland im 18. Jahrh. I, 387. Leipz. 1854). Im zweiten Viertel des 19. Jahrhunderts war der Lohn der unbeköstigten Feldarbeiter, bei dem man freilich auch die verschiedenen Preise der Nahrmittel in Betracht ziehen muß (S. 197 (4)), gegen 14 kr. in Ostpreußen, Galizien (Hoffmann), — 17 kr in Böhmen, — 18 kr. München (Schnitzheim), — Calenberg, Hildesheim (Haus. Festgabe 1852), — Mecklenburg (v. Lengerke), — 20 bis 24 kr. Württemberg, bair. Oberfranken. — 22—23 kr. Magdeburg, Sachsen, Schlesien (Kaspar), — Niederhessen, Steiermark (Hilberand), — 24—26 kr. bad. u. bairische Rheinpfalz (Weinbergsarbeiter 36 kr.), — Holstein (Dillmann). — Glarus (Jacobi), — Oberhessen (Kurs). — Mark Brandenburg (Hoffmann), — 27—28 kr. Weimar, Mecklenburg (v. Thünen), — 30,° kr. Belgien, 1830—46 (Amtl. Stat.), — 30—36 kr. Tirol, Florenz (Serristori), Reg.-Bz. Düsseldorf (v. Viebahn), Lombardei, Canton Ticino (Arrivabene). — 30—32 kr. bad. Schwarzwald, — 35—42 kr. Frankreich, — 41—49 kr. Canton Bern und Wallis, — 42—50 kr. Ober-Elsaß (Ober-Rhein). — Österr. Staat s. §. 187 (4).

Wird der Taglöhner beköstigt, so war der Geldlohn 7½—10½ kr. in Hildesheim, 9—16 kr Stuttgart (Dep. Nordbahn), 10½ kr. Lombardei (Burger). 12—16 kr. in vielen Gegenden des Südwestlichen Deutschlands, 14 kr. Bonn, 14—20, durchschn. 17 kr. in Belgien (1846, amtliche Stat.), 16½—20 kr. Bern, Wallis, 16 kr. Oberbaiern, 18—30 kr. bad. Schwarzwald. Im Vergleich mit dem Lohne der nicht beköstigten Arbeiter wird gewöhnlich die Kost zu niedrig angeschlagen.

Die Quote des Dreschlohns ist sehr verschieden, was nicht bloß von dem allgemeinen Lohnsatz, sondern auch von dem Fleiße der Drescher abhängen mag, z. B. ¹⁄₁₀ in Ostpreußen, Lüneburg und der Rheinpfalz. ⁹⁄₁₁ — ¹⁄₁₂ in Sachsen, ¹⁄₁₂ in Schleswig und Holstein, ¹⁄₁₂ bis ¹⁄₁₅ in der Mark Brandenburg, ¹⁄₁₆ in Mecklenburg (v. Thünen), ¹⁄₁₅—¹⁄₂₀ im Nord-Departement.

In Nordengland war 1850—51 der Wochenlohn der Feldarbeiter 11½ Sch., in Südengland 8,¹¹ Sch. (6,⁹ u. 4,⁷⁴ fl.) D. 9¹ Sch., max. 14 Sch. in West-Voil, min. 7 Sch. in einigen Landbaugegenden, Caird, Engl. agric. S. 512. — Nach den bei der englischen Commission zur Untersuchung des Armenwesens eingegangenen Nachrichten, die zum Theil nach einer Kritik bedürfen, widmeten Feldarbeiter in Frankreich und zwar Havre, Sommer 54, Winter 42 kr., Bretagne 30 und 21 kr., Bordeaux 49½ Marseille 45—54, Bayonne 38, Piemont,

S. 30—36, W. 18—22½. Patras (Griechenland) S. 43½, W. 33. Bremen, S. 36, W. 27. Ofenb. S. 36, W. 31½. Schweden 21 bis 24. Dänemark 18—34 kr. Um Havre, Bordeaux und die Loire-Mündung konnte der Arbeiter selten Fleisch essen, in beiden letzten Gegenden jedoch dann, wenn Frau und Kinder guten Verdienst haben, um Marseille wöchentlich 1mal Rindfleisch, in Bretagne öfters Schweinefleisch, in Württemberg und Baiern 2mal wöchentlich Fleisch, in Dänemark gute vegetabilische Nahrung, in Sachsen spärliche Kost, in Piemont ärmliche, in Südschweden Kartoffeln und Fische, in Norwegen Kartoffeln und Haferbrod. Senior, a Preface, auch bei Schmidl, Unterf. S. 292.

Durchschnittslohn der französischen Grundarbeiter im 1856. Von der Nordwestspitze (D. Finistère) erstreckt sich in südöstlicher Richtung bis über die Mitte des Landes hinaus ein niedriger Lohn (bis an 2 Fr. täglich), der sich auch in den Alpen fortsetzt. Niederelsaß und Lothringen haben gleichfalls nicht über 2. Der höhere Lohn (3—4 Fr.) geht von dem untern Lauf der Seine, Marne und Maasgegend südwärts herab bis an das Mittelmeer. Auch in der Rhonegegend der untern Garonne ist der Mittelsatz 2½. Nur die Umgegend von Paris hat 3 und mehr.

Lohn der belgischen Feldarbeiter 1856: Namur 1.⁰⁰, Luxemburg 1.⁰⁴, Hennegau 1.⁰³, Antwerpen 1.⁰⁰, Lüttich 0.⁹⁰, Limburg 0.⁶² Fr. In Schweden (Forsell, Statist. v. Schw. S. 101) war 1816—25, wenn man für diese Periode den Curs der Banknoten zu 112 Schill. für 1 Thlr. Hamb. Bco. annimmt, der mittlere Lohn 26¾ kr. — Setzt man die 6 nördlichen und die 18 südlichen Läne einander gegenüber, so ergiebt sich Folgendes:

	Südl. Theil.	Nördl. Theil.
Mittlerer Lohnsatz	19.⁶¹ Schill.	26 Schill.
Preis der Tonne Getreide, halb Roggen, halb Gerste	7 Thlr. 3½ Sch.	8 Thlr. 1½ Sch.
also täglicher Verdienst in Getreide	14.⁴ Pfd.	16.⁴ Pfd.
Einwohner auf 1 geogr. Meile	83—2670	32—340
Procente der Oberfläche	9—60	1—8

In Piteå (nördlichstes Län) ist der Lohn in Getreide ausgedrückt 20.⁵ Pfd. (max.), in Örebro 12 Pfd. (min.).

Schwach bevölkerte Länder, z. B. Gebirgsgegenden, haben meistens niedrigen Lohn, weil daselbst wenig Betriebsamkeit herrscht und Capitale eher hinweg- als von anderen Gegenden hinzugeführt werden. Das nächste und bekannteste Beispiel eines geringen Lohnes bot Irland dar. Der mittlere Taglohn in der Landwirthschaft konnte zu 8 Pence oder 24 kr. angenommen werden, oft wurden im Winter und selbst im Sommer nur 6 P. gegeben, während 12 (1 Schill.) zum Unterhalte nöthig waren. Wo man die Kost gab, war der Lohn gewöhnlich nur um 2 P. niedriger, auch bestand jene fast ganz aus Kartoffeln. Das Schlimmste war, daß es an fortdauernder Beschäftigung fehlte. Zu Zeiten, wo wenig zu verdienen war, arbeitete Mancher um 2 P. und die Kost, oder selbst bloß um diese; s. Evidence. Occupat. of land in Ireland. 1845. Neuerlich hat sich dieß wegen der starken Auswanderung (exodus) verbessert.

(*d*) Dieß ist seit den 1850r Jahren unverkennbar, nur daß die Steigerung in verschiedenen Arbeitszweigen nicht gleichviel beträgt. — In Lancashire ist von 1839—59 der Lohn der Baumwollenarbeiter um 10 bis 25 Proc., der Steinmauer um 15, der Backsteinmaurer um 22, der Schmiede nur um 6 Proc. gestiegen. Quart. Rev. Jul. 1860. S. 81. — In der bad. Pfalz erhalten beköstigte Feldarbeiter 24 und mehr, andere 48 kr. und darüber. — Franzöf. Taglöhner und Gewerbsgehülfen, nicht beköstigt, 1853 1.⁹⁵, 1857 2.¹⁴ Fr., also 13 Proc. mehr, Pariser Handwerker 1853 34 Proc. mehr als 1844, bad. Eisenbahnarbeiter 1850—60 20 Proc. mehr, belgische Feldarbeiter 1850—56 14 Proc. mehr. — Löbe 1867: Feldarbeiter ⅓ Sch. Roggen.

(*e*) Chinesen kommen in großer Zahl nach Californien und W.Indien. In Cuba fängt man an, durch sie die Sklaven zu ersetzen. Sie erhalten den Unterhalt und jährlich gegen 48 Doll. Geldlohn. — Die vielen irländischen Arbeiter in England schmälern den Lohn der Eingeborenen. — Außer den dauernden Uebersiedlungen in ein anderes Land kommen häufige periodische Wanderungen der Arbeiter vor, welche viel leichter ausführbar sind. Sie dienen, den Bewohnern ärmerer Gegenden einigen Vortheil von dem Reichthum benachbarter Landstriche zuzuwenden. Viele Ebenen gewähren den Bewohnern naher Gebirge Verdienst in der Erntezeit. So wandern würtemberger und odenwalder Schnitter und Mäher jährlich in das Rheinthal, galizische in die polnische Ebene, westfälische Arbeiter ziehen im Sommer nach Holland, Savoyarden suchen in Frankreich Erwerb, die Bewohner der Apenninen in der Campagne di Roma, Salzburger (namentlich Schweinschneider aus Lungau und Krautschneider aus Wallis; nach Rohrer), Tiroler, Vorarlberger, Graubündner in die ebenen Gegenden Süddeutschlands ꝛc. Aus dem Canton Ticino gehen jährlich 10—12 000 Personen auswärts, meistens nach der Lombardei, und zwar sendet jede Gegend des Cantons andere Classen von Arbeitsleuten hinaus, Maurer, Steinhauer (1840 bis Heidelberg gekommen), Glaser ꝛc. Franscini, Der Canton Tessin, S. 155, f. auch von Ulmenstein in Rau, Archiv, I, 223. — Roscher, System, I, 321.

§. 200.

Ein hoher Geldlohn würde ohne allen Vortheil für die arbeitende Classe sein, wenn die mittleren Preise der nöthigen Lebensmittel in gleichem Verhältnisse gestiegen wären, vgl. §. 192. Hoher Lohn aber in Bezug auf den Gütergenuß der Arbeiter, so daß diese beträchtlich mehr empfangen, als der nothwendige Unterhaltsbedarf erfordert (hoher Sachlohn) (*a*), ist nicht allein ein Zeichen günstiger Vermögensverhältnisse (§. 199), sondern bringt auch wieder gute Wirkungen hervor. Es ist für die allgemeine Wohlfahrt sehr vortheilhaft, wenn der untersten zahlreichen Classe der Lohnarbeiter, die der Gefahr des Verarmens am meisten ausgesetzt ist, eine Verbesserung ihrer wirthschaftlichen Lage zu Theil wird, wodurch die Sachgüter die beste Verwendung zur Befriedigung wichtiger menschlicher

Bedürfnisse erhalten. Die Zunahme des Lohneinkommens vermag am besten die große Vermögensungleichheit der verschiedenen Stände zu verringern und die Lohnarbeiter dem Zustande näher zu bringen, in welchem sich die Grund- und Capitalbesitzer und Gewerbsleute befinden.

(a) Rösler a. a. O. unterscheidet den nothwendigen und den freien, über jenen hinausgehenden Lohn. Im gemeinen Leben nennt man öfters einen über die Unterhaltskosten hinausgehenden Theil eines Einkommens (das reine Einkommen) freies Geld.

§. 201.

Die guten Folgen eines hohen Lohnes können so verdeutlicht werden: 1) Er setzt die Arbeiterfamilien in den Stand, eine der Gesundheit zuträgliche Lebensweise zu führen, wodurch die Lebensdauer im Allgemeinen verlängert wird, — ein für das Glück der Familien und zugleich für die Wirksamkeit der Arbeitskräfte höchst wichtiger Umstand (a). Hiezu trägt vorzüglich die bessere Ernährung und Verpflegung der Kinder bei, deren Sterblichkeit bei den Dürftigen viel stärker zu sein pflegt als bei den Wohlhabenden (b). Ueberhaupt zeigt die Erfahrung, daß die Sterblichkeit mit der Dürftigkeit abnimmt (c). Es muß zum Theil aus dem heutigen reichlicheren Lohne und der günstigeren Lage der arbeitenden Stände erklärt werden, daß die Lebensdauer, wie es scheint, im Alterthume kürzer war, als in neuerer Zeit (d). 2) Die Arbeiter können sich, wenn sie, der täglichen schweren Sorge für den Unterhalt enthoben, sich zufrieden und behaglich fühlen, auf eine höhere Stufe der Bildung emporheben, insbesondere ist es möglich, die Kinder besser zu erziehen und zu unterrichten, wodurch der Staat ein einsichtsvolleres, kunstfleißigeres und gesitteteres Geschlecht von Bürgern gewinnt. 3) Es kann ein Nothpfennig zurückgelegt werden, vermöge dessen Unfälle in der Familie leichter überstanden werden, ohne daß sogleich Armuth eintritt. Ersparnisse in den Händen derjenigen, welche ihren Werth am besten zu schätzen wissen, sie mögen nun zum Ankaufe von Grundstücken oder zur selbständigen Betreibung eines Gewerbes benutzt, oder sonst einträglich angelegt werden, ermuntern zum Beharren in Fleiß und Mäßigkeit, erhöhen das Selbstgefühl des Bürgers

— 286 —

und verstärken seine Anhänglichkeit an das Vaterland und die rechtliche Ordnung im Staate.

(a) Weil nun in einer gegebenen Einwohnerzahl mehr arbeitsfähige und gesunde Menschen enthalten sind. Größere Lebensdauer und geringere Sterblichkeit sind wohlthätiger, als schneller Zuwachs.

(b) Dies ist die Ursache vieler Leiden, Beschwerden und wirthschaftlichen Verluste, Storch, I, 217. — Im ersten (reichsten) Stadtbezirk von Paris waren 1817—23 unter 100 Gestorbenen 37 Kinder von 0—10 Jahren, im 12. aber 50, in den wohlhabenden und ärmsten Strössen 32 und 59. Bayräus I, 199 nach de Chateauneuf. — Unter gleichviel Lebenden finden sich bei Wohlhabenden mehr Alte und Personen von mittlerem Alter, bei Dürftigen mehr Kinder. Die Zahl der Kinder von 0—5 Jahren unter 1000 Lebenden ist z. B. in Frankreich nach Duvillart 120, in England 132, in Birmingham 139.⁴, in Connaught (Irland) 161,⁴. Nach Carey (Princ. of pol. econ. III, 27) sind unter 1000 Lebenden von

	0—10	10—20	20—60
in Nordamerica	340	248	378
in England	272	205	445
in den Niederlanden	238	183	488
in Frankreich	218	184	509

Ähnliche Verhältnisse zeigt die Sterblichkeit der verschiedenen Lebensalter. Unter 1000 Gestorbenen sind

	von 0—1	von 0—10	von 10—15	über 60
Belgien, 1841—50	197	399	24	266
Westflandern (dichte Bevölkerung)	214	413	31	247
Limburg (schwache Bevölkerung)	159	346	28	300
Preußischer Staat, 1849	224	429	19	189
Proving Westfalen	203	391	23	225
Reg.-Bez. Oppeln	243	413	23	182
England, 1840	215	460	27	220
Baumwollenbezirk	239	559	27	135
Grafsch. mit vorherrschender Landwirthschaft	203	414	28	254
Baaden, n. Rueff	189	347	22	314
Würtemberg, 1846—56	400			

Vgl. Bernoulli, Popul. II, 402. Ueber die außerordentliche, nicht von Armuth herrührende Kindersterblichkeit in Würtemberg s. Das Königreich W. 1863 S. 325. — In Rußland sind im Durchschnitt 528 unter 1000 Sterbefällen von 0—15 Jahren, aber in Ukrakow, Kurland, Lithauen nur 318, in den Gouvern. St. Petersburg, Esthland, Finnland 358, dagegen in Kiew 610, Perm 649, Tobolsk und Tomsk 650, Rischnej-Nowgorod 691. Hermann leitet die größere Sterblichkeit der Kinder in manchen Gegenden Rußlands von den Nordostwinden ab; Mém. de l'ac. de St. Pét. VIme série I, 121.

(c) Nach **Willermé** ist die Sterblichkeit 1 auf 58—61 in dem ersten Stadtbezirk von Paris, 1 auf 43—44 im zwölften Bezirk, 1 auf 46 in den
reicheren Departements, 1 auf 33 in den ärmeren. Ueber den Zusammenhang der Sterbefälle mit den Fruchtpreisen s. §. 173. Ueber den
Einfluß des Wohlstandes auf die Sterblichkeit **Wappäus** I, 196. —
In Paris starb im 14. Jahrhundert jährlich $^1/_{16}$—$^1/_{17}$, im 17. Jahrhundert $^1/_{25}$—$^1/_{26}$, im Durchschnitt vom Jahr 1819—23 aber $^1/_{32}$.
Rev. encycl. Avr. 1824, und Journ. des déb., 10. Déc. 1824. — Vgl.
Dictionn. des sc. médic., Art. Longévité XXIX, 40 ff. **Tobler**,
Ueber die Witwg. v. Bröll. rc. St. Gallen, 1836. — In Frankreich
starben nach **Benoiston de Chateauneuf** von 100 Gebornen

	um 1775—78	um 1826
in den ersten 10 Jahren	49,⁹	39,³
bis zu 50 Jahren	74,¹	65
bis zu 60 Jahren	82	77

M'Culloch zu Smith, S. 465. — Wenn Kriege, Hungersnoth rc.
die Volksmenge verringert haben, in den folgenden Jahren aber die
Gewerbe gut fortgehen, so ersetzt sich der Verlust infolge des größeren
Lohnes schnell. Obgleich in der Schweiz die Zunahme der Volksmenge
langsam erfolgt (im Durchschnitt von 8 Cantonen ³/₄ Proc.) (**Bernoulli**, Archiv, I, 123), so hat doch der Canton St. Gallen den
in der Theurung 1817 und 18 erlittenen Verlust von 5 Procent oder
6900 Menschen bis 1823 wieder ersetzt. — Auf die Verschiedenheiten
in der Sterblichkeit haben auch andere Ursachen Einfluß, wie Seuchen,
Jahreswitterung, ferner die Beschaffenheit der Wohnungen, worüber in
England zahlreiche und belehrende Erfahrungen gesammelt sind, s. II,
§. 203 (d). First report of the commissioners for inquiring into the
state of large towns and populous districts (Health of towns) 1843.
II. 8⁰.

(d) Bei der Angabe der mittleren Lebensdauer von **Romilius Macer**
in den Pandekten (L. 68 D. ad legem Falcid. XXXV, 2) wird dieselbe
bei 15—50 Jahren zu 13 J. bestimmt (jetzt 22 und 19 J.), bei 50
bis 55 J. zu 9 (jetzt g. 17), bei 55—60 zu 7 (jetzt 14). — Vgl.
Schlözer, Staatsanz. IX, 482, X, 269. — Die Zunahme der
wahrscheinlichen Lebensdauer in England ergiebt sich aus den von
Finlaison berechneten Zahlen, Mac-Culloch, Stat. acc. I, 419. —
In Genf war die mittlere Lebensdauer (die Durchschnittszahl der
von allen Gestorbenen durchlebten Jahre) eines Neugebornen im 16ten
Jahrh. 18,⁴¹ J., im 17ten Jahrh. 23,²³ J., im 18ten Jahrh. anfangs
32,⁶⁶ J., dann 33,¹⁰ J., später 38,⁴ Jahr (jetzt wird sie zu 39,⁴¹ angegeben), **Bernoulli**, Schweiz. Archiv, II, 77. — Indeß sind alle
diese Ausmittlungen nicht völlig genau, weil sie nicht aus einer gleichbleibenden, sondern einer steigenden Volksmenge abgeleitet sind und
nicht die gleichzeitig in verschiedenem Alter Gestorbenen, sondern die
Todesfälle der in einerlei Jahr Gebornen die eigentliche Grundlage
geben sollten. Ueberhaupt ist die von verschiedenen Schriftstellern angenommene fortwährende Verlängerung der mittleren Lebensdauer in
der neuesten Zeit von Andern bezweifelt worden, **Wappäus**
I, 226.

§. 201 a.

Es ist bisweilen die Befürchtung ausgesprochen worden, der hohe Lohn möchte die Arbeiter verleiten, einen Theil ihrer Zeit in Müßiggang und Schwelgerei hinzubringen, weil sie dann auch ohne anhaltenden Fleiß ihren Unterhalt verdienen können. Allein eine solche Handlungsweise setzt einen Grad von Rohheit voraus, der glücklicher Weise nicht als Regel anzunehmen ist und bei zunehmender Bildung mehr und mehr verschwindet. Der Lohnarbeiter nimmt durch das Beispiel der begüterten Stände allmälig seinere Sitten an, es erweitert sich sein Gedankenkreis und er gewöhnt sich an künstliche Bedürfnisse, die ihn antreiben, sein Einkommen durch fleißige und eifrige Thätigkeit zu vergrößern. Er sucht insbesondere für sich und seine Angehörigen Kleidung, Wohnung, Vergnügungen anständiger einzurichten und wird auch darauf bedacht, für das Alter oder für Unglücksfälle etwas zu erübrigen. Nur ein plötzliches starkes Steigen des Lohnes könnte vorübergehend jene nachtheilige Wirkung haben, die bei einer langsameren Zunahme nicht zu besorgen ist, und die Erfahrung der gewerbfleißigsten Länder beweist es, daß hoher Lohn mit großem Fleiß und geordneter Lebensweise wohl vereinbar ist.

§. 202.

Der Lohnarbeiter, der in Hinsicht seiner Beschäftigung und seines Einkommens auf den Lohnherrn angewiesen ist, kann aus verschiedenen Ursachen in eine nachtheilige Lage kommen. Seine Arbeitsfähigkeit kann geschwächt werden oder ganz aufhören, sein Lohn von einer Vermehrung des Angebots oder einer Verminderung des Begehrs der von ihm betriebenen Arbeit herabgedrückt werden. Die letztgenannte Erscheinung zeigt sich dann am dauerndsten und stärksten, wenn das Gewerbe, in dem er arbeitet, von einer Stockung des Absatzes betroffen wird, folglich die Unternehmer ihren Betrieb einschränken müssen und nicht mehr gleichen Lohn zu geben im Stande sind. Auch die Vertheuerung der Lebensmittel ohne gleichzeitige Erhöhung des Lohnes ist für ihn drückend. Im Verhältniß der Lohnarbeiter zu den Lohnherren bringt es die Natur der Sache mit sich, daß die letzteren, wenn sie ihr Gewerbe mit einem großen Capital verständig betreiben, bei gutem Gange des Geschäfts ansehnlichen Vortheil ziehen. Wieviel davon den Arbeitern im Lohne zu Gute kommt, dieß wird durch den Stand des beiderseitigen Mitwerbens bestimmt. Jede beider Classen bedarf der anderen, die Lohnarbeiter können aber nicht lange ohne Verdienst bestehen und müssen nicht selten da, wo nur wenige große Unternehmer vorhanden sind, den von diesen angebotenen Lohn annehmen, während in anderen Fällen eine größere Zahl kleiner Unternehmer oft den Forderungen der Arbeiter nachzugeben genöthigt ist.

In den letzten Jahrzehnten hat man viel darüber nachgedacht, auf welchen Wegen die wirthschaftliche Lage der Arbeiter verbessert werden könne, soweit es die Gesetze des Mitwerbens gestatten, sei es durch Vergrößerung ihres Einkommens, sei es durch Verminderung ihrer Ausgaben. Eine solche den Arbeitern günstige Veränderung kann bewirkt werden

1) ohne Zuthun derselben a) von manchen Maaßregeln der Staatsgewalt, sowohl im Gebiete der Volkswirthschaftspflege (a), als in der vorbeugenden Schutzthätigkeit (Schutzpolizei) (b) und in der Sorge für guten Volksunterricht, — b) von gemeinnützigen Vereinen, z. B. zur Herstellung gesunder Wohnungen um mäßigen Preis, II, §. 203 (k), — c) von den Lohnherren, die hiezu theils durch menschenfreundliche Gesinnung, theils durch die Erwartung bewogen werden, daß ihre mit mäßigem Aufwande verbundene Sorgfalt in der Anhänglichkeit, der Zuverläßigkeit und dem Eifer der Arbeiter sich reichlich belohnen werde (c).

2) Am meisten können die Arbeiter selbst für ihre Wohlfahrt thun, wenn sie die Bedingungen derselben erkennen und die gehörige Willensstärke besitzen, um dieser Erkenntniß gemäß zu handeln. Die Sittenlehre und die wirthschaftliche Klugheitslehre geben dem Einzelnen Vorschriften für sein Verhalten, die Volkswirthschaftslehre dagegen hat zu zeigen, welche Wirkungen im Großen die Befolgung oder Vernachlässigung dieser Vorschriften hervorbringt. Die Arbeiter müssen sich deutlich machen, daß ihr Zustand großentheils von ihrem eigenen Verhalten abhängt, damit nicht durch das Verlangen einer Beihülfe von

anderer Seite ihr Bestreben an Stärke und Ausdauer verliere und ihr Ehrgefühl geschwächt werde (d).

(a) 3. B. Freigebung des Ueberstedelns in andere Orte und Länder und des Eintritts in ein anderes Geschäft.

(b) Neben den für alle Stände gleich nützlichen Vorkehrungen (z. B. Hebammenwesen, Blatternimpfung, Verhütung des Verschlechterns von Nahrmitteln) ist hier besonders die Sorge für gute Beschaffenheit der Miethwohnungen zu erwähnen, weil dieselbe vorzüglich den Unbemittelten wohlthätig ist, ferner für Lüftung und Gefahrlosigkeit der Bergstuben ꝛc.

(c) (Power) On the responsibility of employers. L. 1849. — The claims of labour, an essay on the duties of the employers to the employed. Lond 1844. — Westminster Review, Nr III, Jan. 1852. S. 61 — Ermunterung zum Uebersparen, wohlfeile Abgabe von Nahrungsmitteln, Ueberlassung kleiner Stücke von Acker- oder Gartenland, Herstellung guter Arbeiterwohnungen und dergl. Einzelne Fabrikherren haben in dieser Richtung ein musterhaftes Beispiel gegeben, wie die Fabrik von Zinnblechen von Price in London (Huber, Reiseberichte, Bd. II. 1855) oder die Maschinenfabrik von Ransome & May, Ipswich.

(d) Dieß ist der von Schulze-Delitzsch aufgestellte Grundsatz der Selbsthülfe der Arbeiter, im Gegensatz des von Lassalle angeregten Verlangens nach Unterstützung von der Regierung.

§. 202 a.

Zu den einzelnen anerkannt empfehlenswerthen Bestrebungen, durch welche die Lohnarbeiter ausschließlich oder neben anderen guten Wirkungen zur Erreichung des in §. 202 bezeichneten Zweckes beitragen können, gehören hauptsächlich nachstehende:

1) Steigerung der Fähigkeit zu gewerblichen Verrichtungen, der Geschicklichkeit, der Kenntnisse, der Denkkraft ꝛc. mit Hülfe einer höheren geistigen Bildung, weil größere Leistungen auch einen reichlicheren Lohn finden, §. 188.

2) Sittlicher Lebenswandel, zufolge dessen theils durch Fleiß und Redlichkeit der Lohnverdienst erhöht, theils durch Ordnung im häuslichen Leben, Mäßigkeit und Sparsamkeit das Einkommen eine wirthschaftlichere Verwendung erhält (a).

3) Vorsichtige Ueberlegung bei der Verheirathung. Die leichtsinnig geschlossenen Ehen, ehe der zu einem sorgenfreien Auskommen genügende Lohnerwerb gesichert und ein kleines Vermögen erspart ist, verursachen eine zu schnelle Volksvermehrung, die zur Erniedrigung des Lohnes führt oder doch dessen Steigen verhindert. Die höheren Stände geben hierin das Beispiel einer größeren Vorsicht, die sogar nicht selten zu weit geht (b).

4) Aufsuchen eines reichlicheren Verdienstes im Auslande (Auswanderung), wenn das Angebot von Arbeit augenblicklich dem Begehr gegenüber zu groß erscheint.

5) Theilnahme an Vereinen, durch welche manche, dem einzeln stehenden Arbeiter schwer erreichbare Vortheile leichter und in größerem Maaße erlangt werden können. Wenn wohlgesinnte und unterrichtete Personen anderer Stände anregend und berathend den Lohnarbeitern beistehen, so ist dieß verdienstlich und wohlthätig, wofern nur hiedurch das Vertrauen der letzteren auf ihre eigene Kraft und das Bewußtsein der eigenen Verantwortlichkeit für ihre Handlungsweise nicht gelähmt wird, §. 202. 2). Arbeitervereine vermögen, wie die Erfahrung lehrt, unzweifelhaften Vortheil zu bringen

    a) für Beförderung der geistigen Bildung und Sittlichkeit (c),

    b) zur Beförderung des Ueberlsparens, sowohl um ein kleines Vermögen anzusammeln, als um aus den Beiträgen bedrängte Familien zu unterstützen (d),

    c) zur wohlfeileren Versorgung mit Lebensmitteln, die im Großen angeschafft werden (e).

(a) Dagegen Züge von dem Leichtsinn der Tagelöhner im Canton Ticino bei Arrivabene, De l'état des travailleurs dans la comm. de Vira-Magadino, 1840. — Trunksucht vieler Fabrikarbeiter, Bußsucht der Arbeiterinnen, Arbeitsweigerungen, z. B. in Nordfrankreich (Streband in J. des écon. April 1862), der britischen Dienstboten in Australien, wo die deutschen Südarbeiter sich musterhaft betragen (Dutton, South Australia, Lond. 1846), der blaue Montag der Handwerksgesellen.

(b) Selbstsucht mancher Männer, die eine Haushaltung wohl erhalten könnten, aber lieber alle Gelüste befriedigen wollen. Doch tragen auch die Klagen über den Mangel der häuslichen Eigenschaften der Frauen hierzu bei.

(c) Arbeiterbildungsvereine, für Handwerks-, Großgewerbs- und Handlungsgehülfen in Städten, mit beschreibenden Vorträgen, Lesezimmern u. dgl., von Gelehrten und Gewerbsherren unterstützt. Insbesondere ist zu wünschen, daß die Arbeiter die volkswirthschaftlichen Gesetze kennen lernen, um sich vor Irrwegen zu hüten.

(d) Außer den allgemeinen Sparcassen (II. 364 ff.), die für Dienstboten und Gewerbsgehülfen vorzugsweise Nutzen bringen, gehören hierher die Hülfscassen für alle Lohnarbeiter (II. 354 a) oder einzelne Classen derselben, z. B. Bergknappen (II. 43) und Fabrikarbeiter (II. 203), ferner die Versorgungscassen für ältere Arbeiter, sog. Alterscassen, II. 368(d). Diese Anstalten sind wegen der nöthigen oder wenigstens nützlichen Staatsaufsicht Gegenstände der Volkswirthschaftspolitik.

(e) Die nach dem in England gegebenen Beispiel von Schulze aus Delitzsch in Deutschland angeregten Genossenschaften (Associationen), die schon angefangen haben, sich von hier aus weiter zu verbreiten, gehören nur soweit hieher, als sie für Lohnarbeiter bestimmt sind, was von den Vorschuß- (Credit-) und Rohstoffvereinen (II, §. 232) nicht gilt. — Ueber solche Genossenschaften überhaupt f Report on investments for the savings of the middle & working classes, 1850 (besonders für die Associationen die Aussagen von Ludlow, Mill u. A.). — St. Mill, II, 241. 729 der d. Uebers. — Fallati in Staatswiss. Zeitschr. 1851 S. 729 (nach Cochut). — Reybaud in Journal des Econ. XXXII, 209 (actenmäßige Nachrichten über die französischen Arbeiterassoc.). — Huber, Ueber cooperative Arbeiterassociationen in England, Berlin 1852. — Edinb. Rev. Nr. 180, S. 1. — Morrison a. a. O. S. 111. — Schulze-Delitzsch, Die arbeitenden Classen und das Associationswesen in Deutschland. 1858. 2. A. 1863. Deß. Capitel zu einem deutschen Arbeitercatechismus, 1863. Deß. Jahresberichte. — Schrader, Die Associationen, Leipz. 1859. — Pfeifer, Ueber Genossenschaften, Leipz. 1863. — Rentzsch, Handwörterb. der Volksw. S. 363 — Huber, Die genossensch. Selbsthülfe der arbeitenden Classen. 1865. — Chambers, La vraie mine d'or de l'ouvrier trad. p. Vigano, P. 1865. — Véron, Les associations ouvrières. P. 1865. — Beinguerlet, Les banques du peuple en Allemagne. P. 1865. — Bischof v. Ketteler (Die Arbeiterfrage und das Christenthum, 2. Aufl. Mainz 1864) bekämpft alle bisherigen Vorschläge, als nicht aus dem christlichen Geiste hervorgegangen, und spricht für die Kirche den Beruf an, für die Arbeiter zu wirken, mit Hülfe der großen Mittel, die sie von ihren Mitgliedern zusammenbringen könne. Er klagt die Gewerbefreiheit an ꝛc. (Die Kirche könnte allerdings in diesem Gebirte Gutes wirken, wenn sie es aus reiner Menschenliebe, ohne Hinblick auf die Befestigung ihrer Macht zu thun vermöchte.) — An den sog. Consum- oder Lebensmittel-, Distributiv-Vereinen können Lohnarbeiter und kleine Gewerbsleute in gleicher Weise Theil nehmen. Gewählte Vorsteher leiten den Ankauf der Gegenstände. Die Mittel werden aus den Einlagen der Theilnehmer oder auch aus Anleihen geschöpft. Die angeschafften Waaren werden, weil eine Austheilung derselben Schwierigkeiten hat, in Läden (Vereinsläden, stores, cooperative stores) an die Mitglieder verkauft, der Ueberschuß des Geldes über die Kosten wird als Gewinnantheil (Dividende) unter die Mitglieder vertheilt. Von dem bloßen Ankauf ist man hie und da zur Bereitung der Rohmittel auf gemeinschaftliche Rechnung übergegangen, z. B. in eigenen Mühlen, Bäckereien und Schlächtereien. Als das Vorbild solcher Vereine gilt die Rochdale equitable pioneers society, 1844 von ungefähr 24 dürftigen Webergesellen mit einer zusammengelegten Summe von 28 L. gegründet, 1865 auf 5730 Mitglieder mit 69307 L. eingelegtem Vermögen derselben angewachsen. Die britischen Vereine dieser Art haben über 200000 Mitglieder, s. Sociale Fragen, V. Die Rochdaler Pioneers von Huber, Nordhausen 1867. — In Deutschland gründete Schulze-Delitzsch 1849 den ersten Lebensmittelverein in seiner Vaterstadt. In seinem Jahresbericht für 1864 werden 97 solche deutsche Vereine namentlich aufgeführt, deren 38 eine Mitgliederzahl von 7709, ein Guthaben der Theilnehmer von 21433 Thlr., einen Verkaufserlös von 287589 Thlr. nachwiesen. Die ganze Zahl dieser Vereine in Deutschland ist über 200. — Richter, Die Consumvereine, Berlin 1867. (Enthält auch gute Regeln zur Einrichtung und Verwaltung solcher Vereine.)

§. 203.

Andere in neuerer Zeit vorgeschlagene, zum Theil auch schon versuchte Mittel zu dem nämlichen Zwecke sind von zweifelhafter oder doch sehr beschränkter Nützlichkeit (*a*). 1) Die verabredete plötzliche **Einstellung der Arbeit** von Seite der Arbeiter in einem gewissen Gewerbszweige eines Orts oder einer Gegend (engl. strike, fr. grève) soll die Unternehmer zwingen, höheren Lohn zu gewähren, oder von einer Lohnherabsetzung abzustehen, oder sonst günstige Bedingungen zu bewilligen. Die austretenden Arbeiter machten sich in der Regel nicht deutlich, ob die Lohnherren bei der Gewährung der Forderungen noch würden bestehen können, §. 189 (*b*). Der von jenen verfolgte Zweck ist in vielen Fällen nicht erreicht worden. Die Arbeiter vermochten sich ohne Verdienst nicht lange zu erhalten, die Lohnherren hatten wegen des Stillstandes ihres Geschäfts ebenfalls empfindlichen Verlust und bisweilen entstand für dasselbe dauernder Nachtheil. Ueberdieß liegt die Versuchung zu gewaltthätigen Handlungen gegen solche Arbeiter, die sich der Verabredung nicht anschließen, sehr nahe. Selbst schwere Verbrechen sind hiebei verübt worden (*b*). 2) Weniger gewaltsam ist die beabsichtigte Umgestaltung des bisherigen Verhältnisses zwischen Unternehmern und Lohnarbeitern. Hiezu gehört schon

a) die von den Lohnherren zu erlangende Zusicherung eines Antheils am Reinertrag eines Gewerbes für die Arbeiter neben dem bedungenen Lohne. Dieselben werden hiedurch allerdings eifriger und mehr auf den guten Erfolg des Gewerbes bedacht werden, doch muß diese Einrichtung der freien Wahl der Lohnherren überlassen bleiben und die Erfahrung muß es zeigen, unter welchen Bedingungen ein solches Zugeständniß ausführbar ist, ohne den Unternehmer in der Führung des Gewerbes auf nachtheilige Weise zu beschränken. Daher ist bisjetzt dieser Versuch selten gemacht worden (*c*).

b) Eine noch größere Veränderung ist es, wenn Gewerbe statt von einem Unternehmer, vielmehr von der Gesellschaft der Arbeiter betrieben werden; **Betriebs-Gesellschaften** oder sog. **Productiv-Genossenschaften**, cooperative associations (*d*). Ohne Zweifel wäre es für die Arbeiter vortheilhaft, neben ihrem Lohne auch den Gewerbsverdienst des Unternehmers unter sich vertheilen zu können, wofern sich die Gewerbe dabei noch in gleich gutem Fortgange befinden. Aber diesem guten Erfolg solcher Gesellschaften stehen Schwierigkeiten im Wege, die theils persönliche Verhältnisse, theils das Capital betreffen. Die Wirksamkeit eines einzelnen Unternehmers, der das Ganze eines Gewerbes überblickt, die zur Leitung desselben erforderlichen Eigenschaften besitzt und nach festem Plane handelt, ist, wie es das Gesetz der Arbeitstheilung mit sich bringt, nicht leicht durch die von den Arbeitern gewählten Geschäftsführer zu ersetzen (e). Es gehört ferner viel Gemeingeist, Redlichkeit, Unterdrückung der Selbstsucht, Ueberlegung, Ausdauer ꝛc. dazu, damit die Gesellschaft gedeihe (f). Das nöthige Capital ist durch Ersparnisse der Arbeiter mühsam aufzubringen, besonders bei Gewerben, die ein ansehnliches stehendes Capital erfordern (g). Leichter wird die Unternehmung, wenn die Gesellschaft Vertrauen genug erweckt, um Darleihen unter Sammtbürgschaft aller Mitglieder zu erhalten, oder wenn sie mit einem Unternehmer in Verbindung tritt, der sowohl Capital als Geschäftsübung besitzt und die Leitung führt. Die Zahl der beschäftigten Arbeiter kann bei den Veränderungen im Absatz nicht immer die nämliche bleiben. Es ist daher zweckmäßig, daß außer den arbeitenden Gesellschaftsmitgliedern noch andere, bloß gegen Lohn thätige Arbeiter angenommen werden, die man nöthigenfalls entlassen kann. Verluste sind von einer auf ihre eigenen Mittel beschränkten Gesellschaft schwer zu ertragen. Die Erfahrung mehrerer Länder hat bewiesen, daß solche Gesellschaftsunternehmungen unter günstigen Umständen gelingen können (h), doch sind manche derselben auch wieder untergegangen (i). Es läßt sich nicht voraussagen, wie weit diese Einrichtung sich verbreiten werde. Wie erfreulich aber auch ihr Erfolg erscheint, so ist nicht zu erwarten, daß sie den Stand der Einzel-Unternehmer ganz verdrängen könne (k).

(a) Ausführlich hierüber Morrison, Essay, Cap. 10—13.
(b) Die englischen Fabrik- und Handwerksgehülfen haben viele Vereine (trades unions), um den Unternehmern gegenüber mit Nachdruck auftreten zu können. Das Hauptmittel hiezu ist allgemeine Einstellung der Arbeit, welche aber die Ersparnisse der Arbeiter verschlingt und doch in der Mehrzahl der Fälle nichts ausrichtet. Die lange Stockung war

— 295 —

oft so verderblich für den Absatz, daß es noch weniger in der Macht der Fabrikherrn stand, die Forderungen der Arbeiter zu befriedigen, als zuvor. Mehrere arbeitsparende Maschinen sind gerade bei solchen Zwistigkeiten durch das Bestreben der Unternehmer, sich von den Arbeitern unabhängig zu erhalten, erfunden worden, z. B. die Maschine zum Vernieten der Dampfkessel, als die Kesselschmiede in der Fabrik von Fairbairn sich auflehnten, Dingler, Pol. J. LXXV, 413. Bisweilen haben die Gewerbsherren sich durch Herbeiziehen fremder Arbeiter geholfen. Die Gewaltthätigkeiten, mit denen man oft andere Arbeiter von der Fortsetzung ihrer Berechnungen abzuhalten sucht, machen das Einschreiten der Staatsgewalt nöthig. Die unter den Arbeitern verbreitete Vorstellung, daß die Lohnherren sich nur aus Gewinnsucht verabredeten, den Lohn niedrig zu halten, ist in ihrer Allgemeinheit nicht richtig, obgleich einzelne Fälle vorgekommen sind, in denen die Gewerbsherren ihre durch Einverständniß befestigte Uebermacht gemißbraucht haben. Bisweilen waren dagegen die Beschwerden der Arbeiter unhaltbar, z. B. der Pariser Schriftsetzer über die Anstellung von Setzerinnen. Der strike der verbündeten Arbeiter in den Maschinenfabriken zu Oldham, Birmingham ic. 1951, der in 15 Wochen 430 000 L. St. kostete, die Widersetzlichkeit der Kohlenbergleute zu Wigan (1853) und der Fabrikarbeiter zu Preßlou (37 Wochen lang, im Mai 1851 ansgegeben) war fruchtlos. Das Beispiel fand auch in anderen Ländern Nachahmung, es erfolgte z. B. 1844 ein solcher Ausstritt der Zimmerleute in Paris, 1845 und 1846 der Arbeiter in den Kohlenbergwerken von St. Etienne, 1865 der Tuchmacher in Burg (erreichte keinen Zweck), der Schneider in Frankfurt, der Omnibuskutscher in Paris, der Schriftsetzer in Leipzig (dieser durch billigen Vergleich beendigt), 1866 der Feilenmacher in Sheffield (ohne Erfolg, mit 70—80 000 L. Verlust der Arbeiter und dem Untergange mehrerer Fabriken) u. a. Fälle. Martineau, Illustrations, VII Bd., vergl. Rau, Archiv, I, 282. — Dies. The tendence of strikes and sticks to produce low wages, Durh. 1834. — Edinb. Rev. 1834, CXX, 341. — Mohl in Rau, Archiv, II, 178. — Faucher m Journ. des Econ. XXXI, 113 (1852).

(c) Eine Anordnung dieser Art von Leclaire, Unternehmer von Tüncherarbeiten in Paris, ist oft als Vorbild genannt worden, hat aber sehr wenig Nachahmung gefunden. L. Blanc, Organ. du travail S. 263. — J. H. von Thünen sicherte 1848 jeder Arbeiterfamilie ½ Proc. des jährlichen Mehrertrages über eine angenommene Summe des Ertrages seiner Landwirthschaft nach Abzug gewisser Kosten zu. Die Antheile der Arbeiter werden in die Sparcasse gelegt, bis der Arbeiter 60 Jahre alt ist. Isolirter Staat, II, 279. Ein neues Beispiel geben Briggs und Sohn in der Kohlengrube Mellen bei Leeds und Fox, Henderson u. Co. im Eisenwalzwerk zu Newport. Nach dem Vorschlage des letzteren Hauses erhalten die Unternehmer vom Reinertrag einen Antheil bis zu 10 Proc., als Zins und Gewerbeverdienst, der Mehrbetrag wird zwischen jenen und den Arbeitern gleich getheilt. Die Führung des Geschäftes bleibt den Unternehmern ganz überlassen. — Auch wenn hierdurch die beliebige Entlassung der Arbeiter, welche den Lohnherren freistehen muß, nicht erschwert wird, so kann doch schon die offene Rechnungsablegung für den Unternehmer nachtheilige Folgen haben. Doch bleibt es immerhin möglich, Vertragsbestimmungen in diesem Sinne zu erdenken, die beiden Theilen zusagen.

(d) Das Wort cooperativ wird in England auch in einem weiteren Sinne genommen, so daß die Lebensmittelvereine ebenfalls darunter verstanden werden.

(e) Bei diesen und ofters Entziehung, Uebereilung, Unkenntniß, eigennützige Handlungsweise ein. Am besten hielten sich Gesellschaften, die das Glück hatten, daß sich ein Mann von hervorragender Fähigkeit vorfand, der die Leitung übernahm, z. B. bei einer großen Buchdruckergesellschaft in Paris der bisherige Factor Remquet.

(f) Wie J. St. Mill glaubt, daß die englischen Arbeiter diese Eigenschaften nicht im gleichen Grade besitzen wie deutsche oder französische (Privatmittheilung), so denkt Courcelle-Seneuil (Journ. des Econ. XI, 321 der 2 Sér.) dasselbe von den französischen, und Schulze-D. bemerkt, andere Ruten der Genoßenschaften müßten sich die Arbeiter zum Eintritt in die Betriebsgesellschaften vorbereiten, Capitel z. e. b. Arbeiterausschüsse S. 146.

(g) Bei Landgütern, Bergwerken und Handlagergesellschaften sind solche Arbeitergesellschaften gar nicht versucht worden.

(h) Die Zahl der Betriebsgesellschaften in Großbritanien ist nicht bekannt. Im J. 1857 sollen deren 57 gewesen sein, darunter 10 von Schneidern, 6 von Schuhmachern, 6 für Baumwollenverarbeitung. Die meisten entstanden erst in den 1850r Jahren. Auch in Deutschland kennt man die Anzahl nicht. Von den 250 im J. 1863 muthmaßlich vorhandenen Rohstoff-, Magazin- und Produktiv-Genossenschaften gehört nur der kleinste Theil zu den letzteren, die eigenannten bestehen aus Handwerksmeistern; von 183 namentlich angeführten Vereinen unter jener Benennung befanden sich nur 28 Betriebsgesellschaften, Schulze-D., Jahresbericht für 1864, S. 55.

(i) In Frankreich hatten die 1848 entstandenen Gesellschaften, welche von der Regierung mit einem Vorschuß von 3 Mill. Fr. unterstützt wurden, geringen Fortgang und lösten sich meistens bald wieder auf. Nur die später entstandenen erhielten sich.

(k) Lassalle lehrte, daß die eigenen Ersparniße der Arbeiter zu wenig ausreichen können und daß folglich Capital Andern ihnen zu Hülfe kommen müsse. s. deßen Herr Bastiat-Schulze, Berlin 1864. Offenes Antwortschreiben. Zürich 1865. Arbeiterprogramm, ebd 1865. Er verlangt daher, damit die Arbeiter-Gesellschaften große Ausbreitung gewinnen könnten, Staatsbürgschaft für die von ihnen geborgten Capitale und ruft die Arbeiter auf, Wahlrecht und Wählbarkeit in den landständischen Versammlungen zu erringen, damit sie jene Maßregel durchsetzen könnten. (Sie würden hierdurch in eine politische Richtung geführt und von dem allein brillanten Wege abgelenkt werden!) — Gerstner, Vergleichende Darstell. des Schulze-D.'schen Systems und der Lassalle'schen Ideen. Würzb 1866. — Jörg, Geschichte der socialpolitischen Partien in D. Freiburg 1867 (für Lassalle).

§. 204.

Es bedarf einer Untersuchung, wie die Erhöhung des Lohnes auf die Preise der Waaren wirkt, wobei der Preis der Landeserzeugnisse gegeneinander und der Preis derselben gegen Geld und ausländische Waaren unterschieden werden kann.

Was das Erste betrifft, so glaubte Ricardo (a), das Preisverhältniß der in einem Lande erzeugten Güter gegeneinander werde durch die Erhöhung des Arbeitslohnes in der Regel gar nicht verändert; denn da zur Hervorbringung aller Güter Arbeit gehöre, so trete die Ursache der Vertheuerung bei allen zugleich ein und werke eben deßhalb unmerklich, weßhalb mit jedem einzelnen Gute noch so viel andere gekauft werden können, als bei dem niedrigeren Stande des Lohnes. Diese Regel ist jedoch nur unter gewissen Beschränkungen richtig. Die Lohnerhöhung könnte nämlich die Waaren nicht in dem nämlichen Verhältniß vertheuern, wie der Lohn zugenommen hat, weil die Kosten nicht allein aus Lohn bestehen. Die Capitalrente wird da, wo der Arbeitslohn durchgängig steigt, eher abnehmen als sich vermehren, also ist eine Verringerung in diesem Bestandtheile des Kostenbetrages zu erwarten, §. 202. Deßhalb können wegen der verschiedenen Entstehungsart der Güter die Veränderungen ihrer Kosten nicht gleichförmig geschehen. Solche Gegenstände, welche durch einfache Handarbeit zu Stande kommen, werden bei der Erhöhung des Lohnes am meisten vertheuert (b), diejenigen aber am wenigsten, deren Hervorbringung hauptsächlich durch Naturkräfte mit Hülfe eines beträchtlichen Capitales geschieht, §. 136. Es kann mithin das Preisverhältniß zwischen den verschiedenen Gütern nicht dasselbe bleiben. Auch abgesehen von diesem Umstande würde Ricardo's Regel nur unter den Voraussetzungen zutreffen, daß 1) der Lohn sämmtlicher Zweige der Arbeit in gleichem Verhältnisse zunehme, was jedoch nicht leicht geschieht, weil das Mitwerben bei demselben auf längere Zeit erhebliche Verschiedenheiten zu Wege bringt; 2) daß Zinsrente und Gewerbsgewinn in allen Arten der Gewerbe im Gleichgewicht stehen, also überall zugleich abnehmen oder unverändert bleiben; 3) daß sich keine anderen Umstände einmischen, aus denen häufig eine Abweichung der Preise von den Kosten hervorgehet, §. 160. 161. Indeß muß man einräumen, daß das Steigen des Lohnes die Preise der Güter untereinander nicht um den ganzen Betrag dieser Erhöhung des Lohnes vertheuern und nicht beträchtlich von einander entfernen kann.

(a) 1. Cap. 2 Abschn. der 2. Ausg. — M'Culloch, Grundf. S. 231 — Die Lehrsätze Ricardo's und seiner Schule über diesen Punct sind schwer verständlich, weil der Ausdruck „hoher und niedriger Arbeitslohn" in doppeltem Sinne genommen wird. Ricardo versteht unter dem

Realwerthe des Lohns die Menge von Arbeit, welche dazu verwendet werden muß, ein Arbeitern ihren Antheil an dem Erzeugniß zu
verschaffen. Der Lohn wird folglich niedriger, wenn er statt 25 nun
22 Proc. des ganzen Productes beträgt, mag er auch, zufolge einer
stärkeren Productivität der Arbeit und des Capitals, aus der doppelten
Menge von Gütern bestehen, Grundges. S. 36 (I, 57 fr Ueb.) Diese
ungewöhnliche Bedeutung jener Ausdrücke hat manche Mißverständnisse
veranlaßt, Senior, Outline, S. 189. Der Lohn steigt in Ricardo's
Sinne, wenn die Versorgung der Arbeiter mit Lebensmitteln mehr Arbeit erfordert und daher die Preise der letzteren höher werden. Diese
Veränderung muß sich, wo das Metallgeld nicht im Inlande erzeugt
wird und also nicht von den einheimischen Kosten der Arbeit abhängt,
auch in einem höheren Geldpreise des Lohnes ausdrücken, S. 23 (I, 41),
und es muß sich zeigen, daß der Geldpreis der Erzeugnisse ungeachtet
der Lohnerhöhung derselbe bleibt, indem diese Aenderung durch die Erniedrigung des Profites (einschließlich des Zinses) ausgeglichen wird,
S. 31 (I, 50 fr.). Diese Ansicht spricht sich auch in M'Culloch's
Aussagen vor der Parlamentscommission in Betreff der Maschinenaus-
fuhr (1825) aus. Nachdem Bradbury erklärt hatte, der Lohn sei
in Frankreich nur halb so hoch als in England, und wenn der Spinner dort 3. hier 6 P. für das Pfund erhalte, so könne die französische
Fabrik das Pfund um 3 Pence wohlfeiler verkaufen, — so bemerkte
M'Culloch, eine reale Erhöhung des Lohnes (a real rise of wages) könne
den Preis der Waaren nicht wirklich steigern und der niedrigere Lohn
in Frankreich gebe den Franzosen auf dem fremden Markte keinen
Vorzug, sondern erhöhe nur den Gewerbsgewinn, s. die Auszüge bei
Senior, S. 189. M'Culloch setzt den Realwerth des Lohnes wie
Ricardo in die Größe des Antheils am Producte, und unterscheidet
ihn nur in Hinsicht auf die Veränderlichkeit im Preise des Geldes von
dem Geldwerthe, Grunds. S. 237. — Daß Ricardo zugleich annimmt, der Geldpreis der Güter könne eben so wenig zunehmen, als
der Preis derselben unter einander, beruht auf einem andern Grunde,
s. §. 269.

(a) Es seien z. B. die Kosten zweier Güter A und B folgende:

	A	B
1) Arbeitslohn	45 fl.	66 fl.
2) Capitalrente	18 ,	12 ,
3) Grundrente	6 ,	5 ,
4) Gewerbsverdienst	18 ,	10 ,
5) Gebrauchte ausländische Stoffe	13 ,	7 ,
	100 fl.	100 fl.

Wenn nun 1) um 1/5 steigt, 2) sich um 1/6 vermindert, so kostet A
113, B aber 120½ fl., B ist also gegen A um 7½ fl. oder 6½ Procent theurer geworden. Diese Ausnahme hat Ricardo selbst anerkannt und erläutert, namentlich für Fälle, wo das Verhältniß des umlaufenden zum stehenden Capitale verschieden ist. Er zeigt, daß bei
einer Lohnerhöhung durch die Anwendung von Maschinen eher eine
Preiserniedrigung, und zwar sowohl des relativen als des absoluten
Preises, vorgehen kann, S. 34 (I, 53).

§. 205.

Der Preis der Landeserzeugnisse gegen Geld und ausländische
Waaren (§. 204) würde, woferne keine anderen Ursachen entgegen wirken, allerdings um soviel erhöht werden, als die

Lohn-Ausgabe des Unternehmers bei jeder Waare angewachsen ist. Dieß würde den Ausländern den Ankauf der inländischen Producte erschweren und so den Absatz derselben verringern. Mit der Ausfuhr müßte auch die Einfuhr fremder Waaren abnehmen oder gänzlich aufhören, und die Unterbrechung des auswärtigen Verkehrs würde die Folge haben, daß die Güterquellen auf eine weniger vortheilhafte Art angewendet würden, daß also die Hervorbringung sowohl als der Gütergenuß sich verminderten. Die Besorgniß solcher Folgen ist jedoch unbegründet. Bei den Fortschritten des Wohlstandes und der Gewerbskunst fehlt es nicht an Erfindungen, welche zugleich eine Ersparung an den Hervorbringskosten bewirken, auch wird der Capitalzins niedriger, so daß ungeachtet der wohlthätigen Erhöhung des Lohns doch die Preise vieler Güter nicht blos nicht größer, sondern selbst niedriger werden. Es wird in jedem Lande immer Güter geben, die wegen ihrer geringen Erzeugekosten im Auslande Absatz finden, nur werden es in verschiedenen Zeiten nicht immer dieselben Gegenstände sein (a).

(a) Vgl. Smith, I, 135.

Zweite Abtheilung.

Die Grundrente.

§. 206.

Die Benützung von Grundstücken zu einer Art des Erwerbes giebt in den meisten Fällen einen Ertrag, der die angewendeten Kosten übersteigt (a). Ist das Land noch herrenlos, so fällt jener Ueberschuß des Ertrages demjenigen, der die Benützung vornimmt, als Arbeits- und Gewerbsverdienst zu. Soll aber Fleiß auf den Anbau von Ländereien verwendet werden, so muß man auf ungestörten Besitz derselben rechnen können, es muß folglich das Eigenthumsrecht der Gemeinde oder des einzelnen Anbauers anerkannt und geschützt sein, womit zugleich die Annahme fester Wohnsitze zusammenhängt (b). Schon bei dem Gemeindelande, wenn es den Mitgliedern auf längere Zeit

zur Benützung zugetheilt ist, kommt es vor, daß der Inhaber
dasselbe einem Anderen gegen Vergütung zum Gebrauche über-
läßt (a). Ist das Land in das Sondereigenthum übergegangen,
so fließt der erwähnte Ueberschuß dem Eigenthümer zu, mag
nun dieser die Grundstücke selbst für irgend einen Zweck gebrauchen, oder dieß einem Anderen gegen eine jährliche Abgabe
oder andere Leistungen gestatten, z. B. sie verpachten (d). In
diesem Falle erhält die Bodenbenützung einen Preis. So
lange die Erzeugnisse des Bodens noch nicht regelmäßig in
den Verkehr gelangen, wird die Vergütung für die erlaubte
Benützung an den Grundeigenthümer in einem Theil der gewonnenen Rohstoffe oder in Arbeit entrichtet. Fängt jedoch
die Arbeitstheilung an, so daß nur noch ein Theil der Menschen sich mit der Gewinnung roher Stoffe abgiebt, so werden
diese, soweit ihre Menge den eigenen Bedarf des Anbauers
übersteigt, regelmäßig zu Markt gebracht, sie haben denn einen
Marktpreis und der Antheil des Grundeigenthümers besteht in
einer Geldeinnahme oder wird wenigstens in Geld bemessen.
Die Zwecke, zu welchen Grundstücke gebraucht werden, sind
sehr verschieden (e).

(a) Weideland kann mit sehr geringer, auch Waldgrund mit geringer Arbeit
einen solchen Ertrag geben, daß auch bei allen Verschiedenheit der Meinungen über den Werth der Dinge das Dasein eines solchen Werths-
überschusses außer Zweifel ist.

(b) Die Eingeborenen Brasiliens umziehen bisweilen das von ihnen angebaute Stück Feld mit einem Faden, um ihr auf Bestnahme beruhendes
Recht zu wahren (v. Martius).

(c) Wo nicht vereinzelte Ansiedlungen entstanden, sondern eine Anzahl von
Haushaltungen sich zugleich in einer Gegend niederließ, da war die
Gemeinschaft des Eigenthums eine nahe liegende Einrichtung, anfangs
mit jährlich erneuter Austheilung des Ackerlandes unter die Mitglieder,
während Weide und Wald noch in gemeinschaftlicher Benutzung blieb.
Später geschah die Austheilung auf längere oder auf Lebenszeit, wie
noch bei den heutigen Almendstücken. — Die von Cäsar (De bello
Gallico. IV. c. 1, VI. c 22) bei den Sueven geschilderte jährliche neue
Vertheilung des Baulandes wird durch Spuren ähnlicher Einrichtungen,
selbst noch in unserer Zeit, glaublich gemacht. Auf dem Hundsrück, in
den Kreisen Merzig, Ottweiler und Saarlouis kommt es in einer Anzahl von Gemeinden vor, daß ein Theil der Flur auf 6—12 Jahre
durch das Loos vertheilt wird, aber nicht gleichmäßig, sondern nach
bestimmten Berechtigungsverhältnissen oder Quoten des gemeinschaftlichen Landes einer gewissen Benutzungsart; dieß ist beim Acker weniger
häufig als bei Schaftwald und Land in Grasseldwirthschaft. Schwerz
in Mögl. Arn. XXVII, 29. (1831). Hanssen, Die Gehöferschaf-
ten im R. B. Trier. Berl. 1863. — Gleiches bestand noch zu Anfang des jetzigen Jahrhunderts im Fürstenthum Lowitz, ferner bei den

nogaischen Tataren und in Peru bei der Ankunft der Europäer, wo nur der kleinere Theil des Landes für Kirche und Fürsten occupirt war, der größere jährlich neu vertheilt wurde. Jones, Distribut. of wealth, S. 7 nach Robertson. — In Java ist nach dem allen Herkommen (Hadhol) das Land Gemeindegut (nach Teunmint, Coup d'oeil gén. sur les possessions Néerlandaises dans l'Inde 1846), ebenso in Rußland, wo jeder Kopf der männlichen Einwohner gleichen Anspruch hat und das Land in der Gemeinde von Zeit zu Zeit neu nach den Grundsätzen (Tieglo) vertheilt wird, von Harthausen, Studien über die inneren Zustände Rußlands, 1847, I, 124. Tegoborski, Études sur les forces product. de la Russie, I, 320. — Aehnliches in Böhmen, Landau, die Territorien, 1854, S. 69. — Noch in der abgelegensten waldigen Berggegend Morvan im fr. Dep. Nièvre gab es bis 1789 Gemeinden ohne abgetheiltes Sondereigenthum, Dupin in Séances et trav. de l'acad. des sc. mor. et pol Janr. 1853. Dabei nehmen neuere Forscher an, daß das Sondereigenthum erst aus der Zersplitterung des Gemeinlandes entstanden sei. — Vgl. Anton, Gesch. der deutschen Landw., I, 68. — v. Löw, Gesch. der deutschen Reichs- und Territorialverfass., S. 7. — Reynier, De l'économie publ. et rur. des Celtes, des Germains &c. S 392 — Schön, R. Unterf. S. 207. — Roscher in Rau und Hanssen, Archiv, N. F. III, 165. v Eigen den Urk. II, §. 71. — v. Maurer, Einleitung zur Geschichte der Mark-Verfassung, 1854. S 93 — Langethal, Geschichte der deutschen Landwirthschaft, I, 11 ff —. Gegen die Annahme einer Gemeinschaft in Deutschland Landau t a D. S. 64. — Waitz (Deutsche Verfassungsgeschichte, 2. A. 1865. I, 95) hält Cäsar's Nachricht für zweifelhaft.

(d) Die dauernde Ueberlassung an hörige oder freie Bauern, Hintersassen, Grundholden, Coloni, ist aller als die Verpachtung auf bestimmte Zeit, s. z. S. Tacitus, Germ. C. 15.

(e) Grundstücke dienen 1) zur Arbeit, d. i. zur Gewinnung von rohen Stoffen, welche entweder a) schon vorhanden sind und nur hinweggenommen werden, wie feste Mineralkörper, Mineralwasser, Erdöl, Guano, Torf, wobei früher oder später eine Erschöpfung anheben kann, — oder b) fortwährend neu erzeugt werden, bald ohne Beihülfe der Kunst, bald mit derselben; — 2) als Raum, auf welchem mancherlei Thätigkeit anderer Art geübt wird, Bauplätze, Trocken-, Bleich-, Aufbewahrungsplätze, Grundstücke mit fließendem Wasser als Triebkraft, Hofräume, Plätze zu Waffen-, Reit-, Körper-Uebungen, zu Belustigungen. Zu 1) gehören auch Teiche, von denen im Winter reines Eis gewonnen wird, z. B. der See Freshpond bei Boston, 200 Ac. groß, der deshalb einen ansehnlichen Reinertrag bringt.

§. 207.

Das Einkommen, welches der Eigenthümer als solcher von benützten Grundstücken erhält, auch wenn er die Benützung nicht selbst vornimmt, ist die Grund-, Land- oder Bodenrente, landrent, fermage, loyer des terres (a). Wo die Bestandtheile des vollen Eigenthumsrechts unter mehrere Personen getheilt sind, so daß der Besitzer des Grundstücks nur ein beschränktes, oder ein sogenanntes Nutzeigenthum, oder nur ein erbliches Nutznießungsrecht hat und einem Guts-, Zehntherrn ꝛc. einen Theil des Reinertrags abgeben muß, da ist die Grundrente des Besitzers von der Gefällrente anderer Berechtigter zu unterscheiden und beide zusammen bilden die volle Grundrente. In den folgenden Lehrsätzen ist immer die volle ungetheilte Grundrente vorausgesetzt worden. Diese erscheint im Falle der Verpachtung als ein leicht kenntliches, ausgeschiedenes Einkommen, welches man die ausbedungene oder Pachtrente nennen kann. Wenn aber der Eigenthümer seine Grundstücke selbst zu einem Erwerbszweck gebraucht, so ist die Grundrente in dem Ueberschusse enthalten, der nach Bestreitung aller Betriebskosten in seinen Händen zurückbleibt. Diese natürliche, empfundene, übrigbleibende Grundrente (b) ist bei den künstlicheren Benutzungen des Bodens mit anderen Antheilen des selbst wirthschaftenden Eigenthümers vermischt und muß erst in Gedanken von denselben Antheilen geschieden werden, §. 208. Sie wird geschätzt a) nach dem Gebrauchswerthe der die Kosten übersteigenden Erzeugnisse, wenn diese blos für die eigene Wirthschaft des Grundeigners gebaut werden (c), b) nach dem Verkehrswerthe und Preise derselben, wenn der Anbau des Bodens zum Theile des Absatzes willen unternommen wird.

a) Ueber die Grundrente sind seit Ricardo viele Untersuchungen angestellt und verschiedene einander widerstreitende Lehrsätze aufgestellt worden. In diesem Abschnitte der Volkswirthschaftslehre sind aber die Thatsachen, aus denen die allgemeinen Sätze abgeleitet werden müssen, offenkundig, es ist eine Fülle statistischer Nachrichten vorhanden, auch die gleichförmigen Zwecke und die Betriebsregeln der Landwirthe sind bekannt, es ist daher möglich mit sorgfältiger Benutzung aller dieser Hülfsmittel zu einer Reihe von Lehrsätzen zu gelangen, die mit mathematischer Schärfe begründet werden, wie dieß z. B. bei dem Wehrstuhlsatze nicht so leicht geschehen kann. — Dieser Gegenstand ist neuerlich am ausführlichsten bearbeitet worden von Jones, a. a. O., im ganzen 1. Bande. Sehr lehrreich ist das tief durchdachte Buch: J. H. v. Thünen, Der isolirte Staat. Hamburg, 1826. 2. A. Rostock, 1842. — J. G. Hofmann, Ueber die wahre Natur und Bestimmung der Renten aus Boden- und Capital-Eigenthum. Berlin 1837. — Neuere Untersuchungen bei Carey, Principles of polit. ec. Philad. 1837. Dess. The past, the present and the future. Philadelphia 1848. Dess. Principles of social science, I, 168, III, 131. und von verschiedenen Schriftstellern im Journal des Economisten, §. 1851—53, namentlich Bastiat, Fontenay, Cherbuliez, Paul v. Gasparin. — Passy in Diction. d'l'econ. pol. II, 509. — Schütz in Zeitschrift für die ges. St.W. 1853, S. 171. — Kirchmann, Die Grundrente in ihrer Beziehung zur socialen Frage, 1850. — Rodbertus, Sociale Briefe, 3r B. 1851. — Wirth, Vorrede zur Uebersetz. von Carey's Grundlagen der Socialwissensch. I, 1863. — Rößler, Grundsätze S. 497. — Trunk in Hildebrand, Jahrb. 1866. VI, 385. — Dieser Gegenstand hat schon wegen der auf die Grundrente gelegten Steuer, der ergiebigsten unter allen, eine große praktische Wichtigkeit.

(b) Die natürliche Grundrente ist von Parisot in der französischen Uebersetzung von J. Mill's Werk (S. 15, 16) durch den Ausdruck loyer des terres von der bedungenen, fermage, unterschieden worden. — Um ihre Größe zu ermitteln, muß man bei dem Ackerbaue eine ganze Wirthschaftsperiode nach der bestehenden Fruchtfolge, also z. B. 6 Jahre bei der neueren Einrichtung der Dreifelder-Wirthschaft, zusammenfassen und noch besser aus mehreren solchen Perioden den Durchschnitt nehmen.

(c) Eine Vergleichung des Ertrages mit den Kosten nach dem Gebrauchswerthe ist leicht, weil die Landwirthschaft gerade Unterhaltsmittel für die Arbeiter bei einfacher Lebensweise liefert, weil also beide Gütermengen gleichartig sind; man wird z. B. gewahr, daß eine gewisse Strecke Landes mehr Getreide, Fleisch, Holz, Häute, Wolle, Oel und dergl. giebt, als die mit dem Anbau beschäftigten Arbeiter verzehren. Vgl. Sismondi, Nouv. pr. I, 281.

§. 208.

Die Grundrente muß von anderen Einkünften unterschieden werden, mit denen sie oft verbunden ist, §. 207. Eine Unternehmung, bei welcher ein Grundstück als Hülfsmittel dient, liefert einen gewissen Rohertrag, der sich bei der häufigsten Art der Benützung des Landes, der Erdarbeit, nach der Menge und den Preisen der Bodenerzeugnisse, also nach dem Erlöse bemißt. Hievon werden die zur Erzielung dieses Ertrages nöthigen Verzehrungen und Ausgaben abgezogen, unter die auch der Gewerbsverdienst des Unternehmers, nach dem üblichen mittleren Satze gehört. Der übrigbleibende reine Ertrag (a) besteht bei dem selbst wirthschaftenden Grundeigenthümer in manchen Fällen, wo die Stoffgewinnung leicht und einfach ist, ganz oder fast ganz aus Grundrente (b), in anderen aber schließt er zugleich die Rente des angewendeten Capitals (c) und einen reinen Gewerbsgewinn in sich. Nachstehende Erwägungen dienen dazu, die Scheidung dieser drei Bestandtheile zu erleichtern. a) Der Zins des angewendeten Capitals ist nach dem landüblichen Satze leicht anzuschlagen. b) Es kann angenommen werden, daß die natürliche Grundrente der ausbedungenen, wie diese sich in Folge des Mitwerbens unter gegebenen Umständen feststellt, ungefähr gleich sei, weßhalb man

— 304 —

sich der Pachtzinse zum Anschlage der Grundrente bedienen kann.

c) Eine Steigerung des Reinertrages, die von dem einzelnen Landwirth vorübergehend durch vorzügliche Betriebsamkeit zu Wege gebracht wird, ist nicht als Grundrente, sondern nur als Erhöhung des Gewerbsverdienstes anzusehen; als Grundrente gilt nur der Theil des Reinertrages, welcher aus der in einer gewissen Gegend gewöhnlichen Behandlungsweise des Bodens entspringt und folglich jedem Eigenthümer zu Theil werden kann.

(a) Wenn e die auf eine Einheit, z. B. 1 Centner Roggen, umgerechnete Menge von Erzeugnissen eines Reigens, p den Preis einer solchen Einheit, k die Kosten derselben, r den Reinertrag bezeichnet, so ist e (p — k) = r, und dieß bildet die Grundformel für die ganze Grundrententehre. — Der römische Rechtsgelehrte Paulus (l. 36 Dig V, 3) nennt diesen Reinertrag des Landes fructus.

(b) 3. B. bei vielen Waldungen und Weiden, für die kein Capital verwendet wird, beim Sammeln wildwachsender Pflanzen, wenn der Grundeigenthümer dasselbe nicht, wie bei Waldbeeren, Sauerkirr, Waldmeister (asperula odorata) u. dgl. für Jedermann freigiebt; equisetum (Zinnkraut und Schachtelhalm), carex brizoides als Waldgras zum Polstern, Rohr (arundo phragmites) und Rohrkolben (typha latifolia) in Sümpfen erfordern nur Arbeitslohn und bringen bisweilen eine Rente.

(c) Der Capitalzins ist für den Unternehmer als solchen zwar ein Theil des Kostenaufwandes, für den Capitalisten aber offenbar reines Einkommen, und da hier untersucht wird, welche Personen überhaupt an dem Ueberschusse einer Bodenbenützung Theil haben, so muß in dieser Hinsicht der Zins zu dem reinen Ertrage gezählt werden. — Die abgesonderte Betrachtung der Grundrente ist nothwendig, weil diese sehr oft von jenen anderen Einkünften getrennt anerkannt und bei vielen Geschäften, z. B. Kauf, Verpachtung, Versäbnung, Besteuerung des Grundeigenthums maaßgebend ist.

§. 209.

Werden mit Grundstücken zugleich Gebäude oder auch bewegliche Geräthe und Vieh vermiethet, so begreift die ganze Vergütung, der Pachtzins, neben der Grundrente auch den Miethzins dieser Gegenstände in sich. Auch der selbstwirthschaftende Eigenthümer eines Bergwerkes oder Landgutes muß einen Theil seines Reinertrages als Zins der zugehörigen Gebäude und des anderen stehenden Capitals betrachten (a). Wird aber bei Grundverbesserungen (Meliorationen) nur die nutzbare Beschaffenheit des Grundstückes erhöht, so ist die hieraus entspringende Vermehrung des Ertrages ein unzertrennlicher und nicht mehr zu unterscheidender Bestandtheil der Grundrente,

— 305 —

wenn sie gleich die Wirkung eines angewendeten Capitales bildet, §. 51. 129 — (b).

(a) Wenn z. B. ein Landgut von 100 Morgen, dessen Gebäude und Geräthe ungefähr 10 000 fl. gelten, 3000 fl. Pachtzins trägt, so kommen auf die genannten Gegenstände etwa 400 fl. Zinsrente, die Grundrente beträgt also gegen 2600 fl. oder 26 fl. auf den Morgen.

(b) Das Capital ist denn als solches nicht mehr vorhanden und also eine abgesonderte Benutzung desselben, wie sie bei Gebäuden stattfinden kann, nicht möglich. — Ricardo will unter der Grundrente nur die Vergütung für die Benutzung der „ursprünglichen und unzerstörbaren Bodenkräfte" verstanden wissen und schließt von derselben die Vergütung für die bereits vorhandenen nutzbaren Gegenstände, z. B. Steinkohlen ꝛc. aus (vgl. §. 171). Demnach wäre eigentlich gar keine Grundrente von Bergwerken, Steinbrüchen, Thongruben ꝛc. denkbar. Dagegen Smith, I, 236 und Say zu Ricardo, I, 66. Auch räumt Ricardo wenigstens ein, daß dasjenige, was bei Meliorationen noch neben der eigentlichen Grundrente gegeben wird, genau mit dieser verbunden ist und denselben Gesetzen unterliegt. S. 279 (II, 47). — Die Unveränderlichkeit liegt überhaupt nicht im Begriff der Grundrente, wie z. B. Waldungen, Kohlen- und Torflager zeigen. Ein Theil der zur Fruchtbarkeit erforderlichen Bodenbestandtheile vermindert sich mit der Zeit, und bedarf des Ersatzes durch Düngung; Gräben zur Entwässerung oder Bewässerung können verfallen ꝛc.

§. 210.

Die Grundrente läßt sich von zwei Seiten betrachten. Für den Unternehmer der Bodenbenützung, also für den Landwirth als solchen, der entweder Pachtzins bezahlen oder mit einem Aufwande von Capital die Grundstücke an sich bringen muß, ist die bestehende Grundrente ein Theil der von ihm anzuwendenden Erzeugungskosten, der nur öfter als andere Bestandtheile derselben durch äußere Umstände verändert wird. Für den Eigenthümer dagegen bildet dieselbe den Reinertrag seines Grundvermögens, und wenn man die Hervorbringung roher Stoffe im Allgemeinen aus volkswirthschaftlichem Standpuncte betrachtet, so ist sowohl die Grundrente als die Capitalrente von denjenigen Ausgaben, welche eine zu der Hervorbringung nothwendige Verzehrung veranlassen (§. 164), zu unterscheiden. Jene beiden sind zwar unvermeidliche Ausgaben des Unternehmers, aber nicht Ersatz einer Consumtion, sondern Entrichtungen an Andere für die gestattete Benützung ihrer Güterquellen, also bilden sie in der ganzen Volkswirthschaft ein reines Einkommen.

§. 211.

Die meisten Grundstücke eines Landes werden zur Erbarbeit benützt, daher sind die Ursachen, von welchen der Antheil des Grundeigenthümers an dem Reinertrage bestimmt wird, vorzüglich bei jenem Gewerbe zu erforschen, woraus dann auch auf die Verhältnisse bei anderen Verwendungen des Bodens geschlossen werden kann. Da die Grundrente von einem Ueberschusse des Erlöses über die Kosten herrührt (§. 210), so bildet sie scheinbar eine Ausnahme des Gesetzes, daß die Preise der Dinge den Kosten nahe kommen, sie erklärt sich aber aus der Verschiedenheit der Kosten bei mehreren Theilen des zu Markt kommenden Erzeugnisses, §. 164. Bei solchen Gewerben, die mit Hülfe eines Capitales überall ausgeübt werden können, wie die meisten Gewerke, findet eine so beträchtliche Kostenverschiedenheit nicht Statt, und wenn auch in der einen Gegend die Preise der Arbeit und der Rohstoffe niedriger sind, als anderswo, so ist doch zwischen mehreren Unternehmern, die sich in gleichen Umständen befinden, das Mitwerben gewöhnlich mächtig genug, um die Preise diesem Kostensatze nahe zu bringen. In der Erbarbeit dagegen verursacht die Gewinnung von Bodenerzeugnissen auf verschiedenen Grundstücken häufig ungleiche Kosten, während der Preis der nämlichen Stoffe auf einem Markte in jedem Zeitpuncte sich gleichförmig feststellt, §. 152. Bei einem und demselben Preise kann ein Theil der Erzeuger wenigstens augenblicklich Einbuße, ein anderer einen Gewinn (Ueberschuß über die Kosten) haben, und dieser, weil er an bestimmte Grundstücke geknüpft ist, gelangt größtentheils als Grundrente an den Eigenthümer derselben (a). Diese Verschiedenheit in den Kosten kann von folgenden Ursachen herrühren: 1) Beschaffenheit der Grundstücke, 2) Lage derselben, 3) Betrag des Lohns, 4) Betriebsart.

(a) Daher betrachtet Senior, Outline, S. 172. die Grundrente als die Folge einer Art von Monopol. Dieser Satz hat zu Mißverständnissen Anlaß gegeben, indem Manche, wie Bastiat und Kirchmann, in seinem Umstande, der lediglich eine Folge des Eigenthums und der Unbeweglichkeit des Landes ist, etwas Gehässiges, die Wirkung einer Bedrückung, betrachteten. Der Ausdruck Monopol (§. 159) ist auch wenig angemessen, wenn er auf einen Fall angewendet wird, der bei Tausenden von Grundstücken, nur in verschiedenem Grade, vorkommt.

§. 212.

1) Die Beschaffenheit der Grundstücke hat auf den Ertrag derselben starken Einfluß. Beachtet man insbesondere den Landbau, so wird auf fruchtbarem Lande ein größerer Rohertrag mit verhältnißmäßig geringeren Kosten gewonnen, so daß ein Centner, Scheffel ꝛc. wohlfeiler zu stehen kommt als auf minder ergiebigem Boden (a). Deckt der Preis die Kosten der Erzeugung auf dem letzteren, so wirft der Anbau des besseren Landes einen Reinertrag und mithin eine Grundrente ab (b). Diese Wirkung der verschiedenen Güte der Grundstücke zeigt sich überall, wo Ländereien von ungleicher Beschaffenheit zugleich angebaut werden und Erzeugnisse in ein gewisses Marktgebiet liefern, und es ist in Ansehung der erwähnten Folge gleichgültig, ob die günstiger beschaffenen Grundstücke früher oder später als andere in Benutzung gekommen sind (c). Neben den eigentlichen Gewinnungskosten kommen auch die mit dem Anbau verknüpften Verluste und Gefahren, z. B. von Ueberschwemmungen, sowie die Kosten der dagegen angewendeten Schutzmittel in Betracht. Die ungleiche Ergiebigkeit rührt theils von natürlichen Umständen her, wohin vorzüglich die Zusammensetzung der oberen Erdlage (Krume) aus mineralischen Stoffen und organischen Resten (d), die Tiefe derselben, die Beschaffenheit des Untergrundes, die Trockenheit oder Feuchtheit, die wagerechte oder abhängige Gestalt des Landes, das örtliche Klima (e) gehören, — theils von der angewendeten Kunst, z. B. Trockenlegung, Entfernung von Gesträuchen und Steinen, Ausfüllung von Vertiefungen, Lockerung des Untergrundes, Aufführung von verbessernder Erde u. dgl., §. 209 — (f). Die durch Arbeit und Capitalaufwand entstandene höhere Ertragsfähigkeit wirkt ebenso auf die Grundrente, wie die ungleiche Naturbeschaffenheit. Ueberblickt man die angebauten Flächen eines ganzen Landes, so erkennt man, daß im Großen die natürlichen Eigenschaften einen stärkeren Einfluß ausüben, als der Fleiß und die Kunst des Landwirthes, durch welche die ersteren nur zum Theil und in gewissen Gränzen abgeändert werden können. So sind z. B. bergige Felder stets kostbarer zu bewirthschaften als waagerechte. Insbesondere zeigt sich

jene menschliche Thätigkeit bei den Wäldern nur wenig wirksam (g). In dem gegenwärtigen Zustande der Grundstücke läßt sich auch in vielen Fällen nicht mehr erkennen, wieviel die eine oder andere Ursache zu ihm beigetragen hat. Aeußert sich die Güte des Landes nicht in der größerm Menge, sondern in der werthvolleren Art oder Beschaffenheit der Erzeugnisse, so müssen diese wenigstens einen solchen Preis erlangen, der die Verwendung der Grundstücke zu ihrer Hervorbringung belohnt.

(a) "Mit der Abnahme des Bruttoertrages von einer bestimmten Fläche steigen die Bestellungskosten im Verhältniß zum Bruttoertrage", Block, Beiträge zur Landgüter-Schätzungskunde, S. 30 (1840). Zahlenbelege finden sich in den zahlreichen Schriften über landwirthschaftliche Abschätzungen. Die der Ausspruch von de Fontenay: le classement des terres par ordre de fertilité est absurde (Journ. des écon. XXX, 81) nicht zu entkräften vermag — Beispiele: 1) Nach v. Thünen (Der isolirte Staat, S. 33) verschwindet die Grundrente, d. h. den Erlös deckt gerade die Kosten, wenn der preuß. Scheffel Roggen gilt

0,^{17} . 0,^{49} 0,^{85} . 1,^{xm} . 2,**** Thlr.

und die Aussaat 10. 8. 6. 5. 4½fältig geerntet wird. Den Thaler Gold (½ Friedrichsd'or) zu 1 fl. 55 kr. gesetzt, käme hiernach der Centner Roggen von dem besten Lande auf 1 fl. 4 kr., von dem schlechtesten auf 5 fl. 15 kr. zu stehen 2) Block (a. a. O. S. 34) setzt in den Bodenclassen Ia, VIIa und Xb in Roggenwerth auf 1 pr. Morgen den Roheertrag auf 10,— 4 und ⅕ Scheff., den Reinertrag auf 4—5, 1,^{m}—1,^{19}, und 0,^{1}—0,^{15} Scheff. oder 40—50, 26—38, und 20—10 Proc. des rohen. 3) Nach v. Flotow (Ueber die Abschätzung der Grundstücke, S. 50) wird die Centner Roggen auf Boden der ersten Classe um 1 fl. 30 kr., der vierten und fünften Classe um 2 fl. 8 kr., — der zehnten Classe um 2 fl. 50 kr. erzeugt. 4) Alemann (Encykl. S. 363) nimmt an, daß der Reinertrag 38—8 Proc. des rohen betrage, während dieser je nach der Bodengüte von 15 bis auf 3 Scheffel Roggenwerth in preuß. Maaßen herabsinkt. 5) Dittmann (Volksständ. Anweis. zur Kenntniß der schleswig-holstein. Landw. 3. Ausg. 1868, 1, 50) stellt 4 Abstufungen der Fruchtbarkeit zusammen, bei denen auf 1 Tonne Landes betragen

der Roheertrag	33	42,3	40,1	50,1 Mark
die Kosten	27	32,3	32,1	38,4
die Grundrente	6	10	14	18,3
oder in Proc. des Roheertrags	18	23	30	33

Schon innerhalb eines kleineren Landes zeigen sich erhebliche Verschiedenheiten im Roheertrage. In den 41 einzelnen Arrondissements von Belgien ist nach der amtlichen Statistik der mittlere Ertrag des Hektars Waizen 13—25,4 Hektol., von den Ardennen und sandigen Heiden von Limburg an bis zu dem reichen Thonboden und den fruchtbaren Niederungen an der Nordsee. (1 Hektol. vom Hektar — 0,^{46} pr. Scheff. pr. Mrg.) In den englischen Grafschaften soll der Waizenertrag des Acre von 16 (Durham) bis 33 Busch. (Derby) gehen, oder auf den preuß. Morg. 6⅔—13⅔ Scheff. Caird S. 480.

(b) Die von Ricardo ausgebildete Lehre von der Grundrente stützt sich ganz auf diese verschiedene Ergiebigkeit der Grundstücke. Diese Ansicht wurde zuerst ausgesprochen von Anderson, An inquiry into the nature of the corn laws. Edinb., 1777 (s. M'Culloch zu Smith, S. 453), sodann von Malthus, Inquiry into the nature and progress of rent. Lond. 1815, und gleichzeitig von Edw. West, An essay on the application of capital to land. Oxford, 1815. — Nach Ricardo (Principles, Cap. 2) ist dieselbe besonders von J. Mill (Élémens, S. 15—31) und M'Culloch (Grundsätze, S. 211 ff.) eifrig verfolgt, von Anderen jedoch bekämpft worden, z. B. de Sismondi, Nouv. princ. I, 275. — Quarterly Review, October 1827. LXXII, 404 — Jones, a. a. O. — Banfield, Four lectures, S. 48, vgl. §. 207 (a), ferner von Carey, Bastiat, With u. A.

(c) Ricardo nimmt an, daß das fruchtbarere Land werde zuerst angebaut und das minder ergiebige später stufenweise hinzugezogen, allein diese Reihenfolge ist nicht die einzige mögliche. Carey a. a. O. sucht darzuthun, daß das humusreiche Niederungsland in Thälern und Ebenen schwierig zu entwässern war, und daß man deßhalb anfangs das weniger fruchtbare aber trocknere Land an den Anhöhen gebaut hat, und erst bei vermehrtem Capital und stärkerer Bevölkerung an die Trockenlegung jener niedrigeren Flächen ging, die nun sogleich eine höhere Rente trugen als die höher gelegenen. Dies wird an zahlreichen Beispielen aus Nordamerica nachgewiesen, während man auch sehr viele Beispiele des umgekehrten Ganges anführen kann. Man sieht in vielen Gegenden noch immer, wie oder Sand- und Haideboden oder steiniges Land nrbar gemacht oder zu Wald angelegt wird, und wie der Anbau in Berggegenden sich weiter aufwärts erstreckt, wo die Erträgnisse geringer und die Kosten größer sind. Es ist nicht zu erweisen, daß alles aute, mit Humus gehörig ausgestattete Land in der Zeit des ersten Anbaues noch sumpfig gewesen sei; die Gewässer können sich vor selbst gesenkt oder ihre Betten vertieft haben, und es giebt weite Ebenen ohne stockende Feuchtigkeit, die früherhin mit Holzgewachsen oder Gras bedeckt waren und selbst in Bäume umzuwandeln sind. Indeß ist es gleichgültig, welche Grundstücke früher angebaut worden sind. Trug z. B. das Hügelland die Aussaat 5fältig und verursachte der Centner 4 fl. Gewinnungskosten, so gewährte das später in Angriff genommene Land von 10fachem Ertrage und vielleicht 2½ fl. Kosten einen Reinertrag von 1½ fl. von jedem Centner, falls jener nur die Kosten vergütete. Die vielen Streitigkeiten über die Zeitfolge in dem Anbau des besseren und geringeren Bodens haben daher nicht die Wichtigkeit, die man ihnen beigelegt hat.

(d) Innerhalb gewisser Gränzen wird die Fruchtbarkeit vorzüglich von dem Vorrathe an organischen Resten (Humus), an Kali, Natrum, phosphorsauren und kohlensauren Kalk bestimmt, ferner von dem Verhältniß zwischen Thon und Sand, sowohl wegen des Grades von Lockerheit als der Wasseranziehung, von der weder der höchste noch der niedrigste, sondern ein gewisser mittlerer Grad der günstigste ist. Loudon (Encyklop. der Landw. I, 438) giebt eine Reihenfolge von 6 Bodenarten, deren Werth und Preis genau in derselben Abstufung steht, wie die wasserhaltende Kraft. Der in der Urzeit aufgeschwemmte Boden enthält gewöhnlich eine nützliche Mengung verschiedener Mineralkörper und ist fruchtbarer als der aus der Verwitterung der Gesteine entstandene weniger gut zusammengesetzte. — Merkwürdig ist, wie neuerlich die Landwirthe den Werth des sandigen Bodens im Verhältniß zu dem thonigen beträchtlich höher schätzen als früher, weil sie jenen besser zu benutzen gelernt haben. Belege z. B. bei Porter, Progress, S. 154. —

In einer Gegend von Belgien (Jacithal) giebt der Kreideboden dem Stroh eine vorzügliche Güte für die Flechtarbeit, so daß das Strohflechten dort zu einem bedeutenden Gewerbszweige geworden ist. De Laveleye, Essai, S. 236.

(e) Die erwähnte sächsische Geschäftsanweisung giebt in der Voraussetzung, daß der Einfluß des Klimas in einer Gegend sich vorzüglich nach der Höhe über dem Meere richte, Ertragssätze für die verschiedenen Höhenstufen, z. B.:

Höhe	in der 1. Bodenclasse			in der 11. Bodenclasse	
	roh	rein		roh	rein
300'	170 Reß.	88 R. — 51,⁴ Proc.		12,¹ R.	6,¹ R. — 42 Proc.
600'	150	76 49		12,⁴	4,¹ 39,⁶
1000'	—	— —		12	4,¹ 34
2400'	—	— —		11,¹	2,¹ 26

Eine Meße auf den sächsischen Äckern ist soviel als 6,⁹ Ruthen (16 im Scheffel) auf den pr. M. — Im baierischen Oberwalde stehen die mittleren Grundsteueranschläge des Aderlandes einigermaßen in ähnlichem Abstufung wie die Höhe über dem Meere, also zu die klimatische Wärme; sie sind durchschnittlich vom Morgen

bei 18 Orten	von 1500 Fuß Höhe und darüber	140 fl.
15	1350—1500 F.	187
10	1150—1350	208
6	750—1150	235
8	500—750	458

(f) Schon der länger betriebene Anbau des Landes bewirkt eine stärkere Lockerheit und Verwitterung, also eine Verbesserung des Bodens, ohne eigentliche Capitalanlage für die Zukunft, weil der Ertrag sogleich lohnend ist. Der fortgesetzte Fleiß hat in vielen Gegenden, vorzüglich in der Nähe von Städten, nachtheilige Eigenschaften des Landes beseitigt. Daß aber die Fruchtbarkeit allein von dem Capitalaufwande herrühre, wie mehrere Schriftsteller annehmen, widerstreitet entschieden der Erfahrung.

(g) Der tiefgründige Niederungs-, der gute Thon- und Lehmboden übertrifft an Ertragsfähigkeit beträchtlich den losen Sand, den Boden mit feuchter Krume über Steinengrund oder Kies, den zähen Thon x. Diese von der Entstehung des Bodens in der Urzeit herrührende Gepräge durch die Kunst ganz zu verwischen, würde einen unerschwinglichen Aufwand erfordern. Lehrreich ist es, eine Bodencharte, wie sie des preuß. Staates (1846, Berlin bei Schropp) mit der Abschätzung der Grundrente (z. B. dem preuß. Classencatast für die neue Grundsteuer) zu vergleichen. Die großen Flächen von schlechtem Boden im nördlichen Schlesien, in Preußen, Posen, Brandenburg, Westfalen, an der Eifel, dem Rothhaargebirge x. werden feld ten reichen Niederungen an der Weichsel und Oder, den Börde bei Magdeburg, der goldenen Aue, dem Hellwege (von Essen bis Paderborn), dem vortreff lichen Boden bei Jülich und Wesel, um Buleo nachstehen. Im Kreise Heidekrug (R.B. Gumbinnen) trägt vom Aderlande der beste Höhenboden 91, der beste Boden der Niederung 108 Sgr., im Landkreis Danzig jener 108, dieser 135, im Kreis Stuhm (R.B. Marienwerder) 108 und 150, Kreis Carnin 135 und 240, Kr. Grünhagen 135 und 330, R.B. Aachen bester Acker bei Montjoie 90, bei Jülich 255 Sgr.

§. 213.

9) Auch die **Lage** (a) hat auf die Kosten der Bodenerzeugnisse Einfluß, und zwar sowohl die Lage der einzelnen Ländereien gegen die Wirthschaftsgebäude (b), als die Entfernung der letzteren vom Markte (c). Da man von einem Grundstücke nur eine gewisse Menge von Rohstoffen jeder Art erzielen kann (d), so macht ein großer Begehr von Bodenerzeugnissen den Anbau weiter Flächen nothwendig, und der Preis der ersteren muß so hoch steigen, daß er neben den Baukosten auch noch die Fracht von den entferntesten Grundstücken vergütet, die zur Versorgung des Marktes zu Hülfe genommen werden müssen. Näher liegende Grundstücke, bei denen weniger Frachtkosten vorkommen, werfen dann einen Gewinn ab, der den Eigenthümern als Rente zufällt. Wären auch alle Ländereien von gleicher Ergiebigkeit, so würde doch aus der Verschiedenheit der Lage eine Rente entspringen, so wie auch schon deßhalb Grundstücke, die zu Fabrikanlagen oder Wohngebäuden gesucht werden, einen hohen Preis und eine hohe Rente erhalten können.

(a) Dieser Umstand ist schon von A. Smith (I, 226 Bas.) und von Storch (I, 342) richtig erkannt, von Ricardo (Cap. 2, S. 41), Baumst. erwähnt, aber nicht weiter berücksichtiget worden. Nachdem in der 1. Ausg. dieses Lehrbuches v. 1826 der Einfluß der Lage näher nachgewiesen worden war, wurde dieser Gegenstand von Frh. v. Thünen in dem vortrefflichen, im nämlichen Jahre erschienenen Buche: Der isolirte Staat, ausführlich behandelt. Dasselbe ist erst in der 2. Ausg. des Lehrbuches angeführt worden, weil es bei der Ausarbeitung der ersten noch nicht vorhanden war.

(b) v. Thünen, S. 58, und Block, Mittheil. III, 380. Einige Kosten der Bewirthschaftung, z. B. die Wartung des Viehes, sind von der Entfernung der Grundstücke ganz unabhängig. Ernte- und Düngerfuhren werden dagegen am meisten von ihr bedingt. Nach der sachs. Geschäftsanweisung werden bei 250 Ruthen (3555 bad. Fußen) Entfernung die Kosten 10 Proc., bei 500 R. 20 Proc. höher angenommen. — In Rußland wie in Ungarn finde: man hie und da große Dörfer mit sehr weiten Feldmarkungen, wobei die Felder bisweilen 1½ bis 2 Meilen entfernt sind, Tongoborski, Etudes, I, 336.

(c) Wenn im Bereich eines einzelnen Marktortes das Angebot von Bodenerzeugnissen oder der Begehr überwiegend ist, so tritt Mitwerben mit anderen Marktorten ein, Zu- oder Abfuhr in weiter Entfernung, wobei der Markt die Preise bestimmt, vgl. §. 164. Nach v. Thünen S. 13 sind die Versendungskosten von 24 Zentnern Getreide x Meilen weit $= \frac{199,^1 \cdot x}{192 + x}$ Thlr., also z. B. bei 10 Meilen 10,^{30} Thl. oder 30,^{6} fr. auf den Centner. Die Fracht auf Landstraßen beträgt in

Deutschland ungefähr 2½—3 fr. auf den Centner und die Meile, in Rußland 2,4 fr. (1 Kopek für 10 Pfund und 1 Pud), Tengoborski, I, 372, die Eisenbahnfracht 1—1½ fr.

(d) 3. B. in Deutschland vom preuß. Morgen nicht wohl über 16 Scheffel (13,4 Ctr. Waizen oder 12,4 Ctr. Roggen).

§. 214.

Der Einfluß der Lage auf die Grundrente wird durch mehrere Umstände verstärkt. Dahin gehört a) das Beisammenwohnen einer großen Menschenmenge auf engem Raume, so daß man noch aus beträchtlicher Entfernung Lebensmittel beiführen muß. Grundstücke in der Nähe großer Städte tragen daher eine ansehnliche Rente (a), dagegen fiele diese Ursache der Rente beinahe ganz hinweg, wenn alle Bewohner eines Landes in zerstreuten Ansiedelungen wohnten (b). b) Schlechte und kostbare Fortschaffungsmittel eines Landes. Gute Landstraßen, besonders aber Eisenbahnen und Wasserstraßen, verringern den Vorzug der näher am Marktorte liegenden Ländereien, deren Rente daher durch die Herstellung solcher besserer Verbindungen erniedrigt wird, wenn nicht auch eine Zunahme des Begehrs eintritt, die den Preis der Rohstoffe in gleichem Stande erhält, oder eine einträglichere Benützung der nahen Grundstücke eingeführt werden kann, wobei dann der Nutzen den Eigenthümern der entlegeneren Grundstücke zufällt (c). c) Zerstreutliegen derjenigen Ländereien, welche eine gewisse Art von Erzeugnissen liefern. d) Die in dem Wesen einer Art von Gütern liegende Kostbarkeit oder Schwierigkeit der Versendung. Die Erzeugung von Blumen, Gemüse, Obst, vorzüglich aber von Milch ꝛc. wirft in der Nähe volkreicher Städte eine große Rente ab. Schlachtvieh, Schaafwolle ꝛc. gestatten in Hinsicht ihres Preises eine weite Fortschaffung, auch Getreide wenigstens eine weitere als Heu, Stroh und Holz, weßhalb man sich in der Nähe eines großen Marktortes am liebsten auf die Erzeugung solcher Gegenstände verlegt, bei denen man das Mitwerben entfernter Gegenden nicht zu bestehen hat (d).

(a) Nach sehr großen Städten müssen die Lebensmittel sehr weit herbeigebracht werden, weßhalb sie dort ohne Wasserstraßen unerschwinglich lohnbar würden. Als Paris erst 714 000 Einw. hatte, nahm seine Verzehrung an Halmfrüchten, Kartoffeln, Heu, Wein, Branntwein und

Größe 209693 Heft oder 38 ☐M. Land in Anspruch. Ihre Einwohnerzahl war ungefähr der des Großh. Hessen im J. 1828 gleich (718 000), dessen Ackerfläche aber fast doppelt so groß als jenes Versorgungsgebiet war (1'589 000 heff. M. gegen 638 772). Vgl. *Recherches statistiques sur la ville de Paris*. 1823. Cap. 6.

(*b*) In ganz schwach bevölkerten Gegenden ist auch das fruchtbare Land weil von den Ansiedlungen noch rentirtes, z. B. in den americanischen Prairien, die doch einem humusreichen und leicht urbar zu machenden Boden haben.

(*c*) Durch die Dampfschifffahrt und die besseren Strassen ist das bessere Land in Irland und Schottland mit dem schlechtern in England in Mitwerben getreten. Es kommt jetzt Getreide von der Westküste Irlands nach Liverpool, was sonst nicht der Fall war. R. Peel, Unterhaus, 19. März 1830. — A. Smith (I, 220 Vol.) erzählt, daß einst die Grundeigenthümer in der Nähe von London gegen die Herstellung von Landstraßen nach entfernten Grafschaften sprachen, weil das Mitwerben derselben ihnen wegen des niedrigeren Lohnes nachtheilig sein werde, daß aber, als darauf keine Rücksicht genommen wurde, ihre Rente stieg und ihr Betrieb sich verbesserte.

(*d*) Bei gleicher Bodenbeschaffenheit würde man in der Nähe einer großen Stadt viel Wald beibehalten müssen. Wie unter obiger Voraussetzung mehrere Kreise von verschiedenen Benutzarten des Landes nach Maaßgabe der Entfernung von der Stadt sich aneinanderlegen würden, ist bei v. Thünen a. a. O. entwickelt worden, s. auch Roscher im Archiv, N. F. III, 195.

§. 214a.

3) Die Ausgabe für Arbeitslohn (§. 211) pflegt in Ländern und Gegenden, die ihren Ueberfluß von Bodenerzeugnissen an entfernte Märkte versenden müssen, schon wegen der wohlfeilen Nahrungsmittel niedriger zu sein, und hierdurch wird wenigstens der in den Frachtkosten liegende Nachtheil einigermaaßen gemildert. Ist aber der geringere Arbeitslohn die Folge hoher Bevölkerung, so kann er ebenso wie die größere Fruchtbarkeit die Ursache einer Kostenersparung und deßhalb einer gewissen Grundrente werden, oder doch dem Einfluß anderer, auf Erniedrigung derselben hinwirkenden Umstände widerstreben.

§. 215.

4) Auch die Art, wie die Bodenbenutzung betrieben wird, hat auf die Größe der Erzeugnkosten Einfluß, s. 211. Der Reinertrag läßt sich a) durch eine, auf wissenschaftliche Lehren, Erfahrung und Nachdenken beruhende gute Betriebsart, z. B. Auswahl der besten Fruchtfolge für eine gegebene

Deutlichkeit, zweckmäßige Behandlung der Düngemittel, Wahl der wirksamsten und zugleich wohlfeilsten Art der Fütterung ꝛc. ohne größeren Kostenaufwand erhöhen, und wenn in einer Gegend die Geschicklichkeit unter den Landwirthen allgemein verbreitet ist, so zieht der zur Regel gewordene größere Reinertrag auch einen vermehrten Pachtzins nach sich. b) Noch mehr Erfolg haben solche Kunstmittel, für die ein größeres Capital zu Hülfe genommen wird. Im Beginne des Landbaus wird derselbe in der einfachsten Weise, mit spärlichen und unvollkommenen Mitteln betrieben, aber im Laufe der Zeit, wenn mit der Volksvermehrung der Bedarf von Bodenerzeugnissen zunimmt, die Baufläche vieler Familien sich verkleinert und mehr bewegliches Vermögen angesammelt wird, pflegt dem Landbau mehr Capital zugewendet zu werden, so daß derselbe allmälig schwunghaft (intensiv) wird. Bei der Vergrößerung des Capitals beabsichtigt man entweder eine Erhöhung des Bodenertrages durch eine größere Menge oder werthvollere Art der Erzeugnisse (a), — oder eine Verringerung der Gewinnungskosten und eine Verhütung von Verlusten (b), bisweilen Beides zugleich (c). Ueber die Wirkung einer wiederholten Vermehrung des zum Landbau benutzten Capitals sind entgegengesetzte Meinungen aufgestellt worden, die sich sowohl auf das Betriebscapital, als auf die dauernde Verbesserung des Landes (Grundverbesserungen, Meliorationen, §. 212) beziehen.

I. Nach Ricardo (d) ist das zuerst angewendete landwirthschaftliche Capital das ergiebigste, jedes folgende bringt eine geringere Wirkung auf den Bodenertrag hervor. Der Landwirth würde sich zu einer weiteren Capitalanlegung nicht entschließen, wenn dieselbe nicht die Kosten vergütete. Dieß setzt aber einen höheren Preis der Erzeugnisse voraus, der die Folge hat, daß der mit dem älteren Capitale gewonnene Ertrag einen Ueberschuß über die Kosten einbringt. Dieser Ueberschuß gelangt dann als Rente an den Grundeigenthümer, der ihn entweder selbst erwerben oder die Bedingungen der Verpachtung bestimmen kann. Mehrere nach einander angelegte landwirthschaftliche Capitale verhalten sich also zu einander wie Grundstücke von verschiedener Fruchtbarkeit (e).

II. Nach Carey wird allmälig der Landbau wie überhaupt

der Gewerbsfleiß immer belohnender, „die Macht des Menschen über die Natur größer", die Kosten der Stoffgewinnung vermindern sich folglich fortwährend. Von der in starker Fortschreitung anwachsenden Menge der gewonnenen Erzeugnisse erhält zwar der Grund- und Capitalbesitzer nach und nach eine größere Einnahme, aber diese bildet einen kleineren Bruchtheil (Quote) des Ertrages (*f*).

(a) Den Unterschied beider Arten von Verbesserungen hat schon Ricardo bemerkt, S. 50 Baumstark. — Vgl. Jones S. 217 und J. St. Mill, II, 152. — Hieher gehört theils die Verstärkung des stehenden Capitals, z. B. Vermehrung des Viehstandes, Anschaffung besserer Viehstallen, Mittel zur Hebung und Fortleitung des Wassers für Wiesen, Schleusen, Pflanzung von Bäumen, Reben, Hopfenstöcken, Holzwerk oder Draht, Legen von Drainröhren, Trockenschuppen für Mais und Tabak, gute Düngerstätten ic., theils des umlaufenden, z. B. Aufhebung des Weideganges, Umbrechen der Weiden, Futterbau auf dem Acker, Anbau von Handelsgewächsen, stärkere Düngung, sorgfältige Pflege der Gewächse nach der Art des Gartenbaues. Besonders auffallend ist der Erfolg der durch stärkeren Futterbau und Viehstand vergrößerten Düngung, die den Bodenertrag beträchtlich vergrößert, während der Bearbeitung so wie die Aussaat bei einem gut gedüngten Felde nicht mehr als bei einem erschöpften kosten. Daher berechnet von Crud (Oekonomie der Landwirthsch., übers. von Berg, Leipz. 1823, S. 53 f.) unter gewissen Voraussetzungen für 1 preuß. Morgen Waizenbau) bei verschiedener Stärke der Düngung, wenn die Aussaat 8 — 9 — 10 — 12 — 16fach geerntet wird, den Kostensatz eines Scheffels auf 8,⁵⁰ — 8,⁰¹ — 7,⁷⁰ — 7,⁶³ — 7,⁵⁰ Anderten (+). Das Zeichen + bedeutet in von Crud's Werk (nach Thaer) den Durchschnittspreis von ½ gr. Scheffel Roggen, s. oben §. 179. Das Huder Mist kostet ungefähr 1½ bis 1¾ Scheffel Roggen (Blok, Mittheilungen, 1, 227), jedes mehr aufgewendete Fuder bringt aber ungefähr 2 Scheffel Winter- und Sommergetreide hervor (Schmalz, Veranschlagung ländlicher Grundstücke, S. 16), wozu noch das Stroh kommt. Uebereinstimmend Jones, Distrib. of wealth, S. 190 f.

(b) Pflug, Egge und andere arbeitsparende Maschinen zum Bearbeiten des Bodens, zum Mähen, Dreschen, Heumenden, Dreschmaschinen zur Saamenersparung, Trockengerüste, bessere Betriebsarten zum Rosten und Brechen des Flachses, gute Aufbewahrung des Getreides in Silos, geschlossene Behältern u. dgl. Zerstörung schädlicher Thiere und parasitischer Gewächse, wie bei dem Brand im Getreide. Zubereitung und zweckmäßige Auswahl der Futterstoffe ic. — Das größere stehende Capital macht in solchen Fällen, daß der Centner, Scheffel ic. mit geringeren Kosten erlangt wird; bei einer Maschine z. B. sind in der Regel Zins, Abnutzung, Triebkraft nicht so beträchtlich als die Ersparung an Lohn, also an umlaufendem Capital.

(c) Wie z. B. bei Sae- und Dreschmaschinen.

(d) Ricardo, S. 45 (I. 73), sowie Torrens, S. 113, J. Mill, Elémens, S. 10, M'Culloch, Grunds. S. 218. — Ein gutes Beispiel zur Erläuterung dieses Satzes giebt die tiefere Bearbeitung des Ackerlandes. Nach von Thünen's Erfahrungen aus 4 jährigen Durchschnitten ist anzunehmen, daß der Bodenertrag in folgendem Verhältniß durch tieferes Pflügen oder Graben vergrößert wird. Erst kann die gewonnene Menge bei 4 Zoll Arbeitstiefe = 100, so erhält man bei 6 Zoll 129, bei 8 Zoll 151, bei 10 Zoll 165. Die 2 letzten Zölle liefern also nur 14, die 2 vorletzten 22, die 2 drittletzten 29 Proc. mehr und jene kosten beträchtlich mehr als diese. Amtl. Berichte über die 6. Vers. der d. Landw. G. 289.

(e) Denkbar ist es nach der Voraussetzung Ricardo's nicht das später angelegte Capital selbst, welches die Rente des älteren verursacht, sondern der höhere Preis der Bodenerzeugnisse, der zu der weiteren Urbar- oder Betriebsverbesserung die Ermunterung darbietet, und seine Rente würde auch von solchen Grundstücken bezogen worden, auf denen kein neues Capital hinzukommt. Hat Jemand mit 1000 fl. Kosten einen Ertrag von 500 Ctr. eines Gewächses erzielt und gilt der Ctr. gerade 2 fl., so bleibt kein Gewinn übrig, nur werden in dem Kostenlage die Zinsen des Capitals erhalten. Wenn nun weitere 1000 fl. bloß 400 Ctr. er- zeugten, so kommt jeder dieser 400 Ctr. an 2½ fl. zu stehn. Der Landwirth wird diese zweiten 1000 fl. nicht eher aufwenden, bis der Preis des Centners wirklich 2½ fl. erreicht, denn sonst hätte er Ver- lust. Wäre z. B. der Preis nur 2¼ fl., so würden erzielt werden 1) mit 1000 fl. Aufwand 500 Ctr. = 1125 fl., 2) mit 2000 fl. Ge- sammtkosten 900 Ctr. = 2025 fl., folglich für die zweiten 1000 fl. nur 900 fl. mehr. Freilich rechnet der Landwirth selten so scharf und er kann es nicht einmal, weil diese Ertragsverhältnisse noch gar nicht gehörig erforscht sind, auch die Jahresernten sehr ungleich ausfallen. — Carey (Soc. sc. III. 135. 150.) giebt eine Darstellung der Vorgänge, wie sich Ricardo dieselben vorstellt, die aber der Ansicht des letzteren nicht genau entspricht. Wenn auf einem gewissen Grundstück in der 1. Bodenclasse ein Ertrag von 100 Busch. gerade die Kosten deckt, also keine Grundrente übrig bleibt, in der 2. mit gleichem Aufwand nur 90 B. geerntet werden, also auf beiden zusammen 190 B., so entsteht nach ihm eine Grundrente von 10 B., bei 80 B. Ertrag von der 3. Classe, nur 270 B. von allen dreien ist die Rente 30 B. u. s. f. Diess wäre aber unerklärlich ohne den von ihm angeführten, von C. nicht erwähnten Umstand, dass jedem Anbau einer niedrigeren Classe ein Steigen der Preise vorausgegangen ist. Die 2. Classe wird erst benützt, wenn die zu gewinnenden 90 B. soviel gelten, als vorher die 100, also der B. 1⅑ des früheren Preises oder die 190 B. der beiden Classen zusammen soviel als früher 211⅑. Kommt auch die 7. Classe zur Benutzung, welche mit gleichen Kosten nur 40 B. trägt, so müssen diese den Preis von 100 B. der 1. Zeit erlangt haben; der Gesammt- ertrag von 490 wird für den früheren Preis von 1225 verkauft und nach Abzug von 700 B. Kosten bleiben 525 B. oder 42 Proc. Rente. C. setzt (S. 150) die Rechnung nach R. soweit fort, bis mit Einschluss der 10. Classe nur noch 100 power of labor bei 550 Grundrente übrig bleiben und mit der 11. der ganze Ertrag aus Grundrente besteht! Diess war sicherlich nicht R.'s Meinung.

(f) Princ. of soc. sc. III, 131, d. Uebers. III, 158. Der Verf. zählt zu den Ursachen des zunehmenden Ertrages auch den späteren Anbau eines besseren Bodens, s. §. 212 (c), nimmt aber obigen Satz überhaupt von der Güterzeugung an und erläutert ihn mit Beispielen aus der ältesten Zeit, als zuerst Werkzeuge eingeführt wurden. Fortschritte in der Er- kenntniss der zweckmäßigsten Kunstmittel und Arbeitsdertheilung tragen zu diesem steigenden Erfolge bei, die Zurichtung des ersten kleinen Land- gutes sollte wegen der Unvollkommenheit der Werkzeuge u. mehr als die Herstellung jedes später angebauten größeren, selbst des letzten, welches 10mal soviel Rohertrag giebt. Von dem ersten Somit des Eigenthümers des Landes, welchen C. auch den Capitalisten nennt, ⅗ des Ertrages — 75 ℬ. für sich verlangen, als Rente, share of capital, später wird er sich mit einem kleinern Theil, endlich mit ½ — 333⅓ ℬ begnügen und sein Antheil also auf die 4⁴/₉ fache Buschelzahl gestiegen sein. Der Rest ist Antheil der Arbeit (share of labor), also des Landwirthes, der seine Baukosten ersetzt erhält und vielleicht noch Reinertrag bezieht. Diese 2 Antheile werden auch als Kraft (power) des Landes und der Arbeit bezeichnet. Letztere steigt im Bruchtheil (Quote) von ¹/₁ auf ⁹/₁ des Rohertrages, absolut genommen von 26 auf 667 ℬ. oder das 26⁴/₅ fache. Carey spricht nur von der Vertheilung des Körnerertrages, nicht von Anbaukosten und Preis des Erzeugnisses, es bleibt folglich ungewiß, wie er sich die Geldrente denkt. Aber aus II, 266 sieht man, daß er bei fortschreitender Landwirthschaft einen steigenden Preis der rohen Erzeugnisse annimmt, wegen der abnehmenden Frachtkosten, wegen der Nähe der Käufer ꝛc.

§. 215a.

Keine dieser beiden Auffassungen wird in ihrer Allgemeinheit von den Thatsachen bestätigt, keine kann daher als ein volkswirthschaftliches Gesetz anerkannt werden.

Zu I) Der anfängliche Betrieb mit einem kleinen Capitale war, wo sich nicht eine außerordentlich günstige natürliche Beschaffenheit des Bodens vorfand, wegen der mangelhaften Hülfsmittel und der nicht genug unterstützten Wirksamkeit der Naturkräfte weniger ergiebig als der spätere mit verstärktem Capitale. Dieses, wenn verständig gebraucht, bewirkt in unzähligen Fällen nicht nur eine Zunahme des rohen, sondern auch des reinen Ertrages und, wenn diese Bewirthschaftungsart in einer Gegend sich verbreitet hat, auch der Grundrente, weil der Pachter für die Gelegenheit, aus dieser Betriebsweise Gewinn zu ziehen, dem Eigenthümer einen höheren Pachtzins entrichten kann und durch das Mitwerben dazu genöthigt wird. Der Nutzen von Grund- und Betriebsverbesserungen ist in der Landwirthschaftslehre außer Zweifel (a). Es ist zwar die Befürchtung ausgesprochen worden, daß solche Verbesserungen eher die Grundrente erniedrigen möchten, weil der Bedarf von Lebensmitteln dann schon auf dem ergiebigeren und kunstmäßiger angebauten Grundstücken gewonnen werde, die Preise jener Stoffe herabgehen und die geringeren Ländereien unbenutzt bleiben werden (b). Allein gegen diese ohnehin von der Erfahrung widerlegte Besorgniß ist geltend zu machen, daß Verbesserungen, die ansehnliches Capital und viele Einsicht erfordern, in einem ganzen Lande nur in einem langen Zeitraum allgemeinen Eingang finden, während dessen der Anwachs der Volksmenge und des Wohlstandes zugleich auch den Begehr von Lebensmitteln vermehrt, — daß solche Unternehmungen auf besserem Lande eine stärkere Wirkung hervorbringen und dadurch den Unterschied im Ertrage der verschiedenen Bodenclassen und Lage vergrößern, — daß auch für das entbehrlich gewordene Land leicht eine andere Benutzart zu finden ist (c). Ueberall findet man Beispiele solcher mit Vortheil für die Landwirthe und Grundeigenthümer ausgeführter Verbesserungen und Niemand läßt sich durch die erwähnte Besürchtung von ihnen abhalten (d).

In II) Es giebt kein Gesetz, welches ein allgemeines Verhältniß des wirthschaftlichen Erfolges einer vollkommnern Betriebsart zu dem vermehrten Capitale aussprächte, jener hängt vielmehr von mancherlei Umständen des einzelnen Falles ab. Während oft die geschickte Benutzung neuer Erfindungen und Entdeckungen den Reinertrag ansehnlich steigert, bringt bisweilen die größere Menge von Arbeit, z. B. nach der Weise des Gartenbaues, oder auch eine andere Capitalvermehrung eine schwächere Wirkung hervor (e), so daß dieß Verfahren erst lohnend wird, wenn die landwirthschaftlichen Erzeugnisse einen höheren Preis erreicht haben, vgl. §. 215 (c). In vielen Fällen ist es anerkannt, daß gewisse mit vermehrten Kosten verbundene Fortschritte zu einem schwunghafteren Betriebe bei niedrigen Preisen des Getreides, der Wurzelgewächse, des Heues, Fleisches ꝛc. noch nicht einträglich genug sind. Es liegt im Wesen der belebten Körper, daß ihre Entstehung durch bildende (organische) Naturkräfte in Hinsicht auf Menge, Beschaffenheit und erforderliche Zeit von der Einwirkung der Kunst nur in gewissen Gränzen befördert werden kann, während die Gewerke einen freieren Spielraum darbieten.

Demnach erscheint je nach der Verschiedenheit der Umstände bald die eine, bald die andere der beiden erwähnten Darstellungen (§. 215) als mehr zutreffend. Sowohl die größere als die geringere Ergiebigkeit der später hinzugekommenen Capitale kann von einer Rentenvermehrung begleitet sein. Ob die eine oder andere Ursache vorhanden ist, dieß läßt sich aus dem Stande des Preises der Bodenerzeugnisse erkennen. Ist dieser in einem Lande gleichgeblieben oder wenigstens in geringerem

Maaße gestiegen als die mittlere Rente, so macht diese einen größeren Theil des Rohertrages oder Erlöses aus, und die Kosten sind mithin im Ganzen genommen kleiner geworden. Bei einer beträchtlichern Preiserhöhung dagegen nehmen die Kosten muthmaßlich einen stärkeren Theil des Rohertrags hinweg und es bleibt ein kleinerer für die Rente übrig. Das Nämliche gilt von dem Falle, wo eine Rentenvermehrung durch den Anbau besserer oder minder ergiebiger Grundstücke verursacht wird, §. 212. Ist hiebei der Preis der Rohstoffe der nämliche geblieben, so müssen die später in Anbau genommenen Stücke fruchtbarer und die Kosten im Durchschnitte kleiner geworden sein u. u. (*f*). Jedenfalls ist demnach die Kenntniß von der Größe des landwirthschaftlichen Capitals eines Landes für die Einsicht in die Verhältnisse der Grundrente lehrreich (*g*).

(*a*) E. J. B. Lecouteux, Principes économiques de la culture améliorante, P. 1853. Deß. Guide du cultivateur améliorateur, P. 1854.
(*b*) Ricardo, Grundges. S. 55 (I, 97). Dieser Satz Ricardo's hat vielfachen und begründeten Widerspruch gefunden. Dagegen u. A. Jones, S. 211.
(*c*) Ricardo selbst giebt einigerm. zu, daß das infolge solcher Verbesserungen unbenutzt gelassene schlechtere Land spaterhin bei gestiegener Volksmenge wieder in Anbau genommen werde.
(*d*) Beständig unternommene Verbesserungen jener Art haben sich stets einträglich bewiesen und sind eine der Ursachen der Rentenerhöhung. Wie Sinclair (a. a. O. S. 51) bemerkt, sind die Pachtzinse in Schottland im jetzigen Jahrhundert wegen der verbesserten Pflüge, der Dreschmaschinen, der besseren Bertheilung der Arbeit und des angemesseneren Fruchtwechsels gestiegen.
(*e*) Daß manche Verbesserungen 10—15 und mehr Proc. des Capitalaufwandes eintragen (den Zins eingerechnet), manche nur 4—5 Proc., bemerkt auch Lecouteux, Guide S. 275 — Wenn man mit einem stehenden und umlaufenden Capitale z. B. von 50 fl. auf den Morgen 8 Centner einer gewissen Frucht bauen kann, so wird ein dreifaches Capital keine 24 Centner zu erzielen vermögen.
(*f*) Die verschiedenen hiebei vorkommenden Fälle lassen sich in folgender Weise verdeutlichen. I bezeichne die früheren Durchschnittsverhältnisse für den Morgen in einem gewissen Lande. Nach einiger Zeit sei die Rente um $^1/_5$ gestiegen und auch in anderen Umständen eine Veränderung eingetreten, wovon II—V mehrere Fälle darstellen.

	I	II	III	IV	V
Preis des Centners fl.	4	4	4	4,5	4,5
Ernte in Centnern	10	10	12	10	12
Erlös, fl.	40	40	48	45	54
Grundrente, fl.	12	15	15	15	15
also Kosten	28	25	33	30	39
Kosten des Centners	2,8	2,5	2,75	3	3,25

Die Zunahme der Rente ist also in II durch Verminderung der Erzeugekosten, in III durch Vergrößerung des Rohertrags, in IV durch

Steigen des Preises und des mittleren Kostenbetrages, in V durch alle 3 Ursachen verursacht worden.

(g) Die Anschläge des landwirthschaftlichen Capitales weichen sehr von einander ab und sind auch nicht nach gleichen Voraussetzungen gebildet. Gewöhnlich bleiben die Gebäude ausgeschlossen.

Pullin de Chateauvieux (Bibl. univ. de Genève, X. 215) rechnet für Frankreich vom arpent de Paris (1.²⁹ preuß. M.) 24,⁷ fl. stehendes Capital, 19 fr. umlaufendes bei größeren und mittleren Gütern, zusammen 43,⁷ fr. (15,⁴ fl. auf den preuß. M.). — Nach Chaptal (De l'indust. franç. I, 222) ist das stehende Capital mit den Gebäuden im Ganzen 7581 Mill., ohne dieselben 4581 Mill. Fr., also auf den Arpent 58 und 35 Fr. — Depart. Nordküsten, bei sehr mangelhafter Koppelwirthschaft, auf größeren und kleineren Gütern für den Hektar: Gebäude 99—167 Fr., Vieh, Geräthe 60—112 Fr., Jahresauslagen 47—63 Fr., zusammen 206—362 Fr. = 21,⁹ — 49,⁴ fl. auf den pr. M. Agric. franç. Dép. Côtes du Nord, 1844. S. 64 — Beispiel aus dem Nord-Dep. nach Cordier (Agric. de la Flandre franç. S. 479, 485.) vom preuß. M. 40,⁹ fl. bei 11¼ fl. Pachtzins. — Bei den Anschlägen von de Gasparin (Cours de l'agricult. I, 384) muß, da der Verf. nur ¹/₁₂ des Vieh- und Geräthe-Capitals (cheptel) eingerechnet hat, der ganze Betrag desselben statt jenes Theils aufgenommen werden, wodurch sich folgende Zahlen ergeben: auf 1 pr. M. in Südfrankreich, Fruchtfolge mit Krappbau 56—59 fl., Norddepartement, mit vielen bedachten Handelsgewächsen 57 fl., Nordfrankreich, mit Brachs 45. Neuerlich gilt als Vorbild einer schwunghaften Wirthschaft das Gut von Grignon mit ungefähr 1000 Fr. Capital auf den Hell = 119 fl. pr. M., wovon 400 Fr. = 47,⁴ fl. pr. M. stehend (Vieh und Geräthe). — In England wird das ganze stehende und umlaufende Capital der 7—8fachen Grundrente gleich geschätzt. Sinclair, Grundges. des Ackerb. S. 28. Das Capital des Pachters (Geräthe, Vieh und Ausgaben eines Jahres) ist 5—8 L. St. vom Acre = 37—60 fl. vom pr. M. (ebd. S. 81 u. Anh. S. 72—76) oder 7—10 L. St., Darstell. d. Landw. Großbritaniens, d. von Schweizer, I, 72. Die ausführliche Berechnung von Low (Practical agricult. S. 745 fl.) giebt 6,¹⁷ L. St. vom Acre oder 51,⁴ fl. vom pr. M. — Thaer (Mögl. Einn. V, 641) hält mindestens 25 fl. auf den M. für nothwendig. Deutsche Landwirthe setzen das Capital (wovon ¹/₃ stehend) auf das 4—5fache des Pachtzinses, Coriz, Landw. Betriebslehren, III, 82. 1854. In (de Lichterfelde) Mémoire sur les fonds ruraux du Dép. de l'Escaut, Gand, 1815, S. 64 ist für ein flandrisches Gut von 66¹/₂ pr. M. der Capitalaufwand des Pachters bis zur Ernte auf 165 fl. auf den M. berechnet. Nach de Laveleye (Essai sur l'écon. rurale de la Belg. 1863 S. 341) ist das C. in dem am stärksten bevölkerten sandigen Theil von Belgien 450, in der Thongegend 350, auf den Hochflächen (Condroz) 250, in den Ardennen nur 166 Fr. a. d. Hell. oder 52,⁵—19,⁴ fl. a. d. pr. M., i. D. 315 Fr. = 44,⁴ fl. pr. M.

Der am leichtesten zu ermittelnde Theil des Capitales besteht im Viehstande. Während zur guten Düngung von 4—5 pr. M. ein Stück Großvieh nöthig ist, trifft man bisweilen ein solches erst auf die doppelte Zahl von Morgen des Ackerlandes in ganzen Ländern, woraus dann ein geringerer Bodenertrag folgt, vgl. 11, § 170. — Bleibt das Capital unter dem zu dem besten Betriebe erforderlichen Betrage, so muß die Ernte kleiner sein, und es erklärt sich hieraus die Erfahrung, daß ein Pachter desto mehr Gras einrichten kann, je mehr er Capital besitzt, Sinclair, a. a. O. S. 54.

§. 216.

Wenn in einer Gegend keine der bisher betrachteten Ursachen der Kostenverschiedenheit beständen (§. 211 — 215a) und Land genug vorhanden wäre, so könnte der Preis jener Stoffe so niedrig sein, daß er nur die Kosten (Arbeitslohn, Gewerbsverdienst und den geringen Capitalzins) vergütete (a). Aber die erwähnte Voraussetzung fällt schon bei geringer Ausdehnung des Marktverkehrs hinweg, weil ein Theil der Käufer nicht in der Nähe der Grundstücke wohnt, auch die ungleiche Beschaffenheit der Ländereien sich bald bemerklich macht. Reichen diejenigen Grundstücke, deren Erzeugnisse mit den geringsten Kosten auf den Markt gelangen, zur Befriedigung des Angebotes nicht mehr hin, so müssen auch andere mit größerm Kosten zu Hülfe genommen werden, der Preis muß diese Kosten erstatten und die Grundstücke der ersteren Art tragen eine Rente, §. 211 — (b). Diese besteht also bei jedem Grundstücke in dem Unterschied zwischen den auf ihm wirklich angewendeten und jenen höchsten Kosten, die noch zur Versorgung der Käufer aufzuwenden sind (c). Ein zunehmender Begehr von Bodenerzeugnissen zieht jedoch nicht nothwendig auch eine Erhöhung des Preises derselben nach sich, denn es ist in manchen Fällen möglich, das Angebot ohne größere Kosten zu vermehren, §. 215a — (d). Es lassen sich Ländereien nachweisen, welche keine oder fast keine Grundrente tragen, weil bei ihnen Entlegenheit und schlechte Beschaffenheit des Bodens zusammenkommen. Daß man solche rentelose Ländereien nicht häufig antrifft oder erkennt, hat verschiedene Ursachen (e). 1) Die meisten Landwirthe beachten nur den Ertrag ihres ganzen Gutes, nicht der einzelnen zugehörigen Grundstücke (f). 2) Rentelose Grundstücke sind nicht zahlreich, weil die Entlegenheit oft durch die Fruchtbarkeit aufgewogen wird, oder umgekehrt (g). 3) Bei der Anlegung der Grundsteuer nimmt man gewöhnlich an, jedes Stück müsse irgend eine Rente tragen und richtet den Anschlag hiernach ein. 4) Bei ansehnlicher Einfuhr, z. B. von Getreide, könnten alle Aecker im Lande noch eine Rente abwerfen. 5) Die undankbarsten Ländereien werden meistens als Weiden benutzt, weil sie den Anbau als Acker oder Garten nicht belohnen würden (h).

— 322 —

(a) Ein solcher Preis könnte auch da noch bestehen, wo schon vermögenslose Landleute einen Grundzins in Naturalien oder eine Arbeitsleistung für das ihnen überlassene Land übernehmen, um ihren Unterhalt zu verdienen, und der Eigenthümer eine Naturalrente bezieht, weil der Landwirth zufrieden sein kann, wenn ihm nur die Kosten des weiteren zum Verlaufe bestimmten Erzeugnisses ersetzt werden.

(b) Uebereinstimmend von Thünen, Der isolirte Staat, S. 182. — Rebenius, Der öffentl. Credit, 2. A. I, 27. — Hermann, Staatsw. Unters. S. 167.

(c) Ad. Smith leitete die Entstehung sowohl als die Erhöhung der Grundrente lediglich daraus ab, daß die Nachfrage nach rohen Stoffen mit der Volksmenge zugleich zunimmt, und daß sie, wie auch das Angebot vergrößert wird, doch immer über dasselbe hinaus wächst, Unters. I, 235. Bei dieser Ansicht läßt sich nicht erkennen, inwiefern es möglich sei, der vermehrten Nachfrage mit dem Angebote nachzufolgen, und wie hoch die Grundrente steigen könne, und gerade dies wird durch die neueren Untersuchungen §. 212 aufgehellt. Ricardo, auf seine Vorgänger gestützt (§. 212 (b)), hat hiezu wesentlich beigetragen, manche seiner Sätze bedurften aber einer Ergänzung und Berichtigung und gaben seinen Gegnern Anlaß, seine ganze Darstellung zu bekämpfen.

(d) Ein anderes Mittel zu gleichem Zweck ist die Verbesserung der Mahleinrichtungen. In Deutschland ist dieselbe alt und schon seit 1816 (von Gab. Müller) beschrieben, in Frankreich wurde das ältere Aufschütten der Kleie als mouture économique erst nach 1760 bekannt. Die Folge war, daß, während sonst der Nahrungsbedarf eines Menschen jährlich auf 4—5 Pariser setiers (zu 2,⁰ pr. Scheffel) Waizen (also 950—1190 Pfd.) gesetzt wurde, jetzt 2 ½ zureichen, weil man nun 75 Bell der früheren 30—34 Procent Mehl erhält. Da ein Centner oder Scheffel ic. Getreide mehr Mehl giebt, so hat er einen größeren Gebrauchswerth erhalten, und wenn er deshalb um einen höheren Preis verkauft wird, so vermehrt das die Rente. Erdmann, Beitr. zur Gesch. d. Erfind. II, 54. Dingler, Pol. Journ. I, 48.

(e) Nach Ricardo muß es solche Grundstücke geben, die keine Rente tragen und doch noch benutzt werden, weil man, wenn die untauglichsten noch brauchbaren Stücke ihre Grundrente abwürfen, kann eine noch niedrigere Classe zu Hülfe nehmen könnte. Allein es ist denkbar, daß das schlechteste oder entlegenste Land noch gar nicht benutzt wird, bis der Preis seines Erzeugnisses höher steigt oder die Frachtkosten sich vermindern.

(f) Ein ausgezeichneter deutscher Gutsbesitzer (v. Riedesel) wurde erst spät gewahr, daß einige Stücke seines Landgutes keinen Reinertrag einbrachten.

(g) Um den Einfluß der Entfernung vom Markte zu erläutern, nahm Frhr. v. Thünen einen Marktort an und zeigte, wie die Rente je nach dem Abstande von demselben abnimmt. Stellt man sich 2 Märkte A und B vor, so wird die Rente in der Mitte zwischen ihnen am kleinsten und sie kann dort auf dem schlechtesten Boden ganz verschwinden. Entsteht aber später zwischen A und B ein dritter Markt mit einem Preise, welcher zum Herbeiführen aus der Umgegend ermuntert, so wird auf dieser ganzen Strecke kein Grundstück mehr rentelos bleiben, weil, wo dies bisher der Fall war, nun ein anderer Markt einen Preis gewährt, welcher die Anbau- und Frachtkosten übersteigt, s. Anhang am Schluß dieser 1. Abtheilung zu §. 216.

(h) In jedem Gebirgslande trifft man solche Strecken an, welche wegen der felsigen oder steinigen Beschaffenheit, Seichtheit der Krume, Steilheit,

hoher kalter Lage. Entlegenheit von den Wohnungen ꝛc. die Anbau-
losen nicht beschaaren, zum Theil nicht einmal eines Weidezinses werth
geachtet werden und meistens Gemeindegut geblieben sind. Der mittlere Reinertrag des Morgens Weide ist m den würtemb. Aemtern Oehr-
ringen, Weljhrim, Horb und Brackenheim auf 7—11 kr. ꝛc. geschätzt,
wobei ohne Zweifel sowohl bessere als schlechtere, völlig reinlerose Stücke
vorkommen. Dorf Willgartswiese bei Landau, der Morgen Äder
4. Classe auf 5,² kr., steinige Almende auf 1½ kr. Reinertrag taxa-
tirt. — Nach der neuen preuß. Abschätzung (1862) ist die Ute (unterste) Classe der Äcker nicht unter 3 Sgr., Weide in vielen Gegenden
zu 1 Sgr. angeschlagen. In dem R D. Königsberg und Gumbinnen
steht in 7 Kreisen schon die 0. Classe der Weiden zu 1 Sgr., geringern fallen aus. In Coblenz, auch im gebirgigen Kreis Jugenbud
(Erfurt) finden sich sogar Wiesen 4. Classe von 1 Sgr. In Munster
haben die Weiden 8. Cl. 2 S, das Oedland 1. Cl., welche allein
aufgeführt ist, 1 Sgr. — Sobald die Preise der Bodenerzeugnisse
höher steigen, sieht man die besseren Weideplätze dem Pfluge unterwerfen.
Indeß trifft man auch Strichen von Flugsand, Moorboden und dergl.,
die eine ganz oder beinahe ertrieblose Aderclaße bilden. Nach der sächf.
Schätzungsanweisung giebt das beste Äckerland 59mal soviel Reinertrag
als das schlechteste und höchste, von dem nur 1½ Netze pr. Äcker —
0,⁰⁰⁵ pr. Scheff. p. Morgen angenommen sind.

§. 217.

Die drei zuerst genannten Ursachen der Kostenverschiedenheit
bei der Benutzung von Grundstücken (§. 211) sind von dem
Verhalten des einzelnen Unternehmers ganz unabhängig und
werden von Jedem empfunden, der die Grundstücke besitzt und
gebraucht (§. 208); eine gewisse Betriebsart (§. 215) hat dieselbe Wirkung, wenn sie in einer Gegend zur Regel geworden
ist. Mit derjenigen Grundrente, die dem Eigenthümer bei
eigener Benutzung seines Landes nach dem üblichen Verfahren
zufällt (der natürlichen), trifft in der Regel auch die Pachtrente ungefähr überein (a), weil in der Regel der Eigenthümer
ebensosehr abgeneigt ist, das Land für einen niedrigeren Pachtzins hinzugeben als der Pächter, mehr zu bieten als sein Reinertrag gestattet. Dieß ist eine Folge von der gewöhnlichen
Gestaltung des Mitwerbens (§. 211), indem der Begehr von
Pachtgütern wegen der Sicherheit des landwirthschaftlichen Gewerbes und wegen der Menge von Menschen, die sich der Land-
arbeit gewidmet haben, aber ohne Grundeigenthum sind, ferner
wegen der fortwährenden Zunahme des Capitals bei gleich-
bleibender Menge der Grundstücke, für die Verpachter günstig
zu sein pflegt. Deßhalb bleibt in der Regel dem Pächter,
woferne er nicht besondere Betriebsamkeit entwickelt, nur der

mittlere Gewerbsverdienst neben dem Capitalzinse übrig. In einzelnen Gegenden und Zeitpuncten gestaltet sich jedoch das Mitwerben verschieden je nach dem Verhältniß zwischen der Zahl und dem Vermögensstande der Pachtlustigen und der Größe der zum Verpachten angebotenen Fläche. Im Verhältniß zu der natürlichen ist die bedungene Rente da am höchsten, wo sich viele Landleute mit geringem Vermögen befinden, die nur kleine Flächen pachten können und durch das starke Mitwerben genöthigt werden, sich mit geringem Verdienst zu begnügen (*b*). Dieser ist besonders da von geringem Betrage, wo Grundstücke in kleinen Abtheilungen verpachtet werden, und wo zugleich in der landbauenden Classe eine schnelle Zunahme der Bevölkerung Statt findet.

(*a*) Freilich nur bei der Verpachtung auf bestimmte Zeit. Bei immerwährenden Grundgefällen kann in späteren Jahrhunderten die Zahl ihres Pachtzinses ausbedungene Einrichtung so weit hinter dem Reinertrage zurückbleiben, daß auch der erbliche Ausnießer einem Antheil an der Grundrente aus seinem Rechte auf das Grundstück bezieht. Siehe §. 207. 378.

(*b*) Bei Personen, die mit Capital versehen sind, ist das Pachten eine Gewerbsunternehmung, bei der man auf Zins und Gewerbsverdienst rechnet, kleine Pächter dagegen suchen vorzüglich ihren Hausbedarf zu erzielen und selbständigen Arbeitsverdienst zu erlangen. Die Pachtzinse einzelner Stücke sind oft so hoch, daß ein Landmann, der soviel Land pachtet, als er zur Beschäftigung einer Familie braucht, nicht bestehen kann. Eher sind jene von Taglöhnern, die nur einige Morgen pachten, oder von Eigenthümern einiger Morgen, auf denen sie nicht hinreichend beschäftigt sind, zu erschwingen.

§. 218.

Wenn ein Volk die Ernährung durch Jagd, Fischerei oder wandernde Viehheerden nicht mehr zureichend findet und daher zum Landbau übergeht, so erreichen die allgemeinsten Nahrungsmittel, wie Halmfrüchte und Heu, wegen des starken Begehrs zuerst einen solchen Preis, der von einem Theile der Grundstücke eine Rente einbringt, auch sind anfangs jene Früchte das einzige Erzeugniß des Ackerbaues. Bei dem weiteren Fortschreiten der Volksmenge und des Wohlstandes kommen bald auch manche andere Stoffe, z. B. Gemüse, Oelsaamen, Gespinnst- und Würzpflanzen ꝛc. hinzu. Die Rente des für verschiedene Gewächse angewendeten Bodens hängt von den Bedingungen ihrer Erzeugung und Versendung ab. Daher laſſen ſich folgende Regeln aufſtellen. 1) Solche Gewächſe, die auf allem Ackerlande eben ſo gut als Getreide gebaut und eben ſo leicht fortgeſchafft werden können, geben auf die Dauer ungefähr gleiche Rente, wie das Getreideland, weil im entgegengeſetzten Falle der häufigere oder ſchwächere Anbau das Gleichgewicht wieder herſtellen würde (a). 2) Pflanzen, die eine beſondere Beſchaffenheit des Landes erfordern., können eine größere Rente geben, wenn ſolches Land in geringer Menge für den Begehr vorhanden iſt, und ihr Preis könnte ſoweit ſteigen, daß es ſich verlohnte, Ackerland zu ihrer Gewinnung beſonders zuzurichten (b). 3) Ebenſo gewährt in der Nähe anſehnlicher Städte die Gewinnung von ſchwer zu verſendenden Stoffen, wie Milch, eine ſtärkere Rente, als der Getreidebau, g. 214 d). 4) Auch die beſondere Geſchicklichkeit und Sorgfalt der Landwirthe einer Gegend, die ſich in dem Bau einzelner Gattungen von Gewächſen äußert, ſteigert die Rente, z. B. durch Gartenbau. 5) Stoffe, die auch auf einem zum Ackerbau nicht mehr geeignetem Boden gewonnen werden können, geben geringen Reinertrag (c). 6) Die Rente des Ackerlandes ſelbſt zeigt in jedem Lande große Verſchiedenheiten, denn der Landwirth hat in der Bewirthſchaftung deſſelben einen ſo weiten Spielraum, daß er auch von den entlegenen und unergiebigen Stücken noch einigen Vortheil zu ziehen vermag, während er unter den entgegengeſetzten Umſtänden eine ſchwunghafte Betriebsart wählt, die ihm eine hohe Rente verſpricht (d). 7) Grundſtücke, welche zu einer nicht landwirthſchaftlichen Benutzung vorzüglich tauglich ſind, z. B. Bergbau, können ſehr hohe Renten abwerfen, weil hier das Mitwerben ſeine natürliche Gränze findet (e).

(a) Nur inſofern iſt Smith's Satz richtig, daß die Rente des Getreidelandes die der übrigen Ländereien beſtimmt. — Bekämpfung der von Ricardo zu Grund gelegten Annahme, daß ſich die Bodenrente bloß nach den verſchiedenen Koſten des Getreidebaues richte, in Six letters to S R Peel... by a political economist (Banfield). Lond. 1843. und Banfield, Four lectures S. 50. — Es iſt aber zu bedenken, daß man auf dem Acker nicht wohl ununterbrochen Getreide bauen kann, alſo andere Gewächſe zur Abwechſlung einſchalten muß, weßhalb eine ganze Periode, z. B. von 3, 4, 6 Jahren in die Berechnung zuſammengefaßt wird, §. 207 (b).

(b) Nicht bloß die guten Weinlagen, die Smith ſelbſt von jener Regel ausnahm, und das Rebland überhaupt, das mit einem anſehnlichen

Capital zugerichtet werden muß, gehören hierher. Tabak erfordert einen
nicht zu thonhaltigen Boden und mehr climatische Wärme als Getreibe,
Lein (Flachs) lockern Boden, weniger Wärme und mehr Feuchtigkeit,
Gartengewächse lockern Boden in der Nähe des Hofes wegen der vielen
Arbeit. Bei Wiesen ist die Gelegenheit zur Bewässerung die Ursache
eines höhern Reinertrages.

(c) Zur Erläuterung dienen nachstehende Verhältnißzahlen. Setzt man den
Reinertrag des Morgens Acker zu 100, so trägt der Morgen

	A	B	C	D	E	F	G	H	I
Rebland	213	161	496	165	304	—	199	189	410
Garten	202	258	246	368	293	191	162	176	—
Wiese	130	149	92	200	149	142	105	72	233
Weide	15	37	31	44	30	45	25	15	16
Wald	24	—	39	78	28	36	40	6	38

A ist die Steuerabschätzung im Neckarkreise von Würtemberg, wo der
Morgen Acker 5 fl. 18 kr. rein trägt, B der frühere bad. Kurs- und
Pfanztarif, C Niederösterreich (Kludek), Grundsteuerverf. b. österreich.
Mon. Bd. 39), D die französische Steuerschätzung, der Reinertrag des
Hectar Acker zu 26,³ Fr., E die Jura-Aemter im Canton Bern, den
Morgen Acker zu 1,59 Fr. (Bernoulli, Schweiz. Archiv. II, 70),
F der preuß. Staat (nach dem Tarif von 1862 bei v. Biebahn,
Statist. II, 973. 993), G Baiern (Siecl über Baierns landw.
Zust. I, Tab. V, 1844), H Steiermark (Klubek, Die Landw. des
H. St. S. 108. 1846), I Toscana (v. Raumer, Italien. II, 70). —
In Belgien steht im Durchschnitt das Wiesenland zu 131, der Wald
zu 41, wenn der Acker zu 100 angenommen wird. Hausschling,
Stat. S. 77. — Das Verhältniß dieser Benutzungsarten unter einander
kann nicht in allen Zeiten und Gegenden dasselbe sein; in einem warmen Klima z. B. wird der Werth der Wässerwiesen gegen die Aecker
steigen, der des Weidelandes abnehmen. Der hohe Ertrag der Weiden
im Reg.-Bez. Düsseldorf (122) rührt von den Fettweiden am Rhein
her, welche den Werth von Wiesen haben. Nach Abzug von 4 Kreisen
geben die übrigen Weiden einen Ertrag von 27. — Cato, De re
rustica, Cap. 1. giebt diese Reihenfolge des Bodenertrages: Rebland —
Wässergarten — Weidengebüsch (salictum) — Oelgarten — Wiese —
Acker — Wald, und zwar zuerst alta caedua (Hochwald?), dann ar-
bustum (Niederwald?), endlich Mastwald; vgl. Walther, Manuale
Georgic. S. 295. 1822.

(d) Im Königreich Hannover sollen nach der Abschätzung 60,⁴ Procent des
Ackers und Gartenlandes die Aussaat nur 2—4fach tragen. 35,⁹ Proc.
5—8 Körner, 4,⁴ Proc. 9—12 K. Karsarb, J. Beurtheil. des
Nationalwohlst. im K. H. Tab. III.

(e) Auch die Schönheit der Lage ist bisweilen die Ursache einer beträchtlichen Rente, wie z. B. auf der Südseite der Krimm, an der Küste
des schwarzen Meeres. Kohl, Reisen in Südrußland, I, 317.

§. 219.

Der mittlere Preis (Verkehrswerth) der Grundstücke bestimmt
sich hauptsächlich nach der Grundrente und dem üblichen Zins-

fuße. Wer nämlich eine Summe auf eine einträgliche Weise anzulegen und zwischen dem Ausleihen gegen Zins und dem Ankaufe von Ländereien zu wählen hat, wird dasjenige von beiden Mitteln vorziehen, welches ihm größere Einnahme verspricht. Wäre z. B. der übliche Zinsfuß $1/16$ oder $6\frac{1}{4}$ Proc., der Preis von Grundstücken aber das 20fache der Grundrente, so daß die Ankaufssumme nur 5 Procent einbrächte, so wäre es nützlicher, Darleihen zu geben, es würden daher mehr Capitale hierzu, als zum Ankaufe von Ländereien verwendet werden, der Preis der letzteren müßte wegen geringer Nachfrage sinken, der Zinsfuß aber wegen des häufigen Angebotes ebenfalls herabgehen, bis beide Anlegungen des Vermögens ohngefähr gleich vortheilhaft würden. Dasselbe würde auf die entgegengesetzte Weise dann eintreten, wenn die Grundstücke so wohlfeil wären, daß man mit einerlei Geldsumme mehr Grundrente als Zins erwerben könnte. Ein Sinken des Zinsfußes bewirkt deßhalb, daß der Preis der Ländereien steigt und umgekehrt, bis die Grundrente ein beiläufig eben solcher Theil von der Kaufsumme wird, als der Zins von dem ausgeliehenen Capitale (a). Doch ist kein genaues Uebereinstimmen zu erwarten, weil Grundeigenthum wegen der größeren Sicherheit, der Aussicht auf steigenden Reinertrag und als Erforderniß zur Betreibung der Landwirthschaft gewöhnlich so hoch geschätzt wird, daß sein Kaufpreis etwas weniger Rente trägt, als er beim Ausleihen Zins geben würde (b). Das Angebot und der Begehr von Ländereien ist auch wegen verschiedener Umstände, z. B. der Auswanderungen, geringerer oder stärkerer Hinneigung zum landwirthschaftlichen Gewerbe ꝛc. veränderlich und darum der Preis des Landes bei gleicher Rente bald höher, bald niedriger (c).

(a) Diesen Satz kann man so ausdrücken:
$$z : 100 = r : p,$$
wobei z den üblichen Zinsfuß in Procenten, r die Grundrente, p den Preis des Grundstückes bezeichnet.

(b) Nimmt man an, daß die Käufer von Land sich mit $\frac{1}{2}$ Proc. weniger Grundrente begnügen, als sie Capitalrente beziehen würden, so ändert sich die vorige Proportion in folgender Weise:
$$z - \tfrac{1}{2} : 100 = r : p.$$

(c) In England drückt man häufig den Preis des Landes so aus, daß man angiebt, eine wievieljährige Rente er in sich enthält, z. B. 4 Proc. ist 25 years purchase. In Belgien betrug die durchschnittliche Grundrente

1830 und 35 2,⁷⁰ Proc., 1810 2,⁹⁰, 1846 2,⁸, 1850 2,⁸¹, 1860 2,⁴⁶ Proc. des Mittelpreises, und zwar 1856 in Luxemburg, wo die Güter über 5 Hektar über ¼ der Fläche einnehmen, am meisten, nämlich 4,⁸, 1850 3,¹ Proc., im Hennegau, wo nur 10 Proc. der Dorffläche Güter jener Größe sind, und in Oststandern 2,⁴⁵, in Brabant nur 2,⁸¹ Proc.

§. 220.

Die höchste Grundrente ist da anzutreffen, wo der Naturalertrag und der Preis der Erzeugnisse den höchsten Erlös (Rohertrag in Geld) geben und die Kosten die geringsten sind. Die verschiedenen Combinationen in dem Betrage dieser 3 Größen verursachen die zahlreichen Abstufungen im Belauf der Grundrente, die deshalb bei den einzelnen Grundstücken, in jedem Landbezirke ungleich und oft in einem kleinen Umkreise sehr verschieden ist. Erstreckt sich auch eine natürliche Bodenbeschaffenheit ziemlich weit, so hat doch die Lage, die Benütz- und Betriebsart Ungleichheiten zur Folge. Die mittlere Rente eines ganzen Bezirkes oder Landes hängt nicht blos von den verschiedenen vorkommenden Rentensätzen, sondern auch davon ab, welchen Flächenraum die Grundstücke von jeder Größe der Rente einnehmen (a). Im Ganzen genommen nimmt die Grundrente mit der Volksmenge und dem Wohlstande eines Landes zu, wenn die anwachsende Nachfrage nach Bodenerzeugnissen es nöthig macht, einen Theil des Bedarfes mit immer größeren Kosten zu erzeugen oder weiter herbeizuführen (b), und wenn ein Theil der Grundstücke durch Verbesserungen ihrer Beschaffenheit oder des Betriebes einträglicher gemacht wird (c). Solche Fortschritte im Landbau und die Vervollkommnung der Fortschaffungsmittel unterbrechen nicht selten die Preiserhöhung der Erzeugnisse, §. 182a. Die Veränderungen in den Preisen der Rohstoffe zufolge der Abwechselung guter, mittlerer und schlechter Ernten und der verschiedenen Ausdehnung des Begehres bringen Schwankungen der natürlichen und selbst der ausbrechenden Rente hervor.

(a) In schwach bevölkerten Ländern, wo nur die besseren Ländereien angebaut werden, und zugleich die Land- und Wasserstraßen noch mangelhaft sind, entspringt die Rente hauptsächlich aus der Entfernung von den großen Märkten und zeigt deshalb öfters große Verschiedenheiten. In den nordamerikanischen Freistaaten zählte man in den sog. Staaten 162,⁸ Mill. Ac. angebautes (improved) und an 242 Mill. nicht angebautes, aber doch in Privatbesitz gekommenes (zu den farms gehörendes) Land, der Acre von beiden galt i. D. 10,³ Doll. In den Territorien

Raub der A. auf 5,³ Doll. Der Anschlag war in Pennsylvanien und N.-York 38, in Massachusets 36, Ohio 33, Michigan und Louisiana 22,⁸, Wisconsin 16, Virginia 11,⁹, Georgia 5,⁵, Californien 5,⁵, Texas 3,³ D. Der Verkaufspreis der Staatsländereien ist 1¼ D — Im Staat Ohio war 1855 der Mittelpreis 16.⁴⁴ D., in den einzelnen Grafschaften 4,⁴⁴ bis 42,⁸⁴ D. Jener niedrigste Preis ist 7,⁴⁸ fl. für den pr. M. oder zu 5 Proc. 22,⁵ kr. Rente. — In England machte 1770 die Entfernung von London große Unterschiede, die Rente war in Berkshire 19½, in Cumberland, dessen Straßen Young als abscheulich (execrable) beschreibt, nur 7½ Schill. Im Jahre 1815 fand man bei der amtlichen Erforschung in Middlesex eine mittlere Rente des Acre von 34 Schill. (max. wegen Londons), in Leicester 27 Sch. (wo gar kein unproductives Land), in Worcester 20, in Lancaster 25 Sch. (⅕ der Oberfläche Gehölz oder öde), in Westmorland 9 Sch, 1 P. (min. in Wales max. 19 Sch. Anglesea, min. 4ˢ, Sch.) Mexionith, Year-book of gen. inform. 1843. S. 193 — Caird (Engl. agric. S. 160) giebt für das mittlere und westliche England 31⁵/₁₂ für das östliche und die Südküste 23²/₃ Sch, max Leicester 42, min. Durham 17 Sch. (zugleich geringste Fruchtbarkeit). — In Belgien war 1856 der mittlere Pachtertrag des Hectar Ackerland in Hennegau 110 Fr., Ostflandern 106, Lüttich 101, Brabant 100, Antwerpen 75, Namur 01, Limburg 62, Luxemburg 39 Fr., im D. des ganzen Staates 82. — Im Einzelnen trifft man schon in geringem Entfernungen so große Verschiedenheiten an, daß in einer einzelnen Gemeindemarkung die besten Grundstücke 4 S. 10mal soviel einbringen können als die schlechtesten. In den württembergischen Amtsbezirken ist der Reinertrag des Ackerlandes 24 fr. — 3 fl 31 fr (1 : 17,⁹), des Wiedlandes 2 fl. — 12 fl. 36 fr (1 : 6,³), des Waldes 36 fr. — 1 fl. 40 kr. (1 : 2,⁷). Die höchste Rente des Ackers und Wieslandes in den ganzen preuß. Regierungsbezirken (Düsseldorf, 118 Sgr.) ist das 5,⁶fache der niedrigsten (Coeslin, 21 Sgr.).

(ь) Daher steht auch die gleichzeitige Grundrente mehrerer Gegenden oft in dem nämlichen Verhältniß wie die Bevölkerung, doch zeigen die statistischen Zahlen keine feste Regel, weil auch die Bodenbeschaffenheit, die Preise im Auslande u. mit einwirken. Beispiele, wobei A die mittlere Rente vom Morgen Acker und Wiese, B die gleichzeitige Bevölkerung auf der ☐ Meile anzeigt:

Rheinpreußen, 1852	A	B	Würtemberg	A	B
Reg.-Bez. Trier	44 Sgr.	4096	Donaukreis	3,⁸⁸ fl.	3300
Coblenz	77 ,	4771	Jartkreis	3,⁴⁸ ,	3800
Aachen	100 ,	6014	Schwarzwaldkreis	4 ,	4800
Cöln	112 ,	7698	Neckarkreis	5,³ ,	7200
Düsseldorf	118 ,	11237			

Bei den 25 preuß. Regierungsbezirken ist kein durchgängiger Zusammenhang, doch haben die 6 Bezirke unter 40 Sgr. auf die R. auch sämmtlich die geringste Bevölkerung unter 3000 E., die 5 von 40 bis 10 Sgr. 2692—3588 Einw., die 5 von 70—77 Sgr. 3706—5810 E., die 4 von 100 und mehr Sgr. sind am dichtesten bevölkert, mit 5135 bis 10807 E. In den 9 belgischen Provinzen fällt die 7 entfallen die in (a) angegebene Reihenfolge der Grundrente und die der Bevölkerung zusammen, nur Hennegau und Lüttich stehen nach der Rente im Verhältniß zur Bevölkerung etwas höher.

(c) Der Bodenertrag ist in neuerer Zeit in vielen Gegenden sehr vergrößert worden. In der Heidelberger Gegend z. B. wird seit ungefähr einem halben Jahrhundert: vom Morgen gegen ⅓ mehr Getreide gewahrt. In Frankreich spricht man von einer Ertragszunahme seit 30 Jahren von 12 auf 20 Hektol Weizen vom Hektar, J. des Econ. XXI, 336. In England soll 1770 der Durchschnittsertrag 23, 1850 26½ Bushels Waizen gewesen und die Rente von 13½, auf 26,⁰ Schill. vom Acre gestiegen sein; in Lincoln wuchs sie 3fach, in Cumberland 3½, in Northampton 4⅗fach. Caird, Engl Agric. S. 474. — In Nordamerica hat sich der Preis des Landes zwischen 1851 und 61 erhöht in California von 100 auf 550, Michigan 192, Wisconsin 169, Ohio 165, Pennsylvanien 140, N.-York 131, Illinois 125.

§. 221.

Die Grundrente beruht auf der Natur der Erdarbeit und auf dem Grundeigenthum, und ihre Größe in jedem einzelnen Falle ist die nothwendige Wirkung der gegebenen Umstände. Man kann von einer beträchtlichen Grundrente nicht die guten volkswirthschaftlichen Folgen erwarten, die den hohen Lohn begleiten (§. 199), denn sie setzt einen Preis der Rohstoffe voraus, der die niedrigsten bei einem Theil der Grundstücke vorkommenden Kosten übersteigt und den Zehrern zur Last fällt, auch gelangt nicht die ganze Mehrausgabe der Käufer jener Stoffe an die Grundeigner, weil ein Theil von ihr zur Bestreitung der Bau- und Frachtkosten bei den minder dankbaren Grundstücken aufgeht. Indeß reichen folgende Betrachtungen hin, um das Daseyn und selbst eine ansehnliche Höhe der Grundrente nicht als eine schädliche Gütervertheilung erscheinen zu lassen: 1) Wenn eine starke Bevölkerung unvermeidlich die Lebensmittel vertheuert, so ist es noch für nützlich zu erachten, daß der Preis derselben für einen Theil der Ländereien einen reinen Ueberschuß gewährt. 2) Die Eigenthümer werden durch die Aussicht auf größere Rente bewogen, ihre Ländereien in besseren Stand zu setzen und das landwirthschaftliche Gewerbe sorgfältiger zu betreiben, woraus ihnen dann auch ohne Erhöhung der Preise ein wohlverdienter Gewinn erwächst, der Niemanden belästigt. 3) Die Ursachen, aus denen die Preise der landwirthschaftlichen Erzeugnisse in einem Lande allmälig steigen und auch eine Zunahme der Grundrente nach sich ziehen, bieten in den Vortheilen einer großen Bevölkerung und eines sehr entwickelten Gewerbewesens wieder manche Entschädigung für die Beschwerde bar, welche den Käufern der Rohstoffe auferlegt wird (a).

(a) Einige neuerlich ausgesprochene Lehrsätze über die Grundrente, die von dem oben entwickelten mehr oder weniger abweichen, verdienen noch eine kurze Erwähnung.

1) Nach Schäffle (Das gesellschaftl. System, 2. A. §. 99) ist die Grundrente nur eine der zahlreichen Arten von Rente, d. h. von Privatgewinn derjenigen, die unter den günstigsten Verhältnissen, nämlich mit den geringsten Kosten, produciren, s. oben §. 164. Allerdings giebt es viele ähnliche Fälle, die Grundrente ist aber als eine ganz eigenthümliche Art von Reinertrag anzusehen, da sie sich an das Eigenthum eines Stückes Land knüpft und nicht von wechselnden persönlichen Verhältnissen abhängt, die einem Gewerbsverdienst, seine Regel nach dem Sprachgebrauche geben. Der Vf. betrachtet die von den Menschen zur Benützung zugerichteten Grundstücke als Capital, allein schon das bürgerliche Recht aller Länder widerstrebt dieser Ansicht, nach der die Unterscheidung des unbeweglichen und beweglichen Vermögens hinwegfällt.

2) Die Grundrente soll lediglich Frucht der Arbeit und des Capitales, also nichts als Capitalrente sein, weil „die Natur keinen Werth (nämlich Tauschwerth, Preis) hervorbringen könne", Bastiat, Wirth. — Freilich wird jeder Preis von Menschen bezahlt, aber die Eigenschaften der Landstücke, wegen deren man ihn giebt, sind zum Theil natürliche, wie dies vor Allem die Bauplätze zeigen, s. §. 212—214. Zwei Grundstücke können gleiche Rente geben, wenn gleich das eine mit vielen Kosten bergerichtet worden ist, das andere keine oder sehr geringe Hülfe der Kunst erfordert hat. Die Kosten der Vorbereitung des Landes, die meistens längst vergessen sind, bestimmen die Größe der Rente nicht, sie mögen auch oft durch den vieljährigen Reinertrag erkattet sein. Bisweilen vergüten auch die Rente den Zins jenes Aufwandes nicht, wie die Urheber und Anhänger jenes Satzes selbst einräumen (z. B. Fontenay und H. v. Gasparin), sie kann sogar ganz verschwinden, ohne daß der Eigenthümer etwas dagegen thun könnte, was bei dem Capitale nicht der Fall ist. Bastiat fand in der Keußerung Broudhon's, die Grundrente rühre von einem Monopole her (§. 211 (a)), eine Veranlassung, das Dasein eines solchen gehörigen, den Arbeitern ungünstigen und fortwährend steigenden Einkommens zu bestreiten, und wirft der Lehre Ricardo's vor, sie lehre, daß durch die steigenden Fruchtpreise die Grundeigenthümer immer reicher und die Arbeiter mehr verkürzt würden.

3) Nach Carey nimmt die G.Rente zwar stetig zu, aber sie macht einen immer kleineren Theil des ganzen Ertrages aus, §. 216. Daß dies Letztere nicht unter allen Umständen stattfindet, ist §. 215 a nachgewiesen worden. Die älteste bedungene G.Rente scheint ¹⁄₁₀ des Ertrages gewesen zu sein, nicht ³⁄₄, wie C. glaubt. Im südlichen Europa kommt noch die Halbpacht vor. Für das Verhältniß der Geld-Grundrente zu dem Rohertrage giebt es keine allgemeine Regel, sie ist z. B. bei Wien in wegen der geringeren Arbeitslosen größer, nach Pabst auf guten Gäswiesen a. 53, auf Höhewiesen 37 Proc., auf geringen Feldwiesen noch 52 Proc. des rohen Ertrages, aber unter der Hälfte des absoluten Geldbetrages der ersten. Beim Ackerlande kann sie je nach Güte und Lage 50—10 Proc. und weniger ausmachen. Die preuß. Schätzungen geben für das beste Ackerland in der Gegend von Magdeburg 32—33 Proc., in der Prov. Brandenburg 32—4 Proc., auf der 4. Classe 20, der 8. 13 Proc. — Nach Kleemann (Encyclopädie

landw. Verb. S. 363) ist der Reinertrag bei einem mittleren Körnerertrag von 15 Schff. Roggenwerth auf dem preuß. M. 36 Proc. des rohen, er sinkt bei geringerem Ernteergebniß herab und ist bei 5 Schff. nur noch 6 Proc., wenn die mittlere Entfernung des Landes vom Hofe 200 Ruthen ist. Bei 400 R. sind die Kosten 8 Proc. höher als bei 200 (ebd. S. 162), hier würde also bei Land von diesem geringen Ertrage die Rente verschwinden. — De Lavergne (E. rurale de la Fr. S. 438) nimmt für Frankreich als Durchschnitt auf den Hektar an:

	1789	1851	1859
Rohertrag	50 Fr.	60 Fr.	100 Fr.
Grundrente	12	18	30
oder in Proc. des Rohertrags	24	30	30

Babb's Anschlag für den Hopfenbau giebt 19 Proc. Man muß also die Benutzart, Beschaffenheit und Lage unterscheiden. Daß die Quote ursprünglich ⅗ gewesen und stufenweise kleiner geworden sei, wie von G. angenommen wird, ist nicht zu erweisen.

4) Nach de Fenlenay (Journ. des éc. Sept. 1851. S. 61, Oct. 1857. S. 34) können nicht die höchsten Kosten des ungeschicktesten landwirthschaftlichen Erzeugers (du plus mauvais producteur) den Preis regeln, weil sonst aller Antrieb zum Fortschreiten gelähmt wäre, und die meisten Landwirthe ansehnlich gewonnen; der Preis richte sich also nach den mittleren Kosten. — Allein bei der G.-Rente kommt es weniger auf die Geschicklichkeit der Einzelnen, als auf die dauernde Ungleichheit der Kosten an.

Dritte Abtheilung.

Die Zinsrente.

§. 222.

Der Eigenthümer eines Vorrathes von beweglichen Gütern hat die Wahl, denselben entweder für persönlichen Vortheil oder als Mittel zum Erwerbe zu verwenden, d. h. ihn als Capital im weiteren privatwirthschaftlichen Sinne zu benutzen, §. 51. Zieht er dieses vor, so entgeht ihm für den Augenblick der Gütergenuß, den er im ersten Falle haben würde, und meistens muß er noch eine Gefahr des Verlustes übernehmen oder mancherlei Kosten für die Erhaltung seines Capitales aufwenden. Soll er sich also entschließen, Güter überzusparen, zu sammeln und zu Capital zu machen, so muß ihm ein Vortheil anderer Art, nämlich ein jährliches Einkommen zufließen, welches so lange fortdauert, als sein Capital. Auf diese Weise wird das Eigenthum eines Capitales für den Einzelnen ebenso wie das Grundeigenthum die Quelle eines Einkommens, welches Capital-, Stamm- oder Zins-Rente heißt, §. 139.

§. 223.

Diese Capitalrente findet nicht blos bei dem wahren volkswirthschaftlichen Capitale statt, sondern auch bei den zu einem Erwerbszweck benutzten Genußmitteln, §. 54. Wie sehr auch in Bezug auf die Entstehung neuer Sachgüter diese beiden Arten des Gebrauchs beweglicher Güter von einander verschieden sind, so kommen sie doch in Ansehung der Bestimmgründe der daraus fließenden Rente zum Theile mit einander überein (a). Die Capitalrente ist wie die Grundrente (§. 207) eine **natürliche** oder eine **ausbedungene**. Jene entspringt aus der eigenen gewerblichen Benutzung eines Capitals und ist mit dem Gewerbsverdienst (§. 139) verschmolzen. Um sie von diesem auszuscheiden, muß man überlegen, welche Rente das Capital ohne eigene Arbeit des Eigenthümers beim Vermiethen oder Ausleihen einbringen würde. Die bedungene Capitalrente erhält verschiedene Benennungen nach der Art der an andere Personen zur Benutzung überlassenen Capitale und des hierdurch begründeten Rechtsverhältnisses.

1) Die Vergütung für den gestatteten Gebrauch solcher Gegenstände, welche bei ihrer Anwendung nicht sobald gänzlich verzehrt, sondern nur allmälig verschlechtert werden, die man also nach geendigter Benutzung dem Eigenthümer zurückgiebt, ist der **Miethzins**. Er findet bei der Vermiethung stehender Capitale und dauerhafter Genußmittel Statt (b).

2) Die umlaufenden Capitale mit Einschluß des Geldes können nicht gebraucht werden, ohne zugleich verbraucht oder ausgegeben zu werden (c). Bei ihnen kommt kein Vermiethen, sondern ein Darleihen vor, indem nicht dieselben Dinge, sondern andere gleicher Art zurückgegeben werden. Was der Leihende dem Borgenden giebt, ist die **Darleihe** (**Darlehn**), was dieser sucht oder wirklich empfängt, die **Anleihe** (**Anlehen**). Das Darleihen ist regelmäßig nur beim Gelde üblich, wobei der Darleihende oft nicht weiß, ob der Schuldner dasselbe

productiv (zu Capital) oder unproductiv verwendet wird, §. 54. Die Vergütung für eine solche Darleihe eines Capitales ist der Leihzins, Zins, oder die Zinsen, Interessen. Wird der Zins als ein Theil (Bruch) des Capitales gedacht, so heißt sein Verhältniß zu diesem der Zinsfuß. Er wird gewöhnlich nach Hunderttheilen des Capitales ausgedrückt (d).

(a) Der Einzelne rechnet auch die werbend angewendeten Genußmittel zu seinem Capitale (§. 53. 54), ohne darauf Rücksicht zu nehmen, daß sie im Sinne der Volkswirthschaftslehre nicht zu dem Capitale des Volkes gehören. Aus dieser Ursache werden die Benennungen Miethzins, Zinsen und Zinsfuß ohne Unterschied von den wahren Capitalen wie von den vermutheten oder dargeliehenen Genußmitteln gebraucht.

(b) Zu den vermutheten Genußmitteln (§. 51. 54) gehören z. B. oft Bücher, Zimmergeräthe, Betten, musicalische Instrumente, Kleider, Wohnungen, die von Nichtproducenten (Consumenten) braucht werden.

(c) Res, quae usu tolluntur vel minuuntur. L. 1. Dig. de usufr. ear. rer. quae usu etc. (VII, 5) Der Begriff der sogenannten fungiblen Dinge (L. 2. §. 1. Dig. de rebus creditis, XII, 1) ist demnach in der Natur der Sache gegründet.

(d) Wenn z. B. 950 fl. Capital 38 fl. Zins tragen, so ist das Verhältniß 38 zu 950 oder ³⁸⁄₉₅₀ der Zinsfuß, er beträgt ¹⁄₂₅ oder 4 Proc.

§. 224.

Die Rente eines Capitales oder eines verliehenen Genußmittels muß vor allem die Kosten und Verluste vergüten, welche der Eigenthümer bei einer gewissen Anwendung desselben zu tragen hat, sonst würde er sein bewegliches Vermögen weder Anderen überlassen noch selbst werbend anlegen wollen, §. 222. Bildet die Capitalrente ein abgesondertes Einkommen, so ist jene Schadloshaltung in der bedungenen Capitalrente enthalten, wie namentlich beim Vermiethen oder Ausleihen. Wird dagegen ein Capital von dem Besitzer selbst in eine Gewerbsunternehmung verwendet, so gehören jene Abzüge zu den Betriebskosten und werden nicht mit der Capitalrente vermengt. Die Art der zu verlangenden Vergütung richtet sich nach der Benutzungsweise des Capitales. 1) Bei Gegenständen, die beim Gebrauche nur allmälig verschlechtert werden, kommen in Betracht: a) die Kosten der Erhaltung und Ausbesserung, soweit sie nicht von dem Miether getragen werden müssen; b) der Ersatz für die allmälige Verminderung des Werthes, wenn diese nämlich durch die wiederholte Ausbesserung nicht verhütet werden kann (a); c) die Gefahr des Unterganges durch besonder, außergewöhnliche Unglücksfälle. Die Größe dieser Gefahr läßt sich aus der Erfahrung ermitteln. Manche Arten von Gefahren werden von den Versicherungsanstalten gegen eine bestimmte Vergütung übernommen. Im Falle der wirklichen Vermiethung muß noch eine Vergütung hinzukommen für die Bemühung, welche mit dem Aufsuchen eines Miethers, mit dem Ueberliefern, dem Uebernehmen nach dem Ablaufe der Miethe ꝛc. verbunden ist. Diese Mühe ist um so beträchtlicher, in je kleineren Abtheilungen und auf je kürzere Zeit man die Gegenstände vermiethet, wie z. B. bei Büchern, Musikalien.

(a) Solche Dinge, bei denen man die einzelnen schadhaft gewordenen Bestandtheile ersetzen kann, ohne daß das Ganze hierunter leidet, können eine ewige Dauer haben. Dieß ist aber nur bei wenigen Gütern der Fall.

§. 225.

2) Bei Darleihen fallen jene Ausgaben hinweg, weil der Untergang oder die Beschädigung der geliehenen Stücke den Darleiher (Zinsgläubiger) nicht berührt, wosern nur der Schuldner sonst noch vermögend ist. Wäre für den Gläubiger vollkommene Gewißheit vorhanden, daß er ununterbrochen fort die Zinsen beziehen und auf Verlangen zu jeder Zeit den Stamm zurückbezahlt erhalten werde, so fiele bei Darleihen der Kostensatz ganz hinweg, außer etwa beim Ausleihen kleiner Summen, wo das Ausgeben, Rechnen, Bescheinigen der Zinszahlung, Kündigen und Empfangen der Hauptsumme ansehnliche Mühe macht, §. 100. Wo aber der Zinsgläubiger eine Gefahr übernimmt, da muß ihm diese durch einen Theil der Zinsen vergütet werden, den man, wenn es an einer hinreichend großen Menge von Erfahrungen nicht fehlte, nach der Wahrscheinlichkeit, d. i. nach dem Verhältnisse der Verlustfälle zu der ganzen Zahl von Darleihen berechnen müßte (a). Wo man solche Zahlenverhältnisse nicht leicht auffinden kann, da stellt sich wenigstens der Zins in eine der Gefahr ungefähr entsprechende Abstufung. Die Gefahr kann bald in der Persönlichkeit und den Vermögensumständen des Schuldners, bald in der Verwendungsart der geliehenen Summe, bald in äußeren Umständen, z. B. Kriegszeiten ꝛc. liegen (b).

(a) Man hat diese im Zinse enthaltene Vergütung der Gefahr nach der Analogie der Versicherungsanstalten die **Assecuranzprämie** genannt. Für Unterpfandsdarleihen hat man neuerlich Versicherungsanstalten errichtet. — De **Molinari** (Journ. des Econ. LXIII, 231) bemerkt, daß dagegen auch die Beschwerde und die Gefahren der Aufbewahrung sowie der Werthsverringerung der Capitale in Betracht kommen, als Gründe, die den Eigenthümer geneigt machen, sich mit geringerem Zinse zu begnügen.

(b) **Storch**, II, 20. — **Rebenius**, Der öffentl. Credit, I, 3. — **Hermann**, Unters. S. 202.

§. 226.

Diese Ungleichheit der Gefahr bei Darleihen hat bemerkenswerthe Wirkungen. 1) Der Zinsfuß muß hoch stehen in Zeiten oder Ländern, wo die rechtliche Ordnung noch wenig befestiget ist und entweder die Gesetze oder die Art ihrer Vollziehung den Gläubigern nicht volle Sicherheit für ihre Forderungen geben. Gute Rechtspflege und wohlgeordnetes Hypothekenwesen bewirken, daß der Zinsfuß niedriger wird, und das Sinken desselben seit dem Mittelalter ist zum Theile aus dieser Ursache zu erklären (a). 2) Er muß auch in einem und demselben Lande und Zeitpuncte bei den einzelnen Darleihen von ungleicher Größe sein, und zwar a) am niedrigsten, wenn der Gläubiger sich durch verpfändete Grundstücke oder Faustpfänder völlig gesichert sieht, b) höher, wenn die Befriedigung des Gläubigers von dem Leben und der Handlungsweise des Schuldners bedingt ist, c) am höchsten, wenn der Gläubiger die Gefahr einer gewagten Unternehmung zu tragen hat, wie bei Bodmerei- und Grosaventure-Schulden. d) Ob Regierungen mehr oder weniger Zins bezahlen müssen, als die einzelnen Bürger, dieß hängt von dem Grade des Vertrauens ab, den ihre Festigkeit, der Umfang ihrer Hülfsmittel und die an den Tag gelegte Pünctlichkeit in der Erfüllung von Verbindlichkeiten zu erwecken vermögen. e) Bei Darleihen ohne Pfandsicherheit (a) ist in Zeiten, wo viele Gewerbsleute zu Grunde gehen und die Gläubiger große Verluste erleiden (Crediterschütterung) der Zinsfuß sehr hoch.

(a) Hoher Zinsfuß in der Türkei, Persien ꝛc., in China monatlich 2 bis 3 Proc., in Siam 30 Proc. gesetzlich. — Im Mittelalter kommen zahlreiche Beispiele von 15—20 Proc. vor, **Roscher**, System I, §. 198.

§. 227.

Wie die bisher betrachtete Schadloshaltung des Capitalbesitzers (§. 224—26) die Untergränze der bedungenen Capitalrente bildet, so ergiebt sich aus dem Werthe der Capitalbenutzung für den Miether oder Borger, wie viel derselbe höchstens für den Gebrauch der ihm überlassenen Güter zu entrichten geneigt ist (Obergränze, max). Wenn das geliehene Vermögen 1) zur Betreibung von Gewerbsunternehmungen bestimmt ist, so kann der Unternehmer desto mehr Zins abgeben, je mehr er nach Bestreitung der anderen Ausgaben von dem gesammten Erlöse noch übrig hat, nur muß ihm nach Entrichtung der Capitalrente ein solcher Gewerbsverdienst bleiben, der ihn zur Fortsetzung der Unternehmung ermuntert. Die Einträglichkeit der Unternehmungen bestimmt daher das höchste Maaß der Zinsen. Ist schon ein großes Capital in die Gewerbe eines Landes verwendet, sind die einträglichsten Unternehmungen schon vollständig in Gang gekommen, so giebt die Anlegung weiterer Capitale gewöhnlich geringere Gewinnste, die Unternehmer können auch nur geringere Zinsen dafür anbieten und es muß dadurch der Zinsfuß im Allgemeinen erniedrigt werden. Je mehr insbesondere der Lohn der Arbeiter von dem Gewerbsertrage hinwegnimmt, desto kleiner fallen die Antheile der Capitalisten und Unternehmer aus, §. 188. — Inzwischen geben bisweilen erhebliche Fortschritte in der Gewerbskunst, z. B. im Maschinenwesen oder im Handel, auch bei capitalreichen Völkern zu sehr belohnenden Unternehmungen Anlaß. 2) Bei Genußmitteln entscheidet das Bedürfniß und die Werthschätzung desjenigen, der sie miethen oder zu ihrer Erwerbung eine Summe borgen will. Die höchste Zinsrente kann von Personen entrichtet werden, die eine Art von Gütern zur Bestreitung eines dringenden Bedürfnisses zu erlangen suchen.

§. 228.

Wie groß die reine Zinsrente, d. i. der Ueberschuß der ganzen Capitalrente über jenen Kostenersatz (die Schadloshaltung) sein müsse, um den Eigenthümer zu einer werbenden Verwendung seines beweglichen Vermögens zu bewegen (§. 222), dieß läßt sich im Allgemeinen nicht bestimmen (a). Die Macht der Gewohnheit bewirkt, daß die Mehrzahl der Capitalisten sich mit dem üblichen Betrage der Zinsrente begnügt, so daß nur ein kleiner Theil von ihnen bei sehr niedrigem Stande derselben in Versuchung geräth, auf die Rente ganz zu verzichten und dafür das Vermögen zu eigenem Genuß zu verwenden. Hiezu kommt, daß man nicht allein der Zinsen wegen, sondern auch deßhalb spart, um Hülfsmittel zu mancherlei Zwecken, z. B. einen Nothpfennig, zu sammeln (b). Der Antrieb zum Uebersparen neuer Capitale pflegt aber allerdings desto stärker zu sein, je höher die Zinsrente steigt.

(a) Diesen Mehrbetrag der Capitalrente über den Kostenersatz nennt Hermann (Unters. S. 202) im engeren Sinne Zins. — Aus obigem Grunde erklärt Senior die Capitalrente als den Lohn der Enthaltsamkeit des Capitalisten.
(b) In den vereinigten Niederlanden begnügte man sich im vorigen Jahrhundert mit 2—3 Proc. v. Schröder, Fürstl. Schatz- und Rentkammer, 226. — Smith, Unters. I, 142. — Auch in Spanien liehen Privaten gerne für 2—3 Proc. der Gesellschaft los Cremios, Bourgoing, N. Reise, a. d. Franz. I, 248. — Vgl. Rau, zu Storch, Zus. 52.

§. 229.

Der Miethzins wird zunächst von dem jedesmaligen Angebote und Begehre jeder besonderen Art vermietheter Gegenstände bestimmt. In einem einzelnen Zeitpuncte können einzelne derselben eine hohe, andere eine niedrige Rente abwerfen. Da jedoch dieselben für Geld angeschafft und verkauft werden können, so muß das Angebot sich nach Maaßgabe des höheren oder niedrigeren Miethzinses bald erweitern oder veringern und hiedurch stellt sich allmälig das Gleichgewicht her, so daß nach Abzug der Kosten überall gleiche reine Zinsrente übrig bleibt. Manche Umstände können diese Veränderung des Angebotes mehr oder weniger erschweren, im Allgemeinen aber muß der bei Gelddarleihen stattfindende Zinsfuß den Ertrag aller anderer Arten verliehener Güter regeln (a).

(a) Der Miethzins von Häusern insbesondere kann da, wo noch Raum für neue Bauten ist, nicht viel über diesen Satz hinausgehen, weil man sonst sich beeilen würde, neue Gebäude aufzuführen oder doch die alten zu erweitern und zu erhöhen; aber er kann beträchtlich tiefer sinken. Storch, I, 232. In Städten, wo es an wohlgelegenen Bauplätzen gebricht, steigt der Miethzins und Preis der Häuser in den gesuchten lagen ansehnlich, dagegen fällt er an solchen Orten, wo die Begehr von Wohnungen sich stark vermindert hat, und dieser niedrige Stand kann so lange fortdauern, als die Häuser bewohnbar bleiben, wenn nicht der Begehr früher zunimmt, z. B. Venedig u. a. alte Städte. Wo die Miethe mehr beträgt, als der Zins der Baukosten, da drückt sich dieser Vorzug der Lage eines Hauses in der Rente und dem Preise des Bauplatzes aus, s. III, §. 345.

§. 230.

Der Zinsfuß von Gelddarleihen wird innerhalb der vorhin (§. 225. 216) betrachteten Gränzen durch das in einem gewissen Zeitpuncte und Lande bestehende Verhältniß zwischen dem Angebote und Begehre von verleihbaren Capitalen bestimmt (a). Nachdem das Geld völlig in den Verkehr eingedrungen ist, werden alle Capitale nur in Geldform ausgeliehen und zurückgezahlt, daher besteht das Angebot zunächst in der Menge der Geldsummen, welche die Besitzer nicht zu ihren nothwendigen Ausgaben brauchen und nicht selbst gewerblich benützen, sondern ausleihen wollen (b). Die Versuchung liegt nahe, diese Leihsummen schon für sich allein als die wahren Capitale anzusehen, obgleich offenbar das geborgte Geldcapital, wenn man es nutzbar machen will, in den meisten Fällen erst in eine andere Art von Capitaltheilen umgesetzt werden muß. Es ist daher zu untersuchen, ob jede verleihbare Geldsumme einen im Lande vorhandenen Vorrath von beweglichen Productionsmitteln, d. h. von anderen, unmittelbar wirkenden Capitalen anzeige. Eine Geldsumme kann sich auf verschiedenen Wegen bilden. 1) Sie wird aus einem Einkommen übergespart, §. 133. Da die meisten Einkünfte der Einzelnen unmittelbar oder mittelbar aus dem Erzeugniß neuer Güter herrühren (c), so ist auch eine solche ersparte Summe ein Zeichen vom Dasein einer Masse neu hervorgebrachter Güter irgend einer Art (d). Sie ist der Ersatz eines schon vorhanden gewesenen Gütervorrathes, und zwar a) eines in einem Gewerbe aufgewendeten Capitales. Ist es ein hervorbringendes Gewerbe, so erfolgt dieser Ersatz unmittelbar aus dem Gelderlöse für ein neues Gütererzeugniß; ist die Unternehmung nicht selbst productiv, so muß man doch annehmen, daß ihr Gelderrtrag aus dem Einkommen herfließe, welches die Gütererzeugung den bei ihr betheiligten Personen gewährt. b) Eine Geldsumme kann aber auch ohne Gewerbsbetrieb in die Hände einer Person gelangen, wenn ältere Vermögenstheile gegeneinander umgewechselt werden, z. B. aus dem Verlaufe von Grundstücken, Gebäuden, Rechten, Genußmitteln, Schuldurkunden, ferner aus der Abtragung ausstehender Forderungen. Eine auf diese Weise eingenommene Geldsumme beweißt offenbar nicht das Vorhandensein einer käuflichen Menge beweglicher, als Capital brauchbarer Dinge von gleichem Preisbetrage, es muß vielmehr angenommen werden, daß irgend eine andere Person gerade um so viel weniger auszuleihen hat, indem von ihr die Geldsumme zu dem Ankaufe &c. hergegeben worden ist. Die zu dieser Abtheilung (2 b) gehörenden verleihbaren Summen bilden folglich kein wahres, auf den Zinsfuß wirkendes Capitalangebot. 3) Bei Geldzuflüssen vom Auslande ist es gleichfalls einleuchtend, daß keine gleichzeitige Vermehrung anderer Sachgüter erfolgt. Diese entsteht erst, wenn mit dem Gelde Productionsmittel vom Auslande erkauft, oder wenn diese zufolge des stärkeren Begehrs in größerer Menge im Lande erzeugt werden (e).

(a) Steuart (I, 119) nennt die Zinsen „den Preis des Geldes"; in ähnlicher Weise äußern sich Verri (Meditazioni §. XIV) und Genovesi (II, 240—47), der sogar Hume zu widerlegen sucht. Im gemeinen Leben sagt man noch heut zu Tage öfters, das Geld sei wohlfeil, um damit den niedrigen Zinsfuß zu bezeichnen. Dieß ist unrichtig, der Zins ist Preis der Ueberlassung einer Geldsumme auf gewisse Zeit, sowie der Pachtzins nicht Preis des Grundstücks ist.

(b) Es ist unbekannt, welcher Theil des gesammten Capitals in einem Lande der einen und der anderen Verwendungsart gewidmet ist. Bei einem höheren Stande des Vermögens und des Zinsfußes wird die Neigung vieler Menschen lauter, sich vom Gewerbsbetriebe zurückziehen und von Zinsen zu leben, doch kommt es auf den Grad von Thätigkeitstrieb oder Hang zum Stilleben an. Wenn aber mehr Capitalbesitzer ihr Vermögen ausleihen, so entsteht neben dem größeren Angebot zugleich ein stärkeres Begehr von Leihsummen, weil dann mehr Gewerbe von Unternehmern mit unzulänglichem eigenen Vermögen betrieben werden.

(c) Solche Einkünfte, die aus dem schon vorhandenen Vermögensstamme Anderer herfließen, z. B. durch Verschwendung oder Glücksspiel, betragen im Ganzen wenig.

(d) Wenn ein an der Production von Waaren einer gewissen Art A Betheiligter, z. B. ein Arbeiter, 1000 fl. zurücklegt und als Capital verwendet, so kauft er damit freilich nicht wieder einen Theil dieser Waaren, sondern andere neuerzeugte Güter B, C &c., wie es gerade seine Gewerbszwecke mit sich bringen. Im Ganzen aber behält obiger Satz seine Richtigkeit, und die Gewerbsleute suchen von jeder Waarengattung ungefähr so viel zu Markt zu bringen, als erfahrungsmäßig begehrt wird und gekauft werden kann.

(c) Die ganze Menge der ausstehenden verzinslichen Forderungen (§. 54) dürfte nicht als Anzebot von Capitalen angesehen werden, denn der Schuldner ist größtentheils gar nicht mehr im Beſitze eines entsprechenden Capitales, wie z. B. bei vielen Unterpfandſchulden, oder beſitzt wenigstens nur ein ſtehendes oder umlaufendes Capital, welches nicht zurückgezogen werden kann. Wird dem Schuldner gekündigel, so muß er einen anderen Darleiher oder einen Käufer seines Vermögens auf: ſuchen, oder ein umlaufendes Capital zurückziehen, es entſteht also mit dem Angebot der Leiſsumme durch den künftigen Gläubiger zugleich ein neuer Begehr auf Seite des Schuldners, wodurch die Wirkung des erſteren wieder aufgehoben wird.

§. 231.

Der Begehr von verleihbaren Capitalen bestimmt ſich 1) bei der werbenden Anwendung derſelben nach der Menge der ſich darbietenden Gelegenheiten zu einträglichen Unternehmungen. Wieviel Capital in den producliven Gewerben noch neu ange: legt werden kann, dieß hängt davon ab, welche Erweilerungen die Ctoffarbeiten und der Handel zulaſſen. Die Umſtände, von denen die Gründung neuer Unternehmungen ſo wie die Ausdehnung der ſchon beſtehenden hauptſächlich begünſtigt wird (a), ſind a) die Menge und Fruchtbarkeit des zum An: baue tauglichen und noch nicht vollkommen benutzten Bodens, an dem besonders neu und schwach bevölkerte Länder Ueberfluß haben, und der Vorrath von Naturerzeugniſſen, z. B. Erzen oder Steinkohlen; b) die Menge guter Arbeiter; c) die Ge: schicklichkeit und Betriebsamkeit der Unternehmer, wodurch mehr und mehr Capitale in die Gewerbe gezogen werden, theils um die Erzeugung zu vergrößern, theils um dieſelbe mit dem Bei: ſtande ſtehender Hülfsmittel vortheilhafter zu betreiben; d) die Leichtigkeit des Abſatzes, wozu die guten Fortſchaffungsmittel, die Verbindungen mit dem Auslande (b), die gute Vertheilung des Gütererzeugniſſes unter die verschiedenen Volksclaſſen, die Neigung der Bürger zu mancherlei Vergehrungen ꝛc. bei: tragen.

(a) Der Einfluß der Regierungsmaaßregeln, die den Gegenſtand des 2ten Bandes bilden, bleibt hier noch unberückſichtigt, ſonſt wäre der Schutz und die Freiheit der Gewerbeunternehmungen und dergl. anzu: führen.

(b) Der auswärtige Handel iſt der Ausdehnung einzelner Productionszweige vorzüglich förderlich, da er einen weit über die Gränzen des inländischen Verbrauches hinausgehenden Markt eröffnet.

§. 232.

2) Der Begehr von Darleihen zu einem nicht werbenden Gebrauche richtet sich nach dem Umfange und der Dringlichkeit der Ausgaben, für welche der aus eigenen Mitteln gezogene Geldvorrath nicht zureicht, sowohl bei den Regierungen als bei Privatpersonen. Das Bedürfniß von solchen Anleihen ist je nach den Zeitumständen sehr ungleich, wie es z. B. von Mißjahren und anderen Unglücksfällen vergrößert wird. In den ersten Perioden der geselligen Ausbildung müssen Darleihen dieser Art fast die einzigen gewesen sein, und in allen Zeiten kommen sie neben den übrigen häufig vor. Das Unterscheidende liegt darin, daß derjenige, welcher zu borgen sucht, um eine dringende Ausgabe zu bestreiten, sich durch die Forderung eines sehr hohen Zinses nicht abhalten läßt, während derjenige, der zu einem gewerblichen Zwecke borgen will, in einem solchen Falle von dem Begehre zurücktreten würde. Bei schwachem Angebote von Capitalen kann daher in Darleihen jener Art der Zins eine Höhe erreichen, zu der ihn die Einträglichkeit der Unternehmungen nicht leicht zu bringen vermöchte. Die Erfahrung zeigt, daß in einzelnen Fällen die Bedrängten auch bei guter Sicherheit Zinsen von einer fast unerschwinglichen Höhe geben müssen, zumal da die Begüterten es gewöhnlich verschmähen, ihr Vermögen in kleinen Summen auszuleihen und auf die Vermögensumstände ihrer Schuldner fortwährend sorgfältig Acht zu geben, wie sie es thun müßten, um nicht Gefahr zu laufen (a).

(a) Sane vetus urbi foenebre malum et seditionum discordiarumque creberrima causa, Tacit. A. VI, 16. Die Zwölf-Tafelgesetze erlaubten höchstens das unciarium foenus, d. h. $^1/_{12}$ oder $8^1/_3$ Proc. für das Jahr von 10 Monaten, also 10 Proc. für ein volles Jahr. Nach den Gesetzen der Hindus dursten Brominen nicht über 2, Solbaten 3, Kaufleute 4, andere Classen nicht über 5 Procent monatlich fordern; hieraus ist zu schließen, daß Zinsen über 60 Procent vorgekommen waren, Müller, Ratio et historia odii quo foenus habitum est. Gott. 1821. S. 0. Vgl. Smith, Unters. I, 147. — Uebermaß hohe Zinsen werden durch die Kleinheit der Summe und die Kürze der Frist noch einigermaßen erträglich. Ein Mann in London borgte 5 Schill. aus Noth für $^1/_2$ Schill. täglich und entrichtete diesen Zins von 10 Proc. 30 Tage hindurch, bis er die Schuld abtragen konnte! Auch Obst- und Gemüsehändler in London bezahlen wohl 3—4 Schill. Wochenzins für das 2. Sl. (15—20 Proc. wöchentlich). Mayhew, London labour, I, 29.

§. 232 a.

Der Zinsfuß ist daher auch bei voller Sicherheit in solchen Ländern oder Zeiten hoch, wo die Menge von Capital im Verhältniß zu den vorhandenen Gewerbsgelegenheiten unzureichend erscheint, zumal da in solchen Fällen die großen Gewinnste der Unternehmer (§. 227) den Begehr von Capital verstärken (a).

Diese Umstände finden sich 1) fortwährend in Ländern, deren Gewerbfleiß noch schwach ist oder sich wenigstens noch in der ersten raschen Entwicklung befindet, wo noch viele Zweige der Hervorbringung unbenutzt liegen und die Fülle der Kräfte von dem anwachsenden Capitale nicht schnell genug beschäftiget werden kann (b); 2) vorübergehend auch in den Ländern von älterem, ausgebildeterem Gewerbewesen, wenn entweder eine Verminderung des gesammten Capitales, oder ein starker Aufschwung der Gewerbe (§. 227) eintritt (c), oder viele Staatsanleihen, insbesondere für Kriegsrüstungen und Kriege gemacht werden (d). Auch zwischen einzelnen Gegenden eines Landes finden im Begehr und Angebote von Capitaler Verschiedenheiten statt, die sich im Zinsfuß bemerklich machen (e).

(a) Ricardo (21. Cap.) glaubt, nur die von der zunehmenden Kostbarkeit des Unterhaltes herrührende Lohnerhöhung könne bei dem Anwachse des Capitales die Capitalgewinnste erniedrigen, denn es sei Schwierigkeit nicht vorhanden sei, da können jetzt neue Capital gut angewendet werden, weil bei einer gleichmäßigen Ausdehnung aller Productionszweige immer das ganze Erzeugniß Absatz finden kann, indem die eine Waare die Mittel zum Ankauf der anderen darbiete. Allein das Capital ist nur eine der Productionsbedingungen und seine Wirkungen sind sehr ungleich.

(b) In Rußland beträgt der Zinsfuß 8—10 Procent (Storch, II, 29), in Südrußland 10—12, in Nordamerica 10—12 (der gesetzliche Zinsfuß geht in den neuen Staaten der Union bis 10 Proc., in mehreren westlichen Staaten besteht keine gesetzliche Bestimmung, Chevalier, Briefe, I, 71), in Brasilien 12 Proc. (Spix und Martius, Reise, I, 131), so auch in Serbien, in Venezuela 12—16, in Albanien 12 bis 24, in Griechenland bei guter Sicherheit 15—16, in der Türkei 18—24 Proc. (Grisebach, Reise d. Rumelien, 1839, I, 194.) — In Potosi lieh C. Temple 1726 zu 30 Proc. gegen sichere Faustpfänder, es waren ihm sogar 4 Proc. monatlich geboten (Biryhaus, Annalen, April 1831, S. 73), auch in Mexico erhält man 36 Proc. — In Californien konnte man eine Zeit lang auch bei guter Sicherheit 3—4 Proc. monatlich erhalten, wozu besonders die großen Gewinnste an dem Ankaufe der Bauplätze (lots) beitrugen. Jetzt (1866) leiht man auf Unterpfand zu 12—15 Proc. jährlich.

(c) Smith, I, 136 ff. — Loß, Handb. I, 180. — In England stieg nach dem Frieden von 1763 der Zinsfuß, weil die neuen Erwerbungen in Amerika ein Begehr von Capitalien erweiterten. — Ein ausführliches Beispiel gab 1846 das Steigen des Zinsfußes und das Sinken des Preises der Actien und Staatsschuldbriefe in Europa wegen des durch die Eisenbahnbauten gesteigerten Begehrs, weil man mehr Capital auf diese Anlagen verwendete, als die neuen Ersparnisse betrugen. Die europäischen Eisenbahnen haben bis 1853 über 9000, die amerikanischen gegen 2800 Mill. fl. gekostet, und diese Summe wurde größtentheils in den letzten Jahren aufgewendet. Nur in einer Friedenszeit mit großem Aufschwunge der Gewerbe konnte ein solches Capital aufgebracht werden, ohne andern Zwecke stark zu beeinträchtigen.

(d) Dieser Umstand hat dazu beigetragen, daß im letzten Jahrzehend der Zinsfuß etwas gestiegen ist.

(e) In Paris konnte man früherhin nur zu 2½—3 Proc. Capitale sicher anlegen, während in den Departements der Zins viel höher, meistens 5, öfters 6 und selbst 8—10 Proc. ist, weßhalb viele Capitale aus der Hauptstadt in die Provinzen gesendet wurden. Dieß wird durch die neuerlichen Erkundigungen im Jahre 1846 bestätigt. Moniteur, 1846. Nr. 12. Neuerlich sind Darlehen auf Unterpfand nicht unter 6—7, und mit den Nebenkosten 9—10 Proc. zu haben, kleine Gewerbsleute müssen 9—20 Proc. geben. Coquelin in Journ. des Econ. Dec. 1851, S. 365.

§. 233.

Der Zinsfuß ist dagegen niedrig 1) bei hohem Wohlstande, wenn das Capital sich schneller vermehrt hat als die Volksmenge (§. 196), wenn alle nützlichen Gewerbsunternehmungen sich schon mit Capital gesättigt haben und deßhalb das große Mitwerben bei allen Arten von Waaren die Preise den Kosten nähert, so daß die Gewinnste erniedrigt werden. Man hat nicht zu befürchten, daß unter diesen Umständen das Capital des Volkes nicht mehr wachsen könne, denn nicht allein die Capitalisten und Unternehmer, sondern auch die Arbeiter und die Grundeigner vermögen dasselbe durch ihre Ersparnisse zu vergrößern und unter den vorerwähnten Umständen pflegen Lohn und Grundrente ansehnlich hoch zu sein. Die Fortschritte des allgemeinen Reichthums führen daher zu einer Verringerung des Zinsfußes (a); 2) wenn die Nachfrage nach Capitalen oder die Gelegenheit ihrer vortheilhaften Verwendung sich vermindert. Dieser Umstand könnte auch bei gleichem oder sogar verringertem Capitalvorrathe ein Herabgehen des Zinsfußes verursachen, aber die Stockung der Gewerbe, die dabei vorausgesetzt werden muß, wird in einem gut regierten Staate nur als vorübergehende Folge ungünstiger Ereignisse erscheinen (b).

(a) Es erklärt sich hieraus, daß gewöhnlich Arbeitslohn und Capitalrente sich nach entgegengesetzten Richtungen ändern; jener steigt, wenn diese sinkt ꝛc. Daß beide zugleich hoch stehen, ist seltener der Fall. Smith Unters. I, 143. — Der niedrige Zinsfuß in einem Theile des Schwarzwaldes, z. B. im Schappacher Thale bei Wolfach, wo er 3—4 Proc., ja bisweilen nur 2,¹ beträgt, rührte einerseits von dem Reichthume der Bauern zufolge des vortheilhaften Holzabsatzes, andererseits von dem mangelnden Unternehmungsgeiste her.

(b) 3 B. durch die schweren Kriege Napoleons. — Gioja N. Prosp. III, 183. — Sav, Handbuch, IV, 174.

§. 234.

Niedriger Zinsfuß zeigt folglich in der Regel und für die Dauer an, daß sowohl das Volksvermögen als die aus der rechtlichen Ordnung hervorgehende Sicherheit fortwährend im Steigen begriffen sind (a), äußert aber auch für sich selbst wieder günstige Folgen für die Betriebsamkeit, weil er die nützliche Anwendung der Capitale erleichtert. Manche die hervorbringenden Gewerbe erweiternden oder vervollkommnenden Veranstaltungen, die bei einem Zinsfuße von 5—6 Proc. unterblieben, können dann unternommen werden, wenn dieser auf 4 oder 3 Procent herabsinkt, weil dann der Unternehmer noch einen belohnenden Gewinn übrig behält (b). Wie nun bei jedem Sinken des Zinsfußes die Nachfrage nach den wohlfeiler gewordenen Darleihen sich erweitert, so muß dadurch nothwendig ein ferneres Herabgehen des ersteren verhindert werden. Daher kann dieses Sinken nur sehr allmälig erfolgen (c), auch treten von Zeit zu Zeit nicht allein Unterbrechungen, sondern selbst Steigungen des Zinsfußes ein.

(a) Da man annehmen kann, daß die gesetzliche Erniedrigung des Zinsfußes in England nur dem durch die Concurrenz bestimmten Satze folgte, so läßt sich aus den gesetzlichen auf die üblichen Zinsen schließen. Jene änderten sich so: Heinrich VIII. verlor, über 10 Proc. zu nehmen, Jakob I. erlaubte 1625 nur 8 Proc., Karl II. 1650 nur 6, Anna nur 5 Procent; Steuart, Grundsätze, II, 126. Smith, I, 138. — In Frankreich war der gesetzliche Zinsfuß zu Anfang des 16. Jahrh. 10 Proc., seit 1587 6¹⁄₃, seit 1601 6¹⁄₄, 1634 5¹⁄₄, 1665 5 Proc., Roscher, I, § 183.

(b) Die französischen Gewerbsleute betrachten den niedrigen Zinsfuß in England und Belgien als eine der Ursachen, welche ihnen das Mitwerben mit den Fabriken dieser Länder erschweren, Enquête comm. de 1834 an vielen Stellen, z. B. III, 175.

(c) Wenn z. B. die Capitale sich von 100 auf 125 Mill., also im Verhältniß 4 : 5 vermehren, so wird der Zins vielleicht nur von 5 auf 4¹⁄₂ Proc. sinken, so daß die ganze Zinsrente sich von 5 Mill. auf 5·625 000 erhöht.

§. 235.

Durch dieſes langſame Abnehmen des Zinsfußes wird der Nachtheil dieſer Veränderung für die Capitaliſten ſehr gemildert. Diejenigen, welche zu einer nützlichen Thätigkeit fähig ſind, können in die Claſſe der Unternehmer oder Dienſtleiſtenden übergehen und ſich auf dieſe Weiſe ein zweites Einkommen verſchaffen. Wenn der Gläubiger ſich einige Unbequemlichkeiten gefallen läßt, ſo findet er immer noch Schuldner, die einen über den Mittelſatz erhöhten Zins bezahlen. Doch ſind manche Familien, welchen keine anderen Erwerbswege offen ſtehen und welche bisher in ihren Zinſen gerade nur ihr Auskommen erhielten, zu Einſchränkungen oder ſelbſt zu Entbehrungen gezwungen, wie denn überhaupt in der Volkswirthſchaft von Zeit zu Zeit einzelne, zum Glücke vorübergehende Mißverhältniſſe unvermeidlich zum Vorſchein kommen. Wer nicht auf ſeine Erben Rückſicht zu nehmen braucht, kann ſich durch eine ſolche Anlegung des Capitals, bei der daſſelbe allmälig aufgezehrt wird, eine größere Einnahme verſchaffen, z. B. durch Leibrenten, II, 368 a. Ueberhaupt gewährt bei lebhaftem Geldverkehr die Sicherheit und die Leichtigkeit einer den individuellen Umſtänden des Eigenthümers vollkommen entſprechenden Anlegungsart auch wieder einen Vortheil (a).

(a) Vgl. §. 199. 220. — Die entgegengeſetzte Meinung, daß die Höhe des Zinsfußes ein Zeichen von der Wohlfahrt und den Fortſchritten des Reichthums und der Civiliſation ſei, in Considerations on the accumulation of capital and its effects on exchangeable value. Lond. 1822, und Edinb. Rev. March 1824. S. 1—31; ähnlich urtheilt M'Culloch, Grunds. S. 82. — Es widerſtreitet der Geſchichte, das Beiſpiel Hollands zum Belege jener auffallenden Behauptung anzuführen und den Verfall dieſes Staates aus dem niedrigen Zinsfuße abzuleiten. In Cadix wie in Frankreich bemerkt man, daß gerade hoher Zinsfuß den Luxus nährte und vom Sparen abhielt, während in Holland die Sparſamkeit ungeachtet der niedrigen Zinſen nicht abnahm. Sismondi, Rich. comm. 1, 66.

§. 236.

Die irrige Meinung, daß der Zinsfuß fallen müſſe, wenn die Geldmenge eines Landes ſich vermehrt, entſtand daraus, daß man ſonſt Geld und Capital für gleichbedeutend anſah. Da das Geld nicht ſelbſt zur Hervorbringung beiträgt, ſondern gegen andere Güter vertauſcht werden muß, ſo wird der Werth eines in Geldform gesammelten Capitales von der Menge der dafür zu erwerbenden anderen Capitaltheile bestimmt (§. 64) und verändert sich mit den Preisen dieser Güter. Das Angebot von Capitalen ist dann groß, wenn die zum Verleihen dargebotenen Geldsummen den Borgenden eine große Quantität von Stoffen, Unterhaltsmitteln der Arbeiter und dergl. zur Verfügung stellen, §. 230. Nun ist offenbar das Geld, aus welchem Stoffe es auch bestehen mag, so wie andere in den Verkehr tretende Güter den Gesetzen des Preises unterworfen, es wird folglich wohlfeiler, wenn seine Menge zunimmt und der ganze Zuwachs desselben auf dem Markte erscheint, um den Begehr von Waaren und Arbeitern zu vergrößern, während die Masse beider sich gleich bleibt, §. 288. Sobald aber diese Gegenstände im Preise gegen das Geld gestiegen sind, so bedarf jeder Borgende einer größern Geldsumme, um noch eben so viel auszurichten, als zuvor; der Begehr von Gelddarleihen hat sich gleichmäßig mit dem Angebote derselben vergrößert, das für Geld zu erkaufende Capital ist im Ganzen noch dasselbe, der Zinsfuß kann sich also nicht vermindern (a).

(a) Diesen wichtigen Satz hat zuerst Hume überzeugend entwickelt, Polit. Versuche, 4. Abh. — Vgl. Smith, I, 9. Cap. — Einen auffallenden Beweis bildet der hohe Zinsfuß in dem goldreichen Californien, §. 232a. Eine Ausnahme hat Hume selbst angegeben. Sie beruht darauf, daß unmittelbar nach einer starken Vermehrung des Geldvorrathes, noch ehe derselbe häufig zu Einkäufen verwendet worden ist, eher folglich die Preise der Güter ganz auf ihre nachherige Höhe gestiegen worden sind, das größere Angebot von auszuleihenden Summen den Zins erniedrigen kann. Diese Wirkung kann aber nicht dauernd sein, es wäre denn, daß durch die größere Lebhaftigkeit des Güterumlaufes die Production und dadurch auch das wahre Capital vergrößert würde. In Rom sank der Zinsfuß, als Augusst große Summen aus Aegypten dahin brachte (bis auf 4 Proc.), und die Grundstücke stiegen im Preise. Sueton. Aug. 41. Der Zins hob sich aber auch bald wieder, er war unter Tiberius 6 Procent, wie früher, s. die Nachweisungen bei Hume a. a. O. — Ein ähnliches Verhältniß findet bei dem Ankaufe (Disconto) von Wechseln Statt, der zwar ungeachtet des verschiedenen Rechtsverhältnisses einer Zinsrente ähnlich ist, aber doch darum von dem augenblicklichen Geldvorrathe einer Stadt abhängt, weil der Bedarf von Summen zu diesem Behufe auf das schnellste befriedigt werden muß und oft wechselt, §. 289. — Fände der Geldzuwachs eine andere Verwendung, z. B. beim Austerben im Auslande, bei der Verarbeitung zu anderen Dingen, zur Befriedigung eines gleichzeitigen Geldbedürfnisses und dergl., so träte zwar keine Erhöhung der Waarenpreise, aber auch keine dauernde Erniedrigung des Zinsfußes ein, Hermann, Unters. S. 219.

Vierte Abtheilung.

Der Gewerbsverdienst.

§. 237.

Der Unternehmer eines Gewerbes (Gewerbsmann, §. 136) empfängt den gesammten (rohen) Ertrag desselben, welcher aus den für die eigene Verzehrung bestimmten Erzeugnissen und aus dem Erlöse des verkauften Theiles derselben besteht, §. 70. Hievon hat der Unternehmer denjenigen Personen, die ihm bei dem Gewerbe beistanden, die ausbedungenen Antheile an Grund- und Capitalsrente und Arbeitslohn zu entrichten, ferner die Anschaffung der zum Gewerbsbetriebe erforderlichen Güter zu bestreiten, insoferne nicht der eine oder andere dieser Antheile ihm selbst gebührt (a). Was ihm nach Abzug dieser Ausgaben (Gewerbskosten) als Vergütung für die Beschwerden, Mühen und Gefahren seiner Unternehmung übrig bleibt, ist der Gewerbsverdienst (§. 139), profit de l'entrepreneur, nicht ganz angemessen (b) Gewerbs- oder Unternehmergewinn genannt (c). Ein vertragsmäßiges Ausbedingen, wie bei den drei anderen Zweigen der Einkünfte, kann bei diesem Einkommen nicht stattfinden, weil es unmittelbar von dem Erfolge der Unternehmungen bestimmt wird, weßhalb auch seine Größe anderen Personen am wenigsten bekannt ist und nur aus verschiedenen Kennzeichen annähernd vermuthet werden kann (d). Wenn aber der Gewerbsverdienst ganz hinwegfiele (§. 138), so würden die Unternehmungen aufhören, nur etwa solche einfache ausgenommen, zu denen sich einzelne Arbeiter entschlössen, um fortwährend in ihrer Beschäftigung bleiben zu können, oder einzelne Grund- und Capitalbesitzer, um sich den Bezug einer gewissen Rente zu sichern.

(a) Die der Unternehmer in diesem Falle, wo das Capital oder das Grundstück ihm eigen gehört, rechnen muß, s. §. 166. Es ist selten, daß nicht wenigstens ein Theil des Capitales ihm angehört, weßhalb man gemeiniglich annimmt. Gewerbsverdienst und Capitalzins fließe in eine und dieselbe Hand. Beide zusammen bilden in diesem Falle das ganze Gewerbseinkommen des Unternehmers, III, § 358. — An die Stelle des einzelnen Unternehmers treten oft mehrere Gesellschafter, die sich in den Verdienst theilen. Bei großen Gewerbsgesellschaften, wie die sog. anonymen und die Commanditen, müssen Einzelne zur Führung und Ueberwachung des Betriebes beauftragt werden, welche gewöhnlich neben einer festen Belohnung auch einen Antheil am reinen Ertrage empfangen, während sämmtliche betheiligte Capitalbesitzer als Mitunternehmer, wenn das Gewerbe in gutem Gange ist, Zins und einen Antheil am Verdienst als Geschäftsantheil (Dividende) beziehen, vgl. II, §. 29 c.

(b) Weil man unter Gewinn gewöhnlich eine reine Einnahme versteht. Storch, I, 180. 252.

(c) Beispiel nach Rennie bei Sinclair, Grundges. Anh. S. 75. Ein Landgut von 691 engl. Acres (1088 pr. M.) gab 5792 ℒ. St. Rohertrag, welcher sich so vertheilte:

```
1) Ausgabm, a) Arbeitslohn      . .   993 ℒ. St.  — 17,% Proc.
              b) Pachtzins      . .  2212  "   "    38,%   "
              c) Capitalzinsen  . .   300  "   "     5,%   "
              d) Beizehrungen u. unr-
                 vorhergeseh. Ausgaben 1639  "  "   28,%   "
2) Gewerbsverdienst des Pachters      646  "   "   11,%   "
                       zusammen       5792 ℒ. St.  100 Proc.
```

(d) Auch in der Wissenschaft sind die Verhältnisse des Gewerbsverdienstes später als die des Lohnes, der Grund- und Zinsrente erforscht worden, f. vorzüglich Hermann, Unters. S. 145. — v. Mangold, Die Lehre vom Unternehmergewinn, 1855.

§. 238.

Ob der Gewerbsverdienst neben der Grund- und Capitalrente und dem Lohn als eine eigenthümliche vierte Art der aus der Gütererzeugung fließenden Einkünfte zu betrachten sei, oder ob er nicht vielmehr zu einer der ersteren Arten gehöre, darüber sind die Meinungen getheilt. Frühere Schriftsteller rechnen ihn wirklich zu der Capitalrente, und zwar entweder mit gänzlicher Vermischung beider (a), oder so, daß man ihn zwar von der Zinsrente trennt, jedoch beide unter der Benennung Capitalgewinn zusammenfaßt (b). Einige betrachten ihn als eine Art des Lohnes (c). Es ist dem Wesen der Sache am meisten angemessen, den Gewerbsverdienst als ein eigenthümliches Einkommen anzusehen, welches aus der innigen Verbindung der Arbeit und des Capitales entspringt und in welchem der Antheil nicht auszuscheiden ist, den jede dieser beiden Ursachen an ihrer gemeinschaftlichen Wirkung hat (d). Dieß Einkommen unterscheidet sich wesentlich von der Capitalrente, welche in sehr vielen Fällen vertragsmäßig festgesetzt wird und größtentheils reines Einkommen ist, aber auch von dem Lohne, weil es ebenfalls nicht wie dieser ausbedungen werden kann (§. 237) und nicht bloß von der Thätigkeit des

Unternehmers, sondern zugleich von der Größe des angewendeten Capitales abhängt. Es kann betrachtet werden 1) nach seinem ganzen Jahresbetrage, in Vergleich mit dem Unterhaltsbedarfe des Unternehmers, 2) im Verhältniß zu dem Capitale, als ein gewisser Theil (Procentsatz) desselben (e).

(a) Smith, — Ricardo, Grundges. S. 92. — von Schlözer, Staatswirthsch., I, 53. — M'Culloch, Grundf. S. 81 f. — Senior (vermuthlich zugleich der Verf. des Aufsatzes im Quarterly Rev. Jan. 1831) faßt Zinsrente und Gewerbsgewinn unter der Benennung Profit zusammen, nimmt jedoch (Outline, S. 214) zwei Theile desselben an, welche jenen beiden Einkünften entsprechen, ebenso St. Mill, I, 415, bei welchem der über die Zinsrente hinausgehende Theil des Capitalgewinnes keinen besonderen Namen hat.

(b) Sismondi, N. princ., 1, 369. — v. Jakob, Grundf. §. 277 bis 282. Doch wird von demselben in §. 292 bemerkt: „Der Profit des Unternehmers ist nichts als eine Art von Lohn für die Arbeit, Mühe, Geschicklichkeit, Gefahr ꝛc., welche mit der Unternehmung verbunden sind."

(c) Canard, übers. von Wolf. S. 8. 9. 68. — Rotz, I, 471. — Say nimmt drei Zweige des Einkommens an, nämlich Grundrente, Capitalrente und Industriegewinn, und in diesem wieder drei Abtheilungen, nämlich die Einkünfte der Unternehmer, Gelehrten und Lohnarbeiter. Handb IV, 49. 97. Ebenso von Brittwitz, Volksw. §. 481 ff und Fischer (I, §. 195), der den Ausdruck Unternehmerlohn braucht. del Valle, Corso de Ec. p. S. 89 stellt fünf Zweige des Einkommens (bajo) auf, indem er den Industriegewinn Say's sogleich in jene drei Theile auflöst.

(d) Storch, I, 180. — Ganilh, Dictionn. analyt. S. 358 — Hermann, S. 148. — Courcelles-Seneuil in Dict. de l'éc. pol. II. u. A.

(e) Wegen des genauen Zusammenhanges des Gewerbsverdienstes mit dem Capitale ist es gewöhnlich, jenen in Procenten des letzteren auszudrücken.

§. 239.

Die Vergütung, welche der Unternehmer in seinem Verdienste ansprechen muß, und die folglich die Untergränze desselben bildet, besteht aus zwei Theilen:

1) Unterhaltsbedarf für ihn und seine Familie, in Gemäßheit seiner standesmäßigen Bedürfnisse (a). Der Unternehmer erwartet und verlangt nothwendig einen reichlicheren Gütergenuß, als seine Lohnarbeiter, weßhalb schon bei verschiedenen Gewerben, in denen die Arbeiter ungleich bezahlt sind (§. 198), auch der Gewerbsverdienst nicht derselbe sein kann. Zudem ist die Mühe, Beeiferung und Kenntniß, welche zu einer Unternehmung gehört, auch bei einerlei Betriebscapital in mehreren

Gewerben ungleich, und wenn der Gewerbsverdienst nicht eine ähnliche Abstufung hätte, wie der Lohn, so würden die schwierigeren Gewerbsgeschäfte von wenigen Menschen ergriffen werden. Jener muß daher wenigstens so hoch sein, daß der Unternehmer bei dem geringsten Umfange der Unternehmungen, der zur Versorgung des Marktes nothwendig ist, noch bestehen kann und seine Befriedigung findet (*b*). Beschäftiget aber die Leitung eines Gewerbes den Unternehmer nicht völlig, so kann sie auch nur einen Theil seiner Unterhaltskosten abwerfen. In Fällen, wo diese Leitung größtentheils bezahlten Gehülfen übertragen wird und dem eigentlichen Unternehmer nur eine geringe Mitwirkung, etwa zu den wichtigsten Beschlüssen übrig bleibt, ist dieser Theil der Vergütung nur gering oder verschwindet gänzlich (*c*).

2) **Entschädigung** für die Gefahr von Verlusten oder des gänzlichen Mißlingens einer Unternehmung, §. 137. Die Stärke dieser Gefahr hängt ab a) von der Größe des angewendeten Capitales, b) von der Art der Unternehmungen, welche, obschon kein Gewerbe von Verlusten ganz frei ist, doch in dem Grad von Wahrscheinlichkeit ungünstiger Ereignisse, in der Schwierigkeit, den künftigen Stand der Preise vorauszusehen und dergl., sehr von einander abweichen (*d*).

(*a*) Unternehmerlohn nach v. Mangold a. a. O.
(*b*) Wie tiefe Unterhaltskosten sich zu dem Capitale verhalten, dieß kann nicht wohl im Allgemeinen, sondern nur für eine zugebane Größe der Unternehmungen bestimmt werden. Wird z. B. bei einem Gewerbe, welches 20 000 fl. Capital beschäftiget, der Unterhalt des Unternehmers auf 1000 fl. angeschlagen, so beträgt er 5 Procent des Capitales, er steigt aber auf 6½ Procent, wenn das Gewerbe nur mit 16000 fl. Capital betrieben wird. Ein Unternehmer, dem die Leitung einer kleineren Unternehmung genug zu thun giebt, kann doch auch einer größeren vorstehen, wenn er geschicktere und besser bezahlte Gehülfen beizieht. Bei einer geringen Ausdehnung oder einer leichten Leitung des Betriebes nimmt der Unternehmer an den Verrichtungen der bloßen Lohnarbeiter Theil, daher ist in seinem Einkommen auch ein Antheil von Arbeitslohn anzunehmen. Bei einem größeren Betriebe ist in der Regel der Umfang jeder einzelnen Gewerbsunternehmung durch die Umstände bestimmt, da eine Erweiterung meistens durch die Beschränktheit des Capitales oder Absatzes, oder durch die Schwierigkeit, einen größeren Betrieb noch zu leiten, verhindert wird. Wenn nun der Gewerbsverdienst die Unterhaltskosten bei dem geringsten bisherigen Umfange des Betriebes nicht mehr vergütete, so müßten die kleinsten Unternehmer ihr Gewerbe aufgeben. Dieß setzt voraus, daß dieselben nicht mehr nöthig sind, um die Abnehmer gehörig zu versorgen. Braucht ein Unternehmer 1000 fl. für seinen Unterhalt und ist der Gewerbs-

verbleibt nach Abzug der Vergütung für die Wagniß 4 Procent des Capitales, so können kleinere Unternehmungen bestehen als mit 26000 fl. Capital. (Vgl. Rau, Zus. 63 in Storch, III, 319.) Wären dagegen nicht genug große Unternehmer da, um den ganzen Bedarf zu liefern, so würde der Preis des Erzeugnisses so lange steigen, bis er auch kleineren Unternehmern die Fortsetzung des Betriebes möglich machte. Kann ein Capital von 3000 fl. schon einen Gewerbsmann beschäftigen und braucht derselbe 600 fl., so muß der Verdienstsatz 20 Procent seyn. Ein Krämer von 1000 fl. Capital nimmt also vielleicht 40 oder bis Proc. Gewerbsverdienst an, der jedoch größtentheils nur wie gemeiner Arbeitslohn anzusehen ist. Das Einkommen eines wandernden Krämers (Hausirers) muß ein Mehrfaches seines kleinen Capitales seyn.

(c) 3. B. bei Actieninhabern einer großen Unternehmung, wo der Einzelne nur an einer Jahresversammlung theilnimmt, oder bei stillen Gesellschaftern, §. 237 (a). Der Verwalter einer Fabrik, eines Landgutes, einer Handlung ꝛc. ist nicht ganz unabhängig, er muß in wichtigen Dingen mit dem Eigenthümer zu Rathe gehen.

(d) Je ne crois pas me tromper en disant, que sur 100 établissemens industriels il y en a 20, qui s'écroulent avant d'avoir aucune consistance, 50 à 60, qui végètent plus ou moins long-temps en abondant leur chûte, et 10 au plus qui arrivent à un grand état de prospérité; et encore, parmi ces établissemens exceptionnels, en compte-t-on dont les chefs, après avoir jeté un grand éclat, parcouru la carrière la plus honorable et rendu des services signalés à l'industrie, ont rencontré des écueils, devant lesquels ils ont échoué corps et biens. C'est donc l'ensemble des établissemens industriels qu'il faut considérer. Godard in der Enquete commerc. de 1834, II, 233. — Ballustsfang. Elsassenhantel. Roscher, I, §. 180 N. 5.

§. 240.

Die Umstände, welche den Gewerbsverdienst des einzelnen Unternehmers bestimmen, deuten zugleich die Mittel an, die derselbe ergreifen kann, um sich ein reichlicheres Einkommen zu verschaffen. Es sind folgende: 1) in Bezug auf den Rohertrag: a) Die Menge der Erzeugnisse, welche er zu verkaufen vermag, also die Ausdehnung des Absatzes, weil nicht nur mit diesem bei einerlei Procentsatz des Verdienstes der ganze Betrag desselben steigt, sondern auch manche Gelegenheit zur Ersparung an einzelnen Theilen der Kosten entsteht, §. 172. 243. Hieher gehört die durch Beschleunigung des Umsatzes entstehende Ersparung an Capitalzins (a). Die Unternehmer sind daher gewöhnlich eifrig bedacht, ihren Absatz zu erweitern, was theils auf Kosten anderer Mitwerber, theils durch Anregung neuer Käufer oder neuer Verwendungszwecke geschehen kann (b). b) Der Verkaufspreis, dessen Erhöhung jedoch, Fälle eines monopolistischen Vorzuges abgerechnet

(§. 159 ff.), des Mitwerbens wegen schwer zu bewirken, und sogar darum in einzelnen Fällen nicht einmal vortheilhaft ist, weil sie eine Abnahme der verkauften Menge nach sich zieht. Kennt man den bei jedem gegebenen Preise zu erwartenden Absatz, so kann man berechnen, welcher Verkaufspreis den größten reinen Gewinn verspricht. 2) In Hinsicht auf die Ausgaben: a) der erforderliche Bedarf an Stoffen, Werkzeugen und Arbeit, worin die Fortschritte der Gewerbskunst viele Ersparungen möglich machen (c); b) der Preis, den man für die erwähnten Bedingungen der Production entrichten muß. Bei übrigens gleichbleibenden Umständen gewinnt der Unternehmer, wenn er die nöthigen Waaren, z. B. Rohstoffe, wohlfeiler einzukaufen, die Arbeiter um niedrigeren Lohn zu dingen und die Capitale oder auch die Grundstücke gegen eine geringere Rente zu benutzen vermag. Von diesen Mitteln, den Gewerbsverdienst zu vergrößern, sind einige nur auf Kosten der Käufer, der Mitwerber oder der zur Erzeugung Beihülfe leistenden Personen ausführbar, so daß sie nur die Vertheilung abändern, andere aber auch in Beziehung auf die ganze Volkswirthschaft nützlich. Diese zeigen sich zugleich als die sichersten.

(a) In Manchester rechnet man, daß Fabrikherrn im Durchschnitt ihr Capital (nämlich das umlaufende) zweimal, jedesmal mit 5 Proc. Gewinn (und Zins) umsetzen, Sternhändler (shopkeepers) viermal mit je 3½ Pr., also 14 zusammen. Senior, Outline, S. 168.

(b) Daher z. B. die Bemühungen, sich vor Anderen hervorzuthun, Aufsehen zu erregen, Vertrauen zu erwecken; Verbreitung von Ankündigungen und Anpreisungen in Prosa und Versen, Schaustellung der Waaren und dergl. Die hierauf gerichteten Bestrebungen und Kunstgriffe sind in der neuesten Zeit Gegenstand eines weitgetriebenen Wetteiferns geworden. 1855 wurde die Jahresausgabe für Zeitungsanzeigen von Holloway für seine Pillen auf 30000 £. St., von Moses u. Sohn, Schneider, sowie von Rowland & Co. für Macassaröl auf 10000 £. St. geschätzt; — de Barry's Revalenta ꝛc.

(c) Hierin ist der Klugheit, Einsicht und dem Eifer der Unternehmer ein weites Feld geöffnet, während der Verkaufspreis weniger unter dem Einflusse ihrer Bemühungen steht; z B. Benutzung der Abfälle und Abgänge'. Ersparidung unnöthiger Bauten. Anwendung einer wohlfeileren Art von Stoffen, Holzsparung ꝛc. Die Anwendung der heißen Gebläseluft (hot blast) in den Eisenhütten wurde 1830 durch Neilson in Glasgow eingeführt. In Oesterreich wird da, wo dieß Mittel in Gebrauch ist, eine Kohlenersparung von 15 Proc und ein Mehrertrag an Eisen von 10 Proc. bewirkt (Görnig). Die Halden (weggeworfenen Massen) der Bleibergwerke in Mendrale sind kürzlich als eisenhaltig (25—40 Proc.) erkannt worden.

§. 240 a.

Die Erweiterung des Abſatzes insbeſondere (§. 240) findet nicht allein in dem Mitwerben anderer Erzeuger und Verkäufer des nämlichen Gutes, ſondern auch in dem ganzen Begehr derſelben von Seite der Käufer und Zehrer eine Gränze. Dieſe allgemeine Gränze des Abſatzes in jedem Zeitpuncte hängt ab 1) von dem Gebrauchswerthe des Gutes und der Menge von Menſchen, für welche die Werthſchätzung gilt (a); 2) von der zur Befriedigung des Bedürfniſſes erforderlichen Menge von Waaren, die unter andern deſto größer iſt, je ſchneller der Verbrauch erfolgt (b); 3) von der Größe des Preiſes, den der Käufer aufwenden muß. Eine Herabſetzung des Preiſes gewinnt gewöhnlich einer Waare ſolche neue Käufer, für deren concrete Werthſchätzung bisher die Ausgabe zu groß war, §. 171. Die Abnahme des Abſatzes in Folge einer Preiserhöhung pflegt deſto ſtärker zu ſein, je geringer der Werth des Gutes iſt, weil man ſich bei den werthvollſten Dingen am ſchwerſten zu einer Einſchränkung entſchließt (c); 4) von dem Vermögen der Kaufluſtigen, die Waare zu bezahlen, alſo von einem zureichenden Einkommen, ohne welches das Vorhandenſein der anderen Bedingungen (1—3) unwirkſam iſt. Das Einkommen der Käufer fließt aus ihrer Theilnahme an der Hervorbringung anderer Güter und wird alſo von der Ausdehnung des ganzen Gütererzeugniſſes, ſowie von der Art der Vertheilung deſſelben unter die verſchiedenen Volksclaſſen bedingt. Jede verkaufte Gütermenge ſetzt diejenigen Perſonen, welche aus dem Erlöſe Lohn, Gewerbsverdienſt, Grund- und Zinsrente empfangen, in den Stand, andere Dinge einzukaufen, daher bedingen die einzelnen Productionszweige ſich gegenſeitig.

(a) Bücher in fremden Sprachen, oder über einen von wenigen Menſchen begriffenen Gegenſtand finden wenige Käufer, ebenſo große Spiegel, Kronleuchter, Schiffe zu Luſtfahrten (Yachten).

(b) Man verzehrt in einer Familie weit mehr Holz, Brod, Fleiſch, Oel, Lichter, als Kleidungsſtücke, noch weniger aber Uhren, Spiegel ꝛc. Ferner verbraucht man von blos nützlichen Gegenſtänden nur ſoviel, als das Bedürfniß fordert, von Luxusartikeln aber deſto mehr, je mehr man bezahlen kann.

(c) Deßhalb kann die Vertheuerung des einen Gutes, z. B. eines Lebensmittels, den Abſatz eines anderen leicht entbehrlichen vermindern.

§. 241.

Die in §. 240 angegebenen Mittel können einem Unternehmer, der sie mit vorzüglichem Scharfsinne allein anwendet, eine Zeit lang einen ungewöhnlichen Gewinn verschaffen, vgl. §. 160. 161. Auf diesem Wege ist nicht selten großer Reichthum Einzelner entstanden. Werden diese Mittel bekannt und von Mehreren gebraucht, so zerstört das Mitwerben allmälig diesen größeren Vortheil des einzelnen Unternehmers, es mag nun diese Ausgleichung des Gewerbsverdienstes durch die Erniedrigung der Verkaufspreise oder durch die Erhöhung einer Classe von Gewerbsausgaben erfolgen. Zwischen mehreren Gewerben findet zwar ein ähnliches Streben zum Gleichgewichte Statt, indem die einträglicheren Gewerbe häufiger ergriffen, die weniger vortheilhaften dagegen von Mehrern verlassen werden, oder wenigstens Ausdehnungen und Beschränkungen im Betriebe eintreten. Indeß kommen hier nicht allein die Schwierigkeiten in der Veränderung des Angebotes (§. 160) in Betracht, sondern es ist auch wegen der Verschiedenheit der Gefahr und der Unterhaltslosten des Unternehmers (§. 239) keine allgemeine Gleichförmigkeit der Gewerbsverdienste zu erwarten, also läßt sich nur annehmen, daß Gewerbe, die gleiches Capital und gleiche Bemühung, Lebensweise ıc. des Unternehmers erfordern, auch ungefähr gleich viel abwerfen werden (a).

(a) In Großbritanien beträgt bei Ackerpachtungen der Grundsverdienst sammt der Capitalrente gegen 10, selten 15 Procent des Capitales, bei Weiterpachtungen wegen der Geschicklichkeit und der Wagniß der Subpächter öfters 15 und mehr Procente. Sinclair, Grundges. des Ackerb., S. 59.

§. 242.

Steigt der Gewerbsverdienst über den Kostenbetrag (§. 239), so bezieht der Unternehmer ein reines Einkommen, den reinen Gewerbsverdienst oder Gewinn (a). Dieser ist bei gleichem Grade von Geschicklichkeit und Eifer in größeren Unternehmungen einer gewissen Art gewöhnlich größer, als in kleinern, weil sowohl die Unterhaltsosten der Unternehmer als verschiedene Gewerbslosten, z. B. die Ausgaben für Gebäude und Maschinen, bei der Erweiterung des Betriebes nicht in gleichem

Verhältnisse steigen (b). Bei ganz großen Unternehmungen wird oft dieser Vortheil wieder durch die Schwierigkeit der Aufsicht über viele Menschen oder überhaupt der guten Leitung des Ganzen geschwächt, wie dieß z. B. bei großen Handelsgesellschaften und anderen Actien-Unternehmungen zu bemerken ist; aber hirvon abgesehen, kann man den kleineren und den größeren Unternehmer wie die Eigenthümer zweier Grundstücke von ungleicher Fruchtbarkeit betrachten (§. 212); wird schon dem kleineren ein reiner Ertrag zu Theil, so genießt der größere einen desto beträchtlicheren, §. 239 (a).

(a) Unternehmerrente nach v. Mangold.
(b) Viele kostbare Maschinen, z. B. Walzen zum Kattundruck, Dampfmaschinen, werden erst bei großem Betriebe anwendbar, der Einkauf der Stoffe läßt sich wirthschaftlicher einrichten, Manches kann man selbst bereiten, wenn man es in ansehnlicher Quantität nöthig hat ꝛc. — Gewinn bei kurzen Aufsagen beliebter und wohlfeiler Bücher, Kupferstiche ꝛc. Vgl. §. 240.

§. 243.

Der Gewerbsverdienst im Ganzen pflegt in seinem Steigen und Fallen mit der Zinsrente ungefähr gleichen Schritt zu halten. Diejenigen Capitalisten, welche im Stande sind, zwischen dem Ausleihen ihres Vermögens und der Betreibung eines Gewerbes zu wählen, ziehen das letztere vor, wenn sie in einer Beschäftigung, die ihnen ungefähr gleiche gesellschaftliche Stellung giebt, wie ihre bisherige Zinseinnahme, einen reichlichen Gewerbsverdienst erzielen können. Dieß muß dann auch andere Personen ermuntern, mit geborgtem Capitale Gewerbe zu unternehmen und hiedurch entsteht eine Abnahme des Gewinnes, zugleich aber eine Erhöhung der Zinsrente. Wäre dagegen der Gewerbsverdienst im Vergleich mit der Zinsrente zu niedrig, so entstünde ein stärkerer Antrieb für Capitalisten, von ihren Zinsen müßig zu leben, es würde überhaupt an Unternehmungslustigen fehlen und so könnte ein Sinken der Capitalrente, wobei der Gewinn sich erhöhte, nicht ausbleiben. Indeß ist eine Gleichheit beider Einkünfte nach ihrem Procentsatze nicht zu erwarten, weil auch bei einerlei Zinsfuß der Verdienst in den einzelnen Gewerbszweigen sehr verschieden sein muß (a).

(a) Sismondi, Rich. comm. I, 79. — Es ist wohl denkbar, daß bei einem Zinsfuße von 5 Procent einige Gewerbe 4, andere 5—8, noch andere 10—12 Proc. Gewerbsverdienst geben. — In England rechnet man mit Einschluß des Zinses gewöhnlich auf 10 Proc., wenigstens bei großen Unternehmungen; Capitale von 10—20000 ₤ tragen schon 15, kleinere 20 und mehr Procente im Handel und Fabrikwesen. — Senior, Outl. S. 189, 214. Wenn ein Obstverkäufer täglich 20, also jährlich über 7000 Proc. bezieht (ebd.), so ist das größtentheils Arbeitslohn.

§. 244.

Bei den Fortschritten des Volkswohlstandes muß daher der Gewerbsverdienst ebenso wie die Zinsrente (§. 233) im Verhältniß zu dem angewendeten Capitale abnehmen, d. h. auf einen geringeren Procentsatz herabgehen. Die Erfahrung bestätiget diese Schlußfolge. Es ist dieß eine Wirkung der Capitalanhäufung und des stärkeren Mitwerbens in allen Unternehmungen, wobei die vorhandenen Güterquellen und Erwerbsgelegenheiten vollständig benutzt, die Preise der Dinge dem Kostenbetrage genähert, die Unternehmungen in größerem Umfange betrieben und folglich die Unternehmer gezwungen werden, sich mit einer verhältnißmäßig geringeren Vergütung zu begnügen. Dieß kann desto eher geschehen, da zugleich die Wagniß in vielen Gewerben durch die Verbesserungen in der Rechts- und Polizeiverwaltung, durch mancherlei Schutzmittel gegen Unfälle, auch durch den größeren Beistand, den Ausländer in ihren Erwerbsgeschäften bei den Regierungen finden, sich vermindert. Ungeachtet dieser Abnahme des Gewinnsatzes wächst doch der ganze Betrag des Gewerbsverdienstes in einem Lande, woferne das Capital in stärkerem Verhältniß steigt, als der Verdienstsatz sinkt, vgl. §. 233 (c). Die Unternehmer vermögen dieser drohenden Verkürzung ihres Einkommens auszuweichen, indem sie ein höheres Maaß von Kunst und Scharfsinn aufbieten, oder ein größeres Capital zu Hülfe nehmen, oder auch im kleinen Betriebe durch eigenes Handanlegen an der Lohnausgabe etwas ersparen (a).

(a) Diese Veränderung erregt unangenehme Empfindungen, macht Entbehrungen nothwendig und veranlaßt leicht Klagen über den Verfall des Wohlstandes, die jedoch in ihrer Einseitigkeit nichts beweisen und vornämlich in unserer Zeit durch das Gemälde der steigenden Betriebsamkeit widerlegt werden können.

§. 244 a.

Zu dem nämlichen Ergebniß gelangt man, wenn man die Veränderungen erwägt, die sich beim Fortgange des Volkswohlhandes und der Bevölkerung in dem Verhältniß zwischen den Hauptzweigen des Volkseinkommens zutragen. Achtet man nicht auf die in Geldpreisen ausgedrückte Größe der Einkünfte, sondern darauf, wie sich das ganze Gütererzeugniß unter sie vertheilt, so ergiebt sich Folgendes: 1) Die Grundrente nimmt bedeutend zu, theils weil der größere Bedarf von Bodenerzeugnißen kostbarer zu gewinnen ist und hierdurch der Reinertrag der ergiebigeren, näheren Grundstücke ꝛc. sich vergrößert, theils zufolge von Boden- und Betriebsverbesserungen, §. 220. 2) Der Lohn steigt ebenfalls, und zwar mindestens wegen der Vertheuerung der Lebensmittel (§. 192), bei starker Capitalvermehrung aber noch mehr, §. 199. 3) Wenn nun diesen beiden Zweigen des Einkommens ein größerer Theil des gesammten Gütererzeugnißes zufällt, so müssen die Besitzer des beweglichen Vermögens und die Unternehmer sich mit einem kleineren Antheil begnügen. Es ist unmöglich, daß die letzteren ihre Erzeugnisse gerade um soviel theurer verkaufen, als ihre Ausgaben für Grundrente und Lohn sich vergrößert haben, weil das Volkseinkommen nicht zureicht, ihnen noch den nämlichen Verdienst zu gewähren. Doch findet diese Erniedrigung des Gewerbsverdienstes wieder ihre Gränze, weil derselbe in jedem Gewerbe bei Unternehmungen der kleinsten noch erforderlichen Art immer noch das Einkommen der Lohnarbeiter übersteigen muß, §. 239. Wenn der Lohn wegen starker Volksvermehrung nicht zunähme oder sogar sänke, so würde die Verringerung des Zins- und Gewinnsatzes offenbar schwächer sein (a).

(a) Ricardo (6. Capitel) hat zuerst zu zeigen gesucht, daß die zunehmende Schwierigkeit der Erzeugung von Lebensmitteln den Gewinnsatz herabdrückt. Sein Aufsatz ist übersichtlicher dargestellt bei J. Mill, französ. Uebers. S. 73, s. auch Nebenius, Der öffentl. Credit, 2. Ausg. I, 29. Hermann, Unters. S. 262. Man darf hierbei den Procentsatz des Gewerbeverdienstes mit dem absoluten Betrage desselben nicht verwechseln, §. 238 und J. Mill, S. 77.

Fünfte Abtheilung.
Das Volkseinkommen im Ganzen.

§. 245.

Der gesammte rohe Ertrag oder das gewöhnlich sogenannte rohe Einkommen eines Volkes ist das Ergebniß der inländischen Gütererzeugung und der Erwerbung von außen während eines gewissen Zeitabschnittes (§. 71 a). Von ihm sind jährlich die Kosten zu bestreiten, welche für die Erwerbung dieser Güterzuflüsse theils schon vorher als Capital aufgewendet, theils nach dem Empfang des Ertrages vorgenommen werden (a). Was nach dieser nothwendigen Kostenerstattung übrig bleibt, ist das reine Volkseinkommen. Dieses kann demnach als diejenige Frucht der Erwerbsthätigkeit betrachtet werden, welche zur Erreichung aller übrigen Zwecke in der Gesellschaft gebraucht werden kann, nachdem die Hervorbringung von Sachgütern und der Verkehr mit dem Auslande vollständig sichergestellt sind. Dieses reine Einkommen mit dem Lohn und Gewerbsverdienste zusammen bildet das ganze zu persönlichen Zwecken verwendbare Einkommen oder das wahre rohe Volkseinkommen, welches kleiner ist als der ganze Rohertrag, aber größer als das reine Einkommen des Volkes, §. 71 a.

(a) Zur Ermittlung dieser Größen nimmt man einen gewissen Zeitabschnitt (gewöhnlich ein Jahr), wobei aber zu bedenken ist, daß die Geschäfte ununterbrochen fortgehen, weshalb die Rechnung sich nie ganz schließt. Unter dem rohen Ertrage jedes Jahres ist der Ersatz vorjähriger Auslagen enthalten, dagegen kommen auch Auslagen vor, die erst im nächsten Jahre mit Gewinn erstattet werden. Da dies jedoch keinen bedeutenden Unterschied macht und die genaue Ausmittlung schwierig wäre, so darf man sich z. B. erlauben, bei der Landwirthschaft die Ernte eines gewissen Calenderjahres als Einnahme, und die sämmtlichen Feldbestellungskosten, mit Einschluß der Bestellung des Winterfeldes für das nächste Jahr, als zugehörige Ausgabe anzusehen.

§. 246.

Das reine Volkseinkommen wird deutlicher erkannt, wenn man es in seine Theile zerlegt und von den fremdartigen Gütermengen scheidet. Das reine Volkseinkommen kann zum

Behufe dieser Ermittlung in doppelter Weise erfaßt werden, nämlich sowohl wie es durch den Ueberschuß der Gütererzeugung und Einfuhr aus dem Auslande über die Kosten entsteht, als wie es sich unter die verschiedenen Volksclassen vertheilt. Da man es in beiden Fällen immer mit der nämlichen Größe zu thun hat, so müßte man auf beiden Wegen zu gleichem Ergebniß gelangen, wenn die bei der Berechnung für einen gegebenen Fall zu Grunde gelegten statistischen Thatsachen sämmtlich genau erforscht wären. Solche Ausmittelungen lassen sich übrigens nur in Beziehung auf die mittleren Preise (den Verkehrswerth) vornehmen, weil nur diese durchaus in Zahlen gefaßt und wegen des gemeinschaftlichen Maaßstabes zusammengerechnet werden können, was bei dem Gebrauchswerthe nicht der Fall ist, §. 67. — (a).

(a) Vgl. Fulda, Ueber National-Einkommen. Stuttg. 1805. Dessen Grundsätze der Kameralwissenschaften, §. 213 f. (Der Verf. rechnet, wie die Physiokraten, die durch Gewerbsarbeit bewirkte Wertherhöhung nicht mit ein.) — v. Herzog, Staatswirthschaft. Blätter IV. Heft. S. 20 f. — Noch von keinem Volke ist eine zuverlässige Berechnung des reinen Einkommens vorhanden. Die Schwierigkeit liegt nicht blos darin, daß diese Größe aus einer ungeheuer großen Menge von einzelnen Zahlenangaben abgeleitet werden muß, deren vollständige Sammlung und kritische Untersuchung sehr mühsam ist, und bei denen immer viel von dem guten Willen oder der Einsicht der einzelnen Mitarbeiter abhängt, — sondern auch in dem Umstande, daß man sich erst über die Grundsätze der Berechnung verständigen muß. Welcher Weg einzuschlagen, welche Posten aufzunehmen und wegzulassen seien, dies hat die Theorie der Statistik aus der Volkswirthschaftslehre zu entnehmen und die allgemeinen Regeln hiezu sind in den folgenden §§. aufgestellt. Der Gegenstand ist unter Anderm für die Besteuerung, welche nach richtigen Grundsätzen nur das reine Einkommen treffen darf, sehr wichtig, und die mannichfaltigen Fehler, welche bei diesen Ausmittelungen bisher begangen worden sind, machen eine sorgfältige Aufstellung nöthig.

§. 247.

Nach der ersten Art der Berechnung (§. 246) wird
1) der rohe Ertrag der ganzen Erwerbsthätigkeit zusammengerechnet, welcher die neu gewonnenen rohen Stoffe (a), die Wertherhöhung vorhandener Stoffe durch Gewerbsarbeit (b) und die Einfuhr aus anderen Ländern in sich begreift (c).

2) Von dieser Summe wird der zur Erlangung dieses rohen Ertrages nothwendige Güteraufwand abgezogen (d), wohin zu zählen sind a) der Lebensbedarf der hervorbringenden Arbeiter

und Unternehmer mit ihren Familien, b) die verbrauchten Stoffe mit Ausnahme der verbrauchten Verwandlungsstoffe, c) die Abnützung des stehenden Capitales, d) die jenes Erwerbes willen ins Ausland abgegebenen oder sonst für dasselbe verwendeten Güter.

3) Der Ueberrest ist das reine Einkommen (*e*).

(*a*) Wird ein solcher Stoff zum Behufe einer anderen Production sogleich wieder ganz verzehrt, wie das Saatkorn, das Futter und die Streu des Viehes, so muß er unter den Productionskosten wieder in Abzug kommen. Um die Rechnung zu vereinfachen und übertriebene Vorstellungen von dem Gesammterzeugniß zu verhüten, pflegt man bei der Ermittlung des ganzen Ertrages seine Verzehrung sogleich abzuziehen. Der reine Ertrag kommt bei dieser Berechnung eben so richtig heraus, nur erscheint er im Verhältniß zum rohen größer, als wenn man diesen ohne Abzug in Ansatz brächte. Wenn z. B. 1 Mill. Morgen einen Rohertrag von 50 Mill. fl. und einen reinen E. von 12 Mill. fl. oder 25 Proc. bringt, aber das auf den Landgütern verzehrte Futter 15 Mill. beträgt, so bleiben nach dessen Abzug nur 35 Mill. fl. roher Ertrag und der reine macht 34 Proc. des ersteren aus.

(*b*) Man wird also nicht neben dem Geldbetrag des Eisenerzes noch das Roheisen, das davons bereitete Schmiedeisen und die hieraus verfertigten Eisenwaaren, ferner nicht neben dem des Getreides, noch das Mehl und das Backwerk zusammenzählen, sondern nur den durch Verarbeitung bewirkten Mehrbetrag an Werthbetrag hinzufügen.

(*c*) Die inländischen Erzeugnisse müssen nach dem Preise in Anschlag gebracht werden, für welchen sie der Bezieher aus den Händen des Kaufmanns erwirbt, vorausgesetzt, daß keine in Beziehung auf den Zweck der Vertheilung unnöthige Erhöhung des Preises vorgegangen ist, §. 256. Es wird also die durch den Handel bewirkte Preiserhöhung der Waaren mit berücksichtigt, die ohne Zweifel den Werth derselben nicht übersteigt (§. 105) und zur Fortdauer einer ausgedehnten Production nothwendig ist.

Die Angaben von Moreau de Jonnès über das rohe Einkommen von Frankreich, Großbritanien und den nordamericanischen Freistaaten sind nur beiläufige Ueberschläge. Da aber der Verfasser bei dem Erzeugniß der Gewerke den rohen Stoff, der entweder Product der Erdarbeit oder Gegenstand der Einfuhr ist, noch einmal mit einrechnet (oben Nr 1), so mußte bei seinen Zahlen erst ⅓ für die Stoffe abgezogen werden. Die Summen sind Franken.

	Frankreich.	Großbritan.	Nordamer.
1) Erzeugniß der Erdarbeit	4678·708 000	5420·428 000	1608 Mill.
2) Der Gewerke	1213 401 000	2378·687 000	604 ,
3) Der Einfuhr	439·400 000	753 825 000	383 ,
Summe	6330·509 000	8552·917 000	2595 Mill.
Betrag auf jeden Kopf	204 Fr.	407 Fr.	259 Fr.
oder	96 fl.	192 fl.	134 fl.

Revue encycl. XXV, 239. 540. 678. — Nach Ch. Dupin (Acad. des sc. 30. April 1831) kamen in Frankreich auf den Kopf in Jahre 1730, 108 Fr. — 1780, 169 Fr., — 1830, 269 Fr. — Berechnung von Schnitzler (Création de la rich. I, 392): Rohertrag des Pflanzenbaues 4280 Mill. Fr., der Thierzucht und Fischerei 825, des Bergbaues 100, der Gewerke 2500 M., zusammen 7700 Mill., wovon nach Abzug der Rohstoffe etwa 7000 Mill. übrig bleiben, 233 Fr. auf den Kopf. — Das Gesammterzeugniß der französischen Landwirthschaft im J. 1840 wird auf 7502 Mill. Fr. oder 224 Fr. auf den Kopf angeschlagen, daneben 640 Mill. Fr. erzeugtes Futter. Moreau de Jonnès, Statist. de l'agric. de la Fr. 1848. — de Lavergne (Essai sur l'écon. rurale de l'Angleterre, S. 77 f.) und de Lavelèye (Essai sur l'éc. rurale de la Belg. S. 213) nehmen den landwirthschaftlichen Ertrag der 3 Länder für die letzte Zeit vor 1848 so an:

	in Frankreich	im brit. Reich	in Belgien
Erzeugnisse des Landbaues	3400 Mill. Fr.	2000 Mill. Fr.	350 Mill. Fr.
der Thierzucht	1800 ,	2000 ,	172 ,
Summe	5000 Mill. Fr.	4000 Mill. Fr.	522 Mill. Fr.
Zins, Rente und Capitalzins ohne die Steuern	1470 ,	1000 ,	155 ,

Anschlag des rohen Volkseinkommens im britischen Reiche nach Pebrer (Tal. financ. et statist. gén. de l'empire Britann. 1834, II, 90): Ertrag der Landwirthschaft 246.600.000 L. St., des Bergbaues 21.400.000, der Fischerei 3.400.000, der Gewerke, nach Abzug der Rohstoffe, 148.050.000, des innern und des Küstenhandels 51.975.000, des auswärtigen Handels und der Schifffahrt 34.398.059, Gewinn der Banquiers 4.500.000, Capitalrente aus anderen Ländern 4.500.000, Summe 514.823.059 L. St. oder 6177 Mill. fl., also 262 fl. auf den Kopf der Einwohner, ohne die Einfuhr. Moreau de Jonnès (Statist. de la Gr.-Brit. I, 312, 1838) nimmt an: Landwirthschaft 6666 Mill. Fr., Bergbau 687 M., Fischerei 50 M., Gewerke (nach Abzug von 1/3) 3146 M., zusammen 10550 Mill. Fr. — 4976 Mill. fl. Der Verf. bringt aber 16000 Mill. Fr. heraus, weil er die Rohstoffe nicht vom Gewerbeertrage abzieht, weil er ferner die Arbeit der Thiere, den Ertrag der Weiden und der Häuser mit aufführt. — In Quarterly Rev. Nr. 170 S. 437 (1850) wird, nach Spadmann, angeschlagen:

Ertrag der Landwirthschaft	250 Mill. L. St.
der Fischerei	3
des Bergbaues	37
der Gewerke	127
des auswärtigen Handels und der Schifffahrt	15
der Colonieen	18
Zusammen	450 L. St.

(d) Dieser in Abzug kommende Kostenbetrag wird für den gegenwärtigen Zweck nicht auf dieselbe Weise, obgleich nach den nämlichen allgemeinen Grundsatz berechnet, wie die Kosten des Verkäufers eines Gutes, §. 164. Für den Unternehmer sind nämlich die Ausgaben an andern Personen eben so gut Kosten, als seine Erzeugungen. Da aber dasjenige, was der eine Bürger dem andern erstattet, doch in dem Volksvermögen bleibt, so dürfen bei der Erforschung des gesammten Volkseinkommens solche Ausgaben des Einzelnen, welche nicht zu dem Productionsaufwande des Volkes gerechnet werden können, nicht in Abzug gebracht werden.

(c) Vgl. J. Mill, Elem., S. 243. — Beispiel. Für Frankreich können vorzüglich mit Hülfe von Chaptal's Angaben (De l'industrie française) folgende Zahlen näherungsweise angenommen werden:

	Roher Ertrag fl.	Reines Einkommen fl.
Bergbau	30·000 000	2·900 000
Fischerei	10·000 000	1·000 000
Land- u. Forstwirthsch.	2152·205 000	619·235 000
Gewerbe	561·750 000	70·000 000
Handel, Einfuhr . .	202·060 000	20·206 000
Zusammen . . .	2955·955 000	704·441 000

Hiebei macht das reine Einkommen 23½ Procent des rohen. — Der Reinertrag der Erdarbeit in Frankreich wurde geschätzt auf 2455 Mill. Fr. von A. Young, 1200 M. von Lavoisier (1790), 1625 M. von einer Commission (1815), 1344 M. von Chaptal (1818), 2300 M. von Dupin de Chateauvieux (1830), 1900 M. von Ch. Dupin (1831), Schnitzler, Créat. de la rich. I, 19., vgl. (c).

§. 248.

Bei der zweiten Art der Berechnung (§. 246) wird das reine Einkommen aller derjenigen Volksclassen zusammengezählt, die durch ihre Arbeit oder ihr Vermögen (sie mögen es selbst anwenden oder Andern zum Gebrauch überlassen) zur Erzielung des Ertrages mitwirken und folglich an demselben Theil nehmen. Die so entstehende Summe muß gleichfalls das reine Einkommen des Volkes geben, weil dieses zunächst an jene Classen gelangt. Die anderen Volksclassen erhalten ihr Einkommen gegen mancherlei Leistungen von jenen, daher kann ihr Antheil nicht mehr besonders aufgeführt werden (a). Es kommt demnach in Rechnung 1) das reine Einkommen sämmtlicher Unternehmer und Lohnarbeiter in den Zweigen der Stoffarbeit und der Handelsgeschäfte (b), 2) die

— 364 —

Grundrente, 3) das in der Capitalrente enthaltene reine Einkommen (c) (d).

(a) Wenn ein reicher Grundbesitzer 1000 fl. jährlich für mancherlei persönliche Dienste ausgiebt und die Dienstleistenden hievon 200 fl. reines Einkommen übrig behalten, so sind diese 200 fl. schon in der Grundrente des ersteren mit enthalten, sie können bei der Berechnung des reinen Volkseinkommens nicht abermals angesetzt werden. Wenn aber der Grundbesitzer für 1000 fl. einen Reisewagen kauft, dessen Verfertiger ebenfalls 200 fl. reinen Gewinn macht, so sind zwei neue Gütermassen vorhanden, 1) die hiezu verwendeten Bodenerzeugnisse, 2) der Wagen selbst. Beide Producte sind nach ihrem Preise auf 2000 fl. zu sehen, und da nur 800 fl. Productionskosten (des Wagens) abzuziehen sind, so bleiben 1200 fl. reines Einkommen.

(b) Der Antheil des reinen Einkommens, den die Kaufleute, Fuhrleute, Schiffer und andern Gehülfen im Handel beziehen, muß mit in Anschlag kommen, weil der Handel, wenn gleich nur mittelbar, doch sehr wesentlich zur Hervorbringung mitwirkt und aus den Früchten derselben belohnt wird. §. 105, Nr. 3.

(c) Aber nur die Rente der wahren in den hervorbringenden Unternehmungen beschäftigten Capitale, nicht das ganze Einkommen der Capitalisten. §. 233 (a), §. 251 (a).

(d) Eine solche Rechnung für Großbritanien und Irland bei Lowe (Engl. nach s. gegenw. Zust. S 246) giebt 255 Mill. L. St., und nach Abzug der im Auslande verzehrten 4 Mill. noch 151 Mill. L. St. Allein es sind hier nicht allein reine Einkünfte aufgezählt, z. B. 80 Mill. Arbeitslohn, ohne Irland. — Neuere Berechnung für 1836, von Moreau de Jonnès (Statist. I. 319), aber sehr unsicher; 2200 Mill Fr. Grundrente, mit Einschluß der Brauwerke und Gebäude, 675 M. Ertrag der Viehzucht (10 Proc.), 472 M Gewerbsertrag (10 Proc.), 5 M. Aschenel, 750 M innerer Handel (zu 5 Proc.), 150 M Canäle, Docks, Chienbahnen, 41½ M. Schifffahrt, 240 M. auswärtiger Handel (10 Proc.), 62½ M. Dividende der Assecuranzgesellschaften ic., 604½ M Zins der Staatsschuld, 157½ M. Zine der in Ostindien und im Auslande angelegten Summen, 225 M. Gewinn der Bankherren, 467 M. Begähnung, zusammen 6000 Mill. Fr. — 235 Mill L. St. Hievon sind aber 270 Mill. für die Arbeit der Thiere, ferner der Unterhalt der Gewerksunternehmer, sodann die Zinsen der Staatsschuld (§. 751) abzuziehen, es bleiben also etwa 3800 Mill. Fr. — 149 Mill. L. St. oder 36 Proc. des oben berechneten rohen Einkommens. §. 247 (b).

§. 249.

Obschon die Größe des reinen Einkommens in volkswirthschaftlicher Hinsicht sehr wichtig ist, so verdient doch auch der Belauf des rohen Ertrages und besonders das wahre rohe Volkseinkommen erforscht und beachtet zu werden, §. 245. — (a), denn 1) aus ihm wird der nothwendige Unterhalt aller productiven Arbeiter bestritten, welche dagegen am reinen Einkommen nur einen geringen Theil haben. Diese Volksclaſſe, als die zahlreichſte, iſt für die Geſellſchaft ſowie für die Macht des Staates von großer Bedeutung, weßhalb der zu ihrer Verſorgung dienende Theil der geſammten Erzeugungskoſten, weit entfernt, ein Verluſt für die Volkswirthſchaft zu ſein, vielmehr die wohlthätigſte Verwendung des Geſammteinkommens bildet. 2) Das Verhältniß zwiſchen dem rohen und reinen Ertrage eines Volkes zeigt die Ergiebigkeit der hervorbringenden Geſchäfte an und läßt auf die derſelben günſtigen oder hinderlichen äußeren Umſtände ſchließen. Bei einerlei Umfang des ganzen Erzeugniſſes iſt offenbar diejenige Anwendung der Güterquellen die vortheilhafteſte, welche den größten reinen Ueberſchuß abwirft.

(a) Ricardo, 26. Cap., legt auf das reine, Ad. Smith auf das rohe Einkommen mehr Gewicht. An jenen ſchließt ſich Canilh, Systèmes I, 213. — Dagegen Sismondi, Nouv. princ. I, 153.

§. 250.

Das reine Einkommen des Volkes gelangt zunächſt in die Hände der vier bei der Hervorbringung betheiligten Volksclaſſen und wird verwendet (a) 1) für den Unterhalt der Grund- und Capitalbeſitzer (b), ferner für einen das volks- und landesmäßige Bedürfniß der Lohnarbeiter und Unternehmer überſteigenden Gütergenuß. Hieraus erhalten auch die Mitglieder der dienſtleiſtenden Claſſe, ſofern ſie nicht vom Staate beſoldet werden, ſowie die Eigenthümer verliehener und vermietheter Verbrauchsvorräthe ihr Einkommen (c); 2) auf Abgaben für öffentliche Zwecke, — an Staat, Provinz, Gemeinde, Kirche ꝛc.; 3) um neue Capitale aus Erſparniſſen zu bilden. Demnach ſind ſowohl die Hülfskräfte des Staates, welche ſeine Wirkſamkeit im Innern und ſeine Feſtigkeit gegen Außen bedingen, als die Mittel zur Pflege aller perſönlichen Güter der Menſchen, zum Beiſpiel der Wiſſenſchaften und Künſte, und auch die Vermehrungen des Volksvermögens hauptſächlich von der Größe des reinen Einkommens abhängig (d).

(a) Vergl. Ricardo a. a. O. und Say's Anmerkungen zu dieſer Stelle.

(a) Dieser Unterhalt darf nicht zu den Kosten gerechnet werden, weil davon der rohe Ertrag erzielt wird (§. 272. 2)), denn es ist keine Bedingung dieses Ertrages, welcher eben so gut stattfinden könnte, wenn die Grundeigner u. sich durch eigene Arbeit erhielten.

(c) Vgl. §. 249. Note (c).

(d) Die obige Berechnung Lowe's (§. 248 (d)) giebt gerade das wahre rohe Volkseinkommen (§. 245) im Betrage von 251 Mill. L. St. oder 3012 Mill. fl., welches auf den Kopf der Einwohner 143 fl., auf die Familie 854 fl. oder 71½ Proc. des rohen Ertrages ausmacht.

§. 251.

Diejenige Vertheilung des jährlichen Ertrages, welche den Mitgliedern der zu der Erzielung desselben mitwirkenden Volksclassen Antheile der neuen Gütermenge zuführt (§. 250), wird die ursprüngliche genannt, und das aus ihr hervorgehende Einkommen dieser Stände das ursprüngliche. Diese Vertheilung würde sehr deutlich zu erkennen sein, wenn die Arbeiter, Grundeigner, Capitalisten und Unternehmer ihre Antheile gerade in den nämlichen Gütern erhielten, zu deren Erzeugung und Herbeischaffung sie durch ihre Leistung beitragen; dieß ist aber meistens nicht der Fall, sie empfangen ihr Einkommen in Geld, um dafür allen Bedarf von verschiedenen Gegenständen nach Belieben eintauschen zu können, es läßt sich deßhalb in vielen Fällen nicht ausmitteln, welchem neuen Gütererzeugniß ein gewisses Geldeinkommen seinen Ursprung verdankt. Diejenigen Volksclassen, welche zur Vermehrung der im Besitze eines Volkes befindlichen Gütermenge nicht beitragen und sich blos durch Dienste oder durch Verleihen von Genußmitteln (a) Einnahmen verschaffen (§. 248), beziehen ein **abgeleitetes** Einkommen, welches ihnen vermöge der **abgeleiteten Vertheilung** zufließt. Alles abgeleitete Einkommen muß aus dem ursprünglichen bestritten werden (b).

(a) Bei den Capitalisten (§. 64 (a)) lassen sich mehrere Fälle unterscheiden: 1) Das von ihnen dargeliehene oder vermiethete Vermögen ist bei dem Schuldner oder Miether als Capital in einer hervorbringenden Unternehmung, oder als Wertherhöhung von Grundstücken (§. 130) noch vorhanden, daher ist ihr Einkommen ein ursprüngliches, §. 248;

2) dasselbe besteht aus vermietheten Genußmitteln (§. 223 (a)) oder es findet sich bei dem Unternehmer eines unproductiven Dienstgewerbes, z. B. eines Theaters, einer Badeanstalt und dergl. ein, seiner Schuld an den Capitalisten entsprechender Vorrath von Genußmitteln;

3) das bewegliche Vermögen ist von dem Schuldner zu Ausgaben verwendet worden, bei denen es früher oder später aufgezehrt wird. Sehr viele Forderungen der Capitalisten rühren von solchen längst vorgenommenen Verzehrungen her.

In den Fällen 2) und 3) empfangen die Capitalisten ein abgeleitetes Einkommen. Wenn die geliehenen Summen zum Ankaufe von Gebäuden oder Grundstücken verwendet werden, so kommt es darauf an, was dann der Verkäufer mit der empfangenen Geldsumme anfängt, wovon der Darleiher gewöhnlich nicht unterrichtet ist. Die meisten Capitalisten beziehen Zinsen eines Darleihens und sind folglich Zins-gläubiger, im Gegensatze derjenigen, welche Gegenstände vermiethen.

(*b*) Say, Handb., VI, 62. — Storch, I, 172. — Insoferne die Dienste mittelbar die Erzeugung von Sachgütern befördern (§. 107), ist ihr Lohn ebenfalls zum Theile als ursprüngliches Einkommen anzusehen, aber dieß läßt sich nicht in Zahlen bestimmen.

Anhang.

Zu §. 154.

Das volkswirthschaftliche Gesetz, nach dem der Preis durch das Minverben in dem Falle bestimmt wird, wo Begehr und Angebot ungleich sind, läßt sich durch die beigefügte Zeichnung leicht anschaulich machen. Auf der Linie AB sind die verschiedenen Preise einer Waare in Geld von 0 — 45 Gulden (Thaler, Franken ɛc.) aufgetragen. Auf den wagerechten Linien Ah, ab, a'l, a"o ist die Größe des Begehrs und Angebotes durch Abschnitte angezeigt. Der Begehr nimmt stufenweise ab, wenn es nöthig wird, einen höheren als den bisherigen Preis zu geben. Gesetzt, der Preis sei 10 fl. gewesen, der Begehr bei diesem Preise sei durch ab, das Angebot durch Ac — ac ausgedrückt. Die Verkäufer verlangen begreiflich mehr als 10 fl., ein Theil der Käufer zieht sich zurück. Wenn nun bei 24 fl. der Begehr soweit abgenommen hat, daß er der angebotenen Menge gleichkommt, folglich beide Größen in der Länge a"m übereintreffen, so wird jene Summe der Preis sein, für welchen beide Theile ihre Absicht erreichen können. Die Linie comd zeigt das gleichbleibende Angebot, hbmg aber zeigt, wie der Begehr beim Steigen der Preisforderung allmälig kleiner wird und da, wo beide Linien sich schneiden, in m, erkennt man auf der Scala AB den Preis, wie er sich feststellt. Die Linie, welche die verschiedenen Größen des Begehrs darstellt, kann auch eine krumme sein, wie fbonpi, d. h. der Begehr nimmt anfangs schwächer, dann stärker ab, und es sind mancherlei Curven denkbar, concave, convexe, wellenförmige u. dgl.

www.ingramcontent.com/pod-product-compliance
Lightning Source LLC
Chambersburg PA
CBHW032047220426
43664CB00008B/892